ein Ullstein Buch

PROPYLÄEN WELT GESCHICHTE

Eine Universalgeschichte
Herausgegeben von
GOLO MANN
unter Mitwirkung von
ALFRED HEUSS
und
AUGUST NITSCHKE

Band I
Vorgeschichte · Frühe Hochkulturen
Band II
Hochkulturen des mittleren und östlichen Asiens
Band III
Griechenland · Die hellenistische Welt
Band IV
Rom · Die römische Welt
Band V
Islam · Die Entstehung Europas
Band VI
Weltkulturen · Renaissance in Europa
Band VII
Von der Reformation zur Revolution
Band VIII
Das neunzehnte Jahrhundert
Band IX
Das zwanzigste Jahrhundert
Band X
Die Welt von heute
Band XI
Summa Historica

Elf Bände in zweiundzwanzig Halbbänden

Vierter Band
1. Halbband

Rom
Die römische Welt

JOCHEN BLEICKEN

ALFRED HEUSS

WILHELM HOFFMANN

Karten, Zeichnungen und graphische Darstellungen im Text von
Elisabeth Armgardt und Uli Huber.

Das Namen- und Sachregister befindet sich im 2. Halbband und
verweist auf die zwei Halbbände des 4. Bandes.

CIP-Kurztitelaufnahme der Deutschen Bibliothek

Propyläen-Weltgeschichte:
e. Universalgeschichte; 11 Bd. in 22 Halbbd. /
hrsg. von Golo Mann unter Mitw.
von Alfred Heuss u. August Nitschke. –
Frankfurt/M, Berlin, Wien: Ullstein.
([Ullstein-Bücher] Ullstein-Buch;
Nr. 4720)
ISBN 3-548-04720-3
NE: Mann, Golo [Hrsg.]

Bd. 4. → Rom, die römische Welt

Rom, die römische Welt. –
Frankfurt/M, Berlin, Wien: Ullstein.
Halbbd. 1. Jochen Bleicken ... – 1976.
(Propyläen-Weltgeschichte; Bd. 4)
([Ullstein-Bücher] Ullstein-Buch;
Nr. 4727)
ISBN 3-548-04727-0
NE: Bleicken, Jochen [Mitarb.]

*Ullstein Buch Nr. 4727
im Verlag Ullstein GmbH,
Frankfurt/M - Berlin - Wien*

*Der Text der Taschenbuchausgabe
ist identisch mit dem der
Propyläen Weltgeschichte*

**Umschlag: Hansbernd Lindemann
Alle Rechte vorbehalten
© 1963 by Verlag Ullstein GmbH,
Frankfurt a. M./Berlin
Printed in Germany 1976
Gesamtherstellung: Ebner, Ulm
ISBN 3 548 04727 0**

INHALTSVERZEICHNIS

Alfred Heuß

11 EINLEITUNG

Jochen Bleicken

27 ROM UND ITALIEN

Die italische Halbinsel. Erste Besiedlung *(29)* Indogermanisierung *(32)* Etrusker und Griechen *(39)* Römische Frühzeit *(47)* Die junge Republik und ihr außenpolitischer Horizont *(55)* Das Ringen um die innere Ordnung *(60)* Die Verfassung der klassischen Republik *(75)* Die Unterwerfung Italiens (343–270 v. Chr.) *(80)* Die Organisation Italiens *(94)*

Wilhelm Hoffmann

97 ROMS AUFSTIEG ZUR WELTHERRSCHAFT

Rom am Vorabend des Ersten Punischen Krieges *(99)* Das Verhältnis zu Karthago. Der Konflikt um Messina *(102)* Der Erste Punische Krieg *(105)* Das Ergebnis des Krieges *(109)* Äußere und innere Wandlungen nach 241 *(111)* Die Barkiden in Spanien *(117)* Hannibals Siegeszug *(120)* Die Krise des Krieges *(125)* Die karthagische Niederlage *(129)* Roms Vormachtstellung im Westen *(134)* Roms Eingreifen im Osten *(136)* Der Krieg gegen Philipp V. von Makedonien *(139)* Rom und Antiochos III. *(141)* Wandlungen in Staat, Gesellschaft und Wirtschaft *(144)* Die Krise der Nobilität *(149)* Die Mittelmeerwelt nach dem Frieden von Apameia 188 v. Chr. *(154)* Der Dritte Makedonische Krieg *(157)* Syrien und Ägypten nach der Schlacht von Pydna *(160)* Das Ende Karthagos *(162)* Letzte Erhebungen in Makedonien und Griechenland *(165)* Die Unterwerfung Spaniens *(166)* Geistige Wandlungen. Römer und Griechen *(168)*

Alfred Heuß

175 DAS ZEITALTER DER REVOLUTION

Die Voraussetzungen *(177)* Der Reformversuch des Tiberius Gracchus und seine revolutionäre Wendung *(185)* Die Revolution des Gaius Gracchus *(190)* Die Restauration und ihre außenpolitische Belastung: Jugurtha. Cimbern und Teutonen *(196)* Zerrbild der Gracchen *(205)* Die konservative »Revolution« des Livius Drusus *(208)* Der Aufstand Italiens *(210)* Sullas erster Marsch auf Rom *(214)* Anarchie in Rom

INHALTSVERZEICHNIS

(218) Die Erhebung des griechischen Ostens: Sulla gegen Mithridates Eupator *(221)* Sulla crudelis *(224)* Sulla und die regulierte Senatsherrschaft *(227)* Der Aufstieg des Pompeius und der Zusammenbruch der Sullanischen Verfassung *(231)* Pompeius und der Osten *(236)* Bewährung der Republik: Cicero und Catilina *(241)* Caesar *(249)* Politisches Kartell: das erste Triumvirat *(254)* Die Unterwerfung Galliens *(261)* Die Lähmung der Republik *(268)* Die Überwältigung der Republik durch Caesar *(273)* Caesars Sieg und Ende *(285)* Letztes Aufleuchten der Freiheit *(296)* Kollektive Diktatur: das Zweite Triumvirat *(303)* Actium *(312)*

Alfred Heuß

EINLEITUNG

In dem Zusammenhang unserer vier dem »Altertum« gewidmeten Bände scheint der vorliegende letzte, eine Römische Geschichte enthaltende Band am ehesten erklärender Hinweise entbehren zu können. Von allen Geschichtsabläufen der Antike kann selbst heute noch die römische Geschichte als die einem breiteren Publikum vertrauteste Epoche gelten. Obwohl wir längst nicht mehr in der mittelalterlichen Tradition stehen und selbstverständlich die Vorstellung aufgegeben haben, daß das mittelalterliche Kaisertum eine geradlinige Fortsetzung des römischen sei und in dessen Geschichte seine Wurzeln habe: das Bewußtsein ist nicht ganz geschwunden, daß die Römer uns verhältnismäßig nahestehen.

Ganz West- und Südosteuropa und ein großer Teil Mitteleuropas betrachten seit eh und je die Relikte aus römischer Zeit – die Ruinen römischer Amphitheater, die römischen Triumphbogen, Thermen und Mauerreste – als gewohnten Bestandteil ihrer Kulturlandschaft. Und in unserer historischen Erinnerung bildet zum wenigsten ein Mann wie Kaiser Augustus, dessen Gestalt alljährlich in der Weihnachtsgeschichte beschworen wird, ein unentbehrliches Requisit. Jeder, der imstande ist, unsere gegenwärtige Gesittung als gewordene zu begreifen, wird etwa in Konstantin dem Großen einen unumgänglichen Fixpunkt zu sehen haben. Auch Caesar begegnen wir mit einer gewissen Vertrautheit. Die Verflüchtigung unserer humanistischen Überlieferungen hat zwar manche Fakten und Persönlichkeiten der römischen Geschichte in vage Nebel gehüllt; aber das Bedürfnis, diesen Schleier zu lüften und Klarheit zu gewinnen, wird man auch heute dem gebildeten Laien nicht absprechen können. Der Herausgeber einer Römischen Geschichte hätte es also unter diesen »Alltagsvoraussetzungen« nicht allzu schwer, sich mit dem Leser ins Benehmen zu setzen; und vielleicht wird mancher von ihnen an dieser Stelle – nicht ganz zu Unrecht – weitere Erörterungen für überflüssig halten.

Doch anders als bisher provoziert in unserem Falle nicht das Ungewohnte des eröffneten Panoramas weiterausgreifende Überlegungen. Es ist eher umgekehrt: gerade das uns Gewohnte enthält für den historischen Verstand die Aufforderung, es in seiner scheinbaren Selbstverständlichkeit in Frage zu stellen; denn kraft einer von alters her festgelegten Einstellung sind wir leicht versucht, an gewissen elementaren Tatsachen vorbeizudenken. Die römische Geschichte ist ihren Voraussetzungen und Anfängen nach nämlich keineswegs auf das von ihr Erreichte hin angelegt. Man hat sich vielmehr zu wundern, daß aus ihr überhaupt eine universale Größe wurde. Um Rom als universalhistorisches Phänomen zu begreifen, ist zuerst die Feststellung zu treffen, daß ihm die Bedingungen hierzu nicht in die Wiege gelegt waren.

Rom war zunächst einmal eine Stadt, und zwar nur eine Stadt. Städte gab es aber auch in Griechenland und vor allem in dem weiten Bereich des kolonialen Griechentums, mit dem auch Italien in seinen wichtigen südlichen Küstenpartien urbanisiert war; städtisches Wesen trug die phönikische Kolonisation in den Westen des Mittelmeeres; das südliche Spanien kannte ein einheimisches, mediterranes Städtetum, und städtisch organisiert waren auch die Etrusker und diejenigen Italiker, welche die städtische Organisation von jenen gelernt hatten, darunter auch Rom. Mit anderen Worten: Rom als Stadt war weit davon entfernt, eine spezifische Größe zu sein. Es teilte diese Eigenschaft mit ungezählten Artgenossen. Seine künftige Größe konnte deshalb unmöglich in ihr die Grundlagen haben.

Auch das Volkstum Roms, das der Latiner, gehörte an Zahl und Gebietsgröße unter den zahlreichen italischen Völkern bestimmt nicht zu den mächtigsten. Man ist angesichts seines Territoriums eher geneigt, das Gegenteil anzunehmen. Die alten Latiner bewohnten höchstens einen Distrikt von etwa sechstausend Quadratkilometern, ein Ausmaß, das mancher preußische Regierungsbezirk noch übertraf. Dieses Volk der Latiner besaß zudem nur eine lockere Organisation, und Rom war von Hause aus keineswegs sein Mittelpunkt. Es wurde erst auf dem Wege eigener Anstrengungen dazu.

Die Basis der weltgeschichtlichen Größe Roms hatte also einen bemerkenswert knappen Zuschnitt; und wer die Weltgeschichte mit Aufmerksamkeit verfolgt, kann nicht umhin, den damit einsetzenden geschichtlichen Prozeß mit größter Spannung zu verfolgen. Der Leser dieses Bandes wird hoffentlich einige Aufschlüsse über dieses – auf den ersten Blick – rätselhafte Phänomen erhalten. Es soll hier seinem Eindruck keineswegs vorgegriffen werden; ein Tatbestand aber sei trotzdem erwähnt: auf der Grundlage dieses wirklich geringfügigen Volkssubstrats romanisierte Rom nicht nur ganz Italien, sondern auch die westeuropäischen Länder der *Romania*. Die Romanisierung gehört deshalb zu den erstaunlichsten Kolonisationsvorgängen der Weltgeschichte, diese in ihrem wörtlichen, globalen Sinne verstanden. Angesichts der außerordentlichen Tatsache wird klar, daß das Ergebnis neben einer Reihe anderer Faktoren allein auf die politische Überlegenheit Roms zurückzuführen ist.

Die Ursachen dieser Superiorität werden deshalb – freilich nicht nur deshalb – zu einem welthistorischen Thema erster Ordnung. Die Reflexion darüber gehört zwar nicht zu den unentbehrlichen Elementen einer Darstellung; es erscheint aber angezeigt, in einer vorausgeschickten Betrachtung ein paar Worte über diese Frage zu verlieren.

Im Vergleich zu der die Mitte des ersten Jahrtausends beherrschenden griechischen Stadtkultur war die römische in ihrem geschichtlichen Rhythmus verspätet. Diese Feststellung setzt freilich voraus, daß die beiden kommensurabel waren, und diesen Gefallen tun sie dem Historiker in der Tat. Die mediterrane Stadt als ein autokephaler Verband – die phönikische und, wenn unsere spärliche Kenntnis nicht trügt, auch die etruskische gehören dazu – entwickelte hier und dort dieselbe Entwicklungsmechanik: ein Adelsregime etabliert sich jeweils als Städtegründer und wird in der Folgezeit von einer demokratischen Bewegung in Frage gezogen, ein Satz, der sich leicht durch bekannte Daten einer vergleichenden Verfassungsgeschichte erhärten ließe. Rom erlebte diese Auseinandersetzung erst im 5. und 4. vorchristlichen Jahrhundert, zu einer Zeit also, als diese Phase im griechischen Raum längst der Vergangenheit angehörte.

Die Feststellung, für sich genommen, wäre freilich ohne besonderen Aussagewert, wenn darin nicht zugleich eine allgemeine strukturelle Rückständigkeit zum Ausdruck käme. Wir vermögen sie etwa im Wirtschaftsleben zu greifen, wo Rom mit der ausgebildeten Geldwirtschaft erst im 3. Jahrhundert vertraut wurde und sich bis dahin, jedenfalls bis in die zweite Hälfte des 4. Jahrhunderts, mit den primitiven Formen des Tauschverkehrs und zugemessener Metallmengen behalf. Auf den Umfang des monetären Kapitals besehen war Rom lange Zeit ein armer Staat; noch zu Beginn seiner weltpolitischen Epoche trug es die Züge einer verhältnismäßig »unterentwickelten« agrarischen Gesellschaft. Den Luxus geworbener Soldaten, im griechischen Osten seit Generationen an der Tagesordnung, konnte es sich nicht leisten und gewöhnte sich deshalb daran, das altüberkommene Milizwesen für unentbehrlich zu halten und den Bedürfnissen weitgespannter militärischer Operationen anzupassen. Vom rein technischen Standpunkt aus wird man hierin eine gewisse Unfertigkeit sehen müssen, wie sie denn auch mitunter offen zutage trat, etwa im Kampf gegen Hannibal; aber das wäre eine einseitige Betrachtungsweise, denn zieht man die Summe des geschichtlichen Effektes, dann zeigt sich gerade hier, daß Rom in Wirklichkeit der Nutznießer seines eigenen Unvermögens wurde, es den anderen gleichzutun.

Die noch urwüchsige römische Heeresverfassung verschaffte Rom nicht immer qualitativ, ganz entschieden aber quantitativ ein schier unerschöpfliches militärisches Potential. Auf kostensparende Weise machte es sich das große Menschenreservoir sowohl Roms wie später ganz Italiens dienstbar, das ihm auch in den verzweifeltsten Situationen immer noch einen Rückgriff auf die zahlreiche Bevölkerung gestattete, in dieser Hinsicht nur mit den modernen Großstaaten und ihrer allgemeinen Wehrpflicht vergleichbar. Während diese aber im Gefolge der Französischen Revolution eine demokratische Neuerung war, gelangte Rom in den Genuß dieses Vorteils auf Grund eines Zustandes, der im Spiegel des geschichtlichen Prozesses als Entwicklungsverzögerung erscheinen mußte.

Auch die politische Verfassung Roms, seit den Tagen des Polybios als die geheime Ursache römischer Größe betrachtet, verfügte über einen lebendigen Quell archaischen Gepräges. Fast überall in der griechischen Welt war im Lauf der Entwicklung der lebenslange Besitz öffentlicher Funktionen, wie ihn die aristokratische Geschlechterstadt kannte, beschnitten und damit der Bildung einer sichtbaren politischen Elite ein schwer zu überwindendes Hindernis in den Weg gestellt worden. Obgleich Rom die Ablösung des alten Adelsstandes keineswegs erspart blieb, die Auseinandersetzung mit ihm sogar mit besonderer Hartnäckigkeit geführt wurde, gelang es doch, den römischen Senat als ein Gremium, dessen Mitglieder ihm auf Lebensdauer angehörten, in die veränderte politische Ordnung hinüberzuretten und ihn sogar, den neuen Umständen angepaßt, zum Kernstück der republikanischen Verfassung zu machen. Dieser wichtige Vorgang steht im Zusammenhang mit einer Sozialordnung, die weiterhin aristokratisch blieb, wenn sie auch in einigem abgewandelt wurde. Rom erhielt dadurch eine fest im Sattel sitzende Führungsschicht und gewann in ihr ein zuverlässiges Organ für eine nicht nur stetige, sondern auch weitschauende und jeder Phantasterei abholden Politik, die alle Gegebenheiten einem in Generationen ausgebildeten Koordinatensystem einzuordnen verstand. Diese Züchtung einer ständig der praktischen Erfahrung erwachsenden politischen Weisheit verschaffte Rom seine Überlegenheit in der entscheidenden Phase auf dem Wege zur Weltmacht.

Ein origineller Ansatz kam darin freilich nicht zum Vorschein. Wenn der Senat in der Frühzeit des antiken Städtewesens eine typische Erscheinung war, so war er doch auch späterhin noch anzutreffen, etwa in Sparta oder in Karthago, nirgends allerdings hatte er seine Stellung in der gleichen Reinheit wie in Rom ausgebildet. Die Eigenart des römischen Verfahrens lag also weniger in dem Prinzip als in seiner Durchführung. Alle Möglichkeiten, die der antike Stadtstaat bereitstellte, wurden aufgegriffen und in eine sonst nirgends erreichte Wirklichkeit erhoben. Die Römer traten ihren erstaunlichen Gang durch die Weltgeschichte mit keinem Formelement an, das nicht auch woanders in der einen oder anderen Weise angelegt gewesen wäre. Dieser Satz gilt ebenso für die Organisation ihres Imperialismus. Seine Basis war die römische Herrschaft über Italien, und gerade sie entsprach den Grundsätzen, die der Stadtstaat bot, und ging nirgends über sie hinaus.

Ihre beiden Pfeiler, Föderation und Kolonisation, waren an sich jeder antiken Stadt vertraut und wurden auch oft genug ausgebaut. Spezifisch römisch dagegen war die Konsequenz, mit der Rom hierbei verfuhr. Aus dem Bundesvertrag holte es das Äußerste heraus, was eine völkerrechtliche Verpflichtung leisten konnte: die »ewige«, das heißt unbefristete Bindung an Rom. Jenseits davon gab es nur noch die das Völkerrecht aufhebende Inkorporation, die aber ein Stadtstaat nicht oder nur in beschränktem Umfang vertrug. Die römische Kolonisation (in Form der »latinischen Kolonien«) folgte desgleichen der Art, wie sie in der Antike gehandhabt wurde: staatliche Gemeinwesen wurden neu gegründet, ohne damit Teil des römischen Staates zu werden. Doch in dieser ihrer Eigenschaft hielt Rom sie fest in der Hand, indem es ihre Freiheit im Bundesvertrag völkerrechtlich beschränkte. Das war nicht schwer, da diese Bindung einer beiderseitigen Interessenverflechtung entsprach; denn kolonisiert wurde immer nur in Feindesland, und ohne den politischen Rückhalt an Rom hätte keine dieser Kolonien eine Zukunft gehabt.

Die Methoden, mit denen Rom sein politisches Wesen ausbildete, zeigen freilich nur die eine Seite der historischen Voraussetzungen seines Aufstieges. In der Politik zählt eben nicht allein das eigene Handeln, sondern ebenso die Situation, in die es hineinwirkt, und in dieser Hinsicht kamen Rom in der italischen Phase seiner Geschichte die unentwickelten politischen und kulturellen Verhältnisse Italiens entgegen.

Schon die Tatsache, daß das Land in zahlreiche, voneinander erheblich unterschiedene Volksgruppen und erst recht politische Einheiten zerfiel, gab einer aktiven Kraft einen verhältnismäßig großen Spielraum. Die Etrusker zur Zeit der römischen Expansion waren nur noch ein Schatten ihrer einstigen Größe, und die Griechen in Italien griffen niemals recht über den von ihnen besetzten Küstensaum hinaus. So fanden die Römer, einmal zu einer gewissen Größe emporgewachsen, unter den Stadtstaaten Italiens keine wirklichen Rivalen vor. Ein solcher trat ihnen erst in den Samniten entgegen. Der Kampf mit ihnen wurde denn auch zum Kampf um die römische Suprematie in Italien. Aber die Samniten waren kein Stadtstaat, sondern blieben auch während ihrer Expansion in Stammesverbänden organisiert. So schwer den Römern die Auseinandersetzung mit Samnium wurde und so langwierig sie sich gestaltete, letztlich lag auf ihrer Seite — schon auf Grund ihrer städtischen Gemeindestruktur — die stärkere Kräftekonzentration. Einmal in einem größeren Rahmen entwickelt, mußte das städtische Prinzip seine Überlegenheit beweisen. Die Samniten kannten keine starke Monarchie, die aus ihnen eine ständig aktionsfähige Einheit gemacht hätte. So zogen sie schließlich den kürzeren und mußten den Römern nicht nur den Sieg, sondern auch die Herrschaft über Italien belassen. Durch äußere Koalitionen — sie haben nicht gefehlt — war der Begrenzung der inneren Anlage nicht beizukommen. Sie hätten, um wirksam zu werden, ohnehin eines viel weiter ausgebildeten »internationalen« Verkehrs bedurft. Als Pyrrhos kam und eine breite Front gegen Rom errichtete, war es aber schon zu spät. Er war auch durch die besonderen Umstände seiner merkwürdigen Position in Italien gehemmt.

Alles dies hätte sich in der weltpolitischen Phase nach 264 ganz anders abspielen können und wäre gewiß auch anders verlaufen, wenn der Westen des Mittelmeerraums in das hellenistische Staatensystem einbezogen gewesen wäre. Daß er dies nicht war, erlaubte Rom, sich während des Zweikampfes mit Karthago der westlichen Mittelmeerhälfte zu bemächtigen. Der Kampf war schwer und lang genug, um das Urteil zuzulassen, daß nach einer pluralistischen Koalitionsarithmetik Rom die Auseinandersetzung kaum gewonnen hätte. Die unglaublichen Fehler der hellenistischen Großmächte, die Rom geradezu den Weg nach dem Osten eröffneten, mag der Leser der Darstellung in diesem Band entnehmen. Aber auch ohne sie wäre das Rom nach der Niederwerfung Karthagos einem nicht zu solidarischer Einheit zusammengefügten Osten auf die Dauer überlegen gewesen. Letztlich waren die Würfel über dessen Schicksal schon mit Zama (202) gefallen. Nur hätte die Überwindung des Ostens durch Rom nicht ganz so leicht zu werden brauchen. Daß die Entscheidung in zwei verhältnismäßig kurzen und nicht allzu schweren Waffengängen fiel, stellt der Stärke des politischen Hellenismus nicht eben das beste Zeugnis aus. Innerhalb eines Jahrzehnts hatte die Weltgeschichte einen Tatbestand verzeichnet, der nicht mehr zu revidieren war: die für viele Jahrhunderte unerschütterlichen Grundlagen des Römischen Weltreiches waren gelegt. Dieses Faktum aber ist ebensowenig selbstverständlich wie die Ereignisse, die es herbeiführten. Darüber nachdenken heißt an die letzte fundamentale Voraussetzung der römischen Größe rühren, seine Weltherrschaft. Sie ist zugleich die für unsere Geschichte interessanteste, denn sie birgt in sich die Frage nach der universalhistorischen Rolle Roms.

Wer sich der berechtigten Skrupel gegen eine teleologische Deutung der Weltgeschichte zu erwehren vermöchte, hätte es nicht schwer, die römische Weltherrschaft als eine sinnvolle Planung des »Weltgeistes« aufzufassen. Alle wichtigen Faktoren — ihrer Entstehung sowohl wie vor allem ihrer Stabilität — scheinen bereitgelegen zu haben, und der Beitrag, den jeweils die Partner leisteten, könnten den Eindruck erwecken, der eine wäre auf den anderen abgepaßt gewesen: entscheidend für die Weltherrschaft Roms wurde sein Verhältnis zum griechischen Osten. Im Westen war das Problem schon mit der Begründung der römischen Herrschaft über Italien gelöst. Durch Italien, das zu einer politischen und mit der Zeit auch »nationalen« Einheit verklammert worden war, besaß Rom eine derartige Überlegenheit innerhalb der Staatenwelt des westlichen Mittelmeeres, daß ihm aus diesem Kreis kein ernsthafter Rivale mehr erstehen konnte. Der Kampf gegen Karthago bot die Probe aufs Exempel. Nach der Überzeugung des Schreibers dieser Zeilen wurde der langwierige Erste Punische Krieg auch auf römischer Seite mit der mehr oder weniger klaren Absicht durchgehalten, diese neue politische Größe »römisches Italien« zu erhärten und ihr in der Bewährung nach außen den letzten Grad von Realität zu verleihen. Hannibal war ein Versuch, das Rad der Weltgeschichte zurückzudrehen. Und von Karthago abgesehen, war das politische Leben im Westen viel zuwenig entwickelt. Weder die Iberer noch die Kelten waren auch nur im entferntesten imstande, mit einiger Aussicht auf Erfolg gegen Rom politisch etwas zu unternehmen.

Mit dem Osten war das ganz anders. Die politischen Traditionen Griechenlands waren alt, und der Hellenismus Asiens hatte die noch viel älteren des Vorderen Orients in sich aufgenommen. Zivilisatorisch-geistig lag der Vorsprung der anderen Seite deutlich vor aller Augen und wurde auch von den Römern selbst anerkannt. Warum unterlag aber dieser griechische Osten?

War hier nur persönliches Unvermögen im Spiel, wie es angesichts der beiden Antagonisten Roms, Philipps V. und Antiochos' III., scheinen könnte? Eine solche Antwort wäre recht kurzschlüssig. Nicht nur deshalb, weil ungeachtet ihrer Fehler gerade diese zwei in der Reihe der hellenistischen Könige keine »Versager« waren. Vor allem anderen aber wäre damit dem personalen Element in der Geschichte zu weiter Raum gegeben. Auch der Einzelne tritt nicht von ungefähr an seinen geschichtlichen Platz. Die Fälle, in denen er durchschnittliche Erwartungen in einem absoluten Sinn zu täuschen vermag, sind ganz seltene Ausnahmen und verwehren auch dann nicht einer sorgfältigen Analyse die Einsicht in die überpersonalen Bedingtheiten.

Aber bei Philipp V. und Antiochos III. ist die Lage gar nicht so außergewöhnlich; wenn sie geschlagen wurden, so widerfuhr ihnen dieses Schicksal nicht nur als Personen, sondern ihre Niederlage war ebenso die des von ihnen vertretenen Systems. Der politische Hellenismus verriet in der Stunde seines Falles, was im Grunde schon bei seiner Geburt unter Alexander klar war: er war nicht aus dem Wurzelreich der politischen Überlieferung Griechenlands erwachsen, sondern war, aus fremdem Erdreich kommend, diesem einfach übergestülpt worden und daher unfähig, die politischen Kräfte von Hellas sich zu integrieren. So ließ er die griechische Stadt, nach wie vor die wirtschaftliche und gesellschaftliche Basis des griechischen Lebens, als politischen Verband zumeist verkümmern oder warf sich gar wie in Makedonien zu ihrem Gegenspieler auf. Trotzdem war sie noch eigenständig genug, sich nicht in einen homogenen Untertanenverband einschmelzen zu lassen. Infolgedessen war die Organisation der hellenistischen Monarchien in bezug auf das wichtigste Element ihrer Staaten höchst labil, sofern sich die Städte nicht überhaupt ein solches Maß an Unabhängigkeit bewahrt hatten, daß sie sich als selbständige oder halbselbständige politische Größen behaupten konnten, freilich ohne dabei ein eigenes wirkungskräftiges Potential zu entwickeln.

Auf jeden Fall traf Rom in der griechischen Stadt auf keinen nennenswerten Gegner mehr. In der Breite der unteren politischen Organisation des griechischen Ostens bildete sich und konnte sich kein wesentlicher Widerstand gegen die römische Invasion bilden. Er blieb auf die monarchische Spitze beschränkt, und diese ließ sich verhältnismäßig leicht kappen. Das griechische Stadtbürgertum vertauschte mit den Römern nur die eine Abhängigkeit gegen eine andere und bot sich den Römern in dem erfreulichen Status einer bereits weitgehend entpolitisierten Existenz. Man könnte denken, die hellenistische Geschichte hätte nichts mehr sich angelegen sein lassen, als der römischen Herrschaft den Weg zu bahnen.

Der so von langer Hand vorbereiteten Anpassung entsprach umgekehrt eine Roms an das Griechentum. Sie wurde zum schlechthin entscheidenden Faktor, weniger für die Erwerbung der Weltherrschaft als für ihre dauernde Stabilisierung. Gemeint ist die Gräzisierung des römischen Geistes. Politisch äußerte sich dieses bekannte Faktum in dem Umstand, daß die Römer als Herren des griechischen Ostens keine völlig Fremden waren, sondern die geistige Überlieferung des Griechentums auch als die ihrige betrachteten, ganz abgesehen davon, daß der gebildete Römer — wie etwa die Notabeln, die im Namen Roms den Osten regierten — seit dem 2. vorchristlichen Jahrhundert selbstverständlich die griechische Sprache beherrschte. Der zugrunde liegende Vorgang scheint einfach genug zu sein, um sich anstandslos als ein Zeugnis für die hellenisierende Kraft des Griechentums auszuweisen. Er entspräche dann der Überlagerung des Nahen Ostens und seiner alten einheimischen Kulturen durch die griechische Geistigkeit während des Hellenismus, und zweifellos handelte es sich bei Rom wenigstens zum Teil um dasselbe Phänomen. Rom und Italien wurden in der Tat hellenisiert. »*Graecia capta victorem cepit*«, so formuliert Horaz diesen Tatbestand, und sein Hinweis auf das unterworfene Griechenland hat nicht zufällig den Hellenismus im Auge. Dennoch geht die Rechnung in dieser Weise nicht ganz auf.

Die griechischen Kultureinflüsse im Westen sind weit älter und beginnen in der Hauptsache schon in archaischer Zeit. Das betrifft nicht nur etwa Rom, sondern in weit höherem Maße das übrige Italien, vor allem den Süden und Etrurien, das durch seine weite Ausstrahlung eine Zeitlang geradezu zu einem Vermittler der griechischen Kultur wurde. Bedeutsam ist, daß trotz der langen Vorbereitungszeit der Hellenismus es doch nicht vermochte, Italien zu einer griechischen Kulturprovinz zu machen, wie ihm das anderswo gelungen ist. Das wichtigste Symptom dafür war, daß er ihm nicht die eigene schriftliche Sprachfähigkeit rauben konnte. Wenn das in Italien nicht möglich war, dann erst recht nicht in Rom, und in der Tat bildeten die Römer eine eigene Schriftsprache aus. Allerdings war, was sie mit ihr an höherer Bildung zum Ausdruck brachten, zum größten Teil griechischer Herkunft. Die lateinische Literatursprache wurde nur zum Gefäß für Inhalte, die ohne Griechenland gar nicht denkbar waren.

Die Einbürgerung der geistigen Gesittung Griechenlands in Rom machte aus den Römern keine Griechen, sondern weitete den griechischen Kulturkreis zu einer griechisch-römischen Kulturgemeinschaft aus und schuf damit die Voraussetzung für eine griechisch-römische Symbiose, die zum bestimmenden Zug der antiken Geschichte wurde. Da die Römer der bislang durch die Griechen vertretenen abendländischen Zivilisation hinzuwuchsen, blieb diese nicht nur unzerstört, sondern erhielt sogar die Chance für weiteres Wachstum. Im Spiegel der den Römern zugefallenen Weltherrschaft sah die Sache so aus, als ob ihr wie eine selbstverständliche Mitgift ein homogenes und allgemein verbindliches zivilisatorisches Substrat in die Wiege gelegt worden wäre. Der »Römische Erdkreis« *(orbis Romanus)* wurde von innen her eine Einheit, ohne daß Rom hierauf besondere Energien verwendet hätte. Sie war eine Erbschaft, die es lediglich zu verwalten galt, ein Kapital, das in dem Zeitraum der römischen Expansion gar nicht hätte angesammelt werden können. Die Größe Roms beruhte zum wesentlichen Teil auf der Stabilität ihrer Weltherrschaft. Aber die Römer waren da mehr die Empfangenden als die Gebenden. Wenn die Herrschaft Roms weniger Kraft absorbierte als Kraft freisetzte und eher einem von den Untertanen getragenen Verwaltungsorganismus als der Oktroyierung eines fremden Willens glich, dann war das die Folge einer außerordentlichen geschichtlichen Konstellation.

Was die Römer selbst hierzu beitrugen, war im Grunde wenig genug. Sie gaben sich einfach, wie sie waren, und machten keinen Hehl daraus, daß ihnen eine eigene geistige Ausrüstung fehlte. Sie wandten lediglich einen evidenten Mangel ihrer Konstitution ins Positive. Das hat eine gewisse Ähnlichkeit mit dem Gewinn, den sie in der Politik aus ihrer genetischen Rückständigkeit zogen. Ein wenig zugespitzt läßt sich dieser Sachverhalt dahin formulieren, daß die Römer die Nutznießer ihrer strukturellen Nachteile wurden, daß ihre »Größe« auf einer Armut an inneren Möglichkeiten beruhte. Der griechische Geist konnte sich auf diese Art geradezu in einem ausgesparten Leerraum einnisten. Zu verdrängen hatte er nichts, weder eine eigenständige Kunstübung noch eigenständige Literaturformen, von theoretischer Wissenschaft und von Philosophie ganz zu schweigen.

Einen Ansatz zu selbständigem geistigem Bemühen ließ in der frühen Zeit nur die Tätigkeit des Pontifikalkollegiums erkennen, und in der Tat ergibt sich hieraus ein Hinweis auf die einzige originelle Leistung des römischen Geistes. Was die *pontifices* an Kasuistik des religiösen Rituals niederschrieben, war zwar, so wichtig es für einen begrenzten Abschnitt der römischen Geschichte gewesen sein mag, keineswegs dazu berufen, Epoche zu machen. Aber die Kunst, praktische Tatbestände nach ihrer formalen Seite hin zu analysieren, wurde der Lebensnerv der römischen Rechtswissenschaft. Sie ist denn auch diejenige Leistung des römischen Geistes geworden, die trotz aller Einflüsse von griechischer Seite aus genuinen römischen Wurzeln erwachsen ist.

Aber ebenso spiegelt die äußere Gliederung der römischen Geschichte, nicht nur die historische Funktion ihrer Kräfte, den universalhistorischen Bezug deutlich wider. Die Zweiteilung in Republik und Kaiserzeit, an sich eine verfassungsgeschichtliche Unterscheidung und allein nur von begrenztem Aussagewert, zeigt in der Republik das Werden der römischen Weltherrschaft, vor allem das Hineinwachsen Roms in den griechischen Osten an; in der Kaiserzeit stellt sie das ausgebaute Reich vor und mit ihm die Organisation der griechisch-römischen Weltzivilisation. Jene bedeutet eine dynamische Epoche, diese hat ausgesprochen statischen Charakter.

Ein dritter Abschnitt bezeichnet das Ende des Römischen Reiches und damit der römischen und der antiken Geschichte überhaupt. Er beginnt mit dem Ende des 3. Jahrhunderts und läuft dann in einem Dämmern aus, welches das Aushauchen des Altertums und die Anfänge des Mittelalters verhüllt. Dieser im einzelnen schwer zu fassende Prozeß führte zum politischen Untergang der westlichen Reichshälfte, weil sie nicht mehr die Regenerationsfähigkeit aufbrachte, welche die in den vielfältigen und vielschichtigen Auseinandersetzungen des 4. und 5. Jahrhunderts erlittenen Substanzverluste hätte ausgleichen können. Dieser »Untergang« ist im übrigen ein einmaliges Phänomen der Weltgeschichte, das nirgendwo sonst noch einmal begegnet. Spengler sowohl wie Toynbee maßen ihm — zu Unrecht — allgemeine Gültigkeit zu und konstruierten sich nach ihm ein vermeintlich auf die gesamte Weltgeschichte anwendbares Modell.

Was wir von dem gewaltigen Stoffgebiet der römischen Geschichte kennen, ist das Ergebnis wissenschaftlicher Bemühungen, die verhältnismäßig weit zurückreichen. Die Beschäftigung damit ist bedeutend älter als die Arbeit an der griechischen Geschichte. Daß man sich den Römern nicht nur auf dem Wege des Ästhetischen nähern konnte, war bereits der Renaissance klar. Schon das exakte Verständnis der wichtigsten Schriftsteller schloß eine solche Einseitigkeit aus. Livius und Sallust, Cicero und Tacitus mußten ohne Kenntnis der von ihnen verwendeten politischen und verfassungstechnischen Begriffe unzugänglich bleiben. Deshalb wurden die staatlichen Einrichtungen Roms schon früh studiert, worüber sich im 16. und noch im 17. Jahrhundert eine ausgedehnte gelehrte Literatur ausließ. Eine Geschichtsschreibung aber, die sich den Römern gewidmet hätte, wurde — auf den ersten Blick überraschenderweise — wenig gepflegt. Doch das Motiv ist einleuchtend. Die Humanisten verehrten die von ihnen zum Teil neu entdeckten römischen Historiker viel zu sehr, als daß sie mit ihnen in Konkurrenz hätten treten wollen. Erst als die intellektuelle Bildung nicht mehr ausschließlich humanistisch war und über den Kreis derer, die das Lateinische beherrschten, hinausreichte, kam das Bedürfnis auch nach einer Darstellung der römischen Geschichte auf. Zu Anfang des 18. Jahrhunderts war es dann so weit, daß sich zumeist Franzosen daranmachten. Schon ihre Arbeiten verrieten, daß die gesamte römische Geschichte sich in einem Werk nur schwer bewältigen ließ; Republik und Kaiserzeit fallen bereits bei ihnen auseinander. Die bedeutendste geistige Leistung dieser historiographischen Periode war der Kaiserzeit und der Spätantike gewidmet. Gibbons »History of the Decline and Fall of the Roman Empire« (1776—1788) steht ebenbürtig neben den für die Aufklärung klassischen Geschichtswerken Voltaires und hat im Gegensatz zu jenen noch weit in das 19. Jahrhundert hinein wissenschaftliche Geltung behalten.

Die moderne geschichtswissenschaftliche Forschung, angeführt von der eindrucksvollen Gestalt Barthold Georg Niebuhrs (1776—1831), bemächtigte sich zuerst der frühen römischen Republik. Was Niebuhr leistete, strahlte weit über das begrenzte Sachgebiet hinaus. Es wurde das Modell für die Geschichte als Wissenschaft, das heißt für ein geistiges Bemühen, das nicht nur zu den letzten Erkenntnisgrundlagen zurückgreift, also durch Verständnis und Kritik die Herrschaft über die historischen Quellen zu gewinnen trachtet, sondern zugleich einen weiten Plan für die geschichtlichen Erscheinungen absteckt und in mannigfaltiger Schichtung ihre Wirklichkeit zu erfassen sucht. Dieser großzügige Ansatz Niebuhrs ist um so erstaunlicher, als ihm auf seinem eigentlichen Arbeitsgebiet, der älteren römischen Geschichte, nicht nur ein dauernder Erfolg versagt blieb, sondern, wie man später erkannte, auch die heuristischen Voraussetzungen fehlten. Sie waren nirgends ungünstiger als gerade da, wo wir fast ausschließlich auf eine sehr späte und in hohem Grade verfälschende Tradition angewiesen sind.

So mußte nach Niebuhr noch einmal ganz von vorn begonnen werden. Daß dies für den Gesamtbereich der römischen Geschichte, also nicht nur für den von Niebuhr bearbeiteten Teil, dank dem Wirken eines einzigen Gelehrtenlebens gelang, ist eine der erstaunlichen Seiten an der imposanten Erscheinung Theodor Mommsens (1817–1903). Neben seiner gigantischen Arbeitskraft, die in rund sechzig Jahren niemals erlahmte, befähigte ihn hierzu seine souveräne Herrschaft über das Quellenmaterial (zu dem allerdings damals noch nicht das archäologische zählte). Er besaß sie, weil er sowohl juristisch wie philologisch gebildet war, wobei ihm die Rechtskenntnisse vielfach erst den sachlichen Zugang öffneten. Seine philologische Gelehrsamkeit ließ ihn in ganz ursprünglicher Weise mit den literarischen Denkmälern Umgang pflegen. Vor allem bekam er in dieser Kombination das Werkzeug in die Hand, die inschriftlichen Urkunden zu entschlüsseln. Er entwickelte nicht nur die heute noch gültige Methode zu ihrem Verständnis und ihrer Kritik, sondern führte auch selbst (mit seinen Mitarbeitern) ihre Edition durch. Die Wissenschaft von der römischen Geschichte zeigt noch heute, über ein halbes Jahrhundert nach Mommsens Tod, auf Schritt und Tritt die unmittelbaren Spuren seines Zugriffs. Man ist beinahe versucht, sie als sein Geschöpf zu betrachten. Bei der geringen Aussicht auf eine wesentliche Vermehrung unseres Quellenmaterials wird sich daran auch in Zukunft wohl kaum etwas ändern.

In diesem Grundriß seiner wissenschaftlichen Existenz war Mommsens berühmte Römische Geschichte nicht von Hause angelegt. Noch in jungen Jahren geschrieben, war sie das Fazit seiner Erkenntnisse von der republikanischen Geschichte Roms. Bei Caesar brach er sie ab und setzte sie später, ungeachtet eines Bandes über die Provinzen des Römischen Reiches, den er ihr äußerlich – als fünften Band unter Auslassung des nie geschriebenen vierten – angliederte, nicht mehr fort. Darüber hinaus ist das Werk eines der eindrucksvollsten Zeugnisse für die geschichtliche Verständnismöglichkeit des 19. Jahrhunderts. Seine glänzende Diktion sicherte ihm bis heute auch außerhalb der Fachkreise eine Leserschaft. Seine Konzeption als Ganzes entging zwar nicht dem unvermeidlichen Schicksal, von den späteren zum Einsturz gebracht zu werden, nachdem sie lange fast kanonische Geltung besessen hatte. Trotzdem ist sie bis jetzt noch nicht durch eine neue ersetzt worden. Selbst eine nur dem Umfang nach mit der Mommsenschen vergleichbare Darstellung ist nach ihm nicht mehr gelungen. Wer, zumal im deutschen Sprachbereich, eine eingehende Schilderung dieser zeitweise höchst dramatischen Ereignisse lesen will, dem bleibt nichts anderes übrig, als sich an Mommsen zu wenden.

Für die Kaiserzeit hat es niemals etwas Analoges gegeben, was kein Zufall ist. Die mannigfachen Aspekte, welche die Geschichte eines Weltreiches bietet, das zugleich eine geschlossene Zivilisation in sich birgt, konnten schon früher nicht von einem Einzelnen bewältigt werden; sie spotten heute, im Zeitalter der Spezialisierung, erst recht jedem individuellen

Vermögen. Um so glücklicher wurde der Umstand, daß nach dem Ersten Weltkrieg Michael Rostovtzeff mit seiner »Wirtschafts- und Sozialgeschichte des Römischen Reiches« für die drei ersten nachchristlichen Jahrhunderte eine großzügige Darstellung schuf. Sie läßt unter dem Blickwinkel eines wichtigen Ausschnittes doch so viel von dem Ganzen erscheinen, daß sie stellvertretend in die Lücke treten kann.

Noch offener ist die Forschungssituation für die Spätantike. Als Übergangszeit untersteht sie schon der Kompetenz mehrerer wissenschaftlicher Disziplinen: die antike Geschichte, die Mediävistik und die Byzantinistik teilen sich in sie. Gegenüber den grundlegenden Veränderungen, die sie im Gesellschaftsaufbau und – infolge der Christianisierung des Reiches – auch im geistigen Klima brachte, rückt beinahe die gesamte vorangegangene griechisch-römische Antike, trotz ihrer zeitlich weiten Streuung, zu einer Einheit zusammen. Auf einmal hat sich so viel verändert, daß – zu Unrecht – der Eindruck entstehen könnte, diese Epoche gehöre gar nicht mehr zum Altertum. Aber auch davon abgesehen stellen sich jetzt eine Menge Fragen, die früher nicht hätten aufgeworfen werden können und die deshalb eine recht weitgehende Umstellung des historischen Interesses erfordern. Wissenschaftsgeschichtlich gesehen ist das Gebiet zwar nicht im Rückstand, aber doch weniger ausgeschöpft als andere Themen der alten Geschichte. Die Fluchtlinien unserer Vorstellung sind infolgedessen noch nicht so festgelegt wie in der übrigen römischen Geschichte. Deshalb pflegt die durchschnittliche Orientierung über diese Zeit bedeutend blasser zu sein als sonst, obgleich der Fachmann mit einer verhältnismäßig reichen Tatsachenfülle anzutreten vermag.

Alle diese sachlichen und methodischen Divergenzen zwischen den verschiedenen Themen einer römischen Geschichte stellen sich dem berechtigten Wunsch entgegen, sie von vornherein als Einheit zu sehen. Der Begriff einer »römischen« Geschichte, im strengen Wortsinne genommen, wird schon für die Kaiserzeit problematisch. Er ist es erst recht, nachdem Rom selbst in der Spätantike zu einer fast atavistischen Größe geworden war. Der Leser unserer Weltgeschichte muß sich deshalb von vornherein mit einer gewissen Verständniswilligkeit gegenüber der unvermeidlichen Heterogenität der einzelnen Kapitel wappnen und darf sich nicht wundern, wenn seinen Erwartungen nicht allerseits entsprochen wird. Er ist auch darauf aufmerksam zu machen, daß eine Darstellung, wie sie die gegebene Tatsachenfülle erfordern würde, den Raum eines einzigen Bandes sprengen müßte. Unter diesem Notstand hat vor allem die sogenannte kulturgeschichtliche Zeichnung zu leiden gehabt; wer ihre Kargheit bedauert, dürfte wohl – nicht ganz mit Unrecht – bemerken, daß manche Andeutungen eine kräftigere Untermalung vertragen hätten. Doch das praktisch Mögliche ist oft der Feind des Idealen.

Am schmerzlichsten hätte man es wohl empfinden müssen, wenn die Geschichte der römischen Republik von innen her auseinandergefallen wäre; sie bietet nun tatsächlich ein recht geschlossenes Geschichtsdrama. Die drei Bearbeiter, die sich in ihre Schilderung teilen, können für sich zwar nicht die Vorzüge einer einzigen Person in Anspruch nehmen, doch durften sie sich von der Überzeugung getragen fühlen, kraft sachlicher Übereinstimmung einander nahezustehen und damit eine relative Einheit für diese Partien zu verbürgen.

Jochen Bleicken, ein jüngerer Gelehrter, der mit seinen Arbeiten zu den wenigen seiner Generation gehört, die in der Geschichte der römischen Republik heimisch sind, hat sich in seiner Darstellung der frühen römischen Geschichte mit Recht darauf eingestellt, mit Hilfe klarer Konturen die wichtigsten Daten herauszuarbeiten und damit dem Verständnis der folgenden Geschichte ein tragfähiges Fundament zu verschaffen. Da wir ohnehin über diese Periode sehr ungenügend unterrichtet sind, bedeutet seine kurzgehaltene Schilderung nicht einmal einen Verzicht. Sie bringt vielmehr in adäquater Weise zum Ausdruck, was wir von den Dingen im besten Falle wissen können. Sein Rückgriff auf die italische Vor- und Frühgeschichte ist mit Rücksicht auf den einschlägigen Beitrag (Band I) kurzgehalten. Auch bei den italischen Griechen durfte er sich durch die betreffende Partie im Griechenlandband entlastet sehen. Im übrigen läßt sich über die italischen Komponenten in der römischen Geschichte, deren Problematik schon der junge Mommsen erkannte, beim besten Willen keine eingehende Darstellung geben. Unsere Quellen kennen in Italien zumeist nur die Römer.

Wilhelm Hoffmann, dem wir wichtige Erkenntnisse über die römische Politik gegenüber Karthago verdanken und der letzthin mit einer aufschlußreichen Biographie Hannibals hervorgetreten ist, zieht als unser Berichterstatter des römischen Imperialismus behutsam die Innenseite der äußeren Fakten ans Licht. Er ist damit einem Thema auf der Spur, das nicht nur für unsere Geschichte wichtig ist; seit Jahrzehnten ist es in der Wissenschaft eine offene Frage, was die Römer eigentlich zu ihrer Expansion veranlaßt habe und weshalb sie an den entscheidenden Punkten kein Gefühl der Saturiertheit aufkommen ließen. Das hätte durchaus nahegelegen, da sie selbst von Annexionen (außerhalb Italiens) nichts wissen wollten.

Daß der folgende Beitrag über die Revolutionszeit so umfangreich geworden ist wie die beiden vorausgehenden zusammengenommen, obgleich er nur einen Zeitraum von hundert Jahren behandelt, muß auf den ersten Blick recht paradox erscheinen. Doch die Sache verhält sich nicht von ungefähr so und hat schon immer zu ähnlicher Proportionierung geführt. Von den drei Bänden der Mommsenschen Römischen Geschichte sind zwei diesem Abschnitt gewidmet. Es ist die Zeit der großen Krise, die wir nach Mommsens Vorschlag seit hundert Jahren als »Revolution« zu bezeichnen uns angewöhnt haben. Solche Prozesse, die kraft der Größe Roms welthistorische Ausmaße annahmen und schließlich die ganze Welt (im damaligen Sinn) in ihren Strudel hineinzogen, erfordern erhöhte Aufmerksamkeit und genauere Betrachtung, aus dem einfachen Grunde, weil die historische Zeit in ihnen an Ereignissen und Gestalten fruchtbarer war als in eher ausgeglichenen Perioden. Nirgendwo sonst findet sich eine solche Fülle wichtiger Persönlichkeiten in gleicher zeitlicher Drängung. Es sind zugleich diejenigen Männer der römischen Geschichte, die sich bis heute die stärkste Leuchtkraft erhalten haben und über die der Leser einer Römischen Geschichte klare Auskunft erwarten darf.

Die Darstellung ist bemüht, die Aktionen möglichst plastisch herauszuarbeiten und die leicht verwischende Abstraktion zu vermeiden. Dies ist um so eher angezeigt, als die Handelnden einem nicht den Gefallen tun, ihre Gedanken auf das tatsächliche Telos der Entwicklung hin zu formulieren. Der Reiz liegt nicht zuletzt in der Betrachtung des Vorganges, daß subjektiv begrenzte Vorstellungen und Unternehmungen schließlich zu einem vom konkreten Sinn ganz unabhängigen Ergebnis führen.

In die römische Kaiserzeit werden unsere Leser von einem der besten Kenner ihrer Gesellschafts- und Personengeschichte eingeführt. Hans-Georg Pflaum hat sich seit Jahrzehnten darauf verlegt, das ungeheure Inschriftenmaterial aus dieser Zeit zu sichten und daraus Aufschlüsse über die wichtige Schicht zu gewinnen, welche die kaiserliche Verwaltung trug. Bei seiner Darstellung ist er allerdings peinlich bestrebt, das Publikum nicht mit persönlichen Liebhabereien zu behelligen. Gegenüber der Unmöglichkeit, das bunte Spektrum des ganzen Reichskörpers in dem ihm zur Verfügung stehenden Raum abzubilden, hält er sich an die bewährte Methode, die einschlägigen Phänomene dem pragmatischen Ablauf der Ereignisse unterzuordnen. So kommt unser Band in den Genuß einer vollständigen Kaisergeschichte, wie es sie seit einem halben Jahrhundert nicht mehr in der deutschen wissenschaftlichen Literatur gegeben hat. Der letzte, der dies zu Anfang unseres Jahrhunderts leistete, war Alfred von Domaszewski mit seiner einst berühmten, unterdessen aber längst veralteten »Geschichte der römischen Kaiser«.

Auf diese monographische Weise wird also der weite Zeitraum von drei Jahrhunderten umrissen. Der Leser wird leicht das Generalthema der Epoche ausfindig machen, an dem sich sämtliche Kaiser zu orientieren hatten. Das römische Kaisertum, das ja keine Erbmonarchie war, sah sich in der Form des Prinzipats darauf angewiesen, mit den Notabeln, zuerst Italiens und dann des ganzen Reiches, sich ins Benehmen zu setzen. Das war dem Gründer des Kaisertums während seiner langen Regierung gelungen. Doch seine Nachfolger im 1. Jahrhundert hatten, aus den verschiedensten Gründen, darin weniger Glück, so daß die chronische Krise, die sich mit Nero zu einer Katastrophe zuspitzte, auch später, selbst von einem so tüchtigen Mann wie Vespasian, nicht völlig gemeistert wurde. Erst mit dem von Nerva und Trajan inaugurierten »humanitären Kaisertum« wurde ein stabiler Ausgleich erreicht. Mit Commodus ging er dann wieder verloren und ließ sich auch unter der Severischen Dynastie nicht wiederherstellen. Sie war vielmehr nur Übergang zu einer dauernden Revolution des Reichsgefüges, in dem die nackte Gewalt den Ausschlag gab. Die fünfzig Jahre von 235 bis 284 werden deshalb mit einigem Recht als die Phase der »Soldatenkaiser« gekennzeichnet. Als sie vorbei waren, stellte sich freilich der alte Zustand nicht wieder ein; es entwand sich dem Chaos der auf Systematisierung und Legitimierung der Gewalt beruhende spätantike Zwangsstaat.

Sowenig unsere Weltgeschichte der Ort ist, ein auf weitläufige Beschreibungen angelegtes Panorama der Kaiserzeit zu entwerfen, sowenig kann sie darauf verzichten, die historisch wichtigste geistige Potenz ins angemessene Licht zu rücken. Der Leser wird es deshalb begrüßen, daß in Carl Schneider ein Theologe das Christentum in die Geschichte einordnet, der wie heute kaum einer zu dieser Aufgabe berufen ist. Mit der griechischen Geistesentwicklung wohl vertraut und ohne jegliche dogmatischen Vorurteile der historischen Forschung verpflichtet, wie er es in seinem großen Werk über die »Geistesgeschichte des antiken Christentums« gezeigt hat, läßt er das antike Christentum aus seinen beiden Wurzeln, dem Judentum und dem Griechentum, erstehen und verschafft damit dem Leser noch den besonderen Vorteil, die geistes- und religionsgeschichtlichen Strömungen der

Kaiserzeit kennenzulernen, nachdem in dem betreffenden Kapitel dieses Thema im Hinblick auf seine mögliche Verbindung mit dem Christentum ausgespart worden war. Schneiders Darstellung reicht bis Konstantin, enthält aber in seinem Kapitel über den Origenismus bereits die Elemente, die in der späteren Kirchengeschichte, als sie sich mit der profanen verquickte und fast nur im Zusammenhang mit ihr in Erscheinung trat, höchste Aktualität gewannen.

Der Charakter unserer Weltgeschichte als Universalgeschichte macht es nötig, auf das Ende des Altertums und seinen Übergang in die folgende Periode einen besonders scharfen Akzent zu setzen. Die Spätantike – und damit das früheste Mittelalter – wird deshalb dem Leser nachdrücklich aus der Feder zweier Autoren vorgestellt. William Seston verfolgt die Linie vom Einsatz der Spätantike bis zum Untergang des Reiches im Westen, mit deren Hauptthemen, der Regeneration des 4. Jahrhunderts und dem in Begleitung der Völkerwanderung eintretenden Zusammenbruch der westlichen Reichshälfte im 5. Jahrhundert, eine deutliche Thematik gesetzt ist. Unter den weitreichenden Problemen, die er in den Griff nimmt, ist die Christianisierung des Reiches nur eines. An der unkonventionellen Art, mit der er Konstantin den Großen und die an ihn anschließende Entwicklung behandelt, wird der Leser von selbst die Souveränität seines Standpunkts spüren und die kritischen Durchblicke, die er ihm allenthalben eröffnet, als Zeugnisse einer denkenden und zum Mitdenken auffordernden Geschichtsbetrachtung zu würdigen wissen. Berthold Rubin, durch sein großes Werk über Kaiser Justinian als bedeutender Kenner der frühbyzantinischen Geschichte ausgewiesen, stellt dagegen das Ende der Antike mit dem Blick auf den Osten dar, dem die Aufrechterhaltung der politischen Kontinuität beschieden war. Diese Spaltung des historischen Schicksals bildet das Fazit der römischen und überhaupt der antiken Geschichte. Mit ihrer Darstellung ist der Leser in die Grenzzone geführt, die sowohl Abschluß wie Neubeginn bedeutet.

Jochen Bleicken

ROM UND ITALIEN

Die italische Halbinsel. Erste Besiedlung

Nimmt man sich eine Bevölkerungskarte der Apenninenhalbinsel aus frührepublikanischer Zeit vor, so fällt gegenüber anderen Landstrichen des Mittelmeerraumes die Buntscheckigkeit auf, mit der eine Vielzahl von Völkern über die Halbinsel verstreut ist, von Völkern, die zum Teil einander sehr fremd sind und die trotz ihrer Verschiedenartigkeit nicht in großen kompakten Gruppen nebeneinander leben, sondern auseinandergerissen oder miteinander verwoben sind.

Diese Gruppierung von Stämmen und Völkern auf der Apenninenhalbinsel ist das Ergebnis einer langen Entwicklung, die nicht nur die Ur- und Frühgeschichte durchzieht, die Zeit also, aus der direkte oder indirekte literarische Zeugnisse fehlen, sondern ebenso diejenige Periode, welche eine breit fließende Überlieferung ins klare Licht der Geschichte erhebt. Der letzte Einbruch fremder Völker traf die Apenninenhalbinsel im 4. Jahrhundert; es waren die Kelten, die noch einmal die politische Karte Italiens entscheidend veränderten.

Die besondere Lage und Beschaffenheit der italischen Halbinsel hat manches zu der Buntheit ihrer Bevölkerung beigetragen. Ihre langgestreckte Lage inmitten des Mittelmeerbeckens machte sie schon früh allen seefahrenden Völkern bekannt, und ihre fruchtbaren Küstenebenen, welche das die ganze Halbinsel durchziehende Apenninengebirge frei läßt, forderten zur Besiedlung auf. Ihr Klima schließlich war weit angenehmer als heute; der fortschreitende Rückgang des Eises am Ende der Eiszeit und der starke Abbau des Waldbestandes – als Bau- und Verbrennungsmaterial und beschädigt von den die jungen Bäume benagenden Ziegenherden – ließen das Klima Italiens heißer und trockener werden. So wurden die Poebene, Apulien, Kampanien und die Toskana schon früh das Ziel auswandernder Völker, dagegen weniger die latinische Ebene, die zum großen Teil sumpfig war und zur Besiedlung wenig einlud. Vor dem unmittelbaren Einbruch von der Landseite, vor allem von Norden, war Italien durch die Barriere der Alpen geschützt, deren schmale und hohe Pässe zwar Händlern und kleineren Volksgruppen, jedoch nur schwer größeren Stämmen Einlaß in die Poebene bieten konnten. Aber sowohl von Westen über die Küstenstraße wie vor allem von Osten war die Bewältigung des Gebirgsmassivs auch größeren Menschenmassen möglich; der Paß des Birnbaumer Waldes in den Julischen Alpen war eine offene Einfallspforte für die Einflüsse aus dem südosteuropäischen Raum. Die geographisch zur italischen Halbinsel gehörigen großen Inseln Sizilien, Sardinien und Korsika haben seefahrende Völker natürlich ebenso zur Besiedlung gereizt wie das Festland und das an Küstenebenen reiche Sizilien; die schmale Meerenge von Messina bot den Bewohnern des Festlandes keinerlei Hindernis. So stand Sizilien schon in frühgeschichtlicher Zeit in engsten Beziehungen zu Unteritalien.

Bei dieser Sachlage überrascht es nicht, daß die archäologischen Funde aus ur- und frühgeschichtlicher Zeit der Apenninenhalbinsel sehr vielgestaltig sind. Das Material – in erster Linie Keramik, Geräte, wie Waffen und Hausrat, Grabanlagen und die Reste von Häusern und Siedlungen – zeigt eine ungleich primitivere Stufe als im Osten. Einflüsse der höherstehenden Kulturen stießen hier nur auf geringen Widerstand und gaben dem prähistorischen Italien ein außergewöhnlich komplexes Gesicht. Wenn sich auch auf Grund der archäologischen Hinterlassenschaft bestimmte Kulturkreise fixieren lassen, so ist es doch schwer, das Schicksal einzelner Kreise weiterzuverfolgen. Ändern sich etwa in dem Gebiet eines in sich geschlossenen Kulturkreises Art und Form der Funde, dann ist nicht immer klar, ob sich dabei starke Einflüsse von außen oder der Einbruch eines neuen Volkes ausgewirkt haben. Die Lage wird noch besonders undurchsichtig dadurch, daß fast niemals ein plötzlicher Wandel zu beobachten ist, sondern meist sich Neues mit Altem mischt.

Die ältesten Zeugnisse einer Besiedlung Italiens stammen aus dem Neolithikum, also aus der zweiten Hälfte des dritten Jahrtausends. Damals war das gesamte Mittelmeerbecken noch mehr oder minder eine kulturelle Einheit, und so rechnen wir die frühesten Bewohner Italiens ganz allgemein dem mediterranen Kulturkreis zu. Charakteristisch für diese Zeit ist die rohe, aus Faschinen und Lehm errichtete Hütte auf kreisrundem Grundriß und ein bestimmtes Ornament der primitiven Gebrauchskeramik, der Spiralmäander. In der beginnenden Metallzeit machen sich vor allem Einflüsse aus Spanien geltend. Die in ganz Westeuropa weit verbreitete »Glockenbecherkultur«, so benannt nach einem in der Regel unverzierten, glockenförmigen Gefäß, dringt über Südfrankreich nach Oberitalien vor. Der nördliche Teil der Poebene, von der Lombardei bis Venetien, ist ferner gekennzeichnet durch eine eigentümliche Art der Behausung, durch die Pfahlbauten, die übrigens schon in der Jungsteinzeit auftauchen und sich vor allem an den Seen, den Flüssen und in den sumpfigen Niederungen des Po und seiner Nebenflüsse finden.

Über Gesittung und Lebensweise der Menschen dieser Zeit wissen wir sehr wenig. Durch das archäologische Material ist zunächst gesichert, daß sie ihre Toten bestatteten, nicht verbrannten. Großartige Grabbauten aber haben sie im allgemeinen nicht errichtet, wie überhaupt die Lebensweise im westlichen Mittelmeergebiet dieser Zeit recht bescheiden gewesen sein muß. Waffen und gewisse Gerätschaften beweisen, daß es neben Jagd und Fischfang schon eine einfache Art von Ackerbau und Viehhaltung gegeben hat. Das Rind verwendete man als Zugtier. Wie wir Felszeichnungen besonders aus Ligurien entnehmen können, kannte man zumindest in der frühen Metallzeit bereits den Pflug. Es ist vielfach behauptet worden, daß diese ältesten Siedler des Mittelmeerraumes mutterrechtlich organisiert waren, so vor allem von Johann Jakob Bachofen, dem Baseler Gelehrten und Initiator dieser Theorie. Danach hätten sich in der vorindogermanischen Mittelmeerwelt nicht nur die Kinder in der Namengebung nach der Mutter gerichtet, sondern überhaupt wäre der Frau in Familie und Gesellschaft eine beherrschende Rolle zugekommen (Gynaikokratie). Obwohl manches dieser Annahme recht zu geben scheint, sind wir doch bei dem Stand unserer Kenntnisse gezwungen, uns zurückzuhalten und darauf zu verzichten, mit Hilfe der Ethnologie und billiger Analogieschlüsse Licht in eine Zeit zu bringen, die nicht zu erhellen ist.

Diese vorindogermanische mediterrane Bevölkerung hat sich in einigen Landschaften Italiens bis in historische Zeit gehalten; sie hatte sich in unwirtliche, schwer zugängliche Gebiete zurückgezogen, wohin ihr die andringenden Einwanderer nicht folgen mochten oder konnten. Die Ligurer in den gebirgigen Gegenden um Genua sind beispielsweise direkte Nachkommen der mediterranen Urbevölkerung. Sie hielten bis gegen Ende der Republik zäh an ihrer Sprache und Lebensweise fest. Daß das Stammesgebiet der Ligurer einmal sehr viel größer gewesen war, beweist die Ortsnamenkunde. Ortsnamen, die auf *-asca* oder *-asco* ausgehen, sind der ligurischen Sprache zuzurechnen; sie finden sich nicht nur im späteren Siedlungsgebiet der Ligurer, sondern allenthalben in Oberitalien und überhaupt in Westeuropa. Vermutlich waren also die Ligurer einmal aus dem Westen nach Italien gekommen. Ein anderes vorindogermanisches Volk können wir nur noch in den Ortsnamen aufspüren. Das sind die Pelasger, wie sie die Alten nannten, die noch eine Erinnerung an sie bewahrt haben. Namen mit einem *-ss*-Suffix oder mit einem *nth*-Element sind pelasgisch. Sie scheinen über den gesamten Schaft der Halbinsel verbreitet gewesen zu sein. Vielfache Entsprechungen dieser Namen mit solchen aus dem Osten weisen darauf hin, daß die Pelasger mit der Urbevölkerung des griechischen Mutterlandes, der Ägäis und Westkleinasiens verwandt sind. Auch das gebirgige Innere Siziliens, ein typisches Rückzugsgebiet, wurde von einem mediterranen Restvolk bewohnt: den Sikanern; auch sie hielten sich bis tief in die historische Zeit hinein.

In der frühen Metallzeit und in der Bronzezeit (etwa 2000–1100 v. Chr.) ging die jungsteinzeitliche Entwicklung ohne Bruch in neue Formen über. Auf Grund archäologischer Funde unterscheidet man auf der Apenninenhalbinsel zwei große Kreise, einen nördlichen, den »Padanischen Kreis«, der die Poebene mit ihren gebirgigen Randgebieten umfaßt, und einen südlichen, den »Apenninischen Kreis« auf dem Schaft der Halbinsel. Im Apenninischen Kreis herrscht während der gesamten Bronzezeit noch ganz die mediterrane Kultur; mannigfache Einflüsse aus dem Westen und dem balkano-danubischen Raum führen dann zu einer allgemeinen Durchdringung mit verschiedenen mediterranen Elementen.

Wichtiger sind die Veränderungen im Padanischen Kreis. Hier tritt eine Kultur auf, die sich unter den bislang beobachteten sehr fremd ausnimmt und die denn auch zu weitreichenden gelehrten Kombinationen angeregt hat. Es handelt sich um die »Terramare-Kultur« mit dem Zentrum am Nordabhang des Apennins in der Emilia. Ihre Träger sind Pfahlbauern, die ihre Siedlungen noch mit einer Wallanlage sicherten. In bestimmten Schichten finden sich glänzend schwarze Gefäße, doppelkonisch mit Buckel- und Riefenschmuck. Diese Ware hat im mediterranen Raum keine Entsprechung, sie ähnelt hingegen aufs stärkste der gleichzeitigen Keramik des mitteleuropäischen Ostens. Hinweise auf Beziehungen zum nordalpinen Raum geben die Violinbogenfibel, bestimmte Waffen, wie Dolche und Schwerter, und vor allem Darstellungen des Pferdes, das im mediterranen

Kreis gänzlich unbekannt war. Auch Brandgräber kommen in Terramareschichten vor. Zweifellos haben wir es hier mit einem starken Einbruch nordalpiner Einflüsse in die Poebene zu tun, möglicherweise waren es sogar nicht nur Einflüsse, sondern der erste große Vorstoß indogermanischer Völkerscharen auf die Apenninenhalbinsel, der allerdings ohne dauernde Wirkung blieb.

Die neuen Formen finden sich vor allem in den frühen Terramareschichten, etwa seit Ende des 18. Jahrhunderts v. Chr. Am Ausgang der Bronzezeit gleicht sich dann die Terramare-Kultur der einheimischen Umgebung an. Wenn die Terramareleute also tatsächlich der erste Schub von Indogermanen waren, so sind sie in der Urbevölkerung aufgegangen. Immerhin haben sie den Boden für eine stärkere Überwanderung bereitet. Übrigens zeigt nicht allein die Terramare-Kultur den Einfluß des Nordens, im gesamten Pogebiet finden sich vielfach nordalpine Kulturelemente, die auf rege Beziehungen zwischen Oberitalien und dem Südosten Mitteleuropas hinweisen.

Indogermanisierung

In der Hochbronzezeit wird der mitteleuropäische Raum von der »Hügelgräberkultur« beherrscht, so benannt nach ihrer eigentümlichen Bestattungsweise. Gegen Ende der Bronzezeit entsteht in ihrem Siedlungsgebiet unter dem Einfluß der östlich angrenzenden »Lausitzer Kultur« eine neue große Kultur, deren Träger im Gegensatz zu früher ihre Toten verbrennen und die Urnen in großen Friedhöfen beisetzen. Diese »Urnenfelderkultur« wird nun expansiv, wir sprechen von der Urnenfelderwanderung, und stößt vor bis nach Westfrankreich und Südostengland, nach Katalonien in Spanien, auf den Balkan und auch nach Italien. Der Aufbruch der Urnenfelderleute ging nicht freiwillig vonstatten, sondern war von starken Völkerscharen erzwungen worden, die aus dem innerasiatischen Raum nach Westen vordrangen. Bei diesen Völkern handelte es sich um Ostindogermanen, die bei ihrem Vordringen nach Osten auf mittelasiatische Reitervölker gestoßen waren und von ihnen nach Westen zurückgedrängt wurden.

Die »Große Wanderung« war kein auf kurze Zeit beschränkter Stoß. Völker oder Volksteile brachen auf, schoben sich ein Stück weit vor und ließen sich dort eine Zeitlang nieder; dann zogen sie, von anderen Völkern gedrängt, weiter. Dieser Vorgang dauerte Jahrhunderte. Der Beginn dieser Erschütterungen liegt um das Jahr 1200 v. Chr., die Apenninenhalbinsel wurde aber erst hundert bis hundertfünfzig Jahre später von der allgemeinen Unruhe erfaßt. Auf der Wanderung war ein Stamm natürlich mancherlei kulturellen Einflüssen anderer wandernder Stämme oder der besiegten Urbewohner ausgesetzt. So übernahmen etwa die Ostindogermanen von den Reitervölkern Asiens die Verwendung des Pferdes im Kampf, und die Ostindogermanen gaben diese Kenntnis weiter an die mitteleuropäischen Kulturen. Im Zuge der Großen Wanderung wird die Verwendung des Pferdes als Reittier dann auch im mittelländischen Raum heimisch.

Die verwirrenden Vorgänge der Wanderungszeit machen es so gut wie unmöglich, die wandernden Völker nach ihrer archäologischen Hinterlassenschaft ethnologisch zu bestimmen; auch die verschiedenen Etappen ihrer Wanderung sind kaum zu rekonstruieren. Erst wenn sie ihre späteren Sitze eingenommen haben, sind die einzelnen Völker mit Sicherheit zu unterscheiden. Es scheint sich jedoch — vor allem mit Hilfe der Sprachwissenschaft, besonders der Ortsnamenkunde — ein wesentliches ethnisches Merkmal der Großen Wanderung herauszukristallisieren. Mit ziemlicher Gewißheit nämlich läßt sich sagen, daß den Illyrern bei deren Beginn und Verlauf entscheidendes Gewicht zukommt.

Illyrisches Volkstum findet sich nicht nur in den Gebieten, wo sich Illyrer schließlich als geschlossene Gruppen niedergelassen haben, wie in Jugoslawien, Venetien und Apulien. Illyrische Namen sind auch allenthalben über den mittleren und östlichen Mittelmeerraum verstreut anzutreffen. Die Illyrer haben demnach die Zusammensetzung vieler wandernder Völkerschaften weitgehend beeinflußt. Nicht nur zwangen sie schwächere Völker, ihre Sitze zu verlassen, sondern sie haben auch andere Stämme mit ihrem Volkstum durchsetzt, modifiziert und gestärkt. Oftmals ließen sie sich in Splittergruppen innerhalb fremder Stämme nieder und wanderten als Unterstamm mit diesen weiter. Solche Völker mit illyrischen Splittergruppen sind dann im Laufe der Jahrhunderte in gegenseitigem Geben und Nehmen zu einem Stamm mit einheitlicher Sprache und Kultur zusammengewachsen.

Die Illyrer waren also ein sehr aktives, aktivierendes Element der Wanderung. Dem entspricht ihre Bedeutung zu Beginn der Wanderzeit. Die Vorfahren der Illyrer sind nämlich mit größter Wahrscheinlichkeit in den Trägern der Lausitzer Kultur zu suchen, eben jener Kultur, die durch Einwirkung auf die westlich benachbarte Hügelgräberkultur entscheidend zu dem Entstehen der Urnenfelderkultur beitrug, welche wiederum die Unruhe in Mitteleuropa auslöste. Als die am weitesten östlich sitzende Gruppe hatten die Illyrer auch als erste den aus den Weiten Rußlands kommenden Wanderungsstoß auszuhalten, und so dürften auch sie es gewesen sein, welche die Urnenfelderwanderung in Gang setzten. Infolge der direkten Berührung der Illyrer mit den von Osten heranströmenden Völkern wurden sie aus erster Hand mit der Reitkunst und anderen östlichen Kulturelementen vertraut. Überall, wo später Illyrer saßen, bezeugt die archäologische Hinterlassenschaft diese östliche Komponente des Illyrertums.

Die Illyrer waren wahrscheinlich auch die ersten, die während der Großen Wanderung in die Apenninenhalbinsel eindrangen und sich als geschlossene Gruppen in der östlichen Poebene und in Apulien niederließen; beides Landschaften mit weiten Ebenen und daher besonders für die Pferdezucht geeignet; die Illyrer Italiens waren ihrer Pferdezucht wegen berühmt. Die illyrischen Veneter besiedelten gegen Ende des zweiten Jahrtausends den Osten der Poebene und gaben dieser Landschaft den Namen. Nicht nur die Verwandtschaft ihrer Keramik, Waffen und Geräte mit der Lausitzer Kultur und ihre Bekanntschaft mit der östlichen Kultur weist sie als Illyrer aus, wir besitzen auch viele Sprachdenkmäler, die mit dem, was wir von der illyrischen Sprache wissen, auf das engste verwandt sind. Illyrische Ortsnamen in Venetien vervollständigen das Bild. Illyrisch sind vor allem die Namen mit einem -*st*-Element. Tergeste (Triest) ist ebenso wie Ateste (Este) ein illyrischer Name.

In Apulien ist das Bild etwas komplexer. Das mag zum Teil darauf zurückzuführen sein, daß die Einwanderung dorthin vom Balkan her über See erfolgte, der Weg also länger und damit die Möglichkeit kultureller Beeinflussung durch andere Völker größer war, und schließlich, daß der Weg über See eine Einwanderung in geschlossenen Gruppen unmöglich machte. Später finden wir im Norden Apuliens die Daunier, in Mittelapulien die Peuketier, beide zusammen auch als Iapygen bezeichnet. Sowohl die Iapygen als auch die weiter südlich am Tarentinischen Golf sitzenden Sallentiner sind sicher illyrischen Ursprungs. Das beweisen wieder zahlreiche inschriftliche Zeugnisse und die Ortsnamen. Die Verwandtschaft etwa in Keramik und Gerätschaften mit den Venetern ist unverkennbar, wenn sich auch in Apulien mannigfache andere Einflüsse geltend machen. Vor allem sind die Beziehungen Apuliens zu den Illyrern auf der östlichen Seite des Adriatischen Meeres deutlich sichtbar. Die Messapier in der Südostecke Apuliens hingegen können wir nicht ohne weiteres den Illyrern zurechnen. Sie scheinen aus illyrischen und ägäischen Elementen gemischt zu sein. Wir haben es also mit einem typischen Produkt der Wanderung zu tun, einer Wanderung, deren Hauptmerkmal eben nicht der Aufbruch und die Landnahme einzelner geschlossener Völkerschaften ist, sondern das Ineinanderschieben der Stämme und Kulturen, die kulturelle Beeinflussung und gegenseitige Durchdringung.

Wie die Stämme Apuliens hat auch eine andere illyrische Gruppe auf dem Wege über das Meer neues Land gesucht: im Westen Siziliens ließen sich die Elymer nieder. Das berühmte Segesta ist von ihnen gegründet, sein Name ein illyrischer Name. Die Sage von Aeneas, der von Troia auf vielen Irrwegen nach Italien gelangte, bewahrt vielleicht eine Erinnerung an die Wanderung der Elymer. Der Ostteil der Insel war damals schon von den Sikulern besetzt, deren Herkunft wir nicht bestimmen können, die aber möglicherweise ebenfalls indogermanischen Ursprungs sind. Sikuler und Elymer haben die mediterranen Ureinwohner Siziliens in langen Kämpfen in das Innere der Insel gedrängt, wo sie noch in historischer Zeit sitzen.

Nach dem, was über die Bedeutung der Illyrer für die Wanderung gesagt wurde, haben wir überall in Italien mit illyrischen Kulturelementen oder mit kleinen und kleinsten Gruppen illyrischen Volkstums zu rechnen. Es überrascht daher nicht, wenn nach Ausweis der Denkmäler auch bei den Pikentern illyrische Elemente anzutreffen sind. Die Landschaft Picenum im östlichen Mittelitalien nahm seit der Einwanderungszeit eine ziemlich eigenständige Entwicklung; sie zeigt wieder eine typische Mischkultur der Wanderzeit. Wahrscheinlich kamen auch die Pikenter über das Adriatische Meer. Auch bei dem italischen (sabellischen) Volk der Päligner in Mittelitalien trifft man auf illyrischen Einfluß. Namenszeugnisse und Sprachreste bestätigen, daß die Päligner ursprünglich ein illyrisches Volk waren, ehe es durch Überschichtungen in jüngerer Zeit italisiert wurde, übrigens ein weiterer Beleg dafür, daß die Illyrer die erste große Einwanderungswelle in Italien gebildet haben. Illyrische Ortsnamen finden sich schließlich auch in Kampanien, Samnium und sogar in Latium. Beneventum im Gebiet der Hirpiner in Samnium etwa hieß ursprünglich Maluentum, ein illyrischer Namenstyp mit -nt- oder -nd-Element, den es in Apulien häufig gibt (Brundisium, Tarentum, Hydruntum, heute Brindisi, Taranto, Otranto). Auch der Name der latinischen Stadt Praeneste (Palestrina) ist illyrischen Ursprungs, sogar

Mittelitalien

ein berühmtes römisches Geschlecht, das der Terentii Varrones, führte einen illyrischen Beinamen.

Der Überblick über das illyrische Element auf der Apenninenhalbinsel hat den außergewöhnlich starken Einfluß dieses Volkes gezeigt. Die Stärke des illyrischen Elements in Italien steht nun in umgekehrtem Verhältnis zu der Bedeutung dieses Volkes für die Geschichte der Halbinsel. Die Illyrer waren nie ein ernsthafter Gegner Roms. Anscheinend haben sie ihre ganze Kraft in der Wanderung erschöpft oder sie in Einflußnahme und Verschmelzung anderen Völkern abgegeben und diese dadurch aktiviert, selbst aber immer mehr an Substanz verloren. Als Volk, das immer zu geben geneigt war, sind sie zum großen Teil in anderen Völkern aufgegangen; und dort, wo sich illyrisches Volkstum in größeren Gruppen hielt, wie in Venetien und Apulien, hatte es – immer fremden Kulturen gegenüber offen – nicht mehr die Kraft, sich der andringenden Nachbarn mit Nachdruck zu erwehren.

Die Illyrer waren die eine große Gruppe, welche die Bevölkerungskarte der italischen Halbinsel in der Wanderungszeit veränderten. Die andere Gruppe waren die Italiker. Noch schwerer als bei den Illyrern ist der Weg der Italiker zu verfolgen, auf dem sie in ihre Wohnsitze auf der Halbinsel gelangt sind. Später können wir zwei Gruppen von Italikern unterscheiden. Es waren einmal die zahlreichen »umbro-sabellischen« Stämme, so benannt nach ihren beiden stärksten Vertretern. Die Umbrer saßen am weitesten im Norden in der Emilia, in der Toskana und in Umbrien, welcher Landschaft sie den Namen gaben. Am weitesten südlich in den gebirgigen Gegenden des mittleren Apennins saßen die Samniten, die zu den Sabellern rechnen. Zwischen ihnen und den Umbrern, im Hochapennin, siedelte eine ganze Anzahl kleinerer sabellischer Stämme, die Sabiner, Marser, Päligner, Marrukiner und andere, die sich trotz mannigfacher Übereinstimmung stark in Sprache und Gesittung unterscheiden, wie es auch die Reste der Sprachdenkmäler erkennen lassen. Der umbrische Dialekt ist von dem im Süden gesprochenen oskischen recht verschieden, und selbst die oskischen Dialekte zeigen untereinander starke Besonderheiten. Die Differenzierung der vielen Stämme der Umbro-Sabeller liegt zu einem Teil wohl schon vor der endgültigen Niederlassung. Die mannigfachen Einflüsse während der Wanderzeit mögen dann den einen Teil des wandernden Stammes stärker als den anderen getroffen haben. Und schließlich die Umwelt der neuen Heimat: die besiegten Ureinwohner, die Nachbarstämme und illyrischen Volksteile haben jeweils besondere Einflüsse auf die einzelnen Gruppen der Eindringlinge ausgeübt; die Zerrissenheit der Apennin-Landschaften tat noch ein übriges zu dieser Sonderentwicklung. Und schließlich bildeten sich neue Stämme auch aus Gruppen, die den zu eng gewordenen Raum des Mutterstammes verließen und sich eigenes Land eroberten. Von den Samniten kennen wir die Sitte, daß im Frühjahr häufig die junge Mannschaft ausgeschickt wurde, um sich neue Sitze zu suchen. *Ver sacrum* hieß dieser Auszug, der »Heilige Frühling«; heilig deswegen, weil sich die ausziehenden jungen Leute eine Schutzgottheit erwählten und sich ihr auf Leben und Tod weihten. Der Gott verkörperte sich den Auswanderern in einem heiligen Tier, das sie als Symbol mit sich trugen und nach dem sie sich einen Namen gaben. So ist zum Beispiel der große, südlich des samnitischen Kerngebietes gelegene Stamm der Hirpiner entstanden (*hirpus*, oskisch Wolf).

Aschenurne der Villanova-Kultur in Hüttenform
Fund aus einer Nekropole in Vulci, 9./8. Jahrhundert v. Chr. Rom, Villa Giulia

Kopf des etruskischen Gottes Tinia (?)
Tonplastik aus Conca, 5. Jahrhundert v. Chr. Rom, Villa Giulia

Die zweite, wesentlich kleinere Gruppe der Italiker sind die Latino-Falisker. Die Latiner siedelten an der unteren Tibermündung und in der latinischen Ebene, das kleine Volk der Falisker am rechten Tiberufer, in der ersten großen Schleife dieses Flusses. Trotz enger Verwandtschaft mit den Umbro-Sabellern müssen wir diese Gruppe als eigenes Volk betrachten.

Der Überblick über die italischen Stämme wirft natürlich die Frage auf, wo und wann wir sie als Einwanderer archäologisch nachweisen können und ob es möglich ist, die einzelnen Gruppen in ihrer Hinterlassenschaft, der Keramik etwa und den Waffen, zu unterscheiden und vielleicht sogar ihre spätere Differenzierung zu begründen.

Bald nach dem Erscheinen der Illyrer in Venetien und Apulien erkennen wir auch in Mittelitalien Merkmale eines neuen, archäologisch von den früheren Kulturen unterscheidbaren Kulturkreises, den wir nach einem der Hauptfundorte bei Bologna »Villanova-Kreis« nennen. Wieder tauchen die charakteristischen Formen des Nordens und Nordostens auf: Griffzungenschwert und Griffzungendolch, auch die Violinbogenfibel und in späteren Schichten die entwickelteren Formen der Diskus-, Sanguisuga- und Schlangenfibel. Obwohl die Verwandtschaft mit den Formen anderer Einwanderer, etwa der Illyrer, sehr eng ist, hat der Villanova-Kreis doch eine eigenständige Entwicklung. Eine typische Form ist die Urne, ein doppelkegelförmiges, mit Ritzmustern verziertes Gefäß, dem oft statt eines Deckels ein Helm aufgesetzt ist. Auch Urnen in Hausform mit rundem oder viereckigem Grundriß sind gefunden worden. Die Träger der Villanova-Kultur haben ihre Toten in der Regel verbrannt und die Urnen in kleinen viereckigen, durch Steinplatten geschützten oder aus kleinen Schächten bestehenden Gruben (Pozzo-Gräbern) beigesetzt. Doch fehlen auch Bestattungen nicht, diese meist in einer mit Steinreihen umgebenen Grube (Fossa-Gräber). Wie bei den Illyrern ist auch im Villanova-Kreis die östliche Komponente der Wanderungszeit stark ausgeprägt. Mannigfache Tiergestalten als Schmuck und zahlreiche Hinweise auf eine entwickelte Pferdezucht sind entsprechende Belege.

Die neuen Formen der Villanova-Kultur setzen etwa um 1000 v. Chr. ein und prägen das Bild bis in das 4. und 3. Jahrhundert, also bis in die römische Zeit. Obwohl vielfältigen Veränderungen ausgesetzt, erfährt die Entwicklung dieser Kultur keinen Bruch mehr. Die Fundstatistik lehrt, daß der Schwerpunkt der Villanova-Kultur anfangs weiter südlich lag und von hier aus nach Norden und Süden ausgriff. In der Blüte der Kultur ist das Zentrum in der Emilia und Toskana zu suchen, ihre Ausstrahlungskraft reichte aber sehr viel weiter, vor allem nach Süden und Südosten. Darum fällt die Identifizierung der Villanova-Kultur mit den Italikern oder einschränkend mit der umbro-sabellischen Gruppe der Italiker nicht schwer. Der Kern der Kultur hätte dann im späteren Siedlungsgebiet der Umbrer gelegen, und die Toskana und andere Teile des Apennins wären von hier aus besiedelt worden. Sosehr diese Vorgänge im einzelnen korrigiert werden mögen, im Prinzip wird das gewonnene Bild richtig sein.

Schwieriger ist der archäologische Nachweis der zweiten großen Gruppe der Italiker, der Latino-Falisker. Es scheint, daß im latinisch-kampanischen Raum sich eine Mischkultur gebildet hat, die neben Elementen der Villanova-Kultur sowohl solche ganz offenbar illyrischen Ursprungs als auch andere mit stark autochthonen Zügen enthält; von dem letzten zeugen zahlreiche Abbauformen der alten mediterranen Kultur. Erstaunlich ist das Vorkommen reiner mitteleuropäischer Formen, die auf einen letzten, späten Schub von Einwanderern schließen lassen. Noch häufiger als im Villanova-Kreis finden sich Verbrennung und Bestattung nebeneinander. Obwohl in manchen Siedlungsgebieten die Verbrennung vorherrscht und in anderen die Bestattung, wird man heute nicht mehr, wie man es früher getan hat, auf Grund des Grabritus auf eine ethnische Differenzierung schließen. Wie so oft bei der Wanderungszeit stehen wir immer wieder vor der Tatsache, daß ein und dasselbe Volk, offenbar ohne Aufgabe seines Volkstums, die verschiedensten Formen in Keramik, Hausgerät und Bestattungsriten entwickelt hat, so daß es uns heute unmöglich ist, mit archäologischen Kriterien die einzelnen Völker in diesem Gebiet, also etwa die Latiner von den Faliskern oder die Latiner von den Sabinern, zu unterscheiden.

Die Sprachwissenschaft und die Kenntnis gewisser Einrichtungen und Gewohnheiten der Latiner geben uns hingegen vielleicht einen Hinweis auf die Zeit der latinischen Einwanderung und auf den Weg, den ihr Zug vermutlich genommen hat. Auf den Wanderungsweg weist die Entdeckung einiger Felsinschriften in der Val Camonica hin, einem Alpental westlich des Gardasees. Die Inschriften in einer frühen Stufe der lateinischen Sprache stammen aus einer Zeit, als Rom dieses Gebiet noch nicht unterworfen hatte. Danach haben die Latiner einmal in Oberitalien gesessen, was seine Bestätigung findet in gewissen Übereinstimmungen zwischen der venetischen und der lateinischen Sprache. Die Latiner sind also während ihres Aufenthaltes in Oberitalien mit den Venetern in Berührung gekommen; wahrscheinlich haben die Veneter die Latiner vor sich her geschoben, wobei es zu gegenseitigen Entlehnungen gekommen ist. Daraus ergibt sich auch, daß die Latiner vor den Venetern in Italien waren, also eine ältere Schicht der Einwanderung darstellen. Das wird wiederum dadurch bestätigt, daß die Latiner zu einem Zeitpunkt, als sie in dem Durcheinander der Völkerbewegungen und -verschmelzungen schon zu einem festen Volkskörper zusammengewachsen waren, weder den Gebrauch des Eisens noch das Pferd als Reittier kannten. Verbote über die Verwendung des Eisens im römischen Kultus und das Reitverbot für einige altehrwürdige Priesterämter und Magistrate lassen darauf schließen, daß die Latiner Eisen und Reitkunst erst sehr spät übernahmen und diese Neuerungen dann aus religiösen Gründen bestimmten Personen vorenthielten. So richtig heimisch wurde jedoch die Reitkunst bei den Römern niemals, immer blieben sie darin den Italikern und Illyrern unterlegen, denen diese Kunst in der harten Zeit der Wanderung in Fleisch und Blut übergegangen war. Bis in die späteste Zeit der römischen Geschichte blieben die Römer für ihre Reiterei auf die Kontingente der Hilfsvölker und Bundesgenossen angewiesen.

Mehr vermögen wir über Zeit und Weg der latinischen Einwanderung nicht zu sagen. Immerhin bestätigt das archäologische Bild von Latium das soeben gewonnene Ergebnis. Die Inschriften der Val Camonica und die späte Verwendung von Eisen und Reitpferd weisen die Latiner als verhältnismäßig frühe Einwanderer aus, und die mannigfachen Formen ihrer ausgesprochenen Mischkultur geben Zeugnis von den lang anhaltenden und vielfältigen Einflüssen, die sich dem im latinischen Raum seßhaften Volk mitgeteilt haben.

Etrusker und Griechen

Nicht lange nach der Großen Wanderung, seit dem beginnenden 8. Jahrhundert, treten auf der italischen Halbinsel zwei weitere Völker auf, die für die Geschichte und die kulturelle Entwicklung Roms und der übrigen Völker Italiens große Bedeutung erlangen sollten: die Etrusker und die Griechen. Sie kamen aus dem Osten und fanden über das Meer den Weg nach Italien. Sie unterschieden sich von den Einwohnern Italiens, auf die sie stießen, vor allem durch die Stadtkultur, die sie aus der alten Heimat mitbrachten. Entsprechend bildeten sie nach der Einwanderung keine großräumigen Staaten, sondern gründeten zahlreiche Städte, die trotz mannigfacher Bande untereinander doch sämtlich selbständige politische Gebilde blieben. Die sizilische, süditalische und die westitalische Küste bis hinauf nach Kyme säumte bald ein Kranz griechischer Kolonien, die Etrusker überzogen die Toskana mit zahlreichen Städten. Griechen und Etruskern gemeinsam ist auch das rege Handelsinteresse und — damit zusammenhängend — eine ausgeprägte Handwerkskunst. Die Feindschaft der beiden Völker fand darin letzten Endes ihren Ursprung. Trotz dieser Konkurrenz bestanden zwischen ihnen enge kulturelle Beziehungen. Die Griechen waren dabei durchaus die Gebenden.

Die kulturelle Überlegenheit von Griechen und Etruskern konnte nicht ohne Wirkung auf die übrigen Völker Italiens bleiben. Besonders die Griechen haben die in dem Hinterland ihrer Küstenstädte sitzenden Stämme entscheidend beeinflußt, die Völker Apuliens, die Lukaner und Bruttier in Südost- und Süditalien und vor allem die Osker Kampaniens; in der Keramik und den Fresken kampanischer Gräber besitzen wir neben vielem anderen eindrucksvolle Zeugnisse dieser kulturellen Ausstrahlung der griechischen Stadtkultur. Die Wirkung der Etrusker machte sich besonders in Latium und in Kampanien bemerkbar.

Die unmittelbare Nachbarschaft von Etruskern und Latinern öffnete die einzelnen latinischen Siedlungen, darunter auch die Tiberstadt, zunächst dem etruskischen Einfluß. In seiner Frühzeit empfing Rom sogar fast ausschließlich vom Norden seine Anregungen, und insofern wird uns das etruskisch-römische Verhältnis später noch ausführlich beschäftigen. Mit den Griechen — deren nächstgelegene Stadt war Kyme am Golf von Neapel — bekam Rom erst sehr viel später direkten Kontakt. Trotzdem sind die Griechen für die kulturelle Fortentwicklung Roms sehr viel bedeutsamer gewesen als die Etrusker. Einmal nämlich war sehr vieles, was die Etrusker den Römern brachten, gar nicht originär etruskisch, sondern griechisches Kulturgut, das die Etrusker, um Nuancen modifiziert, nur weitergaben. So geht etwa das lateinische Alphabet auf ein etruskisches Alphabet zurück, das die Etrusker ihrerseits von Kyme übernommen hatten. Auch der griechische Tempel kam über die Etrusker nach Rom. Als die Römer mit der Ausbreitung ihres Herrschaftsgebietes dann auch räumlich den griechischen Städten näher rückten, entfiel natürlich die Vermittlerrolle der Etrusker.

Die Beeinflussung der Römer durch die Griechen kannte keine zeitlichen Grenzen. Die gesamte römische Geschichte ist eine einzige Periode der Durchdringung Roms mit griechischem Geist und griechischen Formen. Zeitweilig war die Ausstrahlungsfähigkeit der Griechen intensiver, zeitweilig schwächer, und es gab auch Perioden des bewußten Widerstandes gegen die fremden Strömungen. Doch stärker als dieser Konservativismus war auf die Dauer das Streben, das griechische Kulturgut in Rom heimisch zu machen. In der frühen Zeit stand besonders das religiöse Denken unter starkem griechischem Einfluß. Die großen Leistungen der Griechen in der Literatur haben die Römer hingegen erst sehr spät inspiriert. Als Griechenland schon längst den Höhepunkt seines geistigen Schaffens überschritten hatte, gab es in Rom noch immer keine Literatur. Die ersten, ganz von den Griechen abhängigen Versuche gehören erst der zweiten Hälfte des 3.Jahrhunderts, also einer Zeit an, in der Rom schon eine ganze Generation die Herrin Italiens war.

Über Ursachen und Verlauf der griechischen Kolonisation im Westen braucht hier nicht gehandelt zu werden, davon ist bereits in anderem Zusammenhang berichtet worden. Wir wenden uns daher den Etruskern zu. Über ihre Herkunft liegt ein rätselhaftes Dunkel. Es ist nicht zuletzt das Geheimnis ihres Ursprungs, das sie heute in den Blickpunkt des öffentlichen Interesses gerückt hat. Es kommt hinzu, daß mit dem Rätsel der etruskischen Heimat eine ausgesprochene Sonderstellung der etruskischen Kultur innerhalb Italiens verbunden ist. Die Lebensgewohnheiten des Volkes und seine religiöse Vorstellungswelt nehmen sich unter den Nachbarn in Italien ziemlich fremd aus. Dabei kann man den Etruskern nicht einmal ein hohes Maß an kultureller Eigenständigkeit und Originalität zusprechen. Sie sind notorisch abhängig von anderen Kulturen gewesen, und zwar in einem Maße, daß man schon von einer Kulturlosigkeit dieses Volkes gesprochen hat. Und eben dieses Fehlen eigenständiger, spezifisch etruskischer Formen erschwert die Lösung des Herkunftsproblems noch in besonderem Maße. Wir finden bei den Etruskern griechische, mittelitalische und selbst vorindogermanische Einflüsse. Zu einem guten Teil haben die Etrusker nicht einmal ihre Gebrauchsgegenstände selbst hergestellt, sondern sie einfach importiert. Weitaus der größte Teil aller griechischen Vasen der archaischen und klassischen Zeit, die wir heute besitzen, stammt nicht etwa aus Griechenland, sondern aus den Gräbern Etruriens. Trotzdem dürfen wir von einer etruskischen Kultur sprechen. Denn sosehr die Werke etruskischer Künstler und Handwerker von übernommenen Formen und Motiven abhängig sind, so tragen sie doch eine besondere Note, die in ihrer fremdartigen Eigentümlichkeit und Kraft Ausdruck einer spezifisch etruskischen Lebensart ist.

Schon in der Antike machte man sich über die Heimat der Etrusker Gedanken, und im Grunde ist man seitdem der Lösung dieser Frage nicht nähergekommen. Herodot wußte zu berichten, daß die Etrusker aus Kleinasien nach Italien gekommen seien; andere Historiker der Alten wollten wissen, daß sie schon immer auf der Apenninenhalbinsel gesessen hätten. Zwischen diesen beiden Versionen hat auch der moderne Gelehrte noch die Wahl. Im ganzen gesehen dürften jedoch die Argumente zugunsten einer Wanderung der Etrusker die überzeugenderen sein. Siedlungs- und Grabformen, vielleicht sogar die Sprache weisen nach dem Osten, nach Kleinasien und den Inseln der Ägäis. Zudem ist die etruskische Sonderentwicklung in Italien ohne die Annahme, daß sie von Einwanderern getragen war, ganz unmotiviert. Seit dem 9.Jahrhundert etwa und dann vor allem im 8.Jahrhundert tritt in der Toskana an die Stelle der hier verbreiteten Villanova-Kultur die früheste Stufe einer Kultur, deren spätere wir als die etruskische bezeichnen. Die Villanova-Kultur verschwindet zwar nicht ganz, anscheinend haben die Träger der neuen Kultur, eben die

Etrusker, die Einheimischen unterworfen und sich zur herrschenden Schicht aufgeschwungen.

Das Zentrum des etruskischen Siedlungsgebietes war die heutige Landschaft Toskana, welche denn auch von den Etruskern ihren Namen hat (lateinisch *Tusci* = Etrusker). Das politische Leben konzentrierte sich, wie im Osten des Mittelmeerbeckens, in der Stadt; mit dieser Form des Zusammenlebens waren die Etrusker allen anderen Völkern Italiens weit voraus. Allerdings brachten sie es ebensowenig wie die Griechen der Zeit zu einer starken, alle Städte einschließenden Organisation. Es gab zwar einen Bund etruskischer Städte mit einem Beamten an der Spitze, dem später zwölf Städte angehörten. Die Mitgliederzahl richtete sich wahrscheinlich nach dem Grad an Einfluß und Macht der einzelnen Städte. Politische Bedeutung hatte dieser Bund jedoch nicht; seine Versammlungen im *fanum Voltumnae* in der Nähe von Volsinii trugen vornehmlich religiösen Charakter. Außenpolitik, insbesondere die Kriegszüge, betrieb jede Stadt auf eigene Faust; bisweilen fand man sich natürlich zu gemeinsamem Kampf gegen einen auswärtigen Feind zusammen, aber häufiger siegte die Rivalität über nationale Gemeinsamkeiten. Die Macht der einzelnen Städte war recht unterschiedlich. Die Orte im Süden, wie Volci, Tarquinii, Caere und Veii, und an der Küste überragten an Bevölkerungszahl, Macht und Kultur die Städte im nördlichen und östlichen Etrurien; die Eisenerzvorkommen der Insel Elba mit ihrer Terraferma haben Vetulonia und Populonium reich werden lassen. Im Innern des Landes zählten Volaterrae, Arretium, Cortona und Clusium zu den bedeutendsten Städten. Der politischen Sonderentwicklung entsprechend gingen Architektur und Handwerk in den einzelnen Orten vielfach eigene Wege, und jede Stadt rückte eine besonders verehrte Gottheit in den Mittelpunkt ihres Kultes. In Veii beispielsweise war es die Uni, eine Göttin, die man später mit der römischen Iuno identifizierte.

Über die Organisation der Stadt wissen wir wenig. In der frühen Zeit hatte ein König, der Lucumo, alle Macht in seinen Händen. Seit dem 6. Jahrhundert wurde er allmählich von dem Regiment der vornehmen etruskischen Geschlechter verdrängt. Die große Masse des Stadtvolkes besaß keine politischen Rechte, vor allem natürlich nicht die unterworfene voretruskische Bevölkerung, zum großen Teil wohl italische Umbrer. Sie wird in einer Art Hörigkeit der Autorität der Geschlechter unterstanden haben.

Die archäologischen Zeugnisse geben uns immerhin einigen Einblick in das Leben einer etruskischen Stadt, natürlich in erster Linie in das der oberen Schicht der Gesellschaft. Wir erfahren von Spielen zu Ehren der Götter, von Gelagen, von Tänzen und Festen und gewinnen daraus die Überzeugung, daß die Etrusker ein außergewöhnlich lebensbejahendes, heiteres Volk gewesen sind; der Hang zum Wohlleben und Luxus ist ebenfalls unverkennbar. Vor allem im Gegensatz zu den Nachbarvölkern ist die Stellung der Frau bei den Etruskern bemerkenswert. Sie nahm gleichberechtigt neben dem Mann am gesellschaftlichen Leben teil. Wir sehen sie auf Fresken beim Bankett, beim Tanzen und als Zuschauerin bei den Spielen. Das konnte sich in Griechenland oder Rom keine Frau von Ansehen herausnehmen, und so mußte sich auch die etruskische Frau den Tadel der griechischen und römischen Historiker gefallen lassen; die moralischen Begriffe einer anderen Welt verfolgten sie bis auf den heutigen Tag.

Die Männer führten ein ausgesprochen aristokratisch gebundenes Leben. Kampf und Kampfspiele, Sport, Jagd und Fischfang füllten den Tag des vornehmen Etruskers aus. Daß in den niederen Schichten Handwerk und Gewerbe eine wichtige Rolle spielten, bezeugt die überreiche archäologische Hinterlassenschaft und deren teilweise hohe Qualität. Die ergiebigen Erzlager der Toskana förderten die Entwicklung einer reichhaltigen Schmiedekunst. Die etruskischen Bronzen waren berühmt und nicht minder die Goldschmiedearbeiten, von denen manches kostbare Stück auf uns gekommen ist. Das Handwerk bildete überhaupt einen gewichtigen Bestandteil der städtischen Wirtschaft, seine Erzeugnisse wurden bis in die fernsten Länder exportiert. Vor allem die Küstenstädte entwickelten sich zu bedeutenden Handelszentren. Etruskische Schiffe befuhren nicht nur die westlichen Küsten Italiens, sondern gelangten auch nach Südfrankreich und nach Spanien. Sie waren berühmt und gefürchtet zugleich, denn Seemacht zeigte sich häufig als Seeräuberei. Die Kunde von etruskischen Seeräubern drang bis in den Osten; die griechische Sage wußte von der Gefangennahme des Gottes Dionysos durch etruskische Piraten zu berichten und von dem göttlichen Strafgericht, das die Räuber auf ewig in Delphine verwandelte.

Außerhalb des Mauerrings jeder Stadt lag die Totenstadt (Nekropole), manchmal auch deren mehrere. An langen Straßen wurden die Toten in teilweise prächtig ausgestatteten Gräbern zur letzten Ruhe gebettet. Architektur und Ausstattung der Gräber wechseln häufig in den einzelnen Nekropolen, neben großen Kuppelgräbern finden sich einfachere Kammer- und Schachtgräber. Diese Nekropolen, ihre Bauten und die vielseitigen Malereien und Ausstattungsgegenstände vermitteln ein deutliches Bild von den ausgeprägten Jenseitsvorstellungen der Etrusker. Sie glaubten, daß nach dem Vollzug bestimmter Riten die Seele Anteil am Göttlichen erhielte und unsterblich würde; das Weiterleben der Seele nach dem Tode entspräche etwa dem Erdendasein. Deshalb legte man großen Wert auf die Grablegung des Toten. Wie ein Wohnhaus wurde das Grab mit verschiedenen Räumen, mit Bänken, Sesseln, Wandmalereien und mit den Gegenständen des häuslichen Bedarfs ausgestattet; die Seele des Dahingeschiedenen sollte an nichts Mangel leiden. Als Spiegelbild des Diesseits gab das Jenseits dem Toten ein Dasein, angefüllt mit Kampf und Lebensfreude. Die Fresken der Gräber schildern uns mannigfaltige Situationen des täglichen Lebens, und sie berichten von der Entführung der Seele in das Reich des Todes und von dem Leben im Jenseits.

In den letzten Jahrhunderten der etruskischen Geschichte stoßen wir auf eine bemerkenswerte Veränderung in der Haltung zum Jenseits. Die Furcht vor dem Tode hatte den Menschen gepackt. Die Unterwelt setzte nicht mehr das heitere Leben des Diesseits fort, sondern wurde, wohl unter dem Einfluß griechischer Vorstellungen, zum dunklen, finsteren, von grausamen Dämonen bewohnten Hades. Diese neue religiöse Grundhaltung entsprach gewiß dem allgemeinen politischen Niedergang der etruskischen Welt.

Von der Götterwelt der Etrusker wissen wir sehr viel weniger. Wir kennen einige Namen, wie Tinia und Uni, ohne doch darunter bestimmte göttliche Gewalten identifizieren zu können. Im Einklang mit den Vorstellungen des Ostens, aber im Gegensatz zu den italischen Nachbarn, gewannen die Götter bei den Etruskern eine feste äußere Gestalt. Man bildete sie in Holz, Stein und besonders häufig in Terrakotta nach. Diese Statuen standen in den Zellen der Tempel oder schmückten den First der Gotteshäuser. Denn auch das steinerne Gotteshaus machten die Etrusker in Italien heimisch, in enger Anlehnung an die Tempel des griechischen Kulturkreises. Dem inneren Tempelraum, der Cella, ist eine Halle vorgesetzt, deren Dach auf vorspringenden Außenwänden und zwei zwischen ihnen stehenden Säulen ruht. Im Grundriß ist der etruskische Bautypus breiter gehalten und steht auf einem hohen Podium. Für das Mauerwerk verwendete man noch in späterer Zeit viel Holz; da wegen der Holzkonstruktion Gebälk und Dach nicht zu schwer sein durften, waren sie meist nicht aus Marmor, sondern aus Terrakotta. Die häufige Dreiteilung der Cella läßt darauf schließen, daß in einem Tempel vielfach eine Dreiheit von Gottheiten gemeinsam verehrt wurde. Am Fuße des Stadthügels von Veii ist durch einen glücklichen Fund ein etruskischer Tempelbezirk zutage getreten. Nicht nur die Reste des Tempels, auch Fragmente von Götterstatuen aus Terrakotta fanden sich hier, darunter die des sogenannten Apollon, eines der edelsten Werke etruskischer Kunst.

Nicht minder wichtig und vor allem bedeutungsvoll im Hinblick auf ihre fernere Wirkung wurde eine andere Seite der etruskischen Religion. Das Verhältnis zwischen Gott und Mensch betraf natürlich nicht nur das Fortleben im Jenseits, der Mensch mußte auch im Diesseits im Einklang mit den überirdischen Kräften leben. Zu diesem Zweck hatte er den Willen der Götter in Erfahrung zu bringen; aus der Kenntnis des göttlichen Zorns oder der göttlichen Gnade konnte er dann sein eigenes Verhalten dem Wunsch der überirdischen Mächte angleichen. Die Erforschung des göttlichen Willens aus Zeichen (Mantik) entwickelten die Etrusker zu einer ausgeklügelten Wissenschaft mit ausgesprochenem Spezialwissen bestimmter Priester. Im Laufe der Zeit teilte sich das umfangreiche Gebiet der Zeichenlehre in drei besondere Disziplinen. Die Eingeweideschau *(haruspicina)* gab den Willen der Götter aus den Eingeweiden kund, besonders aus der Leber von Tieren. Eine uns erhaltene Leber in Bronze veranschaulicht dies: die Leber ist eingeteilt in zahlreiche Zonen, und jeder einzelnen ist eine Gottheit zugewiesen. Wenn die Leber eines Opfertieres an dieser oder jener Stelle irgendwelche anomalen Erscheinungen zeigte, so äußerte sich darin Wille oder Unwille der Gottheit, und entsprechende Sühneriten waren zu erledigen. Nicht minder wichtig war eine andere Disziplin, die Ausdeutung von Donner und Blitz *(ars fulguratoria)*, bei welcher Richtung und Zeitpunkt dieser Himmelserscheinungen den Ausschlag gaben. Die Auslegung des Vogelfluges schließlich *(auspicium)* ließ den göttlichen Willen in Art und Richtung des Vogelfluges erkennen. Die Beobachtung Körner pickender Hühner gehörte ebenfalls in diese Disziplin.

Die Gelehrsamkeit der Etrusker in der Deutung göttlicher Zeichen machte großen Eindruck auf die Römer. Zwar waren diesen von Haus aus mantische Vorstellungen nicht unbekannt, aber die Konsequenz, mit der die Etrusker daraus eine Wissenschaft entwickelt hatten, sicherte ihnen auf diesem Gebiet die uneingeschränkte Vorherrschaft; selbst auf dem Höhepunkt der römischen Macht blieb die Mantik ein Reservat der Etrusker.

Unsere Kenntnis von den Etruskern haben wir im wesentlichen aus ihrer Wirkung auf die Römer und aus den Ergebnissen der modernen Grabungen. Eine etruskische Literatur ist nicht auf uns gekommen; schon in römischer Zeit besaß man kaum mehr als Handbücher über Mantik. Dagegen haben sich etwa neuntausend etruskische Inschriften, zumeist

Grabinschriften auf Stein, erhalten. Aber auch über diesen Inschriften liegt der Schleier des Geheimnisses. Die etruskische Schrift bietet zwar keine Probleme; wir können sie lesen, denn die Etrusker benutzten ein griechisches Alphabet. Anders steht es allerdings mit dem Verständnis des Gelesenen. Der Erforschung der etruskischen Sprache legen sich nämlich gewichtige und letztlich unüberwindliche Hindernisse in den Weg.

Die Inschriften bestehen zumeist aus stereotypen Wendungen sepulkralen Charakters, die hundert- und tausendmal wiederkehren und schließlich nicht mehr hergeben als Namen und Verwandtschaftsbezeichnungen. Es gibt überhaupt nur zwei größere Dokumente der etruskischen Sprache, die »Agramer Mumienbinde« und den Ziegel von Capua, die beide religiöse Texte zu enthalten scheinen. So läßt sich mit dem Material, das wir besitzen, die etruskische Sprache kaum rekonstruieren, vor allem erfahren wir so wenig über die Struktur der Sprache. Bestenfalls kann man sagen, daß das Etruskische seiner Grundstruktur nach keine indogermanische Sprache ist; einige indogermanische Sprachelemente, die sich im Etruskischen finden, sind wahrscheinlich erst später hinzugekommen, da die Etrusker ja überhaupt leicht fremdes Kulturgut übernahmen.

In der Geschichte der Völker Italiens spielten die Etrusker seit ihrem ersten Auftauchen auf der Apenninenhalbinsel eine bedeutende Rolle. Ihr Wirken beschränkte sich nicht auf das ursprüngliche Ausbreitungsgebiet, dem Land zwischen Tiber, Arno und der tyrrhenischen Küste. Hier war die etruskische Landnahme schon im Laufe des 8. Jahrhunderts beendet. Seit dem 7. Jahrhundert werden die Etrusker dann ganz außergewöhnlich expansiv. Wir können allerdings nicht sagen, ob dieser Aufbruch von einer vorübergehenden Konzentration der Kräfte in einem Städtebund oder von einzelnen Städten getragen wurde.

Der eine Stoß begann im 7. Jahrhundert und dauerte bis in das 5. Jahrhundert hinein. Die Etrusker drängten vor allem in das nördliche Latium zwischen Tibermündung und Mons Albanus, also in das unmittelbar an die Toskana angrenzende Gebiet, und nach Kampanien. In Latium wurden Rom (etruskisch *Ruma*), Tusculum und Praeneste von ihnen gegründet. Zweifellos gab es in diesen Orten schon vor der etruskischen Expansion einen von Latinern bewohnten Siedlungskern, die Erhebung der Siedlungen zu Städten geht aber allein auf die Etrusker zurück. Auch in Kampanien führten sie die städtische Siedlungsform ein. Capua, das später zu großer Bedeutung gelangen sollte, ist eine etruskische Gründung, ebenso Nola, Nuceria, Saticula, Pompeii und viele andere. Am Ende des 7. Jahrhunderts stand ganz Kampanien unter etruskischer Herrschaft; für die spätere Blüte und die städtische Kultur dieser fruchtbaren Landschaft war damit der Grund gelegt.

Die andere Stoßrichtung der Etrusker zielte nach Norden; sie führte das Rhenustal entlang quer über den Apennin. Diese nördliche Ausdehnung des etruskischen Herrschaftsgebietes begann später und hielt sich bis zum 4. Jahrhundert. Fast der gesamte westliche Teil der Poebene geriet unter etruskischen Einfluß, dem das Siedlungsgebiet der Veneter und Ligurer und im Norden das Alpenmassiv eine Grenze setzten. Auch hier wurden zahlreiche Städte gegründet, so Mantua, in dessen Nähe Vergil geboren ist, Rimini, Ravenna, Felsina und vor allem Spina im Podelta, wo gerade in den letzten Jahren umfangreiche Ausgrabungen in der Nekropole außergewöhnlich reiche und schöne Grabausstattungen ans Tageslicht gebracht haben.

Grab der Schilde und Hochsitze in Caere
Inneres einer etruskischen Grabanlage, 7. Jahrhundert v. Chr.

Artemis und Apollon im Kampf gegen den Riesen Tityos
Unvollendete griechische Metope aus dem Heraion bei Paestum, 6. Jahrhundert v. Chr.
Paestum, Archäologisches Museum

Aber die Etrusker beschränkten ihren Unternehmungsgeist nicht auf die italische Halbinsel. Sie waren gute Seefahrer und berührten auf ihren Fahrten die fernsten Küsten des Mittelmeeres. Es ist zwar umstritten, ob sie es waren, die jene im frühen Altertum ihres Kupfer- und Silberreichtums wegen berühmte Stadt Tartessos an der atlantischen Küste Südspaniens gegründet haben. Tartessos war der große Konkurrent von Gades, der westlichsten Handelsniederlassung der Phöniker, und fiel schließlich auch dessen Konkurrenzneid zum Opfer (um 500 v. Chr.). Mit Sicherheit haben aber die Etrusker Verbindungen nach Südgallien und Sardinien unterhalten. An der Wende vom 7. zum 6. Jahrhundert waren sie eine der mächtigsten See- und Landmächte der Mittelmeerwelt.

Der etruskische Herrschaftsbereich war seit dem Ende des 6. Jahrhunderts schweren Gefahren ausgesetzt, die vor allem von den Griechen ausgingen. Die Kolonisation der Griechen hatte sich zwar in erster Linie auf Sizilien und Unteritalien konzentriert. Aber schon in der Mitte des 8. Jahrhunderts, also lange vor der etruskischen Expansion nach Kampanien, war von Chalkis auf Euboia aus am nördlichen Ufer des Golfs von Neapel die Stadt Kyme (Cumae) gegründet worden, und es gelang den Etruskern nicht, die Eindringlinge wieder zu vertreiben. Spätere Fahrten der Griechen führten sie noch weiter in den Norden des Tyrrhenischen Meeres. Ende des 7. und im 6. Jahrhundert entstand dann ein Kranz von Kolonien an der südgallischen Küste, so Athenopolis (St. Tropez) und neben vielen anderen die berühmteste: Massalia (Marseille, um 600). Diese Kolonisation muß auf den erbitterten Widerstand der Etrusker gestoßen sein, denn an der ligurischen und toskanischen Küste entstanden keine weiteren Kolonien mehr. Nach dem Untergang des Lyderreiches und der darauf folgenden Einbeziehung der kleinasiatischen Westküste in das Perserreich erhielt die griechische Kolonisation noch einmal einen kräftigen Impuls. Damals versuchten die Phokaier, die schon früher an den Küsten des Tyrrhenischen Meeres sehr aktiv gewesen waren — Massalia war eine phokaiische Gründung —, sich auf Korsika auszubreiten; dort verstärkten sie unter anderem ihre Kolonie Alalia. Die Etrusker sahen diese Aktivität vor ihrer Haustür höchst ungern, vor allem dem mächtigen Caere an der toskanischen Südküste war der griechische Handelskonkurrent natürlich äußerst unangenehm. Deshalb verbanden sich Caere und vielleicht noch andere etruskische Städte mit einer Macht, der die griechische Kolonisation ebenso ein Dorn im Auge war, mit Karthago. Die Phöniker hatten lange vor den Griechen im Westen des Mittelmeeres kolonisiert, und Karthago war im Laufe des 8. und 7. Jahrhunderts zur größten Handelsmacht unter den phönikischen Städten des Westens aufgestiegen. Das Bündnis Karthagos mit etruskischen Städten beweist eindrucksvoll das Ende der ungestörten Fahrten der Griechen nach dem Westen. Die Allianz bewährte sich auch gegen die phokaiische Niederlassung auf Korsika. Vor Alalia wurden die Phokaier vernichtend geschlagen. Sie räumten die Stadt und suchten neue Wohnsitze in Unteritalien.

Das Bündnis zwischen Etruskern und Karthagern sollte von Dauer sein. Der Druck von seiten der Griechen hielt an und gab den beiden Partnern des öfteren Gelegenheit, ihre Einigkeit gegenüber den Eindringlingen unter Beweis zu stellen. Möglicherweise haben die Römer, die damals etruskischen Königen unterstanden, am Ende des 6. Jahrhunderts bereits mit Karthago ein Abkommen geschlossen, denn bei dem Historiker Polybios ist ein alter Vertrag überliefert, in dem Römer und Karthager ihre gegenseitigen politischen und wirtschaftlichen Interessen abgrenzen. Da dieser Vertrag die Herrschaft Roms über Latium voraussetzt, muß er entweder in der Zeit der etruskischen Herrschaft oder aber sehr viel später, nämlich im 4. Jahrhundert, abgeschlossen sein. Wie dem auch sei, es ist klar, daß Karthago und einige Städte Etruriens natürliche Koalitionspartner waren im Kampf gegen die Griechen.

Die Stärkung der griechischen Städte Siziliens und Unteritaliens durch die Konzentration der Macht in der Hand einzelner Tyrannen verschärfte dann die Gefahr erheblich. Die latente Spannung entlud sich schließlich zu Beginn des 5. Jahrhunderts, zu eben jener Zeit, da die griechische Welt im Osten den Ansturm der Perser unter dem Großkönig Xerxes auszuhalten hatte. Der Versuch der Karthager, auf Sizilien eine Entscheidung herbeizuführen, endete mit der schweren Niederlage an der Himera im Norden Siziliens. Die Karthager mußten froh sein, sich überhaupt noch auf Westsizilien halten zu können; es hätte nicht viel gefehlt, und sie wären gänzlich aus Sizilien vertrieben worden. Das war im Jahre 480, in demselben Jahr, in dem Xerxes von den Griechen bei Salamis geschlagen wurde. Einige Jahre später bekamen auch die Etrusker die Stärke der griechischen Macht zu spüren. Hier stand die Stadt Kyme, der nördlichste Vorposten des unteritalischen Griechentums, im Brennpunkt der Kämpfe. Mehrmals schon hatten die Etrusker Kampaniens diese unangenehme Handelskonkurrentin berannt, die ihnen überdies das Meer versperrte. Im Jahre 474 unternahmen sie wieder einmal einen neuen Versuch, die Stadt zu bezwingen. Eine große etruskische Flotte erschien vor der kampanischen Küste. In ihrer Not wandten sich die Bewohner von Kyme an das gegen die Karthager siegreiche Syrakus um Hilfe. Dort hatte inzwischen Hieron die Nachfolge seines Bruders Gelon angetreten. Er eilte mit der syrakusanischen Flotte herbei und brachte gemeinsam mit den Kymeern den Etruskern in einer gewaltigen Seeschlacht eine vernichtende Niederlage bei. Pindar hat den Sieg Hierons über die »hochmütige Flotte der Etrusker« besungen und ihn als Befreiungstat gefeiert. Hieron selbst weihte dem olympischen Zeus aus der Siegesbeute einen etruskischen Helm; der Helm ist bei Ausgrabungen gefunden worden, ein dokumentarisches Zeugnis des Entscheidungskampfes zwischen Griechen und Etruskern.

Die Niederlage von Kyme haben die Etrusker nie mehr verwinden können. Sie sind wohl überhaupt kein sehr zahlreiches Volk gewesen, und ihre Kräfte waren von der Expansion in Mittel- und Norditalien bis zum äußersten in Anspruch genommen. So wird es ihnen immer schwerer gefallen sein, sich gegenüber der zahlenmäßig stärkeren unterworfenen Bevölkerung zu halten. Die Schlacht von Kyme offenbarte schließlich, daß die etruskische Macht ihren Höhepunkt längst überschritten hatte. Die Herrschaft über Kampanien brach zusammen, und seine Städte wurden von den aus den Bergen in die fruchtbare kampanische Ebene drängenden oskischen Völkern besetzt: in Capua, Nola, Nuceria und den anderen Gründungen der Etrusker trafen die Osker auf die Stadtkultur des besiegten Volkes und übernahmen sie. Der Zusammenbruch in Kampanien hatte auch Rückwirkungen auf das angrenzende Latium. Wohl erst nach der Schlacht von Kyme vertrieben die adeligen Geschlechter Roms den etruskischen König und errichteten ein Adelsregiment, in dem das politische Schwergewicht von den wenigen zugesiedelten etruskischen Geschlechtern auf die alteingesessenen latinischen Familien überging. Die Etrusker waren damit auf ihr eigentliches Stammesgebiet, die Toskana, und auf die oberitalischen Eroberungen zurückgeworfen. Drei Generationen nach der Schlacht von Kyme, zu Beginn des 4. Jahrhunderts, brach auch in der Poebene das Verhängnis über die dort zahlenmäßig besonders schwachen Etrusker herein. Die Invasion der gallischen Völkerscharen fegte die etruskische Herrschaft hinweg. Nur mit Mühe erwehrte man sich der Gallier im eigenen Land: selbst die Toskana wurde schwer heimgesucht; auch Rom ging damals in Flammen auf. Doch mag der allerorts sich rüstende Widerstand die Gallier dazu bestimmt haben, sich schließlich auf die oberitalische Tiefebene zu beschränken. Kurz vor dem Einbruch der Gallier in Mittelitalien hatten die Etrusker auch ihren südlichsten Vorposten, das mächtige Veii, verloren. Seine ständige Rivalität mit Rom hatte nach einem langen, erbitterten Krieg zur gnadenlosen Zerstörung der Stadt geführt.

Nicht einmal der Untergang Veiis konnte die etruskischen Städte dazu bewegen, gegen den drohenden Feind im Süden eine festere Bundesorganisation zu gründen. Hundert Jahre noch vermochten sie sich gegen die Stadt am Tiber zu halten; zu Anfang des 3. Jahrhunderts mußten sie sich dann zu Bündnissen mit Rom bequemen, das die einzelnen Städte politisch isolierte und von sich abhängig machte. Dem Verlust der politischen Selbständigkeit folgte dann rasch auch der kulturelle Niedergang des Etruskertums. Das wohl nie ganz geschwundene italische Element in den Städten Etruriens trug dazu bei, daß sich die Landschaft ziemlich schnell romanisierte. Im letzten Jahrhundert der Republik war das Volk bereits ganz in Rom aufgegangen; wer sich seitdem mit den Etruskern beschäftigte, rechnete zur Zunft der weltfremden Gelehrten, wie der Kaiser Claudius, dessen etruskische Studien den Zeitgenossen Grund zu Witz und Ironie gaben.

Römische Frühzeit

Von der ältesten Geschichte Roms wußten die römischen Historiker vieles zu berichten. Bei Livius, dem Historiker und Zeitgenossen des Kaisers Augustus, ist uns das, was die Römer für die frühe Geschichte ihrer Stadt hielten, in einer lebendigen Darstellung erhalten. Was jedoch die römische Historiographie über die graue Vorzeit erzählt, fußt keineswegs auf alten Quellen, denn die Römer besaßen gar keine Überlieferungen aus dieser Zeit. Die römische Literatur setzt erst in der zweiten Hälfte des 3. Jahrhunderts ein; und was den Historikern Roms für eine Darstellung der früheren Zeiten zur Verfügung stand, war eine magere Stadtchronik, die kaum über die Mitte des 4. Jahrhunderts zurückreichte, dazu einige Listen von Magistraten, die allenfalls in der Mitte des 5. Jahrhunderts einsetzte. Für die Königszeit und die frühe Republik fehlte also praktisch jede Tradition. Und doch konnte die Herrin der Welt nicht ohne eine Frühgeschichte sein, und da man sie nicht hatte, mußte man sie rekonstruieren.

Uralte staatliche und religiöse Einrichtungen regten die Phantasie an, vage Vermutungen verdichteten sich zu festen Vorstellungen. Auch der Ehrgeiz der vornehmen Geschlechter trug mit breiten Erzählungen über angebliche Taten einzelner Ahnen vieles zur Ausschmückung der dunklen Vergangenheit bei. Im Parteienkampf der zerbrechenden Republik fand dann das Geschichtsbild des alten Roms seine Vollendung. Man übertrug die Ideen und Probleme der Gegenwart auf die ältere Zeit und ließ die Ahnen Roms, die durch ihren Gerechtigkeitssinn und ihren Gehorsam gegenüber den Geboten der Götter und den Gesetzen des Staates die kleine Tiberstadt zur Beherrscherin der Welt gemacht hatten, für sie eintreten. In dem von inneren Kämpfen erschütterten Imperium erfüllten die Römer ihre Vergangenheit mit neuem Leben, indem sie in ihr die politischen Ziele und Wünsche verwirklicht sahen, die in der düsteren Gegenwart nicht durchzusetzen waren. Je deutlicher die Krisis der Republik wurde, desto klarer zeichneten sich die Konturen des frühen Roms ab. An diesem Geschichtsbild orientierte man sich, arbeitete aber gleichzeitig an seiner Verbesserung und Erweiterung, bis die Frühzeit immer schärfer (und schablonenhafter) zu einem Spiegelbild des politischen Programms der Gegenwart wurde.

Insofern war das, was die römischen Geschichtsbücher über die alte Zeit mitteilen, von besonderer Kraft und Bedeutung für die Ausbildung der politischen Meinung der späten Republik und der beginnenden Kaiserzeit. Daher können diese Berichte, eben wegen der ethischen und politischen Haltung, die sich in ihnen offenbart, mit Recht historisches Interesse beanspruchen, aber natürlich nur im Hinblick auf die Zeit, in der sie entstanden. Für eine moderne Rekonstruktion der Vorzeit hat diese »Tradition« keinerlei Gewicht. Wenn nun trotzdem einige Bemerkungen über die Anfänge Roms in der Sicht der Römer folgen, so mit Rücksicht auf die Bedeutung, welche die »rekonstruierte Vergangenheit« nicht nur für die Römer, sondern auch für das Weiterleben antiker Gedanken im Mittelalter und in der Neuzeit gehabt hat.

Den Römern schien es selbstverständlich, daß die Gründung der Stadt, der späteren Herrin der Welt, nicht isoliert von den großen Gestalten der mythischen Vergangenheit, wie sie in den Epen der Griechen allgemein bekannt waren, vonstatten gegangen sein konnte. Das größte Ereignis der griechischen Heroenzeit aber war der Troianische Krieg, also mußte die Gründung Roms zu diesem Ereignis in Beziehung stehen. Die Urgeschichte Roms beginnt denn auch mit diesem Krieg, genauer mit der Zerstörung Troias. Nach der Sage rettete sich aus der brennenden Stadt der Held Aeneas, der Sohn der Göttin Venus und des Troianers Anchises. Auf seinen Schultern trug er seinen Vater, in den Händen die Penaten, die Schutzgötter der Stadt. Auch seinen Sohn Iulus oder Ascanius, wie er anderswo heißt, konnte Aeneas retten, seine Frau aber kam auf der Flucht aus der Stadt ums Leben. Noch eine ganze Anzahl anderer Flüchtlinge scharte sich um Aeneas, unter dessen Führung man schließlich auszog, sich eine neue Heimat zu suchen. Nach vielen Irrfahrten, welche die Troianer nach Thrakien, dann zur phönikischen Königin Dido nach Afrika und nach Sizilien führten, gelangte die kleine Schar nach Latium. Wie bei Homer nahmen die Götter an allem Geschehen unmittelbaren Anteil, Iuppiter hielt als der Vollzieher des göttlichen Schicksals seine Hand über Aeneas, dessen Geschlecht dazu ausersehen war, die Fundamente des künftigen Roms zu legen.

In Latium stieß Aeneas auf den König Latinus, der ihm vertraglich Wohnsitze in Latium zusicherte und ihm seine Tochter Lavinia zur Frau gab. Aber nun erhob sich gegen den

Aeneas mit seinem Vater Anchises
auf der Flucht aus dem brennenden Troia
Tonplastik, Anfang 5. Jahrhundert v. Chr. Rom, Villa Giulia

Die älteste Siedlung auf dem Palatin, 8. Jahrhundert v. Chr.
Rekonstruktion einer Holzhütte und Fundamente mit den Löchern für die Pfosten

fremden Eindringling eine Koalition alteingesessener Völker unter Führung des Rutulers Turnus, dem der König Latinus ursprünglich seine Tochter versprochen hatte und der sich nun schmählich zurückgesetzt fühlte. Auch Aeneas fand Bundesgenossen, so in dem König Euandros, der in der Gegend des späteren Roms eine kleine Herrschaft hatte und auf dem Palatin sein einfaches, bäurisches Leben führte. Nach langen, schweren Kämpfen konnten die Gegner schließlich besiegt werden; Turnus selbst fiel im Zweikampf mit Aeneas. Nun war der Weg frei für eine ruhige, gesicherte Herrschaft, und Aeneas gründete auf der latinischen Ebene eine Stadt, die er nach seiner Gattin Lavinium nannte. Hier wurde er nach einem Leben voller Irrfahrten und Kampf von den Göttern in den Olymp entrückt. Sein Sohn und Nachfolger Iulus gründete dann unmittelbar am Albanergebirge eine zweite Stadt, Alba Longa; es folgte eine lange Herrschaft des göttlichen Geschlechts des Aeneas in dieser starken Stadt, nun der Hauptstadt Latiums. Die Königsliste von Alba hat in der Sage keine andere Funktion, als die Zeit vom Troianischen Krieg (1080 v.Chr.) bis zur Gründung Roms (753 v. Chr.) zu überbrücken, deren Datum schon vor dieser Verknüpfung feststand.

Die beiden letzten Könige von Alba hießen Numitor und Amulius. Mit ihnen beginnt die eigentliche Gründungssage von Rom. Sie waren Brüder. Dem gerechten Numitor gehörte die Herrschaft; aber er wurde von seinem grausamen und tyrannischen Bruder vertrieben. Um das Geschlecht des Numitor auch um seine Nachkommen zu bringen, bestimmte Amulius dessen Tochter Rea Silvia zur Priesterin der Vesta, der Göttin des häuslichen Herdes, mit deren Dienst Jungfräulichkeit verbunden war. Aber die Götter und das Schicksal erwiesen sich als stärker denn jede listenreiche Absicht der Menschen. Der Rea Silvia nahte sich der Kriegsgott Mars, und sie gebar das Zwillingspaar Romulus und Remus. Als Amulius davon erfuhr, befahl er, die Söhne der Rea Silvia auf dem Meere auszusetzen. Doch die Vorsehung der Götter ließ die Kinder wieder ans Land treiben. Dort fand sie eine Wölfin und nährte sie; sogar Vögel brachten ihnen Nahrung. Der Ort dieser mythischen Idylle wurde noch später in Rom gezeigt; es war die Stelle, wo die *ficus Ruminalis* stand, am Südwestabhang des palatinischen Hügels. Die Knaben wurden schließlich von einem Hirten, Faustulus mit Namen, gefunden, der sie aufnahm und aufzog. Als Erwachsene erfuhren sie dann auf wunderbare Weise von ihrer Herkunft, töteten den Amulius und setzten ihren Großvater Numitor wieder in die Herrschaft ein. Sie selbst aber wollten eine neue Stadt gründen und wählten dazu jenen Ort am Ufer des Tiber, an dem die Wölfin sie genährt hatte, den Palatin. Um diesen Hügel errichteten sie eine Mauer und suchten durch Beobachtung des Vogelfluges den Willen der Götter zu ergründen, wem von ihnen beiden die Herrschaft über die neue Stadt gehören sollte. Die Götter entschieden sich für Romulus, und hinfort trug die Stadt seinen Namen: Rom. Aus Neid und Enttäuschung soll Remus sich mit einem Satz über die eben errichtete Mauer geschwungen haben, um damit deren Schwäche anzuzeigen. Romulus rächte die Unbesonnenheit und ermordete den Bruder. Dieser Zug der Sage hielt sich zäh, obwohl die späteren Historiographen keine Mühe scheuten, den Brudermord wegzuretuschieren.

Nach dem Bau der Mauer suchte Romulus nach Menschen, die Stadt zu bevölkern. Als er Rom zum Asyl machte für alle Verfolgten und Unterdrückten, kamen scharenweise von überallher Siedler nach Rom, dem Hort eines Lebens in Freiheit. Gerade weil die Anfänge der Stadt unter dem Zeichen des Königtums standen, mochte der republikanische Stolz auf die römische Verfassung diesen Zug freiheitlichen Geistes in der Gründungsgeschichte Roms nicht missen, und so haben denn auch die römischen Historiographen dem Rechnung getragen. Allmählich begannen sich die Männer in Rom einsam zu fühlen und sannen darüber nach, wie sie sich Frauen beschaffen könnten. Man verfiel darauf, sie zu rauben, und lud also die benachbarten Sabiner mit ihrem König Titus Tatius zu einem Fest nach Rom ein. Mitten während der Festlichkeiten wurden die ahnungslosen Gäste überfallen, die Männer vertrieben und deren Mütter, Frauen und Töchter zurückgehalten. Den über diesen Frevel ausbrechenden Krieg entschieden die Sabinerinnen, in dem Kampf zwischen den sabinischen Stammesgenossen und ihren neuen, römischen Ehemännern wohl die besten Vermittler. Man einigte sich nach salomonischem Spruch auf eine gemeinsame Herrschaft von Romulus und Titus Tatius, die nach dem Tode des letzteren ganz auf Romulus überging. Romulus war nach der Sage auch Begründer der ersten staatlichen Einrichtungen. Er schuf den ersten Senat und teilte das Volk in die dreißig Kurien ein; er gliederte auch als erster das Fußheer. Den Standesunterschied zwischen Patriziern und Plebejern führte man ebenfalls auf ihn zurück. Als er starb, entrückten ihn die Götter in den Himmel; das war die erste Apotheose, die erste Vergöttlichung eines römischen Herrschers.

Auf Romulus folgten noch sechs weitere Könige. Die römische Historiographie hat sie stark schematisiert, und so sind sie, mit Ausnahme vielleicht des letzten, ohne rechte Farbe. Numa Pompilius, der Nachfolger des Romulus, galt als Schöpfer des römischen Sakralwesens, bei welchem er von seiner Geliebten oder, nach anderer Version, seiner Gattin, der Quellnymphe Egeria, beraten wurde. Damit erhielt sein Werk die dem frommen Römer teure Weihe der göttlichen Offenbarung. Tullus Hostilius, der nächste König, war ein kriegerischer Herrscher. Er zerstörte Alba Longa und verschaffte Rom damit die Vorherrschaft in Latium. Auf ihn folgte Ancus Marcius, der Erbauer von Ostia, dem Hafen von Rom. Tarquinius Priscus ist der erste Herrscher nichtlatinischen Blutes, er kam aus dem etruskischen Tarquinii. Er war der große Bauherr der Stadt. Der Circus Maximus und die Kanalisation von Rom, die Cloaca Maxima, sind sein Werk; zu der mächtigen Stadtmauer aus Stein, welche nicht mehr nur den Palatin allein, sondern alle sieben Hügel der Tiberstadt umzog, soll er ebenso den Grund gelegt haben wie zu dem großen Tempel des Iuppiter Optimus Maximus auf dem Kapitol. Auf Tarquinius Priscus folgt wieder ein Latiner, Servius Tullius. Er galt als Reorganisator der Bürgerschaft und vollendete die Stadtmauer, der er seinen Namen gab *(muri Serviani)*.

Der letzte König ist Tarquinius Superbus, der Sohn des Tarquinius Priscus, der zweite Etrusker auf dem römischen Thron. Er trug alle Züge eines tyrannischen Herrschers, den der freiheitsstolze Römer auf die Dauer nicht zu ertragen gewillt war. Als der Sohn des Königs um einer schnöden Wette willen die edle Lucretia schändete, entlud sich der lange zurückgehaltene Groll gegen die Hybris des Königsgeschlechtes in offenem Aufruhr. Unter Führung des Lucius Iunius Brutus rotteten sich Adel und Volk zusammen; auch die Soldaten schlossen sich an. Der König lag gerade mit dem Heer vor Ardea. Als er mit seinen Anhängern heranzog, verschlossen ihm die Römer einfach die Tore. Alle Versuche des Tarquinius, mit Hilfe befreundeter etruskischer Könige die Herrschaft zurückzugewinnen, scheiterten. Zweihundertvierundvierzig Jahre, von 753 bis 509 v. Chr., hatten Könige in Rom geherrscht. Nun schützte man sich gegen die Rückkehr königlicher Gewalt durch rigorose gesetzliche Bestimmungen; selbst der Name, den man dem Staat gab, *res publica*, »die öffentliche Sache«, war eine Absage an die Königsherrschaft. Eine neue, die republikanische Verfassung, löste die alte Herrschaftsform ab. An die Spitze des Staates traten zwei Konsuln, die jährlich wechselten, und dem Volk wurden gesetzliche Garantien gegen jede willkürliche Handhabung der magistratischen Gewalt zugesichert.

Soweit die Sage. Unsere Kenntnisse von den tatsächlichen Ereignissen der römischen Frühzeit können wir aus den Geschichtsbüchern der Römer nicht gewinnen. Wir müssen uns auf die Ergebnisse der Ausgrabungen stützen, auf die Deutung alter Bräuche und Einrichtungen des staatlichen und religiösen Lebens, die sich lange hielten und gewisse Rückschlüsse auf die ältere Zeit zulassen, und schließlich auf gelegentliche Hinweise griechischer Historiker, die bei der Darstellung der westgriechischen Verhältnisse mannigfache Gelegenheit hatten, auf die alten Bewohner Italiens zu sprechen zu kommen. Weitere Bausteine für die Rekonstruktion der frührömischen Geschichte liefern die Ortsnamenkunde und die Entwicklungsgeschichte der lateinischen Sprache. Auf diese Weise ist es möglich, in mühsamer Kleinarbeit zu einem zwar skizzenhaften, aber bei aller Lückenhaftigkeit in seinen groben Umrissen doch deutlichen Überblick über jenen Teil der römischen Geschichte zu gelangen, dem jede literarische Überlieferung fehlt.

Das hügelige Gebiet des späteren Roms war schon in der Eisenzeit besiedelt; sowohl auf dem Palatin als auch in der angrenzenden Forumsniederung sind eisenzeitliche Gräber aus dem 10. Jahrhundert gefunden worden, aus den folgenden Jahrhunderten auch zahlreiche Gräber auf dem Esquilin. Demnach haben wir für die frühe Eisenzeit auf dem Palatin die älteste Siedlung anzunehmen, andere auf dem Esquilin, auf dem Quirinal und in der Forumsniederung. Es ist nach aller Erfahrung ganz unwahrscheinlich, daß jede dieser Siedlungen ein eigenstaatliches Leben geführt hätte. Wenn es in dieser frühen Zeit überhaupt so etwas wie eine staatliche Organisation gegeben hat, dann muß sie alle Wohnbezirke der benachbarten Hügel umfaßt haben; selbstverständlich verknüpfte ein religiöses Band die Siedlungen miteinander. Der geeignete Punkt hierfür war die höchste, steil emporragende Erhebung, das Kapitol, auf dem später Iuppiter verehrt wurde; nichts spricht gegen die Annahme, daß dieser Hügel immer schon dem höchsten Gott geweiht war. Ein gemeinsames Fest aller Hügelbewohner war das *Septimontium*, das »Siebenhügelfest«. Daneben gab es Feste der einzelnen Siedlungen. Davon zeugen die alten, noch später bestehenden Priestergilden der *Salii Palatini* und *Salii Collini*, also der »Springer« vom Palatin und den übrigen Hügeln, vor allem vom Quirinal und Esquilin. Ein Wall oder gar ein Mauerring umgab zu der Zeit die Hügel des späteren Roms noch nicht. Lediglich der Palatin und das Kapitol hatten Erdbefestigungen; sie werden also als die beiden am schwersten zugänglichen Erhebungen den Siedlern der Gegend als Fluchtburg gedient haben. Diese Zeit der römischen Siedlung entspricht etwa dem Rom des Romulus, das die Römer wegen der quadratischen Form des palatinischen Hügels *Roma quadrata* nannten.

Eine Stadt dürfen wir dieses Siedlungszentrum der Latiner am unteren Tiber wohl kaum schon nennen.

Die stärkere Konzentration latinischen Volkstums an dieser Stelle hatte ihre Ursache darin, daß eine Insel im Tiber den Übergang über den für die Apenninenhalbinsel recht breiten Fluß erleichterte; es genügte eine einfache Holzbrücke. Zum anderen führte die alte Salzstraße hier entlang, die von der Tibermündung quer über die Halbinsel bis zur Küste des Adriatischen Meeres verlief *(via salaria)*. Obwohl die Siedlung also verhältnismäßig günstig gelegen war, deutete in der damaligen Zeit nichts darauf hin, daß der Ort einstmals zu bedeutender Größe bestimmt sei. Vor allem fehlte jede Verbindung zum Meer. Der Tiber war zwar schiffbar, aber seiner Mündung fehlte der natürliche Hafen. Man war überhaupt nicht auf Seefahrt eingerichtet, und jeder Versuch dazu wäre auch von vornherein von dem im Norden gelegenen mächtigen Caere mit seinem Hafen Pyrgi im Keim erstickt worden. Die Siedlung am unteren Tiber schien also keine Aussicht zu haben, jemals über die Bedeutung einer mittleren Landstadt hinauszukommen. Den ersten Schritt vorwärts unternahm sie denn auch nicht aus eigener Kraft.

Die Etrusker erst machten aus der Siedlung eine Stadt; erst seit dieser Zeit kann man überhaupt von einer römischen Geschichte sprechen und sie von der Geschichte des latinischen Stammes absondern. Etrurien hatte eine ausgeprägte Stadtkultur, und so war es natürlich, daß mit der Herrschaft eines Etruskers Rom zu einer Stadt nach etruskischem Muster ausgebaut wurde; die Stadt aber verlangte in dieser Zeit vor allem die Einrichtung einer staatlichen Organisation innerhalb der Siedlung und den Ausbau eines Schutzwalles. Beides hat der etruskische Herrscher Rom gegeben. Er hatte es nicht nötig, sich die Bewohner seiner Stadt erst durch Zusammensiedlung (Synoikismos) heranzuholen. Er brauchte nur die eng beieinanderliegenden Wohnbezirke der Hügel mit einem Erdwall zu umgeben. Die Festsetzung des Stadtumfanges geschah natürlich nach etruskischem Ritus durch das Ziehen einer heiligen Furche *(pomerium)*.

Wie der etruskische Gründer der Stadt geheißen hat, können wir noch ahnen. Der Name Rom ist etruskisch *(Ruma)*, und wir wissen, daß ein uraltes, später ausgestorbenes Geschlecht die Romilier waren. Also hat der Gründer Roms Romilius oder Romulius geheißen. Das ist natürlich der Romulus der Tradition, nur daß dieser Romulus oder Romulius kein Latiner war, sondern ein Etrusker. Es hat überhaupt keine latinischen Könige in Rom gegeben; sie sind eine durchsichtige Erfindung der späten Zeit, als man in den Männern der Heroenzeit Roms ungern Ausländer sehen mochte und daher nur zweien die etruskische Herkunft beließ, darunter dem letzten, tyrannischen Herrscher, der ob seiner Hybris vertrieben wurde. In der Doppelnamigkeit der römischen Könige hat sich noch eine Erinnerung an ihre etruskische Abstammung erhalten; der eine Bestandteil der Königsnamen ist nämlich stets etruskisch (etwa Numa – Pompilius).

Durch die Etrusker wurde Rom ein Stadtstaat, und so waren auch die Formen des staatlichen Lebens anfangs rein etruskisch. Vieles davon, vor allem die Zeichen der Herrschaft, erhielt sich bis in die späteste Epoche der römischen Geschichte. Die Amtstracht der etruskischen Könige ging auf den späteren Triumphator über wie überhaupt die ganze Sitte des Triumphes aus Etrurien kam. Der Sessel des römischen Magistrates, die *sella curulis*, war ebenso etruskisch wie das Zeichen höchster Amtsgewalt, die *fasces*, mit den darin steckenden Beilen, und der Krummstab der Augurn, einer römischen Priesterschaft.

Gleichzeitig mit den Formen des staatlichen Lebens wurden in Rom vielerlei religiöse Gebräuche Etruriens heimisch. Da die Etrusker gewohnt waren, alle wichtigen Geschäfte, also auch die staatlichen, mit der Frage an die Götter zu beginnen, ob sie die bevorstehenden Aktionen zu billigen geneigt seien, bürgerte sich in Rom die ausgeklügelte Wissenschaft der Mantik ein. Damit war der Grund gelegt für die später in Rom so typische Verquickung von öffentlich-rechtlichen mit sakralen Kompetenzen in der Person des römischen Beamten. Der Magistrat begann keine Aktion ohne die Frage an die Götter. Ganze Priesterkollegien waren in Rom mit dem Geschäft der Interpretation und Auslegung der Zeichen beschäftigt, wie die Augurn, die für den Vogelflug zuständig waren, und die *haruspices*, die Spezialisten für die Eingeweideschau; diese war übrigens so kompliziert und so penetrant etruskisch, daß sie kaum ein Römer ausüben konnte und immer wieder Etrusker hierfür angestellt wurden, was denn auch verhinderte, daß sich die *haruspices* zu einem staatlichen Priesterkollegium entwickelten. Es sei bemerkt, daß die Römer schon vor der etruskischen Herrschaft mantische Vorstellungen kannten und folglich auch nach römischem Ritus die Eingeweide eines Opfertieres beschauen konnten. Doch die überragende Bedeutung, welche sich die Mantik in Rom erwarb, ihre Systematisierung, Verwissenschaftlichung und ihre pedantische Anwendung ist das Werk der Etrusker.

Auch sonst war der Einfluß der etruskischen Religion auf die Römer stark. Die Latiner hatten keine anthropomorphe Vorstellung von den Göttern. Sie verehrten die göttlichen Kräfte *(numina)* in der Natur, die nur sehr unvollkommen unterschieden und dann auch nur selten einem bestimmten Gott zugeteilt wurden. Man konnte ja überall göttliche Kräfte spüren. Überhaupt sah man einen Gott nur in seinem Wirken, man sah nie ihn selbst. Wichtig waren also die Äußerungen der Gottheit, nicht ihr Erscheinungsbild. Darum knüpfte der Name eines Gottes vor allem an die Manifestierung seiner Kraft an; der Vielfalt göttlicher Äußerungen entsprachen denn auch die so zahlreichen wie unbestimmten Bezeichnungen der Götter. Ein anderes Element der altrömischen Religion sind bestimmte magische Vorstellungen über die Abwehr des Bösen, das durch den geschlossenen Kreis zu bannen war. Auch das rituell gesprochene Wort hatte zwingende Kraft, die es verlor, wenn der rituelle Satz falsch gesprochen wurde oder der Sprechende sich versprach.

In diese religiöse Vorstellungswelt brachen nun die etruskischen Einflüsse ein. Aus Etrurien kam die Götterstatue nach Rom und mit ihr das Haus, in dem der Gott verehrt wurde. Auf dem Kapitol erhob sich der Tempel des Iuppiter Optimus Maximus, ein ganz und gar etruskischer Bau, und Etrusker schufen die Kultstatuen dieses Tempels. Allmählich gewöhnte man sich in Rom daran, mit einer bestimmten Gottheit konkrete Vorstellungen von ihrer Macht zu verbinden. Allerdings gab es noch in spätester Zeit Haine und Grotten, in denen ohne jede anthropomorphe Vorstellung der Sitz einer göttlichen Kraft vermutet wurde; die alten Anschauungen hielten sich besonders zäh bei den einfachen Bauern. Natürlich erfaßte der etruskische Einfluß, wie bei der etruskischen Herrschaft zu erwarten war, vor allem die offizielle Religion, die Staatsreligion, und die gesamte staatliche Organisation der sakralen Geschäfte; auch die ausgeprägten Bestattungsriten der Etrusker, vor allem der Pomp bei dem Leichenbegängnis, machten auf die Römer Eindruck und reizten sie zur Nachahmung, jedenfalls den Adel, der ihn sich allein leisten konnte.

Mit der Herrscherdynastie haben sich noch andere etruskische Familien in Rom niedergelassen; wir wissen nicht einmal, ob der König immer demselben Geschlecht entstammte, möglicherweise wechselten sich einzelne Dynastien ab. Im ganzen dürfte die Zahl der Etrusker in Rom nicht allzu hoch gewesen sein, die Masse der Bevölkerung war latinischen Stammes. Bestimmend für ihre soziale Struktur und damit für die römische Gesellschaft wurde die Familie. Sie beruhte in erster Linie nicht auf Blutsverwandtschaft, ihre Grundlage hatte sie in einem rechtlichen Verhältnis, der *patria potestas*: alle, die derselben *patria potestas* unterstanden, bildeten eine Familie unter einem Oberhaupt, dem *pater familias* (Familie der *agnati*). Die Grundlage der Familie war die Verwandtschaft von der Vaterseite; zu den Söhnen, Töchtern und Enkeln kamen dann die Ehefrauen der Söhne hinzu, die nach römischem Recht mit der Heirat in die Familie des Ehemannes überwechselten; entsprechend schieden die verheirateten Töchter aus ihrer Familie aus. Zur Familie im weiteren Sinne gehörten auch die Sklaven und Hörigen. Der Sklave war dem Recht nach Sache, und der Hausvater hatte Gewalt über ihn wie über anderes bewegliches Inventar seines Hauses. Zu den Hörigen, den *clientes*, der Familie zählte der freigelassene Sklave, der zwar ein Freier war, aber, da er im Rechtssinne keinen Vater hatte, nicht *patricius* und deshalb den Hauskindern gegenüber nicht als ebenbürtig galt. Auch die unterworfenen Völker konnten nur als Klienten in den Bürgerverband aufgenommen werden; sie wurden auf die verschiedenen Familien verteilt.

Die Gewalt des Hausvaters war im Prinzip unbeschränkt; da der Staat in dieser Zeit so gut wie gar nicht an der Rechtsfindung beteiligt war, oblag dem *pater familias* die Regelung aller privatrechtlichen wie strafrechtlichen Fragen; sogar die Haussöhne, mochten sie auch die höchsten Ehrenstellungen bekleiden, unterstanden bis zum Tode des *pater familias* der vollen väterlichen Gewalt. Mit dem Tode des Hausvaters wurden die Söhne ihrerseits *patres familias*. Die Familien, die sich von einem *pater familias* herleiteten, bildeten eine *gens*, ein Geschlecht. Die Zahl der römischen Geschlechter war in der Frühzeit ziemlich schwankend; man war noch nicht sehr exklusiv, und so konnte es vorkommen, daß sich ein auswärtiges Geschlecht in Rom niederließ und von den alteingesessenen Familien als gleichberechtigt aufgenommen wurde, wie etwa die Claudier, die aus dem Sabinerland nach Rom gekommen waren.

Bei dieser Struktur der römischen Familie blieb verständlicherweise die Zuständigkeit des Königs im Innern auf die Schlichtung von Streitigkeiten zwischen Geschlechtern beschränkt: der König fungierte als Schiedsrichter. Der Schwerpunkt der staatlichen Initiative lag — von den priesterlichen Obliegenheiten abgesehen — in der Außenpolitik, vor allem in der Heerführung. Anscheinend spielte der römische König schon im Zuge der etruskischen Expansion nach dem Süden eine bestimmende Rolle. In Latium gab es damals eine lockere Organisation der Städte. Ihren Mittelpunkt hatte sie in dem latinischen Stammesheiligtum des Iuppiter Latiaris im Albanergebirge. Dort fanden alljährlich Zusammenkünfte der Latiner zu Ehren des Gottes statt. Auch das Diana-Heiligtum am Nemisee, gleichfalls im Albanergebirge gelegen, erfreute sich im besonderen Maße der Verehrung durch die latinischen Städte. Allerdings können wir nicht sagen, welches Ausmaß zu dieser Zeit die römische Herrschaft in Latium hatte, anscheinend erstreckte sie sich sogar über Latium hinaus bis auf das Gebiet der südlich benachbarten Volsker. In Latium hat Rom seinen beherrschenden Einfluß wahrscheinlich über die Festversammlung im Albanergebirge ausgeübt.

Die Vertreibung des etruskischen Königs gegen Ende des 6. oder im ersten Drittel des 5. Jahrhunderts richtete sich keineswegs gegen das Etruskertum in Rom überhaupt. Der kulturelle Einfluß der Etrusker hielt an, und es blieben auch zahlreiche etruskische Geschlechter in Rom. Nur das Königtum wurde beseitigt und von einem Regiment der Familienhäupter, der *patres*, ersetzt. Dieser Vorgang entsprach durchaus der Entwicklung in den Städten Etruriens, wo teilweise schon früher das Königtum von einer Adelsherrschaft abgelöst worden war. Allerdings traten nach der Vertreibung des Königs in Rom die latinischen Geschlechter gegenüber den wenig zahlreichen etruskischen in den Vordergrund.

Das etruskische Königtum in Rom war die Herrschaft einer Dynastie gewesen: lebenslange Herrschaft und ihre Vererbung. Nach Vertreibung der Könige begründete der Adel dagegen den jährlichen Wechsel (Annuität) und die Wählbarkeit des Amtes. Gewählt wurde der Kandidat in der Volksversammlung, in der die Geschlechterhäupter natürlich den entscheidenden Einfluß hatten; damit stand jedem Adligen das höchste Amt offen. Die neue Staatsform nennen wir Republik. Sie unterschied sich zunächst nur durch das neue republikanische Prinzip der Annuität, des jährlichen Wechsels im Amt.

Die junge Republik und ihr außenpolitischer Horizont

Schauplatz der kriegerischen Ereignisse im 5. und in der ersten Hälfte des 4. Jahrhunderts war die breite latinische Ebene und die im Norden und Süden angrenzenden gebirgigen Landschaften. Die Ebene wird im Norden vom Tiber durchschnitten, an dessen nördlichem Ufer die Etrusker saßen; Veii und Caere waren die beiden nächsten etruskischen Nachbarn Roms, vor allem Veii, auf hohem, schier uneinnehmbarem Plateau liegend, war eine starke und mächtige Stadt. In der großen Tiberschleife saß das kleine Volk der Falisker, Falerii und Capena sind seine bedeutendsten Orte. Nach Osten zu wird die latinische Ebene von zwei kleineren Gebirgszügen abgeschlossen, dem Albanergebirge und den Lepinischen Bergen. Den nördlichen Teil der Ebene bewohnten Latiner, den Süden, mit den Lepinischen Bergen, die Volsker, ein kleiner, aber kräftiger Stamm oskischer Herkunft. In dem Grenzgebiet von Latium und Kampanien siedelte ein anderes, den Oskern verwandtes Volk, die Aurunker; ihr Siedlungszentrum lag beiderseits der Mündung des Liris, der die kampanische Landschaft nach Norden hin begrenzt. Östlich von Latinern und Volskern, im Apennin, saßen wiederum drei Stämme, mit denen Rom viel zu kämpfen hatte: im Norden die Sabiner, südlich davon, ziemlich genau im Osten von Rom, die Aequer und daran anschließend die Herniker, diese vor allem im Tal des Trerus konzentriert, durch das die alte Hauptverkehrsstraße von Latium nach Kampanien führte *(via Latina)*, da der Weg entlang der Küste wegen des sumpfigen Charakters der südlatinischen Ebene nur schwer gangbar war.

Zu Beginn der Republik erfuhr die beherrschende Stellung der Stadt am Tiber zunächst einen schweren Rückschlag. Ihre Macht hatte sich wesentlich auf die Vorherrschaft des Etruskertums in Latium und Kampanien gestützt. Nun entfiel mit der Vertreibung der etruskischen Könige auch die Unterstützung der etruskischen Städte, von denen sich einzelne mit der vertriebenen Königsdynastie bei deren Versuch, die Rückkehr zu erzwingen, verbündeten und zu gefährlichen Gegnern Roms wurden. Selbstverständlich hatte auch die römische Hegemonie über die latinischen Städte ihr Ende gefunden: Rom war auf sein eigenes Territorium zurückgeworfen.

Überall, am Tiber wie in Latium und in Kampanien, war die etruskische Vorherrschaft gebrochen, zweifellos Nachwirkungen der Schlacht von Kyme. In dieses politische Vakuum stießen nun überall die Stämme von den Bergen, die sich in den fruchtbaren Ebenen bessere Lebensmöglichkeiten versprachen. Östlich von Rom drangen die Aequer bis unmittelbar an den Anio vor, die Volsker überschwemmten die gesamte südlatinische Ebene, und die kampanischen Städte wurden ein Opfer oskischer Stämme. In ihrer Bedrängnis fanden schließlich Römer und Latiner wieder zusammen. Zur Abwehr der gefährlichen Angriffe wurde ein Bund geschlossen, der seinen Mittelpunkt in dem alten Bundesheiligtum des Iuppiter Latiaris auf dem Monte Cavo hatte. In ihm war Rom zwar nur ein Mitglied unter vielen anderen, doch gelang es ihm binnen kurzem, sich einen starken Einfluß innerhalb des Bundes zu sichern. Die Bundesorganisation versetzte Rom und die Latiner in die Lage, die bis ans Meer vordrängenden Stämme zum Stehen zu bringen und den Volskern sogar alten latinischen Boden wieder zu entreißen. Römisch-latinische Kolonien am Westabhang der Lepinischen Berge und in der westlich daran anschließenden Ebene sollten das Gebiet gegen neue Einfälle sichern. Norba, Cora, Setia, Signia und Pometia sind einige dieser Kolonien, die wir kennen. Derartige Erfolge waren natürlich nicht in kurzem Kampf zu erringen; erst nach zwei bis drei Generationen, gegen Ende des 5. Jahrhunderts, durften Römer und Latiner die Gefahr für gebannt halten.

In dieser Zeit hatte Rom noch andere Kämpfe zu bestehen, die die übrigen Latiner wenig angingen. Nur zwanzig Kilometer nordöstlich von Rom lag das mächtige Veii. Während der langen Kämpfe gegen Aequer und Volsker im Süden war diese Stadt für die Römer eine einzige Drohung in ihrem Rücken. Das aufstrebende Rom konnte einem Entscheidungskampf auf die Dauer nicht ausweichen. So nahm es schließlich die Herausforderung an und eroberte nach angeblich zehnjährigem erbittertem Ringen (406–396) die Stadt. Sie wurde völlig zerstört, die Bewohner wurden vertrieben und ihre Mark dem römischen Territorium einverleibt. Der Haß der Römer auf diese Stadt überlebte sogar das römische Imperium: noch heute liegt der Stadthügel von Veii wüst und leer.

Durch diesen Sieg war Rom mit einem Schlag zur stärksten Macht weit und breit geworden und hatte mit den riesigen Gebieten der vernichteten Rivalin sein Territorium beinahe verdoppelt. Es betrug jetzt tausendfünfhundert Quadratkilometer. Kurz vor der Eroberung von Veii war auch das nördlich von Rom gelegene Fidenae besiegt und dem *ager Romanus* einverleibt worden. Diese Erfolge mußten sich auf die Stellung der Tiberstadt

Der Lapis niger
Stele mit einer nicht gedeuteten Inschrift über dem sogenannten Grab des Romulus
auf dem Forum Romanum, zweite Hälfte 6. Jahrhundert v. Chr.

Reste der von den Römern 396 v. Chr. zerstörten Stadt Veii

innerhalb des Latinischen Bundes auswirken, noch niemals war Rom so stark gewesen. Da stellte schon kurz nach dem Sieg über Veii eine furchtbare Katastrophe alles Erreichte wieder in Frage und brachte die Stadt an den Rand der Vernichtung. Der Keltensturm brach über Italien herein und zog auch Rom in seinen Strudel von Tod und Verderben. Der Einfall keltischer Völkerscharen in Italien steht in einem welthistorischen Zusammenhang. Schon im 6.Jahrhundert waren sie aus ihrer vermutlichen Heimat, dem Gebiet der oberen Donau und der Rheingegend, nach Westen gezogen. Im Laufe des 6. und 5.Jahrhunderts wurden ganz Frankreich, Britannien und Irland von ihnen erobert und besiedelt. Etliche Scharen gelangten auch nach Spanien, vor allem in die zentrale Hochebene und nach Asturien, wo sie sich mit den einheimischen Iberern vermischten. Seit etwa 400 strömten die Kelten dann auch auf die Apenninenhalbinsel.

Auf der Suche nach Land stießen sie, von Westen kommend, zunächst auf die Etrusker in Oberitalien. Die etruskische Herrschaft zerbrach beim ersten Ansturm; nur die Veneter im Osten der Ebene und die Ligurer in den unzugänglichen Gebirgsgegenden um das heutige Genua konnten sich vor der Vernichtung retten. Zahlreiche keltische Stämme ließen sich in Oberitalien endgültig nieder, nördlich des Po vor allem die Insubrer und Cenomanen, südlich davon die Boier und Lingonen. Andere Stämme, auch einzelne Splittergruppen, drangen weiter nach Süden vor. Von ihnen wurden die Städte des etruskischen Kerngebietes in der Toskana heimgesucht, und eine Schar unter Brennus erreichte Rom.

Am kleinen Flüßchen Allia stellte sich ihnen das römische Aufgebot entgegen. Es wurde vernichtend geschlagen, Rom erobert und niedergebrannt. Nur auf dem Kapitol konnte sich ein kleiner Teil der römischen Streitmacht halten, die Bevölkerung der Stadt aber zerstob in alle Winde. Brennend und mordend zogen die Kelten weiter nach Süden; einzelne Gruppen erreichten sogar Süditalien, wo sie der Tyrann von Syrakus, Dionysios I., als Söldner anwarb und für seine ehrgeizigen Pläne in Italien benutzte. Der Widerstand von Etruskern und Italikern in Mittelitalien war jedoch so heftig, daß die Kelten nirgends Lust verspürten, sich niederzulassen. Sie beschränkten sich auf Raub und Plünderung und zogen, wenn ihre Gier gesättigt war, wieder ab. Noch bis in die Mitte des 4.Jahrhunderts hinein kam es immer wieder zu Einfällen räuberischer Keltenscharen in Mittelitalien; aber sosehr die Bevölkerung unter ihnen zu leiden hatte, die schlimmste Gefahr war doch vorüber.

Die Römer bewahrten den Tag der Niederlage an der Allia, nach der Tradition den 16.Juli 387, als einen *dies ater*, einen schwarzen Tag, in Erinnerung. Niemals vergaßen sie das furchtbare Unglück; wie ein Schock hatte es auf sie gewirkt, und noch viele Jahrhunderte später, als Rom schon Weltreich war, fuhr jedem Römer das Entsetzen in die Glieder, wenn sich am fernen Horizont ein Haufe von Galliern zeigte. Nach dem Tag an der Allia war zunächst auch alles verloren. Der Latinische Bund brach auseinander, die in langen Kämpfen erreichte Vormachtstellung in Latium und die Sicherung gegen die Stämme der latinischen Grenzgebirge waren dahin. Glücklicherweise hatten die Nachbarn genug mit sich selbst zu tun und konnten nicht daran denken, die Niederlage Roms für sich zu nutzen. Jetzt trug auch die grausame Vernichtung von Veii ihre Früchte: hätte es sich in diesen schweren Jahren neu erhoben, Rom hätte diese tödliche Bedrohung kaum bestehen können.

Die Römer zogen aus der Niederlage zunächst eine Konsequenz. Nach der Schlacht an der Allia lag die Stadt wehrlos den Galliern ausgeliefert, nur Palatin und Kapitol waren befestigt. Jetzt baute man eine große Mauer aus Tuffstein um die sieben Hügel: die Servianische Mauer, welche die römischen Historiker später in die Königszeit zurückdatierten und dem König Servius Tullius zuschrieben. Die Behauptung Roms auf seinem eigenen Territorium, dem *ager Romanus*, war bei der allgemeinen, von den Kelten verursachten Erschöpfung der Nachbarn nicht allzu schwer. Als mit dem Abflauen der Keltengefahr die Stämme der latinischen Randgebirge erneut in der Ebene erschienen, fanden auch Römer und Latiner wieder zusammen. Ein neuer Bund wurde gegründet, an dessen Zustandekommen ein Römer namens Spurius Cassius maßgebend beteiligt war; der Bundesvertrag trägt deshalb seinen Namen *(foedus Cassianum)*. Angesichts der veränderten Lage konnte zwar Rom seine alte hegemoniale Stellung innerhalb des Bundes nicht zurückgewinnen; immerhin trat es als Partner gleichberechtigt dem Bund gegenüber. Schon die Tatsache, daß Rom Partner der Gesamtheit der anderen latinischen Städte war, zeigt, wie sehr sich die Voraussetzungen gegenüber den Anfängen der Republik geändert hatten. Römer und Latiner kamen sich noch einen weiteren Schritt näher. Man gestattete in Zukunft Eheschließung *(conubium)* und Handel *(commercium)* zwischen den einzelnen Städten; diese privatrechtliche Gleichstellung aller Latiner war ein großer Schritt vorwärts zur Schaffung eines Bewußtseins politischer Zusammengehörigkeit.

Mit Energie ging man nun daran, sich der andringenden Nachbarn zu erwehren. Schon eine Generation nach der gallischen Katastrophe schlugen Römer und Latiner zurück. Die Volsker mußten die südliche Ebene Latiums wieder herausgeben (358); etwa zehn Jahre später (346) gelang dann der entscheidende Schlag gegen dieses tüchtige und tatkräftige Volk: die wichtige Seestadt Antium wurde ihnen entrissen, ebenfalls Satricum; vielleicht ist schon zu jener Zeit auch Terracina erobert worden. Damit waren die Volsker endgültig in die Berge zurückgedrängt, und zugleich wurde der Weg nach Süden, nach Kampanien, frei. Wie die Volsker wurden auch die Herniker entscheidend geschlagen. Im Jahre 358 oder wenig später mußten sie in ein Bundesverhältnis zu Rom treten. So geriet das Trerustal unter römischen Einfluß, also die wichtige Straße, die durch dieses Tal nach Kampanien führt. Die Verbindung mit Kampanien hatten die Römer gewiß nicht direkt gesucht, sie war sozusagen als Nebenprodukt des Volsker- und Hernikerkrieges abgefallen. Den Hauptgewinn bei diesen Kämpfen trugen jedenfalls die Römer davon. Nun stand zu erwarten, daß sie sich auch innerhalb des Bundes wieder in den Vordergrund spielen würden. Das Unglück hatte Rom nur gestärkt, hatte seine ganze Zähigkeit und staatsbildende Kraft erwiesen. Als die Römer aber von dem eroberten Land den weitaus größten Teil für sich beanspruchten, legten sie die ersten Keime zu einem Bruderkrieg mit den Latinern.

Der Rückhalt, den Rom an den Latinern hatte, bewährte sich auch bei den Konflikten an der Nordgrenze. In einem längeren Krieg mit Caere, Tarquinii und der Faliskerstadt Falerii konnte sich Rom behaupten; Falerii mußte sogar einen Teil seiner Mark abtreten. Als künftige Bollwerke im Norden wurden hier dann zwei Kolonien gegründet, Sutrium und Nepet, wohin Römer und Latiner wie einst gemeinsam Kolonisten entsandten (351).

Die Völker Altitaliens

- ||||||| Etrusker
- ▦▦▦ Griechen
- ▮▮▮ Karthager

Rimini = moderne Namen

Nach Abschluß der Volsker- und Etruskerkriege in der Mitte des 4. Jahrhunderts stand Rom mächtiger da als je zuvor. Es hatte in Südetrurien an Einfluß hinzugewonnen und vor allem die alten Gegner, die Volsker und Herniker, entscheidend getroffen. Mit der Ausbreitung seines Machtbereiches tauchten nun neue Nachbarn auf, mit denen es sich auseinanderzusetzen hatte, und es harrte darüber hinaus noch ein anderes Problem der Lösung: die Auseinandersetzung des mächtig gewordenen Roms mit seinen latinischen Bundesgenossen.

Das Ringen um die innere Ordnung

Ständekämpfe und erster Ausgleich

Der Ständekampf, die innenpolitische Auseinandersetzung der beiden Schichten in der römischen Gesellschaft, der Patrizier und der Plebejer, zog sich über fast zwei Jahrhunderte hin, von den Anfängen der Republik bis zum Jahre 287 v. Chr., und an seinem Ende konnten die Plebejer sagen, daß alles erreicht war, worum sie gekämpft hatten: politisch und privatrechtlich standen sie gleichberechtigt neben den Patriziern, und ihre Rechte waren fest in der Verfassung verankert. Der Kampf hatte Rom keineswegs geschwächt, im Gegenteil. Der neue Staat, der aus den Ständekämpfen hervorging, faßte die beiden Stände zusammen und verschmolz sie zu einem Ganzen. Die neugewonnene Einheit verdoppelte die Kräfte, mit denen Rom antreten konnte zu seinem großen Kampf um die Herrschaft Italiens und zur Überwindung seines mächtigsten Gegners, der Samniten.

Der Ständekampf hatte seinen Ursprung in bestimmten Veränderungen der römischen Sozialstruktur. Das beherrschende Element der frühen Gesellschaft Roms war die Familie mit dem alleinigen Oberhaupt, dem *pater familias*. Neben den freien Bürgern, den Patriziern, gab es keine Freien mehr. Allmählich bildete sich aber eine weitere Schicht heraus, die weder Sklaven noch Patrizier waren: die Plebejer (von *plere*, füllen), eine Bezeichnung, die sie einfach als Masse den Patriziern gegenüberstellte. Obwohl frei ihrem personenrechtlichen Stand nach, standen sie praktisch in einem Abhängigkeitsverhältnis zu den Häuptern der Familien. Sie waren weder privatrechtlich den Patriziern gleichgestellt, noch hatten sie irgendwelche politischen Rechte. Nur die Patrizier waren im eigentlichen Sinne Bürger (*quirites*, davon wahrscheinlich *civis*), die Plebejer, Klienten, wie sie die Römer nannten, standen außerhalb des bürgerlichen Rechtskreises. Als Schutzbefohlene der patrizischen Geschlechter waren sie an das patrizische Geschlecht, dem sie angehörten, gebunden. Deshalb waren sie auch unfähig, ein eigenes (plebejisches) Geschlecht zu gründen. Sie standen als besondere Gruppe innerhalb des Geschlechts; alles, was sie besaßen, Ehe, Boden und sonstige Habe, besaßen sie nicht kraft eigener Persönlichkeit, sondern allein vermittels des Geschlechts, dem sie zugehörten. Ihre Stellung war, wenn auch natürlich durch die Moral der Zeit geschützt, prekär und jederzeit widerruflich. Da sie keinen Anteil am bürgerlichen, also patrizischen Rechtskreis hatten, war ihnen auch jede Einheirat *(conubium)* in das patrizische Geschlecht verwehrt; ja, sie konnten nicht einmal kraft eigener Persönlichkeit ein Rechtsgeschäft abschließen, da alles Recht nur für den Patrizier galt: bei diesen Geschäften brauchten sie einen patrizischen Patron, der sie auch vor Gericht vertrat.

Die Klientel hat verschiedene Wurzeln. Zum Teil mögen die Klienten Bauern gewesen sein, die verarmt und sozial abgesunken waren. Vorstellbar wäre es auch, daß sich umgekehrt die Patrizier durch Erwerb größerer Vermögen aus dem Volk herausgehoben und dieses in Abhängigkeit zu sich gebracht haben. Die Masse der Klienten jedoch stellten nicht sie, sondern die Bewohner der unterworfenen Gebiete, die, da sie nicht gleichberechtigte Bürger werden konnten, als Schutzbefohlene den einzelnen römischen Geschlechtern zugeteilt wurden, ein Verfahren, das Verwaltung und Wirtschaft in den eroberten Territorien wesentlich erleichterte. In dem Maße, in dem sich Rom ausdehnte, wuchs so die Masse der Klienten und verringerte sich dementsprechend der Anteil der Patrizier. Der Patrizier wurde zum Adligen, dem die Masse des Volkes als Klienten oder Plebejer gegenüberstand. Ein kleiner Teil der Klienten waren natürlich Handwerker und Kaufleute, die aus dem Ausland nach Rom gekommen waren und sich dort in den Schutz eines Geschlechtes begeben hatten. Bei dem bäuerlichen Charakter des alten Roms spielte diese Schicht aber keine große Rolle.

Das auslösende Moment für den Ständekampf aber fand sich in der Tatsache, daß sich diese neue soziale Schicht, die Plebs, ihrer selbst bewußt wurde. Dieses Bewußtsein stellte sich nicht von ungefähr ein. Erst die Schwere der vor allem militärischen Lasten, welche der Staat den Plebejern auferlegte, mußte ihnen das Mißverhältnis zwischen ihren Leistungen für den Staat und ihrem politischen und sozialen Status deutlich vor Augen führen. Dieses Mißverhältnis wurde besonders drückend, als sich an der Wende vom 6. zum 5. Jahrhundert – wie auch in Griechenland, dort nur etwas früher – in Rom eine veränderte Kampfesweise durchzusetzen begann und der Einzelkampf auf dem Streitwagen dem Kampf in der Schlachtordnung Platz machte. Das moderne Heer erforderte natürlich mehr Menschen, welche nur die breiten Volksmassen, die Plebejer, stellen konnten. Diese Entwicklung stärkte zugleich die staatliche Einheit und schwächte entsprechend die gentilizischen Sonderinteressen. Fehden zwischen den Geschlechtern hörten auf, der Krieg war nicht mehr Sache Einzelner oder der Häupter der Geschlechter, jeder Heereszug erforderte nun den Einsatz der ganzen Volkskraft. So wurde es trotz der starken patriarchalischen Bindungen des Geschlechterstaates für die Patrizier immer schwieriger, die Massen der Plebejer, die für die neue Kampfestechnik entscheidend waren, in ihrer sozialen Abhängigkeit zu halten.

Die Forderungen, die in den Reihen der Plebejer laut wurden, entsprachen denn auch ihrer sozialen Lage: sie zielten sowohl auf den Erwerb politischer Rechte als auch auf die privatrechtliche Gleichstellung mit den Patriziern. Und da das neue Selbstbewußtsein der Plebejer in ihrer Eigenschaft als Kämpfer in der Phalanx wurzelte, waren ihre ersten Ansprüche ganz von dem Stolz auf ihre militärischen Leistungen getragen. Es ging ihnen keineswegs um Kommandostellen und Beamtenposten; so vermessen waren sie nicht. Das für hohe Ämter notwendige Charisma konnte nur der Patrizier auf Grund seiner Herkunft haben. Die Plebejer forderten vor allem das Mitspracherecht bei Kriegserklärung und Friedensschluß und Einfluß bei der Wahl zum höchsten patrizischen Amt. Als ordentliche und unentbehrliche Krieger des Staates wollten sie mitreden, wenn es um wichtige Entscheidungen ging, und sie wollten selbst bestimmen, welcher Patrizier die Schlacht anführen sollte. Es gab zwar schon eine Volksversammlung, welche die Beamten wählte und über Krieg und Frieden abstimmte. Aber in dieser nach Kurien geordneten Versammlung *(comitia curiata)* dominierten die Geschlechter, die zu einzelnen Kurien zusammenschlossen sind, also einen personenrechtlichen Verband darstellen. Die Plebejer stimmten in der Kurie ihres patrizischen Patrons, hatten also keinerlei Entscheidungsfreiheit. Das Verlangen nach einer andersgearteten Volksversammlung mußte daher an erster Stelle stehen.

Die Reaktion der Patrizier auf den ersten Druck der Plebejer war einhellig, man schloß sich enger zusammen. War man früher noch großzügig gewesen gegenüber der Aufnahme auswärtiger Geschlechter, so förderte nun der wachsende Druck von seiten der Plebejer eine immer engstirnigere Exklusivität; die scharfe rechtliche Grenze zu den Plebejern erhielt jetzt erst ihre endgültige, unversöhnliche Fassung. Die Versteifung der Fronten ließ der Plebs nur noch den Schritt in die Illegitimität.

Die Voraussetzung für einen Erfolg sahen die Plebejer in einer eigenen unabhängigen Organisation, denn in ihrer Lage war jede Einzelaktion innerhalb der Geschlechter zum Scheitern verurteilt. Sie brauchten ein Organ, das dem Willen aller Plebejer in der Öffentlichkeit Ausdruck verleihen konnte, und sie brauchten Vertreter, die, auf die Gesamtheit gestützt, diesem Willen den Patriziern gegenüber Geltung zu schaffen vermochten.

Diese Organisation mußte selbstverständlich gegen den Willen der Patrizier, und das heißt gegen den Staat, also auf revolutionärem Wege aufgebaut werden. Die Plebejer haben das getan. Sie schufen sich eine plebejische Volksversammlung *(concilium plebis)* und besondere, in dieser Versammlung gewählte Beamte, die Volkstribune *(tribuni plebis)*. Um von vornherein jeden Einfluß der Geschlechter auszuschalten, war die Versammlung der Plebs wohl schon von Anfang an nicht nach Geschlechterverbänden, den Kurien, sondern nach lokalen Bezirken, den Tribus, zusammengesetzt. Am Ende des 5. Jahrhunderts gab es zwanzig Tribus, davon vier in der Stadt Rom und sechzehn auf dem Lande. In der nach Tribus gegliederten Versammlung konnte der Einfluß der Geschlechter nicht mehr allzu massiv zur Geltung kommen, obwohl er bei der patriarchalischen Gebundenheit des ganzen römischen Lebens selbst in dieser rein plebejischen Versammlung noch Bedeutung hatte.

Mit der Organisation allein war es aber nicht getan; sie mußte auch gegen jede Auflösung gesichert werden. Ihr fehlte ja nicht nur die staatliche Autorisation, sie war sogar gegen den Staat gerichtet und wurde bald zu einem Staat im Staate. Was immer die Plebs beschloß oder die Volkstribune taten, jeder Patrizier konnte dies mit dem Hinweis auf dessen Unrechtmäßigkeit beiseite schieben und die Urheber solcher revolutionärer Aktionen zur Verantwortung ziehen. Um das zu verhindern, verliehen die Plebejer ihren Organen und vor allem den Volkstribunen den Schein religiöser Weihe. Da die Einrichtungen der Plebs nicht auf gültigem Recht beruhten, wurde das sie etablierende Gesetz zum »heiligen Gesetz« *(lex sacrata)* erhoben und wurden die Tribune in einen heiligen Bannkreis der Unverletzlichkeit *(sacrosanctitas)* gestellt: nicht das Recht schützte die Plebs, sondern die Götter; ihre Organe waren nicht durch ordentliche Rechtstitel gesichert, sondern sie umgab ein religiöses Tabu, das jeden Angriff auf sie zum Frevel werden ließ.

Der Plebs war der Weg zu ihrem Ziele vorgeschrieben. Als revolutionäre Einrichtung konnte sie keinen Beschluß *(plebiscitum)* und keine Forderungen in rechtsverbindliche Formen kleiden. Es blieb ihr allein der Weg des passiven Widerstandes, vor allem die Verweigerung der Heeresfolge, um die Patrizier zur Annahme ihrer Forderungen zu zwingen und alle die Standesgenossen zu schützen, die von patrizischen Beamten wegen Gehorsamsverweigerung bestraft werden sollten. Und dieser Schutz war nur wirksam, wenn die Plebejer bereit waren, unter Umständen auch vor dem Einsatz nackter Gewalt nicht zurückzuschrecken. Praktisch sah das so aus, daß alle Plebejer, welche die Beschlüsse der Plebs befolgten und deshalb vom patrizischen Magistrat verhaftet wurden, die Volkstribune um Hilfe anriefen. Diese stellten sich dann vor die bedrohten Plebejer, und wagte es daraufhin der Beamte, die heilige Person des Tribunen zu mißachten und sich des ungehorsamen Plebejers zu bemächtigen, so mußte er gewärtig sein, daß die gesamte Plebs zur Verteidigung des Tribunen anrückte.

Die Reaktion des Volkes auf Angriffe gegen seine Vorsteher war so einhellig, daß ein Magistrat nur noch ungern gegen die Plebs vorging; man sprach bereits von einem Hilferecht *(ius auxilii)* des Tribunen. Und hatte dennoch einmal ein Patrizier den Mut, einen Volkstribunen an der Ausübung dieses Hilferechts zu hindern oder sogar die plebejischen Einrichtungen selbst anzugreifen, so konnte es vorkommen, daß die Plebs sich dieses Mannes bemächtigte und ihm als Frevler an der Religion vor ihrer Versammlung den Prozeß machte, ihn aburteilte und hinrichtete. Trotz des religiösen Mäntelchens, das man dieser Justiz umhängte, fehlte solchem Verhalten natürlich jede rechtliche Grundlage, denn die Versammlung der Plebs war kein staatliches Organ und erst recht kein ordentliches Gericht; man warf sich selbst zum Richter auf, und die Straße diktierte das Urteil. Je heißer das innenpolitische Klima wurde und je häufiger die Patrizier brutal gegen ungehorsame Plebejer vorgingen, desto zahlreicher wurden die Fälle, in denen sich die Plebs mit dem Einsatz ihrer Lynchjustiz rächten.

Wenn der Staat nicht an der inneren Zwietracht zerbrechen sollte, so mußte es zu einer Einigung kommen; die starke außenpolitische Beanspruchung verlangte geradezu danach. Der patrizische Beamte mußte jederzeit in der Lage sein, gegen den äußeren Feind über das Heer zu verfügen. Es war aber klar, daß die Patrizier als der schwächere Teil schließlich der entschlossenen Front der Plebejer nachgeben mußten. In der Mitte des 5. Jahrhunderts verstanden sie sich denn auch zu ersten Zugeständnissen.

Zunächst erreichten die Plebejer die Teilnahme an der politischen Macht. Eine neue Volksversammlung wurde geschaffen, deren organisatorische Grundlage nicht mehr der Geschlechterverband, die Kurie, war, sondern eine militärische Einheit, die Zenturie, also die Hundertschaft. Diese neue Versammlung *(comitia centuriata)* war im Prinzip eine Heeresversammlung und entsprach damit dem stärkeren Anteil der Plebejer am Heeresdienst. Allerdings war sie keineswegs demokratisch, nicht jeder hatte in ihr gleiches Recht. Das Stimmrecht war vielmehr nach dem Vermögen des Einzelnen abgestuft, der Vermögende, der eine teuere Rüstung zu stellen hatte, sollte also auch die gewichtigere Stimme haben (Timokratie von griechisch *timé*, Schätzung). Zur Abstufung des Stimmrechts wurde die gesamte Bürgerschaft in Vermögensklassen eingeteilt. Die Schätzung nahm der oberste

Beamte vor; später wählte man dafür besondere Schätzungsbeamte, die Zensoren (von *censere*, schätzen).

An der Spitze der Ordnung standen die Reiter *(equites)*, die Rüstung und Pferd zu stellen hatten. Die Masse der *equites* waren natürlich die Patrizier, nur wenige Plebejer werden das für den Kriegsdienst zu Pferd notwendige Vermögen aufgebracht haben. Das Mindestvermögen für den Reiter betrug in späterer Zeit 400000 Kupfer-As. Die nächste Gruppe bildeten die Schwerbewaffneten der Phalanx, die *classis;* sie mußten über 100000 As besitzen. Die Zahl der Zenturien der *classis* überstieg um ein Vielfaches die der Reiterzenturien. Unter der *classis* schließlich standen diejenigen, welche ihres geringen Vermögens wegen nur als Leichtbewaffnete oder, wenn sie besitzlos waren, nur als Ersatzleute Dienst tun konnten. Deren Zenturien waren wiederum zahlreicher als die der *classis*. Im ganzen aber hatten die Zenturien der *equites* und der *classis* – jede Zenturie mit einer Stimme – die Mehrheit und konnten die Versammlung überstimmen. Nichtsdestoweniger entsprach die neue Ordnung durchaus den Intentionen der Plebejer. Denn selbstverständlich hatten vor allem die plebejischen Schwerbewaffneten um die Gleichberechtigung gekämpft, eben die nämlich, auf denen in erster Linie die Last der Kriege ruhte.

Die Zenturienversammlung wurde die wichtigste Volksversammlung in Rom und ist es bis an das Ende der Republik geblieben. Ihrem Charakter als militärische Versammlung entsprechend gehörten in Zukunft die Entscheidungen über Krieg und Frieden und über Verträge vor sie, und auch die höchsten Beamten wurden von ihr gewählt. Die alte Kurienversammlung mußte diese Zuständigkeiten abgeben und sank dann schnell zu völliger Bedeutungslosigkeit ab. Die Plebejer hatten einen großen Erfolg errungen; wenn sie auch selbst noch nicht Beamte werden konnten, so waren sie jetzt doch in der Lage, auf die Wahl der patrizischen Beamten Einfluß zu nehmen und bei den wichtigsten Entscheidungen in der Außenpolitik mitzubestimmen.

Es verstand sich fast von selbst, daß die rechtmäßige Beteiligung an der Macht nun auch sie versöhnlich stimmte und ihre während des Kampfes immer schärfer gewordene oppositionelle Haltung gegen den Staat mäßigte. Allerdings, die Versammlung der Plebs und die Volkstribune wollte man nicht aufgeben. Schließlich war der Kampf zu hart und das Mißtrauen gegen die Patrizier zu groß gewesen, als daß man sich die Errungenschaften der »Revolution« einfach aus der Hand nehmen lassen wollte. Die Patrizier waren denn auch bereit, diese Einrichtungen wenn nicht anzuerkennen, so doch zu tolerieren. Aber sie wollten keinesfalls die plebejische Lynchjustiz dulden. Man einigte sich also dahin, daß der politische Prozeß, denn darum hatte es sich ja vor der Versammlung der Plebs stets gehandelt, in Zukunft nur bei der Zenturienversammlung anhängig gemacht werden dürfe und nur sie berechtigt sei, die Todesstrafe zu verhängen. Da dort die Plebejer jetzt ein entscheidendes Wort mitzureden hatten, konnten sie das ruhig zugestehen.

Ein anderes Zugeständnis der Patrizier an die Plebejer war die schriftliche Fixierung des geltenden Rechts. Das Recht war damals zum großen Teil »Spruchrecht«, das heißt, es war an die genaue Aussprache bestimmter formelhafter Wendungen gebunden. Die teilweise sehr schwierigen Formeln waren bislang von patrizischen Priestern, den *Pontifices*, aufbewahrt und weitergegeben worden. Der starre, religiös gebundene Rechtsformalismus

Die Servianische Stadtmauer am Aventin
Nach der Katastrophe an der Allia 387 v. Chr. errichtete Schutzmauer um die sieben Hügel von Rom

Reste von einem der vier Tempel am Largo Argentina in Rom, 4./3. Jahrhundert v. Chr.

hatte die Rechtskenntnis auf eine kleine Minderheit beschränkt, und so mußte die allgemeine Unkenntnis der formelhaften Wendungen oder deren häufig unrichtige Anwendung, die allein schon Rechtsansprüche wirkungslos machte, zu einer gewissen Rechtsunsicherheit führen. Die davon Betroffenen waren natürlich in erster Linie die Plebejer als die politisch und wirtschaftlich Schwächeren; in der Zeit des erbitterten innenpolitischen Kampfes ist dann diese ohnehin ungünstige Situation durch den politischen Mißbrauch der Rechtssätze gewiß noch weiter verschlechtert worden. Auch das mannigfache, nicht an Formeln gebundene Gewohnheitsrecht mußte fixiert und zu einem festen, nicht mehr der Willkür Einzelner ausgelieferten Bestandteil des Rechts werden.

Die Aufzeichnung des Rechts bedeutete, zumal da das Schreiben im damaligen Rom noch eine wirkliche Kunst war, eine große Tat; die Kodifizierung des Rechts ist überhaupt das erste monumentale Werk der Römer. Selbstverständlich konnten sie bei diesem schwierigen Geschäft nicht auf die Hilfe der Griechen verzichten, die ihnen darin schon vor langer Zeit vorangegangen waren. Die griechischen Städte Italiens waren also die gegebenen Ratgeber; Gesandtschaften unterrichteten sich bei ihnen; nach ihrer Rückkehr wurde eine Zehnmänner-Kommission beauftragt, das geltende Recht aufzuschreiben: die *decemviri legibus scribundis*. Sie erhielt, ähnlich wie bei den Griechen früher, unumschränkte Vollmachten; ihre schwere Aufgabe erforderte es, daß sie als eine Art Schiedsrichter über dem Staat und seinen Parteiungen stand und ihnen das neue Gesetzeswerk gleichsam auferlegte. Ihre unbegrenzte Macht mußte natürlich von allseitigem unbegrenztem Vertrauen getragen sein. Es braucht nicht besonders betont zu werden, daß die Dezemvirn sämtlich Patrizier waren, ein Plebejer wäre in diesem wichtigen Amt gänzlich untragbar gewesen, zumal nur die Patrizier sich im Recht auskannten. Nach der Tradition begannen die Dezemvirn ihr Werk im Jahre 451, was ungefähr stimmen mag. Eine reine Erfindung der römischen Historiker ist hingegen die Erzählung, daß im folgenden Jahre noch einmal eine Kommission gebildet worden sei, weil das Werk im Vorjahr nicht vollendet wurde, und daß dieses zweite Dezemvirat dann zu einem tyrannischen Regiment ausartete.

Das Ergebnis der Tätigkeit der Dezemvirn waren die Zwölf Tafeln, auf denen das gesamte damals gültige Recht — Privatrecht, Strafrecht und Sakralrecht, das Prozeßrecht ebenso wie das materielle Recht — aufgezeichnet stand. Dieses Zwölf-Tafel-Recht steht auf einer Stufe der Rechtsentwicklung, welche zwar die primitiven Formen der Selbsthilfe, der Privatrache und der Vergeltung noch nicht ganz überwunden hatte, aber doch schon zahlreiche Ansätze eines entwickelteren Rechtsdenkens zeigte. Die Milderung des alten Rechts durch den Begriff der Buße, die ersten Spuren des Begriffs des Schadenersatzes und vieles andere weisen bereits in die Zukunft.

Die Wirkung der Zwölf Tafeln kann man nicht hoch genug einschätzen. Die Rechtsunsicherheit war beseitigt, ein gültiger Gesetzestext in aller Händen. Das Recht war nicht mehr Geheimwissenschaft einer Minderheit, sondern stand im Lichte der Öffentlichkeit, und jedermann konnte sich seine Gedanken dazu machen, es interpretieren und kommentieren und es im Anschluß daran durch Aufstellung neuer, modernerer Sätze weiterentwickeln. Und es verstand sich von selbst, daß nun alle neuen Rechtsgedanken, soweit man von ihnen eine praktische Wirkung erwartete, schriftlich zu fixieren waren: die

Schriftlichkeit war zu einer unabdingbaren Voraussetzung allen praktischen Rechtes geworden.

In der Mitte des 5. Jahrhunderts gelang den Plebejern noch ein letzter Erfolg. Die Zwölf Tafeln hatten den starren Standesunterschied zwischen Plebejern und Patriziern unangetastet gelassen. Nicht lange danach wurde dann auch das Eheverbot zwischen den beiden Ständen aufgehoben, was die Verschmelzung der beiden sozialen Schichten ermöglichte. Selbstverständlich galt das Recht der Einheirat in die patrizischen Familien nicht für jedermann, sondern nur für die reichen und angesehenen Plebejer. Aber mehr wollte man gar nicht; immerhin war die Ehefähigkeit eines Plebejers mit einer Patrizierin grundsätzlich festgestellt. Die privatrechtliche Gleichstellung war damit errungen.

Nach der Tradition soll die Aufhebung des Eheverbots im Jahre 445 v. Chr. durch ein Gesetz des Volkstribunen Canuleius erfolgt sein *(lex Canuleia)*. Daran ist wohl nur der Name des Tribunen historisch, denn die Versammlung der Plebs, die allein Anträge der Volkstribune entgegennehmen konnte, war als revolutionäre Einrichtung gar nicht fähig, Gesetze zu beschließen. Das neue Eherecht ist gewiß überhaupt nicht gesetzlich fixiert worden; es wurde einfach dadurch wirksam, daß man der Heirat zwischen Angehörigen der beiden Stände praktisch keinen Widerstand mehr entgegensetzte, sondern sie als rechtsgültig anerkannte. Canuleius wird sich wohl nur für die Sache eingesetzt haben.

Sieg der Plebs

Mit den Ergebnissen ihres Kampfes konnten die Plebejer zunächst wohl zufrieden sein; sie hatten in der Zenturienversammlung volles Stimmrecht, und durch die Zwölf Tafeln und die Aufhebung des Eheverbots waren sie privatrechtlich den Patriziern gleichgestellt. Hingegen war ihnen noch immer der Zugang zur staatlichen Exekutive, zu den Ämtern verschlossen. Ihr Ehrgeiz hatte bislang auch nicht danach gestrebt; zu fern wäre die Vorstellung gewesen, nach dem mit Tradition und Religion verwobenen obersten Staatsamt zu greifen. Allmählich aber begann die alte Unzufriedenheit wiederzukehren. Sie ging natürlich von jenen Plebejern aus, die im Laufe der Zeit zu Vermögen oder als Unterführer im Heer zu militärischem Ansehen gekommen waren. Ihr sozialer und wirtschaftlicher Aufstieg und ihre Gleichstellung mit den Patriziern hatten es ihnen erlaubt, sich vom patrizischen Geschlecht zu lösen und eine unabhängige Familie zu gründen. Jetzt waren sie geachtete Leute und zum Teil sogar mit Patriziern verschwägert. Ihr Ansehen verschaffte ihnen bald eine Klientel. Diese großen plebejischen Familien veränderten schnell das Bild der sozialen Struktur Roms. Neben die patrizischen Familien und Geschlechter, denen einst die Plebejer eingeordnet waren, stellten sich jetzt die plebejischen Familien, die sich selbstbewußt aus der Abhängigkeit gegenüber den patrizischen Geschlechtern befreit hatten. Der Begriff des Geschlechts verlor allmählich seinen ausschließlich patrizischen Bezug; der patrizische Geschlechterstaat begann sich aufzulösen.

Das Verlangen der Plebejer nach Zugang zur staatlichen Exekutive kam nicht von ungefähr; es konnte nur in einer Zeit laut werden, da der patrizische Staat von ihnen wieder einmal das Äußerste an Hingabe verlangte. Nach Jahrzehnten relativer Ruhe brachte zu Beginn des 4. Jahrhunderts der lange und schwere Krieg mit Veii die Voraussetzungen für ein erneutes Aufflammen des Ständekampfes; die Blicke der vornehmen Plebejer richteten sich auf die oberste Magistratur.

Das oberste Amt wurde seit der Vertreibung der Könige alljährlich von der Zenturienversammlung neu besetzt. Seine Hauptaufgabe bestand nach wie vor in der Heerführung; Privat- und Strafrecht waren noch immer meist Sache der Geschlechter und wurden nur zögernd vom Staat aufgegriffen. Dem Heerführer standen mehrere Gehilfen zur Verfügung, welche die einzelnen römischen Aufgebote anführten. Diese Aufgebote bestanden ursprünglich aus drei Tribus, über deren Charakter wir wenig wissen. Sie mögen früher einmal Stammescharakter gehabt haben, später waren sie wohl eher nach lokalen Gesichtspunkten eingeteilt. Von diesen Abteilungen hatten die Gehilfen ihren Namen, sie waren Militärtribune *(tribuni militum)*, entsprechend der Zahl der Tribus des Aufgebotes gab es ursprünglich deren drei. Als der römische Bürgerverband wuchs und die Mitgliederzahl der einzelnen Tribus größer wurde, teilte man sie, um sie als taktische Einheit mit begrenzter Zahl von Soldaten — wahrscheinlich war es eine Tausendschaft — zu erhalten. So gab es bald sechs Tribus, also auch sechs Militärtribune. Diese Zahl begegnet uns zuerst im Krieg gegen Veii, später wurde sie noch überschritten. Obwohl die Tribune als militärische Unterführer dem Jahresmagistrat unterstellt waren, wurden sie gewählt, also nicht ernannt. Selbstverständlich waren sie Patrizier. Im Laufe der Zeit bürgerte sich für sie die für den Heerführer übliche Bezeichnung Prätor ein (von *praeire*, vorangehen), ihrer untergeordneten Stellung wegen waren sie *praetores minores*, im Gegensatz zum *praetor maximus*, dem Jahresmagistrat. Er allein hatte die absolute Befehlsgewalt über das römische Heer, das *imperium*, das neben der Kriegführung die volle Strafgewalt gegen den ungehorsamen Soldaten einschloß; die »geringeren« Prätoren hatten lediglich einzelne Kommandostellen inne; ihr Verhältnis zum Praetor maximus entsprach etwa dem von Divisionskommandeuren zum Oberbefehlshaber einer Armee.

Die Plebejer strebten zunächst danach, das Militärtribunat zu besetzen. In dem langen veientischen Krieg, in dem sich gewiß mancher Plebejer hervortat und mancher Patrizier versagte, war ohne Zweifel häufiger versucht worden, diese patrizische Bastion zu stürmen, wir können nicht genau sagen, ob mit Erfolg. Wenn es je gelang, dann jedenfalls nur in sehr seltenen Fällen. Im ganzen konnten die Patrizier ihre Position behaupten. Dann aber kam die Katastrophe, die Eroberung Roms durch die Gallier. Der römische Staat stürzte plötzlich ins Nichts. Diese Niederlage war aber zugleich die Niederlage der Patrizier; das furchtbare Ereignis stellte die festgefügte, auf ewigen Traditionen ruhende Welt des patrizischen Staates mit einem Schlag in Frage. Mit dem Brande Roms war letzten Endes auch das Schicksal des patrizischen Roms entschieden.

Als die größte Not vorüber war, begannen denn auch die Plebejer, auf ihre gewaltigen Leistungen im Felde gestützt, energisch nach den staatlichen Ämtern zu greifen. Der alte Ständekampf entbrannte aufs neue mit äußerster Heftigkeit. Volkstribune und Versammlung der Plebs übernahmen wieder ihre alten Funktionen; wieder rief der Plebejer den Tribun zu Hilfe, und wieder wurden Patrizier vor die plebejischen Revolutionstribunale geschleppt.

Mit allen zu Gebote stehenden Mitteln suchten die Volkstribune den Staatsapparat lahmzulegen und sich dadurch den politischen Gegner gefügig zu machen. Sie verboten den Patriziern einfach den Vollzug sämtlicher Amtsgeschäfte (Interzession) und drohten jeden zu lynchen, der diesem Verbot zuwiderhandelte. Spurius Cassius, der sich um den neuen Bundesvertrag zwischen Römern und Latinern sehr verdient gemacht hatte, fand im Kampf für die Sache der Plebejer den Tod (370). Der Haß der Patrizier richtete sich genauso gegen Nachgiebigkeit in den eigenen Reihen; M. Manlius Capitolinus, der Retter des Kapitols im Galliersturm, soll wegen seiner plebejerfreundlichen Haltung den Tod auf dem Schafott gefunden haben. In diesem unerbittlichen Kampf wurde das Imperium des Praetor maximus zur schärfsten Waffe gegen den innenpolitischen Feind. Bislang hatte das Imperium vor allem Vollmachten des Feldherrn im Krieg umfaßt *(militiae)*; jetzt richtete sich seine ganze Härte auch gegen Rom selbst *(domi)*. Die Beile in den Fasces bedrohten nun auch den Zivilisten mit Tod und Verderben, wenn er dem patrizischen Beamten den Gehorsam verweigerte.

Um den Plebejern den Wind aus den Segeln zu nehmen, erlaubte man schließlich ihren Führern, an den Beratungen im Senat teilzunehmen, wo die Häupter der patrizischen Familien, die Patres, die politischen Geschäfte erörterten und dem Praetor maximus ihre Instruktionen gaben. Durch die Teilnahme der plebejischen Führer hoffte man, die brennenden Fragen der Innenpolitik statt auf der Straße hinter den Türen des Sitzungssaales zu erledigen, wo zudem die Patrizier die bessere Position hatten. Aber man gab den Plebejern kein Stimmrecht; sie wurden nicht Senatoren, sondern galten nur als dem Senat »Zugeschriebene« *(conscripti)*. Damit war nicht viel gewonnen. Das innenpolitische Klima wurde immer heißer. Zehn Jahre nach dem Gallierbrand, also noch in schwersten Notzeiten, herrschte in Rom völlige Anarchie. Mehrere Jahre hindurch kam es zu keinen Wahlen; die Volkstribune verhinderten alle staatlichen Aktionen; der ganze Staat war gelähmt, und man lieferte sich erbitterte Diskussionen und blutige Gefechte. Auf seiten der Plebejer hatten vor allem zwei Männer die Führung an sich gerissen; Lucius Sextius und Gaius Licinius Stolo. Jahr für Jahr ließen sie sich zu Volkstribunen wählen, unermüdlich wiederholten sie ihre Forderungen und schürten den Haß gegen den Praetor maximus, um den sich alljährlich die Patrizier scharten. Im Jahre 367 endlich war es so weit, daß die völlige Erschöpfung auf beiden Seiten zu einem Ausgleich drängte. Die Patrizier sahen ein, daß sie auf die Dauer den kürzeren ziehen mußten, und überdies drängte die außenpolitische Lage auf schnelle Erledigung der inneren Spannungen.

Man schloß einen Kompromiß und kam überein, in Zukunft drei höchste Beamte zu wählen, die alle drei die oberste Feldherrngewalt, das Imperium, erhalten sollten; von diesen dreien durfte einer plebejischer Herkunft sein. Damit waren die Plebejer in das oberste Amt eingedrungen, ohne daß freilich die Patrizier das Übergewicht in der obersten Behörde verloren hätten. Selbstverständlich konnten auch fernerhin alle drei Stellen von Patriziern besetzt werden, was bis zum Jahre 321 auch hin und wieder vorkam. Es ist bezeichnend für das Denken des einfachen Römers, daß die Plebejer in der Volksversammlung dem eben errungenen Recht zum Trotz des öfteren darauf verzichteten, einen der Ihren in das oberste Amt zu berufen. Noch hatte die Autorität der alten Geschlechter kaum etwas von ihrer Stärke eingebüßt. Trotzdem wurde es bald allgemein üblich, eine Stelle mit einem Plebejer zu besetzen. Seit den Samnitenkriegen (seit 343) zeichneten sich zudem so viele Plebejer als hervorragende Soldaten aus, daß kaum Mangel an plebejischen Anwärtern bestand. Die Dreiheit der obersten Gewaltenträger erfuhr aber sehr bald eine weitere Modifikation, die im Zusammenhang mit einer Heeresreform eingeführt wurde.

Im Jahre 367 oder doch kurz danach mußte das Heer neu organisiert werden. Die zahlreichen Aufgebote *(tribus)* mit ihren vielen Militärtribunen, deren Anzahl immer wieder wechselte, hatten sich für eine konzentrierte Heerführung als unpraktisch erwiesen. Die Wehrkraft Roms bestand jetzt aus etwa sechstausend Fußsoldaten und sechshundert Reitern; hinzu kamen Leichtbewaffnete und die Kontingente der Bundesgenossen. Ein einziger Beamter, wie bisher der Praetor maximus, konnte also die Heerführung nur noch schwer bewältigen, zumal es bisweilen zwei Kriegsschauplätze gleichzeitig gab und schon deshalb mehr selbständige Truppenführer gebraucht wurden. So teilte man das Aufgebot in zwei Heeresabteilungen und wies jeder dreitausend Soldaten, dreihundert Reiter und entsprechend Leichtbewaffnete und bundesgenössische Truppen zu. Die neue Formation nannte man *legio* (von *legere*, lesen, sammeln; vom Sammeln der Soldaten bei der Aushebung); das römische Heer war nun in zwei Legionen gegliedert. Zwei der drei obersten Beamten erhielten je eine Legion, und zwar ein Patrizier und der Plebejer, wenn einer der drei Plebejer war. Man konnte das Heereskommando dem plebejischen Oberbeamten nicht verwehren, weil der Kriegsdienst gerade die Plebejer am schwersten belastete. Die Militärtribune fielen als selbständige Kommandeure weg. Die beiden Führer der Legionen nannte man *consules* (von *con-salire*, zusammenspringen), um damit zum Ausdruck zu bringen, daß die beiden Heerführer gemeinsam handeln, daß sie zusammenarbeiten sollten. Die Römer erkannten sehr wohl die Gefahr, die in der Aufteilung der obersten Heeresführung lag. Um die Einheit der Führung, die bisher durch den Praetor maximus gesichert war, zu wahren, entwickelten sie die besondere Form der römischen Kollegialität. Die Konsuln bildeten ein Kollegium, das heißt, jeder war im Prinzip für die gesamte Kriegführung und für das gesamte Heer, also für beide Legionen, zuständig. Praktisch kämpfte zwar jeder Konsul mit seiner Legion allein; doch zeigte sich die Einheit des Amtes darin, daß der eine Konsul jede Aktion des anderen verbieten konnte (Interzession). Umgekehrt gaben die Konsuln bei Nichteinlegung des Verbots zu erkennen, daß sie der gemeinsamen Staatsführung zustimmten.

Der dritte Oberbeamte gehörte ursprünglich gleichfalls zu diesem Kollegium; er besaß das Imperium wie die Konsuln, also auch die Eigenschaft des Heerführers. Da er aber keine der beiden Legionen hatte, konnte er sich als Heerführer nur dann ausweisen, wenn in Notzeiten ein außerordentlicher dritter General gebraucht wurde. Normalerweise wurde dem dritten obersten Magistrat eine Sonderfunktion übertragen: er hatte in der Stadt Rom, soweit sich der Staat überhaupt damit befaßte, Recht zu sprechen. Auch die Rechtsprechung ruhte auf dem Imperium, nachdem der Praetor maximus vor allem während der Ständekämpfe sich ihrer bemächtigt und das ursprünglich fast nur militärische Imperium auch gegen Zivilisten in Rom eingesetzt hatte. Im Zivilrecht war der Staat ebenfalls immer mehr in die alten Rechte der Geschlechter eingedrungen. Alle diese Zuständigkeiten der Rechtsprechung übernahm nun der dritte Oberbeamte. Zunächst war dieser, der seiner Kompetenzen wegen in Rom blieb und im Gegensatz zu den Konsuln als »Verwaltungsbeamter« der obersten Behörde gelten konnte, das Oberhaupt des Kollegiums und gleichsam der Nachfolger des Praetor maximus, dessen verkürzte Amtsbezeichnung er auch übernahm: Prätor. Die Plebejer konnten es ruhig wagen, dieses Amt einem Patrizier zu überlassen, da es durch die Trennung von Heerführung und Jurisdiktion in Rom seine Omnipotenz verloren hatte.

Der Erfolg der Plebejer war beträchtlich. Sie waren in die Heerführung eingedrungen und hatten die für sie so gefährliche Entwicklung, die sich mit der Ausdehnung des Imperiums auf die Innenpolitik angebahnt hatte, durch die Trennung von Heerführung und städtischen Geschäften im Kollegium neutralisiert. Zwar war der vornehmste Beamte immer noch der Prätor, doch kehrte sich das Rangverhältnis sehr schnell in sein Gegenteil; kraft seiner militärisch-politischen Macht drängte das Konsulat die Prätur bald in den Hintergrund, vor allem da in der Zeit nach dem Kompromiß schwerste Kriege auszufechten waren und man Jahr für Jahr ins Feld zog. So wurden die Konsuln ganz von selbst die eigentlichen Führer im Staat, und zwar nicht nur im Felde, sondern ebenso in Rom. Als die Kriegsherren hatten sie zu Beginn des Feldzuges die feierlichen Gelübde abzulegen und die meisten und wichtigsten Verhandlungen mit dem Senat zu führen, und sie waren es auch, die nach dem Krieg im Triumph in die Stadt einzogen und die Versprechen an die Götter mit dem Bau von Tempeln einlösten. Schon wenige Jahrzehnte nach dem Ausgleich von 367 verschob sich das Verhältnis innerhalb des Kollegiums so sehr, daß man von einer Kollegialität zwischen Konsul und Prätor nicht mehr sprechen konnte. Das zeigte sich praktisch darin, daß zwar die Konsuln dem Prätor Aktionen verboten, wie sie auch untereinander Verbote aussprachen, daß sie aber einfach nicht hinhörten, wenn der Prätor, der ja der Theorie nach Kollege der Konsuln war, nun seinerseits etwas untersagte. So sprach man schließlich von der höheren Amtsgewalt der Konsuln *(maior potestas)* und der niederen des Prätors *(minor potestas)*; die Konsuln untereinander hatten gleiche Amtsgewalt *(par potestas)*.

Der Ausgleich des Jahres 367 ist mit den Namen der Volkstribune Lucius Sextius und Gaius Licinius Stolo verknüpft. Die Römer, deren Legitimismus gern alle staatlichen Veränderungen auf Gesetze zurückführte, sprachen darum von den *leges Liciniae Sextiae*. Diese Gesetze, von denen die römischen Historiker nicht nur die Konsulatsverfassung, sondern auch manche andere, gar nicht in diese Zeit gehörenden Dinge herleiteten, sind wiederum deshalb nicht historisch, weil die beiden Volkstribune vor der plebejischen Volksversammlung keine rechtsgültigen Gesetze erwirken konnten. Auch der Kompromiß von 367 erhielt seine Gültigkeit in der unangefochtenen Praxis.

Nach der Eroberung des Konsulats war den Plebejern auf die Dauer der Eintritt auch in die niederen Ämter nicht vorzuenthalten. Bei der sinkenden Bedeutung der Prätur ist es nicht verwunderlich, daß schon im Jahre 337 der erste Plebejer Prätor wurde. Es war der berühmte Quintus Publilius Philo. Noch früher wurde den Plebejern das Zensorenamt zugänglich. Man mochte dem Plebejer, der Konsul gewesen war, nicht gern die Zensur verweigern, da deren Aufgaben früher zur Kompetenz des obersten Magistrats gehört hatten und die Zensur erst später als besondere Behörde etabliert worden war. Schon 351 soll der erste Plebejer Zensor gewesen sein.

Noch weniger Schwierigkeiten bot die Besetzung der niederen Magistratsämter durch Plebejer. Wie alle Staatsämter waren sie Jahresmagistraturen und wie alle ordentlichen Ämter kollegial organisiert. An der untersten Stufe der sich allmählich ausbildenden Beamtenhierarchie standen die Finanzbeamten, die Quästoren, die ursprünglich als reine Hilfskräfte des höchsten Beamten in der Regel Freigelassene oder Klienten, jedenfalls keine vornehmen Leute waren. Es war also kein Problem, die Quästur, als sie mit dem Wachsen Roms ordentliches Amt wurde, mit Plebejern zu besetzen. Eine höhere Amtsgewalt als diese besaßen die Ädilen, die Markt- und Sittenpolizei, die auch für die Leitung und Ausstattung der großen Feste und Spiele verantwortlich waren. Die beiden »plebejischen Ädilen« waren wie die Volkstribune eine reine Magistratur der Plebs, die nur unter den Plebejern für Ordnung zu sorgen hatte. Sie wurden mit dem Kompromiß des Jahres 367 als ordentliche Beamte übernommen. Als Gegenstück und Gegengewicht zu diesen plebejischen Ädilen wurde gleichzeitig mit deren staatlicher Anerkennung ein zweites Paar Ädilen geschaffen, die patrizischer Abstammung sein mußten und im Unterschied zu den plebejischen »kurulische Ädilen« (von der *sella curulis*, dem patrizischen Amtssessel) genannt wurden. Die Kompetenzen teilten sich die beiden Ädilenpaare untereinander auf. Im Zuge des Ausgleichs, der immer mehr plebejischen Familien Zugang zum Konsulat verschaffte, erwies sich die strenge ständische Trennung der plebejischen und kurulischen Ädilen schon nach ein bis zwei Generationen als überholt. Am Ende des 4. Jahrhunderts konnten sich auch Plebejer um die kurulische Ädilität bewerben, wobei man dann so verfuhr, daß dieses Amt im Jahreswechsel durch Patrizier oder Plebejer besetzt wurde; 91 fiel schließlich auch diese Beschränkung.

Auch die staatlichen Priesterämter öffneten sich bald den Plebejern, als erstes das Priesterkollegium der Orakelbewahrer *(decemviri sacris faciundis)*. Dieses verhältnismäßig junge Priestertum befaßte sich mit der Sühnung schlechter Vorzeichen; im Unterschied zu anderen Priesterkollegien benutzte es eine griechische Orakelsammlung der Sibylle von Cumae. Da es deshalb nicht sehr eng mit patrizischen Traditionen verknüpft war, bot seine Besetzung mit Plebejern keine Schwierigkeiten. Aber auch die alten Kollegien der Augurn und Pontifices mußten Plebejer zulassen. Für dieses Recht hatten vor allem die Volkstribune Gaius und Quintus Ogulnius hart gekämpft, weswegen es die Römer später auf ein Gesetz dieser beiden Tribune zurückführten (*lex Ogulnia*, 300 v. Chr.). Das ist schon deswegen unrichtig, weil das Gebiet des Sacrum nicht der weltlichen Gesetzgebung unterstellt werden durfte und den Römern überhaupt die gesetzliche Regelung sakraler Belange nicht ganz geheuer vorkam.

Vor allem das Pontifikat wurde für die Plebejer sehr wichtig. Bei der engen Verquickung von staatlichen mit sakralen Belangen konnte diesem Priestergremium mit seiner Aufsichtspflicht über den gesamten sakralen Bereich der Stadt unter Umständen eine politische Schlüsselposition zukommen, die vor allem in ihrem Vorsteher, dem *pontifex maximus*, besonders wirkungsvoll werden konnte, zumal er, wie übrigens alle Priester, auf Lebenszeit berufen wurde. Der Einfluß des Pontifikalkollegiums erstreckte sich nämlich trotz der

Kodifikation des Rechtes in den Zwölf Tafeln auch auf die Rechtsentwicklung. Da die bestehende Rechtsordnung auf göttlichen Willen zurückgeführt wurde und selbst die Klageformeln von der magischen Kraft der Gottheit erfüllt schienen, waren die Pontifices als das Gremium mit sakralen Obliegenheiten auch die kompetenten Rechtsinterpreten. Mit dem Eindringen der Plebejer in das Pontifikat wurde das Recht zunehmend verweltlicht, und allmählich gingen Interpretation und Weiterentwicklung des Rechtes ganz auf den Prätor über. Im Jahre 304 veröffentlichte der Ädil Flavius, wahrscheinlich auf Veranlassung des berühmten Appius Claudius Caecus, die Klageformeln in Buchform *(ius Flavianum)*. In der Mitte des 3. Jahrhunderts hat sich dann Tiberius Coruncanius, der erste plebejische Vorsteher des Pontifikalkollegiums, bereit erklärt, jedermann Auskunft über Rechtsfragen zu erteilen, also nicht wie bisher nur den Magistraten oder den streitenden Parteien, sondern jedem an juristischen Fragen Interessierten. Das war der Beginn des öffentlichen Rechtsunterrichts. Nun konnte jeder das Recht kennenlernen, es bildeten sich Schulen und mit ihnen die theoretische Rechtsbetrachtung. Die Pontifices führten seit dem Ende des 4. Jahrhunderts auch die Chronik der Stadt. Sowohl auf die laufenden Eintragungen wie auch auf die Rekonstruktion der älteren Zeit nahmen die plebejischen Pontifices nun starken Anteil und trugen damit zu dem besonderen Charakter der späteren römischen Geschichtsbücher bei, die sich auf diese Chronik stützten.

Am Ende des 4. Jahrhunderts gab es kein wichtiges Amt mehr, das nicht auch Plebejer bekleiden durften. Lediglich einige besonders vornehme, nur für gewisse alte und heilige Opferhandlungen zuständige Priesterstellen blieben den Patriziern vorbehalten. Sie hatten jedoch keinerlei politische Bedeutung, und ihre Exklusivität störte die Plebejer auch nicht; sie mochten denken, daß ihnen für diese Priesterämter tatsächlich die notwendige, den Patriziern freiwillig zuerkannte Qualifikation fehlte.

Seit dem Kompromiß von 367 ebbte der Ständekampf zusehends ab. In jedem Jahr kamen neue Plebejer zu hohen und höchsten Ämtern, einzelne plebejische Familien hatten sogar schon das Ansehen und die Macht patrizischer Geschlechter. Aber vor dem endgültigen Ausgleich des innenpolitischen Kampfes mußten noch zwei Dinge geregelt werden, die bisher in der Schwebe gelassen worden waren. Sie betrafen die uneingeschränkte Vollgewalt des Imperiums in der Innenpolitik und die Organisation der Plebs. Das Imperium war während des Ständekampfes zum wichtigsten Kampfinstrument der Patrizier geworden, auf plebejischer Seite hatten Volkstribunat und plebejische Volksversammlung die Grundlage des Kampfes gebildet. Nach dem Ende der Auseinandersetzung schienen diese Waffen plötzlich nutzlos und überflüssig. Um das Jahr 300, zwei Generationen nach der Konsulatsverfassung, ging man dann daran, sich über diese letzte Kontroverse zu einigen und damit den Ständekampf endgültig zu beschließen.

Als erstes wurde das Imperium des Beamten modifiziert. In der richtigen Überlegung, daß es seine volle Gewalt gegenüber den Zivilisten Roms erst in der Abwehr der plebejischen Angriffe erhalten hatte, befreite man es von dem besonderen Charakter eines innenpolitischen Kampfinstruments und führte es auf ein ordentliches Maß zurück. Ein Gesetz des Konsuls Marcus Valerius Corvus bestimmte im Jahre 300, daß innerhalb der Bannmeile von Rom alle Verbrechen, die mit dem Tode oder einer Geldstrafe über einen bestimmten

Betrag hinaus zu ahnden waren, in Zukunft allein vor die Volksversammlung gehörten; die Todesstrafe durfte nur die Zenturienversammlung, Geldstrafen auch die plebejische verhängen. Damit war im Stadtgebiet von Rom dem Magistrat die hohe Gerichtsbarkeit genommen und den Volksversammlungen übertragen, die in Ausübung ihrer richterlichen Gewalt hier als Volksgericht auftraten. Der Vorstellung nach konnte der Angeklagte das Volk zum Gericht »herbeirufen« *(provocare)*, deswegen sprach man bei dem durch das Valerische Gesetz garantierten Recht vom »Provokationsrecht«. Die Strafgewalt des Beamten in Rom beschränkte sich in Zukunft auf die niedere Polizeigewalt mit dem Recht auf Züchtigung und auf Verhängung kleiner Geldstrafen *(coercitio)*; lediglich gegenüber den Soldaten im Felde blieb die Vollgewalt des Imperiums bestehen. Das Gesetz des Valerius Corvus wurde zu einer der Grundlagen der Republik, zum Sinnbild für den Schutz der republikanischen Verfassung gegen die Willkür der Beamtenjustiz. In Zukunft hatte jeder römische Bürger, soweit er nicht als Soldat dem Militärstrafrecht unterstand, ein Recht darauf, bei schweren Straffällen dem Volke, also Laienrichtern, vorgeführt zu werden.

Schwieriger wurde indes die Lösung der Frage, was mit der Organisation der Plebs zu geschehen habe. Nachdem die Plebejer nun am Ziele waren, hätten sie eigentlich auf Volkstribunat und eigene Volksversammlung verzichten können, da ja auch das patrizische Imperium in der Gestalt des Ständekampfes nicht mehr bestand. Ein Teil der römischen Aristokratie, vor allem natürlich die patrizischen Geschlechter, hat offenbar daran gedacht. Aber die Erinnerung an die harten Kämpfe mit den Patriziern war noch zu frisch, als daß die Plebejer freiwillig auf die geheiligten Institutionen der Kampfzeit verzichtet hätten. Sie wollten sie behalten; und als die Gegenseite nicht nachgab, zog die gesamte Plebs mit Sack und Pack aus Rom ab und ließ sich in der Nähe auf dem »Heiligen Berg« nieder, um die Patrizier zur Annahme ihrer Forderungen zu zwingen *(secessio plebis in Montem Sacrum)*. Diese Zwangsmaßnahme des politischen Ausstandes verfehlte ihre Wirkung nicht. Die Patrizier gaben nach, und in einem Gesetz des Diktators Quintus Hortensius wurden Volkstribunat und die Versammlung der Plebejer staatlich anerkannt und den Beschlüssen der Plebs, den Plebisziten, Gesetzescharakter verliehen *(lex Hortensia de plebiscitis, 287 v. Chr.)*. Scheinbar war nun mit dem Hortensischen Gesetz alle Macht im Staat auf die Plebejer übergegangen. Tatsächlich hatten aber die Plebejer schon vor dem Gesetz alles erreicht und vermochten deshalb mit den Volkstribunen und ihrer jetzt staatlich anerkannten Gesetzesinitiative, da es nichts mehr zu erkämpfen gab, keine eigentlich plebejische Politik mehr zu treiben. Die so ihres ursprünglichen Sinnes beraubte Organisation der Plebs hätte nun in Vergessenheit geraten können. Aber Volkstribunat und plebejische Volksversammlung sollten in naher Zukunft mit der Übertragung nun nicht mehr nur plebejischer, sondern allgemein-staatlicher Aufgaben einen neuen Sinn erhalten.

Im Jahre 287 fand der Ständekampf endgültig sein Ende. Sowohl die gesetzlich sanktionierten Erfolge der Plebs als auch die von den Patriziern als Kampfmaßnahme erzwungene Stärkung der staatlichen Gewalt hatten die soziale und verfassungsrechtliche Struktur des Staates auf eine völlig neue Grundlage gestellt. Am Anfang des Ständekampfes hatte der patrizische Geschlechterstaat gestanden, und der Begriff der Republik war allein durch die Jährlichkeit des Amtes, die Annuität bestimmt gewesen. Da nur Patrizier die Ämter bekleiden konnten und das Stimmrecht in der Volksversammlung praktisch von den patrizischen Familien allein ausgeübt wurde, hatte die republikanische Staatsform nur für die patrizischen Geschlechter Bedeutung. Jetzt war ihre Macht gebrochen. Neben den alten Familien standen an Einfluß und Ansehen gleichrangig die plebejischen Geschlechter. Und es gab die nach Zenturien oder nach lokalen Bezirken organisierte Volksversammlung, in welcher der Einfluß der Geschlechter fast oder sogar gänzlich beseitigt und der breiten Masse des Volkes das politische Stimmrecht und jedem durch das passive Wahlrecht der soziale Aufstieg gesichert war. Das ursprünglich schier allmächtige Geschlecht hatte zahlreiche Funktionen an den Staat abgeben müssen, der überall seinen Zuständigkeitsbereich erweiterte und sogar die Regelung der privatrechtlichen Belange fast ganz übernahm. Der Staat wurde eine von den Geschlechtern unabhängige, über diesen stehende Einrichtung, die dem Volk die politischen Rechte gab, ihm aber auch den Rechtsschutz garantierte, den die Geschlechter nach der Auflösung der gentilizischen Bindungen nicht mehr gewähren konnten.

Die römische Republik war nicht mehr allein durch die Jährlichkeit des patrizischen Jahresamtes charakterisiert, sie manifestierte nicht mehr nur die Absage an das Königtum. Wer in Zukunft die Republik als Staatsform bestimmen wollte, mußte ebenso etwa das Recht des Plebejers auf die Bekleidung von Ämtern, das politische Stimmrecht in den Volksversammlungen, den Schutz gegen magistratische Willkür durch das Provokationsrecht und die Volkstribune, die Vorkämpfer und Garanten der neuen Entwicklung, nennen. Auch die Kollegialität des Amtes war ein Stück der neuen Ordnung; obwohl sie aus dem Streben der Plebejer nach Teilhabe an der politischen Macht entstanden war, sah man in ihr bald weniger die Sicherung plebejischer Rechte als die Selbstkontrolle der Beamten und eine weitere Garantie gegen Willkürakte und monarchische Bestrebungen. Alle diese gewohnheitsrechtlichen oder gesetzlich sanktionierten Neuerungen gehörten ebenso wie die Annuität zur republikanischen Staatsform; auf ihnen ruhte die Freiheit des Einzelnen. Und wenn die Römer (und auch wir heute) von der Republik sprachen, so meinten sie diese, am Ende des Ständekampfes erreichte Staatsform, nicht jenen patrizischen Geschlechterstaat zu Beginn des Ständekampfes, der nur einen unbedeutenden Teil der republikanischen Ideen verwirklicht hatte.

Die Römer aber sahen in der Republik eine feste, unveränderbare Größe und konnten sich deshalb nicht vorstellen, daß diese Staatsform, wie sie sie kannten, eine lange, zweihundert Jahre dauernde Entwicklung hinter sich hatte. Das ist der Grund, weshalb in der römischen Historiographie fast alle Errungenschaften des Ständekampfes an den Anfang der Republik gestellt wurden, die also nach der Vertreibung des letzten Königs mit der Konsulatsverfassung, mit dem Provokationsrecht und all dem anderen einsetzte, das erst sehr viel später Bestandteil der Verfassung wurde. Für uns ist die republikanische Staatsform das Ergebnis einer zweihundertjährigen Geschichte, die wir unter dem Begriff »Ständekampf« zu einer geschlossenen Epoche der innenpolitischen Entwicklung Roms zusammenfassen.

Die Verfassung der klassischen Republik

Die Staatsform, die sich nach dem Abschluß des Ständekampfes herausgebildet hatte, pflegen wir die »klassische Republik« zu nennen, »klassisch« deswegen, weil sie uns — wie den Römern — die Norm gibt für die Beurteilung der älteren Republik, welcher der freiheitliche Charakter der Verfassung noch fehlte, und der Revolutionszeit der späten Republik, in der dieser freiheitliche Charakter bereits wieder gefährdet war. Die Periode der klassischen Republik reichte demnach von 367, als der erste Plebejer das Konsulat errang, oder von 287, dem Zeitpunkt des endgültigen Abschlusses des Ständekampfes, bis zur Revolution der Gracchen (133/121), dem Beginn einer neuen innenpolitischen Auseinandersetzung.

Die klassische Form des römischen Staates zeichnet sich vor allem durch die Ausbildung einer neuen Adelsschicht aus. Der alte Adel, die Patrizier, hatte einen geschlossenen Kreis von Geschlechtern gebildet, die alle Staatsämter auf sich vereinigten. In Zukunft begründete jeder Plebejer, der in das Konsulat berufen wurde, einen Anspruch für seine Familie, ebenfalls zum Adel gezählt zu werden. Es entstand eine Aristokratie aus alten patrizischen und neuen plebejischen Geschlechtern, in welcher die Zugehörigkeit von der Bekleidung des höchsten Amtes hergeleitet wurde. Insofern ist die neue römische Aristokratie eine Beamtenaristokratie. Wir nennen sie im Gegensatz zu der patrizischen Aristokratie die Nobilität *(nobilitas)*. In den ersten hundert Jahren nach dem Ende des Ständekampfes, von 366 bis in die Mitte des 3. Jahrhunderts, haben zahlreiche plebejische Familien Nobilität errungen; besonders während der schweren Samnitenkriege (323–272) konnte mancher unbekannte Plebejer sich im Felde auszeichnen und in das Konsulat aufsteigen. Aber viele dieser Familien traten bald wieder ins Dunkel zurück; es gelang keinem ihrer Angehörigen mehr, das Konsulat zu bekleiden, oder die Familie starb aus. So hat etwa das plebejische Geschlecht der Genucier zwischen 365 und 270 sieben Konsuln gestellt, danach verschwindet die Familie völlig. Die Coruncanier vermochten sogar nur einen einzigen Konsul zu stellen, den bekannten Juristen und Pontifex maximus Tiberius Coruncanius (280). Andere plebejische Familien hingegen verstanden ihre errungene Position zu behaupten und immer wieder Mitglieder in das Konsulat oder die Prätur, das zweithöchste Amt, zu entsenden. Nach den Samnitenkriegen hatte sich die Lage dann so weit ausgeglichen, daß es eine feste Gruppe von plebejischen Familien gab, deren Zugehörigkeit zur Nobilität für alle Zukunft gesichert schien. Daneben standen die alten patrizischen Geschlechter, die zumeist ihre alte Stellung halten konnten; nur wenige patrizische Geschlechter starben aus oder sanken ab, wie die Nautier, die 287 zum letzten Male in den Konsullisten erscheinen.

Obwohl grundsätzlich jedem Plebejer das höchste Amt offenstand, wurde es seit der Mitte des 3. Jahrhunderts und dann besonders seit dem Hannibalischen Krieg immer schwieriger, in den sich fester abschließenden Kreis der patrizisch-plebejischen Nobilität einzudringen. Man sprach schließlich von einem *homo novus*, einem »neuen Mann«, wenn jemand Konsul wurde, der keiner konsularischen Familie angehörte. Die »neuen Leute« in der Nobilität wurden aber immer seltener. Unter der Nobilität gab es wiederum Familien, deren Einfluß besonders groß war und die besonders viele Konsuln stellten; bei den plebejischen Liciniern etwa waren es von 364 bis zum Ende der Republik fünfzehn, die plebejischen Fulvier brachten es zwischen 322 und 125 sogar auf zwanzig Konsulate (später haben sie dann keines mehr erreicht). Doch keine plebejische Familie hat es zu dem Ansehen und Einfluß gebracht, den einige alte patrizische Geschlechter genossen. Das große und weitverzweigte Geschlecht der Cornelier stellte von 366 bis zum Ende der Republik (44) dreiundsechzig Konsuln, die Fabier immerhin zweiunddreißig (bis 45); die Valerier, Aemilier und Claudier standen den Fabiern darin kaum nach.

Der junge Nobilis begann seine Karriere meist mit einem kleineren Amt, der Plebejer als Volkstribun, der Patrizier mit der Quästur oder der Ädilität. Allmählich bildete sich eine Ämterlaufbahn heraus, welche der junge Adlige langsam emporstieg und mit dem Konsulat beendete. Nach dem Amt trat er in den Senat ein. Das Gewicht des Einzelnen in dieser wichtigen Körperschaft des römischen Staates bemaß sich selbstverständlich nach dem Ansehen seiner Familie, aber ebenso nach der Stellung, die er selbst im Staat ausgefüllt hatte. Den stärksten Einfluß hatten die ehemaligen Konsuln und Zensoren, die »Konsulare« und »Zensorier«, die die eigentliche Politik machten. In den niederen Rängen zählten allenfalls die »Prätorier«, die ehemaligen Prätoren. Die anderen, die »Ädilicier«, »Tribunicier« oder »Quästorier«, rechneten zur politischen Klientel der Mächtigen und überließen die Diskussion im Senat den höheren Rängen; bei der Abstimmung traten sie nur als Gefolgsleute einzelner Konsulare in Aktion; es waren die *pedarii* (die mit den »Füßen« stimmen; bei der Abstimmung trat man zu dem, dessen Meinung man sich anschloß).

Der Nobilität gegenüber, welche die Beamten stellte und die Bänke des Senats füllte, stand das in der Volksversammlung organisierte römische Volk. Volksversammlung, Senat und Magistrate bildeten die drei Grundpfeiler der römischen Verfassung; auf dem richtigen Zusammenspiel dieser Institutionen ruhte das Wohl des Staates. Tatsächlich schienen in der Zeit der klassischen Republik, in der Rom von einem mittelitalischen Kleinstaat zur Weltmacht emporstieg, die einzelnen Elemente der Verfassung in idealer Weise zu funktionieren. In der römischen Verfassung sahen denn auch die griechischen Staatstheoretiker, die sich über die Größe Roms und den Niedergang des politischen Griechentums Gedanken machten, den Grund für den Erfolg der Römer. Sie waren überzeugt, daß die römische Verfassung die beste aller möglichen sei, da sie allein aus den drei denkbaren Verfassungsformen, Monarchie, Aristokratie und Demokratie, gemischt und in dieser Mischung gegen den Verfall gefeit sei, dem nach ihrer Meinung jede »einseitige Verfassung« ausgesetzt war.

Nach griechischer Ansicht war das monarchische Element in dem mit der Vollgewalt ausgestatteten und nur innerhalb der Bannmeile Roms an der Ausübung der Blutgerichtsbarkeit gehinderten höchsten Magistrat verkörpert. Besonders dem Ausländer, der die ganze Macht des Konsuls zu spüren bekam, mußte dieser Charakter der römischen Magistratur ins Auge fallen. Der Senat war die Verkörperung des aristokratischen, das Volk die des demokratischen Elements. Die gleichmäßige Verteilung der Macht auf diese drei Elemente, meinte man, würde jedes einzelne bremsen und an einem Ausbrechen hindern; die richtige »Temperierung« der Elemente, in der römischen Verfassung so ideal verwirklicht, müsse den Staat gegen jeden Verfall schützen und seine äußere Stärke dauernd sichern. Aber war die klassische Republik wirklich jene »gemischte Verfassung«, und verdankte Rom seine Weltstellung ihr? Eine Antwort darauf kann nur ein kurzer Überblick über das Funktionieren der römischen Verfassung bringen.

Zentrale Bedeutung in der Verfassung der Republik hatte der Senat. Dem Buchstaben des Gesetzes nach war er zwar nur die Versammlung ehemaliger Amtsträger, die mit ihren Erfahrungen den jeweiligen Magistraten ihren Rat zur Verfügung stellen sollte. Tatsächlich war er jedoch sehr viel mehr. Der ständige Zufluß neuer Mitglieder, die ihr erstes Amt hinter sich hatten, und das unaufhörliche Aufsteigen älterer, in der Ämterkarriere weiter aufgerückter Senatoren in die oberen Ränge dieser Körperschaft sicherten dem Senat dauernden engsten Kontakt mit allen praktischen Geschäften und sammelten in ihm die politische Erfahrung von Generationen an. Bei dem jährlichen Wechsel aller Ämter verbürgte er allein die Kontinuität der Politik. Dieser Umstand gab ihm ein Gewicht, das in dem Maße wuchs, wie die Aufgaben der römischen Politik an Umfang zunahmen. Es kam hinzu, daß der Senat praktisch die römische Aristokratie darstellte, da nur der Aristokrat war, der selbst ein Amt versehen hatte oder wegen des Ansehens seiner Familie erwarten konnte, daß er einmal Beamter werden würde. Die Ansammlung politischer Erfahrung und der Umstand, daß der Senat mit der Klasse zusammenfiel, die die Beamten stellte, machte seinen ungeheuren Einfluß aus.

Ein Senatsbeschluß (*senatus consultum*, der Rat des Senats) war deshalb sehr viel mehr als ein einfacher Ratschlag, den nicht nur der einsichtige oder zustimmende Beamte befolgte, sondern ganz ebenso der Beamte mit abweichenden Ansichten. Kein Beamter konnte es wagen, dem Senat zu widersprechen; wer es trotzdem tat, sah sich dem Widerstand seiner ganzen Klasse oder doch ihrer Mehrheit gegenüber und bekam schnell die Folgen seiner Insubordination zu spüren. Er verlor alle Unterstützung der Nobilität für seine weitere Karriere, meist war er politisch ein toter Mann. Und wenn trotz allem jemand eigene Wege gehen wollte, so hatte der Senat Mittel genug in der Hand, dies zu verhindern. Auf inoffiziellem Wege wurde der Kollege des Widerspenstigen instruiert und veranlaßt, die dem Senat mißliebige Aktion durch die kollegiale Interzession zu verbieten. Jede römische Magistratur war ja ein Kollegium, und man konnte durch den Kollegen auf jeden Beamten einen Zwang auszuüben. Aber die Interzession reichte nicht überall hin; und es kam vor, daß beide Konsuln sich gegen den Senat verbündeten. Gerade auf solche Situationen hatte der Senat stets ein wachsames Auge, wobei er nach Abschluß des Ständekampfes noch eine zusätzliche, unschätzbare Unterstützung durch das Volkstribunat erfuhr.

Die Volkstribune und ihre Versammlung waren nach dem Ende des Ständekampfes brotlos geworden; den Tribunen fehlte auch die Autorität von einst. Die Plebejer strebten jetzt in das Konsulat; das Volkstribunat war zum bloßen Sprungbrett für die politische Karriere junger plebejischer Adliger geworden oder galt als Chance ehrgeiziger Söhne aus unbekannter Familie, die Aufmerksamkeit einflußreicher Leute auf sich zu lenken. So fiel es dem Senat nicht schwer, die jungen Volkstribune für sich zu gewinnen. Das war um so leichter, als er ihnen eine sinnvolle Aufgabe übertragen konnte; sie sollten nämlich in Zukunft die neu errichtete Ordnung schützen und bewahren. Die Machtfülle des Senats als Vertretung der regierenden Klasse und das relativ geringe Sozialprestige des Tribunenkollegiums machten jedoch den Senat zum eigentlichen Interpreten dessen, was die Verfassung war. Die Hilfe der Volkstribune, auf die der Senat bei deren Überwachung künftig zählen konnte, war unschätzbar, und in der Tat war für diese Aufgabe niemand besser geeignet als sie.

Die Heiligkeit, die ihr Amt umstrahlte, und die geradezu unumschränkte Gewalt, mit welcher die Tribune seit dem Abschluß des Ständekampfes von Rechts wegen ausgestattet waren, setzten sie in den Stand, jeden gegen die staatliche Ordnung gerichteten Willen zu brechen; sie konnten sogar gegen den Konsul Verbote aussprechen, was schon in den Ständekämpfen mit Gewalt geschehen war, jetzt aber ihnen mit gutem Recht und von Staats wegen zustand. Sie konnten jetzt von der plebejischen Volksversammlung Beschlüsse (Plebiszite) mit Gesetzeskraft erwirken, sie konnten Anklage sowohl vor der Volksversammlung als auch vor der Zenturienversammlung erheben, je nach der Schwere des Vergehens. Alle diese Zuständigkeiten setzten die Volkstribune hinfort zum Schutze der Verfassung ein, und da sie gleichsam als verlängerter Arm des Senats handelten, wuchs mit ihren rechtlichen Möglichkeiten dem Senat neue Macht zu. Magistrate, die ihr Amt nicht den Direktiven des Senats entsprechend verwaltet hatten, wurden nach dem Amtswechsel von den Tribunen angeklagt, anderen wurde durch Verbote der Tribunen jegliche Aktion unmöglich gemacht. Die Tribune konnte man auch ohne direkten Senatsbeschluß zum Eingreifen veranlassen; was die Majorität des Senats wollte, sprach sich ohnehin herum, und die Tribune waren selbst außerhalb der Sitzungen leicht zu Aktionen im Sinne des Senats zu beeinflussen. Mit Hilfe der Tribune war jetzt der Senat sogar in der Lage, die Gesetzesinitiative zu ergreifen; er forderte diese durch Beschluß auf, eine bestimmte, von ihm formulierte Entscheidung von der Volksversammlung als Gesetz zu erwirken. Die plebejische Versammlung, vor der die Tribune ihre Anträge stellten, war ihrer geringen Stimmenzahl (fünfunddreißig) wegen überhaupt viel leichter und schneller zu handhaben, deshalb wurden allmählich fast nur von ihr die Gesetze verabschiedet. Die umständliche Zenturienversammlung mit ihren hundertdreiundneunzig Stimmen beschränkte sich künftig so gut wie ausschließlich auf die Wahl der höchsten Magistrate und auf schwere Strafklagen.

Nun war der Senat, der nicht von sich aus, sondern nur auf magistratisches Dekret hin zusammentreten konnte, nicht mehr in seiner Handlungsfreiheit zu blockieren: wenn die zuständigen Beamten, die Konsuln oder der Stadtprätor, ihn nicht einberufen wollten, tat dies ein Volkstribun an ihrer Stelle. Und gegen einen möglichen Mißbrauch der Macht durch einen einzelnen Volkstribunen war der Senat ebenfalls geschützt: das Kollegium der Tribune, es waren deren zehn, garantierte ihm, daß sich (besonders unter den jungen plebejischen Adligen) immer ein Tribun fand, der gegen einen widerspenstigen Kollegen interzedierte. So trugen die Volkstribune dazu bei, daß der Senat bald für viele Bereiche des staatlichen Lebens die allein zuständige Behörde wurde. Er bestimmte ausschließlich die gesamte Außenpolitik, verteilte in jedem Jahr die Heere, wies den Beamten ihre Provinzen zu und rüstete sie mit Geld aus, und er griff über die Tribune auch in das innere Leben des Staates ein.

Bei dieser Sachlage mußten die römischen Magistrate zu reinen Exekutivorganen des Senats absinken. Das sind sie in der Tat auch gewesen. Trotzdem war der Spielraum für selbständige Entscheidungen noch groß genug. Der Senat gab meist nur allgemeine Richtlinien der Politik, in deren Rahmen alles dem Belieben des Magistrats anheimgestellt blieb; besonders im Felde und im Ausland ließen die lockeren Direktiven des Senats dem höheren Magistrat viel Freiheit zu persönlichen Entschlüssen. So konnte ein Grieche in ihm durchaus einen König sehen; nur wer mit den römischen Verhältnissen vertraut war, wußte, daß mehr die unsichtbaren Standesbindungen als die direkten Zwangsmittel den Magistrat zu einem Organ des Senats machten, dessen Würde und Ansehen allerdings so sehr den allgemeinen Vorstellungen von der Hoheit eines Herrschaftsträgers entsprach, daß ein griechischer Gesandter in ihm eine Versammlung von Königen sehen konnte.

Neben Senat und Magistrat stand das römische Volk, das auf seinen Anteil am staatlichen Leben besonders stolz war; und ein oberflächlicher Beobachter durfte wohl der Ansicht sein, der demokratische Zug sei in der römischen Verfassung besonders ausgeprägt. Denn das Volk machte nicht nur die Gesetze und stimmte über Krieg und Frieden und über Verträge ab, sondern es wählte auch sämtliche Magistrate, und alle wichtigen Strafprozesse, soweit sich der Staat mit ihnen befaßte, fanden vor ihm statt. Tatsächlich war jedoch die Macht der Volksversammlung dadurch entscheidend eingeschränkt, daß die Gesetzesinitiative und das Anklagerecht allein beim Magistrat lagen, und bei seiner Abhängigkeit vom Senat wurden selten genug Anträge gegen dessen Willen gestellt. Auch die Wahlen hatte der Beamte so gut wie ganz in seiner Hand. Die Römer waren sehr konservativ und hielten sich gern an die Parolen einflußreicher Männer, folglich wählte man in der Regel die vornehmen Kandidaten. Oft waren die Wahlen schon vorher in der Nobilität abgesprochen, und wenn es doch einen Wahlkampf gab, dann nur als Kampf zwischen rivalisierenden Lagern vornehmer Familien: ein Außenseiter war normalerweise leicht aus dem Spiel zu bringen.

Der Einfluß der Beamten, der die Volksversammlung bei der Wahl oder bei anderen Beschlüssen leitete, war ebenfalls sehr groß. Als im Jahre 200 das römische Volk nach dem eben beendeten blutigen Krieg gegen Hannibal keine Lust verspürte, nun gleich gegen Philipp V., den König der Makedonen, zu Felde zu ziehen, brach der die Abstimmung über den Kriegsbeschluß leitende Konsul Publius Sulpicius Galba Maximus die Stimmabgabe nach dem ersten negativen Ergebnis kurzerhand ab und hielt dem kriegsmüden Volk in einer geharnischten Rede mangelnden Patriotismus vor; dank seiner Autorität erreichte er sein Ziel: bei der Fortsetzung der Abstimmung stimmten die übrigen für den Krieg.

Im Senat liefen alle Fäden der Politik zusammen, er war die Mitte des römischen Staates; und darum war Rom, wenn auch nicht nach dem Buchstaben der Verfassung, so doch der Sache nach eine Aristokratie. Die Nobilität war der Herrscher im Staat, und dementsprechend kam ihrer Erhaltung als geschlossener, im politischen und moralischen Denken einheitlicher sozialer Körper entscheidendes Gewicht für den Fortbestand und die Dauerhaftigkeit der Verfassung zu. Die Römer sahen das ein, und aus dieser Einsicht schufen sie ein Amt, das die Nobilität von allen Elementen säubern sollte, welche sich nicht einordneten: die Zensur. Alle fünf Jahre wurden zwei Zensoren gewählt; neben der Schätzung der Bürger, also ihrer Einstufung in die Vermögensklassen, nach denen in der großen Volksversammlung abgestimmt wurde, übernahmen sie bald noch die zusätzliche

Aufgabe, die Liste der Senatsmitglieder zu überprüfen *(lectio senatus)*. Sie hatten dabei unumschränkte Vollmacht, und so erhielten das Amt nur Leute, die das Vertrauen aller genossen. Wer Zensor gewesen war, zählte zu den angesehensten Männern Roms. Obwohl jeder ehemalige Beamte den Anspruch auf den Senatssitz hatte, durfte der Zensor jeden, den er nicht für würdig hielt, von der Liste der Senatsmitglieder streichen. Er konnte aber auch andere, die nicht Beamte gewesen, in seinen Augen aber geeignet waren, in die Liste einschreiben. Die Streichung von der Liste war ein schwerer Tadel *(nota censoria)*, der in der Regel der politischen Laufbahn des gebrandmarkten Senators ein Ende setzte; nur selten ist es jemandem gelungen, nach nochmaliger Bekleidung eines Amtes wieder in den Senat zurückzukehren.

Die von der Zensur geforderte Unparteilichkeit und Unbestechlichkeit qualifizierte dieses Amt auch für andere Aufgaben. Die Verpachtung der Steuern – Rom kannte damals noch keine direkte Steuererhebung – und der sonstigen staatlichen Einkommen und die Verdingung der großen staatlichen Aufträge, wie Bauten und Kriegslieferungen, lagen in der Hand der Zensoren. Ihre vornehmste Aufgabe aber blieb die Überwachung der Senatsliste, und sie war auch die bei weitem wichtigste. Denn das richtige Funktionieren des staatlichen Apparats hing allein davon ab, daß die Aristokratie gesund und intakt blieb. Brach sie auseinander, so konnten die großen Möglichkeiten, die in der oft unumschränkten Gewalt der Magistrate und vor allem der Volkstribune lagen, sehr gefährlich werden.

Zum Abschluß muß noch auf eine Magistratur aufmerksam gemacht werden, die bisher noch nicht erwähnt wurde. Jeder Staat kennt Ausnahmeverfahren für Zeiten schwerer Not; in Rom wurde dann ein Diktator ernannt und mit unumschränkter Vollmacht ausgestattet; alle Beamten waren ihm unterstellt; selbst der Senat trat außer Funktion, was darin seinen sichtbaren Ausdruck fand, daß die Senatoren das Kriegskleid anlegten und sich in das Heer einreihten. Neben dem Diktator, ihm aber unterstellt, stand der Reiterführer *(magister equitum)*. Diktator und Reiterführer wurden nur auf sechs Monate ernannt, länger wollte man die diktatorischen Vollmachten nicht ertragen, und da in der Regel nur im Sommer gekämpft wurde, reichte diese Frist auch für die Abwendung drohender Gefahren aus. Gegebenenfalls wurde im nächsten Jahr noch einmal ein Diktator ernannt. Die Herkunft der Diktatur liegt in völligem Dunkel. Wir kennen sie seit dem Ende des 4. Jahrhunderts, und es ist von ihr dann das ganze 3. Jahrhundert hindurch häufig Gebrauch gemacht worden, bis sie nach dem Hannibalischen Krieg, da hin und wieder Mißbrauch mit ihr getrieben wurde, verschwand.

Die Unterwerfung Italiens (343–270 v. Chr.)

Die latinische Krise

In der Mitte des 4. Jahrhunderts hatte Rom seine durch den Galliereinfall erschütterte Stellung in der latinischen Ebene längst wieder gesichert. Der Bund mit den latinischen Städten war erneuert worden und Roms führende Rolle in ihm unbestritten, die Völker der

Randgebirge waren zurückgeworfen und in ein Bundesverhältnis mit Rom gezwungen. Auch die etruskischen Städte an der Nordgrenze hatten die Kraft der aufstrebenden Stadt am Tiber zu spüren bekommen. Die alten Feinde lagen am Boden, und ihre Niederlage hatte plötzlich die Sicht auf die dahinter sitzenden Stämme freigemacht. Die Einflußzone Roms war jetzt nahe an Kampanien und das große Siedlungsgebiet der Samniten im Apennin herangerückt.

Die Stämme des südlichen Apennins scheinen noch im 5.Jahrhundert keinerlei Organisation besessen zu haben; sie waren aufgesplittert in kleinere oder größere Stammesverbände, von denen jeder seine eigenen Wege ging. Ihrer Herkunft nach waren es Osker, die die große südliche Gruppe der Italiker bildeten und zusammen mit den Latinern in Italien eingewandert waren. Diese oskischen Gebirgsvölker entwickelten im Laufe des 5.Jahrhunderts eine starke Dynamik und drängten nach dem Zusammenbruch der etruskischen Herrschaft zunächst nach Kampanien, wo sie sich niederließen und die etruskische Stadtkultur übernahmen. Diese Sonderentwicklung trennte sie sehr schnell von ihren Brüdern in den Bergen. Capua wurde die mächtigste oskische Stadt in Kampanien; Nola und Nuceria, zwei andere bedeutende Städte, beherrschten den südlichen Teil der Ebene. Die griechischen Städte an der kampanischen Küste hatten gegen sie einen schweren Stand. Nur mit Mühe konnte sich Neapel gegen die Osker halten; Dikaiarcheia hingegen, eine Gründung von Kyme, wurde eine oskische Stadt und hieß nun Puteoli; auch Kyme selbst geriet unter den immer stärker werdenden Einfluß Capuas.

In der Mitte des 4.Jahrhunderts begannen nun die oskischen Bergstämme sich in einem festeren Bund zusammenzuschließen. Der Anlaß zu dieser Gründung ist uns unbekannt; wir dürfen aber vermuten, daß er in der veränderten außenpolitischen Lage zu suchen ist. Die Konsolidierung der Machtverhältnisse und das Fehlen weiteren Siedlungsraums hatten dem Ausdehnungsdrang der Osker ein Ende gesetzt; besonders im Süden und nach Kampanien hin waren die ans Meer drängenden Auswanderer auf immer stärkeren Widerstand gestoßen, und so mußten sie, wenn sie die Suche nach Neuland nicht aufgeben wollten, ihre Kräfte konzentrieren. Träger der neuen Organisation war das große und mächtige Volk der Samniten, dessen Siedlungszentrum nördlich und nordöstlich Kampaniens lag. Auch die Hirpiner im Süden der Samniten und die Caudiner im hirpinisch-kampanischen Grenzgebiet schlossen sich dem Bund an; beide Stämme sind ihrer Abstammung nach Samniten und haben sich erst im Laufe der Jahrhunderte zu selbständigen Stämmen entwickelt. Im Osten und Südosten der Samniten traten schließlich die Frentaner und Apuler dem Bund bei, so daß das Bundesgebiet ein gewaltiges Territorium vom Adriatischen Meer bis an die Grenzen von Latium und Kampanien umfaßte. Der Bund war eine Macht geworden und zugleich eine gefährliche Bedrohung für alle Nachbarn.

Über die Organisation des Bundes wissen wir sehr wenig. An der Spitze stand ein oberster Magistrat, der *meddix tuticus*, der den Oberbefehl im Krieg führte und auch Gerichtsherr für alle Bundesangelegenheiten war. Natürlich gab es auch eine – wohl mit dem Bundesheer identische – Bundesversammlung, die über Krieg und Frieden und über Verträge abstimmte und den Meddix tuticus zu wählen hatte. Sicher ist, daß die Organisation aus dem Gebiet ihrer Mitglieder kein einheitliches Staatsgebiet machte; die Initiative des

Bundes beschränkte sich auf die Außenpolitik und respektierte die innere Autonomie der Bündner.

Es war klar, daß der Bund vor allem auf die reiche Ebene Kampaniens abzielte. Schon im Jahre 343 suchten samnitische Scharen das an Samnium angrenzende Gebiet der Sidikiner heim. Dieser erste Vorstoß scheint nicht vom Samnitischen Bund, sondern von einzelnen räuberischen, unternehmungslustigen Gruppen ausgegangen zu sein, die das blühende Land lockte. Die Vormacht Kampaniens, Capua, kam den Sidikinern zu Hilfe, geriet aber selbst im Laufe der Kämpfe in schwere Bedrängnis. In ihrer Not gingen die Capuaner Rom und den Latinischen Bund um Hilfe an. Das lag an sich nahe, denn die Einflußzonen Capuas und Roms grenzten jetzt aneinander, und es gab weit und breit keine stärkere Macht, die man gegen die Samniten hätte mobilisieren können.

Nun hatten die Römer allerdings keinerlei Veranlassung, gegen den Samnitischen Bund zu Felde zu ziehen. Sie waren selbst schon durch die Ausdehnung ihres Machtbereichs mit den Samniten in Kontakt gekommen und hatten den sich allmählich anbahnenden Beziehungen mit ihnen mit dem Abschluß eines Freundschaftsvertrages offiziellen Charakter verliehen. Wenn Rom schließlich trotzdem Capua und den Sidikinern Hilfe leistete, so deswegen, weil es nicht tatenlos zusehen konnte, wie sich an seiner südlichen Grenze ein starker und ihm überlegener Machtblock bildete; die Samniten beherrschten schon ohne Kampanien ein Gebiet, das um ein Vielfaches größer war als das Roms.

Zu einem regulären Waffengang mit den Samniten kam es indessen nicht. Schon nach zwei Jahren (341) wurde der Streit beigelegt, die Samniten zogen aus Kampanien ab. Die Bedeutung dieses »Ersten Samnitenkrieges« liegt deshalb weniger in der Tatsache, daß Rom zum erstenmal mit dem mächtigen Samnitischen Bund in Konflikt geraten war, als in der Aufnahme engerer politischer Verbindungen zu den Städten Kampaniens: sowohl die Sidikiner wie Capua und die zwischen Capua und den Latinern sitzenden Aurunker traten in Anerkennung der raschen und erfolgreichen Hilfe in ein Bundesverhältnis zu Rom und den Latinern. Mit einem Schlage war damit der Raum der römischen Außenpolitik um ein Beträchtliches erweitert.

Dieses neue Bundesverhältnis kam aber zunächst nicht zum Tragen. Unmittelbar nach dem Ersten Samnitenkrieg erschütterte Rom und ganz Mittelitalien ein furchtbarer Krieg, der Bruderkrieg zwischen Rom und den Latinern. Er war noch gefährlicher als der Galliersturm. Die Gallier waren wie eine düstere Wolke über Rom hinweggegangen; der Krieg mit den Latinern aber zerriß die verwandtschaftlichen Bande und konnte bei der Erbitterung, mit der er geführt wurde, nur mit der Vernichtung zumindest der staatlichen Existenz eines der beiden Lager enden.

Der Anlaß zu diesem Krieg liegt klar auf der Hand. Das römisch-latinische Bündnis ging auf eine Zeit zurück, in der sich Römer und Latiner gegen die von allen Seiten in die latinische Ebene einbrechenden Nachbarn zu erwehren hatten. Nutznießer dieser erfolgreichen Unternehmungen aber war Rom, und zwar nicht nur, weil es der stärkere Partner war, sondern vor allem, weil der Latinische Bund mit seinen vielen kleinen und mittelgroßen, zum Teil miteinander rivalisierenden Städten nicht mit der Schnelligkeit Roms handeln konnte. Dem Bund fehlten die straffe Organisation und eine energische Bundesexekutive, die es ihm erlaubt hätten, als Einheit über andere Städte und Stämme zu herrschen. Er war in erster Linie Wehrgemeinschaft; sobald ihm Herrschaftsaufgaben gestellt waren, mußte er versagen und Rom als der stärksten Stadt des Bundes seine Stelle abtreten. Nach dem Ersten Samnitenkrieg, durch den dem Bund neue außenpolitische Aufgaben zugewachsen waren, zeigte es sich erneut in aller Schärfe, daß die Römer die

Rom und der Samnitische Bund

eigentlichen Gewinner des Krieges waren, dessen Lasten doch beide, Rom und die Latiner, gemeinsam getragen hatten. Die Erbitterung der Latiner darüber machte sich schon ein Jahr nach Kriegsende Luft.

Der Bruderkrieg zwischen Rom und den Latinern zog sich über drei schwere Jahre hin (340—338). Zunächst gelang es den Latinern, Capua, die Sidikiner und die Aurunker, die eben mit Rom und dem Bund einen Vertrag abgeschlossen hatten, auf ihre Seite zu ziehen. Über die einzelnen Kampfhandlungen des Krieges wissen wir wenig. Am Vesuv soll es schließlich zu einer Entscheidungsschlacht gekommen sein, in der die Latiner und ihre Verbündeten vernichtend geschlagen wurden. Man erzählte sich, daß der römische Konsul Publius Decius Mus sich in dieser Schlacht für sein Heer geopfert habe. Er hatte im Traum von einer Gottheit erfahren, daß der Feldherr des einen und das Heer des anderen Volkes in der Schlacht zugrunde gehen würden, und so weihte er sich und das feindliche Heer in aller Form den Göttern *(devotio)*; getreu seinem Gelöbnis suchte und fand er den Tod im Schlachtengetümmel und riß das latinische Heer mit ins Verderben. Da dieselbe Geschichte in späteren Kriegen auch von dem Sohn und dem Enkel des Decius Mus erzählt wird, müssen wir diese erste Devotion in den Bereich der Sage verweisen; wahrscheinlich ist nur eine Devotio eines Publius Decius Mus, nämlich die letzte im Jahre 279 während der Schlacht bei Ausculum, historisch.

Das Ergebnis des Krieges war die völlige Niederlage der Latiner und ihrer Verbündeten. Rom, das eben aus den Ständekämpfen innerlich geeint hervorgegangen war, hatte seine gesamte Volkskraft in den Kampf werfen können, während der Gegner durch den Abfall einzelner Städte bald geschwächt wurde. Ihre vornehmlichste Sorge richteten die Römer nach dem Krieg darauf, eine ähnlich gefährliche politische Konstellation für alle Zeiten zu verhindern. Als erstes wurde der Latinische Bund aufgelöst; nur die latinische Festgemeinschaft blieb bestehen. Aber nicht nur das; ein großer Teil der latinischen Städte büßte den Abfall mit dem völligen Verlust der Souveränität; ihr Gebiet wurde kurzerhand dem römischen Territorium einverleibt, die Bewohner wurden römische Bürger. Diese Eingliederung war alles andere als ein Privileg; erst später, unter dem Aspekt des Imperiums, wurde das römische Bürgerrecht zu einem begehrten Geschenk der Herrin der Welt. Die Inkorporierung erfolgte natürlich gewaltsam; aber die Latiner waren durch Abstammung und eine lange gemeinsame Geschichte mit den Römern verbunden, und so fanden sie sich bald mit ihrem neuen Status ab. Selbstverständlich wurde von den römischen Altbürgern alles vermieden, was bei den latinischen Neubürgern zu Ressentiments hätte führen können; die staatsbildende Kraft Roms zeigte sich vor allem darin, daß es schnell und mit Geschick die Neubürger in den römischen Staatsverband zu integrieren verstand. Aber ein Problem blieb.

Bislang war Rom die einzige Stadt auf seinem Territorium gewesen. Mit der Eingliederung der latinischen Städte gab es plötzlich mehrere städtische Zentren auf dem *ager Romanus*, dem »römischen Acker«, und es erhob sich die Frage, ob mit der Souveränität auch die Verwaltungsautonomie dieser Städte aufzuheben sei. Rom konnte als Stadtstaat keine fremden Verwaltungskörper in seinem Machtbereich dulden. Folglich billigte man den latinischen Städten nur eine ganz geringfügige Verwaltungsautonomie zu; vor allem verloren sie die Gerichtshoheit, die allein den Magistraten in Rom gehörte. Für diese kleinen städtischen Siedlungen auf dem römischen Territorium bürgerte sich allmählich die Bezeichnung *municipia* ein.

Die rigorose Inkorporierung zahlreicher latinischer Städte vergrößerte das römische Gebiet erheblich, und man sah sich bald gezwungen, die Zahl der lokalen Sprengel, der Tribus, zu erhöhen. Nicht alle latinischen Städte jedoch erlitten das gleiche Schicksal. Einige, darunter Tibur (Tivoli) und Praeneste (Palestrina), die rechtzeitig auf die Seite Roms eingeschwenkt waren, blieben selbständige Staaten, mußten allerdings einzeln in ein Bundesverhältnis mit Rom treten.

Aber noch blieb die Abrechnung mit den Verbündeten der Latiner, den Aurunkern, den Sidikinern und besonders mit Capua. Ihr Schicksal war nicht minder schwer. Auch sie verloren ihre politische Souveränität und hatten dem römischen Bürgerverband beizutreten.

Die Römer trugen jedoch dem Umstand Rechnung, daß ihnen diese Städte dem Volkscharakter und den staatlichen Einrichtungen nach fremder waren als die Latiner. Sie verzichteten also auf völlige Inkorporierung und beließen ihnen größere Verwaltungsautonomie. Da die Kampaner wegen der erhalten gebliebenen Selbstverwaltung noch eng mit ihren Stadtgemeinden verbunden waren, verweigerten die Römer ihnen, obwohl sie nun römische Bürger waren, das politische Stimmrecht; sie durften also weder in der Volksversammlung in Rom abstimmen noch römische Ämter übernehmen. Damit war zugleich die Gefahr gebannt, daß die Neubürger den römischen Staatsverband sprengten. Die Bürger ohne Stimmrecht waren hingegen zum Kriegsdienst in den Legionen verpflichtet. Vor allem im Heeresdienst haben sie sich den Vollbürgern dann allmählich angeglichen. Die Assimilationskraft des römischen Heeres, das später wesentlich zur Romanisierung der Mittelmeerwelt in der Kaiserzeit beigetragen hat, erwies sich schon in dieser Zeit als besonders stark. Auf die Dauer konnte man denn auch diesen Bürgern ohne Stimmrecht das volle Bürgerrecht nicht vorenthalten. Das Bürgerrecht ohne Stimmrecht *(civitas sine suffragio)* wurde deswegen bald als Vorstufe zum Vollbürgerrecht für Städte und Völker angesehen, die wegen ihrer ethnischen Fremdheit nicht ohne weiteres Bürger vollen Rechts werden konnten.

Der Kampf um die Vormacht

Der Erste Samnitenkrieg war nur ein Vorspiel für die nun folgende große Auseinandersetzung mit den Samniten, in die nach und nach alle Völker Italiens hineingezogen wurden. Zeitweilig hatte Rom mit mehreren Gegnern gleichzeitig zu kämpfen; aber durch den Mangel an einheitlicher Führung auf der Gegenseite kam keine große Koalition zustande; die einzelnen Kriegsschauplätze blieben isoliert. Die Hauptgegner Roms waren stets die Samniten, der einzige Stamm mit fester Organisation und zudem ein großes und kriegerisches Volk. Als sie niedergeworfen waren, bedeutete das auch das Ende des Kampfes für alle anderen Völker: Rom war die Herrin Italiens.

Die Kämpfe mit den Samniten dauerten über fünfzig Jahre, von 326 bis 272, unter denen es nur wenige Friedensjahre gab. Ein Friedensschluß mit den Samniten während dieser Zeit bedeutete nicht, daß auch die Römer die Waffen niederlegen konnten. Je weiter Rom in den italischen Raum vorstieß, desto zahlreicher wurden Gegner und Kriegsschauplätze, und Rom blieb auch dann auf Nebenschauplätzen in kriegerische Aktionen verwickelt, wenn an der samnitischen Grenze Ruhe herrschte. Wir fassen diese Kriege, die Rom in jener Zeit mit den Samniten und seinen anderen Gegnern führte, als Zeitalter der Samnitenkriege zusammen.

Die Ursache für den Ausbruch des Zweiten Samnitenkrieges lag wiederum in Kampanien, wo die Samniten völlig vom Meer abgeschnürt worden waren. Es ist daher nicht verwunderlich, wenn der Anlaß des Krieges mit einer Seestadt zusammenhängt, mit Neapel. Die näheren Umstände kennen wir nicht. Die Folge der Verwicklungen um Neapel war jedenfalls, daß diese Stadt in ein Bundesverhältnis zu Rom trat und daraufhin zwischen Rom und den Samniten der Krieg ausbrach.

Seine erste Phase liegt für uns im dunkeln. Nach einigen ergebnislosen Jahren waren die Römer jedenfalls entschlossen, den Krieg durch raschen Vorstoß in das Innere Samniums zu beenden. Das Unternehmen endete mit einem Fiasko. Noch ehe die Römer in das eigentliche Samnium eingedrungen waren, wurden sie in den »Caudinischen Engpässen« *(furculae Caudinae)* eingeschlossen. Es war für sie ein Glück, daß die Samniten nicht rachelüstern waren, sondern das römische Heer wieder laufen ließen, nachdem die Konsuln sich zu einem Friedensvertrag auf der Grundlage des Status quo verstanden hatten. Allerdings konnten es sich die Samniten nicht versagen, dem römischen Heer eine schwere Schmach zuzufügen: das gesamte Heer, die Konsuln voran, mußte seine Waffen zurücklassen und unter einem Joch hindurchziehen, als Zeichen, daß sie nichts als aus Gnade des Siegers freigelassene Kriegsgefangene waren. Das war ein schwerer Schlag für die Römer; sie brauchten sechs Jahre, um sich von dieser Niederlage zu erholen.

Trotz eines sechsjährigen Friedens (321–315) betrachten wir den Zweiten Samnitenkrieg (326–304) als Einheit. Es verstand sich ja von selbst, daß die Römer die Jahre nach Caudium nur als Ruhepause ansahen und bald nach einer Gelegenheit suchten, die Scharte wieder auszuwetzen. Im Jahre 315 riefen einige apulische Städte Rom gegen die Samniten zu Hilfe, die nach mißglückten Versuchen im Westen nun im Osten in die Küstenebenen drängten. Die Römer sagten sofort ihren Beistand zu. Die wohlwollend-neutrale Haltung zahlreicher italischer Stämme des Mittelapennins versetzte die Römer in die Lage, an der nördlichen Grenze des samnitischen Bundesgebietes entlang ein Heer nach Apulien zu werfen. Mehrere Bündnisse mit apulischen Städten wurden geschlossen und sogleich eine wichtige, den Samniten verbündete apulische Stadt, Luceria, erobert. Nun standen die Römer im Rücken der Samniten, weit von ihrer Heimatbasis entfernt.

Dieser apulische Feldzug bedeutete den ersten Schritt von der lokal begrenzten latinisch-mittelitalischen Politik zu einer italischen Politik. Auf diesem neuen Schauplatz des Kampfes erwiesen sich zugleich die politische Überlegenheit und der staatsmännische Weitblick der Römer. Sie erkannten, daß der Krieg in Apulien nur einen Sinn haben konnte, wenn sie sich dort eine feste Bastion schufen, von der aus sie gegen die Samniten operieren konnten. So bauten sie Luceria zu einer mächtigen Festung aus und besetzten sie mit römischen Bürgern. Es war den Römern klar, daß diese Kolonie, von der Heimat weit entfernt und durch Feindesland von ihr getrennt, nicht vom Tiber aus regiert werden konnte, sondern eine gewisse Selbständigkeit haben mußte. So machten sie aus der Kolonie einen selbständigen Staat, der an Rom nur durch ein »ewiges« Bündnis gefesselt war und deren Bewohner als Bürger eines neu geschaffenen Staates ihr römisches Bürgerrecht aufgeben mußten. Man gab ihnen ein besonders konstruiertes Bürgerrecht und nannte es latinisches Bürgerrecht in Erinnerung daran, daß die Römer auch Latiner waren. Diese latinische Kolonie fühlte sich trotz ihrer Souveränität auf Gedeih und Verderb mit Rom verbunden; denn ihre Bürger waren ja der Abstammung wie dem Denken nach Römer. Luceria wurde so zum stärksten Bollwerk Roms im Ausland, es wurde ein Pfahl im Fleische der Samniten.

Während die Römer ihr Hauptaugenmerk auf Apulien richteten, gelang den Samniten ein Vorstoß bis tief nach Latium hinein. Bei Lautulae schlugen sie ein römisches Heer unter Führung des Patriziers Quintus Fabius Rullianus und brachten zahlreiche Bündner Roms zum Abfall. Den Römern gelang es jedoch bald wieder, der Lage Herr zu werden. In den folgenden Jahren löste sich dann der Krieg in zahlreiche Einzelkämpfe auf.

Rom ließ indessen die Zeit nicht ungenutzt verstreichen. Die nach der Schlacht von Lautulae im Westen abgefallenen Bündner, besonders die Aurunker und Capuaner, mußten einen großen Teil ihres Gebietes, soweit es an Samnium grenzte, abtreten. Auf dem annektierten Territorium gründeten die Römer eine ganze Anzahl weiterer latinischer Kolonien, im Norden Fregellae, südlich davon, im ehemaligen Aurunkergebiet, Interamna und Suessa (313/312), noch weiter im Süden, in Kampanien, Cales und Saticula; eine fast lückenlose Kette von latinischen Festungen schloß die samnitische Westgrenze ab. Darüber hinaus begann der weitschauende Appius Claudius Caecus im Jahr seiner Zensur (312) mit dem Bau einer großen, von Rom nach Süden führenden Heerstraße, der ersten großen Routenstraße der Römer (Via Appia). Sie führte auf dem kürzesten Wege nach Kampanien; auf ihr konnten künftig Truppen schnell in die Kolonien an der Grenze Samniums geworfen werden.

Hinter den Aktionen Roms standen deutlich sichtbar ein Plan und ein einheitlicher Wille. Dem hatten die Samniten nichts Vergleichbares entgegenzustellen, obwohl ihre Volkskraft anfangs sicher stärker war als die Roms und sie an kriegerischem Mut den Römern in nichts nachstanden. In Bewaffnung und Taktik waren sie den Römern sogar in manchem überlegen, wie nicht nur die Niederlage von Caudium bewiesen hatte. Sie kämpften entsprechend ihrer Herkunft aus bergigen Gegenden in aufgelockerten Formationen, die sich dem unebenen Gelände besser als die starre Phalanx der Römer anpassen konnten. Ihre taktische Grundeinheit (Manipel) war kleiner und verlieh der Schlachtordnung bei allen militärischen Operationen eine viel größere Beweglichkeit. Auch die samnitische Hauptwaffe, der kurze Wurfspeer *(pilum)*, erwies sich der langen, unhandlichen Lanze der römischen Legionäre als überlegen. Die Römer erkannten dies und paßten sich im Laufe der Samnitenkriege in Taktik und Bewaffnung ihren Gegnern an; Pilum und die aufgelockerte Schlachtordnung wurden übernommen.

Der weitere Verlauf des Krieges brachte nur noch wenige bedeutende Ereignisse. Die Herniker mußten den Abfall von Rom mit der völligen Vernichtung ihrer staatlichen Existenz bezahlen; einige etruskische Städte, die sich aus der Bindung der römischen Kräfte im Süden einen Vorteil hatten verschaffen wollen, konnte Rom wieder zurückdrängen. Schließlich unternahmen die Römer einen kraftvollen Vorstoß in das Innere Samniums, dieses Mal vorsichtiger und besser vorbereitet als zu Anfang des Krieges. Die Samniten wurden durch den Angriff nicht zu Boden geworfen, so weit waren sie noch nicht. Aber der Erfolg der Römer machte sie immerhin zum Frieden bereit, der denn auch auf der Grundlage des Status quo abgeschlossen wurde (304): der Zustand im Augenblick des Friedensschlusses blieb erhalten und wurde rechtlich konsolidiert. Obwohl die Samniten keinen Quadratmeter ihres Stammesgebietes verloren, war der Gewinn der Römer beträchtlich. Einmal hatten sie sich behauptet, was schon eine Stärkung ihrer Machtposition bedeutete. Darüber hinaus lag ein Kranz von Kolonien um Samnium, der den Samnitischen Bund sowohl isolierte als auch kontrollierte. Auch die Zahl seiner Bundesgenossen hatte Rom vermehren können; zahlreiche apulische Städte, viele Stämme des Hochapennins sowie

Nola und Nuceria, neben Capua die bedeutendsten Städte Kampaniens, waren jetzt Bündner der Tiberstadt: Roms Einfluß erstreckte sich über die ganze italische Halbinsel.

Aber der Kampf ging auch nach dem Friedensschluß mit den Samniten weiter. Nun richteten die Römer, nachdem sie ihre Hände frei hatten, ihr Augenmerk auf zwei Völker Mittelitaliens, die Aequer und die Sabiner, besonders auf die Sabiner, einen großen und tüchtigen Stamm. Beide Völker waren offenbar mit den Samniten verbunden gewesen, oder es hatte bei dem Durchzug der Römer nach Apulien Reibereien gegeben. Auf jeden Fall mußte Rom auf dem Hochapennin klare Fronten schaffen, weil sein Weg nach Apulien hier durchführte und zu einer Lebensader im Kampf gegen die Samniten geworden war. Noch im Jahre 304 wurden die Aequer, die unmittelbaren Nachbarn und jahrhundertealten Feinde Roms, geschlagen und erfuhren die furchtbare Rache Roms. Sie wurden als selbständiges Volk ausgelöscht, der größte Teil ihres Stammesgebietes wurde in den Ager Romanus eingemeindet und der Rest zwei latinischen Kolonien zugeschlagen, die das am Boden liegende Volk überwachen sollten (Alba und Carsioli). Die Sabiner hingegen waren nicht so schnell zu bezwingen. Der Krieg mit ihnen dauerte ununterbrochen vierzehn Jahre (304—290), in den letzten acht Jahren parallel zum Dritten Samnitenkrieg.

Immer wieder raffte sich das stolze Volk der Samniten auf, die tödliche Umklammerung der Römer aufzubrechen. Der Anlaß zu neuen Verwicklungen scheint dieses Mal im Süden gelegen zu haben, wo das Stammesgebiet der Lukaner — zwischen Samnium und den griechischen Seestädten am Tarentinischen Golf und am Tyrrhenischen Meer — den Samniten noch einen von römischen Festungen unversperrten Weg offen ließ. Trotz ihrer Verwandtschaft mit den Oskern haben die Lukaner dank mannigfacher fremder Einflüsse eine besondere Eigenart in Sprache und Kultur entwickelt. Ihre ungeschlachte Art und wilde Kampfeslust reizten sie zu ständigen Überfällen auf ihre Nachbarn; vor allem die reichen griechischen Städte hatten unter ihnen zu leiden. Im Jahre 303 finden wir sie wieder im Kriege mit Tarent, der mächtigsten griechischen Stadt auf italischem Boden. Die reichen und unkriegerischen Tarentiner pflegten immer, wenn sie mit den raublustigen Lukanern allein nicht zurechtkamen, sich einen Condottiere aus dem Mutterland zu holen, von denen es in der wildbewegten Zeit nach dem Zusammenbruch des Alexanderreiches im Osten genug gab. Jetzt war es Kleonymos, ein Spartaner, der die Lukaner zum Frieden zwang.

Auch die Römer hatten sich — für uns nicht mehr recht erkennbar — in den Krieg eingemischt und traten gleichfalls dem Frieden bei. Das Interesse Roms an den Lukanern beschränkte sich freilich ganz auf ihr Verhältnis zu den Samniten, und als diese im Jahre 298 in Lukanien einfielen, um gewisse Strömungen zu unterstützen, die auf einen Beitritt zum Samnitischen Bund hinarbeiteten, griffen die Römer ein und kamen der romfreundlichen Partei der Lukaner zur Hilfe: der Dritte Samnitenkrieg war ausgebrochen (298—290 v. Chr.), der viel schwerer werden sollte als die beiden vorangegangenen.

Die ersten Kriegsjahre brachten keine Entscheidung. Die Römer mußten an zwei Fronten kämpfen, im Norden gegen die Sabiner, die noch immer nicht bezwungen waren, und in Kampanien gegen die Samniten. Auf jedem Kriegsschauplatz befehligte ein Konsul; in Kampanien gelang den Samniten ein Einbruch in den *ager Falernus* (296), ein früher von Capua an Rom abgetretenes Gebiet, auf dem römische Kolonisten siedelten. Die Römer warfen die Eindringlinge wieder hinaus und gründeten zur Sicherung des Falernischen Ackers zwei Kolonien, Minturnae und Sinuessa, beide am Meer gelegen. Da die Kolonien inmitten des Ager Romanus lagen, brauchte man ihnen nicht wie den latinischen Kolonien, deren Außenwelt ja eine feindliche und deren Grenze Kriegsgrenze war, die Selbständigkeit zu geben. Die Kolonisten von Minturnae und Sinuessa behielten also ihr römisches Bürgerrecht.

Seinen kritischen Punkt erreichte der Krieg erst im Jahre 295, als die Gallier wieder mit großer Macht nach Süden einbrachen; es waren vor allem die Senonen, die ihre Sitze in der Umgebung des heutigen Ravenna und Ancona hatten, verstärkt durch Boier aus der Gegend südlich des Po. Der eine Konsul des Jahres, Quintus Fabius Rullianus, ein alter Haudegen und schon zum fünftenmal Konsul, wurde bei Camerinum schwer geschlagen. Camerinum liegt etwa in der Mitte zwischen den Senonen und Sabinern, und so liegt die Annahme nahe, daß die Sabiner es waren, die in ihrer Bedrängnis die Gallier zu Hilfe gerufen hatten. Zur selben Zeit wurde die Lage auch in Etrurien bedenklich; zahlreiche etruskische Städte, an der Spitze Volsinii, griffen zu den Waffen. Samniten, Gallier, Sabiner und Etrusker schienen sich gleichzeitig gegen Rom verschworen zu haben. Aber es fehlte ihnen der gemeinsame Plan; dazu waren ihre Verbindungswege, etwa zwischen Samniten und Galliern, sehr gefährdet. Auf der anderen Seite hatte Rom den Vorteil der »inneren« Linie für sich und konnte auf der neuen Straße des Appius Claudius seine Truppen rasch in die Brennpunkte der Kämpfe werfen. Dem altbewährten Fabius Rullianus war trotz seiner Niederlage auch weiterhin der Oberbefehl im Norden anvertraut. Bei Sentinum, mitten im Gallierland, kam es schließlich zur Entscheidungsschlacht: Gallier und Sabiner wurden vernichtend geschlagen; der alte Gallierschreck, der Rom seit den Tagen an der Allia in den Gliedern steckte, ließ den Sieg noch bedeutsamer erscheinen, als er ohnehin schon war. Das Übergewicht Roms an der Nordfront war hergestellt.

Die nachfolgenden Jahre dienten dann der endgültigen Niederwerfung der Gegner, die man sich nun einzeln vornahm. Die Gallier zogen sich wieder nach Norden in ihre Wohnsitze zurück, wohin ihnen die Römer weder folgen wollten noch konnten. Die Etrusker wurden ebenfalls bezwungen; soweit die einzelnen Städte mit Rom in Konflikt geraten waren, mußten sie feste Bündnisse mit ihm eingehen. Das Hauptverdienst an der endgültigen Bezwingung der Sabiner hatte Manius Curius Dentatus, der plebejische Konsul des Jahres 290, der auch den Krieg beendete. Die Sabiner wurden für ihren langen und zähen Widerstand hart bestraft; wie die Aequer verloren sie ihre Selbständigkeit. Ein Teil des Sabinerlandes wurde dem Ager Romanus einverleibt, ein großer Teil erhielt das römische Bürgerrecht ohne Stimmrecht. Wie gewöhnlich wurde auch hier eine latinische Kolonie gegründet: Hadria, ganz nahe der adriatischen Küste gelegen, wurde zum Wachhund Roms im entferntesten Winkel des Sabinerlandes.

Im Süden war noch immer keine Entscheidung gefallen. Der Konsul des Jahres 293, Lucius Papirius Cursor, errang zwar einen Sieg bei Aquilonia, der aber nichts entschied. Dieser Papirius war übrigens ein Sohn des berühmten Papirius Cursor, der im Zweiten Samnitenkrieg fünfmal Konsul war und mit einem anderen Patrizier, eben dem Fabius Rullianus, zu den profiliertesten Gestalten ihrer Zeit gehört. Der Erfolg von Aquilonia wurde aber schon im nächsten Jahr mit einer Niederlage des Quintus Fabius Gurges, des Sohnes des Fabius Rullianus, wieder verspielt. Die Römer sahen offenbar keine Chance mehr, die Samniten wirklich zu bezwingen, und kehrten deshalb zu ihrer altbewährten Festungspolitik zurück. Im Jahre 291 gelang dem Konsul Postumius im Gebiet des Samnitischen Bundes, das allein noch frei war von römischen Kolonien, die Eroberung von Venusia, einem Mitglied dieses Bundes. Die Römer hielten zäh an dieser Eroberung fest und sandten schon im nächsten Jahr eine starke Mannschaft römischer Kolonisten dorthin. Venusia erhielt den Status einer latinischen Kolonie und war bald der bedeutendste Vorposten römischer Macht im Süden. Mitten im Feindesland gelegen, am Dreiländereck von Apulien, Lukanien und Samnium, wurde es zur schwersten Fessel für die Samniten, denen es nicht gelang, diese Gründung rückgängig zu machen. Müde und erschöpft entschlossen sie sich endlich zum Frieden (290).

Der Dritte Samnitenkrieg war deswegen besonders schwer gewesen, weil die Römer wegen der Gefahr im Norden zeitweilig die Südfront gegen den samnitischen Hauptgegner hatten vernachlässigen müssen. In der Auseinandersetzung mit den Samniten brachte aber auch der Friede von 290 noch keine Entscheidung. Samnium war durch die Gründung von Venusia zwar völlig eingeschlossen, aber eben noch nicht bezwungen. Die größten Gewinne hatte Rom im Norden erzielt, wo weite Gebiete dem römischen Territorium zugeschlagen und zahlreiche neue Bundesgenossen gewonnen wurden. Trotz alledem aber blieben die Gallier eine stete Bedrohung der Nordflanke, ein Umstand, der für den noch bevorstehenden Entscheidungskampf mit den Samniten gefährlich werden konnte.

Letzte Entscheidung: Pyrrhos

Nach dem Abschluß des Dritten Samnitenkrieges herrschte in Italien einige Jahre Ruhe. Es waren die ersten Friedensjahre seit langer Zeit. Aber schon sechs Jahre später schlug die Furie des Krieges wieder zu, und wieder kam sie von Norden, wo die Gallier saßen. Die Senonen, die schon im letzten Krieg den Römern schwer zu schaffen gemacht hatten, brachen 284 in Etrurien ein und schlugen das sich ihnen stellende römische Aufgebot. Fast das gesamte Heer fand zusammen mit seinem Konsul den Tod; seit dem Tage an der Allia hatte Rom keine so schwere Niederlage erlebt. Große Teile Etruriens gerieten durch diesen Erfolg der Gallier in Aufruhr, und so war es ein Glück, daß die Römer gegenüber den Samniten den Rücken frei hatten. Schon im nächsten Jahr erfochten sie im südlichen Etrurien am Vadimonischen See einen großen Sieg über Gallier und Etrusker, der ihnen endlich die Möglichkeit gab, ihre nördliche Einflußzone nachhaltig zu sichern und von daher ungestört den zu erwartenden Krieg gegen die Samniten vorzubereiten.

Um die Galliergefahr endgültig zu beseitigen, suchten die Römer die Senonen in ihren Wohnsitzen an der Adria heim; das gesamte Volk wurde vernichtet, seine Reste vertrieben und das Land von Rom eingezogen; als *ager Gallicus*, wie es die Römer hinfort nannten, sollte es in der Geschichte der römischen Innenpolitik noch eine Rolle spielen. Bald darauf bekamen auch die nördlich der Senonen sitzenden gallischen Boier die Schärfe des römischen Schwertes zu spüren. Damit konnte die Galliergefahr als gebannt gelten. Die Niederwerfung der aufrührerischen etruskischen Städte bot dann nur noch geringe Schwierigkeiten. Sie mußten ihre Bündnisse mit Rom erneuern oder, soweit sie noch keine Verpflichtungen eingegangen waren, in ein Bundesverhältnis eintreten; einige Städte, wie Volci, Tarquinii und Volsinii, hatten auch einen Teil ihres Gebietes abzutreten. Nach vier oder fünf Kriegsjahren (284–280) war es höchste Zeit, daß es zum Frieden kam, denn von Süden zogen neue schwere Gefahren herauf.

Die für Rom günstige Entwicklung im Dritten Samnitenkrieg hatte die Lukaner und die südlich davon in der »Stiefelspitze« der Halbinsel sitzenden Bruttier in die Auseinandersetzung mit den Samniten hineingezogen und die alten Gegner der Lukaner, die griechischen Seestädte, zu natürlichen Bundesgenossen Roms werden lassen. Eine Ausnahme bildete Tarentum, das durch den Eingriff Roms in die Angelegenheiten des Südens seine Vormachtstellung innerhalb des italischen Griechentums gefährdet sah. Es kam zum Konflikt, als Rom einem Hilfegesuch der griechischen Stadt Thurioi nachkam und die vereinigten Lukaner und Bruttier schwer aufs Haupt schlug. Hinzu kam noch, daß eine römische Flotte in den Tarentinischen Golf einlief und arglos vor Tarentum vor Anker ging, was gegen die Bestimmungen des Friedensvertrages von 302 zwischen Rom, Tarentum und den Lukanern verstieß. Die Tarentiner sahen in der Anwesenheit des römischen Geschwaders eine Provokation, was die Römer gar nicht beabsichtigt hatten, und versenkten kurzerhand einige Schiffe. Der Versuch der keineswegs kriegslustigen Römer, die Angelegenheit auf diplomatischem Wege aus der Welt zu schaffen, scheiterte an den hochfahrenden Tarentinern, welche eine römische Gesandtschaft auf das schändlichste beleidigten. Damit war der Krieg unumgänglich geworden (281).

Nun begriffen die Tarentiner allerdings, daß ein Kampf gegen das siegreiche Rom ohne einen tüchtigen Bundesgenossen wenig aussichtsreich sein würde, und riefen, wie schon öfter, einen griechischen Feldherrn herbei. Es traf sich günstig, daß sich ihnen in Pyrrhos, dem König von Epirus, ein hervorragender Mann zur Verfügung stellte. Er gehörte zu den Persönlichkeiten, die nach dem Zusammenbruch des Alexanderreiches das politische Geschehen im griechischen Osten wesentlich mitbestimmten; die persönliche Initiative einzelner Männer vermochte damals die politische Karte des Ostens in kurzer Zeit immer wieder grundlegend zu ändern; die Entwicklung des Ostens war in stetem Fluß.

Pyrrhos war als Kind seiner Zeit von dem brennenden Ehrgeiz besessen, es den erfolgreichen Männern seiner Generation gleichzutun. Sein Blick war auf den makedonischen Königsthron gerichtet. Aber er war nicht der einzige Anwärter; nachdem ihn der Hilferuf der Tarentiner erreicht hatte, bemühten sich seine Konkurrenten, ihn durch großzügige Angebote von Geld und Truppen zur Abfahrt zu bewegen. Pyrrhos sah ein, daß der Bewerber um den makedonischen Thron zu viele waren, und nahm die Angebote an. Er erhoffte sich in Italien günstigere Bedingungen für die Erfüllung seiner Pläne, wobei er selbstverständlich die Verhältnisse im Westen nach den Maßstäben des Ostens beurteilte. Er hatte eine Tochter von Agathokles, des Herrschers von Sizilien, zur Frau und aus dieser Ehe einen Sohn. Daraus errechnete er sich einen Anspruch auf die Herrschaft auf Sizilien und träumte bereits von einem Reich, das alle Griechen des Westens unter seiner Krone vereinen würde.

Man kann ihm keinen Vorwurf daraus machen, daß in seinen Berechnungen die Römer keine entscheidende Rolle spielten. Für ihn waren sie Barbaren, und sie schienen, von allem anderen abgesehen, gegenüber der hochentwickelten Kriegstechnik des griechischen Ostens keinerlei Chance zu besitzen. Pyrrhos selbst hatte zudem als Heerführer hinreichendes Selbstbewußtsein, und in der Tat gehört er zu den größten Feldherrngestalten, welche die Antike hervorgebracht hat.

Als Pyrrhos im Jahre 280 in Tarentum landete, stießen Lukaner, Bruttier und selbstverständlich die Samniten sofort als Bundesgenossen zu ihm. Noch im selben Jahre lieferte er den heranziehenden Römern in der Nähe von Herakleia am Tarentinischen Golf eine Schlacht, die als voller Sieg für den epirotischen König ausging. Die hellenistische Kriegstechnik und das überlegene Feldherrntalent des Königs besiegten die römischen Legionen; die Elefanten, die Pyrrhos in der Schlacht mitführte, taten noch ein übriges: die Römer hatten diese riesigen Tiere noch nie gesehen und waren entsetzt über ihr schreckliches Aussehen und die für römische Ohren erschreckenden Trompetenstöße. Pyrrhos stieß sogleich in raschem Zug von Lukanien aus über Kampanien bis Latium vor.

Dort erlebte er seine erste schwere Enttäuschung. Rom brach nicht zusammen, wie Pyrrhos es auf Grund seiner im Osten gesammelten Erfahrungen erwartet hatte, sondern seine Bündner, vor allem natürlich die zahlreichen latinischen Festungen, hielten fest zu ihm; und Pyrrhos sah sich überall von neuen römischen Legionen umringt, er schien gegen eine Hydra zu kämpfen. Und da er auf keinen langen Kampf eingestellt war – seine ehrgeizigen Pläne ließen ihm auch keine Zeit dazu, Rom war ja nur ein Stein in seinem Spiel –, versuchte er es mit Verhandlungen und schickte seinen Vertrauten Kineas nach Rom. Die Römer sollten unter der Bedingung in den Frieden einwilligen, daß sie sich von den süditalischen Verhältnissen fernhielten. Aber der greise Appius Claudius soll damals den Senat bestimmt haben, den Kampf weiterzuführen. In der Tat waren die Bedingungen für die Römer unannehmbar, nicht sosehr im Hinblick auf die Gefahr, damit den Einfluß auf die griechischen Städte im Süden zu verlieren, als wegen der Samniten, die, schon fast bezwungen, an Pyrrhos und den Griechen neuen Rückhalt gefunden hätten.

Nach dem Scheitern der Verhandlungen versuchte Pyrrhos im nächsten Jahr, die Römer erst einmal aus Apulien zu vertreiben. Wieder wurden die Römer (bei Ausculum) geschlagen, und wieder konnte Pyrrhos, der ebenfalls schwere Verluste erlitten hatte, den Sieg nicht ausnutzen: die Römer zogen sich in ihre Lager und Festungen zurück. Pyrrhos sah die rasche Erfüllung seiner Pläne zunichte werden.

Da bot sich ihm eine Chance, durch die er sich seinem Ziele näher glaubte. Die Griechen Siziliens hatten ihn gegen die Karthager zu Hilfe gerufen, die in der allgemeinen Verwirrung der sizilischen Verhältnisse nach dem Tode des gewaltigen Agathokles bis nach Syrakus vorgedrungen waren. Pyrrhos setzte nach Sizilien über, und es gelang ihm auch binnen kurzem, ganz Sizilien bis auf den westlichen Hafen Lilybaeum zu befreien. Während seiner Abwesenheit gewannen aber die Römer überall in Italien wieder an Boden und schlossen überdies mit den Karthagern ein Bündnis, das die Vertragspartner besonders darauf festlegte, keinen Separatfrieden mit dem gemeinsamen Gegner Pyrrhos abzuschließen. Dessen italische Bundesgenossen riefen deshalb immer drängender um Hilfe, auch auf

Kämpfende kampanische Krieger
Wandgemälde, 4. Jahrhundert v. Chr. Capua, Provinzialmuseum

Kriegselefant
Kampanischer Teller, 3. Jahrhundert v. Chr.
Rom, Villa Giulia

Sizilien geriet nach den ersten Erfolgen die günstige Entwicklung ins Stocken. Die griechischen Städte sahen sich von Pyrrhos hart und tyrannisch behandelt, und allerorten regte sich der Widerstand. Schließlich wurde seine Lage unhaltbar, und er mußte nach Italien zurückkehren, wo ihn seine Bundesgenossen dringend brauchten. Im Jahre 275 landete er in Italien und lieferte den Römern noch im selben Jahr eine Schlacht bei den Arusinischen Feldern in Lukanien (der Schlachtort wird auch mit Beneventum angegeben). Wieder war Pyrrhos Sieger, und wieder war der Sieg teuer erkämpft, und die Römer räumten keineswegs das Feld.

Jetzt zog Pyrrhos für seine Person die Konsequenzen. Er hatte ein Reich im Stile der Großstaaten des hellenistischen Ostens gewollt; aber dieser Traum war am zähen Widerstand der Römer zerstoben. Da inzwischen die Aussichten auf den makedonischen Königsthron wieder günstiger schienen, verließ er kurzentschlossen Italien und ließ in Tarentum nur eine Garnison unter Milon zurück, um für künftige italische Unternehmungen eine Ausgangsbasis zu haben. Er sollte nie wiederkommen; nach wenigen Jahren fand er in Argos im Straßenkampf den Tod (272).

Mit seinem Abzug aus Italien hatte Pyrrhos seine Bundesgenossen der Rache der Römer ausgeliefert. Innerhalb von zwei Jahren waren alle süditalischen Gegner zu Boden geworfen. Als erste traten die von Pyrrhos verlassenen griechischen Städte, soweit sie nicht schon vorher übergetreten waren, in ein Bundesverhältnis zu Rom. Nur Tarentum, wo sich die Besatzung von Pyrrhos noch hielt, zögerte noch. Nachdem überall der Widerstand gebrochen war, rückte der römische Konsul vor die Stadt; gleichzeitig erschien auch eine punische Flotte vor dem tarentinischen Hafen. Milon, der Kommandeur der epirotischen Garnison, überredete die Tarentiner, sich den Römern zu ergeben, damit sie nicht in die Hände der Punier gerieten, der alten Feinde des griechischen Westens und überdies noch eines gefährlichen Handelskonkurrenten. Die Stadt öffnete denn auch unter der Bedingung des freien Abzugs für Milon und seine Soldaten dem Konsul Lucius Papirius Cursor ihre Tore (272). Sie mußte eine römische Besatzung aufnehmen und ein Bündnis mit den Römern abschließen, behielt aber im übrigen ihre Freiheit.

Auch Lukaner und Bruttier kamen bei der Regelung des allgemeinen Friedens verhältnismäßig gut davon. Ihre Bünde blieben bestehen, aber auch sie mußten feste Verträge mit Rom abschließen. Am schlimmsten erging es den Samniten; sie sollten sich niemals wieder erheben können. Ein großer Teil des nördlichen Samniums wurde annektiert, und auf samnitischem Boden entstanden zwei große latinische Kolonien, die eine mitten in Samnium (Beneventum, 268), die andere im Norden (Aesernia, 263). Außerdem wurde der Samnitische Bund aufgelöst und die einzelnen Teile durch feste Bündnisse an Rom gekettet. Das ehemalige Stammesgebiet blieb hinfort dreigeteilt: im Norden die Pentrer, der eigentliche Kern der Samniten, im Westen die Caudiner und im Süden die Hirpiner. Damit waren die Samniten tödlich getroffen.

Was bis zu diesem Zeitpunkt auf der italischen Halbinsel noch nicht mit Rom verbunden war, trat in den Jahren nach dem Pyrrhoskrieg ohne großen Widerstand dem römischen Bundessystem bei, so im Südosten die Peuketier und Sallentiner. Die Sallentiner mußten darüber hinaus einen Teil ihrer Mark abtreten, auf der Rom die latinische Kolonie

Brundisium gründete. Im Jahre 270 wurde dann auch Rhegion, die große griechische Hafenstadt an der Meerenge von Sizilien, erobert. Hier hatte sich eine abtrünnige kampanische Legion festgesetzt und nach Massakrierung oder Vertreibung der griechischen Einwohner eine Art Räuberrepublik errichtet. Die Römer rächten die Disziplinlosigkeit ihrer Soldaten blutig. Was nicht im Kampf fiel, wurde hingerichtet und die Stadt den Griechen zurückgegeben. Rom war nun die Herrin Italiens.

Die Organisation Italiens

Die Formen, in denen Rom die Herrschaft über Italien ausübte, waren ebenso bunt und mannigfach wie die politischen Situationen, die zu ihnen geführt hatten. Der historische Ausgangspunkt bestimmte auch das römische Herrschaftssystem. Rom war ein Stadtstaat; die Beherrschung weiter Gebiete durch eine verzweigte Verwaltung lag daher vorerst außerhalb jeder Möglichkeit, wenn auch hier und da sich bereits Ansätze zeigten, die auf die spätere Entwicklung zum Territorialstaat hinweisen. Eine territorialstaatliche Herrschaft hätte zudem einen starken Gegendruck der unterworfenen Bevölkerung ausgelöst, da die einheitliche Behandlung in den »Untertanen« das Bewußtsein einer Gemeinsamkeit geweckt hätte. Das Herrschaftsprinzip Roms bestand vielmehr umgekehrt darin, die abhängigen Städte und Völker in einem jeweils sehr verschieden abgestuften rechtlichen Status an sich zu binden, so daß diesen Bindungen größere Aufmerksamkeit geschenkt wurde als etwa gemeinsamen Interessen gegenüber der Vormacht. Die mannigfachen Formen der politischen Abhängigkeit verhinderten jeden Ansatz für eine dauerhafte Interessengemeinschaft unter den Bündnern und erstickten bei ihnen jedes Gefühl der Solidarität. Man hat später mit Recht diese kluge Politik unter dem Schlagwort »*divide et impera*« zusammengefaßt. Rom wäre trotzdem wohl niemals zum Ziel gekommen, wenn es nicht die unterworfenen Völker, besonders die mächtigen Stämme Mittelitaliens, vor Aufnahme in sein System noch zusätzlich geschwächt hätte, indem es große Landstriche annektierte.

Das eigentliche römische Bürgergebiet, der Ager Romanus, hatte einen verhältnismäßig geringen Umfang. Es war auf das Land beiderseits des unteren Tiber, auf Latium und auf einzelne Landstriche in Kampanien und im Hochapennin beschränkt. Da die stadtstaatliche Struktur Roms im Grunde keine anderen stadtähnlichen Organismen auf ihrem Territorium duldete, mußten ursprünglich die gegnerischen Städte, ehe sie in das römische Kerngebiet eingemeindet werden konnten, ihre städtische Existenz verlieren. So war man noch mit Veii verfahren. Als die Römer nach dem latinischen Krieg vor dem Problem standen, die stammesverwandten Latiner aufzunehmen, fanden sie einen Ausweg, indem sie die Gemeinden mit ganz beschränkter Verwaltungsautonomie, also als Wohn- und Wirtschaftszentrum, bestehen ließen. Überall auf dem Ager Romanus gab es jetzt solche Landstädte *(municipia)*. Ohne kriegerische und soziale Umwälzungen konnte in Zukunft jedes Gebiet, das als romanisiert gelten durfte, durch einfachen Verwaltungsakt in den Ager Romanus übergehen: das römische Bürgergebiet konnte in Italien hineinwachsen.

Nachdem sich das Munizipium auf dem Ager Romanus einmal durchgesetzt hatte, waren solche städtischen Zentren notfalls auch künstlich zu schaffen. In ferner gelegenen Teilen des Bürgergebietes, wo es noch keine städtischen Mittelpunkte gab, legten die Römer im Laufe der Zeit eine ganze Anzahl von Kolonien römischen Rechts zur Sicherung der umwohnenden römischen Siedler an. Militärischen Zwecken, als Flottenbasis der kleinen römischen Marine, dienten auch die neu errichteten römischen Kolonien an der Küste.

Viel umfangreicher als das römische Kerngebiet waren diejenigen Landstriche, die zwar dem Bürgergebiet einverleibt waren, deren Bewohner aber kein politisches Stimmrecht hatten *(civitates sine suffragio)*, weder das aktive in der Volksversammlung noch das passive zu den Magistraturen. Aber als römische Bürger waren sie zum Heeresdienst in den römischen Bürgerlegionen verpflichtet, und die Listen ihrer wehrfähigen Männer wurden in Rom geführt. Auch diese Städte – zumeist den Römern fremd, also für vollständige Eingemeindung ungeeignet – behielten eine gewisse Autonomie in Verwaltungsangelegenheiten. Da sie nur die Lasten, vor allem die Kriegslasten trugen, aber keine politischen Rechte hatten, nannte man die Bürger *municipes* (von *munus capere*) und ihre Gemeinden *municipia*. Erst später ist diese Bezeichnung auf die Landstädte des römischen Kerngebietes übergegangen. Besonders der Dienst im römischen Heer bewirkte eine schnelle Angleichung der *civitates sine suffragio* an die römischen Vollbürger; die meisten Halbbürgergemeinden waren ja auch ehemals italische Staaten oder etruskische Städte mit starkem italischem Einschlag gewesen; viele erhielten deshalb bald das Vollbürgerrecht. Schließlich wurde daraus ein minderes Bürgerrecht, von dem aus der Aufstieg zum Vollbürgerrecht selbstverständlich war, wenn die Voraussetzungen dazu, vor allem die Kenntnis der lateinischen Sprache, zutrafen. Als erste Stadt erhielt Caere die *civitas sine suffragio*. Den stärksten Anteil an den Halbbürgergemeinden hatten Kampanien (Capua), das Gebiet der Aurunker und der Hochapennin, dort vor allem das sabinische Land.

Neben dem Gebiet römischen Rechts standen die latinischen Kolonien, deren Bewohner ebenfalls römischer Herkunft waren, mit dem Eintritt in die Kolonie aber ihr römisches Bürgerrecht gegen das latinische eingetauscht hatten. Ihr altes Bürgerrecht konnte wieder aufleben, sobald sie in das römische Bürgergebiet zurückzogen. Da das später häufig vorkam und die latinischen Kolonien dadurch in ihrer Wehrkraft geschwächt wurden, setzte man fest, daß ein Latiner nur dann rückwandern dürfe, wenn er einen Sohn in der Kolonie zurückließ. Wegen ihrer Sicherungsaufgaben in feindlichen, von Rom weit entfernten Gegenden, die eine gewisse Entscheidungsfreiheit erforderten, war ihnen die Souveränität gegeben worden. Obwohl nur ein Vertrag mit der Mutterstadt bestand, waren sie doch auf Gedeih und Verderb an Rom gebunden; ihrer Souveränität kam bloß formale Bedeutung zu. Bei ihrer außergewöhnlich großen Zahl wurden die latinischen Kolonien über ihre militärische Bedeutung hinaus zu entscheidenden Ausstrahlungszentren der römischen Kultur und haben viel zur Romanisierung Italiens beigetragen.

Den weitaus größten Bereich, etwa fünf Sechstel der italischen Halbinsel, umfaßten die römischen Bundesgenossen *(socii populi Romani)*. Der Bundesvertrag, den Rom mit jedem einzelnen Bündner einging, war unauflöslich und schloß jede außenpolitische Initiative gegenüber anderen Staaten als Rom von vornherein aus. Damit war die Souveränität der römischen Bundesgenossen wenn nicht formal, so doch tatsächlich wesentlich eingeschränkt. Ein erheblicher Teil mußte sich sogar auch formal eine Beschränkung der Souveränität gefallen lassen, indem er in einer besonderen Klausel die Hoheit des römischen Volkes ausdrücklich zu achten versprach *(maiestatem populi Romani comiter conservare)*. Bei diesen Verträgen war selbst nach römischer Terminologie der Bundesgenosse nicht mehr als volles Völkerrechtssubjekt anerkannt *(foedera iniqua)*; die Verträge ohne diese Majestätsklausel galten als auf gleicher Ebene abgeschlossen *(foedera aequa)*. Letztere erhielten vor allem die griechischen Städte, während etwa die Samniten die Majestätsklausel in den Vertrag hineinnehmen mußten.

In die inneren Verhältnisse ihrer Bundesgenossen mischten sich die Römer kaum ein. Die Vertragsverpflichtungen betrafen allein die Gestellung von Truppen, deren Höhe jeweils genau festgelegt war und über die in Rom Buch geführt wurde. Der Zeitpunkt des Einsatzes und die Höhe des Truppenkontingentes wurden von Rom bestimmt, und Römer hielten selbstverständlich die höheren Kommandostellen auch der bundesgenössischen Kontingente besetzt. Die militärische Bundeshilfe bedeutete übrigens keine große Belastung für die Bündner. Zu jeder römischen Bürgerlegion trat ein gleich starkes Aufgebot bundesgenössischer Truppen, so daß bei einer Gesamtzahl von rund 900 000 römischen Bürgern gegenüber etwa 2,2 Millionen Nichtbürgern der römische Bürger bedeutend stärker in Anspruch genommen war.

Wir pflegen heute die politische Organisation Italiens als Italischen Bund zu bezeichnen. Das ist mißverständlich. Die Römer sprachen nicht von einem Bund, sondern umrissen das Bündnissystem mit der Aufzählung seiner drei Grundpfeiler: Römer, Latiner (der Kolonien) und Bundesgenossen *(cives Romani socii et nomen Latinum)*. In der Tat fehlt dem italischen »Bund« jeder föderative Zug, weder gab es Bundesorgane oder Bundesversammlung noch einen Bundeswillen. Die Exekutive der Organisation lag allein bei Rom, und nur Rom sprach für die Bündner, deren Wille sich nur durch Verhandlungen mit dem römischen Senat Geltung verschaffen konnte; nur mit Rom konnten die Bündner einzeln so etwas wie internationale Beziehungen unterhalten; gegeneinander waren sie völlig isoliert; alle Fäden liefen in Rom zusammen. In diesem »föderativen« System war Rom weniger der Partner als der Herrscher.

Wilhelm Hoffmann

ROMS AUFSTIEG ZUR WELTHERRSCHAFT

Rom am Vorabend des Ersten Punischen Krieges

Im Ablauf der römischen Geschichte bedeutet das Jahr 264 v. Chr., mit dem der erste Krieg gegen Karthago begann, einen weithin sichtbaren Einschnitt. Als damals die Römer die Straße von Messina überschritten, leiteten sie eine Entwicklung ein, die sie binnen eines Jahrhunderts zur ersten Macht in der Mittelmeerwelt erheben sollte. Nacheinander unterlagen oder fügten sich ihnen die einst führenden Staaten Karthago, Makedonien, Syrien und Ägypten, und am Ende gehorchten alle Völker im Umkreis des Mittelmeers allein dem Wort Roms. Wie das im einzelnen geschah, hat seit jeher die Menschen beeindruckt. Über Generationen hin schienen die römischen Politiker konsequent eine Linie zu verfolgen, jede Entscheidung löste mit innerer Notwendigkeit die folgende aus, und von der Ferne ähnelte das Ganze einem großen Bau, der nach einheitlichem Plan entworfen und durchgeführt war. So hat bereits der griechische Historiker Polybios um die Mitte des 2. Jahrhunderts Roms Aufstieg zur Weltherrschaft dargestellt, und wie er haben viele gemeint, daß die römische Politik von Anfang an die Eroberung der Mittelmeerwelt erstrebt habe. Aber eine solche Auffassung ist schwerlich richtig. Zumindest in der ersten Phase waren sich die Römer über die Tragweite der hier einsetzenden Entwicklung keineswegs im klaren; im Gegenteil, manches spricht dafür, daß das, was weiterhin geschehen sollte, gar nicht ihren ursprünglichen Intentionen entsprach und sie eigentlich gegen ihren Willen auf diesen Weg geführt worden sind.

Als Alexander der Große 334 den Hellespont überschritt, stand ihm ein bestimmtes Ziel vor Augen: er wollte das Perserreich erobern. Tatendrang und Streben nach Ruhm, Größe und Macht bewegten ihn, zugleich glaubte er sich in seinem Tun durch die bisherige Geschichte legitimiert. Er gehorchte ähnlichen Antrieben wie viele andere Eroberer, deren Verlangen nach Herrschaft sich mit einer Art Sendungsbewußtsein verband und die von dem Glauben erfüllt waren, daß ausgerechnet sie dazu bestimmt seien, der sie umgebenden Welt eine neue Ordnung zu verleihen. Derartige Vorstellungen gab es allerdings auch in Rom, doch kaum früher als im 1. Jahrhundert v. Chr.; da war aber das Wesentliche schon erreicht, und es handelte sich nur noch darum, das früher Geschehene zu begründen und vor der eigenen Umwelt zu rechtfertigen. Am Anfang des 3. Jahrhunderts hingegen dachte kein Römer so weit, und ebensowenig vermochte man in der übrigen Welt eine solche

Entwicklung vorauszusehen. Für einen, der damals die politischen Verhältnisse betrachtete und die verschiedenen Kräfte abwog, blieb Rom an der Peripherie. Die zukunftweisenden Kräfte schienen nicht in Italien, sondern im Osten zu liegen, wo die Nachfolger Alexanders ihre großen Reiche begründeten. In ihnen war der Wille lebendig, weite Gebiete unter einer Herrschaft zusammenzufassen, und das stolze Bewußtsein von den eigenen Fähigkeiten verband sich mit unermeßlichem Ehrgeiz. Sie hielten nichts für unmöglich und waren bereit, den höchsten Einsatz dafür zu wagen. Von dort strahlte die Bewegung auf die Griechen im Westen aus. Agathokles, der Herr von Syrakus, der nach dem Vorbild der Fürsten im Osten 304 den Königstitel angenommen hatte, suchte sich auf Sizilien und in den benachbarten Teilen Italiens ein Reich zu schaffen. Noch nicht ein Jahrzehnt nach dessen Tode verfolgte der König Pyrrhos, der von Epirus Tarent zu Hilfe gekommen war, noch höhere Ziele. Umstrahlt von dem Glanz einer stolzen Welt trat er den Römern entgegen, und in seinen Schlachten auf dem Boden Italiens erwies er die Überlegenheit der hellenistischen Kriegführung.

Was bedeutete demgegenüber Rom? In langen schweren Kämpfen hatte es seit 340 die Stämme Mittelitaliens, die Etrusker, Sabiner, Umbrer, und vor allem die Samniten zur Anerkennung seiner Herrschaft gezwungen, seinen Einfluß bis tief in den Süden der Apenninenhalbinsel hin ausgedehnt und schließlich trotz empfindlicher Niederlagen auch die Angriffe des Pyrrhos überstanden. Es hatte sich durch die Anlage zahlreicher Kolonien in den verschiedenen Landschaften Italiens die Voraussetzungen geschaffen, um das Errungene auch für die Zukunft festzuhalten, und durch ein System abgestufter Verträge viele Gemeinden eng mit seiner Sache verbunden. Aber mit diesen Kriegen hatte es zunächst nur bestimmten Situationen Rechnung getragen und in erster Linie auf Anstöße von außen reagiert. Natürlich hatten die Römer zugegriffen, wenn sie etwas bekommen konnten, waren dabei auch keineswegs kleinlich verfahren – immerhin hat sich das ihnen unmittelbar gehörige Gebiet von 340 bis 264 um das Neunfache vergrößert –; der Wunsch nach Erweiterung ihres Besitzes spielte bei ihnen eine gewichtige Rolle.

Doch mit den Eroberungen Alexanders und seiner Nachfolger läßt sich das alles nicht vergleichen. Für derartig groß angelegte Unternehmungen fehlten im damaligen Rom die wesentlichsten Voraussetzungen. Die bäuerliche Bevölkerung, das tragende Element des Staates, war ihrer ganzen Mentalität nach weitausgreifenden Plänen gegenüber abgeneigt, und im Grund traf das auch für die Oberschicht zu. Wohl gab es in ihren Reihen bedeutende Männer, in gleicher Weise tüchtig als Offiziere wie als Politiker, aber ihre eigentliche Größe bestand darin, daß sie das im Augenblick Notwendige begriffen und zu meistern vermochten. Naturen, die weit in die Zukunft blickten und gewillt waren, wirklich neue Wege zu beschreiten, wie etwa der Censor Appius Claudius um 300, bildeten die Ausnahme.

Zu alledem wußte man recht wenig von der weiteren Welt. Unbeschadet aller Verbindungen, die damals schon mit den Staaten außerhalb Italiens bestanden, war Rom seiner ganzen Art und der Haltung seiner Bewohner nach eine normale Stadt Italiens und trug unverkennbar provinziellen Zuschnitt. In manchen Gemeinden Italiens, zumal im Süden, wie in Capua, Neapel oder Tarent, pulsierte ein ganz anderes Leben. Deren Bewohner standen seit alters in engem Kontakt mit den hochentwickelten Ländern des Ostens und

Reste des Befestigungsgürtels in Tyndaris an der Nordküste Siziliens
Römische Mauern über griechischen Fundamenten

Hieron II. von Syrakus
Vorderseite eines stark vergrößerten 32-Litren-Stückes mit dem Bildnis des Königs
Silbergepräge, um 250 v. Chr. London, British Museum

Südens und gaben sich bereitwillig den von dort kommenden Anregungen hin. Vollends der Anlage der Städte mit ihren zum Teil prächtigen Bauten, die noch vom Glanz einstiger Größe kündeten, konnten die Römer nur wenig entgegenstellen, ja sie hatten auch gar nicht den Wunsch dazu, denn ihre Bereitschaft, sich Neuem aufzuschließen, war recht gering.

Im wirtschaftlichen Leben hielt man noch weitgehend an den überlieferten Formen einer Naturalwirtschaft fest, nur zögernd ist der Staat nach ersten Ansätzen um 289 schließlich im Jahre 269 zur Prägung von Silbermünzen übergegangen. Andere griechische Elemente, zumal im kultischen Bereich, die auf verschiedenen Umwegen in Rom Eingang gefunden hatten, blieben zumeist an der Oberfläche und drangen kaum in das eigentliche Bewußtsein ein. Vollends konnte von einem auch nur bescheidenen Anschluß an das geistige Leben im Osten nicht die Rede sein; erst eine Generation später sollten hierfür die ersten Voraussetzungen geschaffen werden. Instinktiv spürte man in allem Fremden eine Gefahr für die eigene, unter ganz anderen Bedingungen entstandene Lebensordnung. War so ohnedies die Neigung, die hergebrachten Grenzen zu überschreiten, gering, so wurde sie noch geschwächt durch die Verfassung, in der sich Rom nach dem Abzug des Pyrrhos aus Italien befand.

Nach den schweren Kriegen, die sich mit nur kleinen Unterbrechungen über fast sieben Jahrzehnte erstreckt hatten, bedurfte man der Ruhe, nicht nur um die eigenen Wunden zu heilen und die Not der Bauern zu beheben, sondern auch um die neugewonnenen Gebiete sich zu assimilieren und die Ordnung in Italien zu befestigen. Es wäre nur allzu verständlich gewesen, wenn auf die Kriege eine Periode des Friedens gefolgt wäre. In der Tat hielt sich Rom seit dem Fall von Tarentum (272) von größeren militärischen Aktionen zurück und begnügte sich damit, in kleineren Kämpfen einzelne Unruheherde zu beseitigen. Seine eigentlichen Anstrengungen richteten sich auf den Ausbau der eigenen Herrschaft, insbesondere auf die Errichtung von Kolonien zur Sicherung der neuen Gebiete.

Doch ob das in der Zukunft so bleiben würde, hing nicht allein von den Überlegungen der römischen Politiker ab. Mit der Unterwerfung Italiens hatte sich auch Roms Stellung zur übrigen Welt geändert. Gebiete, noch vor wenigen Jahrzehnten außerhalb des römischen Horizonts gelegen, waren auf einmal nahe gerückt; an verschiedenen Stellen sah man sich jetzt neuen Nachbarn und damit auch neuen Problemen gegenüber. Verhältnismäßig am einfachsten regelten sich dabei die Beziehungen zu den Staaten östlich der Adria, die mehrmals, zuletzt unter Pyrrhos, in Süditalien eingegriffen hatten. Mit der Rückkehr des Königs 275 und dem Abzug der epirotischen Besatzung aus Tarentum drei Jahre später waren die Konfliktstoffe praktisch ausgeräumt. Da auch die makedonischen Könige, die eigentlichen Erben des Pyrrhos, weder in der Lage noch auch ernstlich gewillt waren, dessen Pläne wieder aufzugreifen, vielmehr sich am weiteren Schicksal der süditalischen Griechen uninteressiert zeigten, sah auch Rom fürs erste keinen Anlaß, sich mit den Verhältnissen jenseits der Adria zu befassen. Für mehr als ein Menschenalter sollte, zumindest im politischen Bereich, die Entwicklung westlich und östlich der Adria voneinander unabhängig verlaufen. Die eigentlichen Probleme für Rom stellten sich an der Nordgrenze seines Machtbereichs. Seit der Eroberung Etruriens, Umbriens sowie der Besitznahme des

Senonischen Ackers und der Gründung von Ariminum (Rimini) 268 waren die Gallier in der Poebene in unmittelbare Nachbarschaft gerückt, und die Aufgabe, Italien gegen ihre Angriffe zu schützen, kam jetzt Rom zu. Da die Beziehungen zu ihnen alles andere als normal waren, hätte man, wenn überhaupt, an dieser Stelle neue römische Aktionen erwarten können. Aber dazu kam es zunächst nicht. Vielmehr entzündete sich der für die Folgezeit entscheidende Konflikt an einer Stelle, wo man das noch um 265 am wenigsten vorausgesehen hätte, an der Straße von Messina. Nur selten hatte Rom in seiner bisherigen Geschichte nach Westen und Südwesten geblickt, ernsthafte Gefahren waren ihm von dort nie begegnet.

Das Verhältnis zu Karthago. Der Konflikt um Messina

Seit alters war die führende Macht im westlichen Mittelmeerbecken Karthago. Von dem Gebiet des heutigen Tunis aus erstreckte sich sein Einfluß entlang der nordafrikanischen Küste, im Osten bis hin zur Großen Syrte, im Westen bis zur Straße von Gibraltar; darüber hinaus besaß es an der Küste des südlichen Spaniens und auf Sardinien eine Reihe von Stützpunkten, und ebenso hatte es das westliche Sizilien mit den Festungen Lilybaeum und Panormos in der Hand. Den karthagischen Staatsmännern kam es darauf an, von diesen Besitzungen aus mit Hilfe der Flotte die Schiffahrt im südwestlichen Mittelmeer zu kontrollieren und die Fahrten ihrer Kaufleute zu sichern. Das alles hatte die seefahrenden Westgriechen interessiert, nicht aber die Römer. Seit man um 500 zum erstenmal die beiderseitigen Interessensphären vertraglich abgegrenzt hatte, war das Verhältnis zwischen Rom und Karthago bis zum 3. Jahrhundert ausgesprochen gut gewesen und hatte sich zur Zeit des Pyrrhoskrieges vorübergehend zu einer Allianz verdichtet. Zudem war Karthago damals alles andere als eine aggressive Macht. Neigungen, die es früher einmal in dieser Richtung gehabt hatte, gehörten längst der Vergangenheit an, und die von ihm während des 4. und noch zu Beginn des 3. Jahrhunderts auf Sizilien geführten Kriege hatten in erster Linie der Abwehr griechischer, besonders syrakusanischer Angriffe gegolten.

Dieser Haltung war es auch nach dem Abzug des Pyrrhos aus Sizilien treu geblieben. Es hatte sich damit begnügt, seine alten sizilischen Besitzungen zurückzugewinnen, im übrigen aber die Gemeinden im mittleren und östlichen Teil der Insel sich weitgehend selbst überlassen. Das schien um so eher möglich, als sein alter Gegenspieler Syrakus seit dem Tod des Agathokles (289) einen großen Teil seines Einflusses verloren hatte und überdies durch die Raubzüge der oskischen Mamertiner, ehemaliger Söldner des Agathokles, die sich in Messina festgesetzt hatten, ständig in Schach gehalten wurde. Dank seiner eigenen Überlegenheit mochte Karthago hoffen, hier jederzeit eingreifen und eine gegen seine Interessen gerichtete Entwicklung beizeiten abschirmen zu können.

Doch in Wahrheit hatte es die Entscheidung nicht mehr allein in der Hand. Seit der Eroberung von Rhegion im Jahre 270 stand Rom unmittelbar an der Straße von Messina. Auf die Dauer konnte das nicht ohne Einfluß auf die Vorgänge auf Sizilien bleiben, waren doch die sich befehdenden sizilischen Gemeinden, falls sie auswärtige Hilfe suchten, fortan nicht mehr allein auf Karthago angewiesen. Fast zwangsläufig mußte Rom so eines Tages in die sizilischen Wirren hineingezogen werden. Und rascher, als man es um 270 gedacht hatte, trat dieser Fall ein.

Den Anstoß gab dabei der seit dem Tod des Agathokles fast permanent gewordene Konflikt zwischen Syrakus und Messina. Nach wechselvollen Kämpfen war es im Verlauf der sechziger Jahre dem neuen Machthaber von Syrakus, Hieron, gelungen, die Mamertiner am Fluß Longanos nördlich des Ätna entscheidend zu schlagen. Als er, um seinen Sieg

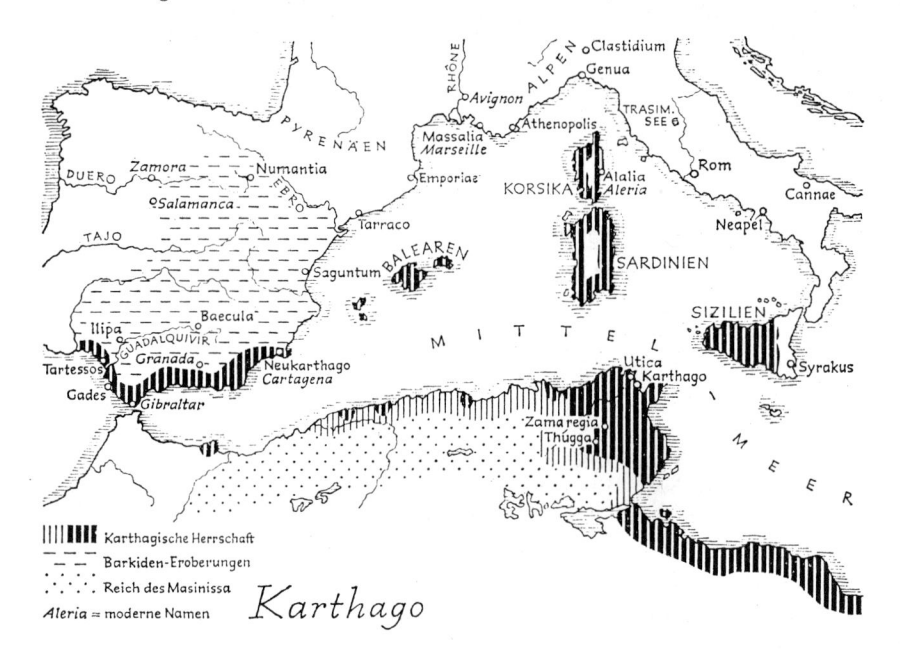

‖‖‖‖‖	Karthagische Herrschaft		
− − −	Barkiden-Eroberungen		
.·.·.·.	Reich des Masinissa		
Aleria = moderne Namen			

Karthago

zu vollenden, gegen die Stadt Messina selbst vorzurücken begann, unternahmen die in die Enge getriebenen Mamertiner einen höchst folgenschweren Schritt. Sie wandten sich um Hilfe an Karthago und Rom. Auf Karthago glaubten sie zählen zu können, da diesem auf Grund früherer Erfahrungen eine weitere Ausdehnung von Syrakus bedrohlich erscheinen mußte; mit Rom verbanden sie anderseits die Erinnerung an ihre italische Abstammung und die unmittelbare Nachbarschaft mit Rhegion. Der karthagische Feldherr auf Sizilien handelte sofort und legte eine Besatzung in die Burg von Messina. Die Truppe war nicht allzu stark und sollte wohl in erster Linie Hieron zeigen, daß er im Falle eines Angriffs auf die Stadt einen Krieg mit Karthago provozieren würde. Tatsächlich wich der König daraufhin zurück. Im Grunde wäre damit die ganze Angelegenheit bereinigt gewesen, wenn sich nicht Rom eingeschaltet hätte und so den Dingen eine unerwartete Wendung gab.

Freilich scheint nach allem, was wir wissen, der Entschluß zum Eingreifen den römischen Politikern nicht leichtgefallen zu sein, weniger aus Scheu vor einem Abenteuer mit höchst ungewissem Ausgang — wozu nüchtern gesehen durchaus Grund bestanden hätte — als vielmehr aus Bedenken moralischer Art. Sechs Jahre zuvor hatte man die kampanische Besatzung von Rhegion, die während der turbulenten Jahre zu Beginn des Tarentinischen Krieges die Gewalt in der Stadt an sich gerissen und einen Teil der Bürgerschaft niedergemetzelt hatte, nach strengem Kriegsrecht als Meuterer behandelt. So beschäftigte besonders die eine Frage den Senat, ob man jetzt die Mamertiner unterstützen dürfe, die doch nach dem Tod des Agathokles in Messina das gleiche getan und in den siebziger Jahren aufs engste mit den Kampanern in Rhegion zusammengearbeitet hatten.

Natürlich sprach auch vieles für eine Annahme des Hilfegesuches. Eine Veränderung des augenblicklichen Status im östlichen Sizilien, zumal ein Festsetzen der Syrakusaner unmittelbar an der Straße von Messina, war den römischen Politikern, die seit jeher auf Machtverschiebungen an ihren Grenzen empfindlich reagiert hatten, alles andere als erwünscht; ferner hätte eine Abweisung der Mamertiner ihnen die Möglichkeit genommen, dort hinfort ihren Einfluß geltend zu machen. Freilich, die ganze Tragweite dieser Entscheidung begriff man damals noch nicht. Da die Mamertiner um Hilfe gegen Syrakus gebeten hatten, war schlimmstenfalls ein Krieg mit Hieron zu erwarten, und der mochte nicht allzu schwer sein. Ein Eingreifen Karthagos hingegen, mit dem man bisher immer gut ausgekommen war, und zwar ausgerechnet zugunsten von Syrakus, schien bei dem notorischen Gegensatz dieser beiden Staaten ziemlich außerhalb des Möglichen zu liegen.

So haben denn die beiden Konsuln die an sich keineswegs kriegsbegeisterte Volksversammlung mit der Aussicht auf einen leichten Krieg und großen Gewinn für eine Unterstützung der Mamertiner gewinnen können. Entsprechend wurden auch keine besonders großen Vorbereitungen getroffen. Für das ganze Unternehmen schien ein gewöhnliches konsularisches Heer von zwei Legionen zu genügen. An dessen Spitze rückte der Konsul Appius Claudius im Sommer 264 nach Rhegion und traf dort Anstalten, die Straße von Messina zu überqueren. Bei seinem Nahen räumte die karthagische Besatzung die Stadt. Offensichtlich hat ihr Kommandant in eigener Verantwortung gehandelt und wurde deshalb auch zum Tode verurteilt. Aber im Grunde entsprach sein Verhalten den damaligen Intentionen der karthagischen Politik, die zu diesem Zeitpunkt ebensowenig an einen Waffengang mit Rom dachte. Bezeichnenderweise hat auch die bei den Liparischen Inseln stationierte karthagische Flotte, wozu sie an sich in der Lage gewesen wäre, den Übergang der Römer nach Sizilien nicht ernstlich zu hindern gesucht.

Doch in dem Augenblick, da die Römer in Messina festen Fuß faßten und keine Miene machten, wieder abzuziehen, nahmen sich die Dinge für die Karthager ganz anders aus. Genauso wie die Syrakusaner empfanden sie das als Brüskierung. Und was die Römer nicht vorausgesehen hatten, trat jetzt ein: die alten Rivalen Syrakus und Karthago taten sich zusammen, um die Eindringlinge wieder aus Sizilien zu vertreiben. Gewissermaßen über Nacht war aus einem zunächst nicht einmal besonders wichtigen lokal begrenzten Konflikt ein allgemeiner Krieg geworden. Da die Römer gar nicht darauf eingerichtet waren, befanden sich anfänglich ihre Truppen trotz einzelner Erfolge gegenüber den vereinigten feindlichen Streitkräften in einer nicht besonders günstigen Lage. Das wurde erst besser, als im Sommer 263 unter dem Befehl der neuen Konsuln vier Legionen nach Messina beordert wurden. Dabei gelang es dem Konsul Valerius, nicht nur die militärische Initiative zurückzugewinnen, den Belagerungsring um Messina zu sprengen – der Beiname Messalla hat ihn seitdem geziert –, sondern was noch wesentlicher war, auch die gegnerische Koalition aufzulösen. Als er nämlich anschließend mit seiner Armee vor den Mauern von Syrakus erschien, gab Hieron das Spiel verloren. Ohnedies war das Bündnis mit Karthago eine etwas problematische Sache gewesen und hatte ihm im Grunde nur wenig genützt. Jetzt trat er auf die römische Seite über. In dem Vertrag, der zu Ausgang des Jahres 263 abgeschlossen wurde, mußte er sich zur Zahlung von hundert Talenten verpflichten, behielt jedoch, von kleineren Einbußen abgesehen, die wichtigsten Teile seines bisherigen Gebietes. Für die Römer schien damit der Krieg im wesentlichen zu Ende. Allen Ernstes glaubten sie, daß auch Karthago, das bei den bisherigen Kämpfen nur wenig hervorgetreten war, sich mit der neuen Lage abfinden werde. Da sie unter diesen Umständen nennenswerte Kampfhandlungen nicht mehr erwarteten, reduzierten sie im folgenden Jahr das sizilische Heer wieder auf zwei Legionen.

Der Erste Punische Krieg

Aber die Römer beurteilten die Lage falsch. Für die Karthager, und das konnte eigentlich schon ein Blick auf die sizilische Geschichte der letzten hundert Jahre lehren, bedeutete die Existenz einer größeren Macht im östlichen Sizilien eine ständige Gefährdung ihrer eigenen Positionen im westlichen Teil der Insel. Ein Festsetzen Roms, das Syrakus in jeder Hinsicht weit überlegen war, mußte für sie einfach untragbar sein. So traten sie im Lauf des Jahres 262 aus ihrer Reserve heraus. Ein großes Heer landete bei Akragas (Agrigentum) im südlichen Sizilien, gleichzeitig begannen karthagische Schiffe von den Häfen Nordsiziliens und Sardiniens aus die Küstenlandschaften Italiens heimzusuchen und die römischen Verbindungen zur See empfindlich zu stören. Damit erhielt der Krieg für die Römer, die bislang nur in den Räumen Italiens gedacht hatten, einen völlig neuen Aspekt. Zum erstenmal spürten sie, was die ihrem Land vorgelagerten Inseln Sizilien und Sardinien militärisch bedeuteten, und begriffen die Gefahren, die die weitausgreifende Macht Karthagos für sie in sich bergen konnte. Sie zogen daraus die Konsequenzen und nahmen den Kampf auf. Obwohl sie nun wußten, daß er sehr schwer werden würde, waren sie entschlossen, ihn bis zu seinem Ende durchzufechten.

Auf Sizilien gingen sie gegen Akragas vor, das nach längeren und nicht immer glücklichen Kämpfen Ende 261 in ihre Hand fiel. Damit waren sie zunächst Herren über den südlichen Teil der Insel. Doch die Karthager behaupteten vorerst nicht nur die wichtigsten Seefestungen und Küstenplätze im Westen und Norden Siziliens, sondern sie waren darüber hinaus auch noch die unbestrittenen Herren auf dem Meer. Hier lag nun das eigentliche Problem für die Römer. Wenn sie wirklich Karthago treffen wollten, mußten sie sich auf einen Schauplatz wagen, mit dem sie bislang kaum vertraut waren und wo der Gegner dank langer Erfahrungen alle Trümpfe zu besitzen schien. Schlechthin entscheidend wurde es nun, daß sie nicht nur trotz aller Bedenken diesen Schritt taten und zum Teil mit Hilfe der süditalischen Griechenstädte eine Flotte von hundertzwanzig Schiffen ausrüsteten, sondern daß sie zugleich auch eine Möglichkeit fanden, die karthagische Überlegenheit zu kompensieren. An den Schiffen wurden Enterbrücken angebracht, mit deren Hilfe man das feindliche Schiff gewissermaßen im Nahkampf von Mann zu Mann erobern konnte; man übertrug, soweit das überhaupt möglich war, die gewohnten Formen des Landkampfes auf die See. Dieses System bewährte sich bereits bei dem ersten Zusammentreffen der römischen und karthagischen Flotten im Frühjahr 260 bei Mylae an der Nordostspitze Siziliens. Die Karthager wurden durch die neue Kampfesweise völlig überrascht, und der Konsul Gaius Duilius erfocht einen glänzenden Sieg. Die unmittelbaren militärischen Ergebnisse waren zwar vergleichsweise bescheiden, nach wie vor konnten die Karthager ihre Stellungen auf den Liparischen Inseln behaupten, aber um so größer waren die psychologischen Auswirkungen. Zum erstenmal hatte Karthago auf seinem eigensten Gebiet den Nimbus der Überlegenheit verloren, während umgekehrt die Römer Vertrauen zu der neuen Waffe faßten. In den folgenden Jahren verlagerte sich der Schwerpunkt ihrer Operationen auf die See. Sie suchten mit ihren Schiffen die Küsten des karthagischen Siziliens und Sardiniens heim und erreichten so, daß sich die Karthager in ihre Häfen zurückzogen und zunächst die Küsten Italiens nicht mehr ernstlich bedrohten.

Da jedoch auf diese Weise der Krieg, der inzwischen bereits in das achte Jahr ging, nicht zu beenden war, faßten die Römer 257/256 den Plan, durch eine Invasion in Afrika Karthago unmittelbar anzugreifen. Wenn auch vierundsechzig Jahre zuvor Agathokles schon einmal ein ähnliches Unternehmen durchgeführt hatte, so bedeutete das trotzdem für die Römer, die erst seit vier Jahren auf See operierten und dabei kaum über den Bereich des Tyrrhenischen Meeres hinaus vorgestoßen waren, ein großes Wagnis, ja es war angesichts ihrer damaligen navigatorischen Fähigkeiten und geographischen Kenntnisse beinahe ein Abenteuer. Mit einer Flotte von dreihundertfünfzig Schiffen und einer großen, von zahlreichen Landtruppen verstärkten Besatzung stachen die Konsuln Marcus Atilius Regulus und Lucius Manlius Vulso im Frühjahr 256 von Sizilien aus in See. Beim Eknomos an der Südküste Siziliens zwischen Gela und Akragas schlugen sie eine ihnen zahlenmäßig sogar noch etwas überlegene karthagische Flotte und erreichten, ohne auf weiteren Widerstand zu stoßen, Afrika, wo sie bei Clupea unweit des Hermäischen Vorgebirges landeten. Hier blieb der Konsul Regulus mit sechzehntausend Mann zu Fuß und fünfhundert Reitern sowie vierzig Schiffen zurück, während der größte Teil der Flotte unter Manlius wieder in die Heimat zurückgeschickt wurde, da ihr Unterhalt an Ort und Stelle die römischen Operationen nur behindert hätte.

Zunächst ließ sich alles nach Wunsch an. In einer Reihe von glücklichen Gefechten, wobei er unter anderem die Stadt Tunes eroberte, brachte Regulus die Karthager in solche Bedrängnis, daß sie um Frieden baten. Doch der Konsul verspielte die Chance, die sich ihm damit bot. Er stellte Bedingungen, die Karthago, wollte es sich nicht selbst preisgeben, niemals annehmen konnte. Neben dem Verzicht auf Sizilien und Sardinien und einer radikalen Reduzierung der Kriegsflotte verlangte er, daß die Karthager in Zukunft ohne römische Genehmigung keinen Krieg führen und keinen Vertrag mehr schließen dürften; mit einem Wort, er forderte die vorbehaltlose Anerkennung der römischen Suprematie. Natürlich wäre damit in römischen Augen das ganze Problem ein für allemal gelöst worden, und wahrscheinlich hat der Konsul hierin durchaus im Sinne des Senats gehandelt. Aber er schätzte die tatsächlichen Verhältnisse völlig falsch ein. So leicht war Karthago nicht zu besiegen.

Noch verfügte die Stadt über beträchtliche Mittel, die ihr einen weiteren Widerstand ermöglichten. Söldner wurden angeworben und aus ihnen unter Leitung des spartanischen Kondottiere Xanthippos ein neues Heer aufgestellt. Noch einmal erwies sich die Überlegenheit der hellenistischen Kriegführung. Als die beiden Armeen im Spätsommer 255 wohl in der Nähe von Tunes aufeinandertrafen, wurde das römische Heer fast völlig vernichtet, der Konsul selbst geriet in Gefangenschaft. Auf die Kunde von dieser Niederlage eilte zwar sofort eine römische Flotte nach Afrika, um die Reste der römischen Truppen aufzunehmen, aber an eine Wiederholung des Unternehmens war um so weniger zu denken, als bei der Rückfahrt die Flotte in schwere Stürme geriet und großenteils vernichtet wurde. Als 253 eine zur Plünderung der afrikanischen Küste ausgesandte neue Flotte das gleiche Schicksal traf, verzichtete man zunächst auf weitere Operationen zur See.

Der Landkrieg auf Sizilien trat wieder in den Vordergrund. Seit 254 eroberten die Römer allmählich die ganze Nordküste der Insel, vor allem das feste Panormos, und die Karthager sahen sich schließlich auf ihre alten Seefestungen Lilybaeum und Drepanum im äußersten Westen zurückgedrängt. Doch diese waren in der Vergangenheit noch nie bezwungen worden. Dionysios von Syrakus und ein Jahrhundert später Pyrrhos waren bis hierher vorgestoßen und hatten am Ende resignieren müssen. Das gleiche schien sich nun auch für die Römer zu wiederholen. Da sich allein vom Land aus diese Festungen nicht erobern ließen, setzte man eine neue Flotte ein. Aber dieses Unternehmen endete für die Römer mit einem schweren Rückschlag. Bei dem Versuch, mit seinen Schiffen in den Hafen von Drepanum einzudringen, wurde der Konsul Publius Claudius Pulcher geschlagen und kurze Zeit danach eine zweite römische Flotte unter Führung des Konsuls Lucius Iunius Pullus an der Südküste Siziliens durch aufkommende Stürme zerstört. Diesen doppelten Verlust konnten die Römer im Augenblick nicht mehr aufholen. Ihre finanziellen Mittel waren in dem nun anderthalb Jahrzehnte währenden Ringen völlig erschöpft und reichten kaum noch zum Unterhalt des Heeres aus. Der kritische Augenblick des Krieges war für sie gekommen.

In ihrer Verzweiflung glaubten die Römer, die Götter hätten sich von Rom abgewandt. Dem Konsul Claudius Pulcher warf man vor, durch Verletzung der religiösen Vorschriften die Niederlage bei Drepanum verschuldet zu haben, und machte ihm den Prozeß. Zugleich suchte man durch neue religiöse Begehungen, die »Saecularspiele«, die man damals auf Anraten der Sibyllinischen Bücher zum erstenmal abhielt, den Zorn der unterirdischen Götter zu besänftigen. Doch trotz aller Bedrängnis dachte man nicht an ein Nachgeben. Und als die Karthager jetzt Friedensvorschläge machten, wies der Senat ihr Angebot schroff zurück. Ein Frieden auf Grund des augenblicklichen Besitzstandes wäre eben nur ein Kompromiß gewesen, der über kurz oder lang neue Verwicklungen heraufführen mußte; vor allem aber hätte man damit die Gleichwertigkeit Karthagos anerkannt. Frieden zu schließen war man nur bereit, wenn die eigene Überlegenheit eindeutig erwiesen war. In der unerbittlichen Härte, mit der man an diesem Prinzip festhielt, lag letztlich eines der Momente, denen Rom seinen weiteren Aufstieg verdanken sollte. Doch der Weg zum Sieg war noch lang und schwer.

Zunächst besaßen die Römer keine Möglichkeit, die Initiative zurückzugewinnen. Die römischen Feldherren mußten sich damit begnügen, ihre Stellungen vor Lilybaeum und Drepanum zu halten. Viel Lorbeeren gab es dabei nicht zu gewinnen; immerhin war es wichtig, daß sie wenigstens dieses bescheidene Ziel erreichten. Dabei kam ihnen zustatten, daß Karthago nicht energisch eingriff. Wohl hat es damals den jungen Offizier Hamilkar Barkas nach Sizilien entsandt, und es hätte kaum eine bessere Wahl treffen können. Er gab, wohl zum erstenmal im Verlauf des Krieges, der karthagischen Sache auf Sizilien einen neuen Impuls. Erst vom Heirkte bei Panormos, später vom Eryx bei Drepanum aus operierte er im Rücken der römischen Heere und bedrohte ihre rückwärtigen Verbindungen. Er besaß einen Blick für das Gelände und erwies sich als Meister des Kleinkrieges. Doch so sehr er an Fähigkeiten den römischen Feldherren überlegen war, um dem Krieg eine neue Wendung zu geben, reichten seine an sich recht bescheidenen Kräfte nicht aus.

Verhängnisvoll wurde es für die karthagische Sache, daß die verantwortlichen Männer in Karthago die durch Hamilkar eröffneten Möglichkeiten nicht sahen. Sie dachten nicht daran, alle verfügbaren Kräfte nach Sizilien zu werfen, sondern hielten im Augenblick wenigstens militärische Unternehmungen gegen das unruhige afrikanische Hinterland und die Ausplünderung seiner Bewohner für wichtiger und gewinnbringender. Tatsächlich hat man damit auch einige Erfolge erzielt und mit der Beute den Staatsschatz wieder auffüllen können. Aber nachträglich mußte man dafür einen mehr als hohen Preis zahlen. Indem man nämlich Sizilien sich selbst überließ, spielte man den Römern wieder die Initiative zu. Nach jahrelanger Untätigkeit rafften diese sich schließlich zu einer letzten Anstrengung auf. Aus Darlehen der besitzenden Klassen, deren Finanzkraft hier zum erstenmal in Erscheinung trat, erbaute man eine Flotte von zweihundert Penteren. Mit ihr fuhr im Jahre 242 der Konsul Gaius Lutatius Catulus nach der Westspitze Siziliens und schloß die belagerten Festungen auch von der See her ab. Zu ihrem Entsatz rüsteten die Karthager schleunigst eine Flotte aus, die, begleitet von zahlreichen Transportschiffen, versuchen sollte, Verpflegung, Waffen und Mannschaften in die bedrohten Städte zu bringen. Auf der Fahrt dorthin traf sie im Frühjahr 241 bei den Aegatischen Inseln auf die römische Flotte, und in der sich hier entwickelnden Schlacht blieben die Römer Sieger. Damit war der Kampf um Sizilien für die Karthager verloren, denn die nun gleichzeitig vom Land und von der See her eingeschlossenen Festungen konnten sich ohne Aussicht auf Nachschub nicht mehr halten.

Hamilkar erhielt den Auftrag, mit dem römischen Konsul einen Waffenstillstand zu schließen und zugleich die ersten Vereinbarungen über die Friedensbedingungen zu treffen. In dem Vertrag, wie er dann in Rom genehmigt wurde, verpflichtete sich Karthago, die Insel Sizilien zu räumen, wobei seinen Truppen der Abzug mit allen Waffen gestattet wurde; zusätzlich wurde ihm noch zur Deckung der römischen Kriegskosten eine Kontribution von dreitausendzweihundert Talenten, zahlbar in zehn Jahresraten, auferlegt.

Das Ergebnis des Krieges

Der erste der Punischen Kriege, mit seiner Dauer von dreiundzwanzig Jahren zugleich der längste, hat Rom zum erstenmal mit einer der großen Mächte außerhalb Italiens konfrontiert. Daß es sich in ihm siegreich behaupten und Karthago zur Preisgabe seiner Positionen auf Sizilien zwingen konnte, veränderte die einstigen Machtverhältnisse im westlichen Mittelmeer von Grund auf. Als neuer und zugleich bestimmender Faktor trat das unter Roms Führung geeinte Italien in eine Welt ein, deren Gesicht noch vier Jahrzehnte zuvor wesentlich durch die Karthager und die westgriechischen Staaten geprägt worden war. Von diesen beiden waren jetzt, da Süditalien und der größte Teil Siziliens fortan unter römischer Herrschaft standen, die Westgriechen als politische Potenz fast völlig ausgeschaltet. Auch Syrakus, das dank der Politik Hierons wenigstens seine Unabhängigkeit bewahrt hatte, konnte, ringsum vom römischen Territorium umgeben, nicht mehr wagen, eine eigene Initiative zu entfalten. Die Zeiten des großen Dionysios und des Agathokles gehörten unwiderruflich der Vergangenheit an. Rom hatte ihr Erbe angetreten. Von Pisa in Nordetrurien bis hin nach Lilybaeum an der Westspitze Siziliens umklammerte es in einem weiten Bogen von Osten her das westliche Mittelmeerbecken.

Nicht ganz so schwer getroffen war Karthago. Gewiß hatte es mit dem Verzicht auf Sizilien einen der Eckpfeiler seiner Herrschaft preisgeben und zum erstenmal die Überlegenheit einer fremden Macht anerkennen müssen, aber noch war es eine große Macht und vor allem immer noch dem unmittelbaren Zugriff Roms entzogen. Was einst im Jahre 255 dem Konsul Regulus als Ziel vorgeschwebt hatte, Karthago ganz von Rom abhängig zu machen, war mitnichten erreicht. Nichts zeigt deutlicher die Erschöpfung Roms, als daß es sich 241, von den Kontributionen abgesehen, mit der Räumung Siziliens durch die Karthager begnügte. Noch hatte der Krieg in seinem Verhältnis zu Karthago keine endgültige Entscheidung gebracht, und wie sich die Dinge weiterentwickeln würden, lag noch völlig offen.

Allerdings sah es unmittelbar nach dem Abschluß des Friedens so aus, als sollten sich diese noch ungelösten Probleme ohne Zutun Roms ganz von selbst lösen. Karthago geriet damals in eine der schwersten Krisen seiner Geschichte. In Durchführung der Friedensbestimmungen waren die bisher auf Sizilien stationierten karthagischen Einheiten, größtenteils Söldner, nach Afrika hinübergebracht worden, um dort nach Zahlung des rückständigen Soldes abgemustert zu werden. Als sich jedoch die karthagische Regierung weigerte, die finanziellen Forderungen der Söldner in vollem Umfang zu erfüllen, setzten sich diese gegen die Hauptstadt in Marsch, um mit Gewalt ihre Ansprüche durchzusetzen. Dabei suchten und fanden sie Unterstützung bei den libyschen Untertanen Karthagos, die seit langem auf die Stunde warteten, das verhaßte Joch ihrer Unterdrücker abzuschütteln. Vergebens suchte noch in letzter Stunde die Regierung Konzessionen zu machen. Ihr Unterhändler Giskon, der einstige Kommandant von Lilybaeum, wurde von den Meuterern gefangengenommen, und damit war der offene Bruch vollzogen. Die anfängliche Revolte wuchs sich ziemlich rasch zu einem Kampf aus, der an die Grundlagen der Existenz Karthagos rührte. Zeitweise befand sich der größte Teil des afrikanischen Hinterlandes in hellem Aufruhr, und selbst einige der großen, seit alters mit ihm eng verbündeten Gemeinden Afrikas wie Utica gaben die karthagische Sache preis. Fast hatte es den Anschein, als sollte der Niederlage auf Sizilien nun unmittelbar auch das Ende der Stadt folgen. Nur unter dem Einsatz aller Kräfte gelang es schließlich den Karthagern, nach einem fast dreieinhalb Jahre währenden erbitterten Ringen des Aufstandes Herr zu werden.

In diesem Augenblick zeigte sich jedoch, wie unvollkommen im Grunde die Friedensordnung von 241 war. Fast automatisch löste der karthagische Erfolg eine neue außenpolitische Krise aus. Als die Karthager Anstalten trafen, das während des Aufstandes verlorene Sardinien zurückzugewinnen, griffen die Römer ein. Sie betrachteten das karthagische Vorgehen als eine Bedrohung ihrer eigenen Sicherheit und erklärten den Krieg. Zweifellos fehlte diesem Schritt jede rechtliche Begründung, denn seinerzeit hatte Karthago nur auf Sizilien verzichten müssen. Doch in einem Augenblick, da ihre eigenen Interessen davon berührt wurden, kümmerte das die römischen Politiker nur wenig. Sie nahmen die günstige Gelegenheit wahr, um sich das anzueignen, was sie vier Jahre zuvor noch nicht hatten bekommen können, und spielten dabei brutal ihre eigene Überlegenheit aus. Das wehrlose Karthago mußte sich den ultimativen römischen Forderungen fügen, auf Sardinien verzichten und überdies noch zwölfhundert Talente zur Deckung der römischen »Kriegskosten« entrichten. Jetzt mochte man sich in Rom schmeicheln, Karthago als ernsthaften Gegner für die Zukunft ausgeschaltet zu haben. Durch die Inseln Sizilien und Sardinien schien die offene Westküste Italiens endgültig vor jedem Angriff von Westen her gesichert. Es war, nachträglich gesehen, eine Täuschung.

Mittlerweile nämlich hatten sich in Karthago Entscheidungen angebahnt, die eines Tages alle diese Berechnungen zunichte machen sollten. Hamilkar Barkas wurde zur entscheidenden Figur der karthagischen Politik. Sein Aufstieg zur Macht ist mit dem Söldnerkrieg eng verknüpft. Auf der Höhe der Krise hatte die Regierung gegen den Widerstand der Kreise um Hanno den Großen auf ihn zurückgreifen müssen, und er hatte das in ihn gesetzte Vertrauen nicht enttäuscht. Nicht zum wenigsten kam ihm das Verdienst an dem Sieg über die Aufständischen zu. Der schon in Sizilien erprobte Offizier, der hier zum erstenmal vor einer breiten Öffentlichkeit seine Fähigkeiten dartun konnte, wurde zum Abgott der Soldaten und der großen Menge, die ihm als ihrem Retter zujubelte. Sein Ruhm verdunkelte den Einfluß der alten Geschlechter, und er nutzte die Stunde aus. Keineswegs dachte er daran, die ihm verliehene Macht zurückzugeben, sondern setzte, dabei von seinem Schwiegersohn Hasdrubal, dem damals führenden Mann in der Volksversammlung, unterstützt, durch, daß man ihm für die weitere Zukunft die Strategie über Libyen und damit zugleich den Oberbefehl über die noch vorhandenen karthagischen Streitkräfte übertrug. Anders als seine Vorgänger in diesem Amt, benügte er sich nicht mit kleineren Unternehmungen im afrikanischen Hinterland, er sah vielmehr Möglichkeiten, die bislang noch keiner wahrgenommen hatte.

Als Herr über ein Gebiet, das außer den von Karthago abhängigen Siedlungen an der afrikanischen Küste noch einzelne Stützpunkte im südlichen Spanien umfaßte, überschritt Hamilkar Barkas in eigener Verantwortung 237/236 die Straße von Gibraltar. Sein Ziel war die Eroberung der noch weithin unerschlossenen Räume der Pyrenäenhalbinsel. In vieler

Hinsicht bedeutete das einen Bruch mit der traditionellen karthagischen Politik, die für Annexionen größerer Gebiete nur geringes Interesse gezeigt, in deren Zentrum vielmehr die Sicherung der Seeherrschaft gestanden hatte. Aber Hamilkar sah klar, daß Karthago, wollte es überhaupt noch eine ernsthafte politische Chance haben, sich von der Vergangenheit lösen mußte. Die Zukunft gehörte, und das hatte die Entwicklung der letzten hundert Jahre gezeigt, nicht mehr den Stadtstaaten, sondern den Territorialstaaten. Die allgemeine Notwendigkeit kam dabei Hamilkars persönlichen Absichten in glücklichster Weise entgegen. Die neuen Aufgaben, die hier gestellt waren, schienen geradezu auf ihn zugeschnitten. Von allen Karthagern war er der einzige, der die Fähigkeit und das Format besaß, einen Eroberungskrieg großen Stils zu führen. Hier konnte ihn niemand ersetzen. Große Perspektiven schienen sich da für ihn und sein Geschlecht zu eröffnen. Der Gedanke, nicht nur sich selbst, sondern dereinst auch seine Söhne zu Herren über die eroberten spanischen Gebiete zu machen, hat ihn wohl schon damals bewegt. Von diesen Vorgängen nahmen die Römer zunächst keine Notiz. Spanien lag außerhalb ihres Gesichtskreises, was sich an der Straße von Gibraltar abspielte, berührte sie nicht. Im Grunde war Rom trotz des Krieges mit Karthago eine italische Macht geblieben.

Äußere und innere Wandlungen nach 241

Italien rückte jetzt wieder eindeutig in das Zentrum der römischen Politik. Hier hatte der Krieg die Entwicklung der Zeit vor 264 bestätigt und zum Abschluß gebracht. Das italische Bündnissystem hatte seine erste große Bewährungsprobe bestanden, fortan wurde die führende Stellung Roms fast vorbehaltlos von allen italischen Gemeinden anerkannt. Was jetzt noch zu tun war, gehörte schon mehr in den Bereich der Verwaltung und Organisation. Bereits während der vierziger Jahre, als der Kampf um Sizilien auf dem toten Punkt angelangt war, hatte Rom die 263 unterbrochene Kolonisation wiederaufgenommen und zwischen 247 und 241 fünf neue Kolonien angelegt, unter ihnen Brundisium im südlichen Apulien und Spoletium in Umbrien. Unmittelbar nach Kriegsende (241) richtete man die beiden Tribus Velina und Quirina ein und gab damit den schon seit längerer Zeit im Innern Italiens angesiedelten Römern eigene Stimmbezirke. Um den erhöhten Ansprüchen an die Verwaltung Rechnung zu tragen, wurde im selben Jahre ein zweiter Prätor eingesetzt, dem vor allem die Aufgabe zukam, bei Rechtsstreitigkeiten zwischen Nichtrömern zu entscheiden. In der Folgezeit verbesserte man den Modus der Aushebungen, indem man die Zahl der Mannschaften, die die einzelnen Landschaften zum Heer aufbieten mußten, listenmäßig erfaßte. Für das Jahr 225 hat uns der Historiker Polybios noch eine solche Liste erhalten. Ferner wurde das Straßennetz ausgebaut, die Via Appia bis Brundisium weitergeführt und zu Ausgang der zwanziger Jahre die nach Norden führende Via Flaminia angelegt. Damit rückte Rom auch verkehrsmäßig in eine zentrale Stellung.

Während man jedoch hier überall an Früheres anknüpfen konnte, stellten die von Karthago abgetretenen Gebiete die römische Politik vor völlig neue Aufgaben. Daß Sardinien und das benachbarte Korsika, auf das man ebenfalls übergriff, überhaupt erst in langwierigen Kämpfen erobert werden mußten, mochte noch angehen; dafür besaß man die notwendigen Erfahrungen. Wesentlich schwieriger war die Frage, in welcher Form die drei großen Inseln Sizilien, Sardinien und Korsika in den römischen Herrschaftsbereich eingefügt werden sollten. Bezeichnend ist die Lösung, die man fand. Man hat sich, vielleicht nach einigem Zögern, entschieden, sie anders als die italischen Landschaften zu behandeln. Sizilien und Sardinien waren in erster Linie wichtig als Bollwerke zum Schutz Italiens gegenüber Angriffen vom Westen her, und unter diesem Gesichtspunkt wurde auch ihr künftiges Verhältnis zu Rom geregelt. Die Formen einer Militärregierung, wie sie sich im Verlauf des Krieges herausgebildet hatten, ursprünglich vielleicht nur als Provisorium gedacht, wurden um 227 zu einer Dauereinrichtung. Zwei weitere Prätoren wurden eingesetzt; von ihnen erhielt der eine Sizilien, der andere Sardinien nebst Korsika als Amtsbereich. Sie waren nicht nur wie die in Rom amtierenden Prätoren Zivilbeamte, sondern zugleich Befehlshaber der ihnen unterstellten Truppen, und ihre Aufgabe bestand darin, gestützt auf die militärische Macht, über die Ruhe und Ordnung in ihren Gebieten zu wachen. Entscheidend war dabei, daß mit Ausnahme einzelner sizilischer Städte, die wie Messina auf Grund früherer Verträge einen Sonderstatus hatten, die Gemeinden und Stämme dieser Inseln, unbeschadet einer gewissen Autonomie im Innern, als Untertanen behandelt wurden und der Rechte entbehrten, die die Italiker in ihrer überwiegenden Mehrheit besaßen. Sie wurden nicht in den italischen Wehrverband aufgenommen, an die Stelle militärischer Verpflichtungen trat die Entrichtung von Abgaben. Was hier geschah, war von großer Tragweite. Mit der Konstituierung dieser ersten »Provinzen« wurde die Form entwickelt, in der in Zukunft weitere Gebiete in den Verband der römischen Herrschaft eingegliedert werden konnten; zugleich aber wurde damit auch eine eindeutige Trennung gegenüber Italien vollzogen. Unverkennbar suchte man dieses nach außen hin abzuschirmen und ihm seine Eigenständigkeit zu erhalten.

In ähnlicher Weise bestimmte die Rücksicht auf Italien die größeren außenpolitischen Aktionen dieser Jahre. Das trifft auch für den Ersten Illyrischen Krieg von 229 zu. Hervorgerufen wurde er durch Piratenfahrten der Untertanen des Königs Agron, dessen Gebiet sich mit dem Zentrum um die Bucht von Cattaro längs der illyrischen Küste zwischen der Nordgrenze von Epirus und dem Narofluß, in der Gegend des heutigen Mostar, erstreckte. Zu leiden hatten dadurch vor allem die Angehörigen griechischer Gemeinden, aber auch die italischen Kaufleute wurden davon betroffen. Deren Beschwerden veranlaßten schließlich den Senat, 230 eine Gesandtschaft zu der Königin Teuta zu schicken, die inzwischen nach dem Tod ihres Gatten die Herrschaft übernommen hatte. Doch der Versuch, die Angelegenheit auf diplomatischem Wege zu regeln, schlug fehl, und als dann bei der Rückfahrt einer der römischen Gesandten einem Anschlag der Illyrer zum Opfer fiel, war der Krieg unvermeidlich. Für ihn hat Rom große Mittel eingesetzt, eine Flotte von zweihundert Schiffen und ein Heer von zwanzigtausend Mann, an deren Spitze die beiden Konsuln 229 die Adria überqueren. Nachdem Demetrios von Pharos, ein Vasall der Königin, den Römern die Insel Korkyra in die Hände gespielt hatte, verlief der weitere Feldzug ziemlich glatt. Allenthalben wurden die illyrischen Scharen geschlagen.

In dem Friedensvertrag mußte Teuta auf bedeutende Teile ihres Reiches verzichten, während Demetrios für seinen Verrat mit größeren Landzuweisungen belohnt wurde. Die Römer selbst stellten die Gemeinden Apollonia und Epidamnos, im Küstengebiet des heutigen Albaniens, sowie die Insel Korkyra unter ihren Schutz und bildeten damit jenseits der Adria einen Brückenkopf zur Sicherung Italiens. Das ganze Unternehmen hatte freilich nur deshalb so glatt verlaufen können, weil Makedonien, zu diesem Zeitpunkt durch den Tod seines Königs Demetrios II. weitgehend aktionsunfähig, nicht eingegriffen hatte. Begrüßt hat es diesen Schritt zweifellos nicht. Um so mehr aber taten das zahlreiche Staaten Griechenlands, die bisher unter den illyrischen Piraten zu leiden gehabt hatten. Römische Gesandte, die im Jahre darauf zu den Aitolern und Achaiern sowie nach Athen und Korinth gingen, wurden sehr freundlich aufgenommen. Bei dieser Gelegenheit hat man in Korinth den Römern sogar den Zutritt zu den Isthmischen Spielen gestattet, eine deren Selbstgefühl schmeichelnde Geste. Doch über den Austausch von im Grunde unverbindlichen Komplimenten ging die Gesandtschaft nicht hinaus. Nichts lag dem Senat ferner, als sich hier schon in irgendeiner Weise festzulegen. Der Erste Illyrische Krieg bedeutete noch keine Kursänderung der römischen Politik.

Ihre eigentliche Gefahrenzone lag nach wie vor an der Nordgrenze des mittleren Italiens, wo man sich neben den Bergvölkern Liguriens vor allem den Galliern der Poebene gegenübersah. Die schon seit der Unterwerfung Mittelitaliens fällige Auseinandersetzung hatte der Krieg mit Karthago aufgeschoben. Aber auch als man wieder die Hände frei hatte, ging man nur zögernd daran. Nach wie vor verband sich mit dem Namen der Gallier die Erinnerung an die Alliaschlacht und die Zerstörung Roms im Jahre 386, und trotz aller Siege, die man seitdem über sie erfochten hatte, war die Furcht vor diesen wilden und tapferen Scharen geblieben. Kleinere Unternehmungen gegen die Ligurer während der dreißiger Jahre verfolgten vor allem das Ziel, einzelne ihrer an Etrurien grenzenden Bezirke unter römische Kontrolle zu bringen. Gegenüber den gallischen Boiern und Insubrern suchte man, zunächst unter Verzicht auf militärische Aktionen, die eigene Stellung im Norden systematisch zu verstärken. Dem dienten einmal die 232 auf Antrag des Tribunen Flaminius eingeleitete Besiedlung des Senonischen Gebiets um Ariminum durch römische Bürger, zum anderen die Aufnahme von Beziehungen zu den illyrischen Venetern im Nordosten der Poebene und den ihnen benachbarten gallischen Cenomanen. Doch gerade diese Schritte beschleunigten den offenen Konflikt. Denn die Gallier machten sich über die letzten Ziele der Römer keine Illusionen und entschlossen sich, der drohenden Unterwerfung durch eine eigene Offensive zuvorzukommen.

Im Sommer 225 fielen die Insubrer und Boier, dabei unterstützt durch den Zuzug befreundeter Stämme von jenseits der Alpen, mit einem großen Heer in Etrurien ein. Widerstand fanden sie zunächst kaum. Die wenigen dort stationierten Einheiten mußten sich in die befestigten Orte zurückziehen, und die feindlichen Scharen verheerten weithin das Land. Für einen Augenblick war die Bestürzung in Rom groß. Man mobilisierte alle verfügbaren Kräfte, der italische Landsturm wurde aufgeboten, die beiden Konsuln mit ihren Heeren eilends nach Etrurien entsandt. Dieser massierten Macht waren die Gallier bei aller Tapferkeit nicht gewachsen. Noch im selben Sommer wurden sie bei Telamon, an der etruskischen Küste nördlich von Cosa, durch die römischen Heere in die Zange genommen und nach erbittertem Widerstand vernichtend geschlagen. Und jetzt trat ein, was die Gallier durch ihren Einfall hatten verhüten wollen. Die Römer eröffneten ihrerseits den Angriff auf die Poebene. Bereits 224 wurden die Boier im Raum zwischen Apennin und Po besiegt, und zwei Jahre später fiel bei Clastidium westlich von Placentia gegenüber den Insubrern die Entscheidung. Noch dauerten an einzelnen Stellen die Kämpfe an, aber insgesamt waren jetzt die Voraussetzungen zur Annexion dieser Gebiete geschaffen.

Wie das im einzelnen zu erfolgen hatte, darüber war man sich in Rom von vornherein ziemlich klar. Das Vorbild gab die Behandlung der Senonen zu Ausgang der achtziger Jahre, die rücksichtslos von Haus und Hof vertrieben worden waren. Anders als seinerzeit auf Sizilien und Sardinien wollte man dieses weite Land mit römischen und latinischen Siedlungen durchsetzen und die Gallier allmählich völlig zurückdrängen. Bereits für das Jahr 218 wurde die Errichtung zweier Kolonien in Cremona und Placentia vorbereitet, eine dritte in Mutina war geplant. Die Einverleibung Oberitaliens schien nur eine Frage der Zeit.

Die außenpolitischen Aktionen dieser Jahre wurden begleitet von schwerwiegenden Auseinandersetzungen im Innern. Die Ausweitung der römischen Macht auf ganz Italien und dann vor allem der Krieg mit Karthago waren nicht ohne Rückwirkungen auf die wirtschaftliche und soziale Struktur der römischen Bevölkerung geblieben. Zudem begann sich durch die Zunahme der städtischen Bevölkerung das ursprüngliche Verhältnis zwischen Stadt und Land zu verschieben. In der Statistik mochte das vielleicht noch gar nicht besonders zum Ausdruck kommen, denn nach wie vor waren die römischen Bürger in ihrer überwiegenden Mehrzahl Bauern. Aber viele unter ihnen hatten während der vergangenen Jahrzehnte in den von Rom annektierten Landstrichen Italiens eine neue Heimat gefunden und schieden, da sie kaum noch in die Stadt kommen konnten, als politischer Faktor aus. Zusätzlich wurde das Übergewicht der Stadt durch die Veränderungen im Wirtschaftsleben verstärkt. Geld war zwar seit längerer Zeit in Rom bekannt, und mit dem Beginn der Münzprägung im Jahre 269 hatte auch der Staat seiner wachsenden Bedeutung Rechnung getragen. Aber erst der Krieg mit Karthago hatte die Entwicklung zur Geldwirtschaft wirklich in Gang gebracht. Nicht nur hatte die Regierung Geld vor allem für die Flottenrüstungen gebraucht, sondern umgekehrt war nun auch durch Plünderungen und Kontributionen viel Edelmetall aus Sizilien nach Rom geflossen, und dieser Zustrom setzte sich seit 241 durch die karthagischen Tributzahlungen fort. Man veranschlagt die gesamte Höhe dieser Summen auf etwa sieben- bis achttausend Talente, im Vergleich zu später vielleicht bescheidene Zahlen, aber für eine noch weitgehend in naturalwirtschaftlichen Formen lebende Gesellschaft sehr viel. Nur wenig davon blieb im Staatsschatz, das meiste wurde wieder in Umlauf gebracht, zur Bezahlung der aufgenommenen Darlehen und der vom Staat vergebenen Aufträge. Den Hauptnutzen daraus zogen die Städter, neben den Gewerbetreibenden und Kaufleuten vor allem die großen Unternehmer. Gerade sie wußten von dem Geld den richtigen Gebrauch zu machen und sahen in einer Gesellschaft, in der bisher der Besitz an Land entscheidend war, neue Möglichkeiten, um zu Reichtum und sozialem Ansehen zu kommen.

Die regierenden Kreise befanden sich in einer zwiespältigen Situation. Einst hatte der Staat, gedrängt durch die äußeren Umstände, den entscheidenden Anstoß zu dieser Entwicklung gegeben, und die meisten begriffen, daß man zur Durchführung der immer größer werdenden Aufgaben auf die hier erschlossenen Möglichkeiten nicht mehr verzichten konnte. Anderseits aber war nicht zu verkennen, daß die wirtschaftlichen Wandlungen und die durch sie bedingten sozialen Verschiebungen zugleich an die Voraussetzungen rührten, auf denen die politische Ordnung beruhte. Weite Kreise, zumal in der hiervon am meisten bedrohten Landbevölkerung, sahen das nicht ohne Besorgnis.

So fehlte es nicht an Versuchen, diese bedenklichen Auswirkungen abzufangen. Seit Ausgang der dreißiger Jahre schaltete sich Gaius Flaminius ein, wohl der bedeutendste Kopf unter den damaligen Politikern. Er war Plebejer, ein Mann ohne Ahnen, und so stieß er mit seinem Streben, sich in den Vordergrund zu spielen, bald auf den Widerstand der alten Familien, besonders des Quintus Fabius Maximus Verrucosus. Ihnen gegenüber, deren Einfluß seit alters auf zahlreichen Abhängigkeitsverhältnissen in Rom und dessen nächster Umgebung beruhte, suchte und fand er wie manche der großen plebejischen Führer vor ihm einen Rückhalt in der eigentlichen Landbevölkerung. Als Tribun gab er 232 der schon seit zehn Jahren stagnierenden Kolonisationstätigkeit einen neuen Impuls, als er gegen den Einspruch des Senats die Freigabe des Ager Gallicus bei Ariminum zur Ansiedlung römischer Bauern durchsetzte. Doch bildete das nur den Auftakt. Sein eigentliches Ziel war es, den politischen Einfluß der Landbevölkerung zu stärken. Wenn vielleicht auch nicht von ihm selbst veranlaßt, so doch mindestens im Einklang mit seinen Absichten erfolgte in den dreißiger oder zwanziger Jahren die Reform der Zenturienordnung.

Das in den plebejischen Tributcomitien seit jeher geltende Prinzip einer Abstimmung nach Tribus, das heißt nach lokalen Stimmbezirken, wurde auch auf die Zenturiatscomitien *(comitia centuriata)* übertragen, in denen die Bürger bislang ohne Rücksicht auf den Wohnsitz lediglich auf Grund ihres Besitzes nach Klassen und Zenturien eingeteilt waren. Da hinfort die Masse der in der Stadt ansässigen Bürger hier nur in den vier städtischen Tribus ihre Stimme abgeben konnte, wurde damit bei den Wahlen der Oberbeamten der Einfluß der besitzenden Landbevölkerung verstärkt und eine Majorisierung durch die Städter verhindert. In derselben Richtung lag die während der Zensur des Flaminius 220 veranlaßte Erneuerung eines alten, 304 erlassenen Gesetzes, das die Freigelassenen auf die vier städtischen Tribus beschränkte. Den Abschluß in dieser Gesetzesreihe bildete dann 218 die auf Betreiben des Flaminius durchgebrachte Lex Claudia, die den Angehörigen des Senats jede Handelstätigkeit untersagte. Damit sollten die auch in der bisherigen Oberschicht schon vorhandenen kapitalistischen Tendenzen ausgeschaltet, das Eindringen des neuen Standes der Unternehmer in die politische Führung verhindert und den Grundbesitzern alten Stils ihr bisheriger Einfluß gesichert werden. In dem Ringen zwischen den alten und neuen Kräften hat also Flaminius eindeutig Stellung bezogen. Unverkennbar enthält sein Programm ausgesprochen konservative Elemente. Aber zu seiner Durchführung beschritt er Wege, die für manchen seiner Zeitgenossen einen revolutionären Aspekt trugen. Nicht nur riß er in wichtigen innenpolitischen Fragen die Initiative an sich, sondern scheute auch nicht davor zurück, durch den Appell an die Plebs, deren Beschlüsse seit der Lex Hortensia von 286 Gesetzeskraft besaßen, den Senat mattzusetzen. Er stellte den Führungsanspruch der alten Familien in Frage und machte sich die Bestrebungen der Elemente zu eigen, die auf eine personelle Erweiterung der politischen Oberschicht hindrängten.

An sich bewegte sich Flaminius durchaus auf dem Boden altplebejischer Tradition und konnte an Tendenzen anknüpfen, die bis auf die licinisch-sextischen Gesetze in der Mitte des 4. Jahrhunderts zurückreichten. Ein solches Ziel schien sinnvoll auch im Hinblick auf die Zunahme der Bevölkerung und die Ausdehnung des römischen Machtbereichs. Gerade in der Zeit zwischen 241 und 218 hat eine verhältnismäßig große Zahl von *homines novi*, Männern, die bislang noch nicht zur Nobilität gehört hatten, das Konsulat erlangt.

Doch demgegenüber suchte die Schicht der Nobiles, also die patrizischen wie die bis zum Beginn des 3. Jahrhunderts legitimierten plebejischen Familien, immer nachdrücklicher ihren Kreis nach außen hin abzuschließen oder wenigstens das Eindringen neuer Elemente unter Kontrolle zu halten. In dem Zusammenstoß dieser entgegengesetzten Tendenzen aber lag der Zündstoff für einen schweren Konflikt. Die Erinnerungen an das Ringen zwischen dem Patriziat und den aufstrebenden plebejischen Familien im 4. Jahrhundert wurden wieder lebendig. Bei der Unvereinbarkeit der beiderseitigen Standpunkte schien ein Kompromiß kaum möglich, und noch um 218 war eine Lösung nicht abzusehen.

Im Schatten dieser heftigen Auseinandersetzungen bahnte sich, zunächst kaum bemerkt, noch eine andere, aufs Ganze gesehen nicht minder folgenschwere Entwicklung an. Die zunehmende Verflechtung mit den gräzisierten Gebieten Süditaliens und mit Sizilien öffnete die Wege, auf denen griechische Kultur und Zivilisation unmittelbar in die römische Sphäre hineinwirken konnten. Mancher Bewohner Roms verstand jetzt Griechisch, neben den aus der griechischen Welt stammenden Sklaven auch zahlreiche Kaufleute und sogar einzelne Vertreter der Oberschicht. Bald sollten es noch mehr werden, und die Kenntnis der Sprache, zunächst wichtig für Handel und Verkehr, schuf die Voraussetzungen für eine Begegnung mit dem griechischen Schrifttum. Zu dessen Verbreitung fand man aber noch einen anderen Weg. Bald begann man die griechischen Originale in die lateinische Sprache zu übertragen. Livius Andronicus, von Geburt ein Tarentiner, machte hier den Anfang. 240 wurden bei den Ludi Romani statt der bisher üblichen italischen Possen zum erstenmal von ihm übertragene griechische Schauspiele aufgeführt. Später fand er vor allem mit seiner lateinischen Odyssee große Resonanz. Mit diesem Mann beginnt die eigentliche römische Literaturgeschichte, und er wies ihr durch seine Verbindung mit dem griechischen Element zugleich die Richtung ihrer künftigen Entwicklung. Bald folgten ihm andere nach, wie der Kampaner Naevius, der seit den dreißiger Jahren mit seinen Schauspielen vor die Öffentlichkeit trat.

Freilich waren das alles erst bescheidene Anfänge. Nur verhältnismäßig wenige Werke der klassischen Zeit lernte das römische Publikum in lateinischer Wiedergabe kennen, und selbst deren Einfluß ging nicht allzu tief. Unmittelbar daneben lebten uralte, fast primitive Vorstellungen fort, zumal im religiösen Bereich. In aller Schärfe trat das 226 zutage, als auf Anordnung der Priester zur Sühnung eines Vestalinneninzests zwei Griechen und zwei Gallier, Mann und Frau, auf dem Forum Boarium lebendig begraben wurden. Nichts spürt man in dieser von düsterem Aberglauben erfüllten Szene von dem hellen Schein der

Die Umfassungsmauern von Falerii Novi in Etrurien
Römische Stadtgründung für die evakuierten Falisker
in der Nähe ihrer von den Römern 241 v. Chr. zerstörten Metropole Falerii Veteres

Der Ponte Grosso der Via Flaminia über dem Burano bei Cagli

homerischen Götterwelt. Unüberbrückbar scheint die Kluft, die sich hier auftat, und sie ist fast symptomatisch für die damalige Lage Roms.

Allenthalben kündete sich in diesen Jahrzehnten Neues an, aber das Altüberkommene wurzelte noch fest in den Herzen der Menschen. Man konnte sich nicht entschließen, freiwillig auch nur ein Stück von jener Welt aufzugeben, in der die Vorfahren gelebt hatten und in der man selber groß geworden war. Die Spannungen waren da, die Fragen gestellt, nur konnte noch niemand sagen, in welcher Richtung eine Lösung gefunden werden würde. Wiederum bedurfte es eines Anstoßes von außen, um die Dinge voranzutreiben. Und dieser Anstoß kam von einer Seite, von der man ihn zunächst kaum erwartet hatte, er kam von Karthago, genauer von Spanien.

Die Barkiden in Spanien

Hamilkar steht hier am Anfang. Mit seinem Entschluß, in Spanien ein karthagisches Reich zu begründen, wurden die Weichen für die Zukunft gestellt. Auch wenn ihm kaum, wie die Römer nachträglich behaupteten, bereits der Plan eines Revanchekrieges gegen Rom vorgeschwebt hat, so hat doch sein Wirken in Spanien letztlich eine Entwicklung eingeleitet, die eine erneute Auseinandersetzung fast unausweichlich machen mußte. Denn was er und seine Nachfolger dort taten, war nur zu geeignet, das um 237 bestehende Kräfteverhältnis zuungunsten Roms zu verschieben. Schwerlich war zu erwarten, daß die Römer das auf die Dauer hinnehmen würden. Hamilkar selber hat sich freilich noch im Windschatten der großen Politik bewegen können. Ohne von den Römern belästigt zu werden, gelang es ihm, im Verlauf von acht Jahren das gesamte südliche Spanien zu unterwerfen und dort die Herrschaft seines Hauses zu begründen. Das änderte sich unter seinem Nachfolger, seinem Schwiegersohn Hasdrubal. Er schob seit 229 vor allem mit diplomatischen Mitteln die Einflußzone der Barkiden bis tief in das mittlere Spanien vor und brachte dann durch die Gründung von Neukarthago, an der Stelle des heutigen Cartagena, die Existenz der neuen spanischen Monarchie der übrigen Umwelt erst wirklich zum Bewußtsein. Zumal die Stadt Massilia, Karthagos alte Rivalin in den spanischen Küstengebieten, spürte das, und ihre Vorstellungen veranlaßten 226 die Römer, eine Gesandtschaft nach Neukarthago zu schicken. Hasdrubal gab nach. Nach Möglichkeit suchte er die auftretenden Differenzen zu bereinigen, wußte er doch recht gut, daß er militärisch nichts gegen Rom unternehmen konnte. Er verpflichtete sich, nicht mit bewaffneter Macht den Ebro zu überschreiten, das heißt, er verzichtete für die Zukunft auf eine Ausweitung der barkidischen Herrschaft über den Ebro hinaus bis zu den Pyrenäen.

Mit dieser Konzession gaben sich die Römer zufrieden. Nicht nur hatten sie angesichts der bedrohlichen Lage in Oberitalien wenig Neigung, sich in Spanien ernsthaft zu engagieren, sondern mit diesem Vertrag schienen in ihren Augen auch sämtliche Gefahrenmomente ausgeschaltet. Eine unmittelbare Verbindung zwischen den Karthagern in Spanien und den Kelten in Gallien war verhindert und zugleich der nördliche Teil der spanischen Ostküste, die einzig in Frage kommende Basis für Flottenunternehmungen gegen Italien, dem karthagischen Zugriff entzogen. An einen Angriff zu Lande von Spanien über die Alpen nach Italien haben die Römer bekanntlich noch im Frühjahr 218 nicht gedacht.

Aber dieses Abkommen, das den ursprünglichen Intentionen nach die beiderseitigen Interessen voneinander abgrenzen sollte, legte nun im Gegenteil erst den Keim zu ernsthaften Konflikten. Denn fortan lag Spanien im Blickfeld Roms. Es begann seine Fäden zu den Gemeinden und Stämmen nördlich des Ebro zu spinnen, ja es scheute nicht davor zurück, sich in den folgenden Jahren der seit alters mit Massilia verbündeten Stadt Saguntum weit südlich des Ebro anzunehmen. So unverbindlich das alles zunächst auch sein mochte, es eröffnete doch recht bedenkliche Perspektiven für die barkidische Herrschaft in Spanien. Auf einmal sahen sich Hasdrubal und seine Umgebung bei ihren Werbungen um die Gefolgschaft der spanischen Stämme der römischen Konkurrenz gegenüber, und sollte es den Römern gelingen, ihre Positionen im nördlichen Spanien wirklich auszubauen, mußte die von den spanischen Stämmen akzeptierte Überlegenheit der Karthager ernsthaft in Frage gestellt werden.

Diese Entwicklung brachte aber auch die karthagische Regierung in eine schwierige Lage. Ihr Verhältnis zu den Barkiden war nie besonders gut gewesen, diese hatten von Anfang an in Spanien eigenmächtig gehandelt und sich der Kontrolle durch die heimischen Behörden entzogen. Jetzt erhielt dieses ursprünglich interne karthagische Problem noch einen außenpolitischen Aspekt. Die Einschaltung Spaniens in das politische Spannungsfeld wirkte sich automatisch auf die römisch-karthagischen Beziehungen aus, und was noch bedenklicher war, es machte, wie schon Hasdrubals Abkommen mit Rom gezeigt hatte, ihre künftige Gestaltung von den Entscheidungen des Strategen in Spanien abhängig.

Zunächst hatte es freilich den Anschein, als sollten sich die aufsteigenden Wolken noch einmal verziehen. Hasdrubal vermied alles, was die Römer reizen konnte, wobei ihm zugute kam, daß diese während der folgenden Jahre fast völlig durch die Kämpfe in Oberitalien in Anspruch genommen waren.

Schlagartig änderte sich jedoch das Bild, als Hannibal, der Sohn Hamilkars, nach Hasdrubals Ermordung im Jahre 221 die Nachfolge in Spanien antrat und anderseits mit dem Sieg von Clastidium für Rom ein Ende der oberitalischen Kämpfe in greifbare Nähe gerückt war. Hannibal, damals fünfundzwanzig Jahre alt, seinem Vorgänger an militärischen Fähigkeiten weit überlegen, gab schon ziemlich rasch der spanischen Politik einen neuen Impuls. Nachdem er unmittelbar nach der Übernahme des Kommandos einzelne Aufstände niedergeworfen hatte, eröffnete er im Sommer 220 einen großangelegten Feldzug, der ihn durch Mittelspanien über Salamanca hinaus bis zum Duero in der Nähe des heutigen Zamora führte. Das war mehr als eine bloße Demonstration seiner Macht, sondern im Grunde schon der Auftakt zur Eroberung des restlichen Spaniens. Die Rückwirkungen blieben nicht aus.

Allenthalben verstärkten die Anhänger der Barkiden in den mittelspanischen Stämmen ihre Positionen, und die Bewegung pflanzte sich fort bis zur Ostküste in den Raum von Saguntum. Dort sahen die saguntinischen Verbannten, die vor einiger Zeit von der römerfreundlichen Partei vertrieben worden waren, eine Gelegenheit gekommen, die Rückkehr in ihre alte Heimat zu erzwingen. Dafür suchten sie, wohl im Einverständnis mit Hannibal, Unterstützung bei den benachbarten Stämmen. Angesichts dieser Gefahr wandten sich die in Saguntum herrschenden Kreise um Hilfe an den Senat in Rom, und dieser griff ein. Noch im Laufe des Herbstes 220 erschien eine römische Gesandtschaft bei Hannibal in Neukarthago. Sie forderte ihn auf, die Integrität Saguntums zu respektieren und noch einmal ausdrücklich die Abmachungen seines Vorgängers über die Ebrogrenze anzuerkennen. Anscheinend haben die Römer geglaubt, mit dem jungen, in ihren Augen noch unerfahrenen Mann leichtes Spiel zu haben.

Hannibal jedoch begriff sofort die Tragweite der römischen Forderungen. Eine Festsetzung der Römer in Saguntum hätte ihren Einfluß weit über den Ebro hinaus nach Süden vorgeschoben und seine eigene Stellung im mittleren Spanien von der Flanke her bedroht. Mit Recht konnte er sich überdies fragen, ob dieser Forderung nicht zwangsläufig weitere folgen würden. So war er entschlossen, Widerstand zu leisten und alles zu tun, um eine weitere Einmischung Roms in die spanischen Angelegenheiten für die Zukunft zu verhindern. Brüsk lehnte er die römischen Forderungen ab. Nach diesem Bescheid gingen die Gesandten nach Karthago, um dort ihren Standpunkt darzulegen. Hannibal hatte jedoch die Regierung schon entsprechend informiert, und diese war ohnedies gar nicht in der Lage, etwas gegen ihren spanischen Feldherrn zu unternehmen. Sie gab den Römern eine zwar höfliche, aber höchst unverbindliche Antwort. Hannibal hatte freie Hand.

Im folgenden Frühjahr eröffnete er den Angriff auf Saguntum, das er nach achtmonatiger Belagerung einnahm. Wenn er dabei gehofft hatte, Rom werde nichts unternehmen, so hatte er sich nicht getäuscht. Nicht einmal ein erneuter Protest war erfolgt, geschweige denn, daß man der unglücklichen Stadt irgendwelche Hilfe geschickt hätte. Statt dessen führten die Römer an der Adria Krieg gegen ihren einstigen Verbündeten Demetrios von Pharos, der in der Zwischenzeit die Abmachungen von 228 verletzt hatte und ähnlich wie die früheren illyrischen Fürsten die Küstenbewohner durch Piratenfahrten heimsuchte; eine zwar nützliche, doch keineswegs hochpolitische Aktion. Im übrigen bereiteten sie in Fortsetzung der in Oberitalien eingeleiteten Politik für das Jahr 218 die Errichtung der ersten Kolonien in der Poebene vor. Ihr Verhalten mag unverständlich erscheinen, freilich nur nachträglich, denn niemand kannte damals Hannibal und seine Pläne. Soweit man die Dinge beurteilen konnte, bedeuteten die zweifellos unangenehmen Vorgänge in Spanien für Rom keine unmittelbare Gefahr. Saguntum war nur ein unbedeutender Außenposten und schien einen Krieg nicht wert. Vielleicht würde man eines Tages in Spanien eingreifen müssen, aber noch glaubte man, den Zeitpunkt hierfür selber bestimmen zu können.

Hannibal jedoch durchkreuzte diese Erwartungen. Angesichts der passiven Haltung Roms wagte er den letzten Schritt. Unmittelbar nach der Einnahme Saguntums bereitete er für das folgende Jahr einen Feldzug vor, der ihn über den Ebro hinweg bis zu den Pyrenäen führen sollte. Würde ihm die Unterwerfung dieser Gebiete gelingen, hätte Rom jeden Ansatzpunkt zu weiteren Interventionen in Spanien verloren, und mit dem Hinweis darauf, daß sich seinerzeit nur Hasdrubal persönlich zur Respektierung der Ebrolinie verpflichtet hatte, war sein Vorgehen nicht einmal rechtlich zu beanstanden.

Freilich, für Rom bedeutete das eine Herausforderung, die es nicht hinnehmen konnte. Nicht nur stand sein Prestige auf dem Spiel — in römischen Augen kein unwesentliches Moment —, sondern ein Gelingen dieses Unternehmens hätte auch die politische Konstellation im Westen völlig verschoben. Sobald die Nachricht von Hannibals Vormarsch gegen den Ebro in Rom eintraf, schickte der Senat eine Gesandtschaft nach Karthago. Diese verlangte dort in ultimativer Form die Auslieferung Hannibals und seiner Ratgeber. Als die karthagische Regierung dieses Ansinnen ablehnte, erklärte der römische Vertreter den Krieg.

Hannibals Siegeszug

Der römische Senat hatte, als er sich zu diesem folgenschweren Schritt entschloß, geglaubt, nicht nur das Recht, sondern auch alle Chancen für einen glücklichen Ausgang auf seiner Seite zu haben. In der Tat war damals Rom den Karthagern fast in jeder Hinsicht überlegen. Es besaß ein starkes, von hohem Selbstvertrauen erfülltes Heer, eine große Flotte; Italiens zahlreiche Bewohner standen ihm für weitere Aushebungen zur Verfügung, und seine finanziellen Mittel waren beträchtlich. Vor allem kam ihm die strategische Ausgangslage zustatten. Sizilien und Sardinien deckten nicht nur Italien gegen jeden Angriff von der See her, sondern öffneten darüber hinaus die Küsten Afrikas dem römischen Zugriff. Die Römer bauten darauf ihre Operationspläne.

Zwei starke Armeen sollten den Angriff in die feindlichen Gebiete vortragen. Die eine, für Spanien bestimmt, wurde unter dem Befehl des Konsuls Publius Cornelius Scipio im Raum von Pisa in Nordetrurien aufgestellt, die andere, mit dem Auftrag nach Afrika zu fahren, unter dem Konsul Tiberius Sempronius Longus in Lilybaeum auf Sizilien. Demgegenüber befanden sich die Karthager in einer höchst prekären Situation. Wohl besaßen auch sie ein hervorragend geschultes Heer, aber das stand in Nordspanien. Afrika war hingegen fast schutzlos. Die Flotte war zur Abwehr eines römischen Angriffs viel zu schwach, das hier stationierte Heer von etwa zwanzigtausend Mann, auf die Umgebung von Karthago und die weit westlich davon gelegenen Gebiete von Metagonion verteilt, den römischen Invasionstruppen von vornherein unterlegen. Wenn es den Römern gelingen würde, Hannibal in Spanien festzulegen und anderseits in Afrika ihre ganze Überlegenheit zur Geltung zu bringen, war der Krieg, kaum daß er begonnen hatte, schon für Karthago verloren.

Nur einen Faktor hatten die Römer nicht einkalkuliert: die Person Hannibals. Er wußte, wie er die römischen Pläne durchkreuzen konnte. Durch einen Angriff auf Italien wollte er die Initiative an sich reißen, mitten im Zentrum der römischen Macht die feindlichen Kräfte fesseln und zugleich Italiens Bevölkerung zum Kampf gegen ihre römischen Herren aufrufen. Es war ein kühner, fast verwegener Plan. Der Weg über die Pyrenäen und Alpen nach Oberitalien war weit und voller Gefahren; er trennte das Heer von seinen Nachschubbasen, im fremden Land würde es zunächst ganz auf sich allein gestellt sein, und jeder Rückschlag konnte unabsehbare Folgen haben. Zudem drängte die Zeit. Das Ganze konnte nur gelingen, wenn die Karthager noch im selben Herbst die Alpen überschritten, denn jede Verzögerung hätte die römische Offensive anlaufen lassen und damit völlig neue Voraussetzungen geschaffen. Es war bereits Juli, als Hannibal in Nordspanien die Nachricht von der römischen Kriegserklärung erhielt. Er verzichtete auf die bereits eingeleitete Unterwerfung der dortigen Stämme und traf die notwendigsten Vorbereitungen. Sein Bruder Hasdrubal übernahm für ihn das Kommando im mittleren und südlichen Spanien, sein Unterfeldherr Hanno sollte mit elftausend Mann die bisher eroberten Teile Nordspaniens sichern. Er selber trat Anfang August mit einer Armee von nicht ganz sechzigtausend Mann den Marsch nach Norden an.

Einen Monat später erzwang er gegen den Widerstand der einheimischen Gallier in der Nähe des heutigen Avignon den Übergang über die Rhône. Hier überschnitten sich nun die römische und die karthagische Offensive, denn zur selben Zeit landete der Konsul Scipio auf der Fahrt nach Spanien in Massilia. Nur fünf Tagemärsche waren die Gegner noch voneinander entfernt, ja ihre Vorausabteilungen trafen schon zusammen. Doch zur Schlacht auf gallischem Boden kam es nicht. Hannibal hielt an seinem ursprünglichen Plan fest; nicht in Gallien, sondern in Italien sollte die Entscheidung fallen. Ähnlich handelten die Römer. Der Konsul ließ den größten Teil seines Heeres unter dem Kommando seines Bruders Gnaeus die Fahrt nach Nordspanien fortsetzen, nur er selbst eilte, um für alle Fälle zur Stelle zu sein, mit einer kleinen Truppe nach Oberitalien. Hannibals Unternehmung gab er keine große Chance.

Nicht ganz zu Unrecht, denn die Schwierigkeiten, denen sich dieser auf seinem Zug über die Alpen gegenübersah, waren unvorstellbar. Nicht nur die Kämpfe mit den Bergbewohnern und die ungangbaren Wege auf den Höhen des Gebirges machten ihm zu schaffen, hinzu kamen Mangel an Lebensmitteln, der frühe Einbruch des Winters mit Schnee, Eis und Kälte und die physische Erschöpfung der Soldaten, die seit Monaten keine Ruhe mehr gefunden hatten. Als er schließlich die Poebene erreichte, zählte sein Heer nur noch zwanzigtausend Mann zu Fuß und sechstausend Reiter, seit dem Übergang über die Rhône hatte es zwanzigtausend Mann und fast den gesamten Troß verloren. Zudem zeigten sich die Gallier, mit deren Unterstützung er gerechnet hatte, zunächst sehr reserviert. Gleich bei seiner Ankunft in Oberitalien hatte er erst den Widerstand der Tauriner brechen müssen, ehe er dort seine Truppen in die Quartiere legen konnte. Unter solchen Umständen schienen die Aussichten für einen erfolgreichen Kampf gegen Rom sehr gering.

Doch im Verlauf von wenigen Wochen änderte sich das Bild. Bei der ersten Begegnung mit den Römern am Ticinus südlich von Mailand zeigte sich die Überlegenheit seiner Reiterei. Die römischen Vorausabteilungen wurden geschlagen und der Konsul Scipio, der sie führte, schwer verwundet. Daraufhin zogen sich die Römer in den Raum von Placentia zurück. Ihre Niederlage blieb nicht ohne Wirkung auf die Gallier, die jetzt ihre Stunde gekommen sahen, das römische Joch abzuschütteln. Sie begannen auf Hannibals Seite überzugehen; durch Zuzug aus ihren Reihen verstärkte sich in den folgenden Wochen dessen Heer auf etwa vierzigtausend Mann. Nicht weniger bedeutsam war es, daß die Kunde von Hannibals Erscheinen in Oberitalien die Römer veranlaßt hatte, ihren vorgesehenen Angriff auf Afrika zu vertagen. Der Konsul Sempronius wurde samt seiner

Armee sofort aus Sizilien nach Norden abberufen. Etwa Mitte Dezember vereinigte er sich mit Scipio, der inzwischen östlich der Trebia eine befestigte Stellung bezogen hatte. Da Sempronius glaubte, jedes Zögern werde das schon schwer erschütterte römische Prestige bei den gallischen Stämmen noch weiter vermindern, drängte er auf eine rasche Entscheidung. Auch Hannibal wollte das.

Zur Zeit der Wintersonnenwende traten Römer und Karthager an der Trebia zum Kampf an. Es war die erste große Schlacht in diesem Krieg, und sie zeigt bereits die typischen Merkmale der römischen und karthagischen Taktik. Wie es bei den Römern üblich war, wollte Sempronius durch den massierten Angriff seiner Legionen das Zentrum des Gegners durchstoßen und so die Entscheidung erzwingen. Bisher hatte sich dieses Verfahren dank der Überlegenheit der römischen Fußsoldaten immer bewährt. Doch Hannibal disponierte anders, als die Römer erwarteten. Bei seinen Planungen spielte die Reiterei die entscheidende Rolle. Sie sollte nach Ausschaltung der römischen Schwadronen das feindliche Fußvolk vom Rücken her umfassen. Gelingen konnte das freilich nur, wenn das eigene Fußvolk bis zum entscheidenden Augenblick standhielt, wenn die verschiedenen Truppenbewegungen sinnvoll koordiniert waren und der Gegner in keiner Phase der Schlacht die Initiative an sich zu reißen vermochte. Es kam Hannibal zustatten, daß er diese Momente von vornherein einkalkuliert hatte und zudem über Unterführer verfügte, die, wenn es darauf ankam, auch selbständig handeln konnten. Zu Anfang lockten seine Reiter die Römer auf das von ihm links der Trebia ausgesuchte Schlachtfeld, veranlaßten dabei die Legionen, die etwa dreiviertel Meter tiefe, eiskalte Trebia zu durchschreiten, und lähmten schon dadurch ihre Kampfkraft. In der Krise der Schlacht, als die Römer bereits die keltischen Reihen im Zentrum zu durchstoßen drohten, packte Hannibals Bruder Mago, aus einem Hinterhalt hervorbrechend, ehe noch die Reiterei zur Stelle war, die römischen Einheiten von der Flanke und vom Rücken her. Obwohl zehntausend Römern der Durchbruch durch die feindlichen Reihen gelang und auch viele andere in dem aufkommenden Schneetreiben entkommen konnten, war der karthagische Sieg eindeutig. Die Römer räumten bis auf Placentia ihre Stellungen in der Poebene und zogen sich nach Ariminum zurück.

Damit hatte Hannibal trotz der schweren Verluste während des Alpenübergangs zu einem wesentlichen Teil sein erstes Ziel erreicht. Die römische Landung in Afrika war verhindert, Italien zum Kriegsschauplatz geworden. Und nicht nur das. Da die Römer hier zunächst alle ihre Kräfte einsetzen mußten, besaß er die Möglichkeit, seine strategischen Fähigkeiten an der für das Ganze entscheidenden Stelle ins Spiel zu bringen. Das fiel um so mehr ins Gewicht, als inzwischen die Karthager in Nordspanien höchst unglücklich gekämpft hatten. Dem römischen Expeditionskorps unter Gnaeus Scipio war es gelungen, nicht nur in den Küstenorten Emporiae und Tarraco festen Fuß zu fassen, sondern darüber hinaus auch die nördlich des Ebro stationierten karthagischen Einheiten unter Hanno vernichtend zu schlagen. Bereits jetzt trat die verhängnisvolle Schwäche Karthagos zutage. Nur dort, wo Hannibal selber die Operationen leitete, bestand für die Karthager eine Aussicht auf Sieg. Unter diesen Umständen hing alles davon ab, ob Hannibal auch weiterhin die Initiative behalten würde. Initiative hieß in diesem Fall Offensive, Angriff auf Mittelitalien, das eigentliche Kerngebiet Roms.

Natürlich suchten die Römer das zu verhindern. Ihre eine Armee unter dem Konsul Gnaeus Servilius sicherte bei Ariminum die Via Flaminia, die andere unter Flaminius stand zum Schutze Nordetruriens bei Arretium. Aber Hannibal überspielte den Gegner. Unerwartet früh überschritt er den Apennin, durchzog anschließend das weithin versumpfte Gebiet des mittleren Arno, das den Römern als unpassierbar galt, und schob sich, in weitem Bogen des Flaminius Stellung von Westen her umgehend, bei Cortona zwischen das römische Heer und die Via Flaminia. Eilends rückte der Konsul ihm nach — und in sein Verderben hinein. Denn Hannibal hatte an der Stelle, wo die Straße von Cortona nach Perusia zwischen dem Trasimenischen See und den unmittelbar ansteigenden Bergen hindurchführte, einen Hinterhalt gelegt. Als nun die Römer, ohne vorher aufzuklären, in die Enge hineinzogen, wurden sie von hinten, von vorn und von den Bergen herab angegriffen und fast völlig aufgerieben. Mitten unter seinen Soldaten fand auch der Konsul den Tod. Einige Tage später stellten die numidischen Reiter nördlich von Folignae an der Via Flaminia die Vorausabteilungen der zweiten römischen Armee, die sich von Ariminum aus nach Süden in Marsch gesetzt hatte, und vernichteten sie.

Das Fazit war für Rom niederschmetternd. Die eine Armee war verloren, die andere durch den Verlust ihrer Reiterei zunächst aktionsunfähig. Gewiß hatte man auch schon früher Niederlagen hinnehmen müssen, aber nie in so dichter Folge; und, was noch schlimmer war, der Feind stand, ohne daß man es hindern konnte, im Herzen Italiens. Mit den üblichen Mitteln kam man jetzt nicht mehr aus, so griff man auf ein Amt zurück, das sich einst in den Notzeiten der Samnitenkriege bewährt hatte, inzwischen aber fast in Vergessenheit geraten war. Der alte Gegner des Flaminius, Fabius Maximus, wurde zum *dictator* ernannt, ihm zur Seite trat als Reiteroberst Marcus Minucius. Der unbeugsamen Energie des Fabiers gelang es zunächst, die Panik zu überwinden. Nicht zum wenigsten mit Rücksicht auf die völlig verstörte Bevölkerung wurden, um die sichtlich erzürnten Götter zu besänftigen, umfangreiche und außergewöhnliche Sühnungen angeordnet. Nach uralter italischer Sitte wurde dem Iuppiter ein »Heiliger Frühling«, das heißt der gesamte Ertrag eines Frühlings an Vieh, gelobt, wenn Rom diese Krise überstehen werde, ferner nach griechischem Vorbild dem Kreis der zwölf höchsten Götter in der Form des Lectisterniums ein besonders feierliches Opfer dargebracht. Gleichzeitig leitete der Diktator die erforderlichen militärischen Maßnahmen ein. Der Konsul Servilius wurde mit dem Schutz der italischen und sizilischen Küstengewässer beauftragt, der Konsul des Vorjahres, Publius Scipio, mit achttausend Mann zu seinem Bruder nach Nordspanien entsandt und vor allem aus den noch intakten Teilen des Servilianischen Heeres und weiteren Aushebungen eine neue Armee von insgesamt vier Legionen aufgestellt. An ihrer Spitze zog Fabius im Hochsommer Hannibal entgegen.

Dieser war inzwischen, ohne irgendwelchen Widerstand zu finden, durch Umbrien und Picenum bis zur Adria und von da längs der Küste bis in das nördliche Apulien vorgestoßen. Überall plünderten und verheerten seine Truppen die fruchtbaren Gefilde. Das wurde auch nicht anders, als die römische Armee eintraf. Da Fabius nach den bisherigen Erfahrungen nicht wagte, noch einmal in einer Schlacht alles aufs Spiel zu setzen, vielmehr sich damit begnügte, dem Feind in angemessener Entfernung zu folgen, behielt Hannibal die Initiative, und seine Soldaten durchstreiften das ganze Grenzgebiet zwischen Mittel- und Süditalien. Das Verhalten des Fabius erregte große Unzufriedenheit, nicht nur in seiner Umgebung, sondern auch in Rom. Die Folge war, daß man — ein unerhörtes Novum — dem aktiveren Reiterobersten Minucius die gleiche Kommandogewalt wie dem Diktator übertrug. Allerdings, nüchtern betrachtet, konnte man damals kaum anders handeln als Fabius. Durch seine auf den ersten Blick etwas befremdliche Taktik hat er das erreicht, was nach Lage der Dinge überhaupt zu erreichen war. Nicht zum wenigsten hielt die Anwesenheit des römischen Heeres die Bundesgenossen in den bedrohten Gebieten davon ab, zu den Karthagern überzugehen. Hannibal gelang es nicht, auch nur eine einzige namhafte Stadt in seinen Besitz zu bringen, er konnte die Lande durchstreifen, verfügte aber über keine wirkliche Operationsbasis. Der Feldzug des Jahres 217 hatte ihn bei allen Siegen seinem politischen Ziel, der Auflösung des römischen Bündnissystems, noch keinen Schritt näher gebracht. Zum erstenmal zeigten sich die Grenzen, die auch ihm gesetzt waren.

Zugleich durfte man in Rom mit einer gewissen Genugtuung feststellen, daß die spanischen Operationen weiter nach Wunsch verlaufen waren. Hasdrubals Versuch, in einem kombinierten Angriff zur See und zu Lande die verlorenen nordspanischen Gebiete zurückzugewinnen, hatte Gnaeus Scipio in der Schlacht an der Ebromündung vereitelt und sogar zu Ausgang des Jahres zusammen mit seinem Bruder einen ersten Vorstoß über den Ebro hinaus nach Süden wagen können. Ganz trübe waren also die Aussichten für die Römer nicht. Würde es gelingen, Hannibal, den einzigen ernsthaften Gegner, zu besiegen, dann war der Krieg entschieden. Bereits zu Ausgang des Jahres 217 war man entschlossen, noch einmal den Kampf gegen ihn zu wagen.

Ein Heer von acht Legionen, unter Einschluß der bundesgenössischen Kontingente über achtzigtausend Mann zählend, wurde aufgestellt. An seiner Spitze standen die beiden Konsuln Aemilius Paullus und Terentius Varro, neben ihnen als Berater die bedeutendsten Offiziere, über die Rom damals verfügte, unter ihnen der Konsul des Vorjahres Servilius und der ehemalige Reiteroberst Minucius. Im Frühjahr 216 sammelte sich diese Armee bei Gerunium, wo Karthager und Römer während des Winters einander gegenüberlegen hatten. Hannibal wollte jedoch in dem bergigen Gelände eine Schlacht vermeiden, zog plötzlich nach Südosten ab und nahm am Aufidus in Apulien die Magazine von Cannae in Besitz. Da er von dort aus den Nachschub der römischen Truppen bedrohte, rückten die Konsuln ihm nach. Nach einigen Vorgefechten traten Anfang Juni die beiden Heere am rechten Ufer des Aufidus unweit von Cannae zum Kampf an. Die strategischen Konzeptionen waren auf beiden Seiten ähnlich wie einst in der Schlacht an der Trebia. Die Römer wollten mit ihrem Fußvolk die feindlichen Reihen durchstoßen, Hannibal mit seinen Reitern den Gegner im Rücken umfassen. Aber sichtlich war Hannibals Lage ungünstiger als damals. Die Römer waren ihm nicht nur an Zahl weit überlegen, sondern hatten auch einiges dazugelernt. Sie ließen sich dieses Mal nicht unvorbereitet in den Kampf hineinziehen, sondern bestimmten Ort und Zeitpunkt der Schlacht selbst. Auf diese Weise hatte Hannibal keine Möglichkeit, durch die Anlage eines Hinterhalts und durch einleitende Manöver zu Beginn der Schlacht den Ausgang zu seinen Gunsten zu beeinflussen. Trotzdem fand er

Keltische Kopftrophäe
Kalksteinskulptur aus Entremont/Provence, 3. Jahrhundert v. Chr. Aix-en-Provence, Musée Granet

Das Schlachtfeld bei Cannae am rechten Ufer des Aufidus
Blick von Süden über den Hügel der Stadt und den nach Nordosten fließenden Aufidus

einen Weg, um die Unterlegenheit seiner Infanterie zu kompensieren und die feindliche Übermacht nicht zur Auswirkung kommen zu lassen.

Sein Zentrum, bestehend aus Galliern und Spaniern, schob er halbmondförmig vor und stellte rückwärts daneben gestaffelt seine in römischer Weise geschulten libyschen Truppen auf. So traf der römische Stoß zunächst die Gallier und Spanier, die langsam zurückwichen. Als nun die Römer nachdrängten, griffen von beiden Seiten die Libyer in den Kampf ein und nahmen die dicht zusammengeballten römischen Haufen in die Zange. Der römische Angriff verlangsamte sich und kam schließlich ganz ins Stocken. In diesem Augenblick erschienen im Rücken der Römer die karthagischen Reiter, die zuvor die römischen Schwadronen geschlagen hatten. Die zusammengedrängten Römer fanden keinen Ausweg mehr und wurden trotz ihrer zahlenmäßigen Überlegenheit fast völlig vernichtet. Nur dem Konsul Varro gelang es mit wenigen Reitern, nach Canusium zu entkommen, wo er an den folgenden Tagen die Versprengten, insgesamt einige tausend Mann, um sich sammelte.

Die Krise des Krieges

Für einen Augenblick mochte es so aussehen, als sei damit der Krieg entschieden. Alexander der Große hatte einst in drei Schlachten die Macht des Perserkönigs zertrümmert. Aber die Geschichte wiederholte sich nicht. Hannibals drei große Siege führten nicht zu dem gleichen Ergebnis. Rom dachte nicht daran, zu kapitulieren; sein staatlicher Organismus war so fest gefügt, daß er selbst diesen furchtbaren Stoß aushielt. Wohl war, als die Nachricht in der Stadt eintraf, die Bestürzung groß, und an den Opfern, die man jetzt darbrachte, ließ sich wie an einem Barometer der Grad der Verzweiflung und Ratlosigkeit ablesen. Zur Sühnung eines aufgedeckten Vestalinnenfrevels wurden wie 226 je zwei Gallier und Griechen lebendig begraben; Gesandte gingen nach Delphi, um den Gott Apollon über die weitere Zukunft zu befragen und eine Bestätigung der eigenen, nun schwach gewordenen Siegeshoffnung zu erhalten. Aber die alten Staatsmänner, an ihrer Spitze Fabius Maximus, waren der Situation gewachsen. Es war ihre große Stunde. Inmitten der allgemeinen Verwirrung behielten sie den klaren Blick und zwangen mit eiserner Energie den schwankend und haltlos gewordenen Elementen ihren Willen auf. Jede Opposition verstummte. Im Senat, in dessen Reihen mehr als zuvor die Angehörigen der alten Familien den Ausschlag gaben, wurden hinfort die großen politischen und militärischen Entscheidungen getroffen.

Als nicht lange nach der Schlacht Gesandte Hannibals erschienen, um über die Auslösung der Gefangenen zu verhandeln und unter Umständen die Möglichkeiten für ein Friedensgespräch zu sondieren, wies man sie noch vor den Mauern der Stadt zurück. Instinktiv spürte man die Gefahren, die jetzt selbst das geringste Zeichen eines Entgegenkommens auslösen konnte. Tatsächlich hing von der festen Haltung der römischen Politiker alles ab, denn auf sie blickten nicht nur die Bewohner Roms, sondern auch die Bundesgenossen in Italien. Wenn sie standhielten, dann besaß Rom noch manche Trümpfe in seiner

Hand. Mittelitalien, das eigentliche Kernland, verfügte trotz aller Verluste über manche Reserven an wehrfähigen Männern, die Provinzen Sardinien und Sizilien konnten beträchtliche Unterstützungen an Geld und Lebensmitteln geben, und die römische Flotte beherrschte nach wie vor die See. Freilich im Augenblick war man militärisch in die Defensive gedrängt, mußte sehen, die verbliebenen Positionen zu halten, und im übrigen abwarten, was Hannibal tun werde.

Aber dessen Möglichkeiten waren, wie sich bald herausstellen sollte, nur begrenzt. An einen Angriff auf Rom konnte er nicht denken, und selbst in Süditalien, das am unmittelbarsten von den Auswirkungen des Tages von Cannae getroffen war, vermochte er seine Ziele nur zum Teil zu realisieren. Zwar gingen in den Wochen nach Cannae die meisten Gemeinden Nordapuliens, wie Arpi und Herdonia, zu ihm über, ebenfalls verschiedene Gaue der Hirpiner im südlichen Samnium; und bedeutsam wurde es, daß schließlich im Herbst Capua, der Hauptort Kampaniens, auf seine Seite trat. Darüber hinaus operierte während des Winters und des darauffolgenden Frühjahrs sein General Hanno erfolgreich im Süden; Teile der Landschaften Lukanien und Bruttium mit den Hafenorten Kroton und Lokroi fielen damals in karthagische Hand. Aber nach wie vor blieben weite Bereiche Süditaliens römisch, vor allem die strategisch wichtigsten Punkte, die Hafenplätze Apuliens und Kampaniens und die großen Festungen im Landesinnern, wie Beneventum und Venusia. Und Hannibal war nicht imstande, hier weiterzukommen. Das zeigte sich bereits bei seinen Operationen im Raum von Capua während des Sommers 215. Sein Plan, Kampanien zur Basis einer Offensive gegen Latium auszubauen, ließ sich nicht verwirklichen. Seinen Angriffen leisteten die festen Küstenplätze Neapel und Cumae ebenso Widerstand wie das wichtige Nola, das von Marcellus verteidigt wurde. Capua blieb hinfort ein isolierter Außenposten.

Die große Wende des Krieges bahnte sich an. Nicht nur vermochten die Römer ihre Stellungen zu behaupten und damit die psychologischen Auswirkungen des Tages von Cannae allmählich zu überwinden, sondern sie fanden auch einen Weg, um Hannibal mattzusetzen. Indem sie sich ihm gegenüber auf die Defensive beschränkten und eine erneute Schlacht vermieden, spielten sie ihm seinen wichtigsten Trumpf aus der Hand. Sie konnten das um so eher tun, als sie zur selben Zeit auf den Schauplätzen außerhalb Italiens recht glücklich operierten. Der mit Billigung Hannibals erfolgte Einsatz starker karthagischer Kräfte in Spanien und Sardinien schlug fehl. Hasdrubal mußte nach verlustreichen Kämpfen 215 seine Offensive gegen die römischen Stellungen am Ebro endgültig einstellen. Ein auf Sardinien gelandetes Heer wurde nach anfänglichen Erfolgen völlig aufgerieben. Noch wurden freilich diese für Karthago recht bedenklichen Veränderungen durch politische Erfolge überschattet. Zwei weitere Mächte traten auf seiner Seite in den Krieg ein und schienen seiner Sache neuen Auftrieb zu geben.

Das war einmal Philipp V. von Makedonien, der im Sommer 215 ein Bündnis mit Hannibal abschloß. Sein Entschluß kam nicht ganz überraschend. Schon längst war ihm die Anwesenheit der Römer in Apollonia und Epidamnos lästig. Jetzt schien ihm die Gelegenheit günstig, sie von dort zu vertreiben. Seine Stellung gegenüber den Griechen hatte er 217 im Frieden von Naupaktos gefestigt, und Roms Kräfte waren im Kampf mit Hannibal gebunden. Das Eingreifen Philipps weitete das Panorama des Krieges nach Osten aus. Zum erstenmal seit den Zeiten des Pyrrhos wirkten die Vorgänge in Italien und Griechenland unmittelbar aufeinander zurück, und im Unterschied zu damals sollten diese Verbindungen fortan nicht mehr abreißen. Der Knoten wurde geschürzt zu den Verwicklungen, die ab 200 das Schicksal der östlichen Welt bestimmen sollten. Doch so bedeutsam diese Fernwirkungen auch waren, der eigentlich militärische Effekt der karthagisch-makedonischen Allianz war gering. Nicht nur beschränkten sich Philipps Ziele auf die illyrischen Gebiete, sondern selbst da reichten seine Kräfte für einen entscheidenden Schlag nicht aus. Seine Hilfe für Hannibal war mehr psychologischer Art. Das Eingreifen der großen Macht im Osten machte auf die griechischen Gemeinden in Süditalien und Sizilien Eindruck, und dieser politische Erfolg kompensierte Hannibals erste militärische Rückschläge.

Bedeutsamer als Philipps Entscheidung sollten die Vorgänge in Syrakus, das seit 263/262 mit Rom verbündet war, für den weiteren Verlauf des Krieges werden. Die Kreise, die bereits nach Cannae am königlichen Hofe eine Revision der bisherigen Politik gefordert hatten, setzten sich nach dem Tode des alten Königs Hieron im Frühjahr 215 durch. Jetzt, da karthagische Einheiten bis dicht an die Straße von Messina vorgerückt waren und die Tage der römischen Herrschaft in Süditalien gezählt schienen, glaubten sie, die einstige Selbständigkeit zurückgewinnen und alte Großmachtträume realisieren zu können. Boten des jungen Königs Hieronymos gingen zu Hannibal, und dieser bot seinen ganzen Einfluß auf, um ein Abkommen zwischen Syrakus und Karthago zustande zu bringen. Auf karthagischer Seite sparte man dabei nicht mit Versprechungen und Zusicherungen. Als sich der König nicht mit der traditionellen, durch die Himera gebildeten Grenze begnügen wollte, gestand man ihm sogar den Besitz ganz Siziliens zu.

In der Tat mochte der Anschluß der größten Stadt Siziliens für Karthago große Möglichkeiten eröffnen. Er würde das Signal zur Erhebung der übrigen sizilischen Gemeinden geben und damit eines Tages eine unmittelbare Verbindung zwischen Afrika und den in Süditalien kämpfenden Truppen Hannibals schaffen. Aber noch zögerte man in Syrakus, man scheute das Risiko eines Krieges mit Rom, die Römerfreunde gewannen wieder an Boden, und als schließlich nach langen Auseinandersetzungen am königlichen Hofe im Frühjahr 214 das Bündnis abgeschlossen wurde, wurde kurz darauf durch die Ermordung des jungen Königs alles wieder in Frage gestellt. Die Oligarchen, die jetzt zur Regierung kamen, hatten an den imperialistischen Großmachtträumen des toten Hieronymos kein Interesse und zogen eine Politik der Neutralität, wenn nicht gar ein erneutes Bündnis mit Rom dem unsicheren Abenteuer auf seiten Karthagos vor. Aber ihnen arbeiteten Hannibals Emissäre Hippokrates und Epikydes, Enkel eines unter Agathokles verbannten Syrakusaners, entgegen. Sie hetzten die Massen auf und rissen endlich mit Hilfe der einstigen Söldner des Königs die Herrschaft an sich. Damit war die Entscheidung gefallen.

Im Herbst 214 trat Syrakus auf seiten Karthagos in den Krieg ein. Für diesen Augenblick hatten die Karthager schon alles vorbereitet. Bald danach landeten sie starke Streitkräfte bei Herakleia Minoa westlich von Agrigentum. Anders als in dem von starken römischen Festungen gesicherten Süditalien zündete auf Sizilien noch der Aufruf zum Kampf gegen Rom. Große Teile im Süden und im Innern der Insel fielen fast kampflos in karthagische

Hand. Seit dem Tag von Cannae war es der schwerste Rückschlag, den Rom im Verlauf dieses Krieges erlebt hatte. Seine besten Truppen mußte es unter Führung des Marcellus, seines bedeutendsten Feldherrn, nach Sizilien werfen. Doch selbst das genügte nicht, um den dort um sich greifenden Brand einzudämmen. Nach anfänglichen Mißerfolgen überließ Marcellus diese Gebiete zunächst sich selbst und konzentrierte seine Kräfte auf Syrakus, das er zu Lande und von der See her einschloß.

Die sizilischen Ereignisse wirkten nun unmittelbar auf Süditalien zurück. Der Abzug römischer Einheiten gab Hannibal größere Bewegungsfreiheit. Er konnte es wagen, seine Stützpunkte in Kampanien und Nordapulien sich selbst zu überlassen und in den bislang noch nicht von ihm betretenen Landschaften Südapuliens zu operieren. Er drang bis zur Straße von Hydruntum (Otranto) vor, im Winter 213/212 fiel dann Tarentum durch Verrat in seine Hand, anschließend gingen die südlich davon gelegenen Gemeinden Metapontum, Herakleia und Thurioi zu ihm über. Im Zusammenhang damit gewannen seine Anhänger in der seit 216 von ständigen Stammes- und Cliquenfehden durchwühlten Landschaft Lukanien die Oberhand, der römische Feldherr Sempronius Gracchus fiel dort in einem Hinterhalt, und zum erstenmal schien es, als könne Hannibal seine bislang voneinander isolierten süditalischen Stützpunkte in einem zusammenhängenden Territorium einigen. Demgegenüber mochte der Verlust von Casilinum am Volturnus im Herbst 214 und der von Arpi ein Jahr darauf nicht allzu schwer wiegen.

Auch Philipp nahm jetzt seine Chancen wahr. Er griff 213 und 212 im illyrischen Raum weiter aus und drängte die Römer auf Apollonia und Epidamnos zurück. Roms Hoffnungen auf eine Entlastung durch den König Syphax von Numidien, der sich 213 gegen Karthago erhoben und auf afrikanischem Boden für dieses eine momentan recht prekäre Situation geschaffen hatte, erfüllten sich nur zum Teil. Die Truppen, die die Karthager gegen ihn einsetzen mußten, zogen sie aus Spanien ab und gaben damit zwar den dort operierenden römischen Heeren die Gelegenheit zu ihrer ersten großen Offensive gegen die Küstengebiete südlich des Ebro, wo im Verlauf des Sommers 212 Saguntum von den Römern erobert wurde. Aber zu diesem Zeitpunkt waren die Vorgänge in Spanien weniger wichtig als die auf Sizilien und in Süditalien.

Zu Beginn des Jahres 212 lief hier die karthagische Offensive an. Hannibal drang aus dem Raum von Tarentum nach Norden vor, um die verlorenen Positionen in Nordapulien zurückzugewinnen, auf Sizilien sammelte sich ein Aufgebot der sizilischen Gemeinden, das, unterstützt von karthagischen Truppen, zum Entsatz der Stadt Syrakus heranzog. Die Lage Roms war so ernst wie kaum je zuvor. Die vergangenen Jahre hatten an seiner physischen, materiellen und auch moralischen Substanz gezehrt. Unerhörte Opfer hatte der einzelne bringen müssen, und noch immer war ein Ende des Krieges nicht abzusehen. Kritik regte sich an den Maßnahmen der führenden Männer, vor allem an Fabius, der in greisenhaftem Starrsinn an den von ihm als richtig erkannten Methoden festhielt und alle aufstrebenden Kräfte bekämpfte. Ohne rechtes Vertrauen in die Führung öffnete der Mann auf der Straße den umherziehenden Wanderpredigern sein Ohr, klammerte sich an manche von Mund zu Mund gehenden Verheißungen und vergaß über neuen verlockenden Kultformen die Verehrung der alten Götter. Der Stadtprätor mußte eingreifen und ließ aus der Unzahl falscher

Prophezeiungen Sprüche verkünden, die den römischen Endsieg zusicherten. Die herrschende Unzufriedenheit und Mutlosigkeit wurden noch verstärkt durch das Verhalten mancher Kriegslieferanten, die sich in den Jahren der Not für ihre eigene Person zu bereichern suchten. Notgedrungen entschloß sich die Regierung, die es an sich mit diesen Leuten nicht verderben wollte, unter dem Druck der Straße zum Eingreifen. Einen zweiten Tag von Cannae hätte Rom schwerlich überstanden.

Aber nun kam den Römern zustatten, daß Hannibal nicht mehr allein im Zentrum der Kämpfe stand, sondern daß sich das Schwergewicht der Operationen auf Sizilien und den Raum von Syrakus verlagert hatte. Hier wies Marcellus in dramatischen Kämpfen die Angriffe des karthagisch-sizilischen Entsatzheeres zurück, drang in die Vorstädte von Syrakus ein. Nachdem die feindlichen Truppen in den sumpfigen Niederungen des Anapos, ähnlich wie zweihundert Jahre zuvor die Athener unter Nikias, durch Seuchen fast völlig aufgerieben worden waren, öffneten ihm seine Parteigänger im Herbst 212 die Tore der Stadt. Mit dem Fall von Syrakus war der Kampf um Sizilien so gut wie entschieden. Wenn auch hinfort noch karthagische Einheiten mit Unterstützung der Einheimischen dort kämpften, so war das für den Verlauf der übrigen Operationen ohne Einfluß.

Zur selben Zeit gelang es den Römern im Osten, auf diplomatischem Wege Philipp lahmzulegen. Die Aitoler und, gemeinsam mit ihnen, einzelne Staaten auf der Peloponnes sowie der König Attalos I. von Pergamon sahen nämlich mit Sorge die makedonischen Erfolge in Illyrien und traten, bangend um ihre Selbständigkeit, auf seiten Roms in den Krieg ein. Philipp mußte fortan seine Kräfte gegen die neuen Gegner wenden und konnte nicht mehr daran denken, die Operationen gegen die römischen Stellungen fortzusetzen.

Die karthagische Niederlage

Nach den Erfolgen auf Sizilien und im Osten hatte Rom nun in Italien die Hände frei. Sein erster großer Angriff richtete sich 211 gegen die Stadt Capua. Sie war schon seit langem von dem karthagischen Machtbereich fast abgeschnitten und ständig dem römischen Zugriff ausgesetzt gewesen. Jetzt versammelten sich die römischen Heere in Kampanien und schlossen die Stadt ein. Vergebens suchte Hannibal einzugreifen. Gegen die befestigten römischen Stellungen vermochte er nichts auszurichten, und sein Versuch, auf einem Zug nach Norden bis vor die Tore Roms die Initiative zurückzugewinnen und die Römer zur Aufhebung der Belagerung von Capua zu veranlassen, schlug fehl. Da man inzwischen Hannibals Schwächen kennengelernt hatte, blieb dieser berühmte Zug ein Stoß ins Leere. Damit war Capuas Schicksal besiegelt. Die Stadt mußte kapitulieren, und die Rache des Siegers traf alle die Bürger, die es gewagt hatten, mit dem Feind zu paktieren. Für Hannibal selber bedeutete das den Anfang vom Ende.

Allenthalben regten sich in den mit ihm verbündeten Gemeinden die römischen Parteigänger. Jeder suchte, um dem drohenden Geschick zu entgehen, noch in letzter Stunde den Anschluß an Rom. In den folgenden Jahren mußte Hannibal seine wichtigsten Stellungen in Apulien, Samnium und Lukanien räumen, und als 209 Tarentum fiel, sah er sich, auf den Raum von Bruttium beschränkt, von Norden, Westen und Süden her dem römischen Druck ausgesetzt. Jede Möglichkeit zu Operationen größeren Stils war ihm genommen.

Diese Rückschläge unterminierten zugleich Hannibals Stellung in Karthago. Dort sahen jetzt die Gegner der Barkiden ihre Stunde gekommen. In einem Augenblick, da Karthago mehr denn je einer einheitlichen Führung bedurft hätte, brachen die alten, nur vorübergehend von Hannibals Erfolgen überdeckten Gegensätze wieder auf. Sie blieben nicht auf die Hauptstadt beschränkt, sondern wirkten unmittelbar auf die einzelnen Kriegsschauplätze ein. Auf Sizilien kam es 211 zwischen dem karthagischen Feldherrn Hanno, einem Angehörigen der alten Geschlechter, und Hannibals Vertrauensmann Muttines zu einem schweren Konflikt, der die ohnedies zu erwartende Niederlage noch beschleunigte. Als Muttines 210 von Hanno seines Kommandos enthoben wurde, ging er zu den Römern über und spielte ihnen Agrigentum, den letzten wichtigen karthagischen Stützpunkt auf Sizilien, in die Hände. Hanno entkam mit wenigen Begleitern nach Afrika. Sizilien war wieder römisch.

Besonders verhängnisvoll aber wirkten sich diese Vorgänge auf Spanien aus. Dort hatten die Karthager im selben Jahr, als Capua fiel, einen großen Sieg errungen; sie hatten nicht nur die seit 212 angelaufene römische Offensive aufgehalten, sondern beide römischen Heere samt ihren Feldherren im Grenzgebiet zwischen Mittel- und Südspanien vernichtet. Nur noch wenige römische Einheiten behaupteten sich nördlich des Ebro. Viele der inzwischen zu Rom abgefallenen Stammesfürsten in Mittel- und Nordspanien suchten erneut Anschluß bei Karthago. Aber dieser karthagische Sieg trug bereits den Keim der Niederlage in sich.

Maßgebend beteiligt an diesem Sieg war neben Hannibals beiden Brüdern Hasdrubal und Mago auch Hasdrubal, der Sohn des Giskon, Abkömmling eines vornehmen karthagischen Geschlechts. Er fühlte sich den Barkiden ebenbürtig und machte seine eigenen Ansprüche geltend. Hannibals Bruder Hasdrubal aber, der legitime Herr in Spanien, besaß nicht die Kraft, sich ihm gegenüber durchzusetzen. Fortan lähmte der Zwist der karthagischen Feldherren alle weiteren Operationen, man verspielte die Chancen des Sieges und gab den Römern die Möglichkeit, ihre Positionen zu stärken. 210 übertrugen diese dem damals fünfundzwanzigjährigen Publius Cornelius Scipio das Kommando in Spanien. Als Sohn des im Vorjahr gefallenen Feldherrn schien er in erster Linie für diese Aufgabe legitimiert. Man hätte auch keine bessere Wahl treffen können.

Zur Zeit seiner Ankunft im Ebrogebiet dachten die miteinander verfeindeten karthagischen Feldherren vornehmlich an die Wahrung ihrer eigenen Ansprüche und waren auf größere römische Aktionen nicht gefaßt; ihre Armeen waren weithin über das südliche und mittlere Spanien verteilt. Das nutzte Scipio aus. In einem kühnen Zug längs der Küste nach Süden erreichte er 209 Neukarthago und brachte im Handstreich die Hauptstadt der Barkiden mit ihren Magazinen und den dort festgehaltenen spanischen Geiseln in seine Gewalt. Der Fall von Neukarthago hatte weittragende Folgen. Nicht nur gingen jetzt zahlreiche spanische Fürsten zu dem jungen Sieger über und nicht nur sahen sich die Karthager auf das südliche Spanien zurückgedrängt, sondern zugleich wurde damit auch die Stellung der Barkiden in Spanien an der Wurzel getroffen.

Hannibals Bruder Hasdrubal hatte als einziger der karthagischen Feldherren in der Nähe gestanden, und er trug in erster Linie die Verantwortung für diese Niederlage. Sein bereits angeschlagenes Prestige war damit vollends erschüttert. Auf der einen Seite von Scipio bedrängt, auf der anderen von seinem Rivalen, dem Giskoniden Hasdrubal, der nur auf den Augenblick wartete, ihn ganz zu verdrängen, befand er sich in einer fast ausweglosen Lage. Er suchte zu retten, was noch zu retten war. Im Frühsommer 208 stellte er sich allein bei Baecula am Eingang in das Tal des Guadalquivir den Römern zum Kampf. Die anderen karthagischen Heere waren fern; selbst in diesem Augenblick, da es um das Schicksal Spaniens ging, überschattete der Gegensatz der karthagischen Feldherren das gemeinsame Anliegen. Scipio blieb Sieger, und der geschlagene Hasdrubal zog mit den Resten seiner Armee nach Norden ab. Er verließ Spanien, wo seine Rolle ausgespielt war, um sich in Italien mit seinem Bruder Hannibal zu vereinigen, ein allerdings in jeder Hinsicht verzweifelter Entschluß.

Hannibal war bereits auf den Raum von Bruttium zurückgedrängt, und die Römer bereiteten für 208 die letzte große Offensive gegen ihn vor. Da änderte sich noch einmal die Lage. Im Verlauf des Sommers scheiterten nicht nur ihre von Rhegion aus gegen Lokroi unternommenen Angriffe, sondern, was noch wesentlicher war, die beiden Konsuln Marcellus und Crispinus gerieten auf einem Erkundungsritt im apulisch-lukanischen Grenzgebiet in einen Hinterhalt, wobei der eine den Tod fand, der andere schwerverwundet entkam. Vorübergehend kamen die römischen Operationen dadurch zum Stillstand. Hannibal gewann eine gewisse Bewegungsfreiheit zurück und wagte sogar einzelne Vorstöße bis nach Nordapulien, freilich ohne bleibenden Erfolg. Als nicht lange danach in Rom die Nachricht eintraf, daß Hasdrubal Spanien verlassen habe und in Gallien angekommen sei, war die Bestürzung groß. Der Krieg in Italien, den man schon 208 hatte beendigen wollen, schien, wenn die Vereinigung der beiden Brüder gelang, ins Unabsehbare verlängert. Das war um so bedenklicher, als die eigenen Reserven ziemlich erschöpft waren. 209 hatten sich bei den Aushebungen zwölf latinische Kolonien für außerstande erklärt, die geforderten Mannschaften für das Heer zu stellen, und man hatte das hinnehmen müssen. Zudem war durch den Niedergang der Landwirtschaft in Italien und Sizilien die Getreideversorgung Roms gefährdet; nur die Einfuhr ägyptischen Getreides hatte noch die dringendste Not beheben können.

Aber im Grunde überschätzte man die Gefahr. Hasdrubal war nicht mit Hannibal zu vergleichen. Ihm fehlte der Elan, vor allem das strategische Genie. Wohl konnte er bei Eintritt der guten Jahreszeit ohne allzu schwere Verluste die Alpen überschreiten, konnte auch bei den Galliern der Poebene sein Heer ergänzen, aber sein Versuch, sich im Raum von Ariminum den Zugang nach Mittelitalien zu öffnen, schlug fehl. Die Römer besaßen den Vorteil der inneren Linie. Während die Legionen des Konsuls Gaius Claudius Nero Hannibal im Süden bei Canusium festhielten, stellte im Norden Marcus Livius, in letzter Stunde noch von rasch dahin geworfenen Einheiten seines Kollegen unterstützt, die Karthager am Metaurus zum Kampf und rieb sie völlig auf. Damit war der Krieg auf italischem Boden praktisch zu Ende. Hannibal mußte sich nach Räumung seiner letzten Außenposten auf den Raum von Kroton und Lokroi zurückziehen, wo er ohne jede Unterstützung von außen und ohne zureichende Basis während der folgenden Jahre in dem unzugänglichen Bergland einen Kleinkrieg führte.

Ein Jahr nach der Schlacht am Metaurus fiel auch in Spanien die Entscheidung. Bei Ilipa, am Unterlauf des Guadalquivir, besiegte Scipio die Karthager. Hasdrubal, der Sohn des Giskon, floh nach Afrika, während Hannibals Bruder Mago nach einem kurzen Aufenthalt in Gades mit seinen letzten Truppen zu Schiff nach Genua fuhr, in der schwachen Hoffnung, von da aus dem noch andauernden Kampf der oberitalischen Stämme gegen Rom neuen Auftrieb zu geben.

Etwa zur selben Zeit schloß Rom Frieden mit Philipp von Makedonien. Schon während der letzten Jahre hatte es den Kampf gegen ihn fast nur von seinen griechischen Bundesgenossen führen lassen, und als diese sich 206 mit Makedonien verglichen, blieb ihm nichts anderes übrig, als ihrem Beispiel zu folgen. Man nahm in Kauf, daß Philipp einige der eroberten Gebiete im illyrischen Hinterland behielt und somit als einziger von Karthagos Bundesgenossen mit einem bescheidenen Gewinn aus dem Krieg ausschied. Für die letzte Auseinandersetzung mit Karthago wollte man die Hände frei haben.

In diesem letzten Stadium des Krieges spielten bereits politische Überlegungen eine gewichtige Rolle. Anders als im Ersten Punischen Krieg wollte Rom Karthago endgültig niederzwingen und für alle Zukunft als politische Potenz ausschalten. Um das zu erreichen, mußte man in Afrika landen und der besiegten Stadt vor ihren Toren den Frieden diktieren. Für diesen Plan setzte sich vor allem Scipio ein, der nach seiner Rückkehr aus Spanien für das Jahr 205 zum Konsul gewählt worden war. Er war damals unstreitig Roms größtes militärisches Talent und traute es sich zu, diese Aufgabe zu meistern. Manchen, zumal den Angehörigen der älteren Generation wie dem greisen Fabius, erschien das als Wagnis – das Schicksal des Regulus ein halbes Jahrhundert zuvor war noch nicht vergessen –, und noch immer stand Hannibal in Italien. Nicht von ungefähr hat man damals das Idol der Magna Mater aus dem kleinasiatischen Pessinus nach Rom geholt, um sich auf diese Weise der Hilfe der mächtigen unbekannten Göttin zu versichern. Scipio setzte sich jedoch mit seinen Argumenten im Senat durch und erhielt den Auftrag, die Invasion gegen Afrika vorzubereiten und durchzuführen. Auf Hannibal nahm er dabei keine Rücksicht mehr, schon gar nicht, nachdem es seinen Truppen gelungen war, die Stadt Lokroi im Handstreich zu nehmen und die Karthager auf den Raum von Kroton zurückzudrängen. Wie die Dinge lagen, konnte es ihm sogar nur lieb sein, wenn der gefürchtete Gegner zur Ohnmacht verurteilt in Italien blieb und ihm nicht auf afrikanischem Boden entgegentrat.

Im Sommer 204 waren die Rüstungen vollendet, in Lilybaeum sammelten sich Heer und Flotte für die Überfahrt. Da erfuhr Scipio, daß der König Syphax von Numidien, bisher Roms Verbündeter, auf die karthagische Seite übergegangen sei; mit dessen Unterstützung hatte er gerechnet und zum Teil darauf seine Pläne aufgebaut. Jetzt teilte ihm der König mit, er werde das Bündnis mit Rom lösen, sobald römische Truppen afrikanischen Boden beträten. Wenig nützte es im Augenblick, daß sich Masinissa, der Rivale des Syphax, nunmehr den Römern anschloß, denn dieser war damals noch ein Fürst ohne Land und ohne Macht. So geriet Scipio, der trotzdem die Fahrt wagte, nach der Landung in Afrika zunächst in große Schwierigkeiten.

Ruinen römischer Wohnhäuser in Agrigentum, 3.–1. Jahrhundert v. Chr.

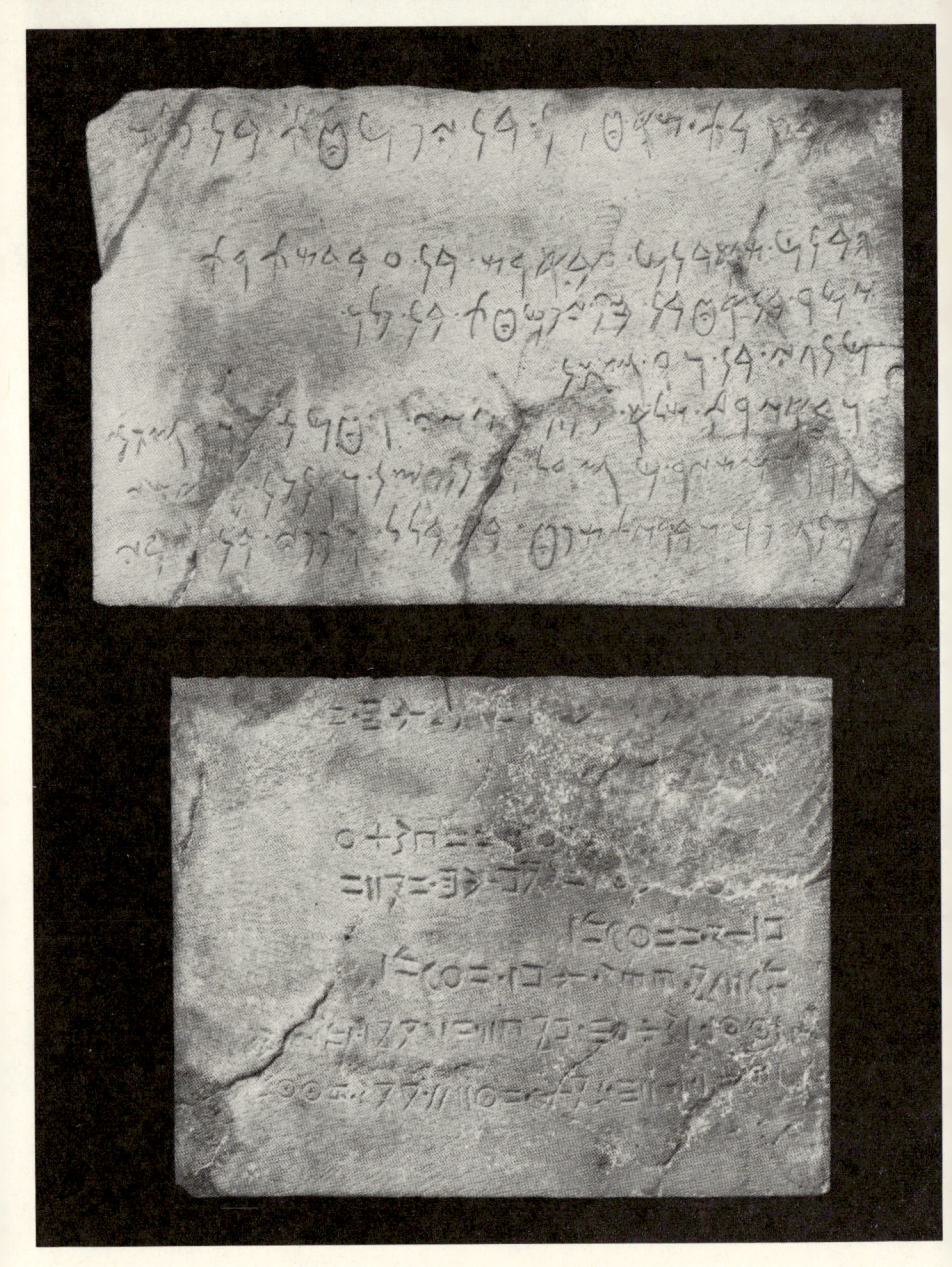

Phönikische und numidische Inschrift
mit den Namen der Steinmetzen am Bau des Mausoleums für den Masinissa-Anhänger Ateban in Thugga/Tunesien,
Ende 3. Jahrhundert v. Chr. London, British Museum

Während des Winters 204/203 mußte er sich auf einer kleinen Halbinsel unweit von Utica verschanzen, indessen die vereinigten karthagisch-numidischen Heere, den Römern weit überlegen, ihn vom Land her einschlossen. Scipios Bedrängnis suchte Hasdrubal, der Sohn des Giskon, jetzt der führende Mann in Karthago, auszunutzen, um noch in letzter Stunde einen für Karthago erträglichen Frieden zu erreichen. Unter Vermittlung des Syphax bot er als Preis für den Abzug der Römer aus Afrika die Rückberufung Hannibals und Magos aus Italien an. Um über die schwierigen Wintermonate hinwegzukommen, ging Scipio zum Schein darauf ein, schloß auch einen Waffenstillstand, aber bei Eintritt des Frühjahrs brach er plötzlich die Verhandlungen ab, kündigte die Waffenruhe und überfiel gleich in der darauffolgenden Nacht den völlig überraschten Feind in seinem Lager. Wohl gelang es Hasdrubal, den mutlos gewordenen Syphax auf seiner Seite zu halten und aus den zersprengten Truppen und eiligst neu ausgehobenen Mannschaften noch einmal ein Heer aufzustellen, das an Zahl etwa den Römern gleichkam, aber er zögerte damit die Entscheidung nur hinaus. Einen Monat später unterlag er Scipio in der Schlacht auf den »Großen Feldern« am Mittellauf des Medjerda. Wie ein Kartenhaus brach jetzt das Reich des Syphax zusammen, Roms Bundesgenosse Masinissa übernahm das Erbe seines Rivalen und vereinigte die ursprünglich getrennten numidischen Stämme unter seiner Herrschaft. Karthago war völlig isoliert.

Hier kamen nach Hasdrubals Sturz die Anhänger Hannibals wieder zum Zuge. Auf ihre Veranlassung wurde die Stadt in Verteidigungszustand versetzt, die Flotte gegen die römischen Schiffe bei Utica ausgesandt, und vor allem gingen Boten nach Italien, um Hannibal und Mago heimzuberufen. Aber als die Römer weitere Fortschritte machten, die karthagische Flotte geschlagen wurde und Scipio den größten Teil des flachen Landes in Besitz nahm, schien es nicht mehr ratsam, auf Hannibals Rückkehr zu warten. Karthagische Gesandte erschienen in Scipios Lager und baten um Frieden. Dieser war nicht abgeneigt. Seine Bedingungen gingen freilich wesentlich über die karthagischen Vorschläge vom Winter 204/203 hinaus. Die Karthager sollten nicht nur auf sämtliche überseeischen Besitzungen verzichten, sondern überdies ihre Kriegsflotte auf zwanzig Schiffe reduzieren und sich zur Zahlung von fünftausend Talenten verpflichten. Die Regierung nahm diese Bedingungen als Verhandlungsgrundlage an. Während in Afrika die Waffen ruhten, reisten ihre Vertreter nach Rom ab. Als dann dort der Senat zugestimmt hatte, fehlte nur noch die formelle Bestätigung von karthagischer Seite. Aber dazu kam es nicht, denn inzwischen war Hannibal mit den Resten seines Heeres in Afrika eingetroffen.

Damit schienen die Chancen Karthagos wieder gestiegen. Die römischen Friedensbedingungen wurden als zu hart verworfen, man hoffte, der große Feldherr werde noch einmal das Geschick wenden. Während des Winters 203/202 rüstete Hannibal; aus den karthagisch-libyschen Aufgeboten, aus Söldnern und seinen eigenen Veteranen brachte er ein Heer von etwa vierzigtausend Mann zusammen. Der Zahl nach kam es den Römern gleich, aber sein Kampfwert war unterschiedlich, vor allem war die Reiterei unterlegen. Hannibal selbst machte sich wohl darüber kaum Illusionen. Er suchte, als die feindlichen Heere sich bei Zama, etwa zweihundert Kilometer südlich von Karthago, gegenüberlagen, zunächst zu verhandeln. In einer Unterredung mit Scipio erklärte er sich zum Frieden bereit, wenn die Römer auf die geforderten Tribute und die Reduzierung der Kriegsflotte verzichteten. Als dieser ablehnte, kam es zum letzten entscheidenden Kampf. Die militärische Ausgangslage in der Schlacht von Zama war umgekehrt wie einst bei Cannae. Die Römer verfügten dank Masinissas Hilfe über eine überlegene Reiterei, während Hannibal versuchen mußte, die Entscheidung mit dem Fußvolk zu erzwingen. Planung und Anlage der Schlacht, die Herausziehung der Veteranen als Reserve zeigten noch einmal sein strategisches Genie, aber das Instrument, über das er verfügte, war unvollkommen und brüchig. In dem entscheidenden Augenblick versagten die Soldaten, und die Schlacht endete mit einer völligen Niederlage. Was nicht fiel, geriet in römische Gefangenschaft. Anders als Rom nach Cannae verfügte Karthago am Abend der Schlacht über keinerlei Reserven mehr. Es mußte Frieden schließen um jeden Preis.

Rom nutzte das aus. Gegenüber den Vereinbarungen vom Vorjahr wurden nicht nur die Kontributionen auf zehntausend Talente, zahlbar in fünfzig Jahresraten, erhöht und die Kriegsflotte auf zehn Schiffe reduziert, sondern nun wurde auch die außenpolitische Souveränität Karthagos praktisch aufgehoben. Außerhalb Afrikas durfte hinfort die Stadt keinerlei militärische Aktionen durchführen und auch in Afrika selbst nur mit römischer Genehmigung.

Ihr ganzes Gewicht erhielt diese Forderung durch den Aufstieg des numidischen Reiches unter Masinissa. Einst war Karthago in Nordafrika unbestritten die führende Macht gewesen und von den zahlreichen, sich gegenseitig bekämpfenden einheimischen Stämmen auch als solche respektiert worden. Jetzt stand neben ihm eine zweite Macht, die ihrerseits den Anspruch auf die Hegemonie erhob und bei allen ihren Unternehmungen der römischen Hilfe gewiß sein konnte. Fast wehrlos sah sich Karthago dem König Masinissa preisgegeben. Ob und in welchem Umfang es weiterexistieren werde, hing letztlich allein von Roms Ermessen ab. Eine Gefahr bedeutete es fortan nicht mehr. Der Friede, 201 ratifiziert, schien die Voraussetzungen zerstört zu haben, auf denen einst die Rivalität zwischen den beiden Großmächten im Westen, Karthago und Rom, beruht hatte.

Roms Vormachtstellung im Westen

Mit dem Schicksal Karthagos verknüpfte sich, ähnlich wie schon während des Ersten Punischen Krieges, das der Westgriechen. In den Jahren nach 216 hatten sie zum letztenmal versucht, ihre bereits verlorene politische Stellung zurückzugewinnen. In den Trümmern von Syrakus, Agrigentum und Tarentum lagen jetzt diese Hoffnungen endgültig begraben. Jeder Ansatz zu einer weiteren eigenständigen Entwicklung war erstickt. Die einst blühenden Landschaften Süditaliens und Siziliens, von denen in der Vergangenheit starke wirtschaftliche und kulturelle Impulse auf die Länder des westlichen Mittelmeers ausgegangen waren, sanken in ein gleichsam geschichtsloses Dasein zurück. Das traf selbst die Gemeinden, die wie Neapel auf römischer Seite geblieben waren. Ähnlich wie im südöstlichen

Apulien Brundisium das Erbe Tarentums antrat, so überflügelte in Kampanien das römische Puteoli bald das benachbarte Neapel. Von allen westgriechischen Staaten hat nur Massilia an der Rhônemündung dank seiner peripheren Lage sich einigermaßen behaupten können, aber auch seine politischen Möglichkeiten waren hinfort durch die Festsetzung der Römer in Ligurien und an der spanischen Ostküste wesentlich eingeengt.

Entschieden war mit dem Ausgang des Krieges auch das Geschick der Stämme Oberitaliens, der Ligurer und der gallischen Insubrer und Boier, die seit 218 die römische Herrschaft noch einmal abgeschüttelt hatten. Noch setzten sie ihren Widerstand fort. Zehn Jahre sollte es insgesamt dauern, bis die Römer erst die Insubrer (196) und schließlich die Boier (191) endgültig niedergeworfen hatten; im ligurischen Bergland kamen die Kämpfe sogar erst in den siebziger Jahren zu einem vorläufigen Abschluß. Das Ergebnis dieser mit unerhörter Grausamkeit geführten Kriege war die fast völlige Ausrottung der gallischen Einwohner in den Gebieten südlich des Po. Diese fruchtbaren Landschaften wurden seit 190 von italischen Kolonisten besiedelt und in das übrige Italien einbezogen. Die gallische Gefahr bestand nicht mehr.

Während die Eroberung Norditaliens aber nur die letzte Konsequenz einer bereits seit dem frühen 3. Jahrhundert begonnenen Entwicklung war, bedeutete die sich im Verlauf des Zweiten Punischen Krieges vollziehende Festsetzung der Römer in Spanien in mancher Hinsicht etwas Neues. Spanien hatte bis in die dreißiger Jahre des 3. Jahrhunderts für Rom und Italien an der Peripherie gelegen. Es gab zwischen ihnen so gut wie keine Verbindungen. Auch am Vorabend des Zweiten Punischen Krieges war es für die Römer nur als Teil des karthagischen Machtbereichs interessant geworden, und entsprechend hatte ihr militärisches Eingreifen seit 218 in erster Linie den Karthagern gegolten. Nach dem Sieg über Karthago gab es an sich für die Anwesenheit der Römer keinen triftigen Grund mehr; man hätte, ohne die eigene Sicherheit zu gefährden, Spanien sich selbst überlassen und damit den Zustand wiederherstellen können, wie er vor den Barkiden bestanden hatte. Aber man hat das nicht getan, sich vielmehr entschlossen, endgültig in Spanien zu bleiben.

Die Gebiete der Ostküste von den Pyrenäen bis hin nach Neukarthago und die südlichen Landschaften im Raum des heutigen Granada und Andalusien wurden als *Hispania citerior* und *Hispania ulterior* römische Provinzen und zu ihrer Verwaltung 197 zwei neue Prätorenstellen geschaffen. Das hatte weittragende Folgen. Da die spanischen Stämme – und das hatte sich schon seit 206 gezeigt – nicht gewillt waren, ohne weiteres die römische Herrschaft zu akzeptieren, mußte man hinfort zur Sicherung der neuen Gebiete starke militärische Kräfte einsetzen. Bis in das dritte Viertel des 2. Jahrhunderts hinein war Spanien fast ständig Kriegsschauplatz und bedeutete zeitweise sogar für die römische Politik und Kriegführung eine große Belastung. In der Regel standen dort Jahr für Jahr etwa vier Legionen, zeitweise mehr als ein Drittel des gesamten römischen Aufgebots. Zugleich überschritt aber Rom mit der Besitzergreifung Spaniens auch zum erstenmal die Grenzen des weiteren italischen Raums; die beiden ersten Provinzen Sizilien und Sardinien hatten ja noch zu ihm gehört. Sein unmittelbarer Machtbereich erstreckte sich nunmehr bis zur Straße von Gibraltar. Die Zeit, da Spanien weithin isoliert ein eigenes Dasein führte, ging zu Ende.

Als Teil des *Imperium Romanum* wurde es einbezogen in die politische Ordnung der Mittelmeerwelt, wurde nach schwerem Ringen und unter unendlichen Opfern schließlich neben Italien zum zweiten Eckpfeiler der künftigen *Romania*.

Roms Eingreifen im Osten

Diese für die weitere Zukunft so bedeutsamen Vorgänge in Italien und Spanien wurden zunächst in den Schatten gestellt durch die unmittelbar nach 200 erfolgte Wendung der römischen Politik nach dem Osten. Sie sollte das Schicksal der Mittelmeerwelt für mehr als ein halbes Jahrtausend bestimmen. Wie wir heute die Dinge sehen, lag damals ein unbedingter Zwang zum Eingreifen für Rom nicht vor. Keiner der Staaten im Osten hatte unmittelbar seine Interessen verletzt, und vollends war keiner imstande, es ernsthaft zu bedrohen. Man könnte also sagen, daß die römische Politik im entscheidenden Augenblick durchaus die Freiheit der Entscheidung besaß und mit ihrem Eingreifen letztlich nur ihren immanenten Herrschaftsgelüsten nachgab. Die Römer haben das nachträglich abgestritten, und ganz unrecht hatten sie wiederum auch nicht. Ihre damaligen Politiker begriffen manches noch nicht, was die späteren leicht sehen konnten. In die vielfältigen Fragen der eigenen Gegenwart verstrickt, legten sie manchen Dingen ein Gewicht bei, das den wirklichen Verhältnissen nicht entsprach. Vor allem waren sie durch die Erfahrungen der letzten Jahrzehnte mißtrauisch geworden, und das trübte ihr eigenes Urteil. Zweifellos gab es damals in den Augen der Römer eine Reihe von Momenten, die eine Intervention notwendig machten, und der moderne Historiker wird das zur Kenntnis nehmen müssen.

Roms Interesse an den politischen Vorgängen im Osten war damals, von dem benachbarten Illyrien abgesehen, noch sehr jungen Datums. Es reichte kaum über das Jahr 215 zurück, als sich Philipp V. von Makedonien Hannibal angeschlossen hatte. Erst mit Rücksicht darauf waren seit 212 Abmachungen mit einzelnen griechischen Staaten getroffen worden, wie mit den Aitolern und dem König Attalos von Pergamon, die eigentlich nur den Zweck hatten, Rom zu einem Zeitpunkt auf dem östlichen Kriegsschauplatz zu entlasten, da es alle Kräfte gegen Karthago aufbieten mußte. In der Tat sollten hier die Bundesgenossen die Hauptlast des Kampfes tragen. Die Folge davon war, daß Rom nach dem Ausscheiden der Aitoler aus der Koalition wohl oder übel auch seinerseits mit Philipp Frieden schloß (205). In Rom hatte man wenig Anlaß, mit besonderer Genugtuung auf das Ergebnis dieses Ersten Makedonischen Krieges zurückzublicken. Alles war im Grunde im Fluß geblieben, auf die griechischen Bundesgenossen war kein rechter Verlaß; zudem widersprach das Abkommen mit Philipp, das deutlich genug alle Merkmale eines Kompromisses trug, geradezu den Traditionen der römischen Politik, die auf klare Entscheidungen Wert legte. Schon deshalb mußte es fraglich sein, ob man sich mit einer solchen Lösung auf die Dauer begnügen werde.

Noch gravierender wurde jedoch ein anderes Moment. Philipps Eingreifen in den Hannibalischen Krieg hatte gezeigt, daß Italien auch vom Osten her bedroht war. Nach den

Erfahrungen mit Hannibal, der vom fernen Spanien aus den Zug nach Italien gewagt hatte, lastete die Sorge vor einer erneuten Invasion wie ein Alpdruck auf den römischen Politikern. Vielleicht wäre mit der Zeit die quälende Erinnerung an Cannae abgeklungen, wenn nicht ausgerechnet in den letzten Jahren des Krieges mit Karthago die Dinge im Osten wieder in Bewegung geraten wären.

Ausgelöst wurden sie durch gewisse Vorgänge in Ägypten. Im Jahre 204 (?) starb dort der König Ptolemaios IV. Philopator. Schon während seiner Regierung war Ägypten von seiner einstigen Höhe abgesunken. Aufstände der Einheimischen und wirtschaftliche Krisen hatten es im Innern zerrüttet, sein traditionelles Ansehen unter den übrigen Mächten war durch die Aktivität und Energie der Könige von Makedonien und Syrien gemindert worden. Als nun nach dem Tod Philopators die Nachfolge auf seinen fünfjährigen Sohn überging, wurde die Schwäche Ägyptens vollends offenbar. Den Vormündern des jungen Königs fehlte – im Inneren wie nach außen – die notwendige Autorität. Das rief nun die alten Rivalen der Ptolemäer wieder auf den Plan, zunächst einmal König Antiochos III. von Syrien, der damals auf der Höhe seiner Macht stand. 205 war er von seinem großen Zug nach dem Osten zurückgekehrt, der ihn bis an die Grenzen Indiens geführt hatte. Berauscht von seinen Erfolgen setzte er alles daran, das Reich seiner Vorfahren im alten Glanz wiedererstehen zu lassen. Der Gewinn Koilesyriens, damals im Besitz Ägyptens, doch seit jeher von den Seleukiden beansprucht, war sein nächstes Ziel. Mit seinem Heer rückte er 201 dort ein, und im Sommer 200 besiegte er die ägyptischen Truppen. In gleicher Weise nutzte auch Philipp von Makedonien die Chance. Sein Prestige war durch den ehrenvollen Frieden mit Rom gestiegen, und die einst von Ägypten geschützten Staaten Griechenlands und der Ägäis schienen seinem Zugriff offen zu liegen. Ob es zwischen ihm und Antiochos zu einem Bündnis gekommen ist, mit dem Ziel, das Gebiet der Ptolemäer unter sich aufzuteilen, mag fraglich sein; im Ergebnis aber gingen beide insofern zusammen, als nunmehr jeder für sich aus der Schwäche der dritten Macht zu profitieren suchte.

In den Jahren seit dem Frieden von Phoinike (205) dehnte Philipp seine Macht in Griechenland aus, griff über nach Thrakien, setzte sich an den Meerengen fest und traf Vorbereitungen, um in der Ägäis und dem westlichen Kleinasien Fuß zu fassen. Sichtlich war er – zumindest mochte das dem oberflächlichen Betrachter so scheinen – auf dem Wege, Makedonien die Stellung zurückzugewinnen, die es einst unter Philipp II., dem Vater Alexanders des Großen, besessen hatte. Besonders bedroht fühlten sich durch diese Entwicklung der König Attalos von Pergamon und der Inselstaat Rhodos. Beide hatten in der Vergangenheit von der Rivalität der großen Mächte profitiert und waren dabei selber gewachsen. Ihre Lage war nicht einfach. Von Ägypten konnten sie keine Hilfe erwarten, Antiochos, der nur darauf wartete, seine eigene Herrschaft in Kleinasien aufzurichten, kam als Bundesgenosse kaum in Frage. So richteten beide ihre Hoffnungen auf Rom, zu dem Attalos schon seit 210 in guten Beziehungen stand und das er sich überdies 205 durch die Übersendung des Idols der Magna Mater aus Pessinus verpflichtet hatte. Im Sommer 201 erschienen die pergamenischen und rhodischen Gesandten vor dem römischen Senat und baten um Unterstützung.

Dieser stand vor einer nicht ganz einfachen Entscheidung. Erst vor einem Jahr hatte er ein ähnliches Ansinnen der Aitoler schroff zurückgewiesen. Zudem war in Rom die Stimmung für einen neuen Krieg nicht eben groß. Es schien nach den vergangenen schweren Jahren und der starken Beanspruchung in Oberitalien und Spanien nicht allzu verlockend, sich in neue unbekannte Verhältnisse einzumischen. So hat denn auch, als es soweit war, die Zenturienversammlung den Kriegsbeschluß gegen Philipp zunächst abgelehnt. Aber zwei Momente gaben bei den Überlegungen des Senats schließlich den Ausschlag. Das war einmal die Tatsache, daß Philipps Macht seit 205 wesentlich gewachsen war. Es schien untragbar, daß ein Staat, der vier Jahre zuvor mit Rom Frieden geschlossen hatte, die Kräfteverhältnisse eindeutig zu seinen Gunsten veränderte und ohne Rücksicht auf Rom seine eigenen Wege ging. Spielte sich hier nicht Ähnliches ab wie nach 237/236 in Karthago, wo es den Barkiden innerhalb von zwei Jahrzehnten gelungen war, die karthagische Macht so zu stärken, daß sie für die Römer zu einer tödlichen Bedrohung wurde? Derartige Befürchtungen mochten grundlos sein, aber wer konnte damals wissen, daß Philipp nicht mit Hannibal zu vergleichen war. Ein Weiteres kam hinzu. Roms Renommee war, wie man wohl auch im Senat wußte, in Griechenland nicht besonders gut. Wenn man jetzt die beiden Mächte, die um Hilfe baten, einfach zurückwies und damit ihrem Schicksal überließ, hätte man in der Zukunft schwerlich auf Bundesgenossen in der hellenistischen Welt zählen können. Wollte der Senat nicht jeden Einfluß auf den Osten verlieren, mußte er jetzt Stellung nehmen.

So versprach man den Gesandten, man werde sich ihrer Sache annehmen. Zugleich wählte man für das Jahr 200 einen der wenigen Männer, die die östlichen Verhältnisse aus eigener Erfahrung kannten, zum Konsul: Publius Sulpicius. Die Wendung der römischen Politik nach dem Osten war damit eingeleitet, freilich im Augenblick auch nicht mehr. An sich brauchte eine Intervention zugunsten von Rhodos und Pergamon nicht unbedingt zum Krieg zu führen, zumal sich Philipp selbst, genaugenommen, gegenüber Rom bisher durchaus korrekt verhalten hatte. Voraussetzung dafür wäre freilich gewesen, daß sich Rom lediglich um die Beilegung des Konflikts zwischen seinen Bundesgenossen und Makedonien bemüht hätte. Aber gerade das tat es nicht. Seine Gesandten, die im Sommer 200 in Griechenland eintrafen, dabei unter anderem Athen und Rhodos aufsuchten, erhoben den Streitfall zu einer grundsätzlichen Frage; sie verkündeten als Programm der römischen Politik ganz allgemein die Sicherung der griechischen Freiheit vor makedonischen Übergriffen.

Zunächst wurden dem makedonischen Feldherrn Nikanor, der damals in Attika operierte, die römischen Forderungen übermittelt, dann suchte der römische Gesandte Marcus Aemilius Lepidus persönlich den König Philipp auf, der eben die Stadt Abydos am Hellespont belagerte. Er erklärte ihm in ultimativer Form, er habe sich jeglicher Aggressionen gegenüber den griechischen Staaten zu enthalten und die Schlichtung seines Streits mit Rhodos und Pergamon einem neutralen Schiedsgericht zu überlassen. Rechtlich war das römische Ultimatum schwach fundiert. Es gehörte schon das naive Selbstbewußtsein einer jungen Macht dazu, derartige Forderungen an den König eines der größten Staaten des Ostens zu stellen. Aber auch ohnedies konnte Philipp kaum darauf eingehen, denn damit hätte er sein Ansehen in Griechenland verspielt und einer römischen Intervention für alle Zukunft Tür und Tor geöffnet. Er setzte die Belagerung der Stadt Abydos fort, und die kurz darauf erfolgte Zerstörung der Stadt zeigte aller Welt, daß er gewillt war, die römischen Forderungen zu ignorieren. Damit war der Krieg da.

Der Krieg gegen Philipp V. von Makedonien

Zunächst liefen die militärischen Operationen auf beiden Seiten nur langsam an. Im Herbst 200 landete der Konsul Sulpicius mit zwei Legionen in Apollonia. Dann brachte der Winter eine Ruhepause. Aber auch im folgenden Sommer kam es nicht zu entscheidenden Kampfhandlungen. Schon bald zeigte sich nämlich, daß vom Westen her, wo die hohen unwegsamen Gebirge jede größere Aktion unmöglich machten, Makedonien nicht anzugreifen war. Ebensowenig richteten die Unternehmungen der vereinigten römisch-rhodischen Flotte etwas aus. Um so wesentlicher waren die Erfolge der römischen Diplomatie. Im Sommer 199 traten die Aitoler auf Roms Seite und öffneten damit den römischen Legionen den Weg nach Mittelgriechenland. Auch Philipps bisherige Bundesgenossen wurden unsicher, der massive römische Druck tat ein übriges, und 198 schlossen sich der Achaiische Bund und Boiotien den Römern an.

Philipp hatte damit zumindest politisch schon das Spiel verloren. Er sah sich völlig isoliert, auch auf Antiochos III., dem damals in seinem Streit mit Ägypten viel an der wohlwollenden Neutralität Roms gelegen war, konnte er nicht zählen. So traf er sich zur Einleitung von Friedensverhandlungen im November 198 mit dem römischen Feldherrn Titus Quinctius Flamininus bei Nikaia am Golf von Malia. Das Gespräch, kompliziert durch die teilweise recht rigorosen Forderungen der griechischen Verbündeten, drehte sich vor allem um das Schicksal der drei großen griechischen Festungen Akrokorinth, Chalkis und Demetrias. Während der König sonst zu allen Konzessionen bereit war, wollte er auf diese unter keinen Umständen verzichten, denn auf ihrem Besitz hatte bislang sein Einfluß in Griechenland beruht. Aber gerade auf die Ausschaltung Makedoniens aus Griechenland kam es den Römern an, und so ging, nachdem auch der Senat Philipps Verlangen abgelehnt hatte, der Krieg im Frühjahr 197 weiter. Von Südwesten her fielen die durch aitolische Kontingente verstärkten römischen Truppen in Thessalien ein und trafen bei Kynoskephalai (»Hundsköpfe«), etwa zwanzig Kilometer nordöstlich von Pharsalos, mit den Makedonen zusammen. Die Schlacht endete mit einem eindeutigen römischen Sieg.

Jetzt mußte Philipp die römischen Bedingungen in vollem Umfang annehmen. Er wurde auf seine Stammlande beschränkt, mußte seine Stützpunkte in Griechenland räumen und auf Thessalien und seine thrakischen Besitzungen verzichten. Kriege durfte er hinfort nur noch gegen die Völker an der makedonischen Nordgrenze führen. Mochte damit auch Makedonien im Unterschied zu Karthago als politische Potenz noch nicht völlig ausgeschaltet sein, so waren doch die Voraussetzungen, auf denen bislang seine Stellung als Großmacht beruht hatte, so gut wie aufgehoben.

Aber der Friede mit Makedonien hatte nur die eine Seite des Problems gelöst. Fast automatisch kam auf die Römer die Frage zu, was mit Griechenland geschehen solle. Ihren Kampf gegen Philipp hatten sie unter der Parole »Befreiung Griechenlands von der makedonischen Vorherrschaft« geführt und damit die Mehrzahl der griechischen Staaten auf ihre Seite gebracht. Vorübergehend schien es so etwas wie eine griechische Einheit zu geben. Davon gingen die Römer aus. Die im Verlauf des Krieges entstandene Koalition sollte auch im Frieden weiterbestehen und die Grundlage für die neue Ordnung im Osten bilden. Ein »freies Griechenland«, den Römern für ihre Hilfe zu Dank verpflichtet und einig in dem Wunsch, ein Wiedererstarken Makedoniens zu verhindern, schwebte ihnen als Ziel vor. Das entsprach in etwa der Lösung in Nordafrika, wo Masinissa als Bundesgenosse Roms die Karthager in Schach hielt.

Aber schon bei den Friedensverhandlungen mit Philipp zeigte es sich, daß die Voraussetzungen hierfür in Griechenland wesentlich ungünstiger lagen. Nicht nur verlangten die Bundesgenossen ihren Anteil an der Beute – das mochte noch hingehen –, sondern sie nahmen dabei auch keinerlei Rücksicht aufeinander. Jeder dachte nur an sich und kämpfte erbittert um die Erfüllung seiner Sonderwünsche. Besonders die Aitoler taten sich dabei hervor; sie verlangten Gebietserweiterungen, die sie faktisch zu Herren über ganz Mittelgriechenland gemacht hätten. Natürlich waren die anderen damit nicht einverstanden. So brachen die alten, vorübergehend im Kampf gegen Philipp überbrückten Gegensätze zwischen den einzelnen Gemeinwesen erneut auf.

Trotzdem hielt die römische Politik zunächst an ihrem ursprünglichen Ziel fest. Man hatte wenig Lust, sich hier allzusehr zu engagieren, wollte vielmehr möglichst bald die eigenen Truppen aus Griechenland herausziehen, wofür vor allem der römische Oberbefehlshaber Flamininus eintrat. Geistig beweglich, aufgeschlossen und fähig, sich seiner jeweiligen Umgebung anzupassen, wußte er, wie man die Griechen zu behandeln hatte. Bei den Isthmischen Spielen in Korinth im Frühjahr 196 ließ er vor den Abgesandten ganz Griechenlands durch einen Herold die Freiheit aller einst von Makedonien abhängigen griechischen Stämme und Gemeinden verkünden. Sie sollten frei sein, ohne Besatzung, ohne Tribut, und hinfort nach ihren alten Gesetzen leben dürfen. Das betraf unter anderem auch die Festungen Akrokorinth, Chalkis und Demetrias, die nach dem Abzug der makedonischen Truppen von den Römern besetzt worden waren.

Die allgemeine Spannung machte sich in ungeheurem Jubel Luft. Nach langer Zeit der Unterdrückung schien endlich für Griechenland der Tag der Freiheit angebrochen. Die Römer wurden als die uneigennützigen Helfer gefeiert und auf das Haupt des Flamininus alle erdenklichen Ehren gehäuft. Doch bald folgte die Ernüchterung nach. Genaugenommen hatte die Proklamation von 196 keine Lösung der internen griechischen Streitfragen gebracht, ja nicht einmal den Weg dafür gewiesen, denn jeder der Beteiligten interpretierte das vielschillernde Wort Freiheit in seinem Sinn. Das Wichtigste war eigentlich noch zu tun, und die Römer konnten als die neuen Schutzherren Griechenlands sich dieser Aufgabe nicht ganz entziehen. Sie wiesen einmal die Aitoler in ihre Schranken, zum anderen unterstützten sie die Achaier in ihrem Kampf gegen den Tyrannen Nabis von Sparta. Wohl hatten sie dabei die Mehrzahl der griechischen Staaten hinter sich, die Aitoler genossen nicht viel Sympathien, und das Regime des Nabis mit seinen sozialrevolutionären Tendenzen wurde besonders von den besitzenden Kreisen Griechenlands verabscheut. Aber durch ihre Parteinahme unterstützten die Römer eine Entwicklung, die sie ursprünglich hatten vermeiden wollen. Griechenland zerfiel wieder in zwei Lager. Auf der einen Seite standen die sichtlich von Rom begünstigten Staaten, wie der Achaiische Bund und Athen, auf der anderen die Gruppe der Benachteiligten und Unzufriedenen, unter ihnen die Aitoler und Nabis, die nur auf die Gelegenheit warteten, ihre Ansprüche durchzusetzen. Es bedurfte nur eines geringen Anstoßes, um die schwelende Glut von neuem zu entfachen.

Rom und Antiochos III.

Diese Lage war für die Römer um so bedenklicher, als an der Ostküste des Ägäischen Meeres mittlerweile eine neue Macht erschienen war und ihre Ansprüche anmeldete: Antiochos III. von Syrien. Er rückte in die von Ägypten und Makedonien aufgegebenen Gebiete in Kleinasien und Thrakien ein. Noch im Verlauf des Jahres 197 hatte er die meisten Landschaften im südlichen und westlichen Kleinasien in Besitz genommen, im folgenden Jahr dann den Hellespont überschritten und eine Garnison in die Stadt Lysimacheia gelegt. Er folgte hier den Spuren seines Ahnherrn Seleukos, träumte von der Aufrichtung eines Reiches, das von Thrakien bis zum Indus, vom Kaukasus bis zur Grenze Ägyptens alle Länder umfassen sollte. Damit durchkreuzte er die Ansprüche Roms.

Schwerlich konnte Rom es hinnehmen, daß ihm eine andere Macht die Früchte seines Sieges streitig machte und ihren Einfluß gewissermaßen auf seine eigenen Kosten vergrößerte. Bereits 196 zur Zeit der Isthmischen Spiele kündeten sich die Spannungen an. Während Rom von Antiochos forderte, er solle die Freiheit der griechischen Gemeinden in Kleinasien und Thrakien respektieren, berief sich dieser auf die von seinen Vorfahren erworbenen Rechtstitel und lehnte die römischen Proteste ab. Ein Zusammentreffen der römischen Gesandten mit dem König in Lysimacheia im selben Herbst unterstrich noch einmal die Unvereinbarkeit der beiderseitigen Standpunkte. Die Situation war eigentlich schon damals reif für einen Krieg, ja genau besehen waren die Aktionen des Antiochos für das römische Prestige empfindlicher als einst Philipps Unternehmungen am Vorabend des Zweiten Makedonischen Krieges.

Aber trotz aller Proteste behandelte Rom die ganze Angelegenheit zunächst dilatorisch. Eine unmittelbare Gefahr für Italien schien anders als seinerzeit bei Makedonien nicht gegeben, zwischen Kleinasien und Italien lag Griechenland, und auch Philipp war nicht bereit, sich mit Antiochos zu verbinden. Unverkennbar scheute man auch den offenen Konflikt mit einer Macht, die nach dem Urteil der Zeitgenossen alle anderen an Ausmaß und materiellen Mitteln überragte. Hier war um so mehr Zurückhaltung geboten, als sich unterdessen die Lage im Westen ungünstig entwickelt hatte.

Bereits 197 waren in Spanien schwere Unruhen ausgebrochen und hatten im Jahre darauf zum Verlust weiter Landstriche im Süden und fast aller Gebiete nördlich des Ebro geführt. Bei den Beratungen des Senats traten die Sorgen um Spanien in den Vordergrund. Für 195 wurde neben den beiden Prätoren der Konsul Cato dorthin entsandt und für die Niederwerfung des Aufstands eine Armee von fünfzigtausend Mann eingesetzt. Da außerdem die Kämpfe in Oberitalien, zumal gegen die Boier, ein Heer von gleicher Stärke beanspruchten, war man gar nicht in der Lage, entsprechende Truppenmassen für einen neuen Krieg im Osten bereitzustellen. Verdüstert wurde der Horizont noch zusätzlich durch ungünstige Nachrichten aus Karthago. Dort war es 196 Hannibal gelungen, seine Wahl zum Sufeten durchzusetzen, und die Gefahr, daß er die Macht ganz an sich reißen würde, war vorübergehend groß. Noch immer fürchteten die Römer den gewaltigen Mann, und niemand konnte voraussehen, was er als Herr von Karthago tun werde. Gewiß genügte dann eine diplomatische Intervention von seiten Roms, um dort die römischen Parteigänger wieder ans Ruder zu bringen, und nachdem Hannibal 195 geflohen war, schien sich die Lage wieder zu beruhigen. Aber alle diese Vorgänge zeigten doch, wie schwankend der Boden der römischen Herrschaft im Westen noch war. So überwogen im Senat die Stimmen, die vor einem entschiedenen Vorgehen im Osten warnten. Vergebens wies Scipio 194 während seines zweiten Konsulats auf die bedrohliche Entwicklung hin; seine Forderung, ihn als Feldherrn nach Griechenland zu senden, fand kein Gehör, statt dessen wurden die letzten Besatzungen von dort zurückgezogen.

Diese Lähmung der römischen Politik nutzte Antiochos aus, um seine Stellung in Kleinasien und Thrakien weiter auszubauen. Die Stadt Ephesos, einst im Besitz der Ptolemäer, wurde jetzt seine zweite Residenz. Von dort aus unternahm er häufig Kriegszüge in das Innere des Landes, während sein Sohn Seleukos, der in Lysimacheia residierte, die Stämme des thrakischen Hinterlandes unterwarf. Zugleich erweiterte der König den Kreis der mit ihm verbündeten Staaten. Dem König Ariarathes von Kappadokien gab er eine seiner Töchter zur Frau, den König Prusias von Bithynien zog er an sich heran und nahm auch zu Rhodos Beziehungen auf. Vor allem gelang es ihm, zu einem Ausgleich mit Ägypten zu kommen, das Bündnis durch die Heirat seiner Tochter Kleopatra mit dem jungen Ptolemaios V. Epiphanes zu festigen und damit den Einfluß der römischen Diplomatie am Hof von Alexandreia wesentlich einzuschränken. Eine Zeitlang unterstützte er auch Hannibals Pläne, der seit 195 bei ihm weilte und mit seiner Hilfe nach Karthago zurückkehren wollte. Daß Rom das alles zunächst ruhig hinnahm, ja sogar im Lauf des Sommers 194 seine Truppen aus Griechenland zurückzog, spornte ihn nur an, den einmal beschrittenen Weg fortzusetzen. Einen Krieg wollte er freilich nicht, hatte auch gar nicht dafür gerüstet, aber er fühlte sich stark genug, um auf diplomatischem Weg seinen Willen durchzusetzen.

Im Winter 194/193 nahm er das seinerzeit abgerissene Gespräch mit Rom wieder auf. Durch seine Gesandten bot er den Abschluß eines Freundschaftsvertrages an, wenn seine Ansprüche in Kleinasien und Thrakien anerkannt würden. Aber bei aller Bereitschaft zu einzelnen Konzessionen war das für den Senat unannehmbar; weitere Verhandlungen, die sich im selben Sommer in Kleinasien anschlossen, blieben ebenfalls ohne Resultat. Beide Parteien hatten sich so festgelegt, daß keine mehr ohne Prestigeverlust zurück konnte. Trotzdem wäre vielleicht noch der Krieg vermieden worden, zu dem im Grunde beide

Seiten keine große Lust hatten, aber jetzt rächte es sich, daß es den Römern nicht gelungen war, die Lage in Griechenland zu stabilisieren.

Die Aitoler sahen dort ihre Stunde gekommen. Bereits 193 entfalteten sie eine umfassende antirömische Agitation, suchten Philipp von Makedonien und Nabis von Sparta zu gewinnen und knüpften Verbindungen zu Antiochos an. Während Philipp ablehnte, eröffnete Nabis noch im Herbst 193 den Krieg gegen den Achaiischen Bund. Darauf taten die Aitoler im folgenden Sommer den letzten Schritt. Sie wählten Antiochos zu ihrem Strategen und forderten ihn auf, herüber nach Griechenland zu kommen. Dieser folgte dem Ruf. Noch im Herbst landete er mit einem Heer von fünfzehntausend Mann auf Euboia und drang von da aus bis Demetrias vor, wo er sich mit den Aitolern vereinigte. Nach Lage der Dinge war das ein Vabanquespiel, denn daß die Römer das ruhig hinnehmen würden, konnte niemand erwarten, und für den Krieg, den Antiochos damit entfesselte, reichten weder seine militärischen noch diplomatischen Vorbereitungen aus. Nachdem inzwischen Nabis im Kampf mit den Achaiern den Tod gefunden hatte, sympathisierten auf griechischem Boden, abgesehen von den Aitolern, nur wenige unbedeutende Gemeinden mit ihm. Alle größeren Staaten hielten sich zurück oder erklärten sich für Rom; neben Rhodos und Pergamon in Kleinasien waren das auf dem europäischen Festland einmal der Achaiische Bund, seit alters mit den Aitolern verfeindet und seit 196 von den Römern besonders protegiert, und dann vor allem Makedonien, dessen König dem Antiochos sein Verhalten in den letzten Jahren nicht vergessen hatte und nunmehr auf die römische Karte setzte.

So hatte der Konsul Acilius Glabrio, der im Frühjahr 191 mit etwa fünfundzwanzigtausend Mann in Apollonia landete, ziemlich leichtes Spiel. Durch Epirus hindurch bahnte er sich den Weg nach Thessalien, wo er die syrischen und aitolischen Besatzungen vertrieb. Antiochos zog sich nach Thermopylai zurück, um dort den Römern den Weg nach Mittelgriechenland zu sperren. Aber diese taten das gleiche wie einst im Jahre 480 die Perser. Cato, damals Legat im Heer des Konsuls Glabrio, überschritt mit starken Einheiten die Höhen zur Seite des Passes und gelangte in den Rücken des syrischen Heeres. Jetzt konnte sich Antiochos nicht mehr länger in Griechenland halten, er gab dort seine letzten Stützpunkte auf, überließ die Aitoler ihrem Schicksal und zog sich nach Kleinasien zurück. Abgesehen von Aitolien, wo die Kämpfe noch andauerten, war Griechenland befriedet.

Aber noch standen syrische Truppen in Thrakien und Kleinasien, noch operierte die syrische Flotte im Ägäischen Meer, und der König sammelte ein neues Heer. Um eine Entscheidung zu erzwingen, mußten die Römer nach Kleinasien gehen. Dieser Entschluß fiel ihnen nicht leicht. Dort war man weit von der eigenen Basis entfernt und wußte nur wenig von den Machtmitteln des Feindes. Man verdoppelte die Armee und verstärkte die Flotte. Dem Konsul des Jahres 190, Lucius Cornelius Scipio, trat als Berater sein Bruder Scipio Africanus zur Seite, der Sieger von Zama. Um den Rücken frei zu haben, schloß man überdies für sechs Monate einen Waffenstillstand mit den Aitolern ab. Dann ging aber alles leichter, als man gedacht hatte. Die syrische Flotte wurde in verschiedenen Gefechten von den römisch-rhodischen Geschwadern matt gesetzt, den Landweg nach Thrakien öffnete Philipp von Makedonien. Beim Nahen der Römer räumten dort die Syrer ihre Stellungen, im Herbst 190 überschritt die römische Armee den Hellespont. Zu Ausgang des Jahres trat ihr bei Magnesia am Nordrand des Sipylosgebirges Antiochos entgegen. Sein Heer, mit über sechzigtausend Mann den Römern weit überlegen, wurde vernichtend geschlagen. Damit war der Krieg entschieden. Antiochos nahm die römischen Bedingungen an, gab Kleinasien diesseits des Taurosgebirges preis, lieferte den größten Teil seiner Flotte sowie die Kriegselefanten aus, stellte Geiseln und verpflichtete sich zur Zahlung von fünfzehntausend Talenten. Noch verfügte sein Reich trotz dieser Verluste über seine alten Kerngebiete und war als politische Potenz zweifellos noch gewichtiger als Makedonien und anders als dieses dem unmittelbaren Zugriff Roms entzogen, aber es war an die Peripherie verwiesen, ein Einschalten in die griechischen und westkleinasiatischen Verhältnisse war ihm in Zukunft verwehrt. Griechenland und Kleinasien standen unter römischer Hoheit. Es bedurfte für die Römer nur noch kleinerer Anstrengungen, um die letzten Widerstände zu beseitigen.

189 kapitulierten die Aitoler, Ambrakia, eine ihrer bedeutendsten Städte, wurde geplündert, ihr Gebiet beschnitten. Hinfort war ihre politische Rolle ausgespielt. Im selben Jahr führte der Konsul Manlius Vulso Krieg gegen die kleinasiatischen Galater, die unruhigen Nachbarn des mit Rom verbündeten Eumenes II. von Pergamon. Es war mehr ein großer Raubzug als ein regulärer Feldzug, doch er zeigte, daß Rom imstande war, wenn nötig auch im fernen Kleinasien durchzugreifen.

Im Verlauf von drei Jahrzehnten hatte Rom den Kreis der es umgebenden großen Mächte gesprengt, diese niedergeworfen und zur politischen Ohnmacht verurteilt; in einem dreißigjährigen Ringen hatte es seine Herrschaft oder zumindest seinen Einfluß von Spanien und Afrika im Westen über Griechenland bis nach Kleinasien im Osten ausgedehnt und verankert. Das militärische Problem war gelöst. Aber die Siege stellten neue Fragen, Fragen, die sowohl die künftige Ordnung der Mittelmeerwelt als auch die innere Ordnung Roms berührten.

Wandlungen in Staat, Gesellschaft und Wirtschaft

Der Generation Ciceros erschienen rückblickend die Jahrzehnte vor und nach 200 als die große Zeit Roms, groß an äußeren Erfolgen, groß nicht weniger an Gesinnung und Haltung seiner Bürger. »Vor der Zerstörung Karthagos« (146 v. Chr.), so schreibt der Historiker Sallust, »verwalteten Volk und Senat friedlich und besonnen miteinander den Staat, noch nicht entzweite das Streben nach Ruhm und Macht die Bürger.« Und an anderer Stelle sagt er: »Daheim und im Krieg wahrten sie die guten alten Bräuche; die Eintracht war groß, kaum spürbar die Habsucht. Recht und Sitte erkannten sie an, nicht weil das Gesetz es forderte, sondern weil es ihrer eigentlichen Natur entsprach. Hader, Zwist und Streit gab es im Kampf mit dem Landesfeind, doch der Bürger wetteiferte mit dem Bürger nur um den Preis der Tüchtigkeit.« Das hier entworfene Bild von der »guten alten Zeit« ist freilich, wie auch sonst so oft, allzu verklärt. Die Wirklichkeit sah anders aus, und nur in einem hat Sallust recht. Der römische Staat schien damals seine ihm gemäße Form gefunden zu haben. Der Vergangenheit gehörten die Ständekämpfe an, ebenso auch die noch am

Vorabend des Hannibalischen Krieges durch Flaminius unternommenen Versuche, den Kreis der Führungsschicht zu erweitern und neue Kräfte in das innenpolitische Spiel zu bringen. Sein Andenken war belastet mit der Niederlage am Trasimenischen See, und niemand wagte zunächst, die von ihm eingeschlagenen Bahnen weiterzuverfolgen. In dem schweren Ringen mit Hannibal hatte der Senat mit fester Hand die Zügel ergriffen, die tödliche Bedrohung gebannt und Rom in einer Reihe glänzender Siege zur ersten Macht der damaligen Welt emporgeführt. Niemand wagte mehr an seinem Führungsanspruch zu rütteln. Selbst die Volkstribune, einst die gegebenen Träger der Opposition, trugen der neuen Lage Rechnung und stellten sich, von wenigen Ausnahmen abgesehen, in seinen Dienst. Fast von selbst verlor damit auch die Volksversammlung an Bedeutung. Wohl blieb ihr das Recht, Gesetze zu beschließen, aber sie war dabei gebunden an die Anträge der amtierenden Magistrate und Volkstribunen und konnte aus sich heraus keine Initiative entfalten, und wenn sie einmal Widerspruch erhob, wie im Jahre 200 bei der Kriegserklärung an Philipp von Makedonien, so fehlte ihr die Kraft, sich damit auch durchzusetzen.

Rechtlich war der Senat zwar nur ein beratendes Gremium, aber der Rat, den er den Magistraten zu erteilen pflegte, hatte mehr und mehr den Charakter von verbindlichen Weisungen angenommen. Zudem war es ihm gelungen, alle durch Roms Ausgreifen bedingten neuen Aufgaben an sich zu ziehen. Er wachte über die Einnahmen und Ausgaben des Staates, erließ die notwendigen Instruktionen zur Verwaltung der Provinzen, bestimmte die Höhe der in jedem Jahr erforderlichen Aushebungen sowie die Zahl der Truppen für die einzelnen Provinzen und Kriegsschauplätze, verlängerte, wenn er es für nötig hielt, die Amtszeit der Statthalter und Feldherren im außeritalischen Bereich. Vor allem entschied er in sämtlichen Fragen der auswärtigen Politik, führte die Verhandlungen mit den fremden Staaten und legte zu Abschluß eines Krieges die Friedensbedingungen fest. Sachlich war das gerechtfertigt, denn seine Mitglieder waren an Sachkenntnis und Erfahrung den übrigen Bürgern überlegen, sie waren anders als der Mann auf der Straße in der Lage, die vielfältigen Fragen zu überblicken und in ihrer Tragweite zu beurteilen. Mit einem gewissen Recht kann man so den Senat als die eigentliche Regierung Roms ansehen.

Nur eines ist zu bedenken. Die Stimmen der dreihundert Senatoren besaßen nicht gleiches Gewicht. In der Regel zählten bei den Beratungen nur die Männer, die in ihrer politischen Laufbahn die höchsten Ämter bekleidet hatten, die Konsuln oder wenigstens Prätoren gewesen waren. Unter diesen waren die Angehörigen der alten Familien in der Mehrzahl. Von den zweihundertvierundsiebzig Konsuln in der Zeit von 264 bis 134 (die Suffektkonsuln mit einbezogen) gehörten hundertachtundsechzig (61 %) neunzehn, von diesen wiederum hundertzweiundvierzig (52 %) nur elf Geschlechtern an. Letztlich hingen also von einem verhältnismäßig kleinen Kreis die eigentlichen Entscheidungen ab. Die großen Geschlechter, die Nobilität, regierten durch den Senat Rom und das Reich. Um diesen Anspruch zu erhärten, beriefen sie sich auf ihre und ihrer Vorfahren Verdienste um den Staat, und man beugte sich dieser Autorität.

Die Herrschaft der Nobilität, in ihren Wurzeln bereits auf die Mitte des 4. Jahrhunderts zurückgehend, war somit durch die Expansion Roms verankert und gleichsam legitimiert worden. Aber diese gleiche Expansion, die die Nobilität auf die Höhe der Macht geführt hatte, leitete nun auch eine Entwicklung ein, die eines Tages die Voraussetzungen, auf denen ihre Stellung beruhte, aufheben sollte. Die Kriege der vergangenen Jahrzehnte hatten tief auf die Verhältnisse in Rom und Italien eingewirkt, zumal der Zweite Punische Krieg. Ungeheuer waren zunächst die physischen Verluste. Die Zahl der im Census erfaßten männlichen Bevölkerung Roms, die um 220 etwa zweihundertachtzigtausend betragen hatte, sank bis 203 auf zweihundertvierzehntausend und sollte erst um 170 den Stand von 220 wiedererreichen. Ähnlich haben auch die übrigen Italiker gelitten, sie vielleicht in noch höherem Maße, da ein beträchtlicher Teil von ihnen in den vom Krieg besonders betroffenen Gebieten Süditaliens ansässig war, und wahrscheinlich haben sie noch mehr Zeit gebraucht, um die Verluste auszugleichen. Zur selben Zeit aber stiegen die Anforderungen, die der Staat an die wehrfähigen Bürger stellte. Zwischen den beiden Punischen Kriegen war man zur Erfüllung der verschiedenen militärischen Aufgaben im Durchschnitt jährlich mit fünf bis sechs Legionen ausgekommen, nach dem Zweiten Punischen Krieg, der hier als Sonderfall nicht berücksichtigt werden soll, hatte man bis etwa 170 jährlich acht bis neun Legionen gebraucht, also um etwa fünfzig Prozent mehr. Da die Vermehrung der Bevölkerung damit nicht Schritt hielt, wurde der einzelne Bürger oder Bundesgenosse jetzt durch Aushebungen wesentlich höher belastet als früher, und es nimmt nicht wunder, daß zusätzliche Aushebungen mitunter auf Widerstand stießen.

Ebenso fehlten die notwendigen Menschen für die Wiederbesiedlung des südlichen und die Neubesiedlung des nördlichen Italiens. Der Hannibalische Krieg hatte weite Teile des Südens verheert, etwa vierhundert Ortschaften waren zerstört und zahllose Menschen von Haus und Hof vertrieben worden; viele von ihnen waren umgekommen oder von dem Sieger versklavt worden. Dazu hatten die abgefallenen Bundesgenossen beträchtliche Teile ihres Gebietes an Rom abtreten müssen, das auf diese Weise ein Territorium von schätzungsweise zehntausend Quadratkilometern gewann.

Um das eroberte Land wieder nutzbar zu machen, hat man in Rom nach 200 manches getan. In Kampanien, Apulien, Lukanien und Bruttium wurden neun Bürgerkolonien und zwei Kolonien latinischen Rechts angelegt, in ihnen etwa zehntausend Familien angesiedelt. Ferner erhielten in Apulien und Samnium die ehemaligen Soldaten je nach Dauer ihrer Dienstzeit Land im Umfang von einem bis fünf Hektar zugewiesen. Man schätzt ihre Zahl auf etwa fünfzigtausend. Allerdings waren diese Landzuweisungen als zusätzliche Entlohnung gedacht, die infolge der Ebbe im Staatsschatz statt in Geld in Grundbesitz ausgezahlt wurde; wahrscheinlich haben viele dieser Leute ihren Anteil bald wieder veräußert. Selbst bei optimistischer Schätzung werden kaum mehr als vierzigtausend Familien, die Kolonisten eingeschlossen, hier eine bleibende Heimat gefunden haben. Bei einer Durchschnittsgröße von fünf Hektar pro Gut sind also bestenfalls zweitausend Quadratkilometer, insgesamt ein Fünftel des damals annektierten Landes, von ihnen unter den Pflug genommen worden. Bereits um 190 aber kam hier die Siedlungstätigkeit ins Stocken, ja vereinzelt setzte sogar eine rückläufige Bewegung ein. Verschiedene der neuen Siedlungen, wie Buxentum in Lukanien und Sipontum in Apulien, wurden in den achtziger Jahren von ihren

Bewohnern wieder verlassen, und im südlichen Samnium, dem Gebiet der Hirpiner, gab es so viel ungenutztes Land, daß man um 180 dorthin etwa vierzigtausend Ligurer mit ihren Familien verpflanzen konnte. Auf die Dauer bot Süditalien für die neuen Siedler keinen großen Anreiz. Viele der einst blühenden Landschaften siechten dahin; wo einst wogende Getreidefelder waren, weideten jetzt die Hirten ihre Herden. Das Leben konzentrierte sich in den rasch anwachsenden großen Hafenorten wie Puteoli oder Brundisium.

Günstiger verlief die Entwicklung in den den Galliern entrissenen Gebieten der Poebene. Hier spielten wie bei der Kolonisation der frühen Zeit auch politische und militärische Überlegungen mit hinein. Es galt, das Land für die Zukunft zu sichern. Entsprechend hat sich auch der Staat stärker eingeschaltet. Durch zum Teil recht beträchtliche Landzuweisungen wurden die Siedler angelockt, man trug Sorge dafür, daß dort wirklich lebensfähige Bauernstellen geschaffen wurden und die neuen Gemeinden groß genug waren, um aus eigener Kraft bestehen zu können. In den Jahren zwischen 190 und 180 wurden die nach 218 zerstörten Kolonien Cremona und Placentia wiederhergestellt und als neue Kolonien Bononia (Bologna), Parma, Mutina (Modena) und Aquileia angelegt; in ihren Mauern wurden insgesamt fünfundzwanzigtausend Familien angesiedelt, auf die einzelne Gemeinde kamen etwa drei- bis sechstausend Familien. Von ihnen nahm die Romanisierung Oberitaliens ihren Anfang. Rechnet man zu alledem noch die Siedlungen im etruskisch-ligurischen Grenzgebiet und in Picenum an der Nordostgrenze Mittelitaliens hinzu, ferner die durch die Kriegsverluste notwendig gewordene Verstärkung bereits bestehender Kolonien, so hat Rom in ganz Italien während dieser beiden Jahrzehnte etwa achtzig- bis hunderttausend Familien angesiedelt, eine im Hinblick auf den Rückgang der italischen Bevölkerung beachtliche Leistung. Aber seit 180 ließ die kolonisatorische Tätigkeit nach und hörte schließlich ganz auf.

Neben dem Mangel an geeigneten Siedlern waren hierbei noch andere Momente mit im Spiel, vor allem die Wandlungen in der wirtschaftlichen und sozialen Struktur Italiens, bedingt in erster Linie durch den Zustrom von Geld und Edelmetallen. Wenn auch diese Entwicklung schon während des Ersten Punischen Krieges eingesetzt hatte, so trat sie doch erst jetzt in ihrem ganzen Ausmaß in Erscheinung. Allein an Beute und Kontributionen flossen in der Zeit von 201 bis 168 aus Spanien, Afrika, Oberitalien und vor allem aus dem Osten Werte von etwa fünfzigtausend Talenten nach Rom. Hinzu kamen die regulären Abgaben aus den Provinzen, die Zolleinnahmen und die Erträgnisse aus den Handelsunternehmungen der immer rühriger werdenden römischen Kaufleute. Gewiß, im Vergleich zu den hundertachtzigtausend Talenten, die Alexander einst in Persien erobert hatte, mochten sich diese Summen bescheiden ausnehmen, aber die von Alexander erbeuteten Schätze hatten sich über weite Gebiete verteilt, während sich diese Gelder auf einem verhältnismäßig kleinen Raum konzentrierten. Rom wurde zur reichsten Stadt in der Mittelmeerwelt und begann allmählich, die alten Handelsmetropolen im Osten auf die zweite Stelle zu verweisen. Im Verlauf des 2. Jahrhunderts wurde es zum Zentrum des damaligen Geldverkehrs. Der römische Denar, während der achtziger Jahre in seinem Gewicht der im Osten führenden attischen Drachme angeglichen, sollte in nicht zu ferner Zeit alle sonst kursierenden Münzen überflügeln.

Zweifellos brauchte der römische Staat unmittelbar nach 200 sehr viel Geld. Es galt, die während der Kriegsjahre aufgenommenen Kredite zurückzuzahlen, die Koloniegründungen zu subventionieren, das italische Straßennetz auszubauen und die Kriege in Oberitalien, Spanien und im Osten zu finanzieren. Daneben verlangte der Ausbau der Stadt Rom selbst beträchtliche Mittel. Kanalisation, Wasserleitungen und Marktanlagen mußten den Bedürfnissen der rasch anwachsenden Einwohnerschaft angepaßt werden. Auch das äußere Bild der Stadt wandelte sich. Die wichtigsten Straßen wurden gepflastert, neue Brücken über den Tiber errichtet, neben den Tempeln entstanden staatliche Profanbauten, Hallen, Versammlungsräume und Säulengänge. Cato erbaute während seiner Zensur (184) die erste Basilika, sein Nachfolger Aemilius Lepidus (179) das erste steinerne Theater. Aber das Geld, einmal in Umlauf gebracht, entwickelte eine eigene Dynamik und warf Probleme auf, die die Regierung nicht zu meistern vermochte. Die römisch-italische Wirtschaft, trotz einzelner Ansätze auf diese Entwicklung wenig vorbereitet, veränderte fast über Nacht ihren Charakter. Die Händler und die großen Unternehmer wurden zu den entscheidenden Figuren im Wirtschaftsleben. Sie wußten mit dem Geld umzugehen, erschlossen mit seiner Hilfe neue Erwerbsquellen, organisierten sich nach hellenistischem Vorbild zu Genossenschaften und machten sich dem Staat unentbehrlich. Der Stand der Ritter, einst die großen Landbesitzer umfassend, erhielt allmählich sein Gepräge von der neuen Geldaristokratie. Da das Geld nicht gleichmäßig verteilt wurde, sondern sich in wenigen Händen konzentrierte, vertieften sich die sozialen Unterschiede. Während die einen ihren Besitz ständig vermehrten, sanken die anderen in das Proletariat ab.

Auch das flache Land wurde in diesen Sog hineingezogen. Grund und Boden waren, zumal in den Jahren nach 200, billig. Wer über die entsprechenden Mittel verfügte, konnte hier sein Kapital investieren, Grundstücke erwerben, Teile der dem Staat gehörigen Ländereien gegen Entrichtung einer geringen Abgabe pachten. Der Großgrundbesitz erhielt eine Chance. Durch Aufnahme von Krediten verbesserte er die Anbaumethoden, spezialisierte sich auf die Gewinnung hochwertiger Produkte wie Öl und Wein, die man in eigener Regie an Ort und Stelle verarbeitete und deren Verkauf beträchtliche Gewinne abwarf. Die großen brachliegenden Flächen, zumal im Süden, bei denen sich eine intensive Bewirtschaftung nicht zu lohnen schien, dienten als Weiden für die Schafherden, deren Wolle leicht Absatz fand. Billig waren auch die Arbeitskräfte, denn Scharen von Sklaven hatten die Kriege nach Italien gebracht. Doch die Masse der kleinen und mittleren Bauern

---

Münzgeld der römischen Republik
London, British Museum; Wien, Kunsthistorisches Museum und Universität
(Schwergeld wenig vergrößert, Silber- und Goldmünzen in doppelter Größe)
Erste Reihe: Schwergeld aus Bronze (As), Vorderseite: Januskopf, Rückseite: Schiffsbug, 235 v. Chr.
Zweite Reihe: Didrachme, Rückseite: Die römische Wölfin mit Romulus und Remus, 269 v. Chr.; Didrachme, Vorderseite: Romakopf, 264 v.Chr. – Dritte Reihe: Denar (10 As), Vorderseite: Romakopf, 213 v. Chr.; Didrachme, Rückseite: Iuppiter in der Quadriga und Victoria, 235 v. Chr.; Denar (16 As), Vorderseite: Romakopf, 133–122 v. Chr. – Vierte Reihe: Victoriat, Rückseite: Victoria vor einem Tropaeum, 213 v. Chr.; Goldmünze, Rückseite: Leistung eines Treueides, 216 v. Chr.; Goldmünze (60 As), Vorderseite: Marskopf, 211–209 v. Chr.

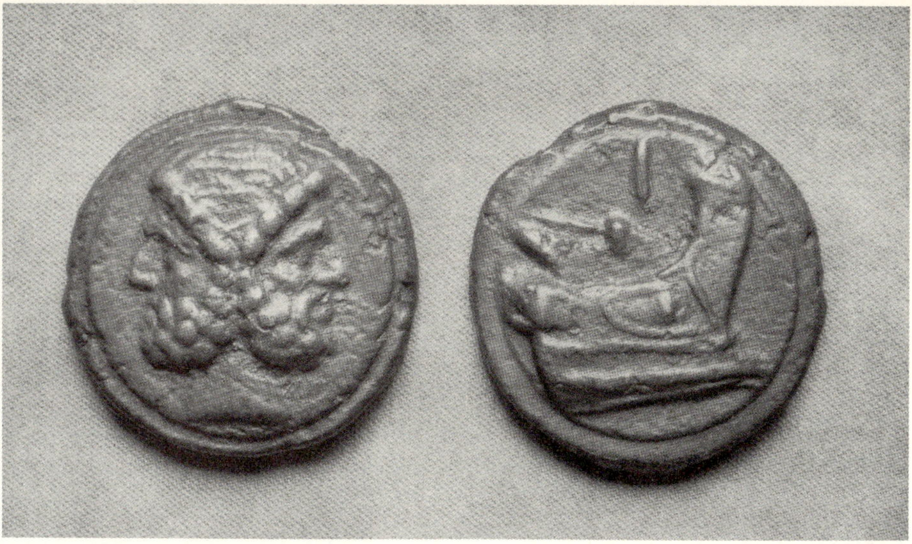

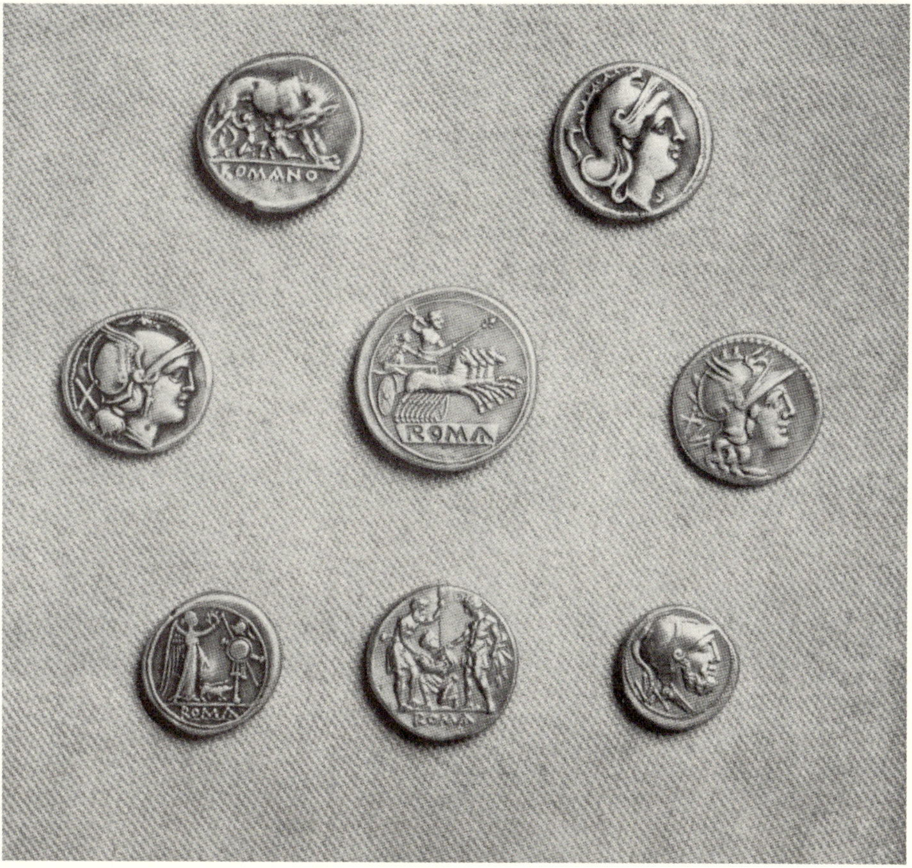
ROMANO
ROMA

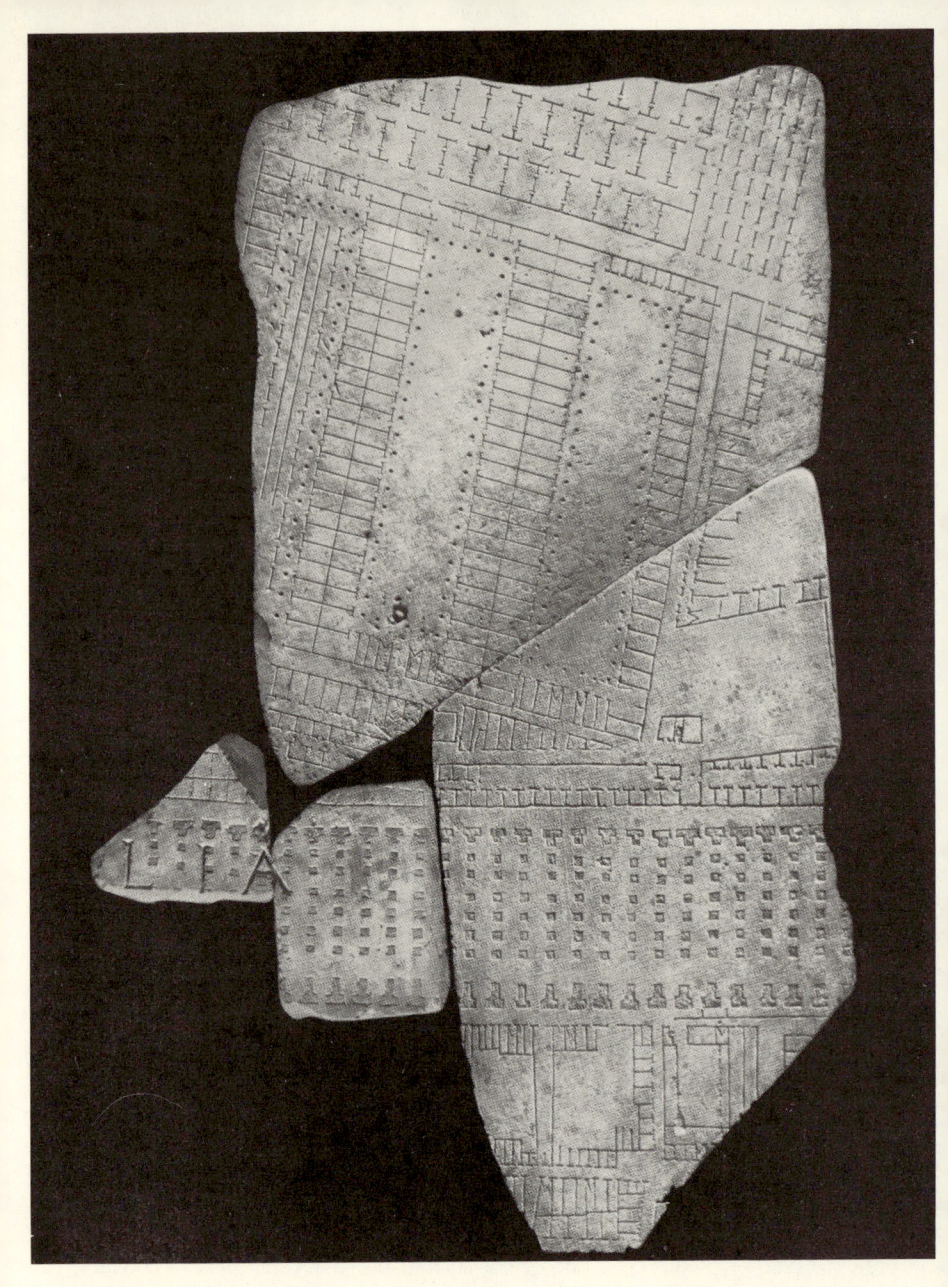

Grundriß von Lagerhäusern und einer Großmarkthalle aus republikanischer Zeit südwestlich des Aventin
Fragment des Severischen Marmor-Stadtplans von Rom. Comune di Roma

konnte diese Möglichkeiten nicht ausnutzen. Ihr Besitz brachte nur das ein, was sie für sich und ihre Familie zum Leben brauchten. Bares Geld hatten sie nicht, und die Aufnahme von Darlehen war bei dem geringen Ertrag ihrer Arbeit ein Risiko. Die Erbärmlichkeit des eigenen Daseins, ursprünglich als selbstverständlich hingenommen, kam ihnen zum Bewußtsein, wenn sie auf die großen Güter in ihrer Nachbarschaft sahen, wo die neuen Betriebsformen hohe Erträge abwarfen und die harte Arbeit von Sklaven verrichtet wurde. Manche Bauern zogen daraus die Konsequenzen; sie veräußerten ihren Besitz und gingen in die Stadt, wo sich ihnen leichtere Formen des Erwerbs zu bieten schienen. Erste Symptome der Landflucht kündeten sich bereits in den achtziger Jahren an. Wohl blieb trotz allem der größte Teil der italischen Bevölkerung noch auf dem Lande wohnen, nach wie vor standen unter den verschiedenen Berufen die Bauern zahlenmäßig an der Spitze. Aber diese Schicht, auf der einst der Staat beruht hatte, geriet wirtschaftlich ins Hintertreffen und verlor mehr und mehr auch ihren politischen Einfluß.

Die regierenden Kreise haben kaum etwas getan, um diese Entwicklung aufzuhalten. Sie waren hier selber Partei. Sie gehörten zu den großen Landbesitzern, für die Vergrößerung des eigenen Besitzes Vermehrung ihres Ansehens und Stärkung ihrer politischen Macht bedeutete. So sahen sie weniger die negativen als die positiven Seiten dieser Entwicklung; und die gab es in der Tat. In einer Zeit, da der Staat von sich aus nicht imstande war, die schwer getroffene italische Wirtschaft wiederzubeleben, blieb er auf die private Initiative angewiesen. Weite Teile Italiens, die infolge des Krieges brachlagen, wurden mit ihrer Hilfe wieder erschlossen, und die für die Nutzung des Staatslandes einlaufenden Abgaben waren der Staatskasse willkommen. Die bedenklichen Konsequenzen dieses Tuns vermochte bis zur Mitte des Jahrhunderts noch kaum jemand zu ermessen.

Die Krise der Nobilität

Von den Veränderungen, die durch die großen Kriege seit 218 ausgelöst worden waren, spürte die herrschende Aristokratie zunächst das, was unmittelbar auf sie selbst zukam. Mit Sorge sah sie Symptome der Zersetzung in ihren eigenen Reihen. Die römische Expansion erschloß dem Ehrgeiz des einzelnen Möglichkeiten, die es vordem auf dem Boden Italiens nicht gegeben hatte. In den überseeischen Gebieten waren die Feldherren und Statthalter weithin der ständigen Kontrolle entzogen. Die Herrschaft über große Länder und Scharen von Untertanen steigerte das ohnehin vorhandene Selbstbewußtsein und kam den angeborenen Machtinstinkten entgegen. Nur schwer konnten diese Männer, die für einen Augenblick Königen gleich gewesen waren, in den Alltag zurückfinden.

Gleich nach dem Ende des Hannibalischen Krieges kündete sich dieses Problem bei Scipio Africanus an. Er hatte erst in Spanien, dann in Afrika die römischen Heere von Sieg zu Sieg geführt und in der Schlacht von Zama den großen Hannibal überwunden. Nach seiner Rückkehr aus Afrika war er, umstrahlt vom Glanz seiner Siege, unbestritten der erste Mann in Rom. Der junge, erst vierunddreißigjährige Mann, von hohem Selbstbewußtsein erfüllt, tat alles, um seine Stellung weiter auszubauen. Dabei scheute er auch nicht vor Mitteln zurück, die in bedenklicher Weise an eine ferne Zukunft mahnen konnten. Landzuweisungen an seine Soldaten, Verteilung des aus Afrika gebrachten Getreides zu niedrigen Preisen an das städtische Proletariat sollten ihm eine breite Anhängerschaft verschaffen. 198 erreichte er seine Wahl zum Zensor, und sein Kollege machte ihn, den weitaus jüngsten unter allen Konsularen, zum *princeps senatus*.

Aber diese Herausstellung eines Einzelnen aus dem Kreis der anderen, in der ungewöhnlichen Situation des Hannibalischen Krieges notgedrungen hingenommen, erregte jetzt Anstoß. Im Senat verstärkte sich die Opposition gegen ihn; Scipios Einfluß ging zurück. Selbst während seines zweiten Konsulats im Jahre 194 konnte er sich bei den Debatten über Spanien und den Osten mit seinen Ansichten nicht mehr durchsetzen. Dann gab ihm der Krieg gegen Antiochos noch einmal eine Chance. Hier glaubte man auf den großen Feldherrn nicht verzichten zu können. Als Legat wurde er 190 seinem Bruder Lucius, dem damaligen Konsul, zur Seite gestellt. Doch die Hoffnungen, die er daran knüpfte, erfüllten sich nicht. Der Mann, der sich nach dem Sieg über Antiochos öffentlich rühmte, Spanien, Afrika und Asien für Rom gewonnen zu haben, der sich den Königen des Ostens als ebenbürtig fühlte und es zuließ, daß ihn der Dichter Ennius den Heroen der Vorzeit gleichstellte, stieß damit die herrschenden Kreise vor den Kopf. Man verzieh es ihm nicht, daß er mehr sein wollte als die anderen und damit das für jede Oligarchie verbindliche Gleichheitsprinzip in krasser Weise verletzte. Systematisch ging man jetzt gegen ihn und seine Anhänger vor; die treibende Kraft dabei war Cato, seit langem sein erbitterter Gegner. In einer Reihe von Prozessen, vor allem gegen seinen unfähigen Bruder Lucius, dem man Unterschlagung der Beute vorwarf, wurde auch Scipios Stellung untergraben. Schließlich gab er den Kampf auf und zog sich auf seine Güter in Liternum an der Küste Kampaniens zurück, wo er 183 starb.

Etwa zur selben Zeit endete auch die Karriere des Titus Quinctius Flamininus, des Siegers von Kynoskephalai. Ähnlich wie Scipio war er in jugendlichem Alter zu hohen Ehren gelangt, seine Erfolge in Griechenland und Makedonien hatten ihn weit über seine Zeitgenossen herausgehoben. Man verdachte es ihm, daß er sich im Osten gleich einem König als Retter und Befreier feiern ließ. Als die Zensoren 184 seinen Bruder Lucius wegen Tötung eines Boiers aus dem Senat stießen, wollten sie im Grunde ihn treffen. 183 wurde er noch in diplomatischer Mission nach dem Osten entsandt, seitdem aber schweigen die Annalen über ihn.

Zugleich suchte man für die Zukunft ähnlichen Gefahren vorzubeugen. Im Jahre 180 wurde auf Antrag des Tribunen Lucius Villius ein Gesetz über die Ämterlaufbahn beschlossen. Es war nicht das erste dieser Art und sollte auch nicht das letzte bleiben, aber es war das bedeutsamste. Gewisse Gewohnheiten hatten sich hier schon eingebürgert, für die Übernahme der einzelnen Ämter gab es eine Reihenfolge, zeitliche Intervalle dazwischen waren erwünscht, und eine wiederholte Bekleidung des Konsulats suchte man nach Möglichkeit einzuschränken. Dann hatte der Zweite Punische Krieg diese Entwicklung unterbrochen und eine Reihe von bedenklichen Präzedenzfällen geschaffen. Jetzt brachte die *lex Villia annalis* eine für die Folgezeit verbindliche Regelung. Sie bestimmte zunächst das

Mindestalter für die einzelnen Ämter. Soweit wir es noch erkennen können, durfte man fortan Ädil erst mit siebenunddreißig Jahren werden, Prätor mit vierzig, Konsul mit dreiundvierzig Jahren. Im Zusammenhang damit wurden noch einmal die Reihenfolge innerhalb der einzelnen Ämter und die dazwischenliegenden Zeitspannen festgelegt. In den folgenden Jahren schränkte man dann die wiederholte Bekleidung des Konsulats gesetzlich weiter ein und untersagte sie schließlich ganz. Was man damit bezweckte, ist deutlich. Der politische Aufstieg des Einzelnen wurde jetzt einer strengen Norm unterworfen, außergewöhnliche Karrieren wie die eines Scipio oder Flamininus sollten hinfort unmöglich sein.

In derselben Richtung liegen die Versuche des Senats, die Feldherren und Statthalter in den Provinzen unter eine gewisse Kontrolle zu bringen. Immer häufiger wurden ihnen vom Senat ernannte Legaten zur Seite gestellt, nicht nur als Hilfe, sondern auch in der Absicht, eigenmächtige Handlungen zu verhindern. Und als 149 auf Antrag des Lucius Calpurnius Piso eine ständige Kommission zur Untersuchung aller Unregelmäßigkeiten in der Provinzialverwaltung eingerichtet wurde, wollte man damit ein Forum schaffen, vor dem gegebenenfalls unbequeme Statthalter zur Verantwortung gezogen werden konnten. Auf diese Weise gelang es zunächst noch, die Gefahren zu bannen, die hundert Jahre später den alten Freistaat tödlich bedrohen sollten, aber der eingeschlagene Weg barg anderseits schwere Nachteile. Für außergewöhnliche Persönlichkeiten, die dank ihrer Intelligenz und Energie die großen Aufgaben meistern konnten, gab es unter diesen Umständen kaum einen Platz mehr. Es triumphierte der Durchschnitt, und dieser Durchschnitt war grob, phantasielos und in seinem Horizont begrenzt.

Die für die herrschende Gesellschaft bedenklichsten Auswirkungen der römischen Expansion aber lagen auf einem Gebiet, dem man mit Anordnungen und gesetzlichen Maßnahmen kaum beikommen konnte. Der eindringende Reichtum entfesselte bei nur zu vielen Habgier und Gewinnsucht, und das um so mehr, je größer die Bedeutung des Geldes auch für die politische Karriere wurde. Manchem, wie etwa Cato, gelang es, dank einer angeborenen Geschäftstüchtigkeit, durch geschicktes Sichanpassen an die neuen wirtschaftlichen Formen den eigenen Besitz zu vergrößern, andere, die diese Talente nicht besaßen, suchten durch Kriegsbeute oder schamlose Ausplünderung der Provinzialen auf ihre Kosten zu kommen. Viele dachten dabei nicht mehr an die Belange des Staates. Wer hier nicht mitkam, verlor an Einfluß und Ansehen.

Zugleich änderte sich der Lebensstil. War noch im 3. Jahrhundert das tägliche Dasein in verhältnismäßig einfachen Formen verlaufen, so zeigte jetzt der Aufenthalt in der Fremde, zumal im Osten, daß es noch andere Lebensmöglichkeiten gab. Von der reichentwickelten Welt des Hellenismus nahm man zunächst das auf, was sich am leichtesten übertragen ließ, den hohen Lebensstandard und den Luxus. Die Wohnungen wurden prächtiger, üppiger die Mahlzeiten; eine ständig anwachsende Dienerschaft, Köche, junge hübsche Sklaven und Sklavinnen, sollte dem Herrn und seiner Familie das Leben möglichst angenehm gestalten. Dafür scheute man keine Ausgaben.

In den Augen vieler war freilich ein solches Treiben unerhört, die hier unverhüllt zutage tretende Befriedigung persönlicher Bedürfnisse schien alter römischer Sitte und Tradition ins Gesicht zu schlagen. Vor allem Cato hat eigentlich sein ganzes Leben lang gegen diese

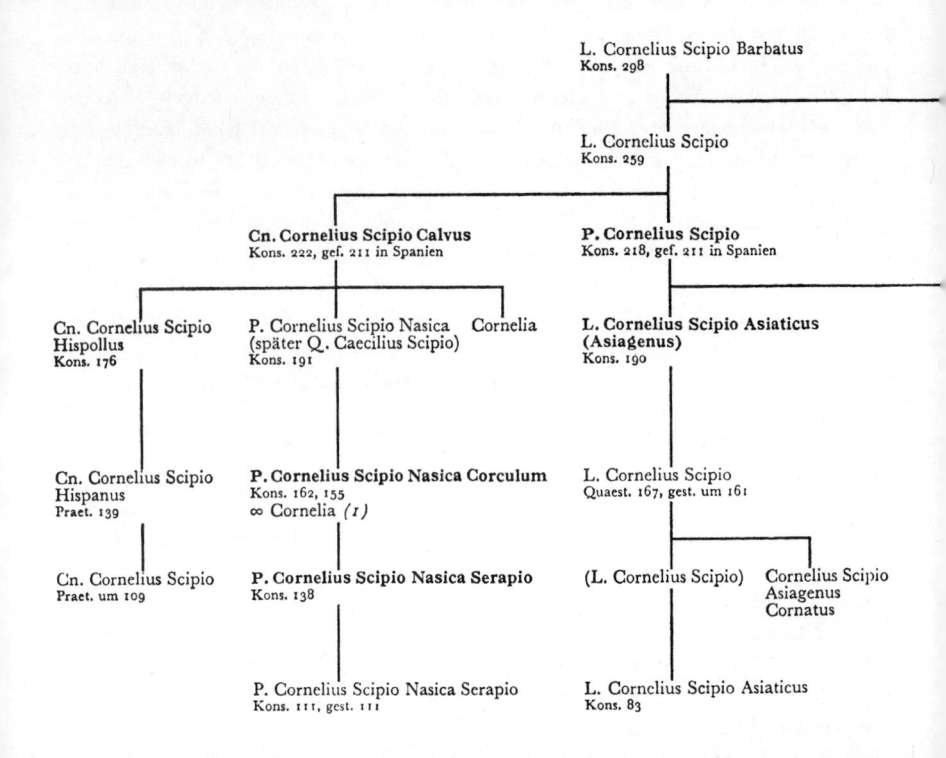

```
                                    L. Cornelius Scipio Barbatus
                                    Kons. 298
                                            │
                                    L. Cornelius Scipio
                                    Kons. 259
                        ┌───────────────────┴───────────────────┐
              Cn. Cornelius Scipio Calvus              P. Cornelius Scipio
              Kons. 222, gef. 211 in Spanien           Kons. 218, gef. 211 in Spanien
        ┌───────────────┬───────────────┐                       │
Cn. Cornelius Scipio   P. Cornelius Scipio Nasica   Cornelia    L. Cornelius Scipio Asiaticus
Hispollus              (später Q. Caecilius Scipio)              (Asiagenus)
Kons. 176              Kons. 191                                 Kons. 190
        │                       │                                        │
Cn. Cornelius Scipio   P. Cornelius Scipio Nasica Corculum      L. Cornelius Scipio
Hispanus               Kons. 162, 155                           Quaest. 167, gest. um 161
Praet. 139             ∞ Cornelia (1)
        │                       │                               ┌────────┴────────┐
Cn. Cornelius Scipio   P. Cornelius Scipio Nasica Serapio      (L. Cornelius Scipio)   Cornelius Scipio
Praet. um 109          Kons. 138                                                        Asiagenus
                               │                                                        Cornatus
                       P. Cornelius Scipio Nasica Serapio      L. Cornelius Scipio Asiaticus
                       Kons. 111, gest. 111                    Kons. 83
```

Entwicklung angekämpft, und seine Zensur von 184 mit ihren rigorosen Maßnahmen gegen derartige Erscheinungen blieb unvergessen. Dabei ging es ihm nicht nur um die Moral, vielmehr begriff er instinktiv, daß eine Gesellschaft nur bestehen könne, wenn sie in bestimmten Grundprinzipien einig sei und gewisse für alle verbindliche Normen anerkenne. Auf die Dauer hatten freilich er und seine Gesinnungsgenossen damit wenig Erfolg. Sie konnten mit Hilfe von Gesetzen gegen den um sich greifenden Luxus bestenfalls die Entwicklung bremsen, aber nicht aufhalten.

In seinen Reden hat Cato immer wieder das Bild der Vorfahren heraufbeschworen, ihrer moralischen Größe und Festigkeit die Dekadenz der eigenen Zeit gegenübergestellt und schließlich in seinem im Alter geschriebenen Geschichtswerk, den *Origines*, die Taten des römischen Volkes als Mahnung für Söhne und Enkel aufgezeichnet. Eine Generation, die in sich unsicher geworden war, brauchte zweifellos einen Kompaß, nach dem sie sich ausrichten konnte, und der Appell an die Vorfahren mochte bei einer im Grunde konservativen Bevölkerung seine Wirkung nicht ganz verfehlen. Aber die Vorfahren hatten unter anderen Voraussetzungen gelebt. Sie hatten, begrenzt auf den Raum Mittelitaliens, verhältnismäßig leicht alle von außen kommenden Einflüsse abwehren können. Ihre Probleme waren andere

Die Gens Cornelia („Scipionen")

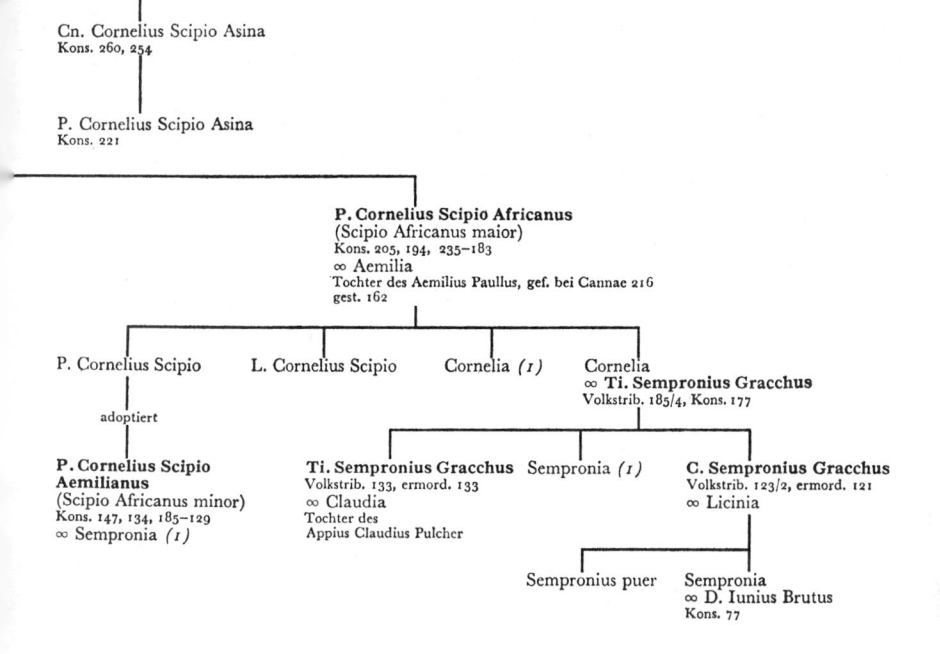

```
Cn. Cornelius Scipio Asina
Kons. 260, 254
    │
P. Cornelius Scipio Asina
Kons. 221
    │
    └─────────────────────────┐
                    P. Cornelius Scipio Africanus
                    (Scipio Africanus maior)
                    Kons. 205, 194, 235–183
                    ∞ Aemilia
                    Tochter des Aemilius Paullus, gef. bei Cannae 216
                    gest. 162
    ┌──────────────┬──────────────────┬──────────────┬──────────────┐
P. Cornelius Scipio   L. Cornelius Scipio   Cornelia (1)   Cornelia
    │                                                   ∞ Ti. Sempronius Gracchus
    adoptiert                                           Volkstrib. 185/4, Kons. 177
    │                                    ┌──────────────┬──────────────┐
P. Cornelius Scipio              Ti. Sempronius Gracchus  Sempronia (1)   C. Sempronius Gracchus
Aemilianus                       Volkstrib. 133, ermord. 133              Volkstrib. 123/2, ermord. 121
(Scipio Africanus minor)         ∞ Claudia                                ∞ Licinia
Kons. 147, 134, 185–129          Tochter des
∞ Sempronia (1)                  Appius Claudius Pulcher
                                          ┌──────────────┬──────────────┐
                                    Sempronius puer     Sempronia
                                                        ∞ D. Iunius Brutus
                                                        Kons. 77
```

gewesen als die, denen sich jetzt die Enkel gegenübersahen. Das Rad der Geschichte ließ sich nicht zurückdrehen. Cato und alle, die ähnlich dachten, wollten das freilich nicht wahrhaben.

Je mehr der Boden unter ihren Füßen wankte, desto entschiedener suchten sie einen Halt an der Vergangenheit. Dabei begriffen sie nicht, daß es jetzt notwendig war, die Welt zu nehmen, wie sie einmal geworden war. Den Blick nach rückwärts gewandt, vermochten sie kaum noch, aus den gegebenen Verhältnissen heraus sinnvolle Entscheidungen zu treffen. Der Generation, die in diesen Jahrzehnten die Verantwortung trug, drohte auf diese Weise gerade das verlorenzugehen, was einst die Vorfahren ausgezeichnet hatte: der nüchterne Blick für das Notwendige, der Instinkt für das, was im Augenblick erforderlich war, der Entschluß zur kühnen Tat.

Nicht zufällig ist die innere Geschichte Roms von den achtziger Jahren an bis zum Vorabend der Revolutionszeit gekennzeichnet durch das Fehlen jeglicher Initiative. Man ließ den Dingen immer mehr ihren eigenen Lauf. Die Siedlungstätigkeit der Jahrzehnte nach 200 hörte auf, niemand griff ein, um der drohenden Proletarisierung der Landbevölkerung zu steuern. Die politische Ordnung Italiens blieb in ihren Grundzügen die gleiche wie um

300. Man wollte nicht wahrhaben, daß die Scheidung von römischen Bürgern und italischen Bundesgenossen, einst zweifellos sinnvoll, durch die Ereignisse längst zu einem Anachronismus geworden war. Indem man starr an den einmal erworbenen Rechten festhielt, erreichte man nur, daß die ohnedies zahlreichen Probleme noch um ein zusätzliches vermehrt wurden. Bezeichnend war auch, daß man den Verwaltungsapparat den neuen Verhältnissen nicht anzupassen verstand. Noch um 197 hatte man mit Rücksicht auf die beiden spanischen Provinzen zwei neue Prätorenstellen geschaffen; als dann 146 in Afrika und Makedonien zwei weitere Provinzen hinzukamen, begnügte man sich mit Ersatzlösungen.

Männer, die in diesen Jahren weiter blickten und unter der Oberfläche das dumpfe Grollen neuer elementarer Bewegungen spürten, konnten sich mit ihren Warnungen nicht durchsetzen. Der Mehrheit schien das Festhalten an altbewährten Prinzipien die höchste politische Weisheit. Bar jeder wirklichen Konzeption brachte es die herrschende Schicht schließlich so weit, daß sie selber die Kontrolle verlor und die Dinge ihren eigenen Gang nahmen.

Die Mittelmeerwelt nach dem Frieden von Apameia 188 v. Chr.

Im Vergleich zu der einsetzenden Lethargie im Innern zeigt Roms äußere Geschichte im Zeitraum von 188 bis 133 auf den ersten Blick ein anderes Bild. Hier fehlte es den handelnden Männern keineswegs an Tatkraft. Mit eiserner Konsequenz bauten sie Roms führende Stellung weiter aus und machten sie für die Zukunft gegenüber allen äußeren Erschütterungen immun. Im politischen Spiel bewährte sich ihre in Generationen entwickelte Fähigkeit, die Schwächen des Gegners auszunutzen und das Gewicht der eigenen Macht zur Geltung zu bringen. Aber diese Talente dienten nur dem alten Ziel, sämtliche Gegner auszuschalten. Vor der Aufgabe, eine den Umständen angemessene neue politische Konzeption zu entwickeln, versagte man, und dieses Versagen hat unendliches Leid über die damalige Welt gebracht.

Nachdem im Jahre 188 mit Antiochos zu Apameia Frieden geschlossen worden war, schien nach Lage der Dinge alles erreicht, was die römische Politik erstrebt hatte. Im Umkreis des Mittelmeers gab es keine Macht mehr, die Rom ernstlich gefährden konnte. Für den Westen hatten die Siege von Kynoskephalai und Magnesia den Tag von Zama bestätigt, und allen Elementen, die dort von einem Eingreifen der östlichen Großmächte noch einmal eine Wendung erhofft hatten, die letzten Aussichten genommen. Nach Unterwerfung der Insubrer und Boier leisteten in Oberitalien nur noch die Ligurer bis in die siebziger Jahre hinein an einzelnen Stellen Widerstand. In Spanien hatten die Römer ihre Positionen in den Küstenlandschaften des Südens und Ostens behauptet. Noch dauerten dort zwar die Kämpfe gegen die Stämme des Binnenlandes an, aber sie ließen sich bei einer geschickten und energischen Führung lokalisieren. Als dann zu Beginn der siebziger Jahre der römische Statthalter Sempronius Gracchus vor allem die Keltiberer durch eine Reihe von günstigen Verträgen gewann, schien sich hier eine für beide Teile befriedigende Lösung abzuzeichnen.

In Afrika hatte sich die seinerzeit von Scipio getroffene Ordnung bewährt. Masinissa, der mit großer Energie die verschiedenen numidischen Stämme in seinem Reich vereinigt hatte, hielt Karthago in Schach. Hannibal, auch nach 200 den Römern immer noch unheimlich, war nach der Schlacht von Magnesia aus Syrien geflohen und suchte Zuflucht bei einzelnen Königen Kleinasiens, erst bei Artaxias von Armenien, dann bei Prusias von Bithynien. An eine Rückkehr in die Heimat konnte er nicht mehr denken. Die in Karthago regierenden Geschlechter trieben die nach Lage der Dinge einzig mögliche Politik. Sie erfüllten gewissenhaft alle Forderungen Roms in der Hoffnung, auf diese Weise allmählich einen Modus vivendi mit dem Sieger zu finden.

Ganz unbegründet war das nicht. Obwohl Rom bei allen karthagisch-numidischen Streitigkeiten im Zweifelsfall gegen Karthago entschied, gab es doch auch Masinissa zu verstehen, daß es eine Einbeziehung des karthagischen Territoriums in das numidische Reich nicht dulden werde. Die Existenz Karthagos setzte dem Machtstreben des Numiderkönigs gewisse Schranken, und es kam der römischen Politik zunächst nicht in den Sinn, in ihrem politischen Spiel ohne zwingenden Grund auf die karthagische Karte zu verzichten. Man konnte das um so eher tun, da Karthago im Bewußtsein seiner Schwäche auf alle politischen Ambitionen verzichtet hatte und seine ganzen Energien der Wiederbelebung seiner schwer getroffenen Wirtschaft zuwandte. Tatsächlich schien es nur von Rom abzuhängen, ob sich die Verhältnisse in Nordafrika weiter normalisieren würden.

Komplizierter und vielschichtiger waren die Aufgaben, denen sich Rom im Osten gegenübersah. Im Unterschied zu Afrika gab es hier eine Vielzahl von Staaten mit einem hochentwickelten Selbstbewußtsein und einem zum Teil noch beträchtlichen politischen Ehrgeiz. Nach dem Sieg über Antiochos hatte Rom manche seiner Bundesgenossen reich belohnt. Staaten, die bislang unter dem Schatten der großen Mächte ein verhältnismäßig bescheidenes Dasein geführt hatten, sahen sich jetzt am Ziel ihrer Wünsche.

Auf dem griechischen Festland dehnte der Achaiische Bund seine Herrschaft über die ganze Peloponnes aus, eignete sich neben Sparta die Landschaften Messenien und Elis an. Der Inselstaat Rhodos erhielt zusätzlich zu seinen bisherigen Festlandsbesitzungen große Teile der von Antiochos aufgegebenen Landschaften Karien und Lykien im südwestlichen Kleinasien, stieg in der Nachfolge der Ptolemäer zur führenden Macht im Ägäischen Meer auf und wurde das anerkannte Haupt der im neuen Nesiotenbund zusammengeschlossenen Kykladeninseln. Am meisten gewannen die Attaliden unter ihrem König Eumenes. Ihr einst auf den weiteren Raum von Pergamon beschränktes Reich umfaßte seit 189 die meisten Gebiete des westlichen und südlichen Kleinasiens vom Hellespont bis zum Tauros und auf europäischem Boden die thrakische Chersones (Halbinsel Gallipoli) mit Lysimacheia. Den übrigen kleinasiatischen Königreichen Bithynien, Pontos und Kappadokien war es nicht nur an Umfang, sondern auch an materiellen Mitteln überlegen.

Alle die so begünstigten Staaten wies ihr eigenes Interesse auf die Seite Roms, auch sie mußten darauf sehen, daß die zurückgedrängten Mächte Makedonien und Syrien nicht wieder ins Spiel kamen. Aber bald zeigte es sich, daß die territoriale Neuordnung allein nicht genügte. Mit der Einschaltung Roms und dem Ausscheiden der einst führenden Großmächte Ägypten, Makedonien und Syrien war der Mechanismus des östlichen Staatensystems durcheinandergeraten. Sollte die politische Ordnung von Dauer sein, kam alles darauf an, ihn in irgendeiner Form wieder in Gang zu setzen. Aber auf griechischer und römischer Seite hatte man höchst unterschiedliche Vorstellungen darüber, wie das zu geschehen hätte.

Verhältnismäßig günstig entwickelten sich zunächst die Dinge in Kleinasien. Gewiß brachen dort bereits nach dem Abzug der römischen Truppen 187 neue Kriege aus. Eumenes II. von Pergamon sah sich den anderen kleinasiatischen Dynasten gegenüber, erst dem König Prusias I. von Bithynien, der unterstützt von den Galatern ihm den Besitz der Grenzlandschaft Phrygia Epiktetos streitig machte, dann dem König Pharnakes I. von Pontos, mit dem er von 183 bis 179 im Kampfe lag. Hinzu kamen Reibereien mit Philipp von Makedonien um die Abgrenzung des beiderseitigen Besitzstandes in Thrakien sowie Spannungen zu Rhodos in Karien. Aber es gelang Eumenes mit römischer Rückendeckung und dank seiner militärischen Überlegenheit, diese Auseinandersetzungen zu seinen Gunsten zu beenden. Pergamon erwies sich damals in Kleinasien als stabilisierender Faktor und rechtfertigte die von Rom getroffene Ordnung.

Anders in Griechenland. Dort zeigten sich eigentlich von Anfang an die römischen Bundesgenossen ihrer Aufgabe nicht gewachsen, und die fast automatisch einsetzenden römischen Interventionen komplizierten nur die ohnedies schwierige Situation. Am deutlichsten zeigte sich das bei der Geschichte des Achaiischen Bundes während der achtziger Jahre. Dieser wurde seiner eigenen Erfolge nicht recht froh. Die westlichen und südlichen Landschaften der Peloponnes hatten sich ihm nur unter Druck angeschlossen. Besonders Spartas Bürger, immer noch ihrer großen Vergangenheit eingedenk, begehrten auf. Zu schwach, um sich selber durchzusetzen, wandten sie sich an Rom, wo fast ständig ihre Gesandtschaften weilten und ihre Beschwerden vorbrachten. Der Senat suchte zu schlichten, doch im Achaiischen Bund empfand man das als unzulässige Einmischung in die eigenen Angelegenheiten. Man war bestrebt, um der römischen Entscheidung zuvorzukommen, vollendete Tatsachen zu schaffen. Philopoimen, in jenen Jahren der leitende Stratege des Bundes, hat damit im ganzen Erfolg gehabt. Aber angesichts der wachsenden Verärgerung Roms hielten nicht alle achaiischen Politiker diesen harten Kurs für glücklich. Ihr Ziel war es vielmehr, durch rechtzeitiges Nachgeben künftigen Komplikationen vorzubeugen. Nach Philopoimens Tod (183) traten sie mehr und mehr in den Vordergrund, ihr Führer Kallikrates wurde *persona grata* in Rom. Ihm gegenüber hatten die Kreise um Lykortas, die an Philopoimens Politik festhielten, keinen leichten Stand. Hinter ihren Versuchen, die Souveränität des Bundes zu schützen, witterten die Römer eine feindliche Gesinnung und reagierten entsprechend.

Im übrigen Griechenland sah es kaum anders aus. Überall gab es Elemente, die sich mit ihren Beschwerden nach Rom wandten, und der Senat war meistens bereit, sich einzuschalten. Nur half das auf die Dauer nicht viel. Da er klaren Entscheidungen auswich, blieben die meisten Dinge in der Schwebe. Niemand wußte mehr recht, woran er eigentlich war. Verantwortlich für diesen unerfreulichen Zustand waren nicht nur die Griechen, die mit ihren eigenen Angelegenheiten nicht fertig werden konnten, sondern auch die Römer. Ihnen fehlten Großzügigkeit, Einfühlungsvermögen und Takt. Ihre Gesandten traten

Krieger in der Schlacht von Pydna
Marmorrelief vom Siegesdenkmal des Lucius Aemilius Paullus in Delphi, um 168 v. Chr.
Delphi, Archäologisches Museum

Ruinen einer römischen Villa auf Delos, 138 v. Chr.

mitunter recht schroff auf, behandelten die Bundesgenossen wie bessere Untertanen und entwerteten durch ihr Verhalten die verheißungsvollen Versprechungen der Jahre 196 und 189. Die Folgen konnten bei einer in Fragen ihres nationalen Prestiges so empfindlichen Nation wie der griechischen nicht ausbleiben. Erschwerend trat hinzu die soziale Frage. Die Kluft zwischen arm und reich war damals in Griechenland groß. Eine Mittelschicht, die imstande gewesen wäre, sie zu überbrücken, war nur selten in genügender Stärke vorhanden. Lag hier ohnedies ein permanenter Zündstoff bereit, so war es nur logisch, daß die verarmten und großenteils auch politisch entrechteten Teile der Bevölkerung ihre Opposition gegen die eigene Regierung auch auf deren römischen Schutzherrn übertrugen. Mit den sozialen Beschwerden verbanden sich die nationalen Ressentiments gegen die Fremdlinge, die auf dem Boden Griechenlands als Herren auftraten und sichtlich eine gedeihliche Entwicklung verhinderten. Auch die brutalen Plünderungen der römischen Soldaten während der Kriegszeit hatte man nicht vergessen. Die Regierungen, die bereit waren, mit Rom zusammenzuarbeiten, fanden bei den Massen eine immer geringere Resonanz. Angesichts der Ohnmacht Griechenlands brauchte die Römer das freilich nicht allzusehr zu stören, bedenklich konnte es nur werden, wenn diese latente Opposition einen Kristallisationspunkt finden würde. Hier wurden nun die Vorgänge in Makedonien bedeutsam.

Der Dritte Makedonische Krieg

König Philipp V. hatte sich 191 im Krieg gegen Syrien den Römern angeschlossen und dadurch zumindest die Niederlage von Antiochos III. beschleunigt. Seine Hoffnungen, auf diese Weise einen Teil seiner früheren Stellung zurückgewinnen zu können, waren jedoch grausam enttäuscht worden. Einiges hatte er bekommen, so das Gebiet um Demetrias, aber seine weiteren Ansprüche auf Grenzgebiete in Thessalien und auf den östlichen Teil der thrakischen Küste hatten die Römer zurückgewiesen, und zwar in einer Form, die den stolzen König bitter kränken mußte. Sichtlich hatte er von Rom nichts Gutes mehr zu erwarten. Er begann daraufhin zu rüsten, mobilisierte rücksichtslos alle Reserven seines Landes und schob in Kämpfen gegen die Balkanvölker seine Grenzen nach Nordosten vor. Die Römer spürten diese Wendung und suchten der Gefahr zu begegnen, indem sie Philipps zweiten Sohn Demetrios auf ihre Seite zogen und ihn gegen seinen älteren Bruder Perseus ausspielten. Sie erreichten damit freilich nur das Gegenteil. Philipp entschied sich jetzt endgültig für Perseus, und Demetrios fiel einem Anschlag seines Bruders zum Opfer. Die Römer empfanden das als Brüskierung, ja geradezu als Beweis für die unversöhnliche Haltung des alten Königs. So konnte Perseus, als er nach dem Tod seines Vaters 179 den Thron bestieg, nur auf wenig Entgegenkommen in Rom rechnen. Man vergaß ihm dort nicht, daß er der Gegner seines von Rom begünstigten Bruders gewesen war, und betrachtete jede seiner Handlungen mit doppeltem Argwohn.

Nun war gewiß Perseus an einer militärischen Auseinandersetzung mit Rom nicht interessiert. Anders als sein Vater war er nicht der Mann, einen großen Einsatz zu wagen, und er wußte eigentlich von Anfang an, daß er bei einem Waffengang unterliegen werde. Aber die Sympathien, die ihm gleich bei seinem Regierungsantritt aus weiten Teilen der hellenistischen Welt entgegenschlugen, ließen den jugendlichen Herrscher seine eigenen Möglichkeiten überschätzen und verleiteten ihn zu Schritten, deren Konsequenzen er nicht voraussah. Nicht frei von romantischen Stimmungen glaubte er noch einmal, Politik im Stil des 3.Jahrhunderts treiben zu können. Seine unter großem Prunk gefeierte Hochzeit mit Laodike, der Tochter des Seleukos IV. Philopator von Syrien, sollte eine neue Ära in den Beziehungen zwischen den beiden Mächten einleiten, die Heirat seiner Schwester mit dem König Prusias II. die alte Freundschaft mit Bithynien vertiefen. Von diesen Hoffnungen erfüllte sich freilich nichts.

Der König Seleukos von Syrien war ein schwacher Regent, und als 175 nach seinem Tod die Regierung auf den römerfreundlichen Antiochos IV. überging, war der Traum einer makedonisch-syrischen Allianz bereits ausgeträumt. Aber in Griechenland und der Ägäiswelt blickte man auf Perseus; man hoffte, daß er in letzter Stunde noch eine Wendung herbeiführen könne. Manche alten, unter Philipp abgerissenen Beziehungen wurden wieder angeknüpft, durch sein Erscheinen in Delphi 174 unterstrich der König, daß er sich Griechenland zugehörig fühle. Gegenüber Rom hielt er sich zwar korrekt an die Vertragsbestimmungen, aber Roms Parteigänger bekamen den Umschlag in der allgemeinen Stimmung zu spüren. Vor allem Eumenes von Pergamon geriet in eine bedenkliche Isolierung.

Nicht ohne eigene Schuld sah sich die römische Politik einem Fiasko gegenüber. Die Mittel, mit denen sie einst die Griechen gewonnen hatte, waren abgenutzt, das Vertrauen in ihre Versprechungen war geschwunden. Die tieferen Gründe für diese Veränderungen wollte man freilich im Senat nicht sehen, sondern machte Perseus dafür verantwortlich (was nur zu einem geringen Teil berechtigt war), und entschloß sich, mit allen Mitteln gegen ihn vorzugehen. Die nötigen Gründe für eine Kriegserklärung lieferte Eumenes von Pergamon, der sich auch in dieser Lage als zuverlässiger Helfer auswies. Was er freilich im Senat gegen Perseus vorbrachte, war dürftig genug. Aber darauf kam es jetzt nicht mehr an. Willkommen war ein Attentat, dem Eumenes auf seiner Rückreise von Italien bei Delphi beinahe zum Opfer gefallen wäre. Ohne greifbare Beweise dafür zu haben, schob man die Schuld daran dem Perseus zu. Man ließ die makedonischen Gesandten in Rom gar nicht erst zu Wort kommen, sondern verlangte von Perseus, der an sich zu Konzessionen bereit gewesen wäre, bedingungslose Unterwerfung, und als dieser sich weigerte, erklärte man 171 den Krieg. Es ist kein Ruhmesblatt für die römischen Politiker, daß sie nur auf diese Weise glaubten, die bestehenden Probleme lösen zu können.

In den Staaten des Ostens spürte man mit Bangen, daß der Krieg nicht nur über Makedonien, sondern auch über das eigene Schicksal entscheiden werde. Doch zu einem gemeinsamen Vorgehen war es zu spät, ganz davon abgesehen, daß Antiochos IV. von Syrien ähnlich wie einst sein Vater die Gelegenheit benutzte, um seinen Konflikt mit Ägypten auszutragen. Die leitenden Politiker in Griechenland und Kleinasien wagten es nicht, durch den Anschluß an Perseus die Existenz ihrer eigenen Staaten aufs Spiel zu setzen. Obwohl Perseus also nur wenig Hilfe von außen erwarten konnte, war seine Lage zunächst nicht ganz hoffnungslos.

Er verfügte über mehr Truppen und größere Schätze als einst sein Vater am Vorabend des Zweiten Makedonischen Krieges, besaß auch anders als dieser beträchtliche Sympathien in der übrigen Welt. Zudem verliefen die ersten Kriegsjahre für ihn nicht ungünstig. Er behauptete seine Stammlande, ja es gelang ihm sogar, die schlecht geführten römischen Einheiten in kleineren Gefechten zu schlagen. Einzelne Stämme in seiner Nachbarschaft, wie die Epiroten und schließlich der Illyrerfürst Genthios, schlossen sich ihm daraufhin an; in anderen Staaten gewannen die antirömischen Tendenzen an Boden. Aber der König verspielte selbst die Chancen, die sich ihm hier boten. Statt einen entscheidenden Schlag zu wagen, suchte er immer noch einen Ausgleich mit Rom, ohne zu begreifen, daß dort das Urteil über ihn schon längst gefällt war, und schreckte mit seiner eigenen Mutlosigkeit etwaige Bundesgenossen ab. Es half ihm auch nichts, daß einzelne Staaten, wie Ägypten, Rhodos und sogar Pergamon, ihre Dienste als Vermittler anboten.

Rom ging jetzt aufs Ganze. Es verdoppelte seine Anstrengungen, entsandte bessere Feldherren auf den Kriegsschauplatz, und nachdem 169 der Konsul Marcius Philippus von Thessalien her den Zugang nach Makedonien erkämpft hatte, stellte im Jahre darauf sein Nachfolger Lucius Aemilius Paullus südlich von Pydna das makedonische Heer zum Kampf. Die makedonische Phalanx wurde geschlagen, der König floh mit seiner Reiterei und gab seine Sache verloren

Jetzt brauchte der Sieger keine Rücksicht mehr zu nehmen. Brutal spielte er seine Überlegenheit aus; von Gnade und Versöhnung war nicht mehr die Rede. Der König wurde mitsamt seiner Familie gefangengenommen, und ein Jahr danach schritt der letzte Träger der Krone Alexanders des Großen in Ketten vor dem Wagen des triumphierenden Feldherrn durch die Straßen Roms. In Makedonien wurde das Königtum abgeschafft, das Land selbst ohne Rücksicht auf die in einer langen Geschichte entstandenen Bindungen in vier Teile zerschnitten, ein großer Teil der einst führenden Schicht nach Italien deportiert. Makedonien sollte für immer unschädlich gemacht werden. Noch schlechter erging es den Epiroten, die sich Perseus angeschlossen hatten. Ihr Land wurde von der römischen Soldateska ausgeplündert, und nicht weniger als hundertfünfzigtausend Menschen wurden versklavt. Das Strafgericht griff weiter auf ganz Griechenland aus. In zahlreichen Gemeinden wurden dort unter Duldung der römischen Offiziere die makedonischen Parteigänger niedergemetzelt, im Gebiet des Achaiischen Bundes auf ungeprüfte Beschuldigungen hin tausend der vornehmsten Achaier wegen angeblicher Konspiration mit Makedonien als Gefangene nach Italien gebracht, unter ihnen der spätere Historiker Polybios, der Sohn des Lykortas. Auch Rhodos blieb nicht verschont. Man warf ihm vor, den Sieg des Perseus gewünscht zu haben, und beinahe hätte man ihm deswegen den Krieg erklärt. Zur Strafe wurden ihm alle seine Erwerbungen von 188 in Lykien und Karien genommen und durch die Errichtung eines Freihafens in Delos sein Handel aufs schwerste getroffen.

Selbst Eumenes von Pergamon, bis 172 Roms Favorit, fiel wegen seines Verhaltens in den letzten Kriegsjahren in Ungnade. Als er nach Rom kommen wollte, um sich persönlich zu rechtfertigen, wies man ihn bei der Landung in Brundisium an, sofort das Land wieder zu verlassen. Für einen Augenblick dachte der Senat daran, seinen Bruder und späteren Nachfolger Attalos II. gegen ihn auszuspielen. Als dieser Plan an der loyalen Gesinnung des Attalos scheiterte, untergrub man auf andere Weise die Herrschaft des Königs. Den Galatern, die seit 188 in halber Abhängigkeit von Pergamon standen, wurde um 166 die Autonomie zurückgegeben. Nicht lange danach forderte der römische Gesandte Gaius Sulpicius Galba während eines Aufenthaltes im Pergamenischen Reich die Einwohner auf, bei ihm ihre Beschwerden gegen den König vorzubringen. Auch wenn sich nach dem Tod des Eumenes 160/159 die römisch-pergamenischen Beziehungen wieder besserten, so änderte das an den tatsächlichen Verhältnissen nicht mehr viel. Wie alle anderen Staaten, die nach Apameia die neue Ordnung hatten tragen sollen, hatte Pergamon aufgehört, ein souveräner Staat zu sein. Die letzte Konsequenz aus dieser Lage zog der König Prusias II. von Bithynien. In der Tracht eines Freigelassenen ging er den römischen Gesandten entgegen, neigte sich vor ihnen und sagte: »Ich bin Euer Freigelassener.« Er hatte, so würdelos sein Verhalten auch war, nur zu recht damit. Die einst souveränen Könige Kleinasiens verdankten ihre Existenz nur noch der Gnade Roms.

Syrien und Ägypten nach der Schlacht von Pydna

Die Ausstrahlungen der neuen römischen Politik trafen auch die beiden letzten großen Staaten des Ostens, Syrien und Ägypten. In den Jahren, da sich Makedoniens Schicksal entschied, war es zum Krieg zwischen beiden gekommen. In seinem Verlauf drang der König Antiochos IV. tief in Ägypten ein und schloß 169 mit dem damals kaum sechzehnjährigen König Ptolemaios VI. Philometor einen Vertrag, der Ägypten faktisch von Syrien abhängig machte. Doch als sich nach seinem Abzug Philometors Geschwister am Hof von Alexandreia dagegen auflehnten, trat der junge König von dem Abkommen zurück und erkannte gleichzeitig seinen jüngeren Bruder (später Ptolemaios VIII., Euergetes II.) als Mitregenten an. Gesandte mit der Bitte um Hilfe gingen nach Rom. Daraufhin erschien Antiochos 168 erneut in Ägypten. Widerstand fand er so gut wie nicht, und der Weg nach Alexandreia lag offen vor ihm. In diesem Augenblick — mittlerweile war bei Pydna die Entscheidung gefallen — griff Rom ein.

Der Führer der römischen Gesandtschaft, Gaius Popillius Laenas, suchte den König in dessen Lager auf. Wortlos überreichte er ihm das Schreiben des Senats, in dem Antiochos aufgefordert wurde, sofort den Krieg zu beenden und Ägypten in kürzester Frist zu räumen. Als der König sich Bedenkzeit erbat, zog der Römer mit seinem Stab einen Kreis um ihn und sagte, er dürfe nicht aus diesem Kreis heraustreten, ehe er nicht eine klare Antwort gegeben habe. Nach kurzem Schweigen erklärte der König, er werde tun, was der Senat verlange. Antiochos war damit in seine Schranken verwiesen und kehrte mit seinem Heer nach Syrien zurück.

An seiner Stelle traten jetzt die Römer in Ägypten als Herren auf. Ihre Gesandten legten den Zwist am königlichen Hofe bei und bestätigten die beiden Brüder als Könige. Es war, wie sich bald herausstellen sollte, eine für die Römer höchst vorteilhafte Lösung, denn die Eintracht zwischen den Brüdern währte nicht lange. Sobald der jüngere erwachsen war, kam es zum Streit. Rom wurde als Vermittler angerufen; statt ihn jedoch zu schlichten, tat es alles, um ihn immer wieder von neuem zu entfachen. Nachdem Ptolemaios Philometor nach zeitweiliger Vertreibung 163/162 wieder Herr von Ägypten geworden war, unterstützte der Senat die Ansprüche des jüngeren Bruders auf Kyrene und Kypros. Würde Ägypten auf die Weise seine ihm noch verbliebenen auswärtigen Besitzungen verlieren, so war das der römischen Politik nur recht. Ganz ging jedoch diese Rechnung nicht auf.

Philometor vermochte das wichtige Kypros zu behaupten und durch geschicktes Lavieren die Römer zu überspielen. Als dann nach seinem und seines jungen Sohnes Tod 145/144 Ptolemaios VIII. Euergetes II. als einziger König zurückblieb, war Ägypten samt seinen Außenbesitzungen wieder in einer Hand. Aber das interessierte die Römer nun nicht mehr allzusehr. Die allgemeine Lage hatte sich weiter zu ihren Gunsten geändert; der König war kein großer Herrscher, und zusätzlich lähmten immer wieder ausbrechende Unruhen im eigenen Land seine Macht. Eine politische Rolle konnte Ägypten schwerlich mehr spielen.

Geradezu verhängnisvoll wirkte sich die neue römische Politik für Syrien aus. Solange Antiochos lebte, ging das noch an. Er vermochte im eigenen Land die psychologischen Auswirkungen seiner diplomatischen Niederlage abzufangen; sein Siegesfest zu Daphne, einem Heiligtum bei Antiocheia, im Frühjahr 166 zeigte aller Welt noch einmal den Glanz seiner Herrschaft. Mit Energie suchte er die zentrifugalen Kräfte in seinem Reich zu bändigen, wobei er auch mit dem neu entstehenden jüdischen Staat in Konflikt geriet. Aber sein Tod im Winter 164/163 stellte alles Erreichte in Frage. Die Herrschaft seines von ihm zum Nachfolger bestellten neunjährigen Sohns Antiochos V. stand von vornherein auf schwachen Füßen. Die Vormundschaftsregierung besaß nur geringe Autorität, zudem betrachtete sich der Sohn des früheren Königs Seleukos IV., der Prinz Demetrios, eben dreiundzwanzig Jahre alt, als legitimen Erben. Doch er befand sich zu diesem Zeitpunkt noch als Geisel in Rom, und dort dachte man nicht daran, ihn freizugeben. Die Rechtsfrage interessierte dabei den Senat wenig; den Ausschlag gab die Erwägung, daß man mit einem unmündigen König leichteres Spiel haben würde. Gleich nach dem Thronwechsel erschien eine Gesandtschaft in Antiocheia und verlangte unter Hinweis auf die Vertragsbestimmungen von Apameia die Vernichtung der Kriegsflotte und der Kriegselefanten. Die schwache Regierung mußte sich fügen und verlor damit den Rest ihres Ansehens.

Im ganzen Reich kam es zu Unruhen, ein Aufstand in Laodikeia, bei dem der römische Gesandte Gnaeus Octavius ermordet wurde, unterminierte schließlich auch ihre Position gegenüber Rom. Demetrios nahm seine Chance wahr. Er entwich aus Rom und landete bei Tripolis in Phönikien. Sein Erscheinen besiegelte das Schicksal der bisherigen Regierung. Der kleine Antiochos wurde umgebracht, er selber als König von Syrien anerkannt. Aber die römische Regierung, der diese Entwicklung recht ungelegen kam, zögerte mit der Anerkennung des Demetrios, gewährte seinen Widersachern innerhalb und außerhalb

Syriens Rückhalt und verhinderte eine wirkliche Konsolidierung. Schließlich begünstigte sie ab 153 die höchst zweifelhaften Ansprüche von Alexander Balas, der sich als Sohn des Antiochos IV. ausgab. Im Kampf gegen ihn und die mit ihm verbündeten Könige von Ägypten, Kappadokien und Pergamon fand Demetrios 150 den Tod. Die folgenden Jahre sahen den Kampf der verschiedenen Prätendenten um den Thron. Einzelne Provinzen machten sich selbständig, vom Osten her drangen die Parther vor und nahmen Mesopotamien in Besitz. Die Agonie des einstmals großen Reiches begann.

In der römischen Politik, wie sie seit Pydna in Erscheinung trat, überwogen die negativen Momente. Mißtrauen und Sorge waren ihre leitenden Motive. Wenn es den eigenen Interessen entsprach, wurde auf bestehende Verträge keine Rücksicht genommen. Die Besiegten und Unterworfenen sahen sich Roms Willkür preisgegeben. Auf die Dauer konnte das nicht gut gehen. Anderthalb Jahrzehnte nach Pydna verdüsterte sich erneut der außenpolitische Horizont sowohl im Osten in Griechenland und Makedonien wie vor allem auch im Westen in Spanien und Nordafrika.

Das Ende Karthagos

Hatte es um 170 noch so ausgesehen, als könnten sich die Verhältnisse in Nordafrika mit der Zeit konsolidieren, so änderte sich im Verlauf der sechziger Jahre das Bild. Masinissa wurde wieder aktiv. Er forderte das östlich von Karthago gelegene Gebiet der Emporia an der Kleinen Syrte für sich. Seine Ansprüche entbehrten jeder rechtlichen Grundlage, denn seit alters war dieses in karthagischem Besitz gewesen. Karthago rief Rom um Hilfe an, aber seine Hoffnungen wurden enttäuscht. Der Senat ergriff eindeutig für Masinissa Partei und zwang die Karthager nach längeren Verhandlungen, 161/60 die umstrittenen Gebiete zu räumen. Vielleicht haben bei den römischen Überlegungen auch Sorgen um die Zukunft des Numiderreichs eine Rolle gespielt. Masinissa war ein alter Mann, fast achtzig Jahre alt. Viele der numidischen Stammeshäuptlinge, die nur widerwillig seine Herrschaft ertrugen, warteten nur auf seinen Tod. Was dann geschehen werde, konnte niemand voraussehen. Über eines aber waren sich die Römer im klaren: Karthago durfte nicht davon profitieren. Daß sie mit ihrer Entscheidung nicht nur dem Buchstaben, sondern auch dem Sinne nach den Vertrag von 201 verletzten, störte sie nicht. In der augenblicklichen Situation dachten sie nur daran, das ohnedies schwache Karthago noch weiter zu schwächen.

Dieser Kurswechsel der römischen Politik hatte schwerwiegende Auswirkungen. Masinissa sah sich fortan zu weiteren Aggressionen ermutigt und nahm jede Gelegenheit wahr, sein Gebiet auf Kosten Karthagos weiter zu vergrößern. Demgegenüber befand sich die karthagische Regierung in einer verzweifelten Lage. Seit fast vier Jahrzehnten hatte sie sich mit Geduld und Vorsicht bemüht, im Rahmen der geltenden Verträge die Existenz ihrer Stadt zu sichern. Jetzt waren durch den Machtspruch des Senats die Voraussetzungen für ihre bisherige Politik aufgehoben. Automatisch gab ihre politische Niederlage der Opposition im Innern Auftrieb. Seit dem Beginn der fünfziger Jahre setzten sich die radikalen Elemente immer weiter durch. Sie wollten nichts mehr von Nachgeben wissen und verlangten energische Maßnahmen gegen die numidischen Umtriebe. An manchen Stellen griff man bereits zur Selbsthilfe, die Grenzzwischenfälle häuften sich. Schon trieb alles einem offenen Konflikt zu.

Rom ließ die Dinge zunächst laufen, denn gerade in dieser Zeit spitzten sich die Verhältnisse in Spanien zu. Ein Einfall der Lusitaner in das Gebiet der römischen Provinzen wurde dort 154 zum Signal für die Erhebung zahlreicher Stämme, die jetzt eine Gelegenheit sahen, die Willkürherrschaft der römischen Statthalter abzuschütteln. 153 sah sich Rom, zum erstenmal seit 195, gezwungen, einen Konsul nach Spanien zu entsenden; und damit dieser möglichst rasch zur Stelle sein könne, wurde — bezeichnend für den Ernst der Lage — der Amtsantritt der Beamten vom 15. März auf den 1. Januar vorverlegt. Anfangs standen die Operationen unter keinem glücklichen Stern. Der Konsul Quintus Fulvius Nobilior wurde verschiedentlich geschlagen, und die Römer erlitten schwere Verluste. Erfolgreicher war im folgenden Jahr der Konsul Marcus Claudius Marcellus. Ihm gelang es, nicht zum wenigsten mit diplomatischen Mitteln, eine gewisse Beruhigung zu schaffen; doch seine Politik des Ausgleichs wurde von der Senatsmehrheit abgelehnt. 151 wurden die Kämpfe wiederaufgenommen, nicht ohne Erfolg zwar, aber die Treulosigkeit und Brutalität ihrer Feldherren brachte die Römer um den Rest ihres Kredits. Einige Jahre später sollten sie die Früchte davon ernten.

Die spanischen Ereignisse wirkten unmittelbar auf Afrika zurück. Gleichsam als Preis für das von ihm nach Spanien entsandte Hilfskorps annektierte Masinissa 153/52 die reichen karthagischen Gebiete um Thugga. Zugleich verstärkte sich unter dem Eindruck der spanischen Niederlagen im Senat das Mißtrauen gegenüber Karthago. Als 152 auf Karthagos Bitten römische Gesandte, unter ihnen Cato, nach Afrika kamen, machten sie aus ihrer Abneigung kein Hehl. Obwohl die Rechtslage eindeutig für Karthago sprach, vertagten sie die Entscheidung und sahen in der nur allzu verständlichen Mißstimmung der Karthager darüber nur einen erneuten Beweis für deren feindliche Gesinnung. Nach seiner Rückkehr stellte Cato im Senat die karthagische Gefahr in grellen Farben dar. Er beschwor die Erinnerung an die Jahre des Hannibalischen Krieges und verlangte die Zerstörung der Stadt. Seine Argumente waren primitiv, aber sie entsprachen dem Durchschnittsniveau seiner Zuhörer. Die meisten billigten seine Ansicht, daß nur auf diese Weise die afrikanischen Probleme gelöst werden könnten. Gegen eine sofortige Kriegserklärung erhob Scipio Nasica Einspruch und wies darauf hin, daß für einen solchen Beschluß jeder überzeugende Grund fehle. Er erreichte damit lediglich, daß man nunmehr in Rom auf die passende Gelegenheit wartete.

Diese bot sich bald. Die Regierung in Karthago war nicht mehr Herrin der Lage. Die erregten Massen, aufgehetzt von verantwortungslosen Demagogen, rissen die Initiative an sich. Masinissas Parteigänger wurden aus der Stadt vertrieben, nicht lange danach eine numidische Gesandtschaft, die Genugtuung forderte, von der Menge insultiert. Als daraufhin Masinissa in karthagisches Gebiet einfiel, warteten die Karthager nicht mehr auf die Erlaubnis Roms, sondern rückten unter Führung ihres Feldherrn Hasdrubal den Numidern entgegen. Freilich nur zu bald zeigte sich ihre Ohnmacht. Ihre ungeübten Truppen unterlagen im Kampf und wurden fast völlig aufgerieben.

Bis dahin hatten die Römer zugesehen, doch nachdem Karthagos letztes Heer vernichtet war, schalteten sie sich ein. Sie erklärten, die Stadt habe mit ihrem Vorgehen gegen Masinissa den Vertrag von 201 gebrochen, und begannen zu rüsten. Die Karthager ahnten, was ihnen bevorstand. Um das drohende Geschick abzuwenden, schickten sie zur Entschuldigung Gesandte nach Rom, verurteilten die für die letzten Ereignisse verantwortlichen Politiker und Strategen zum Tode, und als der Senat auch damit noch nicht zufrieden war, unterwarfen sie sich schließlich durch den Akt der *deditio* bedingungslos der Entscheidung Roms.

Nun begann ein perfides Spiel. Der Senat nahm die Unterwerfung an und sicherte den Karthagern den Besitz ihres bisherigen Territoriums und ihre Freiheit zu, sofern sie im übrigen alle Bedingungen erfüllten. Geiseln müßten sie sofort stellen, alles Weitere würden ihnen die Konsuln in Afrika an Ort und Stelle mitteilen. Die Karthager gingen darauf ein, die Geiseln wurden nach Italien entsandt. Inzwischen landeten die beiden Konsuln mit einer kriegsstarken Armee im Raum von Utica. Den dort eintreffenden karthagischen Gesandten befahlen sie, sämtliche Waffen abzuliefern. Nachdem das geschehen war, deckten die Konsuln die letzte Karte auf. Sie verlangten, die Karthager sollten ihre Stadt zerstören und sich mindestens zehn Meilen fern vom Meer im Binnenland ansiedeln. Mit ihrer Forderung verfolgten die Römer ein ähnliches Prinzip wie einst im Jahre 168 gegenüber Makedonien, als sie das Königtum abschafften, das Land in vier Bezirke aufteilten und damit als Machtfaktor ausschalteten.

Seiner Lage am Meer hatte Karthago einst Größe und Wohlstand verdankt, ein Karthago ohne Zugang zur See würde für alle Zukunft zur Ohnmacht verurteilt sein. Für die Karthager war diese Forderung unannehmbar. Sie wußten um ihre Schwäche, aber die Preisgabe der alten Heimat schien ihnen schlimmer als der sichere Tod. In der Stunde der Not verstummten die einstigen Gegensätze, die Verbannten wurden zurückgerufen, alle waren bereit, den letzten Kampf zu wagen. Um Zeit zu gewinnen, führte man die Verhandlungen in Utica zunächst weiter, täuschte ein Entgegenkommen vor und hielt die Römer hin. Inzwischen befestigte man in pausenloser Arbeit die Stadt, fertigte aus sämtlichem verfügbarem Metall Waffen an und sammelte unter Führung Hasdrubals im Hinterland ein neues Heer.

Fast drei Jahre währte dann der Kampf um die Stadt. Nur Schritt für Schritt kamen die Römer voran, immer wieder suchten und fanden die Karthager Mittel, das drohende Ende hinauszuzögern. Die Entscheidung brachte dann Scipio Aemilianus, der Sohn des Siegers von Pydna, durch Adoption der Enkel des großen Scipio. Im Frühjahr 146 gelang es seinen Truppen, durch die Mauern in die eigentliche Stadt einzudringen. Nach einem Straßenkampf von zehn Tagen fiel schließlich die Burg, das Zentrum des letzten Widerstandes. Die Überlebenden wurden in die Sklaverei geführt, die Stadt selber ging in Flammen auf, über die Stätte, auf der einst Karthago gestanden hatte, wurde der Pflug hinweggeführt. Fortan, so verlangte es der Sieger, sollten dort nie mehr Menschen wohnen. Das ehemals karthagische Territorium wurde römische Provinz. Masinissa hat das Ende Karthagos nicht mehr

Der Isthmos von Korinth

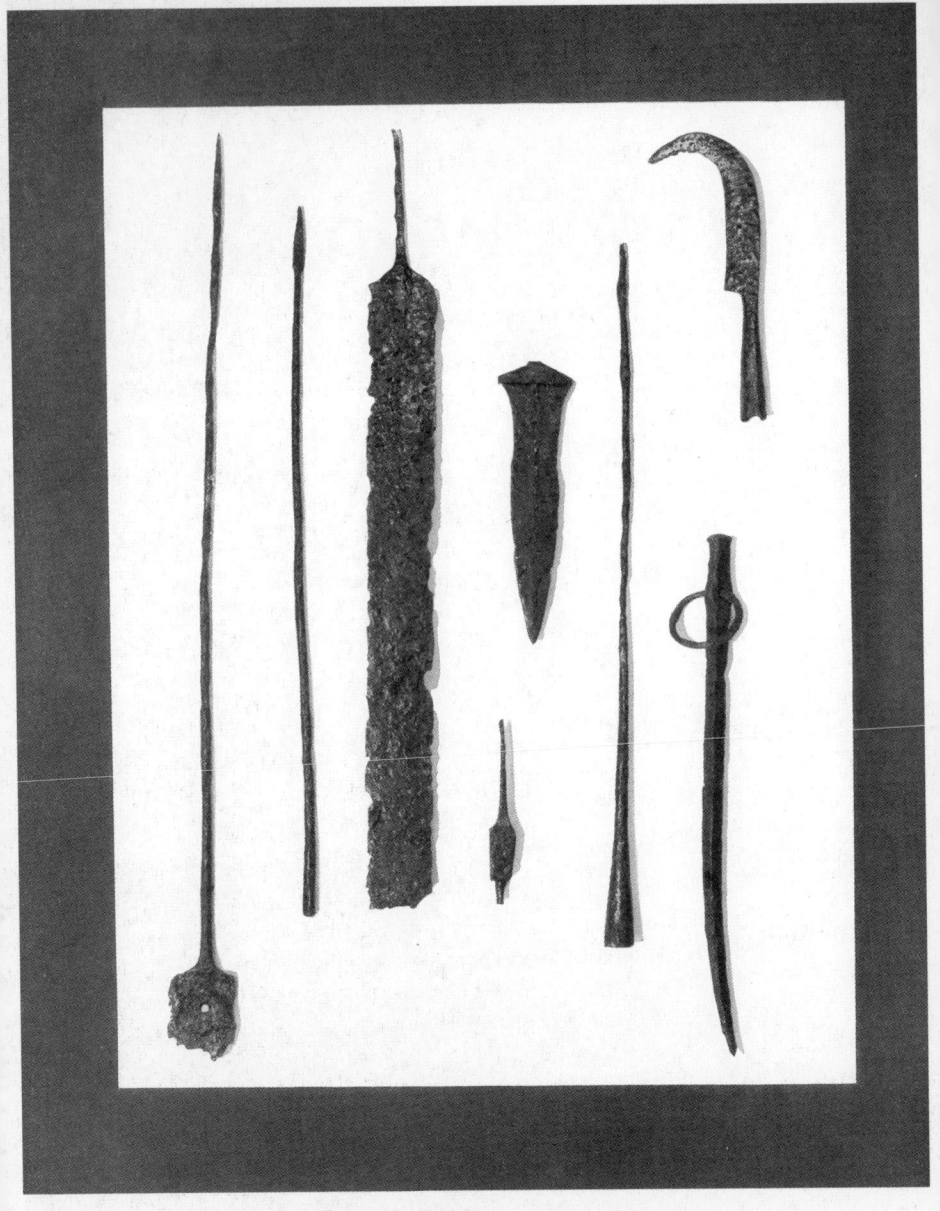

Waffen und Geräte aus zwei römischen Legionslagern um Numantia
Mainz, Römisch-Germanisches Zentralmuseum
Wurflanzen mit Zungen- und Tüllenbefestigung am Schaft, Reiterschwert, Dolch,
Bolzen (?), Faschinenmesser und Pferdepflock. Alle Gegenstände aus Eisen

erlebt. Im Alter von neunzig Jahren war er 148 gestorben. Seine drei Söhne übernahmen die Herrschaft. Da keiner von ihnen dem Vater gleichkam, schien auch Numidiens politische Rolle zunächst ausgespielt. Die Probleme in Nordafrika waren im römischen Sinne gelöst.

Letzte Erhebungen in Makedonien und Griechenland

Dieselbe Zeit, in der sich in Afrika Karthagos Schicksal vollzog, sah in Makedonien und Griechenland die letzte Auflehnung gegen die römische Herrschaft. Der Anstoß ging von Makedonien aus. Seine Bewohner hatten sich nicht mit der ihnen von Rom aufgezwungenen Ordnung abgefunden, bei vielen lebte die Erinnerung an die Vergangenheit und die alte Dynastie noch fort. Ein Abenteurer niederer Herkunft namens Andriskos machte sich das zunutze. Er gab sich als Sohn des letzten Königs Perseus aus. Nach anfänglichen Fehlschlägen gewann er um 150 die Unterstützung des thrakischen Fürsten Teres und drang dann von Thrakien in Makedonien ein. Sein Appell an die nationalen und sozialen Ressentiments fiel auf fruchtbaren Boden. Binnen kurzem war er Herr von Makedonien und zog als König in Pella ein. Anfänglich machte er den Römern Schwierigkeiten, doch einer ernsten Belastungsprobe war er nicht gewachsen. Als ihm bei Pydna ein römisches Heer von zwei Legionen entgegentrat, verlor er Krone und Reich. Einige Zeit danach geriet er in Gefangenschaft und wurde in Rom hingerichtet.

Angesichts der allgemeinen Lage war es kein Wunder, daß die makedonische Erhebung auch auf Griechenland zurückwirkte. Vorangetrieben von der wachsenden Kritik an Rom begannen die leitenden Strategen im Achaiischen Bund, von der vorsichtigen Politik ihrer Vorgänger abzuweichen. Der äußere Anlaß war, wie schon so oft, ein Konflikt zwischen dem Bund und Sparta. Ohne die römische Vermittlung abzuwarten, wollte man die Dinge selber regeln. Aber die Zeiten eines Philopoimen, da das noch möglich gewesen war, lagen weit zurück. Um ein für allemal Ruhe zu haben, forderte daraufhin 147 der Senat, die wichtigsten Städte, die seit 196 zum Bunde gekommen waren, darunter Korinth, Argos und Sparta, sollten aus dem Bund ausscheiden. Als sich die Achaier dagegen auflehnten, war der Krieg unvermeidlich.

Die Römer hatten leichtes Spiel. Im Laufe des Sommers 146 konnte der Konsul Lucius Mummius den Widerstand brechen, zuletzt in einer Schlacht auf dem Isthmos unter den Mauern von Korinth. Der Achaiische Bund wurde aufgelöst, in den einzelnen Gemeinden kamen die römerfreundlichen Oligarchen ans Ruder. Zusätzlich ging dann auf Befehl des Siegers die Stadt Korinth, in der ein Jahr zuvor die Bewegung ihren Anfang genommen hatte, in Flammen auf. Dieser Akt brutaler Zerstörung hatte mit politischer Vernunft nichts mehr zu tun, selbst als Mahnung an die Griechen, sich fortan jedem römischen Befehl widerspruchslos zu fügen, war er überflüssig, denn die Ordnung, die Rom jetzt traf, machte schon im Ansatz künftige Erhebungen unmöglich.

Bereits unmittelbar nach der Niederwerfung des Andriskos war Makedonien dem römischen Herrschaftsbereich einverleibt worden (148). Die neue Provinz umfaßte neben dem einstigen Königreich die schon längst von Rom abhängigen südillyrischen Bezirke um Apollonia und Dyrrhachium. Jetzt kam die Mehrzahl der griechischen Landschaften hinzu. Der römische Statthalter in Thessalonike hielt, auf sein Heer gestützt, auch Griechenland in Schach.

Fünfzig Jahre waren vergangen seit dem Tag, da Flamininus unter dem Jubel der Menge bei den Isthmischen Spielen die Freiheit der Griechen verkündet hatte. Von all den Hoffnungen, die er damals ausgelöst hatte, war nichts mehr übriggeblieben, nicht einmal die Hoffnung auf eine bessere Zukunft. Dreizehn Jahre später trug der letzte der Attaliden, der König Attalos III., den neuen Verhältnissen Rechnung. Da er keinen Sohn besaß, vermachte er testamentarisch sein Reich den Römern. Besser als halbe Maßnahmen, die, wie die vergangenen Jahrzehnte gezeigt hatten, nur das unvermeidliche Ende hinauszögerten, schien ihm eine klare Entscheidung. 133/132 fügten die Römer das Pergamenische Reich als Provinz Asia ihrer Herrschaft ein.

Die Unterwerfung Spaniens

Größere Anstrengungen und größere Opfer als die Kriege in Afrika und im Osten kosteten die Kämpfe um Spanien. Sie dauerten von 154 an mit nur geringen Unterbrechungen insgesamt dreiundzwanzig Jahre. Es gab manche Gründe dafür. Der Raum, in dem die römischen Heere operieren mußten, umfaßte einen beträchtlichen Teil der Pyrenäenhalbinsel, schätzungsweise etwa zweihunderttausend Quadratkilometer. Nur wenige Straßen erschlossen das von hohen, stellenweise bis über zweitausend Meter ansteigenden Gebirgen durchschnittene Land. Zudem hatte man es mit einem Gegner zu tun, der nur schwer zu fassen war, der das Gelände kannte und sich als Meister in der Führung des Kleinkrieges erwies. Es gab viele Zentren des Widerstands, und die Eroberung einzelner befestigter Plätze half nicht viel. Ein Sieg brachte nur selten eine Entscheidung, konnte unter Umständen schon einige Tage später durch eine Niederlage zunichte werden. Die römischen Truppen erlebten hier den Krieg in seiner letzten Härte. So war es kein Wunder, daß durch den steten Wechsel von Sieg und Niederlagen ihre Stimmung sank und allmählich ihre Kampfkraft nachließ. Um erfolgreich zu operieren, hätte es eines Feldherrn von Format bedurft, aber gerade daran fehlte es. Die meisten, die in diesen Jahrzehnten nach Spanien gingen, waren ihrer Aufgabe nicht gewachsen. Sie hielten nicht mehr auf Disziplin unter ihren Truppen und gaben gegenüber dem Feind die elementarsten moralischen Grundsätze preis. Ihre fehlenden militärischen Talente suchten sie durch Treuebruch, Hinterhältigkeit und Brutalität zu kompensieren. Entscheidend war es, daß trotz aller Niederlagen der Senat an dem Ziel einer völligen Unterwerfung Spaniens festhielt.

Mit zwei Gegnern hatten es die Römer vor allem zu tun. Einmal war das der Stamm der Lusitaner im Südwesten der Halbinsel. Hier erhielt der schon 154 begonnene Kampf im Jahre 147 einen neuen Auftrieb durch die Person des Viriathus. Er war ein bedeutender Mann, tapfer und umsichtig, imstande, auch unerwartete Situationen zu meistern, der

Abgott seiner Landsleute. Jahrelang hielt er die Römer in Atem. Er drang tief in das Gebiet der südlichen Provinz ein und gewann auch im Inneren Spaniens viele Anhänger. Siege und Niederlagen lösten sich ab. Der Kampf war erst zu Ende, als er 139 nicht ohne Zutun der Römer von einigen Männern aus seiner Umgebung ermordet wurde. Nach seinem Tod mußten sich auch die Lusitaner fügen. Das Gebiet der römischen Provinz erstreckte sich nunmehr in breiter Front bis an die Küste des Atlantischen Ozeans.

Ein zweiter Kriegsschauplatz entstand im Zusammenhang mit den Erfolgen des Viriathus ab 144 im Gebiet der Arevacer und Vaccäer, am Oberlauf von Tajo und Duero. Hier war das Zentrum des Widerstandes die Stadt Numantia. Trotz ihrer numerischen Überlegenheit brauchten die Römer mehr als zehn Jahre, um die Stadt zu bezwingen. Diese Kämpfe waren für sie kein Ruhmesblatt. Wie in einem Brennspiegel sammelten sich so ziemlich alle schlechten Eigenschaften der damaligen Römer. In die Annalen ist die Geschichte des Konsuls Hostilius Mancinus eingegangen. Von den Numantinern und ihren Bundesgenossen 137 in einem Engpaß umstellt, schloß er, um sich und sein Heer zu retten, mit ihnen zu günstigen Bedingungen Frieden. In Rom verwarf jedoch der Senat den Vertrag. Um selber makellos dazustehen, schob er die Verantwortung auf den Konsul, der, ohne dazu autorisiert zu sein, sein Wort gegeben habe, und befahl, ihn dem Feind auszuliefern; freilich ohne das Heer, und darauf kam es eigentlich an. Begreiflicherweise ließen sich die Numantiner auf dieses Spiel nicht ein. Einen Tag lang stand der ehemalige Feldherr, seiner Insignien entkleidet, mit gefesselten Händen vor den feindlichen Linien. Ohne zwingende Not hatten die Römer zum Wortbruch noch die Schande gefügt.

Die Entscheidung fiel erst, als Scipio Aemilianus, der Eroberer von Karthago, während seines zweiten Konsulats 134 das Kommando übernahm. Er tat das, was man schon längst hätte tun sollen. Er brachte zunächst Ordnung in das demoralisierte Heer, dann schloß er die Stadt durch ein großes Befestigungssystem völlig von der Außenwelt ab. Damit waren die Tage von Numantia gezählt. Nachdem die letzten Vorräte aufgezehrt waren, gaben seine Einwohner 133 den Kampf auf. Die Überlebenden wurden versklavt, die Stadt selber zerstört. Mit Ausnahme der Gebirgslandschaften im Nordwesten war Spanien unterworfen.

Unter den wenigen bedeutenden Feldherren dieser Zeit tritt Scipio Aemilianus hervor. Mit seinem Andenken sind das Ende Karthagos wie das Numantias in gleicher Weise verknüpft. Durch Adoption trug er den Namen des Eroberers von Neukarthago und Siegers von Zama, und wie dieser gewann er seinen Ruhm in Spanien und Afrika. Was der ältere Scipio begonnen, so könnte man sagen, habe der jüngere vollendet. Aber schwerlich hat der Generation um 200 schon eine derartige Lösung vorgeschwebt. Damals mochte es bei aller Rücksicht auf Roms Sicherheit noch möglich scheinen, bestehende, in einer langen Geschichte entwickelte Formen zu wahren. Diese Aufgabe hat die römische Politik in der Folgezeit nicht gemeistert.

Der Weg, den sie seit den siebziger Jahren ging, trägt die Zeichen von Zerstörung und Vernichtung; seinen Rand säumen die Ruinen von Karthago, Korinth und Numantia. Die Welt war befriedet, aber es war die Ruhe des Kirchhofs, die in sie eingezogen war. Wollte der Sieger sein Tun vor der Geschichte rechtfertigen, so mußte er aus den Trümmern neues Leben erwecken. Das war nach allem, was geschehen war, nicht leicht; es setzte vor allem voraus, daß er selber seine Einstellung änderte und zu begreifen begann, daß Herrschaft nicht Ausbeutung der Untertanen bedeutet, sondern die Verpflichtung einschließt, auch für deren Wohl zu sorgen. Aus eigener Kraft waren die Römer nicht imstande, diesen Weg zu beschreiten, sie bedurften dazu der Hilfe. Sie bot sich ihnen in dem geistigen Erbe der griechischen Welt, und nun kam alles darauf an, ob die Römer bereit und fähig sein würden, diese Hilfe auch anzunehmen.

Geistige Wandlungen. Römer und Griechen

Die Begegnung Roms mit der Welt der Griechen hat etwas Besonderes an sich. In einer Reihe von militärisch-politischen Aktionen haben die Römer die hellenistischen Reiche des Ostens entmachtet und dort ihre eigene Vorherrschaft für die Zukunft aufgerichtet. Doch im Augenblick ihres politischen Triumphes wurde offenbar, daß der Besiegte über Kräfte verfügte, denen der Sieger nichts Gleichwertiges entgegenzusetzen hatte. Auf Grund ihrer großen Vergangenheit war die zur Ohnmacht verurteilte griechische Nation überlegen in den Formen des Lebens, in dem Niveau ihrer Kultur, in der Durchgeistigung ihres Daseins. Und hier mußte sich auf die Dauer das siegeswohnte Volk beugen. »Graecia capta ferum victorem cepit et artes / intulit agresti Latio« (»Das unterworfene Griechenland überwältigte den rauhen Sieger und brachte die Segnungen der Kultur in das unkultivierte Land der Latiner«), schreibt zur Zeit des Augustus der Dichter Horaz. Knapp und eindrucksvoll wird hier das Ergebnis dieses denkwürdigen Prozesses umschrieben. Die Unterwerfung des Ostens leitete die Hellenisierung Roms ein, genauer gesagt, sie löste ihre entscheidende Phase aus.

Vieles bedarf hier der Erklärung, denn es verstand sich keineswegs von selbst. Wohl waren die Römer schon lange vor der politischen Begegnung in den Bannkreis der griechischen Kultur geraten, hatten vor allem im Bereich der Religion, der Architektur und der bildenden Kunst vielfache Anregungen von dort erhalten, die sie aber kaum in ihrem ganzen Ausmaß erfaßten. Selbst als dann seit 240 Livius Andronicus Formen der griechischen Dichtung in Rom heimisch zu machen suchte, die Odyssee übertrug und als griechische Schauspiele in lateinischer Sprache zur Aufführung kamen, war ein solches Beginnen trotz aller darin enthaltenen zukunftweisenden Aspekte zunächst noch an der Peripherie geblieben. Um den griechischen Einfluß wirklich zu vertiefen, bedurfte es stärkerer Anstöße. Sie brachten die großen Kriege nach 218.

Da wurde es zunächst wichtig, daß im Verlauf und unter den Einwirkungen dieser Kriege die stadtrömische Bevölkerung ihr Gesicht zu ändern begann. Nicht nur lernten die römischen Soldaten die Länder des Ostens kennen, sondern umgekehrt strömten in wachsender Zahl die Menschen aus dem griechischen Kulturkreis nach Rom. Viele der während des Hannibalischen Krieges wurzellos gewordenen Bewohner Süditaliens fanden Zuflucht in der Hauptstadt; hinzu kamen in der Folgezeit Scharen von Sklaven und Kriegsgefangenen aus dem Osten, und schließlich fehlte es nicht an griechischen Kaufleuten und Händlern, die jetzt in Rom ihr Glück versuchten. Sie alle brachten gleichzeitig viel von ihren heimischen Vorstellungen und Lebensgewohnheiten mit, was auf die gebürtigen Römer, gleich welchen Standes, nicht ohne Wirkung blieb. Das ständige Zusammensein von Fremden und Einheimischen bereitete den Boden für die Aufnahme neuer Gedanken vor; nicht allein in dem Haushalt der großen Familien, wo manche griechische Sklaven dank ihrer Intelligenz Vertrauensposten erhielten und mitunter auch zur Erziehung der heranwachsenden Söhne mit herangezogen wurden, sondern auch in der breiten Masse.

Die ersten allgemeinen Wandlungen kündeten sich in neuen religiösen Vorstellungen an, die jetzt Eingang fanden. Begonnen hatte das schon in den Krisenjahren des Hannibalischen Krieges, als viele, bar jeder Hoffnung, ihre Zuflucht bei fremden Wahrsagern, Wanderpredigern und fremdartigen, vom Geheimnisvollen umwitterten Riten suchten. Sie kamen ihrer ganzen Art nach dem religiösen Bedürfnis des einzelnen mehr entgegen als der offizielle Staatskult, der in seiner Nüchternheit nur wenig werbende Kraft entfaltete. Mitunter griffen die Behörden ein, vor allem wenn diese Bewegungen die staatliche Ordnung zu verletzen drohten, wie in den achtziger Jahren des 2. Jahrhunderts, als die Sekte der Anhänger des Bacchus, schon im Osten verbreitet, vorübergehend von Süditalien aus bis tief nach Mittelitalien hinein Fuß faßte. Damals ist der Senat mit rigorosen Mitteln eingeschritten. Aber aufs Ganze gesehen blieb die Regierung passiv. Dem allmählichen Wandel im religiösen Bewußtsein vermochte sie um so weniger Einhalt zu gebieten, als manche Angehörige der Oberschicht, mochten sie auch noch so gewissenhaft, ja pedantisch die überkommenen Riten des Gottesdienstes beobachten, schon mit einer gewissen Skepsis die alten Götter zu betrachten begannen und ihrerseits nicht abgeneigt waren, einem ebenfalls aus dem Osten kommenden platten Rationalismus das Ohr zu leihen. Bezeichnend war es, daß der Dichter Ennius nach 200 den zu Anfang des 3. Jahrhunderts lebenden *Euhémeros*, der die Entstehung des Götterglaubens und der Götter selbst als Menschenwerk erklärt hatte, in lateinischer Übersetzung einem römischen Publikum vorstellen konnte. Allerdings sollten noch viele Jahre vergehen, bis sich das allgemein auswirkte.

Besondere Bedeutung in dem Prozeß der Hellenisierung kommt der römischen Literatur zu, ist sie doch in ihrer ganzen Entwicklung überhaupt nicht ohne die griechische Einwirkung denkbar. Wesentliche Voraussetzungen hatten bereits Livius Andronicus und neben ihm Naevius geschaffen. Allerdings waren ihre Werke noch mit den Unvollkommenheiten eines ersten Versuchs behaftet; rauh und formlos erschien den Späteren ihre Sprache, und man vermißte die Fähigkeit, den gedanklichen Reichtum der griechischen Vorbilder auch nur annähernd wiederzugeben. Erst die folgende Generation führte seit den letzten Jahren des Hannibalischen Krieges diese Ansätze zu wirklicher Höhe. Ihre bedeutendsten Vertreter, Ennius aus Rudiae im südöstlichen Italien (gestorben 169) und Plautus aus Sarsina in Umbrien (gestorben 184), schufen Werke, die lange Zeit hindurch ihren Rang behaupten sollten. Zusammen mit ihnen und nach ihnen wirkten als Verfasser von Lustspielen Caecilius (gestorben 168) und Terenz (gestorben 159?), als Verfasser von Tragödien Pacuvius (gestorben um 131) und schließlich nach 150 Accius (gestorben um 90). Von Ennius abgesehen, der seinen Ruhm nicht zum wenigsten auch der epischen Dichtung verdankte, galt das Schaffen dieser Dichter vor allem dem Theater. Und das ist kein Zufall, denn seiner Natur nach wirkte das Schauspiel am stärksten in die Öffentlichkeit hinein, hatte bereits in den Jahren nach 240 einen festen Platz bei den römischen Festen erhalten und erfreute sich damit auch staatlicher Unterstützung. Der Anreiz zu immer neuer Produktion war gegeben.

Freilich rückte im Unterschied zum Athen des 5.Jahrhunderts das Schauspiel in Rom niemals in das Zentrum des öffentlichen Lebens. Ähnlich wie die Schauspieler, gehörten auch die Dichter nicht der Gesellschaft an, mochten sie sich auch bisweilen der Gunst der vornehmen Herren erfreuen; ja anfänglich war keiner von ihnen römischer Herkunft. Zudem standen die Schauspiele in ihrem Inhalt den römischen Lebensverhältnissen eigentümlich fern. Euripides und seine Nachfolger gaben den Stoff für die Tragödien; auf die Dichter der mittleren und neuen attischen Komödie, Philemon, Diphilos und Menander, griffen die Autoren des Lustspiels zurück. Gerade bei dem Blick auf die attische Komödie wird der Abstand zu der römischen Welt um und nach 200 deutlich. Menander hatte einst die schon leicht dekadente Gesellschaft Athens im ausgehenden 4.Jahrhundert geschildert. Sein Interesse galt dem Schicksal des einzelnen Menschen; liebenswert wirkte er in der Darstellung der Charaktere und fesselte durch den Aufbau der Handlung. Aber das Verständnis seiner Stücke setzte ein Publikum voraus, das fähig war, den feinen Nuancen und Tönungen zu folgen, das in den Gestalten auf der Bühne sich und seinesgleichen wiedererkannte. Schwerlich war das in Rom der Fall.

Naevius hatte den Versuch gemacht, in die gegebenen griechischen Formen römische Stoffe einzufügen und somit auch inhaltlich das Schauspiel in der römisch-italischen Umwelt zu verankern — aber aufs Ganze gesehen, zunächst ohne rechten Erfolg. Plautus, dessen Komödien uns im Unterschied zu den Tragödien des Ennius noch unmittelbar faßbar sind, meisterte das Problem auf andere Weise. Dank eines angeborenen Talents gelang es ihm, die von Haus aus fremden griechischen Stücke seinem Publikum schmackhaft zu machen. Nicht nur übertrug er sie in eine Sprache, die seinen Zuhörern vertraut war: derb, plastisch, überquellend in der Fülle der Ausdrücke und Wortbilder; er verlagerte auch die Akzente von der inneren Dramatik auf die äußeren Effekte. Die in zarten Linien gezeichneten Charaktere des Originals erhielten deftige, bisweilen burleske Züge; vital, mit beiden Füßen auf der Erde stehend, erschienen die Personen auf der Bühne; drastische Gesten, Prügeleien auf offener Szene rissen das Publikum fort und bereiteten ihm unbändiges Vergnügen. Freilich, ein gebildeter Grieche hätte in diesen Stücken schwerlich den ihm vertrauten Menander wiedererkannt.

Eine Generation später begann man auch in Rom, diese Diskrepanz zu spüren, und suchte daraus die Folgerungen zu ziehen. Ihr Exponent wurde Terenz, der 166 mit der *Andria* zum erstenmal vor die Öffentlichkeit trat. Die burlesken Züge sind gemildert, die Charaktere in ihren Nuancen dem griechischen Vorbild nachgezeichnet, die Sprache ist geglättet und gepflegter, über dem Ganzen liegt etwas vom Hauch attischer Anmut. Freilich fand er nur geringe Resonanz bei dem an gröbere Kost gewöhnten Publikum. Wiederholt klagt er in den Prologen zu seinen Stücken, daß ihm bei früheren Gelegenheiten die Leute einfach weggelaufen wären und Seiltänzern, Faustkämpfern oder Gladiatoren den Vorzug gegeben hätten. Wenn er trotzdem immer wieder seine Stücke auf die Bühne bringen konnte, so verdankte er das nicht zum wenigsten einflußreichen Angehörigen der Oberschicht. Hier verstand man sein Anliegen, besaß ein Gefühl für die Reinheit und Eleganz der Sprache und verschloß sich auch nicht dem in seinen Stücken mitschwingenden Appell an die Humanität. Bezeichnend für die Wertschätzung, die er in diesen Kreisen genoß, war es, daß die von ihm verfaßten *Adelphoi* 160 bei den Leichenspielen des Aemilius Paullus aufgeführt wurden. Zum erstenmal wurde hier der Abstand einer gebildeten Schicht von dem breiten Publikum sichtbar.

Neben das Schauspiel trat die epische Dichtung. Hier hat, nachdem Livius mit der Übersetzung der Odyssee den Anfang gemacht hatte, Naevius für die Zukunft den Weg gewiesen, indem er in seinem *Bellum Punicum* den Ersten Punischen Krieg in epischer Form darstellte. Mit der Übernahme römischer Stoffe ist ihm Ennius gefolgt. In seinen *Annales* – der Titel war den Aufzeichnungen der Pontifices entlehnt – erzählte er die römische Geschichte von den Anfängen bis zur Gegenwart. Homer war für ihn das Vorbild. Von ihm übernahm er die metrische Form, den Hexameter, den erhabenen Stil, die mythische Umkleidung. Wie Plautus war auch er ein Meister der Sprache, hat in glücklichster Weise das Monumentale, das in ihr lag, entwickelt, hat mit knappen Worten Wesentliches zu sagen gewußt. Die wenigen zusammenhängenden Reste aus seiner Dichtung wirken noch heute auf den Leser.

Unbeschadet ihrer dichterischen Umkleidung waren die Epen des Naevius und Ennius der erste Versuch, römische Geschichte in lateinischer Sprache darzustellen. Dabei brachte es die überkommene Form des Epos mit sich, daß die Taten Einzelner in den Vordergrund traten. Die großen Feldherren wuchsen empor zu dem Niveau homerischer Helden. Ein solches Beginnen entsprach den Neigungen der römischen Aristokratie. Fabius Maximus und Scipio erhielten bei Ennius ihre ersten literarischen Denkmäler, und mancher andere, etwa Fulvius Nobilior, der Eroberer von Ambrakia (189), war bestrebt, von dem Dichter in ähnlicher Weise gefeiert zu werden. Damit verband sich – und das war nicht weniger wichtig – der Versuch, die Charaktere zu differenzieren, so in jener berühmten Szene, wo der Vertraute des Konsuls Servilius vorgestellt wird. Was diesen auszeichnet, sind nicht bloß die landläufigen Tugenden, Treue, Verschwiegenheit und anständige Gesinnung, sondern hervorgehoben werden auch seine Geschicklichkeit, seine Kenntnisse, seine Umgangsformen und seine Bildung. Neue Normen wurden hier gesetzt, und damit übernahm die Dichtung auch eine erzieherische Funktion. Noch in späterer Zeit hat man sie so verstanden.

Stärker als die Dichtung, die ihren Ursprung aus der Fremde nicht verleugnen konnte, wurzelte die lateinische Prosa in Rom selbst. Gewiß war auch hier das griechische Buch Vorbild und Ansporn, aber es waren römische Bürger, nicht zuletzt Angehörige der Oberschicht, die zur Feder griffen, und was sie schrieben, galt vorwiegend Dingen, die römisches Denken von Haus aus bewegten; es kreiste um Fragen der Politik, Rechtsprechung und Landwirtschaft. Cato, mit dem die Reihe der großen Prosaschriftsteller beginnt, schrieb, selber ein Kenner auf diesem Gebiet, ein Buch über die Landwirtschaft, in dem er Vorschriften und Regeln für die zweckmäßige Bewirtschaftung von Landgütern zusammenstellte. Um 150 entstanden die ersten juristischen Schriften, die, im letzten Viertel des Jahrhunderts weitergeführt, die Entwicklung der römischen Rechtswissenschaft einleiten sollten.

Bedeutungsvoll aber waren vor allem die Anfänge einer römischen Geschichtsschreibung; bedeutungsvoll deshalb, weil sie die ersten Aussagen der Römer über sich und ihren Staat enthielten. Dabei ging es den Römern im Unterschied zu den großen griechischen Historikern weniger um Erkenntnis als um Wirken; Geschichtsschreibung war für sie in erster Linie ein politisches Anliegen. Der erste, den wir kennen, ist Fabius Pictor in der zweiten Hälfte des 3.Jahrhunderts. Er schrieb in griechischer Sprache. Dies, wie überhaupt der Anstoß zu seinem Werk, lag in der außenpolitischen Lage begründet. Spätestens seit Philipp von Makedonien 215 in den Hannibalischen Krieg eingriff, mußte es Rom darauf ankommen, die Griechen für sich zu gewinnen. Man wußte, daß die öffentliche Meinung in Griechenland den Römern gegenüber recht reserviert war und es dort manche kritische Stimmen gab. Fabius wollte mit seinem Werk, das sich vor allem an die Griechen wandte, falsche Urteile beseitigen und für die römische Sache werben. Freilich mußte er, um damit Erfolg zu haben, nicht nur in der Sprache, sondern auch in der Deutung der Vorgänge der griechischen Mentalität entgegenkommen, und dazu war es notwendig, die eigenen Wertungen neu zu durchdenken und auf die besonderen Verhältnisse abzustimmen.

Ein solches Beginnen mochte fruchtbare Ansätze für die Zukunft enthalten. Aber der von Fabius eingeschlagene Weg wurde nicht geradlinig fortgesetzt. Für Cato, der eine Generation später sein Geschichtswerk, die *Origines*, verfaßte, war ein derartiger Zweck nicht mehr aktuell. Ihn interessierte vorwiegend die eigene römische Umwelt. Auf sie wollte er wirken, und es war für ihn selbstverständlich, daß ein Römer seine Geschichte nur in lateinischer Sprache schreiben konnte. Seine Fähigkeit zur Formulierung, die er schon in seinen Reden gezeigt hatte, kam ihm dabei zugute. Was wir an zusammenhängenden Stücken von ihm noch lesen, beeindruckt durch die Kraft der Sprache, die Prägnanz des Ausdrucks, die Plastik der Schilderung. Das Bild, das er von der Geschichte gab, war auf seine Person zugeschnitten. Was ihn in seiner politischen Laufbahn bewegte, brachte er hier noch einmal zum Ausdruck: die Abneigung gegen die Herausstellung der großen Einzelpersönlichkeiten, die ihn dazu veranlaßte, die Eigennamen in seinem Werk praktisch zu eliminieren, und der ständige Hinweis auf die Größe und Tüchtigkeit der Vorfahren. Vor allem aber standen Rom und sein Volk für ihn ausschließlich im Zentrum. Geringschätzig blickte er auf die anderen Völker herab und hielt deren Leistungen im Vergleich zu den römischen Taten für unbedeutend. Und wenn man auch an Cato rühmen mag, er habe gegenüber den Griechen den Wert des Römertums betont und damit die vorschnelle Preisgabe alter römischer Traditionen verhindert, so sind andererseits die Gefahren nicht zu verkennen, die in einer solchen Einstellung lagen. Hätte sich hier Cato wirklich durchgesetzt, wäre die Bereitschaft, wesentliche Anregungen und Lehren der Griechen aufzunehmen, allmählich erloschen und die geistige Entwicklung Roms in eine Sackgasse geraten.

Daß es nicht dazu kam, ist nicht zum wenigsten einer neuen vertieften Begegnung zwischen Römern und Griechen zu verdanken, die sich bereits in den letzten Lebensjahren Catos anbahnte. Der Grieche Polybios, um 200 in Achaia geboren, erhielt hier eine entscheidende Funktion. Als Angehöriger der Führungsschicht seiner Heimat wurde er 168 zusammen mit tausend der vornehmsten Achaiaer nach Rom deportiert. Dort kam er in

Kontakt mit der Familie des Aemilius Paullus, wurde ständiger Begleiter von dessen beiden ältesten Söhnen, vor allem des durch Adoption in die Familie der Scipionen übergangenen Scipio Aemilianus. In dieser neuen Umgebung fand er den Weg zum Verständnis des Siegers. Erhaben über kleinliche Ressentiments, berichtete er in seinem Geschichtswerk, mit dem er schon während der fünfziger Jahre begann, wie die Oikumene unter Roms Herrschaft geraten war. Dabei begnügte er sich nicht mit einer detaillierten Schilderung des geschichtlichen Ablaufs von der Zeit der Punischen Kriege an, sondern stellte darüber hinaus die Frage nach den Ursachen der Überlegenheit Roms. Anders als viele seiner Zeitgenossen, die in Roms Sieg nur das blinde Walten des Zufalls sahen, begriff er die Kraftquellen, aus denen der römische Staat schöpfte. Römischem Empfinden kam er entgegen, indem er die großen Leistungen der römischen Politik anerkannte; aber zugleich ordnete er die Geschichte Roms ein in die Reihe der großen Universalreiche, und als Sohn einer in schweren Schicksalsschlägen gereiften Nation wußte er von den Grenzen, die jedem geschichtlichen Tun, auch dem der Römer, gesetzt waren, kannte die Kategorien, an denen die Geschichte gerade den Sieger mißt. Weit über den Augenblick hinaus weist die Feststellung, die er zu Beginn des dritten Buches machte: erst die Nachwelt könne beurteilen, ob Roms Herrschaft zum Segen für die Welt ausschlagen werde; denn nicht der Sieg sei entscheidend, sondern das, was der Sieger daraus mache. Der Mann, der dies niederschrieb, besaß dank seiner Verbindungen auch die Möglichkeit, seine Gedanken im persönlichen Gespräch zu begründen. Er erinnerte den jungen Scipio an die Aufgabe, die ihm und seinen Standesgenossen gestellt sei, er wies ihn darauf hin, daß sie nun berufen seien, eine Ordnung aufzurichten, die für alle, nicht nur für den Sieger, zu bejahen sei.

Neben Polybios, und ihn fruchtbar ergänzend, trat als zweiter Grieche der Philosoph Panaitios aus Rhodos, damals das Haupt der stoischen Schule, der in den vierziger Jahren in Rom weilte und auch in Berührung mit Scipio kam. Wie Polybios auf Grund griechischer Erfahrungen ein auch für die Römer annehmbares Geschichtsbild entwarf, so stimmte er die Lehren der stoischen Philosophie auf die Bedürfnisse der römischen Aristokratie ab. Der Boden für ein solches Beginnen war schon vorbereitet. Das Interesse an philosophischen Fragen begann damals in Rom zu erwachen; Literaten und Philosophen aus dem Osten waren seit den Jahren von Pydna häufig hier anzutreffen, darunter auch eine Reihe geistiger Koryphäen, wie etwa Karneades aus Athen, das Haupt der Akademischen Schule, der 155 in diplomatischer Mission in Rom weilte. Freilich, was diese den jungen Römern vortrugen, war eher geeignet, Verwirrung anzurichten; gern spielten sie mit ihrer geistigen Überlegenheit und gefielen sich in geistvollen Paradoxien. Panaitios aber gab mehr, er gab der römischen Gesellschaft Maßstäbe an die Hand, die von Bestand waren, und verankerte die ihr überkommenen moralischen Grundsätze in einem umfassenden philosophischen System, das für alle Menschen verpflichtend war. Die Zäune, die römisches Denken einengten, wurden eingerissen, neue, bislang unbekannte Ausblicke eröffnet. Verpflichtungen gäbe es, so lehrte er, nicht nur gegenüber dem eigenen Staat, sondern auch gegenüber den Angehörigen anderer Völker.

Entscheidend wurde es, daß Polybios und Panaitios in Rom Männer fanden, die derartigen Überlegungen zugänglich waren, in ihrer Mitte Scipio Aemilianus, dessen Cicero später in hoher Bewunderung gedachte. Er schilderte ihn als einen Mann von vollendeten Umgangsformen und geistiger Aufgeschlossenheit. Rückschauend sah er in ihm den Römer, der als erster den Weg zu einer echten Synthese zwischen dem geistigen Erbe der Griechen und der römischen Wesensart eingeschlagen habe. Freilich, in diesen so fruchtbaren Begegnungen der Jahrzehnte vor und nach 150 wurden nur die Keime gelegt. Wie bei jeder geistigen Entwicklung gab es auch hier keine Beschleunigung; der Prozeß der inneren Formung und Vergeistigung forderte seine Zeit. Die Früchte sollten erst Generationen später reifen; die Menschen sollten noch unendliches Leid erdulden, ehe es so weit war, daß Polybios' Frage, ob Roms Herrschaft ein Segen für die Welt sei, bejaht werden konnte.

Alfred Heuß

DAS ZEITALTER DER REVOLUTION

Die Voraussetzungen

Zu den tiefsten und noch heute gültigen Einsichten Montesquieus gehört die Erkenntnis, daß die römische Republik an den Folgen ihres Sieges zugrunde ging. Die Weltherrschaft, auf Grund republikanischer »Tugend« errungen, machte ihrer Voraussetzung, nämlich der römischen Republik mit ihren moralischen Kräften, den Garaus. Wäre Hegel mehr in die römische Geschichte eingedrungen und hätte er den großen Franzosen genauer studiert, so hätte er hier einen der eindrucksvollsten Belege für einen dialektischen historischen Umschlag finden können. Die Phase der römischen Geschichte, die seit Mommsen als »Revolution« gekennzeichnet wird und ziemlich genau hundert Jahre dauerte, hat den Prozeß zum Inhalt, welcher die Auflösung des römischen Freistaates bedeutete und schließlich zu seiner Ersetzung durch das römische Kaisertum führte.

Am leichtesten, aber auch einen der wesentlichsten Zusammenhänge damit treffend, kann man die Rückwirkung der Weltherrschaft dem ökonomischen Bereich ablesen. Rom war in dieser Hinsicht (aber auch sonst) von Hause aus ein ausgesprochen rückständiger Staat gewesen. Als der griechische Osten schon seit Jahrhunderten ein ausgebildetes Geldwesen kannte, behalf man sich in Rom noch mit dem schwerfälligen Abwiegen von Metall (einer Bronzelegierung) und ging erst am Vorabend der weltimperialistischen Phase zu wirklich gemünztem Geld über. Wirtschaftlich gesehen, war Rom ein primitiver Agrarstaat. Aber dieser Staat unterwarf sich in der kurzen Zeit von zwei bis drei Generationen einen Zivilisationsbereich, der ihm an ökonomischer Differenzierung weit voraus war und infolgedessen seine Niederlage mit Mitteln bezahlte, die im Grunde der wirtschaftlichen Struktur des Siegers alles andere als adäquat waren. Aus den Kriegskontributionen Karthagos und der hellenistischen Staaten flossen Unsummen Geld, in der Hauptsache Silber, nach Rom. Aber das war es nicht allein. Nicht minder fiel natürlich die gewaltige Kriegsbeute ins Gewicht. Dem römischen Heer folgte stets der Händler, welcher dem Soldaten sein Beutegut, seien es Menschen, seien es irgendwelche Mobilien, abkaufte. Mit einem Wort: Rom erfuhr in seinem wirtschaftlichen Gefüge binnen einer Generation einen gewaltigen Schock und stand auf einmal ökonomischen Bedingungen gegenüber, für die es beim besten Willen nicht gewappnet sein konnte.

Die am leichtesten durchschaubare sozialpolitische Folge war eine Vermehrung des individuellen Reichtums; denn der römische Staat betrieb ebensowenig wie alle anderen antiken Stadtstaaten eine konsequente Thesaurierung und dachte infolgedessen nicht daran, das eingeflossene Geld aus dem Wirtschaftskreislauf herauszuhalten. Ebensowenig jedoch ließen sich die Dinge dahin lenken, daß der Vermögenszuwachs allen Römern in gleicher Weise zugute kam. Er konzentrierte sich selbstverständlich in bestimmten Kreisen, denjenigen in erster Linie, die ohnehin rationell mit Geld umzugehen verstanden und schon von jeher in der Rangordnung der Einkommensstufen an oberster Stelle standen.

Eine solche Einstufung war keine abstrakte Größe, sondern wurde tatsächlich von alters her durchgeführt, weniger für die Zwecke der Steuerveranlagung – direkte Steuern spielten wie anderswo in den antiken Stadtstaaten keine große Rolle, wurden nur in besonderen Fällen erhoben und hörten nach 167 v. Chr. so gut wie ganz auf – als zur Ordnung der auf Grund eines Zensus zusammentretenden Zenturiatkomitien. Die oberste Stelle nahmen in ihnen die »Ritter« *(equites)* ein, »Ritter« deshalb, weil sie im Heer für den kostspieligen und vornehmen Reiterdienst vorgesehen waren. Der Kreis der hierzu Gehörigen rekrutierte sich ursprünglich, also zu Beginn der Republik, aus dem Patriziat und umfaßte später die Angehörigen des sogenannten Amtsadels, der Nobilität. Der Satz gilt nicht in der Strenge des Wortsinns, denn es handelte sich hierbei nur um faktische Durchschnittsverhältnisse, die Abweichungen im einzelnen und vor allem Tendenzen zur Wandlung durchaus nicht ausschlossen. Aber da, soziologisch gesehen, Reichtum bis zum 2. vorchristlichen Jahrhundert noch durchaus agrarischer Reichtum war und von der Senatsaristokratie so gut wie ganz für sich monopolisiert wurde, ist die Gleichung unvermeidlich, und deshalb boten die »Ritter« im großen ganzen das Ebenbild einer Elite, der man gewisse Züge eines »ritterlichen« Adels nicht absprechen kann.

Das wurde erst im Verlauf des 2. Jahrhunderts anders. Die wirtschaftliche Veränderung ließ die Zensusklasse der Reichen eminent anschwellen, und im Unterschied zu früher bildeten den Zuwachs nicht neue Landbarone, sondern Leute, deren Einkommen aus monetärem Kapital floß. Sie machten von ihm großzügigen Gebrauch, indem sie es in Geschäfte steckten, die einen gewaltigen Finanzaufwand erforderten und entsprechenden Gewinn abwarfen. Das lukrativste Geschäft in dieser Hinsicht war die Staatspacht. Die öffentliche Hand verfügte weder über einen ausgebauten Apparat, die ihr zustehenden Einnahmen einzuziehen, noch über eine Regie, die Ausgaben in wirtschaftliche Leistungen umzusetzen, also etwa Gebäude und Straßen zu bauen. Hier schalteten sich die modernen Kapitalisten ein; sie übernahmen en bloc die betreffenden Aufgaben gegen eine fixe Summe und führten sie ganz auf eigene Rechnung und eigenes Risiko aus. Die Gewinne waren gewaltig und ergaben sich in der einen Richtung daraus, daß das Ergebnis der eigenen Bewirtschaftung den Pachtpreis übertraf (so bei Zöllen und Steuern, Bergwerken und ähnlichem), in der anderen, daß man (bei den öffentlichen Bauten) drastisch einsparte. Die Staatspächter, die *publicani*, wurden so zur repräsentativen Gruppe des neuen Reichtums und stellten damit das Hauptkontingent der neuen »Ritter«. Allerdings waren sie nicht allein die Exponenten der wirtschaftlichen Veränderung, sondern glichen eher der Spitze einer Pyramide. Viel Kapital ging auch in den Handel, seitdem die römische Weltherrschaft dem

DAS ZEITALTER DER REVOLUTION

römischen Kaufmann den Weltmarkt geöffnet hatte und dieser im Ausland das Privileg einer besonderen Freizügigkeit genoß, da es Beschränkungen der Aufenthaltsgenehmigung für ihn nicht geben konnte. Zudem wurde nach 167 v. Chr. der Freihafen Delos gerade für ihn zu einem Dorado. Die kleine Insel, die zwar rechtlich athenisches Staatsgebiet (jedenfalls nicht römisches) war, wurde nichtsdestoweniger eine Art von römisch-italischer Kaufmannskolonie.

Der »Ritterstand«, dessen Entstehung ja mit dem Ausbau der römischen Weltherrschaft Hand in Hand ging und der so ausgesprochener Nutznießer einer Politik war, wie sie von der Nobilität betrieben wurde, verspürte ursprünglich kein Gefühl einer Zurücksetzung ihr gegenüber und sah sich deshalb in keiner Hinsicht veranlaßt, sich als ihr Rivale vorzukommen. Dazu hätte er echten politischen Ehrgeiz entwickeln müssen; aber da er als wirtschaftliche Interessengruppe angetreten war und ihm als solcher völlig freier Lauf gelassen wurde, bestand keinerlei Anlaß zu solch politischer Umorientierung.

Die Entstehung eines Kapitalistenstandes war eben nur eine der Rückwirkungen, die von dem Einbruch des hellenistischen Kapitals auf Rom und Italien ausgingen, und bedeutete wahrscheinlich nicht einmal den wichtigsten Niederschlag dieses säkularen Ereignisses. Dieser Umstand wäre des Nachdenkens wert, und man hätte wahrscheinlich festzustellen, daß die Tatsache einer kapitalistischen Klasse, die weniger auf gewerblicher Tradition und Handel als auf der Manipulation politisch bedingter Abgaben und Gewinne beruhte, nicht ausreichte, das soziale Gefüge Roms wirklich umzustrukturieren und eine Kaufmannsaristokratie hervorzubringen, die mit echten ständischen Ansprüchen dem grundbesitzenden Adel hätte gegenübertreten können. Infolgedessen kam es im Grunde mehr darauf an, wie sich dieser Agraradel der ökonomischen Krise gegenüber einstellte und welche Wandlung er von ihr erfuhr.

In der Tat lag denn auch in diesem Verhältnis das Schicksal der römischen Gesellschaft und damit der römischen Republik beschlossen. Die Agraristokratie war ihr Rückgrat, und gerade auch ihre wirtschaftliche Position bestimmte den Zusammenhalt der bisherigen sozialen Ordnung. Wir besitzen zwar keine exakte Vorstellung von den Ausmaßen des alten Großgrundbesitzes, aber daß er sich in den Grenzen patriarchalisch zu bewirtschaftender Einheiten hielt, dürfte kaum zweifelhaft sein. So blieb es jedoch nicht und konnte es auch nicht bleiben. Der Geldstrom, der doch gerade die oberen Schichten erfaßte, floß auch in die Kassen der größeren Landbesitzer und suchte bei ihnen ein Feld zu gewinnbringender Verwendung. Die Folge davon war, daß sich in Rom ein richtiger Agrarkapitalismus etablierte, und zwar einer von reinstem Wasser. Die Weichenstellung hierzu war unmittelbar vor dem Hannibalkrieg noch ausdrücklich vorgenommen worden, als durch die *lex Claudia* von 218 den Grundbesitzern geradewegs verboten wurde, ihren Reichtum im Handel zu investieren, und damit der Möglichkeit, daß die Landaristokratie sich in eine Kaufmannsaristokratie verwandelte, ein eherner Riegel vorgeschoben wurde.

Die Parole hieß deshalb, die Landwirtschaft so einträglich, wie es nur immer ging, zu gestalten. Der Weg dahin lag in der Sache begründet. Erhöhung des Arbeitsertrages durch Intensivierung oder durch Extensivierung. Die eine Alternative führte zu bevorzugtem Anbau von Wein und Oliven und zur Vernachlässigung des Getreidebaues; die andere bedeutete die Ausnutzung großer Flächen durch möglichst wenige Arbeitskräfte, praktisch also die Entwicklung einer großzügigen Vieh- und Weidewirtschaft. Gerade letztere wurde wichtig, denn sie enthielt den Ansporn zu einer nach außen drängenden Energie. Das Areal für diese Wirtschaftsform mußte erst gewonnen werden, und eben für diesen Zweck stellten die reichen materiellen Mittel zur rechten Zeit sich ein. Neues Land ließ sich gewinnen durch Ankauf des Bodens kleiner und minder finanzkräftiger Eigentümer. Das andere Mittel war die Besetzung des Staatslandes. Davon gab es mehr als genug. Die Unterwerfung Italiens hatte in ihren verschiedenen Stadien diesen Besitz ständig vermehrt, zuletzt nach dem Hannibalkrieg, als eine Reihe von Italikern ihren Abfall von Rom mit dem Verlust ihres Landes büßen mußte. Der Anspruch auf dieses Land stand an sich – bei Anerkennung des staatlichen Eigentumstitels – jedem zu; aber nicht jeder hatte das Kapital, um den gleichen Gebrauch von der Chance zu machen, und so wurde gerade der Griff nach dem Staatsland zum eigentlichen Privileg der Agrarkapitalisten, die nicht nur die schwächeren Bauern einer fast hoffnungslosen Konkurrenz aussetzten, sondern sie auch von dem bereits von ihnen okkupierten Staatsland mit sanftem oder stärkerem Druck zu verdrängen wußten.

Damit war denn also gleich an zwei Stellen der Hebel angesetzt, das kleine und mittlere Bauerntum aus den Angeln zu heben. Seine relative Schwäche wurde von den Zeitumständen noch erhöht. Es arbeitete im Vergleich zum Großgrundbesitz mit zu hohen Gestehungskosten; und wenn es auch mit seinem hauptsächlichen Erzeugnis, dem Getreide, vielleicht weniger dem binnenitalischen Konkurrenzdruck ausgesetzt war, so sorgte für denselben Effekt das ausländische Getreide, zumal das aus dem nahen Sizilien, nach der Zerstörung Karthagos dann das afrikanische, das als teilweise politisch bedingter Import keinen echten Preis hatte und infolgedessen jeden anderen unterbieten konnte.

Der adlige Großgrundbesitzer hatte sich den neuen ökonomischen Bedingungen, welche die römische Weltherrschaft heraufgeführt hatte, also durchaus gewachsen gezeigt und neue Kräfte zu seiner wirtschaftlichen Festigung und Entwicklung aus ihm gezogen. So konnte ihm der neue Reichtum der Finanzleute wenig anhaben, denn er selbst war mindestens ebenso reich geworden, und bis zur Zeit des Hochkapitalismus war schließlich noch immer die landwirtschaftliche Produktion der ergiebigste Gewerbezweig. Aber die Verwirklichung dieser Behauptung wurde mit dem Ruin des römischen und italischen Bauerntums erkauft. Es sank entweder auf das Niveau von ländlichen Lohnarbeitern ab oder ging in die Stadt. Beides war gleichbedeutend mit Proletarisierung, und sie wurde denn auch zu einem der charakteristischsten Symptome der veränderten sozialen Lage.

Dieser Vorgang spielte sich gewiß nicht von heute auf morgen ab und verlief auch keineswegs geradlinig. Es gab gewisse Hemmungen, so vor allem nach dem Hannibalkrieg, als der Krieg manchem Bauernhof den Herrn für viele Jahre entzogen hatte und schon aus diesem Grunde die Lage des mittleren Grundbesitzes prekär geworden war. Aber damals hatte man nochmals die Gelegenheit zur Kolonisation ergriffen. Die Landabtretungen der abgefallenen Bundesgenossen schufen dafür die Voraussetzung. Auch muß in jenen Jahren ein Gesetz erlassen worden sein, das die Okkupationsquote auf das Staatsland begrenzte. Es stand allerdings mehr auf dem Papier, als daß von ihm eine nachhaltige Wirkung ausging. Gegen den Strukturwandel kamen auf die Dauer solche Maßnahmen nicht auf. Kolonisieren ließ sich nur so lange, wie frisch erobertes Land zur Verfügung stand, und nach dem Zweiten Punischen Krieg gab es dergleichen für lange Zeit nicht mehr. Es wäre also nur die Binnenkolonisation auf dem bereits vorhandenen Staatsland in Betracht gekommen, aber sie war bei der herrschenden Schicht ein (verständlicherweise) ganz unpopulärer Gedanke. Diese Erfahrung hatte unter an sich nicht ungünstigen Bedingungen schon vor hundert Jahren (232 v. Chr.) Flaminius gemacht, als er die Picenische Mark mit römischen Bürgern besiedelte, dabei aber auf die Anlage einer befestigten Stadt — ihr militärischer Zweck hätte das Unternehmen allenfalls rechtfertigen können — verzichtete. Er wurde damit bei der Nobilität zum bestgehaßten Mann.

Aber auch innerhalb des kapitalistisch prosperierenden Großgrundbesitzes wurde das »Klima« anders. »Kapitalistisch« wirtschaften hieß nun zuallererst rationell wirtschaften, und deshalb wurde eine Betriebsform üblich, die methodisch auf billiges Wirtschaften und auf Ertragssteigerung ausgerichtet war. Das probateste Mittel hierzu sind bekanntlich möglichst billige Arbeitskräfte. Im 2. Jahrhundert waren das vor allem Sklaven. Sie wurden als Folge der großen Kriege im Osten zu verhältnismäßig niedrigem Preis angeboten, und die römischen Großgrundbesitzer versäumten nicht, sich diese Gelegenheit nutzbar zu machen. Ganze Heere fremder Sklaven fanden Eingang in die römische Landwirtschaft. Sie hatten nichts zu lachen; ihr Schicksal unterschied sich nicht wesentlich von dem ihrer späteren amerikanischen Leidensgenossen. Der alte Cato, der — vielleicht nach karthagischem Vorbild— diese Grundsätze in einem Lehrbuch formulierte, sagt ausdrücklich, einen alten und kranken Sklaven solle man schleunigst abstoßen. In dieser Hinsicht war er, der Prototyp konservativer Gesinnung, der von dem altrömischen, vom Pflug zur Diktatur gerufenen Cincinnatus schwärmte, ganz modern. Und der lapidare Satz, mit dem er das Prinzip einer rationellen Wirtschaftsweise gleichsam in nuce faßt, heißt bei ihm schlicht: »Das Familienoberhaupt muß auf Verkauf, nicht auf Kauf aus sein.« Auch die Hirten auf der Weide bekamen dies zu spüren und wurden schlecht ernährt. Ihre Herren erklärten ihnen zynisch, sie sollten sich selbst um ihren Unterhalt kümmern. Es gebe doch genug Leute, die vorbeikämen und die man erleichtern könne.

Die Massierung der Sklaven und ihre Kasernierung in »Arbeitshäusern« *(ergastulum)* — in einem Umfang, wie er der ganzen Antike, sowohl vorher wie nachher, unbekannt blieb — brachten ein für die ganze Periode bezeichnendes Phänomen hervor: die Sklavenaufstände. Der erste große ereignete sich gerade am Eingang zu unserer Epoche. Im Jahre 135 brach er auf Sizilien aus und griff sogar nach auswärts über, nach Griechenland; selbst in Rom soll sich der Aufruhr geregt haben. Während er hier jedoch schnell unterdrückt wurde, wütete er auf Sizilien vier Jahre lang. Es war ein gewaltiger Aufschrei des Hasses von Unterdrückten gegen ihre Peiniger und entlud sich in grausamen Exzessen, unter der Führung eines »Königs Eunus«, der seine Autorität vor allem dem Anschein übernatürlicher Fähigkeiten wie Feuerschlucken und ähnlichem verdankte und, auf diese gestützt, eine Art militärischer Organisation aufbaute. Ein Erfolg war dem Unternehmen ebensowenig wie dessen Nachfolgern — bis auf Spartacus — beschieden, da es sich immer nur um einzelne Impulse handelte und kein zielstrebiger, auf Veränderung der Gesellschaft gerichteter Wille dahinterstand.

Schließlich gab es noch einen dritten Sektor, auf dem der Krisencharakter der Zeit sichtbar wurde. Spektakulär ging es hier allerdings nicht zu, und um des Problems gewahr zu werden, bedurfte es eines tiefer dringenden Blickes. Die politische Verfassung Italiens war fragwürdig geworden. Rom übte da auf der Grundlage völkerrechtlicher Eigenständigkeit eine unbestrittene Hegemonie aus. Mit diesem Schicksal, dem Ergebnis der politischen und militärischen Überlegenheit Roms, hatten sich die italischen Bündner abgefunden, nachdem es unvermeidlich geworden war und selbst Hannibal an ihm nichts hatte ändern können. Dem Verlust der äußeren Selbständigkeit entsprachen aber auch nicht zu verhehlende Vorteile. Schließlich waren die Italiker jetzt Partner der römischen Weltherrschaft, und wenn sie außerhalb Italiens auftraten, sah man in ihnen eher Angehörige des siegreichen Volkes als die Unterlegenen der großen Kriege, in denen die Suprematie Roms über Italien begründet worden war. Aber gerade in dieser optischen Verschmelzung der Italiker mit Rom tat sich ein allgemeiner Wandel kund, der den Keim zu den künftigen Spannungen enthielt.

Dem äußeren Schein entsprach nämlich auch eine innere Bewußtseinsveränderung. Bislang waren die Italiker auf ihre Autonomie stolz gewesen und begrüßten es durchaus als Vorzug, daß sie eigene Regierung und Verwaltung besaßen und im offiziellen Verkehr sich ihrer eigenen Sprache bedienen durften. Die angestammte Tradition hatte ihren unverlierbaren Wert, und als Gewinn wurde empfunden, daß man nicht gezwungen war, Römer zu werden. Aber mit dem 2. Jahrhundert verfiel allmählich diese positive Einstellung zum Erbe der Vergangenheit. Die Romanisierung hatte Fortschritte gemacht, und da, wo es deren gar nicht bedurfte, also in den latinischen Kolonien, spürte man erst recht, daß die Eigenstaatlichkeit im Grunde leicht wog im Vergleich mit der unmittelbaren Zugehörigkeit zum römischen Staat. Es war doch etwas ganz anderes, sich auch im exakten Rechtssinne Bürger von Rom nennen zu dürfen, anstatt in der Eigenschaft etwa eines Beneventers in der Weltstadt zu den »Fremden«, den *peregrini*, zu gehören und damit der Willkür der Fremdenpolizei ausgesetzt zu sein, die einen jeden Tag aus der Stadt verweisen konnte.

Andere Umstände kamen hinzu, um die Nichtzugehörigkeit zum römischen Staat als schmerzlich empfinden zu lassen. Für die römischen Bürger war Anfang des 2. Jahrhunderts die militärische Disziplinarordnung durch Ausschluß der Todes- und Prügelstrafe gemildert worden. Die italischen Bundesgenossen jedoch, die die Hälfte des regulären römischen Heeres darstellten, wurden von dieser Änderung nicht betroffen. Ebenso waren sie bei der Verteilung von Beute benachteiligt. Kurzum, aus einem Vorzug wurde die italische Autonomie zu einem Nachteil. Das Gefühl der Hintansetzung überwog das alte Selbstbewußtsein, und so entstand im Laufe des 2. Jahrhunderts allgemein der Eindruck, italischer Bundesgenosse zu sein sei gleichbedeutend mit der Zugehörigkeit zu einer Klasse minderberechtigter römischer Bürger. Aus (relativer) Freiheit wurde Knecht- und Untertanenschaft: ein Musterbeispiel dialektischen Umschlages.

Angesichts dieser verschiedenen, bis ins Innere der römischen Gesellschaft greifenden Gebrechen kam fast alles darauf an, ob sich ihnen die herrschende Schicht in Rom gewachsen zeigte. Es war dies der Senatsadel oder die Nobilität, ein verhältnismäßig weit gestreuter Kreis von Familien, die traditionell die römischen Ämter bekleideten und dadurch Mitglieder des dreihundertköpfigen Senats wurden. Es gab in ihm verschiedene Stufen der Vornehmheit, jeweils auf Grund der Familienvergangenheit. Zur Nobilität im engeren Sinne, also zu den obersten Rängen, zählte nur der, dessen Vorfahren es bis zum Konsulat gebracht hatten oder dem alten Adel, dem Patriziat, angehörten. Ihr Kreis wurde mit Absicht möglichst eng gehalten; und gerade im 2. Jahrhundert war es für einen *homo novus*, dem diese Voraussetzungen fehlten und der selbst erst diese eminente Nobilität für seine Nachfahren begründete, sehr schwer, in ihn hineinzukommen. Aber auch eine solche Exklusivität — eher ein Symptom für die innere Konsolidierung und Stärke als eine Verfallserscheinung — fiel weniger ins Gewicht als die Fähigkeiten, die sich in dieser Gruppe zusammenfanden.

Sie waren erstaunlich. Die ganze bisherige römische Geschichte legt davon Zeugnis ab. Die Zähigkeit, mit der vor allem die Außenpolitik betrieben wurde, war geradezu beispielhaft und wird immer in der Weltgeschichte ihren Ehrenplatz behaupten. Nicht minder bemerkenswert war das Vermögen der Nobilität, sich selbst aufzubauen und zum Herzen des römischen Staates zu werden. Ihre Stellung beruhte nämlich auf keinerlei formellen Privilegien, und niemals erfuhr ihre Herrschaft eine Institutionalisierung. Sie mußte sozusagen täglich neu erworben und verteidigt werden.

Ihren rechtlichen Bestimmungen nach war die römische Verfassung eine Art von (gemäßigter) Demokratie. Der Souverän war eine Bürgerschaft, die lediglich das ursprünglich nicht sehr umfangreiche Proletariat in seinem Einfluß beschränkte und für bestimmte Zwecke (etwa die Wahl der obersten Beamten) das aktive Wahlrecht nach einem an sich großzügig bemessenen Zensus zugunsten der vermögenderen Kreise mit einem mäßigen Privileg ausstattete. Aber all das war nicht die eigentliche Wirklichkeit der römischen Verfassung. Sie ergab sich erst aus dem praktischen Gebrauch dieser Ordnung, und der war nun wesentlich anders, als die äußeren Bestimmungen erraten ließen. Sie gaben nur den Rahmen ab. Der Inhalt selbst war eine manipulierte Demokratie, und zwar im aristokratischen Sinne manipuliert, so daß es angemessen ist, für das republikanische Rom von einer tatsächlich aristokratischen Verfassung zu sprechen. Dieser Zug war schon immer in ihr angelegt, und der Ausgang des Ständekampfes hatte ihn unter den veränderten Verhältnissen, die zu ihm geführt hatten, ausdrücklich bestätigt. Die letzte Durchbildung hatte dieses politisch-soziale System jedoch in den beiden Generationen nach dem Hannibalkrieg erfahren.

Die Manipulation der Verfassung beruhte ausschließlich auf der Autorität, welche die regierende Klasse beim Volk besaß; sie allein war der Grund, weshalb dieser Klasse sowohl jede politische Initiative als auch die gesamte Leitung des Staates freiwillig überlassen wurden. Der Senatsadel wurde als Elite anerkannt, sein Prestige wurde bejaht und in der »Strenge« und »Gewichtigkeit« (*severitas* und *gravitas*) der Senatoren das zentrale Stilelement der ganzen Schicht zur verbindlichen Norm und entsprechend zur standeseigentümlichen Auszeichnung erhoben. Deshalb mischte sich das Volk in die Auswahl der Kandidaten für die Ämter gar nicht erst ein und gab mit seiner Zustimmung lediglich dabei den Ausschlag, wer von den verschiedenen Kandidaten der gleichen Qualifikation das Rennen machte. Doch auch hier verfuhr es weniger nach freiem Belieben, als daß es bestimmten

Gewohnheiten folgte und sich die Absprachen, die innerhalb der Nobilität getroffen wurden, zu eigen machte. Ohnehin befand sich jeder einfache Mann in einem von persönlicher Pietät und Familientradition geprägten inneren Abhängigkeitsverhältnis zu bestimmten Familien und gestand ihnen ein »Patronat« über sich zu.

Zu den wichtigsten technischen Hilfsmitteln, den Einfluß der Regierungsstellen zu garantieren, gehörte — auf den ersten Blick: merkwürdigerweise — das Volkstribunat. Es war der Hebel, mit dem die Gesetzesmaschinerie in der Hand des Senatsadels gehalten wurde. Die verhältnismäßig große Zahl von zehn Volkstribunen machte es so gut wie sicher, daß immer welche vorhanden waren, die sich als gefügiges Werkzeug des Senats gebrauchen ließen und willig die Gesetzesanträge für die *comitia tributa* von oben in Empfang nahmen. Als nie versagende Sicherung gegen unliebsame Überraschungen stand das Interzessionsrecht bereit, das mit einem Wort jede unangenehme Initiative abzuwürgen vermochte. Das Volkstribunat, aus so ganz anderen Voraussetzungen erwachsen, konnte im 2. Jahrhundert geradezu als das Palladium der Nobilitätsherrschaft gelten.

Auf diese Weise war der eigentliche Souverän der römischen Republik der Senat. In ihm fielen alle wichtigen Entscheidungen, und gegen ihn etwas durchzusetzen hätte einen glatten Bruch des geltenden Verfassungsrechtes bedeutet. Einen Rechtssatz dafür gab es zwar nicht. Die Sanktionierung war durch die Gewohnheit ausgesprochen, und eben diese Gewohnheit oder, wie man in Rom sagte, die »Sitte der Vorfahren« (der *mos maiorum*) war deshalb auch die wichtigste Instanz für die politische Ordnung. Sie war es nicht nur in dieser Hinsicht. Die wesentlichen Normen der römischen Verfassung beruhten im Grunde auf diesem *mos;* ohne ihn hätten die eigentümlichen Rechtssätze, welche die römische Verfassung im strikten Sinn ausmachten und allein den Inhalt hatten, nur ja keine Macht den Händen eines Einzelnen ohne die Vorkehrung anzuvertrauen, sie sofort annullieren zu können, ein gesundes Funktionieren des staatlichen Lebens unmöglich gemacht. Daß auf dieser Grundlage die römische Republik nicht nur existierte, sondern auch zu den höchsten Leistungen befähigt wurde, bedeutet einen ihrer größten Ruhmestitel und stellt der Selbstdisziplin und dem Stilvermögen der herrschenden Klasse in Rom das sichtbarste Zeugnis aus. Freilich waren dadurch auch gewaltige Anforderungen an die politische Praxis gestellt. Es ist immer schwieriger, sich selbst in Führung zu nehmen, als sich dem Gängelband genau präzisierter Gesetze anheimzugeben. Der inneren Stärke der römischen Republik korrespondierte eine ungeheure formelle Labilität; und es war deshalb schwer abzusehen, wie diese, wenn sie von jener nicht ausgewogen wurde, nicht zu bösen Störungen, wenn nicht gar zu Schlimmerem führen sollte.

Es kann deshalb nicht verwundern, wenn das Hauptaugenmerk der Nobilität darauf gerichtet war, Spielregeln einzuhalten und überhaupt einem bestimmten Komment der Lebensführung sich zu unterwerfen. Der Argwohn richtete sich dabei stets gegen die Leute in den eigenen Reihen, wobei die Befürchtung nicht unrichtig war, daß einer Auflösung der Standessolidarität gefährliche Sprengkraft innewohne. Schon die *lex Villia annalis* (180 v. Chr.) über die Reihenfolge der Ämterbekleidung und die Zeitspanne dazwischen zielte dahin. Gesetze gegen Wahlbestechung *(ambitus)* hatten einen ähnlichen Zweck, desgleichen solche über geheime Abstimmung *(leges tabellariae)*; schließlich gab es eine ganze

Römischer Bürger bei der Abgabe seiner Ja-Stimme für einen Gesetzesvorschlag
Rückseite eines stark vergrößerten Silberdenars aus republikanischer Zeit
Paris, Bibliothèque Nationale

Die römische Kolonie Cosa am Tyrrhenischen Meer
Blick auf die im 2. Jahrhundert v. Chr. erworbenen Siedlerstellen
hinter den älteren militärischen Anlagen an der Küste

Anzahl von Luxusgesetzen *(leges sumptuariae)*, die Auswüchsen der privaten Lebenshaltung (etwa bei Gastmählern) steuern sollten. Es herrschte ein richtiges Gefühl für die Verlockungen zur Korruption, welche die auswärtigen Statthalterschaften für die Angehörigen des römischen Adels fast unvermeidlich mit sich brachten. Die Verführung einer nahezu unbeschränkten Macht war zu groß, als daß nicht der durchschnittliche römische Gouverneur sie mißbraucht und den Untertanen zugunsten der eigenen Tasche zugesetzt hätte. Zu Hause angekommen, sahen sich die Erpresser zwar der Möglichkeit gegenüber, daß eine Senatskommission die gerichtliche Untersuchung gegen sie eröffnete *(de pecuniis repetundis,* daher »Repetundenverfahren«, Verfahren zur Zurückforderung der erpreßten Gelder); aber ein solches Gerichtsforum eigens für den Einzelfall einzurichten bedeutete eine ziemliche Umständlichkeit und unterblieb deshalb meistens. So war es eine für den allgemeinen Zustand bezeichnende Neuerung, als 149 auf Antrag eines gewissen Calpurnius ein ständiges, aus Senatoren zusammengesetztes Geschworenengericht gebildet wurde, das sich ausschließlich mit solchen Vergehen zu beschäftigen hatte und jederzeit für ein Verfahren bereitstand *(quaestiones perpetuae* nach der *lex Calpurnia).*

Ein gewisses Situationsempfinden läßt sich danach der regierenden Gesellschaft Roms nicht absprechen. Der Druck, der auf die Moral der führenden Schicht Roms von seiten der eben errungenen Weltherrschaft ausgeübt wurde, war nicht zu unterschätzen; und wie die spätere Geschichte lehrte, steckte darin tatsächlich eine Lebensfrage der römischen Politik. Aber so war das ganze Problem viel zu moralistisch betrachtet; man übersah dabei — was einigermaßen entschuldbar ist —, daß der Einbruch in das innere Gefüge des römischen Amtsadels keineswegs nur die Folge sittlicher Lässigkeit war. Im Gegenteil: rein moralische Phänomene, seien sie »positiv« oder »negativ«, lenken die Weltgeschichte nie. Es sind immer sachliche Probleme, durch die der Fortgang der Geschichte betrieben wird. So bestand auch hier die eigentliche Gefahr darin, daß die strukturelle Anfälligkeit der Nobilität sich mit dem Versagen in einer objektiven Aufgabe verband. Freilich hat es der Nachgeborene leicht, so zu reden; theoretische Einsicht in das Wesen geschichtlicher Bedingungen ist wahrhaftig der geschichtlichen Tat (oder Nicht-Tat) unmöglich aufzugeben. Doch ganz abgesehen von solchen hintergründigen Zusammenhängen: es waren nun einmal in sichtbarer Deutlichkeit alle die Schwierigkeiten, von denen anfangs die Rede war, im politischen Panorama abgezeichnet, und daß sie nicht mit der genügenden Aufmerksamkeit registriert wurden, ist schon eher den regierenden Kreisen ins Wachs zu drücken.

Der Reformversuch des Tiberius Gracchus und seine revolutionäre Wendung

Das Urteil über die Indolenz der römischen Regierungskreise erfordert allerdings eine Einschränkung. Die Agrarkrise wurde tatsächlich sichtbar, freilich keineswegs in ihrem ganzen Umfang und in allen ihren Voraussetzungen; die Beobachtung beschränkte sich auf einen einzelnen Zug: den Zusammenhang von sozialer und militärischer Verfassung. Das römische Milizaufgebot, mit dem Rom die ganze Welt sich untertan gemacht hatte, beruhte auf der Existenz eines lebensfähigen Bauernstandes. Wer ihm nicht angehörte und in das Proletariat abgesunken war, verlor damit seine Wehrfähigkeit, jedenfalls soweit es den Dienst in der infanteristischen Linie betraf. Wenn also der Bauernstand zusammenschrumpfte, ging auch das römische Heer in seinem Umfang zurück. Eine solche Konsequenz mußte, war sie einmal erfaßt, alarmierend wirken. Da schienen also die Fundamente von Roms Stellung in der Welt erschüttert zu sein, ein Eindruck, der durch die entnervenden spanischen Kriege während zwanzig Jahren (153—133) noch verschärft wurde. Bei dem dauernden Aderlaß der besitzenden Bürgerschaft war es schwierig geworden, den nötigen Ersatz zu stellen.

Das durchaus konservative Vorhaben, die alte Militärverfassung funktionsfähig zu erhalten, führte deshalb die Frage der Agrarreform als möglichen Gesprächsgegenstand in die vornehmen Regierungskreise ein. Es war zwar klar, daß damit sehr handfeste wirtschaftliche Interessen gerade der Nobilität getroffen wurden, und sehr populär konnte deshalb bei ihr das Thema nicht sein. Doch auch eindeutige Interessenlagen brauchen bekanntlich nicht zu verhindern, daß sie von der Initiative einzelner Individuen oder Gruppen überspielt werden. In diesem Fall konnten sie sich auch formell eines relativ guten Arguments rühmen, weil es in der Tat schon ein Gesetz gab, das der Inanspruchnahme öffentlichen Landes *(ager publicus)* eine Grenze setzte und damit eine Handhabe bot, deren Überschreitung als rechtswidrig zu bezeichnen. Trotzdem war dieses Problem natürlich ein heißes Eisen; und deshalb konnte der Versuch nur von jemandem ausgehen, der in der römischen Gesellschaft besondere Autorität besaß. Es scheint, daß eine Zuständigkeit in diesen Fragen eine Zeitlang dem Scipio Aemilianus eingeräumt wurde, nicht ohne Grund, denn Scipio war nach der Zerstörung Karthagos (146 v. Chr.) nicht nur der berühmteste Feldherr, sondern besaß auch auf Grund seiner Familie besonderen Glanz. Zudem befanden sich unter seinen Leuten die bekanntesten Intellektuellen: etwa die Griechen Panaitios und Polybios, unter den Römern der Dichter Lucilius, der in seinen »Satiren« keinen Anstand nahm, seine Feder in den Dienst der Querelen zu stellen, die Scipio wie jeder prominente Adlige mit seinen Standesgenossen hatte.

Es hatte also seinen guten Sinn, wenn (wahrscheinlich 140) ein treuer Gefolgsmann der scipionischen Familie, Laelius, einen Vorstoß in Richtung auf die Agrarreform unternahm. Worum es sich im einzelnen handelte, ist nicht bekannt, blieb auch ohne Gewicht, denn der Anstoß, den er geben wollte, erwies sich alsbald als unverbindlicher Versuchsballon. Politisch gesehen, war dieser Ausgang eine glatte politische Niederlage Scipios und für alle diejenigen, die ihm nicht grün waren, willkommener Anlaß zum Triumphieren. Der große Mann hatte nicht nur versagt, sondern auch indirekt die weitere Initiative weniger berühmten Politikern überlassen.

Eine bestimmte Gruppe glaubte nun, der Ball sei ihr zugeworfen. An ihrer Spitze stand Appius Claudius Pulcher, ein ehrgeiziger Mann, der Scipio an Familienvornehmheit in nichts nachstand und es diesem deshalb sehr verargte, daß er ihm 142 bei der Bewerbung um die Zensur unterlegen war. Verstimmung gab es auch sonst zwischen ihm, seinem Kreis und Scipio. Unter seinen politischen Freunden nahmen eine bedeutende Stellung Angehörige der Familie der Mucii Scaevolae ein, die ihren Namen durch ihre juristischen Studien in dauernde Verbindung mit der Geschichte der römischen Rechtswissenschaft bringen sollten. Publius Mucius Scaevola, als juristischer Schriftsteller hervorgetreten, war der eine, der andere sein Bruder, seit seiner Adoption durch die Licinier Licinius Crassus Dives Mucianus. Auch sie hatten ihren Strauß mit Scipio Aemilianus, aber darauf kam es jetzt weniger an als auf die Gunst der personalen Verhältnisse, die sich ihnen bot und deren Nutzung die entscheidende Tat reifen ließ.

In der vorangehenden Generation hatte zu den vornehmsten und hervorragendsten Gegnern der Scipionen Tiberius Sempronius Gracchus gehört. Die Feindschaft, wenn auch nicht ohne Ritterlichkeit durchgefochten, wurde von seiten der Scipionen als derartige Belastung empfunden, daß sie durch eine großzügige Heiratsverbindnug aus der Welt geschafft werden sollte. So kam die eigenartige Heirat des Fünfzigers Gracchus mit der dreißig Jahre jüngeren Cornelia, einer spätgeborenen Tochter des berühmten älteren Scipio, zustande. Von den zwölf Kindern dieser Ehe blieben drei am Leben, die beiden Söhne Tiberius und Gaius und eine Tochter. Zur Festigung des Friedens und der Freundschaft zwischen den beiden Familien wurde die Tochter dem jungen Scipio Aemilianus zur Frau gegeben, wodurch er, abgesehen von der verwandtschaftlichen Beziehung über die Mutter, auch noch zum Schwager der beiden Gracchen wurde.

Trotz all dieser Vorkehrungen kam aber letzten Endes der gewünschte Erfolg doch nicht zustande. Das Verhältnis zwischen Scipio und den beiden Gracchen, im Jahre 133 jungen Männern von achtundzwanzig und neunzehn Jahren, war nicht das beste. Vor allem hatte die Behandlung des Mancinusvertrages über Numantia durch den Senat, der hierbei unter dem maßgeblichen Einfluß des Scipio Aemilianus stand, das Verhältnis getrübt. Tiberius Gracchus hatte sich persönlich den Numantinern gegenüber verbürgt, daß die Kapitulationsbedingungen auch in Rom ratifiziert würden (138 v. Chr.). Als der Vertrag statt dessen annulliert wurde, empfand er dies mit Recht als persönliche Bloßstellung und machte dafür in erster Linie Scipio verantwortlich. Er wäre also von selbst in die Richtung der antiscipionischen Gruppen gedrängt worden, auch wenn Appius Claudius Pulcher nicht die Hände nach ihm ausgestreckt hätte. Der vornehme, geistig sehr begabte junge Mann war das richtige Werkzeug, um die Agrarpolitik wieder flottzumachen und damit in der Öffentlichkeit Scipio sichtbar auszustechen. Tiberius Gracchus, von Appius Claudius zudem als Schwiegersohn ausersehen, sollte als Volkstribun von 133 die entsprechenden Gesetze einbringen, gestützt auf die Claudiusgruppe im Senat, welche sich offenbar der Hoffnung hingab, daß die Aktion angesichts der einhelligen öffentlichen Meinung, wenn nicht von den anderen gebilligt, so doch wenigstens toleriert werden würde.

Tiberius Gracchus war von der ihm gestellten Aufgabe ehrlich überzeugt und lieh ihr die ganze Kraft seines jugendlichen Menschentums. Er war der Meinung, daß es in diesen Dingen vor allem auf den guten Willen ankomme und, wenn dieser einmal durchbreche, entgegengesetzte Gesichtspunkte keinen Platz mehr hätten. Er konnte sich dabei auf die Akklamation der breiten Öffentlichkeit berufen, denn die Begeisterung, mit der sie die Reformen verfolgte, trug geradezu den Charakter einer Volksbewegung.

Die Hoffnung auf moralische Beeindruckung der Gegner war auch insofern nicht unberechtigt, als die Forderungen, die Tiberius Gracchus in seinen Gesetzesanträgen stellte, als recht maßvoll gelten konnten. Für die Begrenzung der privaten Besetzung des *ager publicus* wurde das früher einmal festgesetzte Maß von fünfhundert Morgen zugrunde gelegt, mit der konzilianten Neuerung, daß für zwei der Söhne noch je zweihundertfünfzig Morgen ausgeworfen werden konnten, was also eine Maximalbegrenzung von tausend Morgen je Stelle bedeutete. Für private Investitionen auf dem so frei gewordenen *ager publicus* sollte eine Entschädigung vom Staat gezahlt werden, so daß sich also niemand für geschädigt zu betrachten brauchte. Die neuen Siedlerstellen waren auf je dreißig Morgen berechnet, womit bewiesen war, daß eine große Zahl von Begünstigten erfaßt werden sollte. Gegen die Verlockung, sich das Eigentum vom agrarischen Großkapital abkaufen zu lassen, richtete sich das Verbot, die Kolonisationsstellen zu veräußern. Es war also an eine Form von gebundenem Eigentum gedacht, mit deren Hilfe man glauben konnte, das Übel nahe der Wurzel gefaßt zu haben. Dem Enthusiasmus und dem Pathos, mit dem Tiberius Gracchus seine Forderungen vertrat, eignete eine unbestreitbare Suggestivkraft. Zufällig ist das Fragment einer Rede auf uns gekommen, deren Eindruckskraft noch heute dem Leser Bewunderung abnötigt.

> Die Tiere in Italien haben ihr Lager, und jedes von ihnen weiß, wo es sein Haupt hinlegen kann; diejenigen jedoch, die für Italien kämpfen und sterben, diesen läßt man wohl Licht und Luft, aber sonst nichts, sondern ohne Dach und Behausung irren sie mit ihren Kindern und Frauen umher, und die Feldherrn sprechen eine Lüge aus, wenn sie die Soldaten aufrufen, für die Gräber und Heiligtümer gegen die Feinde zu kämpfen, denn sie haben keinen väterlichen Altar noch ein Grabmal, sondern sterben für fremden Luxus oder Reichtum, angeblich die Herren der Welt, in Wirklichkeit ohne eine einzige eigene Erdscholle.

Hinter der berühmten Stelle, der eine gewisse demagogische Verve und Vereinfachung nicht abzusprechen ist, steht ein weiter Bildungshorizont, denn die Zusammenstellung von Menschen und Tieren gehört ursprünglich der kynisch-stoischen Gedankenwelt an und ist hier von ihrer anthropologischen Bedeutung abgewandelt auf den politischen Sinn der sozialen Situation. Tiberius Gracchus gehörte zu denjenigen Römern, die persönlichen Umgang mit griechischen Philosophen pflegten. Es sind bei ihm sogar drei Namen bekannt. Trotzdem waren seine sozialpolitische Einsicht und vor allem auch seine praktische Politik nicht von daher inspiriert, wie die moderne Geschichtswissenschaft in ihrem Glauben, »Ideen« müßten stets das Geschehen in Gang setzen, im allgemeinen annimmt. Vielmehr trieb eine unerwartete Situation Tiberius Gracchus weiter, als es im Ansatz angelegt war: die Erwartung nämlich, daß die Gegner die Segel streichen würden, war eine Fehlkalkulation. Diese gewannen von den Tribunatskollegen des Tiberius Gracchus einen, Octavius, für sich und bewogen ihn, gegen dessen Gesetzesvorschläge zu interzedieren. Er handelte entsprechend, womit nach römischem Verfassungsrecht der große Anlauf gescheitert war.

Langwierige Verhandlungen im Senat, um den Widerstand wegzuräumen, hätten folgen müssen, in der damaligen schon sehr erhitzten Lage ohne eigentliche Aussicht auf Erfolg. Der Sieg, den Tiberius Gracchus bereits in den Händen zu haben glaubte, war zerronnen.

Man vermag sich den Grad seiner Verzweiflung und ohnmächtigen Wut leicht vorzustellen. Da sollte also trotz des starken Unisonos und obgleich alle Welt die Reform begrüßte, wegen eines einzigen Querkopfes, der sich zum Handlanger seiner Hintermänner entwürdigte, alles umsonst und im besten Falle ad Calendas Graecas vertagt worden sein! Tiberius Gracchus beschwor den Octavius, von seiner Interzession abzulassen. Vergeblich! Er flehte und drohte, und hierbei nun verfiel er auf einen Gedanken, der schon auf den ersten Blick ganz abseitig schien. Er griff in der Geschichte des Volkstribunats auf die Zeit zurück, als es noch ein Instrument des Ständekampfes war, die Waffe der Plebs, gerichtet gegen das Patriziat. So sei es auch jetzt; alle Volkstribunen außer Octavius hielten als Beauftragte des Volkes zusammen, nur er schlage alle Worte in den Wind und vergehe sich am Volk. Damit verwirke er das Recht, noch weiter Volkstribun zu sein.

Diese »Theorie«, sofern man die ad hoc angestellte Argumentation als solche gelten läßt, war für damalige römische Ohren geradezu beängstigend. Die Gleichsetzung von 133 mit dem Ständekampf klammerte stillschweigend hundertundfünfzig bis zweihundert Jahre römischer Geschichte aus. Der Verweis auf die Absetzung eines Tribunen enthielt nicht nur eine Beleidigung der heiligen Unverletzlichkeit der Volkstribunen, sondern verstieß auch gegen die für römisches Empfinden geradezu fundamentale Priorität jeder formellen Vorschrift vor materiellen Gesichtspunkten. Selbst wenn ein Beamter verkehrt handelte, so stand doch jedes Recht, das sich aus seiner Bestallung ergab, vor den Normen, die er als Beamter gegebenenfalls verletzt hatte.

Man würde gern wissen, wie Tiberius Gracchus auf den Gedanken kam, diese selbstverständlichen Grundsätze beiseite zu schieben. Der Ausweg, dies auf das Konto griechischer Einflüsse zu setzen, verfängt nicht. Man muß wohl eher an die Befangenheit durch die allgemeine und persönliche Situation denken. Der Abstand des gewaltigen moralischen Druckes, den hervorzurufen Tiberius Gracchus gelungen war und der sich ganz natürlich aus der langen Inkubationszeit der agrarreformerischen Ideen erklären läßt, von der vereinzelten Interzession des Octavius war so ungeheuer, daß Tiberius Gracchus das objektive Recht, auf dem doch eine Staatsordnung beruht, nicht mehr zu sehen vermochte. So schuf er sich selbst mit der durch Volksbeschluß herbeigeführten Eliminierung des Gegners die Voraussetzung seines politischen Untergangs und gab damit der römischen Politik die verhängnisvolle Wendung zur revolutionären, Recht und Gesetz ignorierenden Auseinandersetzung.

Die Absetzung des Octavius mußten die Gegner hinnehmen. Sie hatten kein unmittelbar dagegenwirkendes Mittel zur Verfügung. Die Gesetzesvorschläge waren damit angenommen, und eine Dreierkommission zur Festsetzung des frei werdenden Staatslandes und zur Ausgabe neuer Siedlerstellen konnte ihre Tätigkeit beginnen. Aber zwischen dem Senat und Tiberius Gracchus war nach dem flagranten Verfassungsbruch das Tischtuch zerschnitten. Nun war Tiberius Gracchus gezwungen, auf der Bahn der Illegalität weiter fortzuschreiten. Er hätte zwar auf die wenn auch ungern vorgenommene Einfügung der Agrarpolitik in die Senatspraxis hoffen können. Aber mit ihm persönlich war kein Friede denkbar, und der Tag, an dem sein Tribunat vorbei war, mußte ihn als Angeklagten vor Gericht sehen. Nur eine weitere Bekleidung des Tribunats konnte ihn vor dem Verhängnis retten.

Das war freilich ungesetzlich; doch Tiberius Gracchus blieb nichts anderes als diese weitere Ungesetzlichkeit übrig. Als er sie in Szene setzen wollte und seine zweite Wahl zum Volkstribunen vorbereitet wurde, geschah die Katastrophe.

Sie war, um es auf eine kurze Formel zu bringen, eine Art improvisierter Lynchjustiz seitens des Senats, ohne jedes Beispiel vor- und nachher. Während in der Volksversammlung wegen der Wiederwahl des Tiberius Gracchus laut agiert wurde, stieg in dem danebenliegenden Versammlungslokal des Senats die Temperatur auf Siedehitze. Der präsidierende Konsul (Mucius Scaevola) war ein Freund der Reformen und deshalb nicht geneigt, etwas zu unternehmen. Da riß der Konsular Scipio Nasica, ein etwa zwanzig Jahre älterer Vetter des Tiberius, die Initiative an sich, stellte sich an die Spitze der aufgebrachten Senatoren und stürmte mit ihnen hinaus in die Volksversammlung. Die Leute dort wichen ängstlich zurück, als sie die vornehmen Männer, mit Stuhlbeinen und sonstigem Gerät in den Händen, heraneilen sahen, und ließen es geschehen, daß Tiberius Gracchus und seine Anhänger wie räudige Hunde totgeschlagen wurden.

Dieses von Emotionen bestimmte Vorgehen war genauso ungesetzlich wie die Taktik des Tiberius Gracchus. Insofern gab keine Seite der anderen etwas nach. Aber die Rechnung geht doch nicht so auf. Der Senat war die zentrale Körperschaft des römischen Staates, und wenn er auch mit seinem aggressiven Vorgehen danebengegriffen hatte, so besaß er doch die Möglichkeit, kraft seiner in einer langen Geschichte erworbenen Autorität den Fehler zu heilen. Er tat dies, indem er in der Folgezeit den Begriff des »Staatsnotstandes« in das Bewußtsein hob. Anlaß hierzu hatte es seit den Zeiten des Ständekampfes nicht mehr gegeben, und deshalb war für diesen Zweck ein ganz neues Modell zu entwickeln. Der »Senatsbeschluß zur Verteidigung des Staates« (*senatusconsultum de defendenda re publica* oder auch *senatusconsultum ultimum* genannt) sollte hinfort diesen Dienst leisten. Er ermächtigte die Exekutive, in erster Linie die Konsuln, unter Ignorierung der verfassungsmäßigen Schranken, das heißt in erster Linie der Freiheitsrechte des römischen Bürgers, Maßnahmen gegen die Gefährdung von Staat und Staatsordnung zu ergreifen. Die Verfolgung der Anhänger des Tiberius Gracchus, die anschließend an seinen Untergang stattfand, geschah unter Berufung auf eine solche Ermächtigung.

Die Revolution des Gaius Gracchus

Der Fall des Tiberius Gracchus war ein Sieg der Verfassung über ihren Verletzer. Da Tiberius Gracchus in diese Rolle mehr gedrängt worden war, als daß er sie wählte, und vor allem die Verfassung der römischen Republik gar nicht zur Diskussion stand, hatte dieses Ergebnis doch wohl die historische Vernunft für sich. Die Sieger von 133 v. Chr. legten auch großen Wert darauf, daß diese Optik nicht verschleiert wurde, und betonten ausdrücklich, daß ihr Zorn dem Verfassungsbruch und nicht der Agrarreform galt. Infolgedessen wurde an diese auch gar nicht gerührt, und die Tätigkeit der Kommission, in der Tiberius Gracchus einen Nachfolger erhielt, ging weiter. Der Konsul des folgenden Jahres, Publius Popilius Laenas, dem die Aufgabe der polizeilichen Verfolgung der Anhänger des Tiberius Gracchus zugefallen war, stand der Agrarreform positiv gegenüber und rühmte sich in einer heute noch erhaltenen Steininschrift, daß »er als erster bewirkt hätte, daß die Hirten den Bauern auf dem Staatsland weichen mußten«. Insofern hätte man also die Hoffnung haben können, daß die Wunde bald vernarben würde und die Agrarreform, nachdem sie nur in revolutionärer Prozedur sich hatte durchsetzen lassen, hinfort legale Regierungspraxis blieb. Die römische Geschichte schien nach dem vorübergehenden revolutionären Einbruch ihren geregelten und gleichmäßigen Fortgang zu nehmen.

Doch es kam ganz anders; und der Historiker hat deshalb die Pflicht, gleich von Anfang an sein Augenmerk auf die Frage zu richten, warum die Dinge entgegen einer solchen »positiven« Disposition weitergingen. Wie so oft in der Geschichte, verbanden sich objektive und persönliche Umstände, die Richtung des Geschehens zu bestimmen. Der Sieg der Regierungskreise war insofern nur ein halber, als er in der Breite des öffentlichen Bewußtseins nicht als Sieg registriert wurde. Für viele war der Tod des Tiberius Gracchus einfach Mord und er ein Märtyrer, gefallen als Opfer seiner Feinde für eine gute Sache. Als Scipio Aemilianus die Frage, ob Tiberius Gracchus mit Recht umgebracht worden sei, nicht glattweg verneinte und eine ausweichende Antwort gab, war es um seine Popularität geschehen. Das allgemeine politische Panorama schien auch allen denen recht zu geben, welche es in ihrer Gesinnung mit dem kühnen Sozialreformer gehalten hatten. Noch war der große Sklavenkrieg auf Sizilien mit seinen Ablegern in Italien und Griechenland zu keinem Ende gekommen, und schon brach 133 in Asien ein neuer aus, als der Prätendent Aristonikos das Testament des Attalos III., der die Römer zu Erben eingesetzt hatte, umstieß und zur Verstärkung seines Anhangs die Sklaven zum Kampf aufrief.

Aus solchen Gewitterwolken hätte eine mit der Agrarreform versöhnte Senatspolitik Kraft ziehen können und hätte es vielleicht auch getan, wenn sie nicht unversehens an einer Stelle auf Sand gelaufen wäre, an die ursprünglich wohl niemand gedacht hatte. Zu den Inhabern römischen Staatslandes gehörten auch Bürger italischer Bundesgemeinden. Sie wurden nun im Zuge der Erfassung von Staatsland für die Kolonisation ebenfalls in Mitleidenschaft gezogen. Während dies jedoch für römische Bürger als ein individuelles Mißgeschick gelten konnte, traf es die Italiker als kollektive Größe; denn von den Vorteilen der Kolonisation hatten sie, da diese nur für römische Bürger galt, nichts. Sie sollten also Opfer bringen für eine Sache, die nur den Römern Gewinn brachte. Damit war die latente italische Krise in die Aktualität der römischen Politik hineingezogen und von heute auf morgen zu einem vitalen Problem geworden. Natürlich gaben viele die Schuld für diese überraschende Tatsache der Agrarreform und glaubten, jene mit dieser zusammen beseitigen zu können. Deshalb wurde die Ackerkommission, aus deren Tätigkeit sich die verhängnisvolle Komplikation ergeben hatte, kurzerhand auf dem Verwaltungswege (durch Aufhebung der Einziehungskompetenz) durch den Senat lahmgelegt, womit die ganze Reform mehr oder weniger zu Grabe getragen war (129).

Damit hatten sich die römischen Regierungskreise das Kampfobjekt von 133, kaum daß sie es in die Hand bekommen hatten, wieder entgleiten lassen, und so lag es denn, dem

Zugriff jedes kühnen Mannes bereit, auf der Bahn der römischen Politik. Und das war keine bloße Annahme. Durch Tiberius Gracchus hatte sich mehr als ein Unfall ereignet. In die römische Politik war eine Leidenschaft eingezogen, die sich mit der gewohnten Routine nicht mehr zufrieden gab, sondern in dem Schicksal des Tiberius geradezu die Aufforderung sah, seinen Weg nochmals zu gehen, ihn aber vorher umsichtig abzusichern. Schon 131 hatte ein Volkstribun, Gaius Papirius Carbo, versucht, die Wiederwahl zum Volkstribunat gesetzlich zu erzwingen. Dieser Vorstoß führte damals noch nicht zum Ziel, aber er zeigte, daß Kräfte am Werk waren, die ohne Rücksicht auf den Geist der römischen Verfassung die nötigen technischen Vorkehrungen für einen zweiten Gracchus zu treffen suchten. Und dieser war, wie man damals schon wußte, keine fiktive Größe.

Der junge Bruder des Tiberius Gracchus, Gaius Sempronius Gracchus, 153 v. Chr. geboren, war zwar erst zweiundzwanzig Jahre alt, aber für jeden, der ihn kannte, war sein außergewöhnlicher Wuchs kein Geheimnis. Seine Begabung als Redner verschaffte ihm noch bei späteren Generationen den Ruhm, der größte Redner Roms gewesen zu sein, und bestimmt war er ein Virtuose im Beeindrucken seines Publikums, dem er nicht nur mit Worten, sondern auch mit dem Gestus seiner ganzen Persönlichkeit zusetzte. Es konnte nicht lange verborgen bleiben, daß er sich mit der Sache seines Bruders identifizierte. Später, als die Zeit seines politischen Auftretens gekommen war, wurde ihm das Schicksal des Tiberius zum stärksten persönlichen Effekt, gleichgültig, ob er nun betonte, daß er als letzter seines Geschlechts wohl das Recht hätte zu feiern, oder aber in gewissen Todesahnungen sich in das Schicksal des Bruders einschloß und das Kapitol, »das vom Blute des Bruders triefte«, und die »Mutter, die unglücklich, jammernd und verstoßen zu Hause saß«, vor das innere Auge der Hörer beschwor. Daß er Rache für den Bruder zu nehmen habe, verkündete er in der ersten Rede, in der er dessen erbärmlichen Tod genau schilderte. Sachliche Einstellung, ethische Erregung und Stärke des Geistes und Wollens verschmolzen in ihm zu einem Kraftzentrum, das die Staatsführung der römischen Republik einer schweren Belastung aussetzte und den Angriff des Tiberius Gracchus nur als ein relativ harmloses Vorspiel erscheinen ließ.

Der Unterschied zu diesem lag in der methodischen Vorbereitung. Tiberius Gracchus hatte seine Ziele noch in unmittelbarer Verbindung mit einflußreichen Senatskreisen durchsetzen wollen. Von Gaius dasselbe anzunehmen, geben uns die Quellen keine rechte Handhabe. Er wollte seine Politik auf ein Volkstribunat stützen, das vom Senat ganz unabhängig und daher gegen jede Intervention von dessen Seite geschützt war. Deshalb setzte er noch vor seinem Tribunat durch, daß eine Wiederwahl zum Volkstribunen unter Umständen von Gesetzes wegen für möglich erklärt wurde – also eine Wiederaufnahme des fehlgeschlagenen Versuches von Carbo –, und brachte unter den ersten Gesetzen seines Tribunats eine Vorlage ein, daß ein vom Volk abgesetzter Tribun für die Fortsetzung der Ämterlaufbahn unwürdig sei, womit die Ungeheuerlichkeit der Verletzung der tribunizischen Unverletzlichkeit ausdrücklich als Rechtens statuiert wurde. Nach menschlichem Ermessen waren damit die formellen Eingriffsmöglichkeiten der Gegner von vornherein gebannt, und jede Vorkehrung war dagegen getroffen, daß ihm wie seinem Bruder mit den Mitteln des Verfassungsrechts ein Bein gestellt wurde.

In dieser Hinsicht verraten seine Dispositionen ein recht klares Konzept. Die moderne Geschichtsforschung seit Mommsen hat sich indessen mit dieser Zeichnung nicht genügen lassen. Nach ihr wäre es Gaius Gracchus als eigentliches Anliegen auf einen Umbau der Verfassung angekommen, seine subsidiären Vorkehrungen hätten als deren zentrales Herzstück zu gelten. Die zugrunde liegende Idee wäre dann etwa die Zurückdrängung des Senats als Regierungsinstanz und seine Ersetzung durch den sich auf das Vertrauen des Volkes stützenden Demagogen gewesen, so wie Perikles einst in Athen »regierte«. Dem Leser dieser Darstellung kann eine Erörterung dieses Problems nicht gut zugemutet werden. Er darf aber beanspruchen, mit dieser heute geläufigen Deutung bekannt gemacht zu werden und zu erfahren, daß sein Gewährsmann sich von ihrer zwingenden Richtigkeit nicht hat überzeugen können. Nach seiner Ansicht besteht keine Veranlassung, Gaius Gracchus die Agrarreform in der Nachfolge seines Bruders als primäres Ziel abzusprechen. Wohl aber stellte Gaius Gracchus sie in einen umfassenden Zusammenhang, durch den er ihr ein Fundament in der Koordination bestimmter Interessen verleihen wollte.

Diese Gesichtspunkte bestimmten eine zweijährige Tätigkeit des Gaius Gracchus (123/122) als Volkstribun, während der er praktisch den römischen Staat mit seinen zahlreichen Volksbeschlüssen (Plebiszite) regierte, die er selbst oder seine politischen Freunde einbrachten. Seine Feinde hatten diesen politischen Erdrutsch vorausgesehen und sich mit allen Mitteln bemüht, seine Wahl zu vereiteln, aber gegen den Sturm der öffentlichen Meinung, die ihn emportrug, war nicht anzukommen. Gaius Gracchus bewies auch seine Vertrautheit mit manchen Problemen, die in der römischen Innenpolitik anstanden und deren Behandlung steckengeblieben war; und von dem, was er damals durchsetzte, behauptete sich dieses und jenes über seinen Sturz hinaus.

Die wichtigste Tat aus dem Umkreis seiner spezifischen politischen Methoden war das Bündnis mit den Rittern. Gaius Gracchus versuchte nichts Geringeres, als ihnen das Bewußtsein eines politisch mit dem Senatsadel konkurrierenden Standes einzuimpfen. Wahrscheinlich brachte er sie überhaupt erst zu einem deutlicheren Standesbewußtsein, indem er eine klare Scheidelinie zwischen beiden zog und die Unverträglichkeit der Zugehörigkeit zu beiden statuierte. Ein wahrscheinlich auf ihn zurückgehendes Gesetz gebot, daß ein Senator sein Ritterpferd abzugeben habe; und in einem anderen Gesetzestext wurde die senatorische Klasse ausdrücklich definiert als diejenigen, die selbst oder deren Vater oder Bruder im Senat saßen, wodurch sich die Ritter deutlich von ihnen abhoben. Danach war es denn auch möglich, sie der Öffentlichkeit als präzise Größe vorzustellen und ihnen wie den Senatoren besondere Sitze im Theater vorzubehalten. Aber all das galt für Gaius Gracchus nur im Hinblick auf den Zweck, bei den Rittern ein eigenes politisches Interesse hervorzurufen. Der Weg dazu sollte eine öffentliche Funktion sein, in die sie sich einmal mit dem Senatsadel teilen und in besonderen Fällen sogar vor ihm privilegiert sein sollten. Jenes betraf die Aufnahme der Ritter in das Verzeichnis der Geschworenen-Richter, dieses ihre alleinige Zuständigkeit in Sachen der provinzialen Repetundenklagen (nach der *lex Calpurnia*). Hierin lag der eigentliche Stachel, dazu bestimmt, das Verhältnis zwischen Rittern und Senatoren zu vergiften; denn indirekt waren damit die Ritter zu Aufpassern der, wie allzu bekannt war, im allgemeinen sehr großzügig aufgefaßten Geschäftsgebarung der Statthalter gemacht. Doch behielt Gaius Gracchus auch die materiellen Interessen der Ritter im Auge. Die Geschichte spielte ihm hierfür gerade eine Gelegenheit zu, als die Verhältnisse der neuerworbenen reichen Provinz Asia (die Erbschaft Attalos' III.) geregelt werden sollten. Gaius Gracchus schaltete sich ein und erklärte die Steuerpacht von Asia zur ausschließlichen Domäne der römischen Ritter.

War die Absicht, in den Rittern eine zuverlässige Klientel für seine Politik zu gewinnen, sehr durchsichtig, so war die Aufmerksamkeit, die Gaius Gracchus der ärmeren Volksmenge in Rom, der *plebs urbana*, schenkte, weniger eindeutig. Die Getreideversorgung gehörte von jeher zu den Aufgaben der antiken Stadt, und schon immer wurde darunter die Aufgabe verstanden, es zu Preisen zur Verfügung zu stellen, die auch für die Minderbemittelten erträglich waren. In Rom war das Sache der Ädilen, aber sie wurden bei den Dimensionen der werdenden Weltstadt mit dem Geschäft verständlicherweise nicht mehr fertig, zumal da für eine ausreichende Finanzierung nicht gesorgt war. An diesem Punkt griff Gaius Gracchus ein und setzte die Kosten in ein angemessenes Verhältnis zum wirklichen Bedarf. Die Maßnahmen wurden ihm schon im Altertum als höchste Demagogie ausgelegt, und auch die späteren sind diesem Urteil lange gefolgt. Aber wahrscheinlich trügt hier der Schein, und Gaius Gracchus wurde lediglich das Werkzeug einer unvermeidlichen Anpassung an bestehende Verhältnisse. Die Folgezeit kam ja auch bezeichnenderweise niemals mehr von der Einrichtung der öffentlichen Getreidefürsorge los.

Daß Gaius Gracchus in ihr nicht ein wesentliches Ziel sah, ergibt sich schon aus der zentralen Stellung, welche die Agrarreform in seinem Programm einnahm; denn darin hatte er es ja gerade auf eine Beseitigung des städtischen Proletariats abgesehen. Fürs erste kam es hier nun darauf an, die Ackerverteilung des Bruders wiederum in Gang zu bringen. Sie war seinerzeit wegen ihrer Verquickung mit der italischen Frage gestoppt worden. Wenn sie jetzt von Gaius Gracchus wiederum belebt wurde, war eine Inangriffnahme jener ganz unvermeidlich; und in der Tat bestand auch nicht der geringste Zweifel, daß Gaius Gracchus sich dieser schwierigen Aufgabe stellen würde. Freilich konnte er hier, wo er mit den größten Widerständen rechnen mußte, nicht gerade mit der Tür ins Haus fallen. Doch brachte er schon im Zusammenhang mit der Agrargesetzgebung einen Gedanken auf, der eine Entlastung von der italischen Hypothek bedeuten konnte: eine der Kolonien lag außerhalb Italiens, auf dem Areal des erst kürzlich zerstörten Karthago, so daß dort ein Konflikt mit italischen Bundesgenossen nicht eben sehr wahrscheinlich war. Dazu bestimmte er, daß für diese Kolonie Iunonia Bundesgenossen aus ganz Italien zugelassen sein sollten.

Freilich war das erst ein Anfang. Über ihn kam jedoch Gaius Gracchus nicht hinaus, denn mit scharfem Blick erkannten seine Gegner hier den schwächsten Punkt in seiner Position und konzentrierten alle Kraft darauf, ihn damit zu Fall zu bringen; was ihnen schließlich auch gelang.

Die Kolonisation außerhalb Italiens war nicht allzu populär; aus naheliegenden Gründen zogen die Siedler italischen Boden dem afrikanischen vor. Noch weniger Gefallen fanden gerade die breiten Kreise an einer Gleichstellung mit den Bundesgenossen. Das unnatürliche Herrenverhältnis, das sich im Laufe der Zeit herausgebildet und das römische

Bürgerrecht zu einer Art von Privileg gemacht hatte, wurde gerade von denjenigen Römern als verdienter Vorzug empfunden, die ihrer sozialen Position nach wenig Gelegenheit hatten, den »Herrn« zu spielen. Aristokraten vermögen in dieser Hinsicht unter Umständen weniger sensibel zu sein – aus dem einfachen Grund, weil ihre soziale Stellung von einer Ausweitung der Bürgerschaft nicht wesentlich berührt zu werden braucht.

An beiden Punkten setzte die Senatsopposition den Hebel an, um die Politik des Gaius Gracchus aus den Angeln zu heben. Sie verlegte sich auf eine Art von Mimikri und spielte mit einemmal den Volksfreund. Ihr Werkzeug war ein vornehmer junger Mann namens Marcus Livius Drusus, einer der Volkstribunen von 122 und wie Gaius Gracchus mit einer beträchtlichen Suggestivkraft begabt. Aus seinem Munde hörte nun die Menge, daß sich auf dem Gebiet der Agrarreform weit mehr tun lasse, als Gaius Gracchus in Angriff genommen habe, und daß vor allem für die lästige außeritalische Kolonisation keine Notwendigkeit bestehe. In Italien könne man ohne Mühe zwölf Kolonien gründen, statt der von Gaius Gracchus vorgeschlagenen zwei. Auch bedürfe es des (nominellen) Zinses für die neuen Bauernstellen nicht, welchen die Gracchen wohlweislich zur Garantie für das staatliche Obereigentum und damit zum Schutz gegen Veräußerung an den Agrarkapitalismus eingerichtet hatten. Die Bundesgenossen schließlich könne man durch Beseitigung der entehrenden Strafen im Heer befriedigen.

Alle diese Offerten waren, kritisch betrachtet, Lügen; denn das Land für die zwölf Kolonien in Italien stand eben nicht zur Verfügung, und den Bundesgenossen war längst nicht mehr mit so einem Palliativ wie ihrer disziplinaren Gleichstellung im Heeresdienst beizukommen. Möglicherweise überschaute der junge Livius Drusus die Sachlage nicht recht; in diesem Fall träfe ihn der Vorwurf einer skrupellosen Irreführung der Öffentlichkeit nicht. Aber was seine Hintermänner taten, war glatte Heuchelei und nichts anderes als der Versuch, durch die unehrliche Vorgabe, es besser als Gaius Gracchus mit dem Volk zu meinen, diesen bei seinen Anhängern auszustechen.

Das Manöver glückte auch in überraschendem Umfang. Die vorübergehende Abwesenheit des Gaius von Rom wegen der Einrichtung der afrikanischen Kolonie leistete ihm Vorschub. Und so fand Gaius, als er zurückkehrte und mit einem Gesetz für die römischen Bundesgenossen die letzte Hand an sein Reformwerk legen wollte, einen völlig unterminierten Boden vor. Die Gesetzesvorlage, welche den Latinern das Bürgerrecht und den übrigen italischen Bundesgenossen, sofern sie sich in Rom aufhielten, wenigstens das Stimmrecht zugestehen sollte, wurde nach entsprechender Vorbereitung der Wähler abgelehnt. Der Konsul Fannius, der sich früher zu Gaius Gracchus bekannt hatte, hielt eine noch später berühmte Rede dagegen, in der er nach guter Demagogenmanier an die Selbstsucht der Wähler appellierte und ihnen vorhielt, daß es ihnen nach Erweiterung der Bürgerschaft auf dem Forum und im Theater nicht mehr so gut gehen werde wie bisher, daß sie also die Trinkgelder bei Wahlen und Schaustellungen mit den Neubürgern werden teilen müssen. Die letzte Bestätigung des Umschlags erhielt denn Gaius Gracchus bei der Tribunenwahl für 121 (im Dezember 122): er wurde nicht wiedergewählt und war damit in aller Augen ein politisch toter Mann. Es konnte lange dauern, bis er sich von diesem Schlag wieder erholte. Fürs erste war er mit seiner Politik gescheitert.

Aber das genügte seinen Gegnern nicht. Seine Bloßstellung sollte noch klarer und ersichtbar durch die Vernichtung desjenigen Werkes, mit dem er sich am meisten identifiziert hatte, in die Knie gezwungen werden. Deshalb hatte man es auf die Aufhebung der Kolonie Iunonia in Afrika abgesehen, die ein Volkstribun offiziell beantragte. Diese offensichtliche Provokation war ein Peitschenhieb für Gaius und seine Anhänger. Die Abstimmungsvorbereitungen gingen deshalb in ungeheurer Erregung vor sich. Von seiten der Regierung fürchtete Gracchus einen Gewaltstreich und ließ deshalb heimlich seine Anhänger bewaffnen. Ganz gleich, wie die Abstimmung verlief, er war auf einen Angriff gefaßt und deshalb vernünftigerweise darauf aus, dem Feind die Last der Initiative zuzuschieben.

Ein Zwischenfall machte jedoch die Rechnung zuschanden. Beim Opfer wurde ein Mann ermordet; Gaius, der zufällig dazugekommen war, konnte das Geschehen nicht erklären. Der Senat war überzeugt – oder er tat wenigstens so –, daß die Untat auf Rechnung der gracchischen Partei ginge. Er fühlte sich deswegen zur Erklärung des Staatsnotstandes legitimiert. Die Antwort war die Besetzung des Aventins durch Gracchus und seine Gefolgsleute. Die Situation war verzweifelt, und sie wurde es noch mehr, als Gaius Gracchus – ohne Erfolg – die Sklaven zur Freiheit aufrief. Der Senat ließ den Hügel mit Waffengewalt räumen. Erheblichen Widerstand fand er wohl nicht. Gaius Gracchus blieb untätig und ließ sich auf der Flucht von einem Sklaven töten. Der Konsul hatte versprochen, seinen und seines Freundes Fulvius Flaccus Kopf mit Gold aufzuwiegen; dreitausend Bürger fanden bei dem Angriff und den anschließenden Exekutionen den Tod (121 v.Chr.).

Wie bei Tiberius Gracchus war die staatliche Exekutive wiederum der Revolution überlegen gegenübergetreten. Verwunderlich war das nicht, denn keiner der beiden Brüder war so weit Revolutionär gewesen, daß er jemals daran gedacht hätte, seinen Gegnern die Apparatur der Macht zu entreißen. Im Grunde wollten sie nicht einmal das bestehende Regierungssystem prinzipiell in Frage ziehen. Sie betrieben nur ihre in den Zielen doch begrenzte Politik mit anderen als in der Verfassung vorgesehenen Mitteln, wobei Gaius Gracchus nicht einmal ein wirklich formeller Verstoß gegen die staatliche Ordnung nachgesagt werden konnte. Als es hart auf hart ging, mußten sie deshalb am kürzeren Hebelarm sitzen. In der entscheidenden Stunde hatte Gaius der rechtmäßige Ausbau seiner politischen Stellung wenig genützt. Das Bündnis mit den Rittern zerbarst bei der ersten Belastungsprobe. Sie hatten keine Lust, für jemand einzustehen, dessen letztes Auftreten ihn nicht mehr leicht von einem Hasardeur unterscheiden ließ, und traten ostentativ auf die Seite des Senats, als dieser zum bewaffneten Einsatz aufrief.

Die Restauration und ihre außenpolitische Belastung:
Jugurtha. Cimbern und Teutonen

Schon die Unerbittlichkeit und Gehässigkeit, mit denen man mit Gaius Gracchus abrechnete, bewiesen, daß im Gegensatz zu 133 die Nobilität jetzt gründlich zu Werk gehen wollte. Hatte man damals noch vor der objektiven Berechtigung der Agrarreform und nicht zuletzt vor dem Pathos sozialer Gerechtigkeit, mit der sie vertreten worden war, Respekt gehabt, so war es jetzt damit vorbei. Eine viel klarere Rechnung wurde aufgemacht: die Agrarreform war offenbar das Einfallstor allen Übels gewesen. Also mußte man sie mit Stumpf und Stiel ausrotten, um jeder Wiederholung ähnlicher Erschütterungen ein für allemal vorzubeugen. Und danach verfuhr man denn auch in einer Weise, der eine gewisse Überlegenheit und politischer Scharfblick nicht abzusprechen sind. Die Voraussetzung für die agrarische Reform war die Rechtsqualität des Staatslandes, des *ager publicus*, gewesen. Die Tatsache, daß er juristisch der Allgemeinheit gehörte und es für den Einzelnen auf ihm nur Besitz, aber kein Eigentum gab, hatte ihn für die sozialpolitische Verwendung freigestellt. Da kein Eigentum damit verletzt wurde, konnten streng juristische Bedenken dagegen nicht geltend gemacht und damit auch nicht die Rechtsempfindlichkeit der Römer in Bewegung gesetzt werden. Das mußte von selbst anders werden, wenn man die Masse des Staatslandes (die Ausnahmen können für diese Darstellung auf sich beruhen) in volles, in »quiritisches«, also in Privateigentum überführte.

In einer Anzahl von Gesetzen, die sich durch die zehn auf den Tod des Gaius Gracchus folgenden Jahre (bis 111) hinzogen, wurde die entsprechende Aktion ausgeführt. Durch sie wurde nicht nur das beschränkte Eigentum der gracchischen Kolonisation aufgehoben – eine Maßnahme, die sich sogar als Gefälligkeit gegenüber den Kolonisten aufputzen ließ –, sondern auch das Land, das sich noch im alten Besitz befand, wurde in Eigentum der derzeitigen Inhaber verwandelt. Es mag sein, daß von dieser Vergünstigung lediglich die italischen Besitzer ausgenommen waren, da sie als Ausländer kein römisches Bodeneigentum gewinnen konnten. Aber davon abgesehen, war mit einem Schlag reiner Tisch gemacht, und nach menschlichem Ermessen konnte jetzt niemand mehr aufstehen und im Hinblick auf das römische Staatsland von Bodenreform sprechen. Der revolutionären Bewegung war das Wasser abgegraben. »Eintracht« *(concordia)* konnte wieder in die römische Gesellschaft einziehen, wie man gleich nach dem Fall des Gaius Gracchus durch die Einweihung eines Tempels der Concordia gleisnerisch verkündete.

Das Kalkül war allerdings viel zu sauber durchgeführt, als daß es die Wirklichkeit nun auch getroffen hätte. Der Irrtum lag in der anscheinend so überaus überzeugenden Gleichsetzung von Revolution und Agrarreform und in dem Glauben, man habe mit dieser auch jene beseitigt. Diese Annahme war zwar in gewisser Hinsicht nicht nur nicht falsch, sondern besitzt auch gerade für einen modernen politischen Verstand ein überraschendes Maß an Richtigkeit. Nicht von ungefähr fragt man sich nämlich, wie es um die Menschen stand, die in den beiden Gracchen nicht nur die Vertreter ihrer Interessen, sondern auch ihre glühend geliebten Führer gesehen hatten. Es kann kein Zweifel bestehen, daß Rom in den Jahren zwischen 133 und 122 von einer »Volksbewegung« erfüllt war und daß die für römische Verhältnisse überraschenden Erfolge der beiden Gracchen nur möglich waren, weil diese deren Kraft gegen die Macht der Regierungskreise ausspielten. Offenbar hatte sich doch eine breite Gruppe mit spezifischen Interessen gebildet, und wenn sie auch mit den ersten beiden Anläufen nicht durchgedrungen war, so hätte man trotzdem für die Zukunft eine Fortsetzung des politischen Druckes und eine Verfestigung der Willensbildung in den betreffenden Kreisen erwarten dürfen. Gaius Gracchus hatte ja die Notwendigkeit einer solchen Parteibildung gesehen und deshalb versucht, sich zusätzlich mit dem Ritterstand zu verbinden. Doch gerade diese eigentümliche Wendung seiner Politik war für die allgemeine Situation und ihre kompetente Beurteilung recht bezeichnend.

Gaius Gracchus mißtraute offenbar von Anfang an der Solidarität derjenigen, deren Interessen er in erster Linie vertrat, dem römischen »Volk«, also all denen, die noch Bauern waren oder es wieder werden wollten. Damit hatte er denn auch durchaus recht, denn diese — soziologisch deutlich erkennbare — Schicht war in der Tat politisch nicht zu organisieren. Gaius Gracchus bekam das am eigenen Leib zu spüren, als ihm seine Anhänger durch die Konkurrenzdemagogie des Senats abspenstig gemacht wurden. Und der Grund war nicht nur der taktische Kunstgriff dieser Übertölpelung.

Schon damals kam zum Vorschein, was die Folgezeit immer wieder lehrte: das römische Gesellschaftssystem beruhte ganz auf der Observanz der unteren Schichten gegenüber den oberen und auf einer Vielzahl von inneren Bindungen jener an diese. Der römische Adel verstand durchaus etwas von der Psychologie des einfachen Mannes. Die demokratischen Institutionen der römischen Republik zwangen ihn von alters her, einen Sinn für sie zu entwickeln; und insofern war die Meisterschaft, mit der Gaius Gracchus aus dem Sattel gehoben wurde, alles andere als ein Zufallstreffer. Gegenüber der Gewohnheit, auf »oben« zu hören und den Senat als die legitime Körperschaft der politischen Inspiration zu betrachten, war mit keiner noch so klaren Interessensolidarität aufzukommen. Niemals stand das römische »Volk« ihr so nahe wie unter den Gracchen; was ihnen nicht gelungen war, mußte später erst recht zur Utopie werden. Sehr bald schritt zudem die Geschichte über die Agrarreform, den kristallisierenden Faktor der Interessenhomogenität, hinweg; einen echten Ersatz bot die römische Geschichte hinfort nicht mehr.

Die Ritter hatten demgegenüber ein viel schärferes Urteil. Wenn Gaius Gracchus zuletzt noch den Ausspruch tat, daß er die Messer hinterlasse, mit denen sich seine Gegner zerfleischen würden, dann dachte er an sie. Ganz unrecht hatte er damit nicht. Die Ritter machten, nachdem sie von Gaius Gracchus politisiert worden waren, der Nobilität einiges zu schaffen, und es war sehr bezeichnend, daß die nachgracchische Restauration wohl die Bodenreform liquidierte, sich aber wohl hütete, das Richterprivileg der Ritter ernsthaft anzugreifen. Ihr Verrat an Gaius Gracchus kam schließlich auch nicht von ungefähr. Deswegen bestand zwischen Rittern und Senatsadel noch lange keine Sympathie; in einer bald zu besprechenden Phase der römischen Revolutionsgeschichte feierte der Haß blutige Orgien. Doch der politische Ehrgeiz der Ritter war nicht stärker als ihr wirtschaftliches Interesse, und an diesem waren sie leicht von seiten der Nobilität zu einer loyalen Haltung zu zwingen. Die Ausbeutung der Provinzen durch die Steuerpächter war ein politisches Geschenk der Regierungskreise an die Ritter, die Basis eines trotz aller gegenseitigen Velleitäten untergründigen Einverständnisses, die als einigermaßen haltbar gelten konnte.

Angesichts dieser zur Beharrung neigenden Konstellation der römischen Gesellschaft darf die Frage berechtigt sein, worin denn nun die Funktion der Gracchen für die römische Revolution besteht und worin diese sich eigentlich niederschlägt. Hierbei wird gleich auch klar, daß wir zum Verständnis der römischen Revolution unseren geläufigen Revolutionsbegriff revidieren müssen. Um das Auskämpfen von Klassengegensätzen ging es auf jeden

Fall in diesem hundertjährigen Prozeß nicht. Die Gracchen machten deshalb auch nicht als Protagonisten eines Kampfes verschiedener Schichten in ihm Figur. Sie lehrten etwas ganz anderes, und dies allerdings mit paradigmatischer Deutlichkeit: die Desintegration der römischen Regierungskreise. Sie gehörten diesen Kreisen als vornehme Adlige wie nur jemand an und waren damit auch dem — in Rom ziemlich komplizierten — Komment verpflichtet, der deren Existenz als herrschende Gruppe im wesentlichen erst möglich machte. Seit dem Tage, da Tiberius Gracchus den Octavius abführen ließ, war dieses Einvernehmen jedoch gebrochen, es war, wie die Zukunft zeigte, bewiesen, daß sich in Rom auch außerhalb dieser Spielregeln Politik machen ließ. Der Senat als Gremium der Willensbildung war unter Umständen mattzusetzen, wenn man es fertigbrachte, ihn in den Wahl- und Abstimmungskomitien auszuschalten. Dergleichen galt seit etwa hundert Jahren als unmöglich und als Ungeheuerlichkeit. Ungeachtet des totalen Sieges über die Gracchen war dieser Bann nun gebrochen und in die römische Regierungspraxis wie in die Regierungsschicht ein Gegensatz hineingetragen, der sich jederzeit aktivieren ließ. Die weitere Geschichte der römischen Revolution ist die Geschichte dieser Aktivierung, im Ansatz immer gleich, in den Ausmaßen und der persönlichen Darstellung von faszinierender Mannigfaltigkeit.

Der Zwiespalt schlug sich schon in der politischen Terminologie nieder. Wer die traditionelle Regierungsroutine, für welche der Senat mit seinen Vorentscheidungen auch für die Volksversammlung die maßgebliche Instanz blieb, als Norm betrachtete, hielt sich für einen »Optimaten«, nach bewährter Aristokratenmanier sittlichen Vorzug zum Monopol des Adels erklärend und einen »tüchtigen Mann« *(vir bonus)* von vornherein auf diese politische Linie festlegend. Derjenige, der wie die Gracchen der Volksversammlung auch ohne Senatspräjudiz einen souveränen Willen zubilligte, sich also den Weg offenhielt, auch gegen die Senatsmehrheit seine Ziele durchzusetzen, berief sich auf die Souveränität des Volkswillens und bezeichnete seine Haltung deshalb als »popular«. Mit beiden Richtungen war keine eigentliche, den Inhalt betreffende Zielsetzung der Politik definiert. Es ging nur um die Modalität, wie man seinen Willen gegebenenfalls durchsetzte. Auch der populare Politiker, der in jedem Fall Senatsmitglied war — sonst war für beide Seiten Politik nicht denkbar —, hatte gegen den Senat nichts einzuwenden, solange er mit ihm zurechtkam. Er beanspruchte nur das Recht, sich den persönlichen Zugang zum Volk offenzuhalten, und brauchte hierbei nicht einmal ein schlechtes Gewissen zu haben, da das objektive Staatsrecht die Souveränität des Volkes formal anerkannte und seine Modifizierung durch den Senat sich nur auf die Gewohnheit berufen konnte.

Nach dem Stand des römischen Verfassungsdenkens war es schwer, die populare Einstellung von vornherein als verfassungswidrig zu verurteilen. Die Ambivalenz der römischen Staatseinrichtungen erlaubte nun einmal eine solche eindeutige Rechtsposition nicht. Nur an einem Punkt gab es einen klaren Dissens; aber hierbei ging es bezeichnenderweise um ein Institut, das erst zur Gracchenzeit in die römische Verfassung eingeführt worden war: die Notstandserklärung durch den Senat, sichtbarstes Symptom seiner Souveränität und damit das durchschlagende Instrument für die Beilegung politischer Krisen in seinem Sinne, wie schon die Gracchenzeit bewiesen hatte, sie wurde von den Popularen selbstverständlich nicht anerkannt. Auch hierbei stand ihnen die Berufung auf das römische Staatsrecht offen. Sie brauchten nur auf das sogenannte Provokationsrecht hinzuweisen, das kapitale Exekution ohne Richterspruch verbot; zudem hatte Gaius Gracchus dieses Recht durch ein besonderes Gesetz, das das neumodische *senatusconsultum ultimum* ausdrücklich aufheben sollte, nochmals befestigt. Nirgends ließ sich die Scheidung der Geister leichter vornehmen als an der Stellung zu dieser zentralen Frage. –

Mit unserer Betrachtung sind wir freilich den Ereignissen vorausgeeilt und machten damit von dem billigen Vorrecht des Historikers Gebrauch, ein wenig klüger zu sein als die Geschichte in ihrer jeweiligen Phase. Der optimatische Sieg von 121 v. Chr. war so gründlich, daß die Erschütterungen der staatlichen Ordnung für das nächste Menschenalter zum mindesten für gebannt erachtet werden konnten. Wenn es nun doch anders kam, lag das daran, daß die Gesellschaft der restaurierten Optimatenherrschaft zwei außenpolitischen Belastungsproben nicht gewachsen war. Die eine war der »Jugurthinische Krieg«, die andere die Invasion der Cimbern und Teutonen. Beide waren, wenn man sie in die Geschichte der römischen Außenpolitik einordnet, Episoden, und infolgedessen kann der eng bemessene Raum dieser Darstellung hier nicht den Platz abgeben, eine eingehende Schilderung von ihnen zu entwerfen.

Der Jugurthinische Krieg ist in erster Linie durch seinen Geschichtsschreiber Sallust berühmt geworden. Sallust macht ihn nicht von ungefähr aus der Rückschau von drei Generationen zum Thema seines Buches. Ihn interessierte der Krieg als Spiegelbild des innerrömischen Zustandes. In der Tat kann er auch nur in dieser Eigenschaft die Teilnahme des späteren Historikers, auch des heutigen, erregen. An sich war er nach heutiger Vorstellung nicht mehr als ein beliebiger Kolonialkrieg, der keinerlei besondere Möglichkeiten in sich trug. Aber seine Behandlung durch Rom wurde zu einer derartigen Anhäufung von Unfähigkeit und Kläglichkeit, daß er über die historische Aufmerksamkeitsschwelle hinausreicht.

Der numidische Staat, das Werk Masinissas nach dem Hannibalkrieg, war in Wahrheit eine Schöpfung des römischen Imperialismus und existierte mehr oder weniger nur kraft des römischen Willens. Ohne daß darüber Absprachen bestanden, hatte Rom die Verantwortung für das mitzutragen, was sich dort abspielte. Nach dem Tode Masinissas hatte es sein Nachfolger Micipsa einigermaßen verstanden, geordnete und für die Römer erträgliche Verhältnisse aufrechtzuerhalten. Das wurde aber nach seinem Tode anders, als eine Samtherrschaft seiner Nachfolger, seiner beiden Söhne und des Adoptivsohns Jugurtha, nicht durchzuführen war.

Die Ursache war Jugurtha, der ohne jede Skrupel auf die Alleinherrschaft zusteuerte und seine beiden Mitkönige aus dem Wege zu schaffen suchte. Mit dem einen war ihm dies sehr bald gelungen; mit dem anderen geriet er in eine offene Auseinandersetzung, welche die Römer schlichteten (118). Damit war also eine römische Garantie für den inneren Zustand Numidiens ausgesprochen; und als im Sommer 113 Jugurtha seinen Mitkönig in dessen Landesteil überfiel, waren dadurch auch die Römer brüskiert. Die Situation spitzte sich sehr schnell noch weiter zu. Eine römische Gesandtschaft vermochte die Entwicklung auch nicht aufzuhalten, sie wurde nicht gehört. Statt dessen mußte sich die feste Stadt Cirta ergeben.

»Bellum Jugurthinum« von Sallust
Fragment der ältesten bekannten Abschrift auf Papyrus, 4. Jahrhundert
Manchester, John Rylands Library

Die Hörfeld-Ebene bei Noreia
Stätte der Schlacht und des Sieges der Cimbern und Teutonen über die Römer im Jahr 113 v. Chr.

DAS ZEITALTER DER REVOLUTION

Dabei wurden nicht nur der Mitkönig trotz ausdrücklich zugesicherten freien Geleits, sondern auch eine Menge Italiker getötet, die zu den Einwohnern der Stadt gehörten (111). Die römische Antwort fiel so aus, wie es nicht anders sein konnte: bedingungslose Übergabe von Numidien und seinem König. Da Jugurtha Rom nicht den Gefallen tat, sich selbst zu annullieren, mußten die römischen Waffen sprechen.

An dieser Stelle begann nun der Skandal. Anstatt Jugurtha gefangen nach Rom zu führen, schloß der römische Kommandant, der Konsul Lucius Calpurnius Bestia (111), einen schändlichen Vertrag mit Jugurtha, der ihn gegen einige geringfügige Garantieleistungen ungeschoren ließ. In Rom war die öffentliche Meinung verständlicherweise sehr erregt; aber im Senat war man geneigt, der Linie des vertragschließenden Konsuls zu folgen. Auf welchem verkehrten Wege man damit war, bewies Jugurtha selbst der römischen Regierung. Während er sich in Rom der Verhandlungen wegen aufhielt, ließ er durch seine Leute dort einen Vetter umbringen, von dem er annahm, daß er den Römern als möglicher Prätendent dienen könnte (110). Doch auch der jetzt folgende Feldzug gegen Jugurtha endete in einer Blamage. Dem damit betrauten Konsul Spurius Postumius Albinus war es wichtiger, seinen politischen Freunden bei den Wahlvorbereitungen dienlich zu sein, als auf dem Kriegsschauplatz auszuharren. Er ließ seinen Bruder zu seiner Vertretung dort, und dieser versagte militärisch derartig, daß er froh sein mußte, als Jugurtha ihm freien Abzug gewährte (109).

Erst jetzt, im dritten Kriegsjahr, erfolgte eine energische Wendung. Der Senat selbst nahm sie vor. Eine Untersuchungskommission zog die Konsulare, welche an den verschiedenen Bloßstellungen Roms beteiligt gewesen waren, zur Verantwortung, und mit der Führung des Krieges wurde ein Mann betraut, dessen militärische Erfahrung und moralischer Charakter eine Wiederholung der beschämenden Vorgänge auszuschließen schien: Quintus Caecilius Metellus. Die Erwartungen wurden nicht getäuscht. Zum erstenmal in dem Krieg wurden militärische Operationen in die Wege geleitet, die eine wirkliche Niederwerfung des Jugurtha zum Ziele hatten. Allerdings war der Weg dahin sehr zeitraubend, da Jugurtha in dem weitläufigen Gelände immer wieder Gelegenheit zum Entweichen fand. So ließ sich nach dem ersten Jahr noch nichts von dem moralischen Gewinn, den die Senatskreise benötigten, unter Dach und Fach bringen. Als man Ende 108 Metellus das Kommando verlängern wollte, empörte sich das Volk in Rom. Es tat dies nicht unvorbereitet, denn inzwischen hatte sich der Autoritätsschwund, mit dem die Nobilität die bisherige Kriegführung zu bezahlen hatte, zu einer konkreten Haltung gegen das Senatsregime verdichtet. In Gaius Marius fand diese nobilitätsfeindliche Stimmung den Fluchtpunkt, den sie zu ihrer eigenen Fixierung benötigte.

Daß dies Marius wurde, war für die politische Indifferenz und Ziellosigkeit des »Volkes« recht bezeichnend; denn Marius war kein Mann, der auf dem Feld der inneren Politik schon ein Profil besessen hätte. Man kann eher umgekehrt sagen: er war im Grunde ein politisch uninteressierter Mensch. Das war nicht ganz unverständlich, denn er kam nicht aus den Kreisen, die in Rom Politik machten, sondern gehörte zu den anspruchslosen Munizipalhonoratioren, war damit nach römischer Vorstellung ein »Ritter« und in bezug auf die »Amtskarriere« ein *homo novus*. Sein Militärdienst hatte ihn in jungen Jahren mit Scipio

Aemilianus zusammengebracht. Er hatte als Militärtribun vor Numantia im Feld gestanden und war da durch seinen Eifer und seine Begabung aufgefallen. Wahrscheinlich trug diese Tüchtigkeit dazu bei, daß die Senatsaristokratie geneigt war, ihn in ihre Reihen aufzunehmen; was freilich keineswegs hieß, daß man ihn bis zum Konsulat kommen lassen mußte. Der Weg der Ämterkarriere wurde ihm von den Metellern geöffnet. Ohne solche Protektion wäre er im Anfang keinen Schritt weit gelangt. Es ging auch so nicht gerade glatt. Bei der Ädilität fiel er zweimal durch, und um ein Haar wäre ihm das auch bei der Prätur passiert. Das war nicht nur Pech, sondern auch Ungeschick.

Marius hatte wenig Ahnung von den vielen ungeschriebenen Gesetzen des Taktes und Benehmens, die in einer so alten aristokratischen Kultur wie der römischen ausgebildet waren. Sein Charakter war zu einfach dafür und seine Bildung, auch sein Bildungsvermögen, zu gering. Geradheit des Wesens hielt er für eine absolute, also auch politische Tugend und fand in seiner Arglosigkeit nichts dabei, bereits 119, während seines Volkstribunats, seine Gönner, die Meteller, zu brüskieren. Daß man sich, wenn man einer bestimmten Klasse angehören wollte, deren Sitten und Gepflogenheiten anpassen mußte, begriff er sein ganzes Leben nicht. Daraus entstand eine ihm selbst peinliche Unsicherheit des Benehmens und daraus wiederum ein tiefes Ressentiment gegen alle die, denen er gleich sein wollte und doch nicht sein konnte. Sein Haß gegen die Aristokratie war also mehr Ausfluß persönlichen Unvermögens als der Reflex eines politischen Standpunktes. Dergleichen hat es zu allen Zeiten gegeben und ist in seiner Alltäglichkeit keineswegs auf besondere historische Wirkung hin angelegt. Daß bei Marius eine solche entstand, lag an den geschichtlichen Umständen, welche einer überdurchschnittlichen militärischen Fähigkeit einen besonders weiten Strahlungsbereich einräumten und die römische Aristokratie durch die strukturelle Labilität, wie sie sich aus der gracchischen Krise ergeben hatte, schwächten.

Auf diese Weise gewann Marius eine Sprengkraft, die ihm von Hause aus gar nicht zukam. Das in gewissem Sinn Erstaunlichste trat bereits bei seiner Wahl zum Konsul für das Jahr 107 ein. Nach dem Einmaleins der römischen Nobilität besaß er für dieses Amt wenig Chancen. Die gesellschaftliche Qualifizierung für diese in seinem Fall ohnehin außerordentliche Prämiierung hatte er durch sein bisheriges Verhalten in keiner Weise erbracht. Er ging deshalb seinen eigenen Weg, und der schlug dem römischen Herkommen geradezu ins Gesicht. Während er bei Metellus in Afrika als Legat, also als hoher Stabsoffizier, stand und damit zugleich eine persönliche Vertrauensstellung innehatte, schickte er insgeheim Depeschen nach Rom, in denen er dessen Kriegführung verunglimpfte und sich als den berufenen Feldherrn darstellte. Wären die Verhältnisse halbwegs intakt gewesen, wäre ihm dieses unqualifizierte Benehmen heimgezahlt worden. Aber damals gab es genug Mißvergnügte in Rom, die in seiner Kandidatur für das Konsulat die ersehnte Gelegenheit sahen, der Nobilität am Zeuge zu flicken. Deren Versagen während der ersten Jahre des Jugurthinischen Krieges war in der Öffentlichkeit derartig bekanntgeworden, daß es die Erfolge des Metellus überschattete und den Wählern auf Roms Straßen leicht einzureden war, nur ein Mann, der über den Verdacht der Korruption ganz erhaben sei und die untadelige Biederkeit eines schlichten Römers verkörpere, könne die geforderte Wendung herbeiführen. Die Ohrfeige, die man damit der Aristokratie versetzen wollte, traf: Marius wurde zum Konsul gewählt. Aber damit allein war noch nicht alles geschafft. Nach römischem Verfassungsrecht hatte der Senat den Geschäftsbereich zuzuteilen, und daß er keinerlei Lust verspürte, Marius nach Afrika zu schicken, war nur allzugut bekannt. Also mußte auch darüber das Volk beschließen, womit in aller Form gegen die Verfassung verstoßen wurde.

So gelangte also Marius durch eine doppelte Protestaktion gegen das Herkommen und gegen die Vorrechte der Nobilität zu dem Kommando im Jugurthinischen Krieg, und Metellus mußte das Feld räumen. Der Erfolg bestätigte das anrüchige Manöver. Zwei Jahre später war der Krieg zu Ende, und zwar so gründlich zu Ende, wie man es seit Jahren in Rom erhofft und gewünscht hatte. Jugurtha war nicht nur militärisch geschlagen, sondern konnte auch als Gefangener in Rom vorgeführt werden (105), der Erfolg eines kühnen Anschlages, dessen Ruhm freilich nicht Marius, sondern einem seiner Offiziere, dem Lucius Cornelius Sulla, gebührte. Der numidische König wurde in Rom hingerichtet und Numidien an einen Verwandten gegeben. Begreiflicherweise war Marius der Held des Tages. Er wäre dies höchstwahrscheinlich geblieben, und über den Bruch der verfassungsmäßigen Ordnung, der ihm seinen Triumph gebracht hatte, wäre sehr bald Gras gewachsen, auch wenn die außenpolitische Lage nicht noch ein anderes Tor, und diesmal ein viel größeres, für ihn aufgerissen hätte.

Die Invasion der Cimbern und Teutonen, ursprünglich in Jütland ansässig, von wo sie wahrscheinlich eine Sturmflut vertrieben hatte, gab an sich dem römischen Weltstaat kein vitales Problem auf. Das Kräfteverhältnis der beiden Gegner war zu ungleich, als daß die germanischen Volkshaufen, die sich auf der Wanderschaft und der Suche nach neuen Wohnsitzen befanden, eine begründete Aussicht gehabt hätten, den Römern ihren Willen aufzuzwingen. Ihr Schicksal war beschlossene Sache, bevor sie noch zum Waffengang angetreten waren, und es wandelte sich auch nicht, als es ihnen überraschend gelang, die Römer in offener Feldschlacht zu besiegen. Dies war bereits schon einmal im Jahre 113 geschehen, als sie sich noch im Vorfeld des Römischen Reiches bewegten und ihnen bei Noreia (südlich von Klagenfurt) ein römisches Heer entgegengetreten war. Im Jahre 105 wiederholte sich das gleiche, nur waren diesmal die Ausmaße der Niederlage gewaltiger, da Rom einen gründlichen Schlag, der mit dem Feind ein für allemal aufräumen sollte, geplant und ihnen wie bei Cannae zwei konsularische Heere entgegengestellt hatte. Aber beide Heere wurden bei Arausio (Orange in Südfrankreich) vernichtet, allein aus dem Grund, weil ihre Kommandeure nicht gemeinsam operierten. Die Schuld lag bei dem vornehmen Quintus Servilius Caepio, der dem anderen General, einem *homo novus*, den Siegertitel nicht gönnte, auf den dieser als Konsul – Caepio war Prokonsul – Anspruch gehabt hätte.

Der Eindruck dieser Katastrophe in Rom war niederschmetternd. Eine Panik brach aus, und man sah – unberechtigterweise – die Tage des Galliersturmes wiederkehren. Unter diesen Umständen war es wirklich kein Wunder, daß man nach dem berühmten Marius rief und er gegen die *lex Villia annalis*, die mehr als ein Konsulat verbot, zum Konsul für 104 gewählt wurde. Marius hatte zwar keine Gelegenheit, sogleich mit einem spektakulären Erfolg aufzuwarten. Die Germanen zogen nicht nach Italien, sondern verschwanden für einige Jahre aus dem Gesichtsfeld der Römer. Bis sie sich wieder stellten, mußte Marius als General zur Verfügung stehen. Früher hätte man sich wahrscheinlich mit einer Verlängerung seines Kommandos beholfen. Aber die aufgeregte und in ihrem Zutrauen zur herkömmlichen Führung erschütterte Zeit schloß eine solche elegante Lösung aus. Es blieb nichts anderes übrig, als Marius Jahr für Jahr, bis zur Entscheidung, zum Konsul wählen zu lassen. Vier Konsulate, von 104 bis 101, fielen ihm auf diese Weise zu, ein in der gesamten römischen Geschichte unerhörter Vorgang.

Marius trat während dieser Wartephase nicht auf der Stelle. Es sind die Jahre, während deren er seine berühmte Heeresreform durchführte, dasjenige Stück seiner Wirksamkeit, mit dem er für dauernd in die Geschichte eingehen sollte. Die Anfänge mögen noch in die Zeit seines afrikanischen Kommandos fallen. Damals hatte er Soldaten – auf freiwilliger Grundlage –, ohne Rücksicht auf ihren sozialen Status, zu den Waffen gerufen. Dergleichen war auch schon früher in Ausnahmefällen vorgekommen. Epoche aber machte Marius, als er jetzt – und dieser Schritt gehörte gewiß den Jahren seines Kommandos gegen die Germanen an – den Heeresdienst (für Soldaten und die unteren Offizierschargen) nicht nur prinzipiell vom sozialen Status unabhängig machte, sondern geradezu den Grundsatz aufstellte, daß für ihn die Proletarier heranzuziehen seien.

Damit war dem römischen Heer der späten Republik ebenso wie dem der Kaiserzeit der Weg gewiesen und dem Unternehmen so deutlich wie nur irgend möglich seine geschichtliche Bedeutung testiert. Es besaß aber noch einen begrenzten, unserer Darstellung näherliegenden Aspekt: Marius hatte auf seine Weise die gracchische Agrarreform, die von der Restauration schon abgewürgt war, zu Grabe getragen. Die Regeneration des römischen Bauerntums im Hinblick auf die Heeresverfassung war nach seiner Reform ein für allemal erledigt. Im gleichen Zuge erstand das Problem jedoch unter anderem Vorzeichen neu.

Die Aushebung von Proletariern, welche zum Kriegsdienst keinen bäuerlichen Beruf aufgaben und deshalb auch länger dienen konnten, setzte voraus, daß der Veteran bei der Entlassung in den Genuß einer Zivilversorgung kam. Nach den wirtschaftlichen Verhältnissen konnte sie nur in der Ausstattung mit einer Landstelle bestehen. Mit dem Verschwinden der alten Anwärter für einen Bauernhof trat nun eine neue Gruppe in Erscheinung, nur mit dem großen Unterschied, daß sie straffer formiert war und eine Geschlossenheit besaß, die der alten fehlte, so daß sie unter Umständen auch Macht einzusetzen hatte. Freilich hatte sie die nur im Verein mit ihrem Feldherrn; und deshalb schließt sich hier gleich die dritte Konsequenz an: die Solidarität zwischen Feldherrn und Soldaten. Beide waren aufeinander angewiesen. Jener bekam nur brauchbare Soldaten, wenn er für die Zivilversorgung einstand; und diese konnten eine Befriedigung ihrer materiellen Wünsche nur erreichen, wenn sie einen in dieser Hinsicht zuverlässigen Feldherrn hatten und ihrerseits für ihn durch dick und dünn gingen. Was darin gerade für die römische Revolution an Möglichkeiten beschlossen war, konnte Marius selbst damals noch nicht ahnen; es sollte aber schnell genug zum Vorschein kommen.

Die andere, technische Seite der Heeresreform ergab sich von selbst aus dem Umstand, daß das römische Heer durch Marius aus einem Milizheer zu einem stehenden Berufsheer wurde, und dies auf Grund der längeren und fortlaufenden Dienstzeit – sechzehn und später zwanzig Jahre –, was ebenso kein völliges Novum war, sondern faktisch schon früher vorgekommen ist, wie wahrscheinlich überhaupt das Werk des Marius, wie in solchen Fällen meist, weniger einen plötzlichen Umbruch als eine Systematisierung schon früher aufgetauchter Gedanken darstellte. Einem Berufssoldaten war aber ein ganz anderes und weit höheres Leistungssoll zuzumuten als einem Milizsoldaten. Dabei waren bisher die Anforderungen keineswegs gering gewesen. Schon dem griechischen Historiker Polybios, einem militärischen Fachmann, war das aufgefallen. Die römische Disziplin war ebenso berühmt wie berüchtigt. Aber die technische Durchbildung des Kampfes konnte jetzt viel weitergetrieben werden. Marius stellte hierzu die virtuosenhafte Kampfweise der Gladiatoren als Norm auf.

Auch der Train wurde neu geordnet. Er bietet bekanntlich wegen seiner Schwerfälligkeit und der daraus resultierenden Behinderung der Kampftruppe ein wichtiges, nicht leicht zu bewältigendes Problem. Die an sich vorzüglichen hellenistischen Heere hatten sehr darunter zu leiden gehabt. Marius schärfte den auch früher in Rom nicht ganz unbekannten Grundsatz wieder ein, daß der Soldat möglichst von technischen Hilfsleistungen unabhängig werden und selbst über seine Versorgungsmittel verfügen sollte. Der Soldat wurde von ihm vollgepackt nicht nur mit Waffen, sondern auch mit dem unentbehrlichen Schanzzeug und den sonstigen nötigen Utensilien, weshalb er den Spitznamen »Marianischer Maulesel« *(mulus Marianus)* erhielt. Auf die wichtigen taktischen Reformen, vor allem das Zusammenschmelzen mehrerer Legionen zu einem homogenen Heereskörper, einzugehen, erlaubt unsere Darstellung leider nicht. Wir schreiben hier »Weltgeschichte« und keine Militärgeschichte und verfügen deshalb auch nicht über die Begriffe, ein so spezielles Sachgebiet, wie es das Kriegswesen ist, nur einigermaßen adäquat zu beleuchten.

Marius blieben zwei bis drei Jahre, um sein Heer nach seinen Vorstellungen auszubilden. Als 102 die Germanen wieder auf dem Plan erschienen, erwartete sie die fürchterlichste Kriegsmaschine, welche die Welt bis zu jener Zeit gekannt hatte. Der Ausgang konnte nicht zweifelhaft sein. Bei Aquae Sextiae (Aix-en-Provence) gerieten die Teutonen in ein Gemetzel, in welchem ihr Verzweiflungsmut in einer Flut von Blut unterging. Über hunderttausend kamen ums Leben. Die Auseinandersetzung mit den Cimbern geschah dann in Oberitalien; die Germanen hatten an sich umsichtig von verschiedenen Richtungen aus einen konzentrischen Angriff auf Italien geplant. Bei Vercellae stand Marius mit seinem Kollegen Quintus Lutatius Catulus zusammen (101) und besiegte den Feind nicht minder gründlich. Das Verdienst hieran gebührte zweifellos ihm. Rom atmete auf, und keinem schien ein Zweifel möglich, daß Marius das Vaterland gerettet habe. Seit den Tagen des Älteren Scipio gab es keinen berühmteren römischen Feldherrn. »Vater des Vaterlandes« rief man ihm überschwenglich zu.

Zerrbild der Gracchen

Die siegreiche Nobilität von 121 stand in den letzten Jahren des 2. Jahrhunderts also ziemlich zerzaust da. In Rom ging 104 ein den ganzen Stand kompromittierendes prozessuales Verfahren gegen den Besiegten von Arausio, Q. Servilius Caepio, über die Bühne, der schimpflich aus dem Senat ausgestoßen wurde. In Südgallien stand Marius, dessen Popularität mit jedem Tage wuchs und auch in den Augen seiner Gegner zur lebendigen Anklage der Unfähigkeit des restaurierten Regimes wurde. Wenn jemals, dann war jetzt der Zeitpunkt gekommen, einen nachhaltigen Schlag gegen die Nobilität zu führen. Er erfolgte denn auch; aber er saß keineswegs und wurde nicht für die Geschlagenen, sondern für den Urheber zu einem grotesken Fiasko. Man versteht das seltsame Schauspiel nur, wenn man in Betracht zieht, daß es weder sozial noch politisch feste Fronten gab. Es gab einzelne Politiker, die aus der maroden Verfassung der führenden Kreise Kapital schlagen wollten; sie fühlten sich wohl auch in der Nachfolge der Gracchen, aber das Bewußtsein der großen Aufgabe fehlte ihnen — die große Zeit, in der man an eine Wiedergeburt des römischen Volkes glauben konnte, war vorbei —, und ihr eigenes persönliches Format hielt keinen Vergleich mit den beiden hochgesonnenen Gracchenbrüdern aus.

Dabei erfordert die historische Gerechtigkeit, den in diesen Jahren maßgebenden Politiker Lucius Appuleius Saturninus und seinen Freund Gaius Servilius Glaucia gegen den Schein, von einer feindlichen und dazu noch sehr lückenhaften Tradition verbreitet, in Schutz zu nehmen. Servilius wurde von seinen Zeitgenossen als »Mist des Rathauses« apostrophiert, und das Urteil über Saturninus enthält noch bei den Späteren Begriffe wie »Zügellosigkeit« und »Wahnsinn«. Das ist alles gewiß übertrieben. Appuleius war ein Demagoge, ein ziemlich geschmackloser sogar, der keinen Anstoß nahm, irgendeinen Freigelassenen als Sohn des Tiberius Gracchus aufzuputzen und damit den Abscheu auch der Mutter Cornelia zu erregen. Er mag auch sehr persönliche Gründe für seine Feindschaft gegen den Senat gehabt haben, wie die Quellen uns berichten. All das kann nicht verdecken, daß seine politische Konzeption Hand und Fuß hatte: die Wiederaufnahme der inneren Kolonisation auf dem Boden der von Marius' Heeresreform geschaffenen Voraussetzung, das heißt der Ansiedlung in der Hauptsache der marianischen Veteranen. Appuleius Saturninus hatte richtig begriffen, daß eine solche Kolonisation auch die Italiker erfassen müsse, und ließ sie deshalb ohne Einschränkung zu. Ihm war desgleichen klar, daß auf die Reste des alten Staatslandes nicht mehr zurückzugreifen war und das Land außerhalb Italiens zu suchen sei. Er dachte an das Po-Land, wo durch die Invasion der Cimbern ohnehin mobile Besitzverhältnisse eingetreten waren, ferner an Land in den Provinzen Africa, Sicilia, Macedonia und Achaia. Und er führte auch den — später übrigens selbstverständlichen — Gedanken, daß der Staat Geldmittel zum Ankauf von Land bereitzustellen habe, in die Politik ein.

Wenn trotzdem eine Groteske aus dem Jahr 100 wurde, in dem diese Pläne durchgeführt werden sollten, so lag das an den Modalitäten der Politik und ihrem Stil. Weder Appuleius Saturninus noch Marius waren der Aufgabe gewachsen, und dies, obgleich taktisch die Situation selten günstig war. Im Hintergrund spielte sich der Zweite Sizilische Sklavenaufstand ab und erinnerte auch den Einfältigsten daran, daß es um die soziale Verfassung Italiens nach wie vor nicht zum besten stand. Marius nach den großen Siegen auch für 100 zum Konsulat zu bringen — es war das sechste! — war nicht allzu schwer, und daß er bei seinem übermächtigen Prestige nicht nur das Recht hatte, Forderungen zu stellen, sondern auch die moralische Macht, sie durchzusetzen, konnte kaum jemandem unklar sein. Servilius wurde für dasselbe Jahr Prätor, und Saturninus wurde abermals Volkstribun – er war es schon 103 gewesen –, eine Unregelmäßigkeit, die aber angesichts der Erweichung solcher Bestimmungen im Verlauf der letzten Jahre nicht allzu schwer wog. Allerdings wäre ihm die Wahl infolge eines vorgeschickten Rivalen beinahe mißlungen. Dieser wurde kurzerhand erschlagen, und das war ein bedenkliches Symptom für die Methoden, die nun schon bei solchem Routinegeschäft Eingang gefunden hatten. Hier bereits versagte offenbar die Regie; und schließlich wurde das ganze Jahr zu einer Kette eklatanter Regiefehler, wobei es müßig ist zu fragen, wen dabei die größere Schuld trifft, Marius oder Saturninus. Die Annahme des Gesetzgebungsprogramms – in der Hauptsache der genannten Koloniengesetze – wurde desgleichen zu einem Gewaltakt, als die vom Senat gesteuerte Interzession ignoriert wurde und es zu wüsten Straßenschlachten kam. Da nach allem der Einwand der Ungültigkeit auf der Hand lag, wurde der Senat gezwungen, einen Eid auf loyale Innehaltung der Gesetze abzulegen, was er bis auf Metellus Numidicus, den Feldherrn gegen Jugurtha, auch tat.

Dies war alles sehr unerfreulich und hätte sich vermeiden lassen. Die Katastrophe trat jedoch ein, als bei der Konsulwahl für 99 Servilius Glaucia gewählt werden sollte, aber von seinem Konkurrenten ausgestochen wurde, weshalb man diesen kurzerhand erschlug. Hier war nun auch von der Sache her nicht mehr ein Schein der Rechtfertigung zu borgen. Der Senat erspähte die Blöße und schritt zur Notstandsagitation. Marius war so wenig imstande, diesen Vorstoß aufzufangen, daß er sich sogar zum Schergen seiner politischen Freunde machen ließ: ein Bild der vollkommenen Hilflosigkeit. Die Stimmung gegen Appuleius und Servilius war allerdings auch bei den Optimaten zum fanatischen Haß geworden. Alles, was irgendwie konnte, bewaffnete sich. Saturninus hatte das Kapitol besetzt und rief als Ultima ratio die Sklaven zur Freiheit auf, der typische Akt, mit dem ein Politiker seine Ausweglosigkeit eingestand. Marius glaubte, seinen Bundesgenossen den letzten Dienst erweisen zu können, indem er ihnen von Staats wegen freies Geleit zugestand. Auch dies wurde zur Farce. Man ging über die Sieger von Aquae Sextiae und Vercellae hinweg wie über eine beliebige Null: durch Lynchjustiz wurden die beiden umgebracht. Marius war danach politisch gezeichnet und mied mit Hilfe einer diplomatischen Mission die Öffentlichkeit, vor deren Augen er diesen tiefen Sturz getan hatte.

Die demütigende Niederlage hatten Marius und seine Bundesgenossen primär nicht dem sachlichen Kern ihrer Bestrebungen, sondern dem Abscheu zu verdanken gehabt, den ihre allgemeinen Praktiken hervorriefen. Nur dadurch war es der Aristokratie wiederum gelungen, die Ritter auf ihre Seite zu bringen. Eine Politik, die nach der Gosse roch, war nicht nach ihrem Geschmack. So wandte man sich zunächst nicht gegen die Appulejischen Gesetze, sondern ließ sogar zu, daß sie im Jahr 99 nochmals aufgenommen wurden, und ging erst im folgenden Jahr unter einem formalen Vorwand gegen sie vor. Trotz dem ganzen ursprünglichen Stimmungsgefälle war die Senatsaristokratie neu gestärkt aus der Krise hervorgegangen. Der Applaus, den das Volk dem aus dem Exil heimkehrenden Metellus Numidicus, dem bekannten Antagonisten des Marius, im Jahre 98 zollte, war ein deutlicher Beweis, daß die Nobilität ungeachtet ihrer Niederlagen die alte Autorität noch besaß.

Die konservative »Revolution« des Livius Drusus

Bis jetzt hatten die Konservativen in dem taktischen Reagieren auf die gegen sie gerichteten Angriffe ihre Überlegenheit erwiesen. Sie waren auch in diesem Sinne meisterhafte »Reaktionäre«. Alle drei Attacken hatten sie erfolgreich abgewehrt. Auch die Liquidierung der Agrarfrage war nichts anderes gewesen als eine umsichtige Präventivverteidigung. Aber zu den sachlichen Problemen selbst, dem Ursprung all der Erschütterungen, hatte das Senatsregime noch keinen Deut beigetragen. Es hatte sich einfach auf die probate Methode verlegt, die Dinge schlechthin zu ignorieren. Weder hatte es sich um die Agrarfrage in der neuen Form gekümmert, wie sie durch Marius aktuell geworden war, noch war das Italikerproblem angepackt worden, obschon es mit fortschreitender Zeit immer dringlicher wurde. Und auch die Aggressivität der Ritter hatte man sich gefallen lassen. Ein Versuch, ihren Einfluß zurückzudrängen, war Ende des Jahrhunderts, als der Senat in die peinliche Enge getrieben wurde, begreiflicherweise gescheitert.

Gerade an diesem letzten Punkt bekam die Nobilität ausdrücklich bescheinigt, daß sie in einem höheren Sinn politisch einfach steril war. Die Ritter wußten wohl, daß ihnen die Vorrechte, welche sie Gaius Gracchus zu verdanken hatten, nur widerwillig von der Nobilität zugestanden wurden und daß trotz der Unterstützung, die sie ihr bei der Unterdrückung des Gaius Gracchus und des Appuleius Saturninus geleistet hatten, Feindschaft zwischen ihnen herrschte. In den neunziger Jahren, als die Verhältnisse sich einigermaßen beruhigt hatten und ein neuer »popularer« Vorstoß nicht zu befürchten war, nutzten sie deshalb diese Situation aus, um der Nobilität zu beweisen, daß sie auch noch da wären und durchaus die Macht besäßen, ihnen in schmerzhafter Weise zuzusetzen. Als 94 ein Gaius Norbanus, der sich bei den Prozeßstürmen gegen den aristokratischen Verlierer von Arausio, Servilius Caepio, besonders hervorgetan hatte, in einem Gerichtsverfahren zur Strecke gebracht werden sollte, wurde er von dem Gerichtshof, der in der Hauptsache aus Rittern bestand, demonstrativ freigesprochen. Zwei Jahre später wagte man sich noch offener vor und schreckte nicht davor zurück, um des politischen Zweckes willen sogar das Odium einer flagranten Rechtsbeugung auf sich zu nehmen. Die Ritter verurteilten in ihrer Eigenschaft als Richter über Erpressungen bei der Provinzialverwaltung *(de repetundis)* den Publius Rutilius Rufus wegen seiner Tätigkeit in der Provinz Asia. Dieses Vorgehen war ein Skandal, da gerade Publius Rufus für die Vorbildlichkeit seiner Provinzialverwaltung berühmt war. Es war auch weniger auf ihn abgesehen als auf den verantwortlichen Gouverneur Quintus Mucius Scaevola, einen berühmten Juristen und damals wohl die repräsentativste Erscheinung unter den Intellektuellen der Nobilität, an den man sich wegen seines Ansehens nicht persönlich heranwagte. Daß der Senat sich dies gefallen lassen mußte, war eine ausgesprochene Blamage; daß man den Fall der Verurteilung des Sokrates gleichsetzte, gab im Vergleich hierzu nur geringen Trost.

Gewiß war es die Überzeugung mancher Nobilitätsmitglieder, daß dieses Sich-treiben-Lassen auf die Dauer nicht weitergehen könne. Aber wie sollte der unbeholfene Senat, dessen Energie nur dann wachzurufen war, wenn es galt, eine unwillkommene Aktion abzuschnüren, dazu gebracht werden, selbst die Initiative zu ergreifen? Auf diese Preisfrage war schwer eine Antwort zu geben. Wer es sich zutraute, mußte immer damit rechnen, daß man ihm von ungeahnter Seite in den eigenen Reihen in den Rücken fiel. Wenn überhaupt etwas auszurichten war, dann mußte es mit dem suggestiven Elan geschehen, der die Stimme des Zauderns und der Bedenklichkeit zum Schweigen brachte. Dem Marcus Livius Drusus gebührt das historische Verdienst, daß er die römische Nobilität von dem Schatten befreite, sich nicht wenigstens zu einem Versuch in dieser Richtung aufgerafft zu haben.

Drusus war der Sohn jenes Livius Drusus, der einst im Auftrag des Senats als Volkstribun dem Gaius Gracchus das Wasser abgegraben hatte mit seiner utopischen Kolonisationsvorlage, welche den Leuten in Italien statt im Ausland Bauernstellen versprach. Drusus selbst hatte dies mit Bewußtsein nicht erlebt; aber die Einsicht, daß man mit populären Mitteln die Sache des Senats fördern könne, war auch ihm vertraut. Sein Plan ging deshalb dahin, die Erfahrungen von 122/121 zu reaktivieren. Sein Vater hatte seinerzeit nicht auf eigene Faust gehandelt. Von seinem Sohn ist das ebensowenig anzunehmen, auch wenn wir bei ihm die Hintermänner nicht kennen. Der junge Livius Drusus hatte desgleichen am Beispiel des Vaters erkannt, daß eine konservative Politik des revolutionären Anstrichs bedürfe, um suggestiv zu wirken. Und schließlich war ihm klar, daß deshalb das Aktionszentrum im Volkstribunat zu suchen sei und seine Jugendlichkeit — er war etwas über Dreißig — nur in dieser durch die Gracchen geadelten Verkleidung überzeugend wirken könne. So wurde Livius Drusus für das Jahr 91 zum Volkstribun gewählt und mit großen Erwartungen begrüßt. Tatsächlich war er befähigt, eine Atmosphäre allseitiger Erregung zu erzeugen oder wenigstens in seiner Person darzustellen. Er war nicht nur ein vornehmer, sondern auch ein reicher Mann, und auf einmal gewann sein Volkstribunat wie zur Zeit des Gaius Gracchus das Ansehen einer zentralen Funktion, in der die verschiedensten Fäden zusammenliefen.

Drusus kam es darauf an, jeden Schein unfruchtbarer Reaktion zu vermeiden. Im Gegenteil, er selbst und seine Anhänger hatten das Bewußtsein, daß es jetzt wirklich vorwärtsgehe und die Politik endlich über den toten Punkt hinwegkomme. Diese programmatische Dynamik war offenbar ein Spiegelbild der inneren und äußeren Bewegung, die sich der Öffentlichkeit ähnlich wie in den besten Tagen der Gracchen bemächtigt hatte. Deshalb wurde auch kein Thema ausgelassen, das in dem vorangegangenen Jahrzehnt die Gemüter der Menschen erregt hatte. Selbst die Agrarfrage wurde von Drusus zum Leben wiedererweckt, gleich als ob das Begräbnis, das die Senatsoligarchie ihr bereitet hatte, gar nicht gewesen wäre. Livius Drusus propagierte wie sein Vater ausschließlich binnenitalische Kolonisation und warf dafür alles, was an Staatsland noch vorhanden war — auch den fiskalisch genutzten *ager Campanus* —, in die Masse. Er soll gesagt haben, er lasse künftigen Reformern nichts mehr übrig als den Himmel und den Kot. Hierbei nahm er keinerlei Rücksicht auf die italischen Bundesgenossen und ließ sich von dem Tabu, das ihretwegen schon des längeren auf der Agrarfrage lag, in keiner Weise imponieren.

Mit gutem Grund, denn die Lösung des Italikerproblems war das Kernstück seiner Politik. Livius Drusus unterhielt intime Beziehungen zu den führenden Kreisen der italischen Bundesstädte und wußte deshalb, daß dort die Geduld erschöpft war und ein abermaliges Scheitern den bewaffneten Aufstand heraufbeschwören würde. Er war deshalb entschlossen, kategorisch eine Entscheidung in dem Sinne durchzusetzen, daß den Italikern allesamt das römische Bürgerrecht gegeben würde. Er durfte hoffen, daß die unpopuläre Maßnahme unter dem Druck des drohenden Unheils durchgehen werde, und dies um so eher, je mehr die anderen Vorlagen die Leute in ihren Bann gezogen hätten.

Drusus' Ziel war es, alle Verfestigungen der vergangenen Generation im Schmelztiegel einer absoluten Neuorientierung aufzulösen und damit dem Unmöglichsten zur Wirklichkeit zu verhelfen. Dahin gehörte nicht zuletzt die Lösung des Ritterproblems. Was Livius Drusus hierzu anbot, hat einen Zug ins Geniale. Dreihundert Ritter, das heißt ebenso viele, wie es bis jetzt Senatoren gab, sollten als Senatoren in den Senat eintreten, also eine Rangerhöhung erfahren. Dieses Opfer sollte die Nobilität bringen. Umgekehrt sollten die Ritter, nachdem sie einmal Senatoren geworden waren, als Gegengabe auf die Richterplätze verzichten, die ihnen, den dreihundert, dann ohnehin gehören würden. Auf diese Weise war sowohl reformiert als auch der alte Stand wiedergewonnen. In der Tat ist dieses Programm später, unter Sulla, verwirklicht worden; möglicherweise berücksichtigte schon Livius Drusus wie später Sulla den Umstand, daß der Senat eines Roms, das ganz Italien umfaßte, natürlicherweise größer sein mußte.

Wenn Livius Drusus durchgedrungen wäre, wäre dem römischen Staat viel Unheil erspart und der Republik manche Chance für ihr Bestehen erhalten geblieben. Leider waren mit einer solchen Einsicht die Zeitgenossen und offenbar auch die politischen Freunde des Drusus im Senat überfordert. Die ganze Inszenierung, von Drusus unter Einsatz seiner ganzen Person vorgenommen, war nur sinnvoll, wenn ihr ein gut funktionierendes Spiel auf der Hinterbühne des Senats entsprochen hätte. Dies war jedoch nicht im entferntesten der Fall. Nicht einmal die Konsuln machten richtig mit. Im Gegenteil, der eine Konsul scheint geradezu ein enragierter Gegner gewesen zu sein und den Rittern die Stange gehalten zu haben, die bald merkten, daß der ganze Handel trotz der günstigen Optik letztlich zu ihren Ungunsten ausgehen mußte. Kurz und gut, nachdem die Gesetze über die Agrarreform und die Ritter (dazu eins über die Getreideverteilung) schon angenommen waren, freilich unter tumultuarischen Umständen, kassierte sie nachträglich der Senat, offenbar unter dem Druck, den die Ritter auf die Schwankenden im Senat ausübten. Damit war der Schwung, von dem alles abhing, gebrochen. Der Ausgang konnte nur die Katastrophe sein. Die Bundesgenossen sahen sich angesichts der Niederlage ihres Vertrauensmannes verraten, ihre Stimmung war bis zur Siedehitze gespannt. Auf dem Mons Albanus wurde ein Mordanschlag auf die Konsuln verübt; Drusus hatte sie noch warnen können. Doch schon entglitt ihm das Steuer. Beschäftigt mit der Vorbereitung für das Italikergesetz, wurde er in der Vorhalle seines Palais ermordet. Italien stand in Flammen.

Der Aufstand Italiens

So war nun also das Verhängnis eingetreten, das seit Jahren wie eine drohende Wolke über Rom hing und trotzdem von der römischen Regierung stets ignoriert worden war, nach Palmströms bequemer Weisheit, daß nicht sein kann, was nicht sein darf. Das Ausmaß der

Katastrophe war dem Augenschein nach gigantisch. Der Kern der römischen Macht, der Inbegriff dessen, was die Welt seit bald zweihundert Jahren als die römischen Herren sich vorzustellen gewohnt war, brach mit einem Schlag auseinander und kehrte sich in seinen zwei Bestandteilen voll Haß und Grimm gegeneinander. Die römische Herrschaft, zu einem unabwendbaren Schicksal geworden, schien sich selbst zu vernichten. Den Feinden Roms, die noch von der alten Freiheit träumten, mußte ein Wunder widerfahren sein. Rom, der monolithische Klotz, dem von außen nicht mehr beizukommen war, wurde von innen gesprengt. Das Unwahrscheinlichste war wahr geworden. Wer näher hinsah, konnte noch erfreulichere Feststellungen treffen. Die römische Kriegstechnik, unüberwindlich und des Gegners spottend, traf jetzt zum erstenmal auf einen ebenbürtigen Feind. Die Soldaten, die nun zum Kampf gegen Rom antraten, hatten die gleiche Schule durchgemacht wie ihre Widersacher. Der Abstand der militärischen Routine war nicht mehr gegen sie auszuspielen; das Gleichgewicht der Kräfte, die erste Voraussetzung eines Sieges über Rom, schien endlich wieder eingetreten zu sein.

Das war alles richtig, nur zu richtig. Die Analyse hätte sogar noch weiter gehen können. Dann hätte sie festzustellen gehabt, daß der Krieg, der jetzt begann und den man den »Italischen« oder den »Bundesgenossenkrieg« nennt, im Grunde ein innerer, eine Art von Bürgerkrieg war, in dem sich eine breite unterdrückte oder sich wenigstens so vorkommende Schicht gegen ihre Herren erhob. Es bestand nur – zu Lasten der Römer – der Unterschied, daß sich der illegitime Gegner nicht erst zu formieren brauchte, sondern in seinen Kadern bereitstand. So weit war die Eigenstaatlichkeit der römischen Bundesgenossen noch funktionsfähig, daß diese auch unabhängig von Rom über den organisatorischen Unterbau zur Aufbietung militärischer Macht verfügten. Die militärischen Stammrollen, die militärischen Einheiten, das Offizierskorps, all das, was sonst mühsam erst zu entwickeln gewesen wäre, stand auf Grund der jahrhundertealten römisch-italischen Kampfgemeinschaft bereit und brauchte nur in Bewegung gesetzt zu werden.

Was in der Geschichte nicht vorgebildet war, eine effektive Dachorganisation, wurde mit großer Umsicht geschaffen. Als der Aufstand losbrach, war sie fix und fertig aufgebaut, wie eine Theaterszenerie, wenn der Vorhang hochgeht. Sie konnte nur von langer Hand vorbereitet gewesen sein. Livius Drusus wußte zweifellos von ihr, und seine Warnungen werden genug Andeutungen enthalten haben. Daß römischerseits davon keine Notiz genommen wurde, charakterisiert nur den Leichtsinn, mit dem das ganze Problem bis jetzt behandelt worden war.

Die Organisation der aufständischen Italiker war so straff, daß schon die Zeitgenossen in ihr eine Art von Staatsgründung sahen. Schwerlich mit Recht, denn nach den Umständen konnte es sich nur um eine vorübergehende Föderation zur Durchsetzung eines genau präzisierten Zieles handeln, nämlich der Aufnahme in die römische Bürgerschaft. Aber die kriegerischen und politischen Aktionen bedurften eines handlungsfähigen Gremiums, und dieses fand man in einer fünfhundert Mann starken Versammlung, über der ein Vollzugsausschuß stand. Die militärische Leitung lag in der Hand von zwei Generalen, denen zwölf Unterführer zugeordnet waren, auch hierin mehr der technischen Zweckmäßigkeit als dem föderativen Grundsatz folgend.

Auf der anderen Seite forderte die Bildung eines effektiven antirömischen Gemeinwillens eine Bewußtseinslage, die sich, ungeachtet der Affinität zu Rom — der Voraussetzung des Kampfes —, als selbständiger Gegenspieler Roms verstand. Dadurch entstand die eigenartige Figuration, daß die Feinde Roms — willentlich oder nicht — so taten, als ob sie eine Größe sui generis wären und an die Stelle von Rom einen Staat »Italien« setzen wollten. Ihr Zentrum, die Stadt Corfinium, nannten sie *Italica* (oder *Italicensis*), und auf ihren Münzen stößt der italische Stier die römische Wölfin nieder. Man darf das allerdings nicht überschätzen. Der Mensch, und gerade der handelnde, täuscht sich leicht über sein eigenes Wollen. Daß man an einen Begriff »Italien« appellieren konnte und dieser sich gerade durch die von den Römern geschaffene Einheit des italischen Raumes zu entwickeln vermochte, wäre nicht schwer plausibel zu machen. Aber hier war er nur *ad hoc* politisiert und verfügte über keinerlei Wurzeln, die sich tiefer in das konkrete Menschentum gesenkt hätten.

Das konnte schon deshalb nicht sein, weil die Aufständischen ethnisch keineswegs homogen waren. Der eine Teil, die Abruzzenstämme Mittelitaliens — unter ihnen an erster Stelle die Marser —, war stark romanisiert und bediente sich deshalb des Lateinischen. Der andere, der »samnitische« Süden — außer den Samniten in der Hauptsache deren Verwandte wie die Lukaner und Bruttier —, sprach noch Oskisch und verfuhr entsprechend in seiner Amtssprache. Bei ihnen meldete sich denn auch im Verlauf des Krieges, zumal als die anfängliche Zielsetzung nicht mehr aufrechtzuerhalten war, in der Tat noch ein Rest des alten Freiheitswillens, dem es ursprünglich nur um das Abschütteln der römischen Herrschaft zu tun war. Und schließlich: auch wenn die Konföderation sich »ideologisch« auf »Italia« berief, gehörten ihr doch bei weitem nicht alle italischen Bundesgenossen an.

Von vornherein fielen die griechischen Städte aus, begreiflicherweise: sie verspürten, auch politisch, kein Assimilationsbedürfnis zu Rom. Die latinischen Kolonien machten, wenigstens zu Anfang bis auf geringe Ausnahmen, ebenfalls nicht mit. Bei ihnen überwog die alte Loyalität. Am merkwürdigsten war das ursprüngliche Desinteressement Etruriens (und des benachbarten Umbriens). Das hatte soziale Gründe. Der Staat war dort stark kapitalistisch-aristokratisch strukturiert, und so brauchte die Oberschicht das römische Bürgerrecht nicht als unerreichbar zu betrachten. Zudem war die Verquickung mit den römischen Standesgenossen viel zu stark, als daß ein echter Antagonismus hätte aufkommen können. Umgekehrt scheint eine mehr demokratische Sozialverfassung zu den Voraussetzungen der antirömischen Aktivität gehört zu haben.

In Rom war man, wie schon gesagt, gänzlich unvorbereitet. Nach der Ermordung des Livius Drusus war man des guten Glaubens, mit Polizeiaktionen die Ruhe wiederherstellen zu können, und schickte an verschiedene Punkte militärische Detachements. Eines von diesen machte eine schlimme Erfahrung: in Asculum im Picenerland hielt es der (dorthin geschickte) Prätor für richtig, nach der Übergabe von Geiseln durch die Konföderierten sich ins Theater zu begeben und bei den gerade anstehenden (jährlichen) Spielen ernst und streng zur Bevölkerung zu sprechen. Die fürchterliche Antwort war, daß die Menge ihn und seine Begleiter zerriß und jeden Römer, ob Mann, Weib oder Kind, den sie auf der Straße in die Hände bekam, erwürgte.

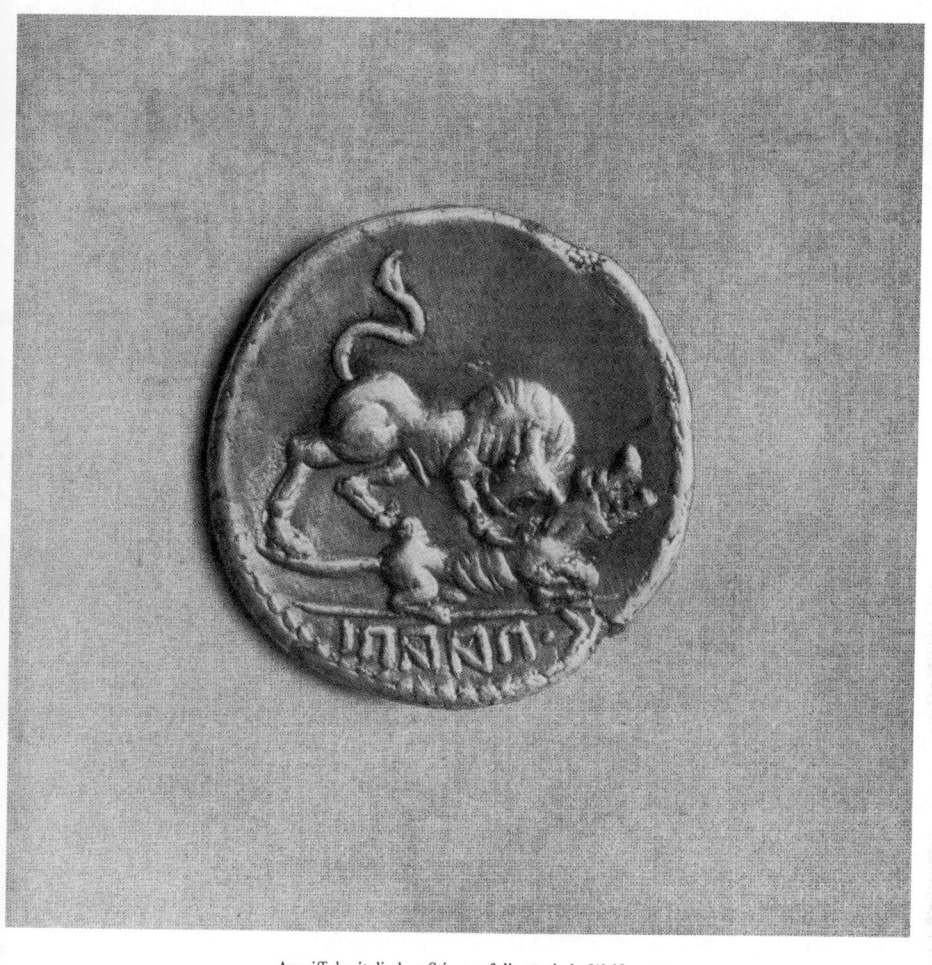

Angriff des italischen Stiers auf die römische Wölfin
Vorderseite eines stark vergrößerten Denars mit dem (oskischen) Namen des C. Papius Mutilus,
des samnitischen Befehlshabers der antirömischen Konföderation der Italiker, um 89 v. Chr.
London, British Museum

Dekret des Pompeius Strabo
zur Privilegienvergabe an romtreue hispanische Ritter in den Wirren von Asculum
Bronzetafel vom Kapitol (?) in Rom, 90/89 v. Chr.
Rom, Kapitolinisches Museum

Dieser Zwischenfall löste dann den längst vorbereiteten Aufstand aus. Daraufhin schlug in Rom die bisherige Gelassenheit in frenetische Wut um. Die völlig Überraschten suchten natürlich die Schuld für die Katastrophe nicht in ihren eigenen Fehlern. Der Sündenbock war leicht zur Stelle: nur Livius Drusus und seine verkehrte Politik traf die Verantwortung. Es galt nichts, daß nicht die schlechtesten Köpfe der Nobilität hinter ihm gestanden hatten. In einer erstaunlichen Perversion der inneren Haltung vollzog sich die Sammlung auf den Kampf mit den Italikern — es ging um Leben und Tod — in der Form eines geradezu jakobinischen Fanatismus. Die blasierte römische Aristokratie, wahrscheinlich von den Rittern gern unterstützt, wo es darum ging, ihrem gefährlichsten Gegner den Garaus zu machen, raste förmlich gegen die Kollaborateure in ihren eigenen Reihen, das heißt gegen diejenigen, die als Freunde des Livius Drusus galten. Sie nahmen ein minderes Subjekt, den Volkstribun Varius, in Dienst und ließen ihn, ohne Achtung des Provokationsrechts, ein Sondertribunal zur Verfolgung aller jener, die mit den Bestrebungen des Livius Drusus sympathisiert hatten, einrichten und es für die Dauer des italischen Kampfes seine schrankenlosen Säuberungen durchführen.

Dieser einen, mehr sozialpathologischen Seite der Kräftekonzentration entsprach auf der anderen eine sachliche Umsicht und auch Großzügigkeit, die an die beste Zeit der römischen Aristokratie erinnerte und bewies, welche Reserven noch immer in ihr zu mobilisieren waren. Ohne Rücksicht auf die Stellung in der jüngsten Vergangenheit wurden den beiden Konsuln des Jahres 90 — es waren unbedeutende Männer — tüchtige Legaten mit weitgehenden Befugnissen beigegeben, unter ihnen so verschiedene Männer wie Gaius Marius, der in dieser Not eine Gelegenheit gekommen sah, seinen einstigen Ruhm wieder aufzufrischen, und Lucius Cornelius Sulla, den selbstbewußten Aristokraten, der sich im Jugurthakrieg mit der Gefangennahme des Königs seine bis dahin schönsten Lorbeeren erworben hatte und Marius als Parvenü aus dem Grunde seiner Seele verachtete. Gegenüber den Italikern hatte Rom den Vorteil, aus den Provinzen Hilfstruppen heranziehen und auch seine Versorgung sicherstellen zu können. Wie im Hannibalkrieg nahm man auch jetzt keinen Anstand, Sklaven (unter Versprechung der Freilassung) zu den Waffen zu rufen. Das Aufgebot beider Seiten war gewaltig; auf der italischen sollen hunderttausend Mann unter Waffen gestanden haben, auf der römischen mögen es etwas mehr gewesen sein. Die Lage war nichtsdestoweniger verzweifelt; denn die Aufständischen beherrschten mit Italien die meisten Verbindungswege, während es Rom zu Anfang an der nötigen Bewegungsfreiheit gebrach.

Der Krieg verlief infolgedessen das erste Jahr recht unglücklich für die Römer. Zusätzlich wurden strategische Kunstfehler gemacht, so daß in Mittelitalien eine Schlacht (am Fluß Tolenus) verlorenging und der eine Konsul sogar fiel. Als man ihn und die zahlreichen Opfer zur Bestattung nach Rom brachte — das Verdienst hieran kam Marius zu —, war die Stimmung derartig niedergeschlagen, daß man beschloß, in Zukunft von solchen Pietätsakten abzusehen und die Toten an Ort und Stelle zu begraben. Im Süden hatte die mißliche Kriegslage bereits ihre Wirkung getan: wichtige Städte in Kampanien, wie Nola, Pompeii, Herculaneum, Stabiae, waren von Rom abgefallen oder von den Bundesgenossen genommen worden. Auf römischer Seite wurde am klügsten von Marius operiert. Er brachte auch das politische Kalkül ins Spiel und hütete sich, weiter Öl ins Feuer zu schütten. Bei einer Unterredung mit dem feindlichen Feldherrn brachte er die Soldaten beider Parteien in Erinnerung an die gemeinsamen Kriegserlebnisse zusammen. Der italische General Silo gab es daraufhin auf, eine Rom treu gebliebene Stadt weiterzubelagern. Damit war an den entscheidenden Faktor des Krieges gerührt: wenn er aus der in der Geschichte entstandenen Gleichartigkeit von Römern und Italikern entstanden war, so lag darin auch die große Chance für Rom, mit dem Krieg fertig zu werden. Man mußte diese Karte nur richtig ausspielen. Damit wurde denn auch noch im Jahre 90 v. Chr., dem ersten Kriegsjahr, begonnen. Rom ermächtigte seine Feldherren, das römische Bürgerrecht ihren Soldaten, soweit sie keine Römer waren, zu verleihen. Dieser Ansatz wurde weiterverfolgt, zunächst durch eine *lex Iulia* (90), als die Etrusker und Umbrer, die treu geblieben waren, ähnliche Ansprüche erhoben und nun generell erklärt wurde, daß, wer bis jetzt auf seiten Roms ausgeharrt hatte, jetzt Anspruch auf die Verleihung des Bürgerrechtes hätte. Im folgenden Jahr (89) ging man noch weiter, indem man den Tatbestand der politischen Loyalität sehr weit faßte und sogar diejenigen Feinde einbezog, die binnen sechzig Tagen die Waffen niederlegen würden *(lex Plautia Papiria)*.

In der Tat wurde denn durch das römische Einlenken, indem Rom also den umkämpften Preis freiwillig anbot, der Krieg schneller beigelegt, als zu Anfang jemand zu hoffen gewagt hätte. Auch die Hetze gegen die Freunde des Livius Drusus wurde jetzt, da man schließlich in seine Fußtapfen trat, sinnlos und deshalb eingestellt.

Der Krieg war allerdings nur beigelegt, aber nicht militärisch beendet. Gegenüber den oskischen Stämmen fruchtete die Stimme der Versöhnung nicht immer. Das lag zum Teil an der Kriegführung der Römer. Sulla hielt nicht viel von der durch Marius inspirierten politischen Strategie. In Erinnerung an einen Ahnen, der im 4. Jahrhundert im Kampf gegen die Samniten Ruhm erworben hatte, war er mehr dafür, den Feind unter schonungslosem Waffeneinsatz niederzutreten. Umgekehrt fühlten sich die Osker, soweit sie noch kämpften, als echte Freiheitshelden. Auf diese Weise blieben noch lange feste Plätze wie Nola und Venusia unbezwungen, und durch den Süden Italiens zogen Partisanenbanden unter dem Kommando eines der aufständischen Heerführer (Pontius Telesinus).

Sullas erster Marsch auf Rom

Der Bundesgenossenkrieg hatte die sozialen Verhältnisse von Rom und Italien gründlich durcheinandergebracht. Als Italien zum Kriegsschauplatz geworden war, flohen viele Leute, nur um ihre Haut zu retten und ohne alle Mittel, nach Rom und vergrößerten dort das Proletariat. Die Bevölkerung soll dadurch auf das Doppelte angestiegen sein. Während der Kriegsjahre wurde verständlicherweise auch die Wirtschaft aus der Bahn geworfen. Die Produktion stand weitgehend still, eine ungeheure Verschuldung war die Folge. Das Geldwesen war auch vorher nicht mehr in Ordnung gewesen. Schon Livius Drusus hatte eine leichte Geldverschlechterung durchgesetzt. Jetzt stand der Senat vor der Tatsache, daß zahlreiche Konkurse drohten und das Chaos noch vergrößerten. Er sah sich in einer verzweifelten Situation, zumal die Politik von jeher wirtschaftlichen Problemen gegenüber meistens hilflos ist. Eine Münzabwertung von über fünfzig Prozent, welche das bisherige As einem Sesterz gleichsetzte und jenes von 27,53 g Metallgehalt auf 11,64 g heruntersetzte, war möglicherweise ein vernünftiger Weg, dem Übel beizukommen. Zum mindesten bewies es Mut, etwas zu unternehmen. Das war jedoch auch alles. Als es um die Durchführung ging, also darum, für die neue Schuldenberechnung die Konsequenzen daraus zu ziehen, versagte der Senat. Ein Prätor Aulus Sempronius Asellio, der in diesem Sinne handeln wollte, wurde von einer gedungenen Bande ermordet, ohne daß sich eine Hand für ihn rührte oder die Verfolgung der Mörder energisch betrieben worden wäre (88).

Das Verhalten des Senats war wahrscheinlich weniger durch bösen Willen bestimmt als durch eine gewisse Zerfahrenheit und die fatale Neigung der Menschen, die Dinge nicht richtig anzupacken, sondern sie halbfertig liegenzulassen. So war es auch bei der politischen Kernfrage, der endgültigen Liquidierung des Bundesgenossenkrieges. Die Vernunft mußte einem sagen, daß man angesichts seines Ausgangs auf die Konzeption des Livius Drusus zurückzugreifen hätte. Das mindeste wäre gewesen, die Opfer der Verfolgung, nachdem sie recht behalten hatten, zurückzurufen. Aber nichts dergleichen geschah, wenn man auch dem Schergen Varius, dessen man sich bedient hatte, den Prozeß machte. Bei der gespannten Situation war es auch angebracht, sich mit den Rittern zu verständigen, entweder auf der Basis von Livius Drusus oder auf einem anderen Weg. Doch auch hier blieb es bei Halbheiten. Ein Richtergesetz scheint sich in jener Richtung bewegt zu haben. Es beseitigte die Privilegierung der Ritter und überantwortete die Richterwahl den Comitien, so daß bei ihnen sowohl Ritter als auch Senatoren gewählt werden konnten, doch das Übergewicht blieb, entsprechend dem sozialen Einfluß auf die Wähler, bei den Senatoren.

Aber dergleichen brachte wenig ein – auch ein Agrargesetz, das nun zum erstenmal Römer und Italiker gleich behandelte, allerdings wegen der Kleinheit der Ackerlose keinen großen agrarischen Effekt hatte und nur als symbolische Geste in Betracht kam, scheint hierherzugehören –; es blieb ohne rechte Folgen angesichts der Kurzsichtigkeit in der Kardinalfrage, der der bürgerlichen Gleichberechtigung für die Italiker. Hier ging es nun um die Früchte des Bundesgenossenkriegs, und bezeichnenderweise wurde gerade dieses Zentralproblem zum Sündenfall der Senatsaristokratie. Sie konnte sich nämlich, nachdem einmal die Würfel gefallen waren, wiederum nicht dazu verstehen, das Ergebnis anzuerkennen. Entsprechend dem alten römischen Trick, formale Gleichheit mit Hilfe von Durchführungsmodalitäten zu verfälschen, hatte man den Neubürgern nicht in allen fünfunddreißig Tribus das Bürgerrecht gegeben, sondern es lediglich in acht Tribus zugestanden. Dadurch war das Stimmrecht der Italiker auf ein Viertel des normalen Stimmrechts entwertet.

An dieser Stelle entglitt denn auch dem Senat das Heft aus den Händen. Ein Mann aus seinen Reihen, ein naher Freund des Livius Drusus, Publius Sulpicius Rufus, von patrizischer Abstammung, machte sich im Alleingang an die Aufgabe, die Politik über diesen toten Punkt hinwegzubringen, bevor das schwere Unglück geschah, daß die Beruhigung

Italiens wieder gefährdet würde und der Bundesgenossenkrieg umsonst durchgekämpft worden wäre. Sulpicius Rufus betrachtete sich dabei als Treuhänder des Vermächtnisses von Livius Drusus und wäre seinen Weg, wie dieser auch, viel lieber im Verein mit dem Senat gegangen. Seitdem er aber auf diesen Rückhalt verzichten mußte, blieb ihm nichts anderes übrig, als sich auf seine eigene Navigation zu verlassen. Sie führte ihn bei der schwierigen Lage in viele Untiefen und Strudel, die seiner ursprünglichen Intention schwerlich entsprachen und ihm schließlich das Aussehen eines revolutionären Freibeuters verliehen, das zu seiner Grundhaltung in einem fast grotesken Widerspruch stand.

Sulpicius Rufus machte, aus den gleichen Erwägungen wie Livius Drusus, das Volkstribunat zu seiner Plattform: in der Nachahmung der Gracchen, um von ihnen den Glanz für seine politische Initiative zu leihen. Er mußte sich persönlich sogar den Übertritt zur Plebs *(transitio ad plebem)* kosten lassen. Immerhin wurde er so der letzte römische Politiker, der in der Geschichte der römischen Revolution das Volkstribunat als Hebel benutzte, auch hierin ein Zeichen, daß diese Zeit einen geschichtlichen Umschlag bedeutete.

Sulpicius Rufus ging es um die Aufnahme der Italiker in alle Tribus. Aber um sie durchzubringen, brauchte er Hilfe. Er nahm sie von da entgegen, wo er sie kriegen konnte und wo auch die politische Ratio ein solches Vorgehen sachlich motivierte. Marius war es gewesen, der dem Bundesgenossenkrieg die entscheidende politische Wendung gegeben hatte, und insofern war Marius der eigentliche Anhänger wenn nicht von Drusus persönlich, so doch von seinem Programm. Die Unterstützung, die er Sulpicius Rufus lieh, hatte seinen guten Sinn. Aber Marius gab sie nicht umsonst; er war kein sachlicher Mensch, sondern geplagt von seinen Trieben und Gefühlen. Die Blamage des Jahres 100 schmerzte ihn noch immer. Er wollte mit einem neuen glänzenden Triumph sein geschichtliches Wirken abschließen. Die Gelegenheit bot sich schon des längeren in der Aufgabe an, mit Mithridates Eupator im Osten aufzuräumen. Leider hatte aber über diesen Auftrag der Senat schon verfügt und ihn einem der Konsuln des laufenden Jahres 88 übertragen, dem Lucius Cornelius Sulla, einem Mann von ausgewiesener militärischer Erfahrung und einem, soweit man etwas dieser Art von ihm wußte, zuverlässigen Optimaten. Sulpicius Rufus traf nun mit Marius ein Abkommen: wenn die Gesetze des Sulpicius, vor allem das Italikergesetz, mit Marius' Hilfe durchgegangen seien, werde Sulpicius durch das Volk beschließen lassen, daß Marius den Oberbefehl gegen Mithridates als Sondervollmacht übertragen bekomme.

Formal war dies ein außerordentliches Verfahren, obschon in der römischen Verfassungsgeschichte nicht ganz ohne Vorbild; der Sache nach aber, zumal nachdem die ordnungsgemäße Entscheidung des Senats schon gefallen war, war es ein ungeheurer Affront gegen diesen und gegen Sulla. Sympathien brauchte sich deshalb Sulpicius bei Sulla nicht mehr zu verscherzen. Er war mit ihm ohnehin verfeindet, denn Sulla war ein strikter Gegner des Kurses, den Sulpicius verfolgte.

Entsprechend pflanzten Sulpicius' Gesetzesanträge ein recht offenes Panier auf: die Opfer der varianischen Verfolgungen sollten zurückkehren; das war eine Anordnung, die längst fällig war und zu der der Senat bis jetzt nicht den Mut gefunden hatte. Sodann ein Hieb gegen Sulla persönlich: Senatoren mit Schulden von über zweitausend Denaren sollten aus dem Senat ausgestoßen werden. Jedermann wußte, daß unter diese Kategorie zweifellos Sulla fiel. Und drittens die Aufnahme der Italiker in sämtliche Tribus. Schon gleich nach Verkündigung der Vorlagen *(promulgatio)* gab es Straßenschlachten zwischen Alt- und Neubürgern. Als es schließlich zur Abstimmung kam, traten die Konsuln mit einem formellen Einspruch auf, indem sie durch Ansetzung des Latinerfestes jegliche Abstimmung sistierten. Daraufhin schritt Sulpicius zur Anwendung von Brachialgewalt. Er hatte sich aus dreihundert Rittern eine Garde gebildet, möglicherweise auf einem Bündnis mit gewissen Angehörigen des Ritterstandes beruhend, wie es schon Livius Drusus versucht hatte. Sulpicius gewann tatsächlich die Herrschaft über die Straße, und Sulla konnte sich nur dadurch in Sicherheit bringen, daß er den Schutz des Hauses von Marius aufsuchte und dieser ihm auch von Marius gewährt wurde. Vielleicht hoffte Marius, seine Gegner sich dadurch zu verpflichten. Er verrechnete sich darin aber gründlich.

In dieser Weise, schon seit geraumer Zeit nichts Außergewöhnliches mehr, das heißt mit Gewalt *(per vim)*, gingen die Sulpicischen Gesetze durch, und gleich anschließend wurde auch durch Volksabstimmung mit Hilfe der Neubürger der Oberbefehl Sulla entzogen und Marius übertragen. Auf der ganzen Linie schien Sulpicius gesiegt zu haben. Zwei Militärtribunen wurden nach Capua zu Sulla und seinem Heer geschickt, um ihm den Volksbeschluß mitzuteilen und ihm das Kommando abzunehmen. Die Reaktion von Sulla warf jedoch alle Berechnungen über den Haufen. Niemand hatte sie vorausgesehen, denn sie griff eine Schicht des römischen Verfassungslebens an, die bis jetzt noch immer durch ein unverletzliches Tabu geschützt war. In einer gestellten Heeresversammlung setzt Sulla seine Soldaten von dem Hergang der Dinge in Kenntnis, berichtet ihnen, ihr Feldherr sei abgesetzt und der Ruhm wie Beute verheißende Feldzug gegen Mithridates ihnen geraubt und Marius' Soldaten zugeschanzt. Ein empörter Auflauf reißt die Gesandten nieder, die Soldaten schreien, sie wollen nach Rom geführt werden; und Sulla stellt sich an ihre Spitze und marschiert los.

Damit war ein neues Tor in der Revolutionsgeschichte aufgerissen und eine Form der politischen Auseinandersetzung ins Leben getreten, die hinfort als »Bürgerkrieg« *(bellum civile)* die weitere Geschichte entscheidend bestimmte. Von ungefähr war sie nicht gekommen. Die eigentlichen Voraussetzungen hatte die Mariussche Heeresreform geschaffen, welche das Bürgerheer mit seinem »bürgerlichen« Gewissen beseitigte. Daß es ein solches noch gab, konnte auch Sulla noch spüren. Es meldete sich aber nur noch im Offizierskorps zu Wort. Die höheren Offiziere machten nämlich (bis auf einen) die Felonie nicht mit und trennten sich vom Heer. Die Entwicklung von Marius' Heeresreform bis zu diesem Exzeß war allerdings durch den Bundesgenossenkrieg sehr beschleunigt worden. Die Herabwürdigung der Bürgersoldaten zur Soldateska hatte im Bundesgenossenkrieg eine eminente Förderung durch den Zwang erfahren, aus allen möglichen, auch fremden Elementen ein Heer zusammenzustellen. Wessen man sich dabei gewärtigen mußte, konnte man schon damals feststellen, als ein Feldherr von seinen Soldaten durchbohrt, ein anderer beinahe gesteinigt worden war (Aulus Albinus und Cato). Das konnte allerdings Sulla nicht passieren. Er hatte seine Soldaten in der Hand, sah ihnen aber in Anerkennung der

Lage, die den Soldaten zu einem politischen Instrument erhob, großzügig durch die Finger. In dieser Hinsicht war Sulla, der Erzkonservative, geradezu ein revolutionärer Progressist.

Obendrein besteht noch ein äußerer Zusammenhang zwischen der Militarisierung der Revolution, wie sie Sulla herbeigeführt hatte, und dem Bundesgenossenkrieg. Die Situation, daß in Italien ganze Heere sich im Einsatz befanden, war seit dem Hannibalkrieg gänzlich unbekannt. Nur die außerordentlichen Verhältnisse des italischen Bürgerkrieges hatten jetzt wieder zu ihr geführt. Die Rechnung ist leicht aufzumachen: erst kraft dieses Umstandes war Sulla zu seiner militärischen Eroberung in Stand gesetzt. Auch diese Wendung hatte der Bundesgenossenkrieg gebracht.

Sulla marschierte in Rom ein; als aus einigen Fenstern Steine auf seine Soldaten fielen, wurden die Häuser angezündet. Im übrigen war selbstverständlich die Zivilbevölkerung außerstande, sich zu wehren. Zudem war Sulla wie sein Kollege, der sich mit ihm solidarisch erklärte, immer noch als Konsul die Spitze der legalen Exekutive. Unter dem Eindruck des bewaffneten Terrors marschierten die Comitien jetzt in umgekehrter Richtung und annullierten sämtliche Gesetze des Sulpicius. Dazu wurden er, Marius und andere zu Staatsfeinden erklärt und damit zur Flucht gezwungen. Sulpicius gelang sie nicht, er kam um. Schließlich wurde durch Volksbeschluß Sullas Mandat für den asiatischen Krieg bestätigt. Damit war der Weg zu Sullas militärischer Ruhmesbahn frei. Daß mit dieser gewalttätigen Improvisation der römische Staat sein Gleichgewicht wiedererlangt hätte, hätte wohl selbst er nicht zu behaupten gewagt.

Anarchie in Rom

Sullas politische Ordnung stürzte denn auch wie ein Kartenhaus zusammen, kaum daß er mit seinen Legionen den Boden Italiens verlassen hatte. Die noch von ihm durchgeführten Konsulwahlen hatten Octavius, einen schwachen, unbedeutenden Aristokraten, und Lucius Cornelius Cinna, der als Gegner von Sullas Politik bekannt war, an die Spitze des Staates gestellt. Sulla hatte ihn, dies wohl erkennend, einen Eid auf Innehaltung der Sullanischen Gesetze schwören lassen, eine Farce angesichts des Mannes, der selbst Recht und Sitte wie kaum ein Römer vor ihm in den Staub getreten hatte. Cinna ließ sich denn auch durch diese Posse keineswegs stören und beantragte schlankweg Aufhebung von Sullas Gesetzen und Rückführung der Geächteten. Als der Kollege Octavius ihm in die Zügel fiel, kam es zu grausamen Straßenschlachten in Rom, bei denen zehntausend Menschen umgekommen sein sollen. Cinna mußte das Feld räumen und Rom verlassen. Er war damit aber nur außerhalb der Stadt. Italien selbst, seit kurzem integrierender Bestandteil Roms, war mit politischer Energie und politischem Zündstoff geladen. Der Senat hatte noch immer nicht erfaßt, daß die geradezu fahrlässig oberflächliche Behandlung des Bürgerrechtsproblems ihn allen Kredit bei den Bundesgenossen gekostet hatte. Erst als es zu spät war, lenkte er ein, dann natürlich ohne jeden Erfolg; denn vom ersten Tag von Cinnas Konsulat an wußten diese, daß Cinna ihr Mann war, der selbstverständlich mit der Aufhebung der Sullanischen Gesetze die Wiederherstellung der Sulpicischen Bürgerrechtsverordnung verknüpft hatte.

Die Geschichte des Jahres 87 verzeichnet denn auch abermals einen Kampf in Rom, mit dem einen Unterschied, daß er nicht wie bei Sulla eine unvorbereitete Stadt antraf, sondern daß beide Seiten militärische Rüstungen betrieben. Die legale Regierung mit Octavius an der Spitze — Cinna war seines Konsulats entsetzt und ein Ersatzmann gewählt worden — hätte dabei eigentlich die Oberhand gewinnen müssen. Aber dem war nicht so. Sie baute auf die Soldaten unter dem (verlängerten) Kommando des Pompeius Strabo, die noch vom Bundesgenossenkrieg her in Italien standen. Aber da hatte es schon ein böses Menetekel gegeben. Auf Veranlassung Sullas sollte das Kommando der Kollege Sullas, ein nicht gerade gewichtiger Pompeius Rufus, übernehmen. Er war aber bei dem Versuch dazu von den Soldaten kurzerhand erschlagen worden. Pompeius Strabo war verstimmt und wurde noch verstimmter, als man ihm nicht das Konsulat für 86 zugestehen wollte. Infolgedessen dachte er nicht daran, sich mit voller Kraft für die Regierung in Rom einzusetzen, und gab damit Cinna mehr oder weniger die Hand frei.

Cinna mußte sich erst ein Heer zusammenstellen — bis auf die Legion, die Sulla vor Nola zurückgelassen hatte und die nun zu ihm überging —, aber das fiel ihm angesichts der Popularität der von ihm vertretenen Sache in Italien nicht schwer. Die Italiker gaben ihm für die Soldzahlung sogar Geld. Und dann kam ihm Marius mit seinem magischen Namen zu Hilfe, der sich aus seinem afrikanischen Versteck wieder herauswagte. Er glühte vor Rachsucht. Von Sulla, dem adligen Snob, der einst unter ihm gedient und ihm schon damals mit der Gefangennahme des Jugurtha den Triumph vergällt hatte, war er wie ein räudiger Hund davongejagt worden. Für seinen primitiven Verstand trug dieses Schicksal, das er mit manchen anderen, auch vornehmeren Männern teilte, den Makel einer persönlichen Beleidigung. Jetzt, da nur noch die Waffen sprachen, die Waffen, die im Grunde er geschmiedet und nur ein anderer die Keckheit gehabt hatte, zuerst anzuwenden, jetzt wollte auch er endlich zum Zuge kommen.

Marius war nicht wählerisch beim Zusammensuchen seiner Soldaten. In Etrurien öffnete er einfach die Sklavenkasernen der Latifundienbesitzer *(ergastula)* und stellte aus diesen entwürdigend behandelten, aus dem barbarischen Ausland, insbesondere Illyrien, stammenden Menschen eine Truppe zusammen. Nach einigen kriegerischen Operationen, nachdem auch noch in den verschiedenen Heerlagern vor Rom die Pest ausgebrochen war und einen großen Teil der Soldaten hinweggerafft hatte, war die Regierung in Rom gezwungen zu kapitulieren. Cinna gab dem Konsul Octavius eine beruhigende Zusage; Marius stand neben ihm in düsterem Schweigen. Um den Jahreswechsel 87/86 ergriffen sie dann Besitz von der Stadt, um sie einem hemmungslosen Morden ihrer Soldateska auszuliefern, das politisch um so sinnloser war, als die eigentlichen Gegner sich längst zu Sulla in Sicherheit gebracht hatten. Männer ohne jedes politisch ausgeprägte Profil fielen, etwa Marcus Antonius, der Meister der damaligen Redekunst. Gegen Catulus wurde ein skandalöser Scheinprozeß angestrengt wegen seiner Beteiligung an der Schlacht von Vercellae. Der sicheren Verurteilung entzog er sich durch Selbstmord. Eine Liste der Opfer, der bereits getöteten und der noch ausstehenden, wurde von der Volksversammlung genehmigt. An der Spitze stand Sulla, dessen Haus abgerissen und dessen Vermögen konfisziert wurde. Die Exzesse wurden schließlich so unerträglich, daß ein Offizier aus den eigenen Reihen (Quintus Sertorius) mit regulärem Militär gegen die Sklavenbande des Marius vorging. Als Marius, dem noch das Konsulat für 86 – es war sein siebentes! – mit dem Auftrag zugefallen war, den asiatischen Krieg an Stelle Sullas zu führen, am 17. August 86 starb, atmeten nicht nur seine Gegner auf.

So besaß denn Cinna allein die Macht. Er hatte sie in dieser Form schwerlich gewollt – sie war ihm durch die Umstände zugefallen – und stand nun in dem unheimlichen Vakuum, daß er nirgends mehr einen Gegner fand und seine Kraft zur leeren Geste wurde. Der politische Grund, aus dem sich alle diese Greuel ergeben hatten, war schnell bereinigt und die Italiker gemäß dem Plan des Sulpicius in die Bürgerschaft aufgenommen, diesmal, wie die Geschichte lehrte, definitiv. Auch die Ritter erhielten ihr Richtermonopol zurück. Inzwischen war aber das Gefüge von Staat und Gesellschaft derartig durcheinandergeraten, daß es nicht mehr über die notwendige Regulationsfähigkeit verfügte. Wahlen konnten nicht mehr abgehalten werden. In dieser Verlegenheit machte sich Cinna selbst zum Konsul und setzte seinen Mitkonsul ein. Die innere Lähmung und die völlige Sterilität Cinnas waren nicht ganz unbegreiflich. Seine Herrschaft war nur eine Maskerade und galt lediglich mit dem Vorbehalt, daß sie sich gegenüber Sulla behaupten konnte. Dessen Stern als Feldherr ging jedoch eben im Osten auf, und alle Versuche, ihm den Sieg zu stehlen und das Kommando an die Machthaber in Rom heranzuziehen, waren vergeblich und scheiterten schmählich. Cinna selbst brauchte das Fazit nicht mehr zu ziehen. Er kam 84 bei einer Soldatenmeuterei ums Leben.

Im Frühjahr 83 landete Sulla mit seiner siegreichen Armee in Brundisium, formell ein Aufrührer und illegaler Kondottiere, in Wirklichkeit, nach seinem Sieg, die wahre Verkörperung des römischen Staates. Er hatte die Eroberung Italiens gut vorbereitet – moralisch wie politisch – und fand eine Gruppe von Anhängern vor, die nicht nur ihre Person, sondern auch ganze Scharen kampfeswilliger Leute mitbrachten. Unter ihnen war der junge Marcus Licinius Crassus und der junge Gnaeus Pompeius.

Nichtsdestoweniger kostete Sulla der Krieg, bis er in Rom stand, anderthalb Jahre. Die Kriegshandlungen verteilten sich über ganz Italien und darüber hinaus, und die numerische Überlegenheit war anfangs auf seiten seiner Gegner. Zum erstenmal hatten die Feinde der Optimaten den Staatsnotstand gegen die Optimaten erklärt. Es sah so aus, als wenn der Italische Krieg unter anderem Vorzeichen wieder ausgebrochen sei. Sukkurs erhielt die Regierung in Rom von den Samniten, die in Sulla die Errungenschaft des Bundesgenossenkrieges gefährdet sahen und zum Teil ohnehin den latenten Kriegszustand noch nicht beendet hatten. Aber dies wog die innere Haltlosigkeit der Regierungspartei nicht auf. Die Führung war schlecht koordiniert und beging etliche sachliche Fehler. Als schließlich Sulla in der Nähe von Rom gesiegt hatte, äußerte sich dort die Verzweiflung in einem sinnlosen Dreinschlagen, dem üblichen Paroxysmus, wenn eine Sache prinzipiell verloren ist: der Sohn des Marius, Konsul von 82, obgleich noch ein junger Mann von sechsundzwanzig Jahren, brachte dabei unsinnigerweise den berühmten alten Juristen Quintus Mucius Scaevola

(Pontifex) um, einen Mann, der schon kraft seines Alters allen Gegensätzen der Gegenwart entrückt war.

Die letzte Etappe von Sullas zweitem Marsch auf Rom brachte noch eine besonders dramatische Wendung. Sulla belagerte Praeneste. Die Samniten sollten es entsetzen, schlugen aber plötzlich den Weg gegen Rom ein, unter dem Kommando des »Freiheitskämpfers« Telesinus aus dem Bundesgenossenkrieg. Beinahe wäre so ihr damaliger Traum, von Rom Besitz zu ergreifen, diesmal, unter der Maske eines Sukkurses, Wirklichkeit geworden. Den Römern graute es noch nachträglich bei dieser Vorstellung, auch beim Gedanken an alle Eventualitäten, die eine solche Okkupation im Stadium extremer Verzweiflung und Hoffnungslosigkeit mit sich gebracht hätte. Das Geschick blieb Rom durch die Schnelligkeit Sullas erspart. Er verlegte den Samniten den Weg, zwei Kilometer vor der Porta Collina. Am Nachmittag begann die Schlacht, die bis spät in die Nacht dauerte und zu einem Gemetzel ohne jeden Pardon ausartete (1.11.82). Rom war nach der Vernichtung der letzten Hilfstruppen nicht mehr zu halten. Sulla konnte einziehen, in vielen Augen als Befreier, mancherorts wohl in der Hoffnung auf eine bessere Zeit begrüßt, auf die Abwendung von all dem Grauen, das die Vergangenheit heraufgeführt hatte.

Die Erhebung des griechischen Ostens: Sulla gegen Mithridates Eupator

In den Jahren, da die Revolution in leerer Gewalt und ohnmächtiger Energie versank, spielte sich draußen im Römischen Reich ein dramatisches Stück Weltgeschichte ab: Sulla kämpfte gegen Mithridates VI. Eupator und – um das Ergebnis gleich vorwegzunehmen – besiegte ihn. Dieser Krieg ist ein schlagendes Exempel der militärischen Überlegenheit Roms und als strategische Leistung eines der Glanzstücke der Kriegsgeschichte. Man ist deshalb, solange man überhaupt hiervon berichtet, stets geneigt, die römische Geschichte dieser Jahre in erster Linie durch Sulla, den illegitimen Feldherrn, repräsentiert zu sehen und hätte demnach nur – allenfalls – Ursache, über die Logik des Geschichtsschreibers nachzudenken, für den eine solche Auffassung der Sachlage zur Selbstverständlichkeit wird.

Wenn Sulla auch voll und ganz von seinem guten Recht überzeugt war, so wußte er ebenso, daß ihm das ohne die Bestätigung des Kriegsglücks gar nichts nützte und daß von diesem seine ganze politische Stellung abhing. Es hatte deshalb – auch objektiv, ganz abgesehen von der subjektiven Neigung, das persönliche Schicksal mit göttlichen Mächten in Verbindung zu sehen – seinen guten Sinn, wenn Sulla sich als Günstling des Schicksals, der Fortuna, wenn er sich als *Felix* (der Glückliche) bezeichnete. Von dem Tage an, da er seine Legionen gegen Rom marschieren ließ, war er alles allein durch sein Schwert, und die eigentliche Bewährung mußte der Sieg über Mithridates bringen. Seine Gegner in Rom wußten genau, daß im Grunde Sullas auswärtiger Erfolg ihre innerpolitische Niederlage vorherbestimmen würde, und sie versuchten deshalb, den östlichen Kriegsschauplatz an sich zu reißen. Aus diesem Unterfangen wurde jedoch eine böse Farce. Der überraschende

Tod hinderte Marius daran. Seinem Nachfolger, Lucius Valerius Flaccus, fehlte bei den Soldaten die Autorität. Er wurde von seinem Offizier Fimbria ermordet; dieser wiederum wurde später von seinen Soldaten erschlagen, die daraufhin zu Sulla überliefen.

Trotzdem war der Kampf, den Sulla mit nur fünf Legionen gegen Mithridates zu bestehen hatte, eine schier aussichtslose Sache. Mithridates kämpfte nicht nur im eigenen Namen gegen Rom, sondern hatte zugleich einen großen Teil des griechischen Ostens, nämlich Kleinasien und Griechenland, hinter sich. Über diese Zusammenhänge, zumal auch über die Person des Mithridates, den Leser aufzuklären, darf sich der Berichterstatter der römischen Geschichte sparen, da sie bereits im dritten Bande dieses Werkes die gebührende Darstellung fanden. Es ist hier nur hervorzuheben, daß die von Mithridates inszenierte Erhebung des griechischen Ostens den letzten Versuch bedeutete, die nun seit hundert Jahren bestehende römische Herrschaft abzuschütteln und das Rad der Geschichte zurückzudrehen. Der Entschluß hierzu war nicht von besonderer staatsmännischer Weisheit eingegeben und bedeutete im Grunde einen Schritt hinter die schon von Polybios formulierte Erkenntnis von der Unvermeidlichkeit der römischen Herrschaft zurück.

Unterdessen war freilich zum Vorschein gekommen, daß nicht die gleichen Kräfte, die Rom die Herrschaft eingebracht hatten, sie nun auch erhielten. Der Aufstand war eine Antwort auf die schamlose Ausplünderung, welche in der Hauptsache die römischen Kapitalisten in der Provinz Asia betrieben, die bedauernswerte Folge des Bündnisses zwischen den Rittern und Gaius Gracchus, der ihnen die neueingerichtete Provinz zur Steuererhebung ausgeliefert hatte. Die »asiatische Vesper«, die Ermordung von achtzigtausend Römern und Italikern, erklärt sich nur aus dem abgrundtiefen Haß, der sich in den vergangenen dreißig Jahren gegen Rom aufgespeichert hatte, und war trotz einer umsichtigen Regie der Ausdruck einer elementaren Volksstimmung. Er war aber noch mehr, und dies schlug erst recht zuungunsten der griechischen Sache aus: Mithridates mobilisierte im Laufe des Krieges die unteren Volksschichten gegen die oberen, bewaffnete massenweise Sklaven und verkündete Schuldenbefreiung. Als eine soziale Revolution sollte ursprünglich auch das Massaker der Italiker aufgefaßt und deshalb mit einer Exekution der griechischen Plutokraten verbunden werden. Dies hatte Mithridates noch verhindert. Dagegen verhinderte er nicht, daß eine derartige Bewegung in Athen ans Ruder kam. Er hatte davon den Vorteil, daß er auf diese Weise auf dem griechischen Festland einen Brückenkopf gewann.

Während Mithridates so nicht nur die Mittel seines respektablen Reiches zur Verfügung standen, sondern ihm auch die Reichtümer des kleinasiatischen Griechentums zu Hilfe kamen, war Sulla auf sich allein gestellt. Die Reserven des römischen Staates und Reiches existierten nicht für ihn. Er mußte deshalb alles, was er brauchte, aus dem Land herauswirtschaften. Infolgedessen wurde seine Kriegführung zu einer besonders schweren Plage für die Griechen, und die Konfiskationen trafen nicht nur Privatleute und Städte, sondern auch die Heiligtümer. Angesichts seiner prekären Situation lag Sulla nichts an einem langen Krieg. Er war zufrieden, wenn er Mithridates die Aussichtslosigkeit seines Unterfangens bewies. Insofern war es beinahe ein Glück, daß Mithridates politisch auf Griechenland übergegriffen hatte, wo nicht nur Athen, sondern auch große Teile des übrigen

Griechenlands auf seine Seite getreten oder, wie Euboia, militärisch bezwungen worden waren. Infolgedessen hatte es Sulla vorerst nicht nötig, den Feind in Kleinasien aufzusuchen, was ihm bei dem Fehlen einer Flotte nicht ganz leichtgefallen wäre.

Die entscheidenden Kampfhandlungen fanden also in Griechenland statt. Sulla war es zunächst am wichtigsten, zu verhindern, daß Athen für Mithridates zu einem uneinnehmbaren Bollwerk wurde. Es mußte deshalb fallen, bevor der König mit ganzer Macht nach Europa kam. Den ganzen Winter 87/86 bereitete Sulla den Sturm vor. Noch vor Ende der schlechten Jahreszeit griff er dann den Piräus an. Das Unternehmen mißlang, vor allem infolge des Einsatzes von Archelaos, dem Feldherrn des Mithridates. Athen selbst wurde durch Hunger mürbe gemacht. Sulla gelang deshalb ein Einbruch an einer wenig bewachten Stelle. Die Bevölkerung hatte Schreckliches durchzumachen, die Stadt blieb jedoch erhalten. Aber der Piräus, der anschließend genommen wurde, mußte daran glauben. Seine Hafen- und Befestigungsanlagen, ebenso die Langen Mauern, die ihn mit Athen verbanden, wurden zerstört. Attika war durch die lange Belagerung verwüstet, die Olivenwälder waren, der Holzgewinnung für die technischen Maßnahmen wegen, zum großen Teil abgeschlagen worden.

Mithridates erkannte, daß er nach dem Verlust Athens in eigener Initiative Sulla in Griechenland festhalten oder besser daraus vertreiben müsse. Innerhalb eines Jahres (86) unternahm er zwei großangelegte Versuche, vergeblich. Zuerst wurde sein Feldherr Archelaos bei Chaironeia (in Boiotien) geschlagen (März 86), obwohl dessen Plan gut war. Aber Sulla machte ihn durch ein schnelles und geistesgegenwärtiges Manöver zunichte. Die zweite Schlacht fand ebenfalls in Boiotien, bei Orchomenos, statt (Herbst 86). Sulla war schon nach Thessalien vorgerückt, als Mithridates abermals ein Heer über Euboia mit der großen Festung Chalkis, die noch in seinen Händen war, nach Griechenland warf. Aber auch das nützte nichts. Die exakte römische Manövrierkunst und Sullas blitzschnelles Reaktionsvermögen verwandelten auch jetzt eine nicht ungünstige Ausgangssituation in eine militärische Katastrophe. Sulla vergrößerte in den Berichten seiner Memoiren noch das Mirakulöse seiner Siege und erzählte nicht nur von einer überwältigenden Übermacht des Feindes — er war gewiß an Zahl überlegen —, sondern auch noch von ganz geringen eigenen Verlusten, was nach Lage der Dinge bestimmt nicht zutreffen konnte.

Vom Siegestaumel ließ sich Sulla aber keineswegs gefangennehmen. Er vertrat die bei ihm von Anfang an bestehende Einsicht, daß er den Krieg so schnell wie möglich loswerden müsse. Deshalb begannen noch im Winter 86/85 die Friedensverhandlungen. Sie wurden im folgenden Sommer mit um so größerem Nachdruck fortgesetzt, als es Sulla mit Hilfe seines Offiziers Lucullus gelang, mit seinem Heer nach Asien überzusetzen. In Dardanos auf der Troas wurde der Präliminarfriede abgeschlossen — er ist immer einer geblieben, da im Moment die Genehmigung des Senats in Rom nicht zu haben war und sie sich später erübrigte —; Mithridates wurde sehr glimpflich behandelt. Er mußte zwar auf seine Eroberungen (seit 89) verzichten und eine Kriegsentschädigung von zweitausend Talenten (neun Millionen Goldmark) zahlen, aber sein Reich blieb unversehrt. Um so schwerer hatten die griechischen Städte Kleinasiens zu leiden. Die Ritter als Steuerpächter wurden sie zwar los, aber die Kontributionen, mit denen Sulla seine Kassen füllte, waren kaum leichter zu ertragen und zwangen viele Staaten, sich privatrechtlich bei römischen Kapitalisten zu verschulden. Der materielle Wohlstand des griechischen Ostens war in diesen Jahren schwer getroffen worden, zuerst durch Mithridates, dann durch Sulla. Sulla nahm sich auch die nötige Zeit für die Ausplünderung, beinahe zwei Jahre, denn erst im Frühjahr 83 ging er zurück nach Italien.

Sulla crudelis

Als Sulla im November 82 in Rom einzog und es auch sonst klar war, daß er den Widerstand gegen sich im wesentlichen gebrochen hatte (außerhalb Italiens durch seine Untergebenen), war er der mächtigste Mann, den bis dahin Rom in seiner ganzen Geschichte gesehen hatte. Alles lag ihm zu Füßen. Seiner Willkür waren keine Grenzen gesetzt, und schon im Altertum wurde die Vermutung geäußert, er sei im Besitz der Monarchie gewesen, die er angestrebt habe, eine Auffassung, die mitunter in der modernen Forschung vertreten wird. In den nächsten Jahren bewies Sulla selbst, daß er damit mißverstanden war und es ihm um eine Reform der römischen Republik, nicht um ihre Beseitigung ging. Allerdings verhüllte sich dieses klare Ziel für die Zeitgenossen, denn der Bürgerkrieg war mit seinem Sieg noch nicht zu Ende. Und dies, obgleich er nun schon anderthalb Jahre gedauert und eine Unmasse von Blut und Zerstörung gekostet hatte. Der Berichterstatter muß auch heute noch ehrlicherweise gestehen, daß ihm der Zugang zu dem Entschluß Sullas, das Morden und Rauben ohne eigentlichen äußeren Zwang fortzusetzen, noch immer verschlossen ist. Sulla war einer der klarsten Köpfe *in politicis*, die Rom jemals gehabt hat, gewiß ein Zyniker und auch blasiert, aber er war kein Sklave von Gefühlen. Und trotzdem bleibt keine andere Wahl: Sulla scheint in diesem Punkt von einem ans Pathologische grenzenden Haß bestimmt gewesen zu sein. Schon in den zwei Berichten, die er nach dem Friedensschluß mit Mithridates an den Senat schickte, verkündete er klipp und klar, das Unrecht, das ihm und seinen Freunden widerfahren sei, müsse gerächt werden. Niemals könne es für ihn Freundschaft mit seinen Feinden geben. Wen er damit meinte, war verhältnismäßig klar. Es konnte sich nur um Cinna und Marius handeln und um alle die, welche seinerzeit die von ihm als Konsul getroffenen Anordnungen umgestoßen und ihn geächtet hatten. Aber diese Leute waren in der Hauptsache bereits tot, und wenn auch die Stimme der Unversöhnlichkeit, die schon damals aus ihm sprach, Schrecken einjagte und eine (aus verschiedenen Gründen) vergebliche Vermittlungsaktion in Bewegung setzte, so ließ die sich hier offenbarende Rachsucht noch immer die Deutung einer begrenzten Strafexekution zu. Doch Sulla rückte im Verlauf des Bürgerkrieges selbst von dieser Position ab. Nach dem ersten Treffen (beim Berge Tifata in Kampanien) war der Konsul Scipio in Verhandlungen mit Sulla eingetreten, aber vom Senat desavouiert worden. Er selbst hatte zwar kapituliert, trat dann aber wieder, als der Krieg weiterging, auf die gegnerische Seite über. Seitdem dehnte Sulla sein Verdikt gegen seine Feinde auf jeden aus, der während des Bürgerkrieges im feindlichen Lager gestanden hatte, und erklärte damit im Grunde jeden für vogelfrei, der nicht mit ihm zusammen gekämpft hatte.

Lucius Cornelius Sulla
Vorderseite eines stark vergrößerten Denars mit dem Bildnis des Politikers nach seiner Ahnenmaske, um 59 v. Chr.
Ehemals Sammlung Apostolo Zeno

Ruinen des Fortuna-Heiligtums in Praeneste
Eine der Tempelnischen des unter Sullas Herrschaft ausgeführten Monumentalbaus

Das Wüten des Krieges ging also weiter; es wiederholten sich die entsetzlichen Tage von Ende 87, als Rom das Opfer des wahnwitzigen Marius wurde. Sulla soll, während die Güter der Ermordeten versteigert wurden, in seiner frivolen Art gesagt haben, er verkaufe seine Beute. In gewissem Sinne war die Äußerung nicht einmal abwegig, denn was er anwandte, war reines Kriegsrecht, die Gewalt des Stärkeren gegenüber dem besiegten Gegner. Seine eigenen politischen Freunde erschraken vor dieser skrupellosen Praxis. Andere wieder liehen dem Exzeß ihren persönlichen Haß. Der Sohn des von Marius ermordeten Aristokraten Catulus konnte eines Verwandten des Marius habhaft werden, eines Neffen mit Namen Marcus Marius Gratidianus, der seinen Vater in den Tod getrieben hatte. Das arme Opfer wurde gefesselt, unter Stockschlägen durch die ganze Stadt getrieben bis zum Grabmal des Catulus. Dort wurden ihm die Augen ausgestochen, die Ohren abgeschnitten und die Glieder einzeln abgehauen. An diesem sadistischen Hinschlachten beteiligte sich vor allem der ihm verschwägerte Catilina, und damit kommt zum Vorschein, was an sich in der Natur der Sache liegt: die eigentliche Triebfeder war die durch solche außerordentlichen Umstände enthemmte menschliche Gemeinheit.

Die Erklärung des schrankenlosen Faustrechts wurde auch auf sullanischer Seite verabscheut. In einer Senatssitzung bekam Sulla zu hören, er solle wenigstens diejenigen nennen, die sterben müßten, und so die übrigen von der Furcht davor befreien, oder: mit wem man sich des Sieges erfreuen solle, wenn man nach den Bewaffneten nun auch die Wehrlosen töte. Der Erfolg solcher beschwörenden Appelle war die Reglementierung der Willkür durch die Proskriptionen. Auf öffentlichen Listen wurde angegeben, wer über die Klinge springen müsse, und damit es an Henkern nicht fehle, wurde ein Preis von zwei Talenten dafür ausgesetzt. Die Milderung war allerdings nur scheinbar, denn die Listen wurden nicht kontrolliert und konnten deshalb beliebig ergänzt werden. Mancher, der einem Racheakt oder Raubmord zum Opfer gefallen war, wurde nachträglich auf die Tafel gesetzt; manchen, der sich vergewissern wollte, daß sein Name noch nicht darauf stehe, traf der Mordstahl durch einen, der vorher hingeschaut hatte. Die Proskribierten waren zumeist vornehme oder wenigstens reiche Leute, alte Angehörige des Senatsadels oder des Ritterstandes. Das entsprach der Tatsache, daß sich die revolutionäre Auseinandersetzung innerhalb der oberen Schicht abspielte und der einfache Mann bei diesem Schauspiel eigentlich nur den Komparsen abzugeben hatte.

Deshalb führte das grausame Treiben auch zu keinen eigentlichen Massenverfolgungen. Nach der niedrigsten Schätzung wurden vierzig Senatoren und vierzehnhundert Ritter betroffen, nach der höchsten belief sich die Gesamtsumme der Proskribierten auf viertausendsiebenhundert. Man hatte es also vor allem auf die Ritter abgesehen. Diese waren zwar nicht die treibende Kraft bei den Verfolgungen des Marius gewesen. Aber im Jahre 88 war Sulpicius Rufus eine nicht ganz durchsichtige Verbindung mit ihnen eingegangen, und vor allem: als durch das Morden des Marius eine ganze Menge Adelsvermögen herrenlos geworden war, hatten die Kapitalisten es billig erworben. Im Volksmund hießen sie deshalb die »Einsäckler« *(saccularii)*. Sullas Haßphantasien schmolzen also in das Bild des Marius die Ritter ein, obendrein seine ursprünglichen Standesgenossen, die als Aasgeier die Beute an sich gerissen hatten. Sulla kümmerte es dabei wenig, daß seine eigenen

Verfolgungen genau denselben Effekt zeitigten und sich eine Schar minderwertiger Kreaturen an dem Hab und Gut seiner Opfer mästete. Da gab es noch ganz anderes Gelichter, das geradewegs aus der Hefe der Gesellschaft aufstieg, wie etwa der (uns relativ gut bekannte) griechische Freigelassene Chrysogonos. Es gab freilich auch Angehörige der Nobilität, die die Konjunktur nicht minder schamlos ausnutzten. Zu ihnen gehörten etwa Marcus Licinius Crassus, der spätere Triumvir, und der berüchtigte Catilina.

Die physische Vernichtung des Gegners vollzog sich trotzdem vor allem auf dem Schlachtfeld und bei der Eroberung der Widerstand leistenden Städte. Nach dem von dem samnitischen Heer bei der Porta Collina schon die meisten Soldaten gefallen waren, wurde der Rest, etwa sechs- bis achttausend, nach der Gefangennahme neben dem Sitzungslokal des Senats hingeschlachtet. Als der Senat darüber in Bewegung geriet, erhielt er von Sulla die Antwort: »Keine Aufregung, es werden nur ein paar Aufrührer auf meinen Befehl hin umgebracht.« Praeneste, in dem sich die Cinnaleute, vor allem der Konsul Marius, der sechsundzwanzigjährige Sohn des großen Marius, verschanzt hatten, bezahlte dieses Zwangsbündnis mit dem Tod von zwölftausend Einwohnern. Das gnadenlose Verfahren veranlaßte anderswo die Bürger, sich selbst zu töten und in eigener Person die Häuser anzuzünden. Wohin die Soldaten Sullas kamen, bezeichneten Brandstätten und Leichen ihren Weg. Große Städte wie Capua und Nola verschwanden vom Erdboden. Kein Wunder, daß eine Stadt wie Volaterrae (in Etrurien) mit dem Mute der Verzweiflung sich wehrte und sich tatsächlich bis 79 hielt.

In dieser Hinsicht ist der Sullanische Bürgerkrieg die geradlinige Fortsetzung der Verwüstungen des Bundesgenossenkrieges. Beide zusammen verödeten gerade den südlichen Teil der Apenninenhalbinsel, wo sich bislang im Gebiet der oskischen Bevölkerung noch ein Rest des alten Bauerntums gehalten hatte. Es wurde nun durch die fortwährenden Dezimierungen so gut wie ausgerottet, und Süditalien begann die soziale Trostlosigkeit zu präfigurieren, die es bis auf den heutigen Tag belastet. Demgegenüber war es ein magerer Trost für den historischen »Fortschritt«, daß die unvermeidliche Romanisierung Italiens durch die Destruktion der einheimischen Lebensformen sehr gefördert wurde und daß es von nun an mit den Tagen eines eigenständigen oskischen Volkstums vorbei war.

Es gab noch eine andere Seite des Bürgerkrieges, die Sulla als providentielle Gunst betrachten durfte. Sein Heer, dem er schließlich alles verdankte, mußte versorgt werden, und damit stellte sich wiederum die Frage der Kolonisation. Sulla hatte sich die glückliche Situation der vorgracchischen Zeit geschaffen, daß der besiegte Feind das Land für sie zur Verfügung stellte. In Masse stand überall, wo die Kriegsfurie hingekommen war – das war so gut wie in ganz Italien –, herrenloser Boden zur Verfügung. Sulla brauchte nur zuzugreifen. Er entledigte sich dabei nicht nur einer lästigen Pflicht, sondern erwartete auch von seinen Veteranen, wenn sie fürderhin zum Pflug griffen, einen Beitrag zur sozialen Sanierung Italiens und eine Aufforstung des niedergegangenen Bauerntums, denn er nahm den Gedanken des gebundenen Eigentums von den Gracchen wieder auf und verbot eine Veräußerung der zugeteilten Bauernstelle.

Damit mündet unsere Darstellung in die Betrachtung der gestaltenden Maßnahmen Sullas ein und wendet den Blick allmählich von dem düsteren Hintergrund ab, der sein ganzes Wirken beschattet. Wie immer man da Schuld und äußeren Zwang verrechnet, Sulla hat jedenfalls durch die Unbarmherzigkeit seines Vorgehens seinem eigentlichen Werk unendlich geschadet, denn auch die Vertreter eines konservativen Kurses waren später im Hinblick auf die Verhöhnung jedes Rechtes außerstande, sich mit ihm zu identifizieren und konnten im besten Falle mit der doppelten Buchführung arbeiten, daß »sich mit einer ehrenvollen Sache keine ehrenvolle Ausnutzung des Krieges verbände« (Cicero). Dabei war Sulla die stärkste staatsmännische und organisatorische Potenz, welche das republikanische Rom jemals besessen hat.

Sulla und die regulierte Senatsherrschaft

Am Ende des Jahres 82 war der römische Staat ohne legale Spitze. Von den beiden Konsuln war der eine (Marius, der Sohn) getötet, der andere, auf der Flucht, ging dem gleichen Schicksal entgegen. Ebenso stand es um die Prätoren. Infolgedessen ergab es sich beinahe von selbst, daß Sulla hier in die Lücke sprang. Wie dies zu geschehen hatte, war ihm allerdings schon längst klar. Er benötigte außerordentliche Vollmachten und verschaffte sie sich in einem zwar umständlichen, dafür aber uraltem Staatsrecht folgenden Verfahren. Auch der Titel, mit dem er sie ausstattete, war seit über hundert Jahren obsolet geworden. Eine Diktatur kannte die geltende Verfassungspraxis nicht mehr. Die spezifische Fassung der Diktatur war reine Erfindung Sullas: er ließ sich zum *dictator legibus scribendis et rei publicae constituendae* wählen (»zur Aufzeichnung von Gesetzen und zur Ordnung des Staates«). Modell gestanden hatte trotzdem die alte kommissarische Diktatur, denn auch sie war zur Verrichtung vorübergehender Geschäfte gedacht. Nur war die Aufgabe, die sich Sulla stellte, von einer erheblich größeren Inhaltsfülle. Sie entsprach etwa dem, was (seit der Französischen Revolution) die Funktion einer verfassunggebenden Nationalversammlung ausmacht; und eine Verfassung war es denn im Grunde auch, was Sulla einrichtete, nur daß seine Bestimmungen nicht in einem einheitlichen Gesetzesrahmen standen.

Sulla gilt gemeinhin als Reaktionär; aber dieses Urteil ist schwerlich richtig. Der Historiker hat die Pflicht hervorzuheben, daß Sulla alle die Wandlungen von Staat und Verfassung anerkannte, die nun einmal Gestalt gewonnen hatten, ganz gleichgültig, ob sie – zumal in seinen Augen – das Signum eines revolutionären Ursprungs trugen. So akzeptierte er vor allem die formelle Gleichberechtigung der italischen Neubürger, also eben den Programmpunkt, der ihn seinerzeit gegenüber Sulpicius Rufus in Harnisch gebracht hatte. Er übernahm auch, wie der Leser nun schon weiß, die agrarische Versorgung der Veteranen als die moderne Form der inneren Kolonisation, und dies sogar mit der gracchischen Eigentumsbegrenzung. Ferner zog er aus der staatsrechtlichen Ausdehnung Roms auf ganz Italien die Konsequenzen, indem er den Senat von dreihundert Mitgliedern auf sechshundert erweiterte. Dabei war daran gedacht, in die unteren Senatsränge auch die munizipalen Aristokraten aus Italien einzulassen; ein entsprechend großer Rahmen wurde dafür zur Verfügung gestellt. Schließlich erkannte Sulla die moderne Rechtsentwicklung, in welcher der Geschworenenprozeß immer mehr an die Stelle des Volksprozesses trat, nicht nur voll an, sondern systematisierte sie in breiter Form. Für die verschiedensten strafrechtlichen Materien, die man bis dahin nur vor besonderen, fallweise eingerichteten Gremien erledigen konnte, wurden feste Gerichtshöfe gebildet, etwa für Wahlbestechung *(ambitus)*, Giftmord *(veneficium)*, Unterschleife *(peculatus)* und manches andere.

In der Geschichte des römischen Strafrechts sollte die konsequente Durchführung des Geschworenenprinzips mit der individuellen Fixierung strafrechtlicher Tatbestände Epoche machen. Was Sulla leistete, war ein wichtiger sachlicher Beitrag zu einer Entwicklung, die zwar längst zum Durchbruch drängte, aber durch die Politisierung der Geschworenenbänke immer wieder abgewürgt worden war. In diesem Sinn war auch die Beschränkung der Richterfunktion auf die Senatoren ein Gewinn. Faktisch kamen durch die Kooptation des Senats — zu der Zeit gab es weit mehr als dreihundert neue Mitglieder, denn der alte Senat war durch die Bürgerkriege entsetzlich dezimiert worden — genügend Ritter zu Senatssitzen, also auch in die Gerichtshöfe, womit die alte Idee des Livius Drusus eine nachträgliche Erfüllung und Bestätigung fand.

Ein »moderner«, das heißt sich von althergebrachten Anschauungen lösender Sulla machte ferner die Ergänzung des Senats zu einem automatisch funktionierenden Mechanismus. Bis jetzt hatte im Grunde die Zensur denselben Effekt gehabt, nämlich die Ernennung eines neuen Senatsmitglieds nach der Bekleidung eines Amtes. Das Verfahren war jedoch umständlich und auch unzeitgemäß. Mit den Größenverhältnissen eines Weltstaates vertrug sich längst nicht mehr die autoritative Position des Zensors, der einmal in einem engeren und kontaktfesteren Kreis das Organ des sozialen Urteils gewesen sein konnte, aber jetzt damit weit überfordert war. Sulla schaffte deshalb die Zensur ab und ordnete an, daß der Eintritt in den Senat mit der Absolvierung eines Amtes von selbst erfolgte, angefangen mit der Quästur. Desgleichen sollte die Provinzialverwaltung flüssiger funktionieren. Bis jetzt hatte man, da die regulären Beamten, die Magistrate *cum imperio*, das hieß in diesem Fall die Prätoren, nicht ausreichten, mit Ersatzlösungen, vor allem mit der Verlängerung der Amtseigenschaft arbeiten müssen. Sulla stellte deshalb für die Provinzialstatthalterschaft den Grundsatz auf, daß diese ausschließlich mit Hilfe einer solchen Verlängerung des vorangehenden Amtes wahrgenommen werde und daß die betreffenden Ämter (das Konsulat und die Prätur) in einer personellen Stärke vertreten sein müßten, die der Zahl der Provinzen entsprach. Mit zwei Konsuln und acht Prätoren erreichte Sulla denn auch dieses Gleichgewicht. Ferner übernahm Sulla den Grundsatz, daß über die Verteilung der Provinzen ohne Ansehung der Person zu befinden sei, also noch vor der Wahl der Magistrate. Er bekannte sich zu diesem Prinzip, obgleich es auf Gaius Gracchus zurückging und in gewissem Sinn der Wahl durch das Volk eine größere Aktualität verlieh.

Überall erkannte also Sulla die Fruchtbarkeit neuer Gedanken nicht nur an, sondern bildete sie sogar weiter fort. Er sah auf die Objektivität der Gegebenheiten und entkleidete sie dadurch des eigentlich aktuellen und strittigen Charakters. Das politische Kernstück seiner Verfassung steckt freilich in diesen Anordnungen noch nicht drin oder gibt sich jedenfalls nicht ohne weiteres als solches zu erkennen. Es bedarf deshalb der Entschlüsselung. In der Neuordnung der Provinzialverwaltung zeigt sich nämlich noch ein anderer Gedanke. Durch die Beschränkung der ordentlichen Magistrate auf Rom und Italien kamen sie in dieser Eigenschaft mit keinem Militär mehr in Berührung. Soldaten benötigte man nur außerhalb Italiens, in den Provinzen; aber wenn der Beamte als Promagistrat sie in die Hände bekam, dann hatte er keine innerstaatlichen Kompetenzen mehr und konnte sie infolgedessen nicht mehr mit Waffengewalt wahrnehmen. Italien war so entmilitarisiert, und reguläre Heere hatten in ihm keinen Standort. Deutlich spürt man hier, wie sich bei Sulla die Erfahrungen des Bundesgenossenkrieges und dessen Nachwehen niedergeschlagen hatten. Das ganze Verhängnis, das zu Cinna und dem siebenten Konsulat des Marius geführt hatte, war doch nur deshalb möglich gewesen, weil ganz Italien damals von Soldaten unter Waffen strotzte. Der aufmerksame Betrachter muß freilich hinzufügen, daß es eben Sulla mit seinem ersten Marsch auf Rom gewesen war, der das außenpolitische Kriegsinstrument in die innere Auseinandersetzung eingeführt hatte, und wird deshalb der Selbstkritik, die aus Sullas Maßnahmen spricht, die Anerkennung nicht versagen können. Daß die fürchterlichen Zustände, die er selbst mit angeheizt hatte, nicht wiederkämen, das war gewiß das eigentliche Thema seiner Verfassungspolitik.

Seine Konzeption war hierbei sehr durchsichtig. Sulla hatte klar erkannt, daß seit den Gracchen die Senatsherrschaft nicht nur erschüttert war, sondern daß ihr Instrumentarium nicht mehr funktionierte. Das zentrale Gelenkstück war da die Transposition des Senatswillens auf die Achse des Volkstribunats. Die Volkstribunen hatten den Gesetzesmechanismus in der Hand, und deshalb war es für den Senat von grundlegender Wichtigkeit, daß sich in ihm nicht ein fremder oder sogar senatsfeindlicher Wille einnistete. Bis 133 v. Chr. hatte das System kraft der moralischen Überlegenheit des Senats und des traditionellen Respekts, den die Volkstribunen ihm entgegenbrachten, funktioniert, ohne ausgesprochenen Rechtssatz, einfach auf Grund der Gewohnheit. Dieser Zustand war nun aber in den fünfzig Jahren Revolutionsgeschichte auf das gründlichste geborsten. Sulla sah hierin die Wurzel allen Übels und hatte von seinem Standpunkt aus nicht ganz unrecht, da nun tatsächlich das Volkstribunat die Plattform für die revolutionäre Bewegung gewesen war, bis hin zu Sulpicius Rufus. Sulla wußte aber auch, daß der alte Zustand, die Gewohnheiten und freiwilligen Abhängigkeitsverhältnisse nicht durch Kommando wiederherzustellen waren. In solchen Situationen bleibt nur der Ausweg, die faktisch wirksame Verfassung ausdrücklich zu normieren und zu reglementieren. So verfuhr denn auch Sulla: ein Volkstribun durfte nur nach Geheiß des Senats in Funktion treten, soweit die Gesetzgebung in Betracht kam, also hinsichtlich der Anträge an das Volk und der Interzession gegen solche. In politischen Fragen verlor das Volkstribunat damit seine Autonomie ganz formell, es behielt sie lediglich zum Freiheitsschutz von Individuen, bei dem Veto gegen obrigkeitliche Akte, die eine einzelne Person als Privatmann angingen (das *ius auxilii*).

An diesem Punkt ist nun die moderne historische Logik mit dem Urteil, Sulla sei ein Reaktionär gewesen, sehr schnell bei der Hand. Er wollte also die Geschichte hinter 133 zurückschrauben, der beste Beweis, daß er die Zeit nicht verstand. Jawohl, das hätte alles seine Richtigkeit, wenn das »revolutionäre« Volkstribunat eine echte politische, kontrapunktisch zum Senat stehende Potenz verkörpert hätte. Dann hätte sich Sulla tatsächlich, wie man im 19. Jahrhundert sagte, gegen den »Geist der Zeit« versündigt. Aber diese Voraussetzung traf, wie der aufmerksame Leser längst bemerkt haben wird, nun eben nicht zu. Keiner der großen Volkstribunen, selbst Gaius Gracchus nicht, wollte den Senat wirklich beseitigen. Es ging ihnen allen nur um eine bequeme, in gewissem Sinne, dank dem römischen Verfassungsrecht, paratliegende Methode, um in einzelnen Fällen, wenn sie wußten, daß sie im Senat nicht ohne weiteres durchkommen würden, ihren auf bestimmte und im Grunde partikuläre Themen gerichteten Willen durchzusetzen.

Insofern hatte Sulla wirklich keine Ursache, in den »popularen« Erfahrungen der Vergangenheit eine echte Alternative zu suchen. Sie war beim besten Willen nicht aufzufinden. Im tatsächlichen Vorstellungsbereich gab es nur das Modell des aristokratischen römischen Freistaates; und selbst wenn Sulla von Hause aus nicht Aristokrat von reinstem Wasser gewesen wäre, er hätte, als er an eine Reform der römischen Republik Hand anlegte, nichts anderes sich vornehmen können, als die Überlieferung zu erhärten, da sie die einzig vorhandene »Idee« darstellte. Welcher billig denkende Historiker wollte es Sulla verargen, daß er kein Hegel war und in der rein negativ zu bestimmenden Erfahrung nicht die Kraft erkannte, die in mancher Umbrechung dann schließlich die Republik durch die Monarchie ablöste.

Allerdings, und hierin liegt wirklich ein Einwand, verdunkelte Sulla selbst die Durchsichtigkeit seiner Konzeption, als er jenseits des sachlich Gebotenen der Entmachtung des Volkstribunats noch eine besondere Hypothek auferlegte: ein Volkstribun sollte künftig untauglich sein für ein weiteres Amt, also eine ausgesprochen negative Privilegierung. Ausgedacht war die Sache nicht schlecht! Nur subalterne Naturen würden sich jetzt für das Volkstribunat melden, und damit waren dessen Flügel von vornherein beschnitten. Aber nicht alles, was zweckmäßig erscheint, ist politisch vernünftig. Durch den Makel war das Volkstribunat als Institution verändert, herausgenommen aus der Ämterlaufbahn und damit gleichsam auf den Absterbeetat gesetzt. Eine solche Nichtachtung des historisch Gewachsenen konnte aber vor allem ein konservatives Bewußtsein nicht billigen. Damit entzog Sulla gerade dem politischen Kernstück seiner Verfassungsreform das Fundament einer breiten Zustimmung, auch innerhalb der Aristokratie. Die Reform war ohnehin ein Wagnis, und ihr eine im Grunde unnötige zusätzliche Belastung aufzubürden hieß den Bogen überspannen. Denselben Fehler beging Sulla mit der Diskriminierung der Kinder der Proskribierten. Sie sollten von jeder politischen Karriere ausgeschlossen sein, womit sich die reetablierte Aristokratie nicht nur unnötige Feinde machte, sondern überdies noch dafür Sorge trug, daß die Erinnerung an den »grausamen« Sulla nicht einschlief. Beide Fehler sind der nachsullanischen Republik teuer zu stehen gekommen, indem sie billiges Agitationsmaterial lieferten und dem Gegner wirksame Waffen in die Hand drückten.

Sulla führte seine Reformen in der unglaublich kurzen Zeit von gut zwei Jahren durch. Er muß da ungemein fleißig gewesen sein und wollte wohl selbst noch die Probe auf die Lebensfähigkeit seines Werkes machen. Deshalb legte er schon 79 die Diktatur nieder, nachdem er bereits seit 81 normale Konsulatswahlen hatte durchführen lassen und auch selbst, neben der Diktatur, das Konsulat vom Jahre 80 bekleidet hatte. Seine Abdikation war eine großartige Pose: er erklärte sich, nun als Privatmann, bereit, Rechenschaft abzulegen. Daß ihm nichts passieren konnte, wußte er freilich genau; er hatte ja bewiesen, welch eine

Potenz er war. Zudem gab es die hunderttausend Veteranen, die für ihn durchs Feuer gingen, obendrein die rund zehntausend Freigelassenen aus den Vermögen seiner Gegner, die den Namen seines Geschlechtes, der Cornelier, trugen. Schon im folgenden Jahr (78) starb Sulla freilich auf seinem Ruhesitz in Puteoli. Seine Beisetzung wurde zu einem eindrucksvollen Staatsakt.

Der Aufstieg des Pompeius und der Zusammenbruch der Sullanischen Verfassung

Sulla hatte die Senatsherrschaft institutionell befestigt. Aber was nützen Institutionen ohne die Menschen, die sie nicht nur handhaben, sondern auch ihren Sinn und Zweck leibhaftig verkörpern? Konnte hierzu Sulla überhaupt einen Beitrag leisten? Man wird dies billigerweise verneinen müssen. Die Zeit von Sullas reformerischer Tätigkeit war viel zu kurz, als daß von ihr so etwas wie eine moralische Wirkung hätte ausgehen können. Sein persönliches Erscheinungsbild war hierzu auch wenig geeignet. Sulla war in seiner Lebensführung mit seiner ausgeprägten Neigung zum Genuß viel mehr Individualist als Sinnbild eines sozialen Ethos. Womit er die Menschen beeindruckt hatte, war viel weniger die Tatsache seines großartigen Rücktritts als seine schonungslose Gewaltanwendung. Mit ihr brachte es Sulla immerhin fertig, daß die Allgemeinheit für eine ganze Generation von einem gewaltigen Abscheu vor dem Bürgerkrieg erfaßt wurde. Das war nicht wenig, aber doch nicht genug, um zu zeigen, wie nun im positiven Sinne das politische Verhalten zu sein hätte. Eine Gesellschaft, die lebensfähig sein und die Zukunft für sich haben will, bedarf sowohl der Solidarität in dem gemeinsamen Respekt vor bestimmten Normen als auch vor allem der Fähigkeit, mit den anfallenden Aufgaben fertig zu werden. Die weitere Geschichte der Revolutionszeit ließe sich ohne Mühe auf diese beiden Punkte hin analysieren und würde dann zeigen, daß das Versagen in ihnen den Motor der ferneren Entwicklung bildete. Im einzelnen allerdings führt der Weg zu recht merkwürdigen Situationen und Verwicklungen.

Eine Krise trat schon im Todesjahr von Sulla ein. Da gefiel sich der Konsul Marcus Aemilius Lepidus, ein Patrizier und seiner Vergangenheit nach zuverlässiger Optimat, darin, dem toten Diktator Paroli zu bieten, indem er sich gegen das feierliche Leichenbegängnis aussprach. Er steuerte anschließend auch ziemlich unverhohlen auf einen Sturz der Sullanischen Ordnung zu und wollte vor allem die neuen Eigentumsverhältnisse im Sinne der früheren Eigentümer umstoßen. Was er sich bei solcher kurzgeschürzten Idee – ihre Ausführung wäre mit einem neuen Bürgerkrieg identisch gewesen – eigentlich gedacht hat, wissen wir nicht. Wahrscheinlich machte er sich über die Konsequenzen seines Verfahrens gar keine oder nur wenig Gedanken, was in der Politik durchaus kein außergewöhnliches Ereignis zu sein braucht. Das Unternehmen strandete infolgedessen schnell, und sein Urheber starb zudem noch bald. Lepidus zeigt freilich, daß in der führenden Schicht Roms über Sulla sehr kritisch gedacht wurde, obgleich sie ihm so viel zu verdanken hatte. Andererseits beweist sein Fall, daß man der restaurierten Aristokratie nun doch nicht ohne weiteres mit dem Programm einer abermaligen totalen Umkehr beikommen konnte.

Ihre erste ernste Krise wurde auf subtilere, allerdings auch nachhaltigere Art herbeigeführt. Der Vorgang deckt sich ziemlich genau mit der ersten Phase der Lebensgeschichte des großen Pompeius. Gnaeus Pompeius, 106 v. Chr. geboren, war während der turbulenten Jahre des Bundesgenossenkrieges und der anschließenden Wirren groß geworden. Sein Vater Pompeius Strabo war ein steinreicher, im Picenerland begüterter Großagrarier; zum alten Nobilitätsadel gehörte er nicht. Erst sein Vater hatte Eingang in die Senatsaristokratie gefunden. Er selbst brachte es allerdings zum Konsulat, im letzten Jahr des Bundesgenossenkrieges (89), und nahm darin kraft seiner militärischen Begabung und wohl auch des Einflusses, den er in seiner Heimatgegend besaß und der ihn zur Gewinnung von Soldaten befähigte, eine hervorragende Stellung ein. Politisch war er wenig profiliert, gehörte indessen möglicherweise zu den Leuten, die einen totalen Ausgleich mit den Italikern suchten und alle Halbheiten verurteilten. Es blieb ihm nicht verborgen, daß man in jenen chaotischen Jahren unwahrscheinlich viel Macht besaß, wenn man über ein Heer verfügte. Diesen Glücksumstand gedachte er zu nutzen, zu welchem Zweck war ihm freilich unklar. Sein doppelzüngiges Lavieren zwischen den Parteien nach Sullas Aufbruch gegen Mithridates ist dem Leser bereits bekannt. Die undurchsichtige Politik endete dann infolge seines plötzlichen Todes ergebnislos (87).

In dieser zwielichtigen Atmosphäre wuchs Pompeius zum jungen Mann heran. Er stand wie jeder halbwegs gesunde Römer in diesen gefährlichen Jahren unter Waffen und diente unter seinem Vater. Als Cinna die Macht ergriffen hatte, geriet er in schwere Bedrängnis. Der Groll gegen den toten Vater übertrug sich auf den Sohn. Man warf ihm vor, sein väterliches Vermögen entstamme zum Teil der Veruntreuung einer Kriegsbeute. Die Intervention einflußreicher Cinnaanhänger erbrachte aber einen Freispruch (86). Pompeius verlobte sich daraufhin mit der Tochter des Gerichtsvorsitzenden Antistius. Nachdem er sich so einigermaßen mit den derzeitigen Machthabern arrangiert hatte, ging er auf seine Güter zurück, um den weiteren Gang der Dinge abzuwarten. Nach dem Siege Sullas über Mithridates konnte er angesichts der Kopflosigkeit und Zerfahrenheit im Cinnalager sich ausrechnen, auf welcher Seite die stärkeren Bataillone marschieren würden: unter den ersten, die Sulla nach seiner Ankunft in Italien begrüßten, war der damals dreiundzwanzigjährige Pompeius. Er kam aber nicht allein, sondern mit einer Legion von Freischärlern, die er unter den Veteranen seines Vaters angeworben hatte. Staatsrechtlich war dies, genau wie es heute wäre, ein unmöglicher Vorgang. Sulla war jedoch kein Pedant und ließ sich die militärische Unterstützung gefallen.

Er tat noch mehr und erkannte den jungen Menschen an der Spitze seiner Truppen – aus der einen Legion wurden bald drei – als Feldherrn an, indem er ihn nach einem Sieg »Imperator« titulierte, eine Akklamation, die nur einem regulär gewählten oberen Beamten mit militärischer Befehlsgewalt *(cum imperio)* zukam und infolgedessen vor dem vierzigsten Lebensjahr gemeinhin nicht zu erreichen war. Als Sulla in Rom das Heft in der Hand hatte, wurde Pompeius mit Ermächtigung des Senats »an Stelle eines Prätors« *(pro praetore)*, also kraft einer Legalfiktion, nach Sizilien und dann nach Afrika geschickt. Da er ein ausgezeichneter Offizier war, entledigte er sich der Aufträge mit Brillanz. Es handelte sich zumeist um das Ausräuchern antisullanischer Widerstandsnester außerhalb Italiens. Pompeius stand damals in dem Alter, in dem Alexander der Große die Regierung übernommen und den Feldzug gegen Persien begonnen hatte. Dazu glaubte man, in seiner Haarfrisur eine gewisse Ähnlichkeit mit den bekannten Alexanderbildern entdecken zu können, eine Schmeichelei, die Pompeius geflissentlich förderte. Das Ergebnis war, daß ihm seine Leute den Beinamen Magnus (»der Große«) beilegten. Nachdem sein Auftrag erfüllt war (79), forderte sein Heer den Triumph und protestierte gegen die Demobilisierung in Afrika. Rom sollte seinen Einzug sehen. Sulla, der am Ende seiner Karriere ein Zerwürfnis in den eigenen Reihen scheute, gab nach. So feierte Pompeius als Siebenundzwanzigjähriger an der Spitze seines Heeres den Triumph, in einem Alter also, in dem man bestenfalls Quästor war und als »junger Mann« in den höheren Staatsdienst eingeführt wurde. Pompeius dachte nicht daran, sich auf dieser niederen Stufe seinen Altersgenossen einzureihen, sondern gewöhnte sich vielmehr daran, sich als einen Sonderfall zu betrachten. Unglücklicherweise taten ihm auch die äußeren Umstände den Gefallen, diese etwas hybride Einstellung zu bestätigen.

Es verging kein Jahr, da rief ihn der Senat wieder. Er sollte mithelfen, die Insurrektion des Lepidus niederzuschlagen, und er tat dies auch bereitwilligst. Danach stellte er selbst das Verlangen, in dieser Art weiterbeschäftigt zu werden. Merkwürdigerweise war im Jahr 77, ein Jahr nach Sullas Tod, der Widerstand der Cinnaleute außerhalb Italiens noch nicht vollständig gebrochen. Das hing mit der Person des Sertorius zusammen, eines sehr fähigen Feldherrn, der, als Sulla in Italien kämpfte, nach Spanien gegangen war (83), um die ihm als Proprätor bestimmte Provinz Hispania Citerior zu übernehmen. Er wurde zwar von Sullas Leuten vorübergehend von der Iberischen Halbinsel nach Afrika verjagt, kehrte aber im Jahre 80 wieder zurück und entfachte den scheinbar ausgetretenen Brand wieder, und zwar zu einer hellen und in Rom geradezu gespenstisch leuchtenden Flamme. Gegenüber den legitimen Statthaltern – unter ihnen ein so fähiger Mann wie Quintus Metellus Pius – gewann er so viel Boden, daß man befürchten mußte, er werde nach der wahrscheinlichen Inbesitznahme von ganz Spanien zum Sprung nach Italien und Rom ansetzen.

Es war also durchaus angebracht, daß ein tüchtiger Heerführer zusätzlich nach Spanien geschickt wurde. Verwunderlich konnte allenfalls sein, daß man keinen unter den Prätoriern oder Konsularen finden zu können glaubte. So wurde Pompeius ausersehen und erhielt den Titel eines Prokonsuls durch Senatsbeschluß (77). Der Krieg, den er gegen Sertorius, aber nicht nur gegen ihn, sondern auch gegen die von ihm gewonnenen Stämme führte, währte vier Jahre und ist ein interessantes Stück Kriegsgeschichte, rechtfertigt jedoch in unserem beschränkten Rahmen keine Darstellung. Pompeius veränderte durch sein Erscheinen auch keineswegs mit einem Schlag die Lage; und zieht man das Fazit des Ganzen, so hat auch der andere Prokonsul, Metellus, einen beträchtlichen Anteil am Erfolg. Obendrein gab es zwischendurch dramatische Rückschläge, und schließlich erlag Sertorius nicht der Kriegskunst seiner Gegner, sondern einer Verschwörung seiner Anhänger, die sich von einem anderen Feldherrn mehr Glück erhofften, als Sertorius zuletzt gehabt hatte (73).

Damit wurde freilich nun endgültig der Sieg dem Gegner zugespielt. Sertorius' Nachfolger Perpenna wurde besiegt, geriet in Gefangenschaft und wurde hingerichtet. Anschließend brach auch der lokale Widerstand der Eingeborenen zusammen. Die folgenden anderthalb Jahre vergingen mit der Neuordnung ihrer Verhältnisse. Pompeius operierte sehr umsichtig und machte sich bei den Iberern viele Freunde. 71 kehrte er nach Rom zurück. Als er Oberitalien passierte, bekam er gerade noch einen Haufen des Sklavenführers Spartacus zu fassen und vernichtete ihn.

Der Spartacusaufstand, der letzte größere Sklavenkrieg, war 73 v. Chr. ausgebrochen, als es siebzig Fechtersklaven (Gladiatoren) in Capua gelang, unter Führung des Thrakers Spartacus ihre Kasernen zu öffnen. Zehntausende anderer Sklaven, vor allem Kelten und Germanen, kristallisierten sich an den Kern an. Obgleich sie keine totale Gefahr bedeuteten, war es nicht leicht, ihnen beizukommen, denn die Gladiatoren verstanden mindestens ebensoviel von der Kampftechnik wie die Soldaten. Die Konsul des Jahres 72 versagten gründlich; deswegen wurde dem Prätor von 73, Marcus Licinius Crassus, ein prokonsularisches Kommando übertragen. Nach einigen strategischen Manövern wurde er denn auch mit den Sklaven fertig — bis auf die paar tausend, die entwischten und Pompeius in die Hände fielen.

In Rom sah man der Rückkehr des Pompeius mit gemischten Gefühlen entgegen. Wer halbwegs das politische Abc zu buchstabieren wußte, dem war es klar, daß jetzt Pompeius eine Honorierung seiner Verdienste erwartete und auch verlangen würde. Der Triumph, der ihm, da er kein ordnungsgemäßer Magistrat war, nicht zustand, war noch das mindeste, nachdem er ihn 79 für vergleichsweise viel geringere Verdienste bekommen hatte. Er gab also zu keinen ernsthaften Zweifeln Anlaß. Anders stand es mit der Forderung, sich unter Umgehung der *lex Villia annalis* für das Konsulat bewerben zu dürfen. Aber auch hierüber konnte es eigentlich keine ernsthafte Diskussion geben. Schließlich war Pompeius Prokonsul gewesen, auf ein reguläres Amt hatte er längst Anspruch, und ihn etwa mit der Ädilität oder der Prätur beginnen zu lassen wäre geradezu absurd gewesen. Leider sind wir über den genauen Verlauf der Verhandlungen nicht genügend unterrichtet, um sagen zu können, ob ernsthafte Bedenken erhoben wurden, und vor allem, ob Pompeius mit einer Abfuhr rechnen mußte oder sie sogar erhalten hat. Die Frage ist nicht unwichtig, denn von ihrer Beantwortung hängt das Urteil darüber ab, wen die Verantwortung für die anschließende politische Weichenstellung trifft. Sofern der Senat wirklich obstinat war, trifft ihn die Schuld. Im anderen Falle den Pompeius.

Pompeius trat bald mit einem ihm landsmannschaftlich verbundenen Volkstribunen namens Lollius Palicenus in Verhandlungen ein und erklärte sich bereit, als Konsul für die von ihm und anderen schon des längeren erhobene Forderung auf Wiederherstellung des Tribunats einzutreten. Eine solche Agitation gab es seit 76, und das war im Grunde auch nicht verwunderlich. Jetzt rächte sich die unzweckmäßige Diffamierung des Volkstribunats, die vorzüglich geeignet war, die Gemüter in Wallung zu bringen. Andererseits bedeutete eine uneingeschränkte Wiederherstellung des Tribunats die Preisgabe des politischen Kernstücks der Sullanischen Verfassung. Dennoch setzte sich Pompeius für sie ein. Zweifellos gab es auch Anhänger der Senatsherrschaft, die in falsch verstandenem Traditionalismus bereit waren, den Ast abzusägen, auf dem sie saßen. Pompeius hätte sich auf sie berufen können, aber bei ihm, dessen ganze politische Karriere darin bestanden hatte, die führende populare Politik im Sinne Sullas mit Stumpf und Stiel auszurotten, erscheint das als geradezu grotesk. Man möchte deshalb gern wissen, ob er diesen Salto mortale des politischen Einmaleins auf Grund selbständiger Entscheidung beging oder gezwungen von der Intransigenz der extremen Optimaten. Die Quellen scheinen eher jene Antwort nahezulegen, und damit käme man um die Feststellung nicht herum, daß die erste rein politische und eigene Entscheidung des Pompeius einen politischen Dilettantismus sondergleichen verriet und er aus Gründen billiger Effekthascherei und Popularität die Axt an die Verfassung Sullas legte.

Es ging damals noch um anderes, um die Wiederherstellung der Rittergerichte. Aus diesem Thema war für die öffentliche Meinung viel mehr Kapital zu schlagen, denn die Geschworenengerichte der Senatoren hatten sich in den Provinzangelegenheiten sehr kompromittiert. Da konnte man jetzt in der Agitation von einer »Tyrannenherrschaft bei den Gerichten« im Hinblick auf ihre Besetzung und ihre Korruption sprechen und damit den Gegner vor allem in seiner Kläglichkeit demaskieren. Würde es aber durch die Rittergesetze besser? Und war es eine gute Politik, einen Zustand wiederzubeleben, der sich früher auch als unbefriedigend erwiesen hatte?

Und schließlich verbürgte sich Pompeius noch dafür, daß wieder Zensoren gewählt würden. Das geschah denn auch. Ihre erste Tat war die Streichung von vierundsechzig Senatsmitgliedern wegen sittlicher Unwürdigkeit, ein demonstrativer Akt. Cicero sagt einige Jahre später, daß damals ein popularer Wind geweht habe, und das ist richtig; ebenso richtig ist aber auch, daß Pompeius davon seine Segel blähen ließ und er wohl meinte, sein Renegatentum darin verbergen zu können. Cicero führte damals den berühmten Monsterprozeß gegen Verres, den Statthalter von Sizilien. Verres war eine minderwertige sullanische Kreatur und Cicero noch kein abgestempelter Optimat. Er benutzte die Konjunktur, um die ihm anvertraute Sache durchzufechten, und nahm die Argumente, wo er sie kriegen konnte. Der Gegner gab denn auch angesichts der allgemeinen Strömung sehr bald nach. Aber von Pompeius, sofern er andere Maße gehabt hätte, wäre eine selbständigere Stellung zu erwarten gewesen.

Doch dieser Mann war kein rechter Politiker, sondern ein Streber und eine echte Primusnatur. Seine unbestreitbaren Leistungen trug er vor sich her wie ein Schulzeugnis. Als die neugewählten Zensoren eine Musterung der Ritter *(equitum census)* durchführten, stellte er sich, obgleich als Konsul selbst nicht mehr Ritter, ebenfalls ein und antwortete auf die Frage, ob er alle gesetzlichen Feldzugsjahre abgedient habe: »Ich habe sie alle abgedient und alle unter meinem Oberbefehl«. Daraufhin wurde er im Ehrengeleit nach Hause gebracht, auch von den Zensoren, eine ganz widerliche Posse.

Kollege des Pompeius war Marcus Licinius Crassus, auch einer von Sullas Leuten. Pompeius vertrug sich mit ihm nicht, und obgleich sich beide auf dasselbe Programm geeinigt hatten, brach bald Streit aus, und sie mußten zur Versöhnung gemahnt werden. Crassus war alles andere als ein großer Geist, aber selbst ihm gegenüber konnte sich

Pompeius nicht durchsetzen. So endete das Konsulat des Pompeius zwar mit der Zerstörung des politischen Fundaments, auf das Sulla den römischen Staat gesetzt hatte, ließ aber für die Zukunft nicht den geringsten Neuansatz erkennen.

Pompeius und der Osten

Pompeius ließ sich für das folgende Jahr keine Provinz zuteilen. Er meinte offenbar, Prokonsul sei er schon gewesen und hätte dabei auch Bedeutsameres geleistet, als er jetzt in dieser Eigenschaft hätte tun können. Er war hierbei einer richtigen Ahnung gefolgt, denn es dauerte nicht lange, da bot sich ihm die große Chance seines Lebens: der Orient als militärisches und organisatorisches Arbeitsfeld.

Die äußeren Voraussetzungen waren in zwei Umständen gegeben: einmal in dem Piratenproblem. Seitdem es im Osten keine starken Seemächte mehr gab, schoß die Seeräuberplage ins Kraut. Das war schon des längeren so, spätestens seit dem Ende des 2. Jahrhunderts. Rom sah wohl die Not und hatte auch selbst darunter zu leiden, aber zu einem energischen Vorgehen war es bislang noch nicht gekommen. Dabei hatte es sogar begriffen, daß ein solcher Feind, der allmählich sich über das ganze Mittelmeer ausgebreitet hatte, mit vereinzelten lokalen Einsätzen nicht zu erledigen war. 74 wurde ein Marcus Antonius vom Senat ermächtigt, die ganze Küste entlang (bis fünfundsiebzig Kilometer landeinwärts) militärisch zu operieren. Der Mann war aber offenbar der Aufgabe nicht gewachsen und starb auch vorzeitig (71). Daraufhin blieb die zentrale Bewältigung des Problems erst wieder liegen.

Die andere Voraussetzung brachte Mithridates VI. auf. Seit 74, als Bithynien durch Erbschaft an die Römer gekommen war und damit für Mithridates endgültig die Aussichten, sein anatolisches Königreich nach Westen hin zu arrondieren, dahinschwanden, herrschte wieder Kriegszustand zwischen Rom und Mithridates. Offenbar setzte Mithridates, wie zuvor auf die Lähmung Roms durch innere Spannungen, in diesem Falle auf den Sertoriuskrieg. Zahlreiche römische Emigranten hielten sich bei ihm auf. Aber er hatte abermals die Rechnung ohne den Wirt gemacht. Rom stellte ihm in Lucullus einen fähigen Feldherrn entgegen. Er brachte es so weit, Mithridates aus seinem Reich Pontos zu vertreiben und sogar nach Armenien, dem Land von Mithridates' Schwiegersohn und Bundesgenossen, überzugreifen. Leider wurden diese Erfolge durch einen peinlichen Rückschlag gefährdet. Mithridates griff Lucullus im Rücken an und inszenierte in Pontos eine Volkserhebung.

Der Einstieg des Pompeius erfolgte bei der Seeräuberfrage. Der Senat hatte nichts getan, und so lag sie auf der Straße, jedem demagogischen Zugriff offen. Der Senat hatte auch nicht begriffen, daß die Entfesselung des Volkstribunats dergleichen Gefahren mit sich brachte und solcherart Probleme deshalb schleunigst aus dem Wege geräumt werden mußten; er hätte lediglich den Versuch unter einer neuen Besetzung zu wiederholen brauchen. Am praktischsten wäre eine Betrauung des Pompeius gewesen. So klug konnte man aber allenfalls hinterher sein. Damals war das psychologisch ausgeschlossen. Pompeius, der eben die Sache des Senats verraten hatte, konnte im Anschluß daran nicht auch noch vom selben Senat prämiiert werden, obgleich er selbst wahrscheinlich nichts dagegen gehabt hätte.

Statt dessen bemächtigte sich jetzt der Volkstribun Gabinius des Falles und entfachte eine heftige Agitation. Sie bezog sich nicht nur auf die Seeräuber, sondern ebenso auf den Mithridateskrieg. Wes Geistes Kind sie war, tat sie gerade hierin kund: Lucullus, ein renommierter Optimat, sollte abgesetzt, also ihm ein Nachfolger geschickt werden. Gabinius apellierte dabei an die gemeinsten Pöbelinstinkte und zeigte eine der Luxusvillen des Lucullus auf einem Plakat. Die Drahtzieher für diese Ranküne waren wahrscheinlich die Ritter, die dem Lucullus grollten, weil er in der Provinz Asia eine große Entschuldungsaktion durchgeführt hatte und die Ritter die Darlehen, die sie unter Sulla den Städten gegeben hatten, dahinschwinden sahen. Von der neuen Wendung des Krieges war in Rom jedoch noch nichts bekannt, so daß dieser Posten für Pompeius vorerst nicht in Betracht kam. Pompeius wurde für die Exekution gegen die Seeräuber vorgesehen. Gabinius gehörte zu seiner Umgebung, und so war im Grunde die ganze Machination unter seiner Mitwisserschaft und mit seinen Anregungen erfolgt. Das zweite politische Auftreten des Pompeius war also für den Senat, das heißt für die prinzipientreuen Senatsmitglieder, keineswegs erfreulicher als das erste. Im Gegensatz zu der Indolenz, mit der man offenbar im Jahre 70 den politischen Erdrutsch hatte geschehen lassen, begriff man jetzt, daß nicht nur ein neuer Autoritätsverlust auf dem Spiele stand, sondern daß es um die Macht in Staat und Reich ging.

Man muß den Optimaten dabei zugute halten, daß ihnen nach all dem, was sie in den letzten zwanzig Jahren erlebt hatten, Pompeius gefährlicher vorkommen mußte, als er in Wirklichkeit war; immerhin war die Erwartung, daß er zu einer tyrannischen Gewaltpolitik schreiten würde, so unangebracht sie schließlich sein sollte, nicht von der Hand zu weisen. An dem Mißverständnis hatten gewiß beide Seiten schuld, aber der Mangel an sicherer politischer Einsicht lag doch vor allem bei Pompeius, der sein Leben lang nicht begriff, wo in Wirklichkeit sein Platz war, und deshalb zum eigentlichen Totengräber der römischen Republik wurde. Dabei hatte er gerade damals nicht nur Gelegenheit zu der Feststellung, in welche Gesellschaft er geraten war, sondern er konnte auch bemerken, daß er zu ihr paßte wie die Faust aufs Auge. Während der Auseinandersetzungen über seinen Oberbefehl zog er sich mit vornehmer Geste aufs Land zurück, als ob er zeigen wollte, daß er sich mit der Politik der Gasse nicht die Finger beschmutzen wollte.

Es ging auch wirklich drunter und drüber, und die Tage der vorsullanischen Revolutionszeit, da das formelle Verfassungsrecht zu einem Scherbenhaufen wurde, schienen wiedergekommen. Nach bewährter Methode suchte der Senat das Volkstribunat durch das Volkstribunat lahmzulegen und ließ einen anderen Tribunen gegen Gabinius intervenieren. Dieser zog daraufhin die stärksten Register und drohte seinem Kollegen mit einem Absetzungsverfahren, wie es Tiberius Gracchus dem Octavius gegenüber durchgedrückt und so den Dammbruch der römischen Verfassung hervorgerufen hatte. Im Zusammenhang damit kam es zu Krawallen. Gabinius war im Senat seiner Haut nicht mehr sicher und mußte aus dem Versammlungslokal flüchten. Dann stürmte der Pöbel den Senat. Der Konsul Piso kam dabei beinahe ums Leben. Als Gabinius tatsächlich über die Absetzung abstimmen ließ, zog der Tribun sein Veto zurück, aber Piso erklärte das daraufhin verabschiedete Gesetz für ungültig und erhob gegen die Aushebungen des Pompeius Einspruch; worauf Gabinius den Konsul durch Plebiszit von seinem Amt entheben wollte und nur von Pompeius daran gehindert wurde.

In einem anderen, helleren Licht stand die technische Ausführung des Auftrages. Pompeius hatte sich unermeßliche materielle Mittel an Streitkräften und vor allem an Schiffen genehmigen lassen und dazu die Kompetenz, in dem gleichen Umfang wie einst Antonius in einem fünfundsiebzig Kilometer breiten Küstensaum zu operieren. In rationellem Einsatz seiner Kräfte und mit Hilfe einer zentralen, das Ganze im Auge behaltenden Planung erzielte er einen erstaunlichen Erfolg: innerhalb eines Vierteljahres waren die Piratennester im gesamten Mittelmeer ausgeräuchert. Gegenüber den Besiegten verfuhr er großzügig. Er ließ die Gefangenen nicht, wie man das in Rom erwartete, über die Klinge springen, in der richtigen Überlegung, daß so der Widerstand am leichtesten zu brechen sei. Für die Überführung der Piraten ins zivile Leben wußte er ebenfalls Rat. Er führte sie entvölkerten Städten als Verstärkung zu oder nahm Neugründungen vor. Da er sich im griechischen Osten befand, brauchte er nicht die Systematik der römischen Kolonisation zu beachten, sondern konnte so frei wie die hellenistischen Könige verfahren. Er nahm auch keinen Anstand, sich wie diese aufzuführen und einer Stadt (Soloi in Kilikien) sogar seinen Namen zu geben (Pompeiopolis).

Als der Rückschlag im Kriege gegen Mithridates in Rom bekannt wurde und ebenso, daß der Nachfolger des Lucullus seiner Aufgabe keineswegs gewachsen war, herrschte in Rom die einhellige Meinung, daß nach solcher Bewährung allein Pompeius der richtige Mann sei, diesen Krieg zu führen. Ein Widerstand dagegen wäre ein Kampf gegen Windmühlen gewesen. So schwenkten jetzt viele frühere Gegner um. Der Prätor Cicero, dem an sich sehr viel daran lag, als *homo novus* nicht anzuecken, konnte es sich erlauben, in einer später berühmt gewordenen Rede für diesen Oberbefehl einzutreten, ohne sich etwas dabei zu vergeben. Der Volkstribun Manilius, der den Antrag stellte, war zwar ein ziemlich dürftiger Geselle, aber darauf kam es bei der damaligen Situation wenig an. Pompeius' Ruhm und Glanz ebneten ohne Mühe die Bahn.

Der Feldzug, den Pompeius nun gegen Mithridates ausfocht, wurde für die Zeitgenossen ein spektakuläres Ereignis und sollte es nach dem Willen des Pompeius auch sein. Es war mehr Regie dabei im Spiele als zweckgebundene Strategie, denn das ursprünglich ins Auge gefaßte Ziel, des Mithridates habhaft zu werden, wurde nicht nur nicht erreicht, sondern auch gar nicht ernsthaft in Angriff genommen. Nach einem Sieg über den König und nachdem sich Pompeius mit dessen Schwiegersohn Tigranes verständigt hatte – er wurde sehr großzügig behandelt –, machte sich Pompeius von Armenien aus, dem Lande des Tigranes, auf den Weg nach Kolchis am Ostufer des Schwarzen Meeres. Hierbei hatte er die unwirtlichen Gebiete wilder und unkultivierter Völker zu passieren, über die es noch keine rechte Kunde gab. Aber als es dann darauf ankam, von Kolchis aus Mithridates in seinem Bosporanischen Reich an der Krim aufzustöbern, machte Pompeius kehrt, womit sich das ganze Unternehmen als eine bloße theatralische Geste erwies; denn die römische Macht in jener Gegend Fuß fassen zu lassen lag ihm – vernünftigerweise – fern. Statt dessen vermochte Pompeius mit solchen Taten die Phantasie sowohl der griechischen wie der römischen Welt anzuregen und tat dies auch ganz methodisch; ein griechischer Literat in seinem Gefolge, Theophanes von Mytilene, vermittelte dem Publikum eine artige Schilderung und versäumte im Auftrag seines Herrn auch nicht, auf die Einmaligkeit dieser Taten hinzuweisen und den Vergleich mit Alexander anzustellen, der dorthin nicht gekommen sei.

Ergiebiger als diese Expedition war das Geschäft, dem sich Pompeius danach, von Ende 65 an und in den folgenden beiden Jahren, widmete. Mit ihnen machte er wirklich Epoche in der römischen Geschichte. Pompeius hatte das Glück, in einem Augenblick in den Orient zu kommen, da dieser den Römern weniger ein militärisches als ein politisches Problem bot. Nachdem Mithridates ausgeschaltet war – sein Tod im Jahre 63, herbeigeführt durch eine Palastverschwörung, drückte das Siegel auf den Tatbestand – und die Römer mit ihrer Militärmacht nicht nur ganz Kleinasien, sondern auch Armenien durchfurcht hatten, ließ sich die Aufgabe nicht mehr umgehen, für eine gewisse Ordnung zu sorgen. Da Pompeius auch für den Krieg gegen Mithridates regional übergreifende Vollmachten erhalten hatte, in einem Umfang wie kein Römer vor ihm, konnte er in einer bisher unbekannten Weise großzügig ans Werk gehen. Er war der Mann dazu, die Gelegenheit zu nutzen. Er war aber auch selbstgefällig genug, darin eine Befriedigung seiner Eitelkeit zu finden und für zwei oder drei Jahre den allmächtigen Potentaten zu spielen, auf daß auch hier der Glanz Alexanders des Großen auf ihn fiele.

Mit drei großen Komplexen hatte es Pompeius zu tun. Erstens waren in Kleinasien zwei neue Provinzen einzurichten, Bithynien und Kilikien. Diese Aufgabe war eine überkommene Erbschaft. Bithynien war bereits 74 durch Testament des Nikomedes III. an Rom gekommen, aber die Provinz konnte erst jetzt, nach der endgültigen Besiegung des Mithridates, organisiert werden, nun um ein gutes Stück des Königreichs Pontos vergrößert; dessen Rest wurde an die Nachbarn verteilt oder als Stadtrepublik (Amasia) selbständig gemacht. Kilikien war seit 102 römische Militärstation; während der Aktion gegen die Seeräuber wurde es Provinz – ein Prozeß, der schon vor Pompeius eingesetzt hatte –, und nun baute er es zu einer größeren Einheit aus, die neben den zwei Teilen, dem »rauhen« und dem »ebenen« Kilikien, noch umfangreiche Nachbargebiete umfaßte.

Wirkliches Neuland betrat Pompeius mit der Einrichtung der Provinz Syrien. Er entschloß sich, den Seleukidischen Rumpfstaat, seit längerem beschränkt auf das nördliche Syrien mit dem Orontestal und ein absolut lebensunfähiges Gebilde, zu beseitigen. Pompeius verstand jedoch Syrien im alten historischen Sinn als die Landstrecke zwischen Alexandretta und Ägypten und kam deshalb mit den zahlreichen Fürsten und Städten in Berührung, die sich beim Zerfall des Seleukidenreiches selbständig gemacht hatten. Historisch am interessantesten wurde seine Begegnung mit dem hasmonäischen Judenstaat. Der Leser darf hier auf das Kapitel über die israelitisch-jüdische Geschichte (Band II) verwiesen werden. Pompeius verzichtete mit Recht darauf, ganz Syrien einer einheitlichen Provinzialregelung zu unterwerfen, sondern behalf sich meistens mit der

Angliederung der verschiedenen politischen Einheiten, die weiterhin eine gewisse Autonomie behielten.

Das dritte Thema war die Regulierung der Besitzstände der vielen, von Rom der Provinzialverwaltung nicht unterstellten Königreiche und Fürstentümer in Kleinasien und dem östlich (bis zur Westgrenze von Iran) angrenzenden Gebiet. Es umfaßte noch immer den größten Teil des im Einflußbereich Roms stehenden Vorderasiens. Durch Mithridates war aber — verständlicherweise — alles durcheinandergeraten. Schon die Verständigung mit Tigranes hatte an diese Fragen gerührt. Auch das Verhältnis Roms zu den Parthern gehörte in diesen Zusammenhang. Diese waren keineswegs mit den Anordnungen des Pompeius zufrieden. Zum erstenmal machte sich hier die Mechanik bemerkbar, die dann die ersten beiden Jahrhunderte der Kaiserzeit bestimmte. Pompeius hatte Tigranes von Armenien begünstigt, und stets war der Vorteil des armenischen Königreiches der Nachteil des parthischen. Langer Bestand ist gerade diesen Unternehmungen des Pompeius nicht beschieden gewesen. Dazu hätte es einigermaßen stabiler Verhältnisse im Römischen Reich bedurft, aber diese traten erst mit der Kaiserzeit ein. Pompeius persönlich jedoch gewann durch das Schalten und Walten über Königreiche recht eigentlich die Folie für seine Größe, die wirkliche ebenso wie die vorgestellte.

Die Wende der römischen Orientpolitik teilte sich vor allem in der Beziehung zum hellenistischen Griechentum des Vorderen Orients mit. Bis dahin hatte Rom eigentlich den politischen Hellenismus nur beargwöhnt (seit 168 v. Chr.) und als potentiellen Gegner geschädigt. Der Untergang des Mithridates führte nun aber den Tatbestand herbei, daß es einen politischen Hellenismus kaum mehr gab (Ägypten bedeutete einen Restbestand ohne eigenes Gewicht). Die Folge war, daß Rom selbst nun gezwungen war, die Aufgabe der hellenistischen Monarchien zu übernehmen und sich um die Organisation der hellenistischen Zivilisation zu kümmern. Daß diese als selbstverständliches Element mit zu Rom gehörte, stand längst außer Zweifel. Dafür hatten sowohl die Hellenisierung der römischen Kultur wie das unersetzbare Eigengewicht des Hellenismus im Osten gesorgt. Wenn Rom im Osten herrschen wollte, dann mußte es den Hellenismus übernehmen und weiterführen. Das war im Grunde von Anfang an klargewesen, aber die Bedingungen, daß in diesem Sinn Hand angelegt werden konnte, traf erst Pompeius an. Zu spüren hatte dies schon das Griechentum in Syrien bekommen, das durch den jüdischen Nationalstaat an die Wand gedrängt worden war, nun aber die Gunst der römischen Weltmacht genoß. Die zerstörten Städte im Ostjordanland wurden wiederaufgebaut, ebenso die Küstenstädte am Mittelmeer, wie Gaza, Joppe und andere.

Das Schwergewicht legte Pompeius jedoch auf die Aufforstung des Hellenismus im vergrößerten Bithynien. Dort wurde das Territorium der griechischen Städte, darunter Sinopes, vergrößert und sechs neue Städte angelegt. Von ihnen trugen drei seinen Namen: Pompeiopolis, Magnopolis und Megalopolis. Pompeius hatte mit dieser philhellenischen Politik, wie der Leser weiß, unmittelbar nach dem Seeräuberkrieg begonnen; so war ihm auch die »dynastische« Städtebenennung schon bekannt, in der Tat das deutlichste Symptom für die Übernahme hellenistischer Traditionen durch Rom; sie zeigte freilich auch, daß sie im Grunde auf ein monarchisches Rom und nicht auf das republikanische zugeschnitten war.

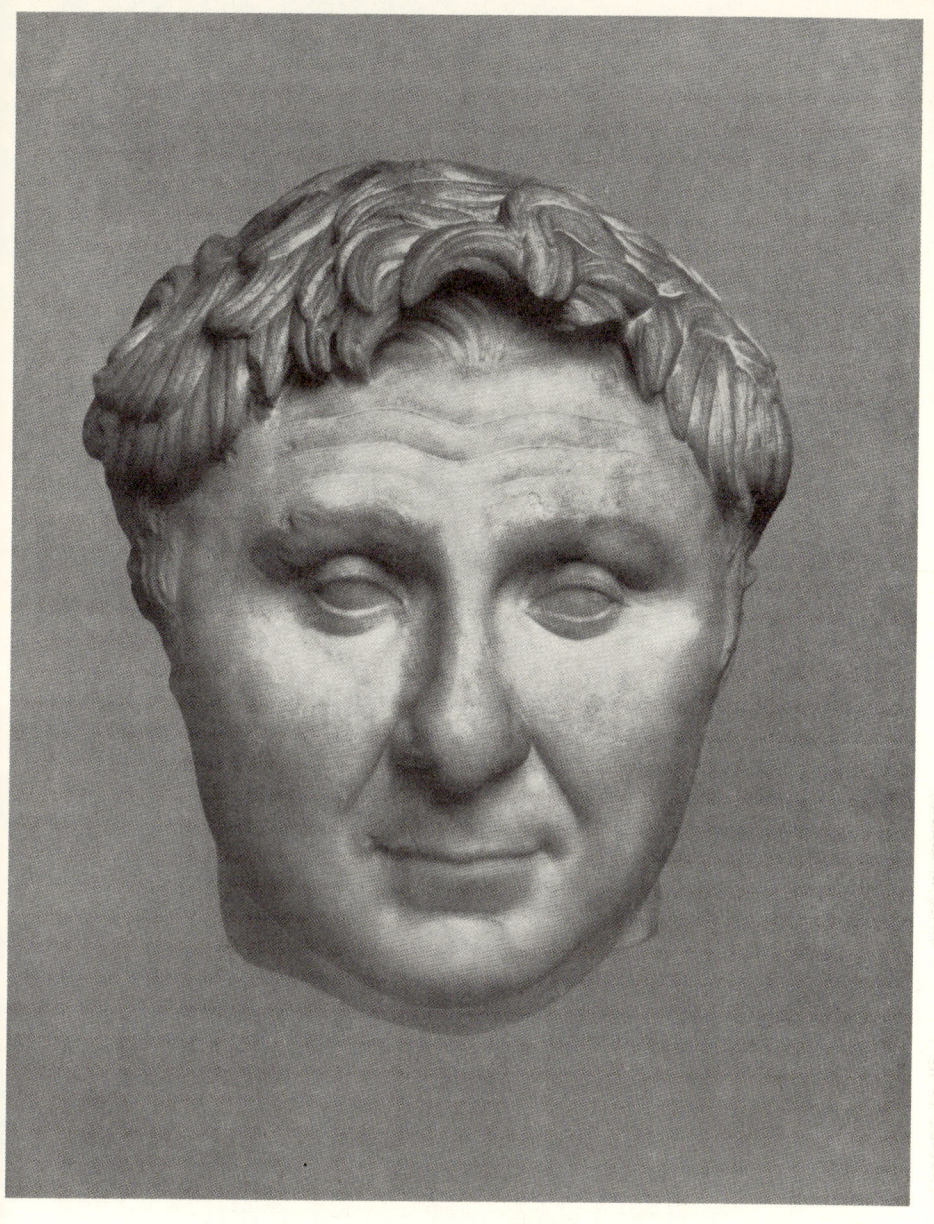

Gnaeus Pompeius Magnus
Marmorkopie aus claudischer Zeit nach einem um 53 v. Chr. entstandenen Bildnis
Kopenhagen, Ny Carlsberg Glyptotek

Gebäude im hellenistischen Stil
Römisches Wandgemälde aus der Villa von Boscoreale bei Pompeii, um 40 v. Chr.
New York, Metropolitan Museum of Art

Bewährung der Republik: Cicero und Catilina

In den Jahren von Pompeius' Abwesenheit im Osten erlebte die Stadt Rom eine beinahe anachronistische Situation. In der Vergangenheit, seit Sullas großem Marsch auf Rom, waren die wichtigen Entscheidungen entweder mit Waffengewalt oder unter dem Eindruck gefallen, daß schlimmstenfalls die Waffen sprechen müßten. Mit den außerordentlichen Kommandanturen des Pompeius war von neuem eine gewaltige Kriegsmacht aufgezäumt worden; und wer in die Zukunft blickte, konnte sich nur mit großer Sorge ausmalen, wie sich diese eines Tages in der Innenpolitik auswirken würde. Für den Augenblick jedoch war die düstere Wolke mit Pompeius weit fortgezogen, und Rom stellte einen ausgesparten Binnenraum dar, aus dem die furchtbarste politische Munition, der mit der Waffe in der Hand kämpfende Soldat, verbannt war. Damit war wie in einem Experiment, unter geradezu künstlichen Bedingungen, die Voraussetzung zu der Probe gegeben, was die römische Republik, wenn sie nicht von Waffengewalt bedroht war, vermöchte und wie sie mit Gefahren, die nur aus dem italo-römischen Binnenraum sich erhoben, fertig würde. Das Experiment heißt die Catilinarische Verschwörung, und ihr Held ist bekanntlich Cicero. In Sallusts Monographie erhielt es dazu einen eindrucksvollen Spiegel, neben den berühmten Reden, die Cicero als Akteur in diesem Rahmen veröffentlichte. Was sich hier ereignete, wurde eine der berühmtesten Begebenheiten der Weltgeschichte. Der Historiker muß freilich darauf hinweisen, daß hier wie manchmal der Ruhm größer als das Faktum war, schon eben deswegen, weil dieses sich sozusagen in der Retorte abspielte.

Für Cicero freilich wurde es der Höhepunkt seines politischen Lebens, und das ist freilich auch kein Zufall. Der repräsentativste Intellektuelle der römischen Republik fand den Augenblick seiner praktischen Bewährung in einem Zeitpunkt, da gleichsam die Uhr stehengeblieben war. Er hat das freilich selbst nie erkannt, und deshalb spielte ihm sein scharfer Verstand stets einen Streich, wenn sein Bewußtsein mit der Wirklichkeit zu tun hatte, die er selbst darstellte.

Ciceros große Bedeutung liegt in seinem Verdienst um die lateinische Sprache. Auf Grund einer ungeheuren formalen Begabung machte er aus ihr ein Instrument, mit dem man auch die abstrakten Probleme der Philosophie bewältigen konnte. Solange Europa sein Denken in lateinische Worte kleidete, war es Cicero verpflichtet, im Altertum und weit darüber hinaus. Dabei war Cicero alles andere als ein origineller Denker. Seine philosophischen Werke sind nicht gerade reine Übersetzungsliteratur, doch gehorchen sie dem Ehrgeiz des Autors, das, was die Griechen hervorgebracht hatten, in Rom heimisch zu machen und auch, soweit es ging, den römischen Verhältnissen anzupassen. Am meisten entspricht dieser Absicht seine Staatsphilosophie. Sie sollte den Römern die größte literarische Schöpfung dieser Art, Platons »Staat« und »Gesetze«, ersetzen und römische Begriffe in diesem Bereich des abstrakten Denkens ansiedeln. Ebensowenig wie die Griechen verfolgte er damit einen aktuellen politischen Zweck. Er wollte zeigen, was der römische Staat war oder besser: in der Idee war, und dem geistigen Selbstbewußtsein der Römer gerade an der Stelle aufhelfen, wo es dem Praktisch-Politischen am nächsten stand.

Cicero war kein Schulphilosoph, und seine wissenschaftliche Ausbildung war eine primär rhetorische. 106 v. Chr. in Arpinum, einer nicht allzu weit von Rom gelegenen Landstadt, als Sohn eines vermögenden Ritters geboren, kam Cicero in jungen Jahren, gerade als der Bundesgenossenkrieg ausbrach, zu seiner Ausbildung nach Rom und erlebte dort die wüsten Jahre zwischen 91 und 81. Er trat sehr bald als Verteidiger vor Gericht auf, noch unter Sulla, wo er sogar den Mut hatte, in einem Prozeß (des Roscius aus Ameria) aufzutreten, der mittelbar mit den Proskriptionen zusammenhing und Cicero zu einiger, wenn auch vorsichtiger, Apostrophierung dieser Greuel zwang. 79 verließ er Rom für zwei Jahre zu einer Studienreise in den griechischen Osten, wo er in erster Linie Rhodos aufsuchte.

In Rom stand er bald in der vordersten Reihe der Redner. Von allen intellektuellen Beschäftigungen war das »Reden« der Politik am nächsten, schon wegen der vielen gesellschaftlichen Verbindungen, die es eröffnete. Aber die Thematik konnte sehr leicht das Gebiet der Politik streifen. Der römische Strafprozeß erfaßte viele Materien, die dem öffentlichen Leben angehörten, etwa Wahlbestechung oder Erpressungen. Infolgedessen war, soziologisch gesehen, die Redekunst ein Metier des vornehmen, politisch tätigen Römers. Bei Cicero war es nun umgekehrt: er wurde vornehm, indem er die geistige Betätigung der Nobilität ausübte. So wuchs er von selbst in die Ämterlaufbahn hinein: 75 war er Quästor und absolvierte das Amt in Sizilien. Als *homo novus* besaß Cicero von Hause aus keine persönlichen politischen Beziehungen. Er mußte sie sich erst schaffen. In diesem Sinne als Selfmademan bei den Wahlen durchzukommen war in Rom ungewöhnlich. Dem Herkommen hätte es viel eher entsprochen, sich an eine vornehme und einflußreiche Familie anzuschließen und sich unter ihr Patronat zu begeben. Daß Cicero dies nicht tat oder keine Gelegenheit dazu hatte, verschaffte ihm von Anfang an eine gewisse Unabhängigkeit oder ließ ihn wenigstens nicht von vornherein als Strohmann irgendeines Mächtigen erscheinen. Freilich war so keineswegs klar, wie weit er in der Ämterlaufbahn käme. Daß er gar das Konsulat erreichen würde, war nicht sehr wahrscheinlich. Schließlich war er kein Volksheld wie Marius.

Überhaupt lagen ihm als Intellektuellem das handfeste Tun in Militär und Verwaltung fern, ebenso die Demagogie. Er war deshalb schon der Veranlagung nach jemand, der sich an den bewußten Vertretern der Senatsoligarchie orientierte. Leider wollte diese aber von Emporkömmlingen wenig wissen und zeigte ihnen gewöhnlich die kalte Schulter. Auch Cicero hatte darunter zu leiden und nahm deshalb auch keinen Anstand, sie mit ihren mehr prinzipiellen Gegnern polemisch als »die Wenigen« zu apostrophieren. Wohler war ihm in der temperierten Atmosphäre der gemäßigten Optimaten, für welche die Politik nicht die unangenehme Eigenschaft besaß, eine zwingende Logik zu haben. So stand denn Cicero auch bei denen, die in rechter Leichtfertigkeit den Einsturz der Sullanischen Verfassung im Jahre 70 zuließen und sich für die Restitution des Volkstribunats aussprachen. Noch dreißig Jahre später, als nun tatsächlich mit Händen zu greifen war, welche verhängnisvollen Konsequenzen sich daraus ergeben hatten, war er nicht imstande, ein klares Urteil zu fällen, und bemerkte in seinen »Gesetzen«, er sei damals recht weise gewesen, »eine Sache, die nicht mehr aufzuhalten war, wenigstens nicht in verbrecherische Hände zu geben«, als ob es darauf angekommen wäre, wer den verhängnisvollen Schritt unternahm, und dieser nicht selbst der springende Punkt war.

Freilich waren zu der Zeit, als diese Frage aktuell war, für Cicero selbst auch opportunistische Erwägungen im Spiel. Für sein politisches Fortkommen mußte er mit den Menschen rechnen, wie sie waren, und es hätte ihm wenig genützt, wenn er lediglich auf die Optimaten von strenger Observanz gesetzt hätte. Sie hätten ihm doch nicht geholfen; und als nun mit dem Ende der siebziger Jahre der »Umbruch« kam, war es für ihn sehr wichtig, im Hinblick auf seine Zukunft »richtig zu liegen« und jeden reaktionären Eindruck zu vermeiden. Er mußte mit dem »popularen Wind« segeln. Er tat dies denn auch auf recht demonstrative Weise, indem er die Anklage gegen Verres übernahm. Bis jetzt hatte er sich in seiner Anwaltstätigkeit mit Absicht auf die Verteidigung beschränkt; damit exponierte man sich politisch nicht so sehr. Nach den üblichen römischen Vorstellungen wurde dieses Auftreten weniger nach den Gesichtspunkten abstrakter Gesinnung beurteilt (hinsichtlich des zur Diskussion stehenden Falles) als nach gewissen Sozialnormen, welche das Verhältnis der Menschen untereinander regelten und einen »Freundschaftsdienst« stets höher bewerteten als rein sachliche Standpunkte.

Verres war eine der typischen sullanischen Kreaturen, ein elender Überläufer, der die Proskriptionen benutzt hatte, um zu Geld zu kommen. Er gehörte nicht dem alten Adel an, wurde jedoch als Anhänger Sullas von den Optimaten akzeptiert und absolvierte die Ämterlaufbahn bis zur Prätur. Seine Vermögensverhältnisse waren wie die vieler vom römischen Amtsadel zerrüttet; sie zu sanieren, nutzte er seine Statthalterschaft (73–71) aus. Auch dies war nichts Außergewöhnliches. Außergewöhnlich freilich ist, daß wir sie durch die ausführliche Schilderung Ciceros so genau wie kaum andere kennen. Danach war sie ein heller Skandal; aber allein gestanden hat Verres damit gewiß nicht. Cicero kannte von seiner Quästur her Sizilien und seine griechischen Einwohner, den Schauplatz und die Opfer von Verres' Erpressungen, und wurde von ihnen gebeten, die Anklage zu übernehmen. Damit übte er eine Patronatspflicht den Provinzialen gegenüber aus, und auch dies galt in Rom als honorig und konnte Cicero nicht verübelt werden. Freilich, daß er im Jahre 70, als der Prozeß lief, die politische Konjunktur ausnutzen konnte, wurde von den strengen Optimaten begreiflicherweise als recht peinlich empfunden. Sie versuchten deshalb, ungeachtet der schlechten Aussichten, die Verurteilung zu verhindern, und gaben Verres den damals berühmtesten Redner, den altadligen, dazu strikten Optimaten Hortensius als Verteidiger. Trotzdem war die Sache hoffnungslos. Angesichts des von Cicero mit größter Gewissenhaftigkeit herbeigeschafften Beweismaterials und vor allem im Widerhall der ohnehin erregten öffentlichen Meinung war Verres nicht zu retten. Er wurde verurteilt, hatte sich freilich vorher durch freiwilliges Exil in Sicherheit gebracht. Ciceros Triumph war durchschlagend. Er hatte nicht nur im Prozeß gesiegt, sondern auch den Vorrang über Hortensius, den gegnerischen Anwalt, errungen. Seitdem galt er unbestritten als der erste Redner Roms.

Noch während des Prozesses bewarb sich Cicero um die Ädilität, ein sehr kostspieliges Geschäft, für das er die Unterstützung der dankbaren Sizilianer erhielt; im normalen Abstand von drei Jahren errang er dann auch die Prätur. Die eigentliche Hürde, die er zu nehmen hatte, war das Konsulat, das für den Nobilis im Jahre 63 fällig gewesen wäre. Obgleich sich Cicero jahraus, jahrein um die Anknüpfung von Beziehungen bemüht hatte, war es alles andere als wahrscheinlich, daß ihm damals schon dieser Schritt gelingen würde. Als er während seiner Prätur bei der Agitation für den Oberbefehl des Pompeius gegen Mithridates *(lex Manilia)* sich für Pompeius einsetzte, weil er nicht abseits stehen und bei dem mächtigen Mann nicht in den Verdacht geraten wollte, er sei dagegen, trat er maßvoll auf und vermied es, die Gegner zu brüskieren. Zu Freunden machte er sie sich damit natürlich auch nicht. Mit Sicherheit ist deshalb anzunehmen, daß sie Cicero zu Fall gebracht hätten, wenn nicht ganz außerordentliche Umstände seine Bewerbung begünstigt hätten: Catilina wurde zum Schrittmacher von Ciceros Konsulat.

Catilina hatte gewisse Ähnlichkeit mit Verres. Er gehörte auch zu den Schergen Sullas, allerdings zu den schlimmsten, und war ebenfalls ein Überläufer, aber, im Gegensatz zu Verres, als Patrizier einer von vornehmer Abstammung. Seine Vermögensverhältnisse blieben trotz der Beute aus der Proskriptionszeit verzweifelt, so daß er, als er schließlich die Provinz Africa für 67 als Proprätor erhielt, sie weidlich ausplünderte. Catilina hatte allerdings auch politischen Ehrgeiz und strebte das Konsulat an. Hierbei kam er nicht zum Ziel, nicht weil er ursprünglich die verkehrte politische Farbe gezeigt hätte, sondern weil er selbst für seine optimatischen Gesinnungsgenossen wegen seiner Skrupellosigkeit und einer sich bei seinen Fehlschlägen ständig heftiger entwickelnden exzessiven Phantasie nicht mehr tragbar war.

Er erlebte hintereinander drei Niederlagen, für das Konsulat von 65, von 63 und von 62. Die erste war verhältnismäßig harmlos; wahrscheinlich wäre er, wenn er sie ruhig eingesteckt hätte, schließlich doch noch ans Ziel gelangt. Er wurde lediglich (66) von der Bewerbung ausgeschlossen, mit Rücksicht auf den zu erwartenden Erpressungsprozeß. Wie sich später herausstellte, hätte er ganz ohne Furcht sein können, da er, unter Aufbietung unermeßlicher Bestechungsgelder, zu einem Zeitpunkt freigesprochen wurde, als man noch Bedenklicheres von ihm erfahren hatte. Es war das die »Erste Verschwörung«.

Sie bestand in der Vorbereitung eines Putsches, welcher die gewählten Konsuln von 65 durch Mord beseitigen sollte. Die Gelegenheit hierfür bot sich sozusagen an, da an dieser Gewalttat nicht nur Catilina interessiert war. Ursprünglich waren nämlich zwei Männer gewählt worden, deren Wahl wegen eines Prozesses (wegen Wahlbestechung) wieder kassiert werden mußte. Die beiden waren nun mit von der Partie und sollten wahrscheinlich durch den Putsch in ihre annullierten Rechte wiedereingesetzt werden. Es waren aber auch noch andere dabei, lauter vornehme Leute. In Spanien sollte aus Sertorianern eine Armee aufgestellt werden. Dabei war wohl daran gedacht, auf illegale Weise den Westen des Römischen Reiches zu »militarisieren«, wie dies legal durch Pompeius im Osten geschehen zu sein schien. Über die Planung (sie ist dann vertuscht worden, weswegen letzte Klarheit nicht zu gewinnen ist) gedieh jedoch das ganze Unterfangen nicht hinaus. Die Ausführung geriet bereits im ersten Beginnen auf Sand.

Catilina hatte genug Freunde, um eine Untersuchung unterbinden zu können. Es gelang ihm sogar, einen günstigen Prozeßausgang herbeizuführen. So konnte er sich bei der nächsten Gelegenheit abermals als Konsulatskandidat vorstellen. Das war für das Jahr 63.

Seine Aussichten waren nicht schlecht. Der Wahlkampf wurde von Crassus finanziert, für ihn und seinen Gesinnungsgenossen C. Antonius. Die fünf anderen Kandidaten hatten bis auf Cicero kein Gewicht, einer von ihnen entpuppte sich sogar später als aktiver Catilinarier. Cicero erkannte die Gelegenheit, sich unentbehrlich zu machen; denn die Gefahr, daß womöglich Catilina und Antonius das Rennen machen könnten, lag auf der Hand, und dies wollten nun auch die extremen Optimaten nicht, ungeachtet dessen, daß von ihrer Seite Catilina bis jetzt unterstützt worden war. In seiner Wahlrede, der *oratio in toga candida*, nahm Cicero mit höchstem Elan ausschließlich die zwei aufs Korn, in Form einer Art von Entlarvung. Daraufhin gaben sämtliche Optimaten ihren Wählern den Hinweis, Cicero zu wählen. Einstimmig ging er durchs Ziel. Nächst ihm erhielt Antonius die meisten Stimmen. Catilina war abermals durchgefallen.

Cicero begann sein Konsulat (63) damit, daß er erst einmal einen Gesetzesantrag, auf Inspiration von Caesar und Crassus eingereicht, zu Fall brachte. Es ging hierbei darum, unter dem Vorwand eines Ackergesetzes über die Ausgabe von Landparzellen und die Gründung von Kolonien außerordentliche Amtsvollmachten ins Leben zu rufen und damit neben der Regierung eine Sondermachtposition zu schaffen. Aber dann beschäftigten ihn die weiteren Anstrengungen Catilinas. Dieser bereitete seine Kandidatur für das folgende Jahr vor, und hierbei entpuppte er sich mit seinen revolutionären Absichten in ganz anderer Weise als vorher. Sie bestanden in einem Generalappell an alle Unzufriedenen, das heißt an alle die, welche mit ihren ökonomischen Verhältnissen nicht mehr zurechtkamen. Nach den heillosen sozialen Zerrüttungen, angefangen mit dem Bundesgenossenkrieg über die Cinna-Ära bis zu Sulla, gab es die verschiedensten Gruppen: Großgrundbesitzer, die ungeachtet ihres immobilen Kapitals bis über die Ohren verschuldet waren; Geschäftsleute, die vor dem Konkurs standen; und nicht zuletzt das immer größer werdende Proletariat. Es waren alle die in den vorangegangenen Umwälzungen Enteigneten; sogar die Gewinner der Sullanischen Landverteilungen nahmen einen erheblichen Platz ein, denn viele von ihnen hatten nicht zu wirtschaften verstanden und sahen sich jetzt gleichfalls dem Nichts gegenüber; schließlich fehlten natürlich nicht die kriminellen Elemente, die es in jeder Gesellschaft gibt und die in den damaligen Bedingungen längst einen günstigen Nährboden gefunden hatten.

Das Modell, nach dem sich Catilina richtete, hatte er sich sehr einfach beschafft. Er wünschte den Zustand allgemeiner Unsicherheit, wie ihn Rom zuletzt unter Sulla erlebt hatte – sozusagen eine neue »Nacht der langen Messer« –, herbei, in der nur die Gewalt herrsche und die Habenichtse von heute zu den Besitzenden von morgen und die jetzt Besitzenden entweder umgebracht oder enteignet wurden. Diese subversiven Pläne erhoben einfach das Chaos, an das jeder Vernünftige nur mit Schrecken dachte, zum Programm.

Im 19. Jahrhundert ist Catilina gern als Sozialrevolutionär im modernen Sinn betrachtet worden. Dieses Urteil ist nur bedingt richtig, denn gerade »modern« war eben Catilina nicht, da ihm die hierfür entscheidende Vorstellung einer strukturell neuen Sozialordnung fehlte. Was diese anging, so sollte sich gar nichts ändern. Nur die derzeitigen Stelleninhaber in der vorhandenen und durchaus nicht in Frage gestellten Hierarchie sollten ausgewechselt werden. Vom Standpunkt der Interessenten waren solche Wachträume gewiß nicht ganz unverständlich. Wer wünschte sich, wenn ihm das Wasser bis zum Hals steht — Catilina selbst war dafür repräsentativ—, nicht eine Wende herbei, und sei es auch um den Preis von Mord und Totschlag? Verwunderlich war vielmehr, daß solche Phantasien das Licht des Tages und eines hellen Bewußtseins nicht scheuten. Catilina stand damit nicht allein. In seinen Reihen befand sich eine Anzahl von Männern aus den vornehmsten Kreisen Roms, und bei der Jugend spielte Catilina sogar die Rolle eines Helden. Catilina war ein baumstarker Kerl, kühn und ohne jede Spur von Feigheit, frech und anmaßend, der frischweg das Recht des Stärkeren verkündete und davon fabelte, es gebe im Staat zwei Körper, einen gebrechlichen mit schwachem Haupt, den anderen stark und ohne Haupt. Wenn dieser es verdiene, werde ihm, solange er, Catilina, lebe, das Haupt nicht fehlen.

Freilich war selbst antiken Menschen, die von den Illusionen der Ideologie nicht sehr viel hielten, dieser Gedankengang nicht einfach so nackt vorzulegen. Eine gewisse Umkleidung, die bereitliegende Vorstellungen aufgriff, war unvermeidlich, und da sich Catilinas Bestrebungen gegen das bestehende Optimatensystem richteten, konnten sie nur »popular« sein. Da wurde denn mit Marius und einem angeblichen Legionsadler aus dem Cimbernkrieg ein Kult getrieben und wie immer, wenn die Gewalt im Anstand steht, aber noch nicht gesiegt hat, die »Freiheit« aufs Panier gehoben; und dies von Catilina, der bis jetzt nichts als ein Nutznießer der Sullanischen Restauration gewesen war.

Die Attacke Catilinas auf die Wahl schlug abermals fehl. Wahrscheinlich sollte sie von vornherein durch Gewalt, im schlimmsten Fall durch die Ermordung des wahlleitenden Konsuls durchgesetzt werden. Aber Cicero hatte die Vorbereitungen durchschaut und die nötigen Absicherungen getroffen. Nach diesem Mißerfolg blieb Catilina nur noch der Ausweg in den gewaltsamen Umsturz. Es ist bezeichnend, daß er ihn sich zutraute, obgleich er über keinerlei exekutive Macht verfügte. Er steht in dieser Hinsicht beinahe einzig da in der Geschichte der römischen Revolution, nur allenfalls mit Sertorius zu vergleichen, aber Sertorius konnte immerhin an Cinna anknüpfen und hatte damit einen Strang zur Legitimität in der Hand. Catilina konnte nur konspiratorisch verfahren, ähnlich wie die Berufsrevolutionäre des Marxismus. In ganz Italien, vor allem in Etrurien, stampfte er militärische Kader aus dem Boden oder setzte sie wenigstens im Keime an. Alle sullanischen Veteranen, die mit ihrem Landbesitz in Schwierigkeiten geraten waren, leisteten ihm dabei vorzügliche Dienste. Auch in Rom waren Vorbereitungen getroffen, um zu einem gegebenen Zeitpunkt loszuschlagen.

Aber Cicero verstand es, auch diese Machinationen im Auge zu behalten. Am 21. Oktober 63 brachte er den Senat dazu, den Staatsnotstand zu beschließen und ihm damit alle Vollmachten zu übertragen. Das nächste war, den Kollegen Antonius von Catilina zu trennen. Der elende Wicht ließ sich billig kaufen. Cicero gab ihm im Tausch seine (für das nächste Jahr fällige) prokonsularische Provinz Macedonia und nahm dafür das diesseitige Gallien. Trotzdem konnte noch nicht zur Tat geschritten werden, denn bislang war nach außen hin nichts passiert, und Catilina durfte noch als unschuldiger Biedermann in Rom herumlaufen. Ciceros Augenmerk war deshalb darauf gerichtet, die Evidenz des Aufstandes so zu erbringen, daß ihm Catilina, der in Rom viele Freunde hatte, hierbei nicht in den Arm fallen konnte oder gar persönlich den Aufstand entzündete. Ein — mißglückter — Mordanschlag auf seine Person bot ihm eine Handhabe. In der sogenannten Ersten Catilinarischen Rede stellte Cicero dann Catilina so bloß, daß ihm als Ausweg nur die freiwillige Entfernung aus Rom blieb. Nun hatte Cicero freiere Hand und konnte den Zugriff auf die noch in der Stadt befindlichen Verschwörer wagen. Sie wurden gefangengesetzt und hingerichtet.

In Italien griff das Militär ein. Cicero selbst brauchte es zum Glück nicht zu führen. Er hatte für Ersatz gesorgt. Der Kollege Antonius mußte marschieren, ein höherer Offizier hatte jedoch die maßgebende Leitung. Die Schlacht, die bei Pistoriae stattfand, brachte Cicero den Sieg und Catilina nicht nur die Niederlage, sondern auch den Tod. Damit war die Catilinarische Verschwörung unterdrückt und zugleich bewiesen worden, daß trotz aller Schwierigkeiten die Republik noch immer Gefahren gewachsen war, die sich aus ihrem Schoße erhoben und sich nicht in dem militärischen Mechanismus darstellten, den nur das Reich mit seinen speziellen Machtmitteln aufbringen konnte.

Cicero war auf seinen Erfolg begreiflicherweise sehr stolz, denn schließlich war die Unterdrückung der Verschwörung wirklich sein Verdienst. Leider ließ er das aber die anderen allzuoft spüren. Immer wieder kam er darauf zurück, daß ihm in seinem Konsulatsjahr die Rettung des Staates gelungen sei. Dergleichen will man nicht fortwährend hören. Es riecht zu sehr nach Selbstgefälligkeit, und ein gehöriges Maß von Eitelkeit war bei Cicero auch im Spiel. Sie stand ihm gerade als einem *homo novus* nicht gut zu Gesicht, zumal wenn man merkte, daß sie die Kompensation der Minderwertigkeitsgefühle eines Parvenüs war. Die Sache wurde auch dadurch nicht besser, daß er als ein wendiger und einfallsreicher Intellektueller imstande war, sich auf seine Tat noch einen idealen Reim, eine Art von Ideologie, zu machen.

Bei der Niederwerfung von Catilinas Aufstand hatten die Ritter ungeachtet der bestehenden Spannungen zum Senat gehalten. Das war nicht besonders verwunderlich; schließlich war es auch um ihre Interessen gegangen. Ihr Vermögen zu verlieren, hatten sie natürlich ebensowenig Lust wie die Senatsaristokratie. Im übrigen war diese Einstellung der Ritter nicht neu. So hatten sie sich schon bei Gaius Gracchus verhalten und ebenso bei der Unterdrückung des Appuleius Saturninus und des Servilius Glaucia. Cicero tat aber so, als sei es sein persönliches Verdienst gewesen, diese »Eintracht der beiden Stände« *(concordia ordinum)* herbeigeführt zu haben, und spann den Gedanken zu der Normvorstellung aus, daß eigentlich alle »Gutgesinnten« *(boni)* zusammenzuhalten hätten *(consensus omnium bonorum)*. Es ist leicht zu sehen, daß er damit die politischen Gegensätze in einem moralischen Begriff aufhob. Durch einen interpretatorischen Kniff brachte er denn auch die gängige Terminologie auf diesen Nenner. Den Popularen, die er in der Wirklichkeit antraf, stellte er die »wahren« Popularen, welche die Interessen des ganzen Volkes verträten und unter denen er besonders sich selbst verstand, gegenüber, und von den Optimaten behauptete er, daß sie in Wahrheit keine bestimmte Gruppe der Aristokratie seien, sondern von jeher in allen Ständen anzutreffen gewesen wären und entsprechend dem Wortsinn eben die »Besten« bedeuteten.

Beides zielte, wenn man es recht bedenkt, darauf ab, die beiden Begriffe zur Deckung zu bringen, indem Cicero ihnen einen anderen als den historisch-realen Sinn unterschob und diesen damit auf bequeme Weise eliminierte. Das Verfahren war logisch nicht recht einwandfrei und entbehrte infolge der Verschiebung der politischen Tatsache auf eine andere Ebene jeder Überzeugungskraft. Großen Eindruck wird Cicero mit seiner Doktrin nicht gerade gemacht haben; dagegen war sie eher geeignet, den Schein einer gewissen Labilität, den sein persönliches Erscheinungsbild erweckte, hervorzuheben. Hinsichtlich Ciceros Gesinnung war das bestimmt unberechtigt, denn er war ein glühender Verehrer der römischen Senatsaristokratie; aber an der Festigkeit und Würde der Haltung gebrach es ihm in exponierten Situationen, wenn es hart auf hart ging, leicht. Cicero zeigte dann einen beinahe weibischen Zug und ließ die Härte eines männlichen Willens vermissen. Dabei war Cicero ein guter politischer Beobachter und verfügte über ein gesundes und realistisches Urteil. Nach Verdienst und Erkenntnisfähigkeit hätte er zu den maßgebenden Männern des Senats gehören müssen, und sehr zu dessen und seinem eigenen Schaden tat er dies (abgesehen von der letzten Phase seines Lebens) eben nicht. Mommsen hat (in der Nachfolge von Drumann) über Cicero ein geradezu vernichtendes Urteil abgegeben. Heute steht außer Zweifel, daß es in dieser Schärfe unberechtigt war. Aber die eine schwache Seite Ciceros ist von ihm doch, wenn auch im Zerrspiegel, erfaßt. Cicero, der seiner Gesamterscheinung nach dem Zeitalter der ausgehenden Republik beinahe den Namen geben könnte, war nicht der Mann, die Idee dieser Republik selbst zu verkörpern. Er wußte von ihr, aber er war sie nicht.

Aus ganz anderem Holz war da der um zehn Jahre jüngere (95 geborene) Cato (Uticensis) geschnitzt. Er wurde wirklich zur Inkarnation des zu Ende gehenden republikanischen Römertums. Seiner Abstammung wegen brauchte er sich als Urenkel des berühmten Cato Censorius nicht zu entschuldigen. Seine Mutter Livia, eine Schwester des Volkstribunen von 91 (Livius Drusus), gehörte gleichfalls dem Adel an und brachte in die Ehe, der Cato entsproß, eine Kinderschar aus der patrizischen Familie der Servilier mit. Cato erhob die altrömische Sachlichkeit und Strenge zu einer bewußten, philosophischen Maxime. Der Stoizismus war schon seit der Mitte des 2. Jahrhunderts ein nahes Verhältnis zur höheren römischen Gesellschaft eingegangen, nachdem Scipio Aemilianus ihn zum Ferment seines Kreises gemacht hatte. Aber erst in der Agonie der römischen Republik, als an ihrer Seite die langen Schatten monarchischer Gewaltherrschaft aufstiegen, konnte er zum ideellen Kristallisationspunkt der altaristokratischen Gesinnung werden und damit das spezifisch republikanische Profil gewinnen, das er bis in die Kaiserzeit behalten sollte. Daß er diese eigentümliche politische Funktion gewann, war das Verdienst Catos. Ohne selbst literarisch tätig zu sein, machte Cato aus dem Stoizismus eine bewußte Lebenspraxis. Die herbe, aller Sinnlichkeit abholde Einstellung der alten römischen Elite, ihr Mangel an Genußfähigkeit, das heißt eine von ihr grundsätzlich absehende Stilisierung des Daseins, konnte sich gut mit dem Rigorismus der stoischen Ethik, die keine persönlichen Passionen kannte, verbinden.

Cato war alles andere als ein großer Politiker, und taktisches Finessieren lag ihm fern. Er hielt es für wichtiger, einer korrupten Welt durch das Beispiel zu zeigen, wie sie eigentlich sein sollte. Sulla durch das Vaterhaus persönlich verbunden, verabscheute er doch dessen Gewaltherrschaft. Als Quästor (65) ging er den Veruntreuungen nach, die bei den Pro-

Marcus Tullius Cicero
Kopf einer Marmorbüste aus augusteischer Zeit nach einem um 50 v. Chr. entstandenen griechischen Bildnis
Rom, Kapitolinisches Museum

Das Staatsarchiv der Römer
Aufgang vom Forum Romanum zur großen Halle im zweiten Stock, 78 v. Chr.

skriptionen unter Sulla vorgekommen waren. Er verschaffte sich dazu in umständlichem Aktenstudium und mit einem privaten Kostenaufwand von dreißigtausend Denaren genauen Einblick in die Geschäftsvorgänge der letzten fünfzehn Jahre. Es störte ihn dabei nicht, daß dies Wasser auf die Mühle der Popularen war: die Optimaten sollten die Kraft haben, auch entgegen ihren Interessen das Rechte zu tun. Bei der Unterdrückung Catilinas war Cato einer der wichtigsten Helfer Ciceros. Er setzte beim Senat in einer großen Rede durch, daß die gefangenen Catilinarier hingerichtet wurden. Cato war ein Feind nicht nur jeder Winkelzüge, sondern auch jeder Kompromisse. Bei dieser starren Route passierten ihm zwar viele Mißgriffe; andrerseits durfte er das Verdienst in Anspruch nehmen, einen klaren Blick für die nackte Wahrheit zu behalten und nicht in die Fehler der Schönfärberei und des Selbstbetrugs zu verfallen. In einer Zeit, in der die intellektuelle Verdunklung der Schrittmacher moralischer und politischer Schwäche ist, gewinnt ein Licht mit durchdringendem Schein unersetzlichen Wert. Cato konnte freilich mit diesem wiederum auch begrenzten Vermögen der Geschichte keine Wendung geben; aber für seine Person erreichte er immerhin, daß er neben der sterbenden Republik als ihr besseres Gewissen daherging und diese ziemlich genau zu dem Zeitpunkt ihren Untergang fand, da Cato seinem Leben ein Ende setzte.

Caesar

Caesar (102 geboren) gehörte derselben Generation wie Pompeius und Cicero an. So war die Welt, in die er hineinwuchs, die gleiche; nicht gleich jedoch war ihr individueller Widerschein. Caesar stand anders in seiner Umwelt als jene beiden, und nach dem Vergleich gefragt, müßte man merkwürdigerweise sagen, daß die Bedingungen, unter denen Caesars Aufstieg stand, nach römischer Vorstellung viel »normaler« waren als bei Pompeius und Cicero. Caesar gehörte als Patrizier der Nobilität an und besaß damit eine Anwartschaft von durchschnittlicher Wahrscheinlichkeit für das Emporklettern in der Ämterlaufbahn, dem *cursus honorum*. Mit seinen Standesgenossen teilte Caesar den damals üblichen Ahnenstolz. Wir wissen das verhältnismäßig genau, denn als junger, noch unbedeutender Mann hielt er seiner Tante Iulia, der Schwester seines Vaters, die Leichenrede, und von ihr ist ein Stück erhalten. Da heißt es denn, daß seiner Tante (und damit auch seines Vaters) mütterliche Abstammung zu den römischen Königen, zu Ancus Marcius, die väterliche gar zur Göttin Venus hinaufreiche. Der Rückgriff auf die mythische Vergangenheit hatte allerdings noch einen zusätzlichen Grund. Aus der historischen Zeit war von der uradligen Familie der Julier, wenigstens soweit sie die Ahnen Caesars betraf, nicht viel zu berichten. In der Konsulliste sucht man ihren Namen vergebens.

Auch die politische Stellung Caesars war durch die Familie vorgezeichnet. Den Ort bestimmte Iulia, die Schwester des Vaters und Frau des Marius. So war also der Knabe mit dem Mann versippt, welcher der Revolution Cinnas ihren verderblichen Schwung verliehen hatte. Gleichsam zur Bestätigung wurde er 84, also während der Cinna-Anarchie, mit dessen Tochter Cornelia vermählt. Als kurz darauf der Umsturz Sullas kam, war Caesar also von vornherein abgestempelt. Im Gegensatz zu vielen anderen machte der junge, kaum zwanzigjährige Mensch das modische Renegatentum nicht mit: als Sulla ihm vorschlug, sich von der Frau zu trennen, weigerte er sich ostentativ. Die Provokation wäre ihm beinahe teuer zu stehen gekommen, Caesar mußte sich in den Sabinerbergen verborgen halten. Eine von Sullas Militärstreifen erwischte ihn, und die Befreiung brachte erst die Fürsprache einflußreicher Verwandter. Sulla war großzügig genug, in diesem Fall kein unschuldiges Blut zu vergießen. Die Anekdote berichtet, er habe vor dem schlecht gegürteten jungen Mann gewarnt, in ihm steckten viele Mariusse.

Es war klar, daß unter solchen Umständen das Sullanische Regime ihm keine besonderen Türen öffnete. So erschloß er sich die ihm kraft seiner sozialen Position zugänglichen und lebte in den nächsten Jahren seiner Ausbildung. Sie war selbstverständlich auf das öffentliche Leben abgestellt. Militärdienst und Rhetorik waren die obligaten Gebiete. Beides führte ihn in den griechischen Osten, wo er sich zwischen 80 und 70 mehrere Jahre lang aufhielt.

Obgleich mancher Optimat vielleicht gedacht haben mag, der junge Caesar gehöre, nachdem einmal der Bürgerkrieg vorbei war, zu ihnen, ließ Caesar über seine politische Gesinnung nicht den geringsten Zweifel aufkommen. Der große Erdrutsch von 70 sah ihn nicht passiv. Er muß damals kräftig mit ins Horn geblasen haben, soweit das für einen jungen Mann, der noch nicht im Senat saß, möglich war, und hielt eine Rede zugunsten der geflüchteten Lepidusanhänger. Bei dem popularen Wind, der damals herrschte, machte es nicht die geringste Schwierigkeit, in die Ämterlaufbahn einzusteigen. Die Quästur vom Jahre 69 führte Caesar ins südliche Spanien.

Eine berühmte Anekdote verlegen unsere Biographen dahin: der Anblick eines Bildes von Alexander dem Großen habe ihn zu der Bemerkung gereizt, er selbst habe noch nichts Bemerkenswertes in einem Alter getan, in dem Alexander sich die ganze Erde unterworfen hatte. An der Anekdote ist bestimmt nichts Wahres dran, aber sie zeigt, wo die Lücken unserer Kenntnis sind. Wir vermögen in dieses außerordentliche Leben nicht hineinzuschauen und müssen uns mit den Konturen eines Schattenrisses begnügen. Nur die äußeren Daten sprechen zu uns. Sie geben wirklich keine Gelegenheit, an Alexander den Großen zu denken. Mühsame Kleinarbeit bezeichnete den Weg des Aufstiegs in Rom. Und wenn man es schließlich bis zum Konsulat gebracht hatte, was war man dann, gemessen an der Machtfülle eines Königs oder gar Alexanders? Im Grunde ein Nichts.

Die römische Verfassung hatte alle Ämter derart vorzüglich gegen jeden Amtsmißbrauch abgesichert, daß ihre Träger praktisch in Fesseln gehalten waren. Wenn Caesar eines klar war, dann dies, und sofern er einen Ehrgeiz besaß, konnte er nur darauf aus sein, die Hürde des römischen Verfassungsrechts zu überspringen und mehr Macht zu erringen, als der Buchstabe des Gesetzes zugestand. Ähnlich dachte wahrscheinlich auch Pompeius, aber bei Pompeius klärte sich eine solche Erkenntnis nie bis zum letzten ab. Sie war ihm mehr von den äußeren Umständen zugetragen als aus eigenem Denken entwickelt, und ganz und gar außerstande war er, daraus Direktiven für das eigene Handeln zu ziehen. Auf der anderen Seite sah er sich doch wieder als loyalen Partner der Senatsoligarchie und konnte höchstens verwundert sein, daß diese ihm das nicht recht abnahm.

	150	100	50	0

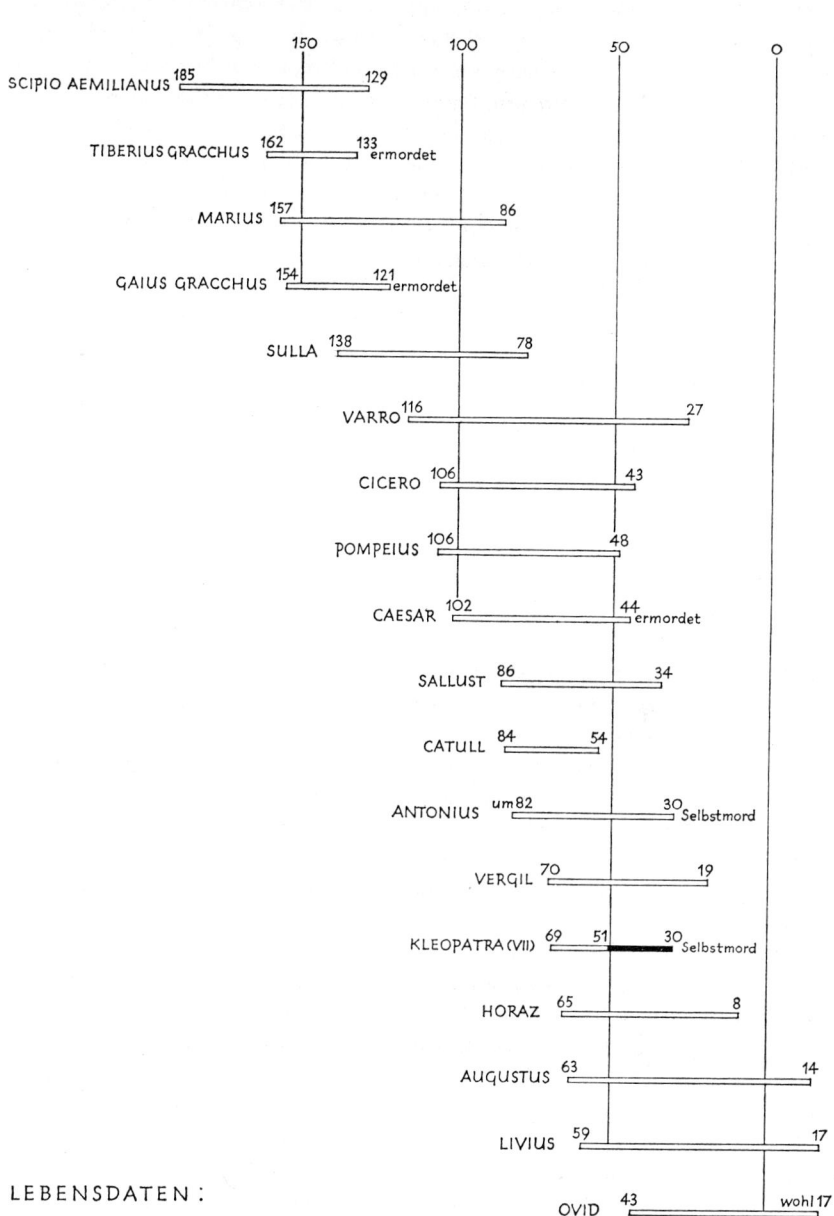

- SCIPIO AEMILIANUS 185 — 129
- TIBERIUS GRACCHUS 162 — 133 ermordet
- MARIUS 157 — 86
- GAIUS GRACCHUS 154 — 121 ermordet
- SULLA 138 — 78
- VARRO 116 — 27
- CICERO 106 — 43
- POMPEIUS 106 — 48
- CAESAR 102 — 44 ermordet
- SALLUST 86 — 34
- CATULL 84 — 54
- ANTONIUS um 82 — 30 Selbstmord
- VERGIL 70 — 19
- KLEOPATRA (VII) 69 — 51 — 30 Selbstmord
- HORAZ 65 — 8
- AUGUSTUS 63 — 14
- LIVIUS 59 — 17
- OVID 43 — wohl 17

LEBENSDATEN:

Rom 2.-1. JAHRHUNDERT V. CHR.

Caesar hatte von früh an innerlich mit ihr gebrochen, ohne Ressentiment – das Bewußtsein der eigenen Potenz ließ solches nicht aufkommen –, nur in der Erkenntnis des eigenen Wesens. Das Quantum Macht, das er beanspruchte, war mit ihr nicht zu vereinbaren und ihr nur gegen ihren Willen abzuringen. Wie die erstrebte Macht sich freilich institutionell niederschlagen sollte, war ihm höchstwahrscheinlich nicht klar. Er hatte auch keine Ursache, daran vorerst viel Überlegung zu verschwenden. Der Weg dahin war für ihn unendlich weit, und ob er ihn glücklich zurücklegen würde, konnte und mußte mehr als fraglich erscheinen. Aber innerlich kannte er keine Vorbehalte, und die Tabuierung der monarchischen Macht als Tyrannis oder *regnum* galt ihm nichts. Daß Waffengewalt einen sehr schnell in den Besitz ausschließlicher Macht führen könne, hatte Caesar leicht aus der Geschichte der letzten Jahrzehnte lernen können; und wenn sie ihm zugeworfen wurde, war er der letzte, der sie nicht aufgefangen hätte. Doch ebenso wußte Caesar, daß die Zeit nach den grausigen Erfahrungen der Cinna-Sulla-Periode keine gewaltsamen Auseinandersetzungen mehr haben wollte und der Schuldige nur Haß und Abscheu erntete. An dem Bilde von Sulla war das leicht abzulesen. Caesar studierte deshalb genau die legalen Formen der Machtakkumulation. Hierfür gab ihm der Aufstieg des Pompeius den besten Anschauungsunterricht. Er hatte ihn im Grunde besser begriffen als Pompeius selbst. Aber ebenso war Caesar klar, was Pompeius zu seinem eigenen Schaden nie recht verstanden hat, daß die Politik in Rom nach bestimmten Spielregeln ablief und daß man diese beherrschen müsse. Ohne die Erfahrungen in der Ämterlaufbahn und den Senatssitzungen waren sie nicht zu erlernen, und deshalb sorgte Caesar dafür, daß er hier ordnungsgemäß vorankam. Und überhaupt nutzte er wie jeder vernünftige Politiker die Chancen, die ihm das herrschende politische System bot, und er hätte nichts dagegen gehabt, wenn er sein Ziel innerhalb von dessen Schranken erreicht hätte oder wenn sich diese mit Hilfe der formellen Möglichkeiten des Systems selbst hätten zurückschieben lassen.

Die Variationsbreite von Caesars Ansätzen war also groß, und es wird deshalb nicht verwundern, ihn in der Folgezeit einmal diesen, einmal jenen Hebel ergreifen zu sehen. Gleich 68, noch während seiner Quästur, tat er etwas sehr Merkwürdiges. Er verließ einfach seinen Posten und begab sich in die norditalienische Provinz (Gallia Cisalpina), um dort eine Bewegung zur Erlangung des vollen Bürgerrechts zu schüren (die meisten Einwohner besaßen nur das latinische), die durchaus in einen bewaffneten Aufstand hätte ausarten können. Zum Glück für Caesar kam es nicht dahin. Bei den derzeitigen Machtverhältnissen wäre ihm die Sache auf jeden Fall schlecht bekommen.

In Rom standen 67 die politischen Kreise unter dem Eindruck der Agitation des Pompeius für das Kommando im Seeräuberkrieg. Gegen eine geschlossene Front des Senats wagte Caesar auf den untersten Bänken als Quästorier für Pompeius zu sprechen. Von früh an liebte er unter bestimmten Umständen das offene Visier. Selbstverständlicher war seine Parteinahme im darauffolgenden Jahr (66), als er mit vielen anderen sich für des Pompeius' Kommando gegen Mithridates einsetzte. Dagegen ist das Verhältnis Caesars zu der Ersten Catilinarischen Verschwörung dunkel. Sechs Jahre später wurde steif und fest behauptet, Crassus und Caesar hätten damals die Diktatur angestrebt, aber das kann auch Verleumdung gewesen sein. Dagegen trifft die Verbindung mit Crassus zu. Crassus war der reichste

Mann Roms und Caesar bis über die Ohren verschuldet; dazu war Caesar damals (65) Ädil, und dieses Amt mit seinen Ausgaben für Volksbelustigung und sonstige Spektakel kostete ganze Vermögen. Crassus war damals Zensor und wollte die Latiner in Oberitalien, die »Transpadaner«, stillschweigend in die Bürgerliste einschreiben, ein Unternehmen, das auf Caesars Linie lag, aber mißglückte. Es mißglückte ferner der Versuch, unter dem Vorwand, die ägyptischen Verhältnisse zu ordnen, Caesar ein außerordentliches Kommando im Orient zuzuschanzen. Ein Jahr später sollte ähnliches in Italien mit dem Ackergesetz des Volkstribunen Rullus geschehen, aber Cicero brachte das Vorhaben gleich zu Anfang seines Konsulats zu Fall (63).

Die Beziehungen Caesars zu Catilina blieben weiterhin undurchsichtig, nur als dieser den selbstmörderischen Gedanken des sozialen Umsturzes faßte, distanzierten sich Caesar ebenso wie Crassus. Das hinderte Caesar jedoch nicht, sich in einem Rededuell mit Cato, als die Hinrichtung der gefangenen Catilinarier im Senat zur Debatte stand, dagegen auszusprechen. Er drang nicht durch und zog sich sogar die offene Wut nicht nur des Senats, sondern auch der Ritter zu, hatte aber, wie die Zukunft lehrte, damit recht, denn späterhin wurde mit dem Tod der Catilinarier übel gegen die Regierungskreise, zumal gegen Cicero, agitiert.

Zuvor schon, doch auch im Cicero-Catilina-Jahr 63, gelang Caesar das erste Mal etwas Außerordentliches: er wurde, trotz älterer und deshalb würdigerer Bewerber, zum Pontifex Maximus gewählt. Man möchte gern wissen, wie er das fertigbrachte; vielleicht durch seine Agitation für die Wiedereinführung der Priesterwahl, die eine weitere Stütze der Sullanischen Verfassung zum Einsturz brachte. Er hatte allerdings auch nicht mit Bestechungsgeldern gespart und seine Schuldenlast dadurch weiter erhöht. Deshalb sein bekannter Ausspruch zu seiner Mutter am Tage der Wahl, er komme entweder gewählt oder überhaupt nicht mehr zurück.

Das Jahr 62 sah Caesar als Prätor. Er begann es mit einem offenen, demonstrativen Affront gegen die Optimaten. Der Wiederaufbau des Iuppitertempels, der 83 abgebrannt war, sollte in seinem letzten Stadium einem ihrer vornehmsten Vertreter (Catulus) entzogen und einem anderen zugewiesen werden. Als die Gegner sich zur Wehr setzten, brach allerdings Caesar die Aktion ab. Doch was folgte, ging dem Gegner noch mehr auf die Nerven: Pompeius sollte den Krieg gegen Catilina zu Ende führen und sich möglicherweise *in absentia* für 61 zum Konsul wählen lassen dürfen. Caesar unterstützte dabei den Volkstribunen Metellus Nepos, der als Vertrauensmann des Pompeius für ihn wirkte. Es kam dabei zu einem wüsten Auflauf und zu Schlägereien in Anwesenheit von Caesar und Metellus, bei welchen Cato, dem interzedierenden Volkstribunen, übel mitgespielt wurde. Trotzdem ging der Antrag nicht durch, und Caesar wurde (wie dem Metellus) vom Senat untersagt, sein Amt weiterzuführen, worein Caesar sich auch fügte.

Proprätor war Caesar in Südspanien, ebenda, wo er als Quästor gewesen war. Die Statthalterschaft brachte ihm unter anderem die längst ersehnte Gelegenheit, seine Finanzen zu sanieren. Ein lokaler Feldzug warf – von sonstigen Gelegenheiten abgesehen – eine Menge Beute ab. Nach der üblichen Routine wäre dann das Konsulat von 59 für ihn fällig gewesen. Aber auch gesetzt den Fall, er würde gewählt, war er dann in seinem Sinne

wirklich weitergekommen? Wie sollte er dem Schicksal entgehen, dann als einer der vielen
Konsulare unter das Gesetz der aristokratischen Gesellschaft gebeugt zu werden? Dabei
war das noch die beste Möglichkeit. Es konnte schließlich auch sein, daß er nicht gewählt
würde. Feinde hatte er genug, die sich gegen ihn zusammengefunden hätten und schließlich
auch während seines Konsulats auf der Hut sein würden. Er hatte in seiner bisherigen
Laufbahn viel zu deutlich gezeigt, wo für ihn der Feind und wo der Freund stand.

Politisches Kartell: das Erste Triumvirat

All diesen Sorgen um den Fortgang seines Aufstiegs wurde Caesar schneller, als er ursprünglich absehen konnte, enthoben. Die Mauer, welche sich vor ihm aufrichtete, rissen
seine Gegner selbst ein. Eine der folgenschwersten Kurzsichtigkeiten, welche die Geschichte
kennt, sollte Caesar den Weg bahnen. Da er noch immer im Schatten eines Größeren
stand, wurde die Aufmerksamkeit von ihm abgelenkt: seit dem Jahre 63 starrte alles wie
gebannt – nicht auf Caesar, sondern auf Pompeius.

Pompeius hatte sich im Jahre 67 das Kommando gegen den Willen der Optimaten ertrotzt, woran die Tatsache nicht viel änderte, daß im folgenden Jahr der Widerstand auf
einige wenige zusammengeschmolzen war. An der »popularen« Voraussetzung seines
märchenhaften Aufstiegs im Osten war nicht zu zweifeln, ebensowenig an der Tatsache,
daß er momentan der mächtigste Mann Roms war und er an der Spitze seines siegreichen
Heeres ebenso imstande war, Rom zu erobern, wie das Sulla einst getan hatte.

Pompeius selbst war natürlich unwohl bei dem Gedanken, was aus ihm werden würde,
wenn er mit all seinem Glanz in Rom einziehen und alsbald wieder Privatmann sein würde.
Aber Pompeius hatte nicht Phantasie genug, um sich auszumalen, was denn sonst aus ihm
werden könnte. Mommsen, der in seiner Römischen Geschichte über Pompeius wie über
Cicero den Stab bricht, kreidet Pompeius an, daß er nicht den Mut gehabt hätte, nach der
Krone zu greifen. Das ist sicher falsch, eben deswegen schon, weil Pompeius trotz aller
Selbstgefälligkeit und Alexanderkoketterie der Gedanke, in Rom eine Monarchie aufzurichten, absurd erschienen wäre. Er hätte schon andere Pläne haben müssen, zum
mindesten solche sachlicher, unpersönlicher Art, um an der Macht und vor allem mit sich
selbst in Einklang zu bleiben. Was er in diesem Sinne in die Wege leitete, etwa die
Übertragung des Oberbefehls gegen die Catilinarier oder die Wahl zum Konsul für 61,
führte, wie der Leser schon weiß, zu einem Fiasko.

Für Pompeius war diese Abfuhr eine Blamage, und ein halbwegs guter Psychologe hätte
sich eigentlich sagen müssen: entweder zieht er bei der nächsten Gelegenheit, komme, was
da wolle, vom Leder, oder seine ganze, so drohend aussehende Macht ist aus Pappe.
Möglicherweise war es auch so; denn in erregter Spannung sah die Senatsaristokratie der
Rückkehr des Pompeius entgegen, halb damit rechnend, daß er mit dem Schwert in der
Hand auftrumpfen würde. Da aber geschah das Wunder: bei seiner Ankunft (Ende 62) in
Brundisium entließ Pompeius das Heer in die Heimat und beorderte es lediglich für den

Triumph zurück; und Anfang 61 kam er nach Rom, als Mann von größtem Ansehen, aber ohne im Augenblick einsetzbare Macht, schwächer also als im Jahre 71, als er mit dem Begehren an die Tore Roms pochte, Konsul zu werden. Was nach solchem Verzicht (sofern es bei seinem Naturell einer war) Pompeius zu erlangen meinte, war bescheiden genug: die Anerkennung seiner Maßnahmen im Orient und die Zivilversorgung seiner Soldaten.

Die Regierungskreise in Rom ließen es auch nicht an gewissen Gesten des Entgegenkommens fehlen und sagten Pompeius zu, die Konsulwahlen für 61 und 60 in seinem Sinn zu lenken. Für 60 wurden sogar gleich zwei Männer gewählt, von denen man annehmen durfte, daß sie Pompeius' Interessen vertreten würden. Doch entwickelte sich der vornehmere Metellus Celer zu einem wütenden Gegner, während der andere, ein *homo novus* (Afranius), sich nicht durchsetzen konnte und ohne Gewicht blieb.

Die Motive der Feindschaft des Celer waren bezeichnend für die Mechanik der damaligen Machtverhältnisse. Pompeius hatte nämlich noch vor seiner Landung in Brundisium seiner Frau Mucia (einer Tochter des vornehmen Juristen Mucius Scaevola Pontifex) den Scheidebrief geschickt, und diese Mucia war die Halbschwester des Celer, der die Scheidung als eine Beleidigung auffaßte. Pompeius begab sich daraufhin auf Brautschau, bekam aber hier die Antipathie der Senatsaristokratie zu spüren. Er hätte gern die beiden Nichten Catos, deren Vater vor kurzem gestorben war und über die als die Töchter seiner Halbschwester er infolgedessen zu bestimmen hatte, für sich und seinen Sohn gehabt, aber der Werber, ein Freund Catos, wurde für dieses Ansinnen von Cato glattweg zum Haus hinausgeworfen. Schon den Zeitgenossen wurde rückschauend klar, daß diese Entscheidung den Weg freimachte für die spätere Familienbindung zwischen Pompeius und Caesar.

Fataler war allerdings die Brüskierung des Pompeius in politischer Hinsicht. Obwohl Pompeius verschiedentlich zu erkennen gegeben hatte, daß er mit der popularen Politik nichts zu tun haben wollte, stieß man ihn offen zurück. Man hatte offenbar den Eindruck, daß er in der Isolierung, in der er sich befand, wehrlos sei und jetzt der Zeitpunkt gekommen war, den Ärger und Verdruß der früheren Jahre abzureagieren und ihn dafür zahlen zu lassen. Das war eine nicht nur kleinliche, sondern auch kurzsichtige, von Ressentiment geleitete Politik, die sich noch selten ausbezahlt hat. Lucullus, der von Pompeius um den Lorbeer Betrogene, setzte durch, daß Pompeius' Anordnungen nicht, wie es Pompeius wollte, *en bloc* angenommen, sondern Punkt für Punkt zur Diskussion gestellt würden. Der Widerstand gegen die Landverteilung an die Veteranen wuchs sich zur Groteske aus. Das Gesetz wurde von einem Volkstribunen Flavius vorbereitet; aber dessen Agitation legte der mit Pompeius verfeindete Konsul Metellus Celer jedes Hindernis in den Weg, so daß jener schließlich von der stärksten Form der Interzession, der körperlichen Behinderung des Magistrats, Gebrauch machte und den Konsul festsetzte. Celer ließ sich nicht von den anderen Tribunen befreien, sondern berief den Senat in sein Arrestlokal. Daraufhin setzte sich Flavius mit seinem Stuhl vor die Tür, um die Senatoren am Eintreten zu hindern. Celer ließ als Antwort eine zweite Tür in die Wand schlagen. Damit hatte er die Lacher auf seiner Seite; Pompeius blies das ganze Unternehmen ab.

Die peinliche Verlegenheit, in die sich Pompeius hineinmanövriert sah, trieb ihn nun Caesar in die Arme. Für Caesar war die Not des Pompeius ein Geschenk des Himmels. Er merkte gleich nach seiner Rückkehr aus Spanien (60), als er sich als Kandidat für die Konsulwahl melden wollte, mit welchem Widerstand er zu rechnen hatte. Da ihm der Triumph bewilligt worden war und der Triumphator das Recht hierzu verlor, wenn er vorher das *pomerium*, die sakrale Stadtgrenze, überschritt, hatte Caesar gebeten, von der persönlichen Anmeldung seiner Kandidatur in Rom dispensiert zu werden. Normalerweise hätte der Senat einen so billigen Wunsch routinemäßig erledigt. Bei Caesar jedoch erspähten seine Gegner jetzt eine Gelegenheit, ihn vom Konsulat fernzuhalten. Durch das Mittel der Obstruktion verhinderte Cato, indem er den ganzen Tag Dauerreden hielt, die Abstimmung über Caesars Antrag und erwartete, daß Caesar schließlich, um des Triumphes willen, auf das Konsulat für 59 verzichten würde.

Aber er hatte sich geirrt. Caesar meldete sich bei den Konsuln und ließ den Triumph fahren. Daraufhin blieb nur der Ausweg, da seine Wahl zu verhindern ziemlich aussichtslos war, ihn während des Konsulats zu fesseln. Nötig war dazu ein obstinater Kollege. Er bot sich in Marcus Calpurnius Bibulus, der seit der Ädilität mit Caesar zusammen die Ämterlaufbahn durchgemacht und seine strikte Gegnerschaft zu Caesar dokumentiert hatte. Auf seine Person einigten sich jetzt alle Optimaten. Dagegen ging Caesar mit einem Anhänger des Pompeius, einem gewissen Lucius Lucretius, ein Wahlbündnis ein, das ihm aus den Mitteln des schwerreichen *homo novus* den kostspieligen Wahlkampf finanzieren half. Der großzügige Finanzier hatte selbst freilich nichts davon, er fiel durch. Gegen den von allen Optimaten gestützten Bibulus kam er nicht auf. Doch Caesar wurde gewählt, und soweit die Verbindung mit Lucretius dazu beigetragen hatte, war auch Pompeius schon mit im Spiel. Die Optimaten sahen bereits vor der Wahl, daß sie Caesar nicht auszuschalten vermochten. Sie bauten deshalb für die Zukunft – neben dem Mitkonsul Bibulus – gleich noch eine weitere Sicherung ein. Nach der Sullanischen Verfassung, welche in diesem Punkt einem Gesetz des Gaius Gracchus folgte, mußte vor der Konsulwahl über die prokonsularischen Amtsbereiche des übernächsten Jahres durch den Senat entschieden werden. Der Senat beschloß nun im Hinblick auf die Wahl Caesars einen prokonsularischen Geschäftsbereich, der sich wie ein schlechter Witz für jeden halbwegs selbstbewußten Aspiranten ausnehmen mußte und bei dem Ehrgeiz Caesars nur reinen Hohn bedeuten konnte. Er sollte sich nämlich im Jahre 58 lediglich mit »den Wäldern und Triften« in Italien beschäftigen, also irgendein subalternes Vermessungsgeschäft vornehmen.

Angesichts einer solchen evidenten Kampfansage, die von vornherein jede künftige Initiative des Konsuls Caesar zum Scheitern verurteilte, bedurfte es ganz energischer Vorkehrungen. Gegenüber der massierten und in seltener Weise solidarisch gewordenen Macht der Optimaten gab es nur das Gegenmittel einer methodischen und zuverlässigen Machtakkumulation. Macht hieß in diesem Fall: berechenbares Stimmvolk für die Abstimmung und vor allem genügend Geld, um es bei Laune zu halten. Jenes besaß Pompeius als berühmter Mann in weitem Umfang, für dieses konnte auch er natürlich manches beitragen, aber der reichste Mann war Crassus, und Crassus verstand seinen Reichtum auch politisch. Er dachte von ihm in handfesten Kategorien, durchaus der Zeit angepaßt, auf deren Grund die Schwerter der Soldaten lagen, und tat einmal den zynischen Ausspruch, daß man in der Politik so viel Geld haben müsse, um ein Heer ausstatten zu können.

Caesar betrieb nun mit Eifer ein politisches Bündnis mit den beiden anderen. Mit Pompeius ins reine zu kommen war verhältnismäßig einfach, denn für die Zivilversorgung seiner Soldaten und die Anerkennung seiner Maßnahmen im Osten brauchte er Hilfe. Auch Crassus fand es bei seinem Verhältnis zu Caesar nicht schwer, mit von der Partie zu sein. Seit seinem Konsulat 70 war es mit ihm nicht vorwärtsgegangen. Die Optimaten betrachteten ihn seither mit Argwohn, obgleich er sich keineswegs immer auf der popularen Linie bewegte und gerade damals Lucullus in seiner Opposition gegen Pompeius unterstützte. Zu Caesar unterhielt er schon des längeren freundliche Beziehungen, aber Pompeius haßte er. Diese Spannung aus dem Wege zu räumen, bedurfte es von seiten Caesars großer Anstrengungen und großen psychologischen Geschicks, und es gelang wohl erst nach Antritt seines Konsulats, im Jahre 59.

Das politische Bündnis, das so zustande kam, ging in die Geschichte ein als das Erste Triumvirat. Es war eine Art von Konsultationspakt mit dem Ziel einer gemeinsamen Politik oder, wie es im Wortlaut hieß, »es sollte nichts im Staate geschehen, was einem von den dreien mißfiel«. Formell war eine solche Verständigung nichts Neues. Die Politik der Senatsaristokratie beruhte schon immer auf dergleichen Absprachen. Sie wäre sonst gar nicht durchzuführen gewesen. Aber zumeist verbanden sich hierbei schon bestehende Gruppen zu Cliquen von pluralistischer Struktur mit zahlreichen Teilnehmern. Eine Verbindung dreier Individuen glich hingegen einem politischen Oligopol und setzte voraus, daß in der Hand jedes Einzelnen schon viel mehr Macht sich angesammelt hatte, als dies im Grunde mit einer vielköpfigen aristokratischen Gesellschaft verträglich war. Wenn drei Männer, vorausgesetzt daß sie einig sind, sich zutrauten, die Politik eines Weltstaates zu bestimmen, dann war eben in dem Staat strukturell etwas nicht in Ordnung. Die ganze Misere der ausgehenden römischen Republik lag letztlich darin begründet.

Daß mit dem Triumvirat materiell gegen die Spielregeln der Republik verstoßen wurde und sie damit unter die Regie eines politischen Trustes zu geraten drohte, war den Zeitgenossen nicht verborgen geblieben. Der berühmte Gelehrte Terentius Varro nannte es in einer Broschüre ganz offen »das dreiköpfige Wesen«, unter Benutzung eines von dem griechischen Historiker Theopompos stammenden Ausdrucks *(trikárenos)*; er wollte damit wohl zum Ausdruck bringen, daß der Dreibund eine Einheit sei, einen monolithischen Block darstelle. Es braucht nicht einmal polemisch gemeint gewesen zu sein, denn Varro war ein Gefolgsmann des Pompeius und wurde während des Konsulatsjahres von Caesar zu praktischen Arbeiten herangezogen.

Das Bündnis zwischen Caesar, Pompeius und Crassus garantierte wohl die Mehrheit in den Abstimmungskörperschaften, aber es war nicht gefeit gegen die vielen Interzessionsmöglichkeiten, welche die römische Verfassung bot und die zu beliebigem Gebrauch parat standen, wenn nur ein energischer Wille danach griff. Keiner wußte das besser als Caesar, und deshalb ließ er zu Anfang des Konsulats nichts unversucht, um sich mit dem Gegner zu verständigen und wenigstens einen Modus vivendi herbeizuführen. Was die Gesetze des Pompeius betraf, so hatte Caesar auch in der Tat die Vernunft auf seiner Seite. Sie waren eine sachliche Notwendigkeit und konnten auf die Dauer nicht verschleppt werden. Und persönlich kam er seinem Feinde Bibulus entgegen und bot ihm exakte Einhaltung des

Turnus der Geschäftsführung an. Als dem Älteren gab er ihm gleich für den Januar den Vortritt und ließ seine eigenen Liktoren hinter sich treten. Aber diese Gesten stießen nicht auf Gegenliebe. In einer Einmütigkeit, die nur aus dem einhelligen Bewußtsein entschiedenster Feindschaft möglich war, zeigte sich die Gegenseite entschlossen, worum immer es sich handelte, keinen Fuß breit freiwillig zu weichen. Sie taten damit Caesar immerhin die Ehre an, ihn für einen gefährlichen Gegner zu halten. Wenn man bedenkt, wieviel in den vergangenen zwölf Jahren die Senatsoligarchie von ihren wichtigsten Position aufgegeben hatte in der Befangenheit eines nicht ganz klaren Denkens, so ist man fast geneigt, der Kompromißlosigkeit Caesar und dem Triumvirat gegenüber Anerkennung zu zollen.

In der Tat ging keine von den verschiedenen Gesetzesvorlagen ohne Verletzung des formellen Verfassungsrechts durch. Die Senatspartei verlegte sich auf die Methode konsequenter Obstruktion. Mit Vorliebe bemühte Bibulus das Auguralrecht und stellte Himmelsbeobachtungen an. Das bedeutete das Verbot, Volksabstimmungen durchzuführen. Oder Cato verhinderte Abstimmungen im Senat durch Dauerreden. Als Bibulus seiner Interzession durch persönliches Eingreifen Nachdruck verleihen wollte, wurde er mit Mist beworfen, und ein caesarischer Volkstribun stürzte sich mit einer bewaffneten Bande auf ihn, so daß er, blutig geschlagen, das Weite suchen mußte. Da er bei Anwendung von Brachialgewalt der Unterlegene sein würde, setzte er sich nach den ersten vier Monaten mit moralischen Mitteln zur Wehr. Er trat Caesar nicht mehr offen entgegen, sondern zog sich in sein Haus zurück. Dort schrieb er seine Verlautbarungen, in denen er sein Veto gegen die Amtshandlungen des Kollegen kundtat und mit einem maliziösen Kommentar versah.

Diese Literatur wurde zu einem publizistischen Erfolg. Überall konnte man sie in Vervielfältigungen lesen. Das Gedränge an den Aushangstellen brachte, wie Cicero erzählt, den Verkehr zum Stocken. Curio, ein junger Mann und Sohn eines optimatischen Konsulars, brachte durch seine Reden die schlimmsten Anwürfe und Verleumdungen Caesars in Umlauf. Politische Witze wurden gemacht, und sie waren nicht alle so harmlos wie das Bonmot, daß man unter dem Konsulat von Iulius und Caesar lebe (weil der andere Konsul nicht mehr in Erscheinung trat!). Der Senat hatte nicht nur die Lacher, sondern auch die Sympathien auf seiner Seite; und Cicero konnte schließlich sagen, nichts sei gegenwärtig so »popular« wie der Haß gegen die »Popularen«. In einer Gerichtsverhandlung beklagte er (als Anwalt) öffentlich die Kläglichkeit des gegenwärtigen Zustands.

Caesar war die öffentliche Meinung nicht gleichgültig, nicht als ob er moralisch von ihr beeindruckt worden wäre, aber er erkannte sie als Machtfaktor und wußte, daß sie seine Stellung, die allein auf dem Einvernehmen mit Pompeius beruhte, mittelbar sehr nachhaltig berühren konnte. Pompeius war nämlich keineswegs so immun wie Caesar gegen diese Demonstrationen des vergewaltigten Rechtes und fühlte sich obendrein nicht allzu wohl im Gewande des popularen Politikers. Wenn Pompeius aber absprang – das wußte Caesar genau –, verlor er selbst den Boden unter den Füßen. Caesar fand deshalb den Ausweg, den Bundesgenossen nun auch persönlich an sich zu binden, und gab ihm seine einzige Tochter Iulia, obgleich sie einem anderen bereits versprochen war, zur Frau. Iulia, dreißig Jahre jünger als Pompeius, verstand es aber durch ihre persönliche Wärme, diese politische Heirat ihres zweckhaften Charakters zu entkleiden, andrerseits gerade dadurch ihre politische Funktion zu erfüllen. Als Iulia nach einigen Jahren vorzeitig starb, wirkte sich ihr Tod sehr zuungunsten der politischen Beziehungen zwischen Caesar und Pompeius aus.

Sachlich war das Programm für Caesars Konsulat von Anfang an vorgezeichnet. Die Veteranenversorgung wurde in zwei Gesetzen durchgeführt, die auch der Rücksicht auf Zivilisten, Angehörige des städtischen Proletariats, Raum gaben. Nach dem einen sollte das Land aus Mitteln des Staatsschatzes erworben werden, der durch Pompeius' Tribute und Beute gut ausgestattet war, nach dem anderen, weniger konzilianten, sollte ein Teil des kampanischen Staatslandes, das aus Gründen der Staatsfinanzen — es warf hohe Pachtsummen ab — immer für unantastbar gehalten wurde, hierfür verwendet werden. Auch die Genehmigung der östlichen Anordnungen des Pompeius gingen jetzt durch.

Die Existenzfrage für Caesar wurde sein Provinzialkommando, das natürlich nur durch Volksbeschluß zu erreichen war. Was der Senat zu beschließen gesonnen war, hatte er ja schon gezeigt. Ein Volkstribun Vatinius, der gegen ungeheure Gelder für Caesar Dienste verrichtete, setzte die Provinz Oberitalien (Gallia Cisalpina) mit dem Streifen an der Adria, Illyricum genannt, als prokonsularischen Amtsbereich durch *(lex Vatinia)*, dazu drei Legionen und selbständige Bestallung von Legaten. Das Kommando war auf mehrere Jahre berechnet, vor dem 1. März 54 sollte nicht darüber verfügt werden. Caesar wollte eben das erreichen, was Pompeius einst im Orient besessen hatte: die Basis für eine selbständige Außenpolitik. Daß es dafür genügend Anlässe gab, wußten die orientierten Kreise Roms. Die Helvetier klopften an die Tür der südfranzösischen Provinz. Das war aber nur das Symptom einer allgemeinen Unruhe. Andrerseits hatte im nördlichen Balkan der Daker Burebista ein größeres Reich gegründet. In beiden Richtungen gab es also Möglichkeiten zur Initiative.

Caesar entschied sich für das gallische Operationsfeld und erhielt noch Südfrankreich (Gallia Narbonensis) dazu, diesmal durch Senatsbeschluß auf Antrag des Pompeius, da man sonst mit einem weiteren Plebiszit hätte rechnen müssen. Diese nach einem individuellen Bedürfnis zusammengeschmiedete Kompetenz, als solche ohnehin außerhalb der Verwaltungsroutine stehend, wurde nun aber noch, dank der geographischen Lage Oberitaliens, zu einem innerpolitischen Problem. Caesar stand in der Poebene in Reichweite Roms und war schlimmstenfalls in der Lage, von dort aus in die römische Politik einzugreifen. Diese Aktionsbasis war unersetzlich, sie war es auch als Soldatenreservoir. Nahezu latinisiert, konnte Oberitalien reguläre Legionssoldaten liefern. Soweit das römische Bürgerrecht noch nicht verliehen war, verfuhr Caesar nicht eben pedantisch. Er tat so, als ob die Ausgehobenen römische Bürger wären.

Seinen Gegnern in Rom war das Arrangement alles andere als angenehm. Cato sprach nicht mit Unrecht davon, daß man sich mit solchen Bewilligungen den Tyrannen in die Burg setzte. Und Caesar, durch die Pamphlete und Verleumdungen gereizt, bestätigte dies mit einer ausfallend zynischen Bemerkung im Senat: jetzt habe er trotz allen Widerstrebens und Seufzens seiner Gegner, was er gewollt habe; deshalb werde er von jetzt an allen auf die Köpfe springen.

In dieser von Haß durchtränkten Atmosphäre, in der die wichtigen Gesetze verabschiedet wurden, ging Caesars Konsulat zu Ende. Das Ideal seiner Gegner wäre gewesen, sie hätten ihn nach Ablauf der Amtszeit für alle seine Verstöße gegen das Verfassungsrecht zur Rechenschaft ziehen können. Da er nicht gleich mit Ablauf des Amtsjahres Rom verließ, versuchten sie es in der Tat; natürlich ohne Erfolg, denn Caesar wich über die sakrale Stadtgrenze aus und trat sein Prokonsulat an. Damit war er nicht mehr zu fassen. Er glaubte aber, Grund zu haben, die nächsten Ereignisse aus unmittelbarer Nähe abwarten zu müssen. Denn was nützten alle Vorkehrungen, wenn der Karren gleich umschlug.

Zu den vorsorglich getroffenen Maßnahmen gehörte die Wahl der Konsuln für das Jahr 58. Es waren sichere Leute, der eine, Gabinius, ein zuverlässiger und notorischer Gefolgsmann des Pompeius, der andere, ein gewisser Calpurnius Piso, Caesars neuer Schwiegervater. Sodann war, ebenfalls noch während des Amtsjahres 59, eine Maßnahme von einigem Gewicht getroffen worden. Clodius war, um die Qualifikation für das Volkstribunat zu erhalten, der Übergang zur Plebs ermöglicht worden. Der rüde Bursche sollte in den nächsten Jahren stark das Kolorit der hauptstädtischen Politik bestimmen. Er glich einer Schachfigur im Spiel der Großen, war es gewiß auch, was die Grenzen seines Bereiches anging, aber innerhalb dieser Grenzen war er zu manchen Eigenbewegungen fähig, die den maßgebenden Instanzen keineswegs immer gefielen.

Clodius war ein Todfeind Ciceros. Er hatte während der Prätur Caesars (62) den »Bona-Dea-Skandal« über sich heraufbeschworen, nachdem er, verkleidet, in das nur Frauen zugängliche Fest im Hause Caesars eingedrungen, dann aber in einem, natürlich korrumpierten, Prozeß freigesprochen war. Nun machte Cicero über ihn bissige Bemerkungen. Clodius blieb die Antwort nicht schuldig und hetzte, das Palladium der »Volksfreiheit« emporhaltend, gegen Cicero als den Mörder der Catilinarier. Diese »weichen« Stellen in Ciceros Position waren gewiß nicht erst von Clodius ausfindig gemacht worden; aber Clodius erhob sie für seine Karriere zu programmatischer Bedeutung. Clodius wurde nun einer der Volkstribunen des Jahres 58, also desjenigen Jahres, auf welches es Caesar besonders ankam. Er sah in Clodius ein Werkzeug seiner Politik, mußte ihm aber doch eine gewisse Selbständigkeit zugestehen. Dazu gehörte es, daß Clodius, kaum daß er Volkstribun war, Cicero zu Fall brachte. Ein von ihm vorgeschlagenes und angenommenes Gesetz verschärfte die Ächtung eines Magistrats, der einen Bürger ohne gerichtliches Urteil getötet hatte. Gemünzt war das auf die Exekution der Catilinarier. Cicero hätte sich dagegen auf den Staatsnotstand berufen können, verlor jedoch den Kopf und gab die Sache verloren, ehe sie entschieden war. So ging er freiwillig ins Exil und nahm dann erst von seiner Ächtung Kenntnis. Das war weder im Sinne von Caesar noch von Pompeius, aber beide vermochten den Ablauf der Dinge, wie sie von Clodius inszeniert waren, nicht mehr zu bremsen. Caesar wollte Cicero durch das Angebot retten, bei ihm Legat zu werden; doch Cicero ging darauf nicht ein. Pompeius stellte sich taub und hatte keine Lust, sich Ciceros wegen zu exponieren. So wurde (für kurze Zeit) Cicero zum Märtyrer, eine ziemlich groteske Konstellation, denn gerade hierfür hatte er im Grunde am wenigsten Talent.

Dagegen war ein anderer Streich des Clodius gute Caesarische Regie: Cato wurde in einem Plebiszit mit einem außerordentlichen Auftrag aus Rom entfernt. Er sollte Kypros für den römischen Staat einziehen und den dortigen König, den Halbbruder des Ptolemaios XII. Auletes in Alexandreia, absetzen. Cato mußte in den sauren Apfel beißen und den Auftrag übernehmen, obgleich er sich von jeher prinzipiell gegen solche außerordentlichen Ermächtigungen ausgesprochen hatte. Für Caesar kam es nur darauf an, daß Cato die nächste Zeit nicht in Rom und damit außerstande war, ihm zu schaden. Dieser Schachzug gehörte zu seinem Programm, seine Stellung in Rom für die Zukunft zu sichern.

Die Unterwerfung Galliens

Die Unterwerfung Galliens, die Caesar von 58 an neun Jahre lang beschäftigte, ist, wie der Leser schon weiß, derartig mit der römischen Innenpolitik verknüpft, daß man sie als einen Teil von ihr bezeichnen könnte. Man hat sich freilich die Frage vorgelegt, ob auch der subjektive Motivzusammenhang Caesars Eroberungswerk als bestimmendes Element seiner im Innenraum des römischen Staates sich bewegenden Politik ausweist oder ob er sich aus außenpolitischen Erwägungen dieser Aufgabe unterzog. Die Antwort ist nicht so problematisch, wie sie manchmal erscheint: wenn es in der Geschichte eine Evidenz für nur vermutbare Tatbestände gibt, dann handelt es sich hier um einen solchen Fall. Caesar zog eindeutig nach Gallien, um für die inneren Auseinandersetzungen ein zuverlässiges Machtpotential zu erhalten, ganz abgesehen von der Erwägung, daß er um Kopf und Kragen gebracht worden wäre, wenn er sich nach seinem Konsulat nicht auf eine gut abgeschirmte prokonsularische Machtstellung hätte zurückziehen können. Aber damit ist die Überlegung noch nicht am Ende. Es gehört andrerseits nun einmal zu den »Gesetzen« der Geschichte, daß diese sich nie in dem erschöpft, was der Handelnde will. Die Tat, einmal geschehen, entwickelt ein Eigenleben und erhält eigenes Gewicht. So ist denn auch die Unterwerfung Galliens ein Ereignis, das durch sich besteht. Man kann sogar noch weitergehen: von allem, was die Genialität Caesars bewirkte, ist sie am nachhaltigsten von der Geschichte rezipiert worden. Das meiste von Caesars Schaffen ging in der Erringung der Macht auf oder blieb infolge des plötzlichen Abbruchs seines Lebens ein Torso. Nur das römische Gallien hatte Bestand, und noch heute ist das romanische Frankreich mit der Gestalt Caesars verknüpft.

Für die römische Republik war seine Unterwerfung strukturell etwas ganz Neues. So merkwürdig es klingt, Rom zog eigentlich nie aus, um Land zu erobern. Zur Okkupation fremder Länder gelangte es immer erst in Verfolgung anderer Ziele. So mußte es Oberitalien unterwerfen, um sich gegen die Kelten zu schützen. Nach Spanien kam es, weil Karthago es besaß und damit Rom gefährlich wurde. Nachdem es schon während des Hannibalkrieges den Fuß dahingesetzt hatte, bedurfte es eines immer wiederholten Bemühens, um in dem Lande Fuß zu fassen. Südfrankreich (Gallia Narbonensis) war als Provinz eingerichtet worden, um den Landweg von Italien nach Spanien zu sichern. Die Unterwerfung Galliens jedoch war eine freie Eroberungstat und bis dahin keineswegs in der Mechanik der römischen Außenpolitik angelegt. Was in deren Rahmen gefordert war, war viel begrenzter und wäre niemals mit dem Plan, die unmittelbare Herrschaft Roms auf ganz Gallien auszudehnen, zur Deckung zu bringen gewesen.

Rom betrachtete Gallien bis dahin als Vorfeld, das es zu beobachten hatte und wo es gegebenenfalls auch intervenierte, wenn sich irgendwelche gefährliche Situationen anbahnten. Gefährlich war es in erster Linie, wenn unter den verschiedenen keltischen Stämmen die Tendenz eines Primats auftrat, die zur Unterwerfung aller übrigen führen könnte. Das war im 2.Jahrhundert einmal durch die Arverner geschehen. Rom hatte damals dafür gesorgt, daß deren Position abgebaut wurde. Dem römischen Interesse entsprach ein Gleichgewicht der Kräfte, so daß bei dem Rivalisieren der Stämme einer den anderen in Schach hielt. Im 1. vorchristlichen Jahrhundert hielten sich in dieser Art die Haeduer und die Sequaner die Waage. Jene lehnten sich an Rom an und wurden von ihm mit dem wahrscheinlich keltischer Vorstellungswelt entspringenden Beinamen »Verwandte« und »Brüder« ausgezeichnet.

In den sechziger Jahren geriet nun aber das Gleichgewicht aus den Fugen. Die Sequaner gewannen die Oberhand und fanden sogar bei ihren Rivalen, den Haeduern, Parteigänger für ihre Suprematieansprüche. Ihr Vertrauensmann war Dumnorix, dessen Einfluß dadurch ständig wuchs, während der Gegenspieler Diviciacus sich schon nicht mehr anders zu helfen wußte, als daß er lamentierend in Rom erschien (61 v. Chr.). Hinter den Sequanern stand der Suebenfürst Ariovist, den die Sequaner zur Erhöhung ihres militärischen Potentials in Dienst genommen hatten. Das Entgelt war die Abtretung sequanischen Bodens — er lag im Unterelsaß — zur Ansiedlung und Versorgung der germanischen Krieger und ihrer Familien. Damit hatten die Sequaner jedoch keine Klienten, sondern einen Herrn ins Haus genommen, und so verloren sie das Heft aus der Hand. Ariovist war zum bestimmenden Faktor der gallischen Politik geworden und träumte davon, in dem schönen Land eine Germanenherrschaft zu errichten. Seine unmittelbaren Nachbarn, die keltischen Helvetier im Gebiet des schweizerischen Juras, bekamen diesen Ehrgeiz am frühesten zu spüren. Um sich dem lästigen Druck zu entziehen, wollten sie deshalb in das westliche Gallien auswandern, was ihnen psychologisch nicht besonders schwerfiel, da sie ihre gegenwärtigen Sitze noch nicht allzulange innehatten. Sie waren von Südwestdeutschland her dorthin eingewandert. Der Weg nach Westen sollte sie durch ein kleines Stück römischer Provinz, das Gebiet der Allobroger, führen, weshalb sie den zuständigen Provinzialgouverneur um die Passiererlaubnis baten. Das eben war aber Caesar geworden, und Caesar schlug das Gesuch, nachdem er ihnen den Weg militärisch verlegt hatte, rundweg ab.

Die entschlossene Sprache verfehlte nicht ihre Wirkung. Die Helvetier machten eine Kehrtwendung, ließen die Provinz in ihrem Rücken liegen und marschierten gleich über den Jura in das freie Gallien ein und stießen zunächst auf die Haeduer, wo sie aus deren inneren Spannungen Kapital schlugen und von der römerfeindlichen Gruppe um Dumnorix die Zusage der Passage erhielten, während die andere, damals noch die offizielle Regierung vertretend, dagegen war. Da der Senat schon 61 beschlossen hatte, daß der Statthalter der Narbonensis sich um die Haeduer kümmern sollte, war Caesar einigermaßen gedeckt, als er bei den Haeduern gegen den Zug der Helvetier intervenierte, mit seinem — unterdessen auf eigene Faust vergrößerten — Heer bei ihnen erschien, die Helvetier vernichtend schlug und sie zwang, ihre Plätze in der Schweiz wiederaufzusuchen. In der Tat hätte es auch ohne besondere Ermächtigung die prophylaktische Methode der römischen Außenpolitik geboten, einen derartigen Völkerzug mitten durch Gallien, in seinen Auswirkungen ja gar nicht abzusehen, zu unterbinden.

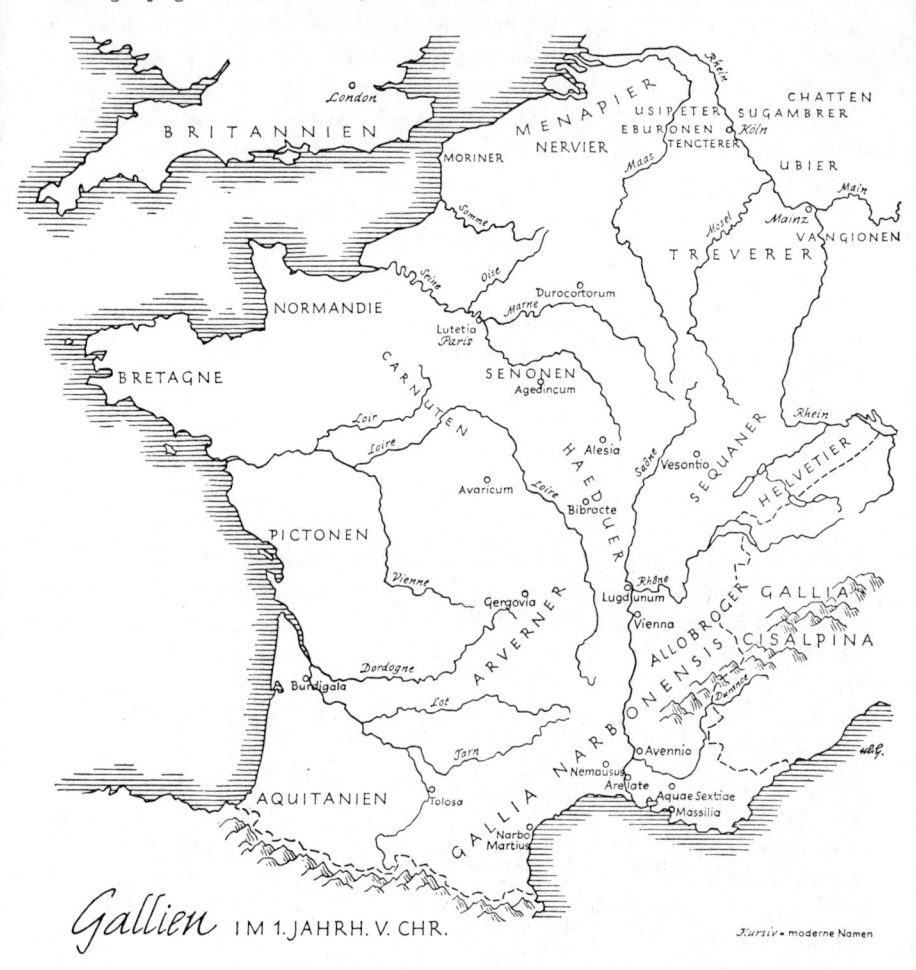

Gallien IM 1. JAHRH. V. CHR.   *Kursiv* = moderne Namen

Ebenso konnte Rom der Infiltration von Germanen nach Gallien, wie sie unter Ariovist geschah, nicht gleichgültig zusehen. Ariovist wurde Caesars zweiter Gegner und ist von ihm ebenso schnell und nachhaltig wie die Helvetier zur Strecke gebracht worden. Über Nacht war nun auch das Germanenproblem gelöst; und danach ließ sich erwarten, daß nicht nur bei den Haeduern die inneren Verhältnisse in einem für Rom günstigen Sinn ins Lot kämen, sondern daß nun auch den Aspirationen der Sequaner auf den gallischen Primat die Axt an die Wurzel gelegt wäre. Nach den Maßstäben der bisherigen römischen Außenpolitik war Caesars Auftrag mit dem Jahre 58 — es hatte beide Siege gesehen — eigentlich erledigt. Daß dem in den Augen Caesars nicht so war, bestimmte den originellen Ansatz zur Unterwerfung Galliens.

Nach dem Winter 58/57 — seine Legionen hatten im Gebiet der Sequaner überwintert — taten sich eine Anzahl von belgischen Stämmen (im Nordosten Galliens) zusammen, um einem möglichen römischen Angriff zu begegnen. Sie hatten die Absicht Caesars richtig eingeschätzt, denn Caesar zauderte nicht, sie anzugreifen. Das war nicht allzu schwer, denn die belgische Koalition war lose gefügt und löste sich infolge von Verpflegungsschwierigkeiten von selbst auf. Einzeln jedoch hielten sie Widerstand für aussichtslos. Nur die Nervier (in Brabant) stellten sich mit ihren Verbündeten zum Kampf und führten auch einen gefährlichen Überraschungsangriff. Allein die Geistesgegenwart Caesars verhinderte eine Katastrophe und machte aus der römischen Verteidigung einen Gegenangriff, der zu einem vollen Sieg wurde. und die Nervier auf die Knie zwang.

Caesars militärische und politische Erfolge bei den Belgern, die bei den Kelten im Rufe größter Kriegstüchtigkeit standen, machte auf die übrigen Gallier nördlich der Loire einen so niederschmetternden Eindruck, daß sie von vornherein klein beigaben und freiwillig eine Besatzung römischen Militärs bei sich aufnahmen. Damit durfte Caesar den wesentlichen Teil Galliens für »befriedet« halten. Er schickte einen entsprechenden Bericht nach Rom und genoß die Genugtuung, daß selbst seine Gegner der allgemeinen Begeisterung nachgaben und der Senat ein fünfzehntägiges Dankesfest beschloß. Das war gleichbedeutend mit der Indemnität für alle formellen Unkorrektheiten, die bei den Gesetzesvorlagen über Caesars Statthalterschaft vorgekommen waren. Ein Jahr später konnte Cicero deshalb die Theorie verkünden, daß die früheren Einwände gegen Caesars Konsulat sich angesichts solcher großen Taten erübrigten und die ihm einst vorgehaltenen Mängel geheilt seien.

Doch das war alles Trug, sowohl die Unterwerfung Galliens wie der Friede mit den innerpolitischen Gegnern. Nirgends war es Caesar beschieden, wie ein Gott über die Erde zu schreiten und im Moment des Sieges die Dauer der Überlegenheit zu empfangen. In Gallien fing die Arbeit erst eigentlich an. In den folgenden Jahren mußte sich Caesar fortwährend mit Aufständen herumschlagen. Und auf dem Forum und in der Kurie Roms erwuchsen ihm trotz des Dreibundes nichts als Schwierigkeiten. Er hatte auf zwei Fronten zu kämpfen und ständig seine ganze Energie und Aufmerksamkeit anzuspannen. In seinen berühmten Aufzeichnungen über den Gallischen Krieg kommt nur die eine Seite zur Darstellung. Sie hatten allein den Zweck, in Rom bei einem von Grund auf feindlich eingestellten Publikum für ihn zu werben; ihrer zusammenfassenden Publikation im Jahre 51 ging die Urfassung in Form von Berichten an den Senat voraus.

Caesar hatte, wo er stand und ging, immer die stadtrömischen Verhältnisse im Auge. Den Winter verbrachte er gewöhnlich in Oberitalien, um diesem Schauplatz möglichst nahe zu sein. Dort konnte er, dem der Zutritt zur Stadt aus verfassungsrechtlichen Gründen versperrt war, schon eher einmal mit Leuten des hauptstädtischen Lebens sprechen. In seiner Umgebung hatte er Männer, die er weniger wegen ihrer militärischen Qualitäten als wegen ihrer Verbindungen nach Rom schätzte, etwa den Bruder Ciceros, Quintus Tullius Cicero. Doch das meiste mußte schriftlich, durch Korrespondenz, erledigt werden. Caesar ließ sich deshalb von einer besonderen politischen Kanzlei begleiten und schrieb Briefe über Briefe, auch nachts, wenn er im Lager saß oder in einer Sänfte getragen wurde, manchmal waren es mehrere auf einmal. Wie im mündlichen Verkehr konnte er auch im schriftlichen von bestrickender Liebenswürdigkeit sein. Wo er eine Gefälligkeit erweisen konnte, tat er es. Cicero, der leicht in Geldverlegenheit geriet, half er einmal mit einem größeren Darlehen aus, offenbar in der Höhe von zweihunderttausend Denaren. Persönliche Empfehlungen von bestimmten Menschen nahm er bereitwilligst auf und bat um weitere. Wer nur wollte, konnte bei ihm sein Glück machen. Sogar für freie musische Beschäftigung fand er in seinen Winterquartieren noch Zeit. Caesar, wie seine *Commentarii* in ihrer raffinierten Schlichtheit noch heute zeigen, ein wirklicher Sprachkünstler und Stilist, interessierte sich begreiflicherweise auch für die Theorie des richtigen Sprachgebrauchs. Eine Schrift (»*De analogia*«) bezeugte es noch dem Altertum.

Den Kriegszügen Caesars in Gallien nachzugehen würde eine eigene Schrift erfordern. Die vorliegende Darstellung muß sich mit wenigen andeutenden Bemerkungen begnügen. Die erste Empörung ging von den Küstenkelten der Normandie und der Bretagne aus. Als sie spürten, was die römische Herrschaft für Lasten mit sich brachte, setzten sie die römischen Requisitionsoffiziere fest. Die Bewegung strahlte weit aus, im Osten bis zur Kanalküste, im Süden bis Aquitanien. Sogar britannische Kelten unterstützten ihre Stammesverwandten auf dem Festland. Da die Veneter, die Hauptaufrührer, über eine Flotte verfügten, ließ Caesar eine römische auf der Loire bauen. Diese führte denn auch in ihrem Sieg die Entscheidung herbei. Die Strafe war hart: sämtliche Ratsherren wurden hingerichtet, die übrige Bevölkerung wurde auf den Sklavenmarkt gebracht. Die Unterwerfung der Aquitanier und ihres spanischen Zuzuges rundete die Herrschaft über das südliche Frankreich ab. Nachdem auch in Flandern, bei den Morinern, für Ordnung gesorgt worden war, befand sich schließlich so gut wie die ganze französische Küste in römischen Händen (56).

Das nächste Jahr sah Caesar eine neue germanische Invasion zurückschlagen, die der Usipeter und Tencterer. Daran zeigte sich, sofern die Erfahrung mit Ariovist nicht genügte, wie wichtig angesichts der germanischen Mobilität und Dynamik die Herrschaft über Gallien war und daß es galt, einen schwer kontrollierbaren Flugsand durch starke Deiche zu befestigen. Auch die anschließende erste Expedition nach Britannien, die an sich wenig greifbaren Erfolg brachte, ist wohl unter diesem Gesichtspunkt zu verstehen. Die engen Beziehungen zwischen den Kelten diesseits und jenseits des Meeres hatten sich das Jahr zuvor unangenehm bemerkbar gemacht.

In Rom sah man darin freilich den Anfang der Eroberung Britanniens und ließ sich durch diesen Griff nach dem Ende der Welt — Britannien hatte in dieser Hinsicht die Phantasie schon immer angeregt — mehr imponieren, als der Wirklichkeit entsprach. Ein zwanzigtägiges Dankesfest in Rom war die Anerkennung. Dagegen erspähten Caesars konsequente Gegner wie Cato in dessen Vorgehen gegen die Germanen — Caesar hatte eine Deputation sämtlicher Fürsten und Vornehmen, die sich wegen einer Unkorrektheit entschuldigen wollten, festgesetzt und daraufhin die ihrer Führer beraubten Feinde angegriffen — einen Vorwand, ihn zu Fall zu bringen, indem sie ihn des Völkerrechtsbruches beschuldigten. Es wurde dann freilich nichts daraus. Offenbar konnte Caesar die Untersuchung durch die

Senatskommission verhindern. Aber der Vorfall zeigt, daß Caesars Feinde in Rom ihn nicht minder scharf beobachteten, als umgekehrt er sie.

Im folgenden Jahr 54 wiederholte Caesar eine britannische Expedition, die im Vorjahr ergebnislos verlaufen war; aber ein dauernder Erfolg stellte sich nicht ein, obgleich er das Haupt einer Koalition, den König Cassivellaunus, besiegte. Aber zu solchen Experimenten war eben in Wirklichkeit die Lage gar nicht angetan. Gallien selbst war keineswegs bezwungen. Die römischen Gewährsleute, die Caesar als Regierung eingesetzt hatte, wurden gestürzt. Den Winter 54/53 getraute sich Caesar nicht einmal, wie sonst, in Oberitalien zuzubringen. Er blieb im Lande, konnte aber auch dadurch nicht verhindern, daß anderthalb Legionen (fünfzehn Kohorten) bei den Eburonen in ihrem Winterlager (nördlich von Lüttich) vernichtet wurden. Daraufhin traten auch die Nervier in den Aufstand. Die Treverer unter dem fähigen Indutiomarus, der die Seele dieser ganzen jetzt abrollenden Aufstandsbewegung war und in dem Eburonen Ambiorix einen fähigen Helfer fand, schlossen sich an. Schließlich griff der Aufstand auf das mittlere Nordfrankreich, auf die Carnuten und Senonen (nördlich der mittleren Loire), über. Das spielte sich alles noch im Winter ab. Im Frühjahr und Sommer 53 hatte Caesar alle Hände voll zu tun, den an den verschiedensten Orten auflodernden Aufstand niederzutreten. Auch eine (zweite) Überquerung des Rheins war nötig, um Ambiorix von seinen rückwärtigen germanischen Hilfsquellen abzuschneiden.

Die dritte und letzte Aufstandsbewegung stellte alles Frühere in den Schatten. Bei ihr ging es ums Ganze. Nicht nur drohte das ganze Werk Caesars zu scheitern und aus seinen Anstrengungen nichts als ein Trümmerhaufen zu werden, sondern bei den Gegnern blitzte sogar der Gedanke auf, die Römer aus ihrer südfranzösischen Provinz zu vertreiben. Solche verwegenen Gedanken waren nicht nur Symptom einer gewissen Phantastik, zu der die Kelten neigten. Es zeichnete sich in ihnen auch die beginnende Konsolidierung des gemeinkeltischen Denkens ab. Der Druck der letzten Jahre, dem die Kelten allesamt ausgesetzt gewesen waren, hatte die alten Ansätze eines Zusammengehörigkeitsbewußtseins ein Stück weiterentwickelt. Ein umfassender Keltenbund trat ins Leben. Sein Kern waren die Arverner. Das kam nicht ganz von ungefähr. Bei ihnen und ihrem Königshaus war schon seit dem 2. Jahrhundert der Gedanke eines Primats über ganz Gallien lebendig. Die Notzeit der römischen Bedrückung schien geeignet, die elementare Gewalt eines Freiheitskampfes in die Koalition einschießen zu lassen und endlich das zu erreichen, wovon bisher nur Ansätze sich gezeigt hatten, was lediglich erträumt worden war: eine gallische Herrschaftsorganisation mit einem starken Willen an der Spitze. Der Mann, der ihn besaß, war zur Stelle. Vercingetorix, als Sohn des Celtillus, der um 80 v. Chr. den mißglückten Versuch unternommen hatte, Königswürde und gallischen Primat seinem Hause wiederzugewinnen, also aus königlichem Geblüt, damals etwa dreißig Jahre alt, war die imponierende Gestalt, die den letzten und intensivsten Glanz auf die jetzt zu Ende gehende Geschichte des freien Galliens warf, das blutige Abendrot einer Geschichte, der niemals das helle Licht eines geschichtlichen Tages beschieden gewesen war.

Vercingetorix brachte Caesar in die größte Not (52). Dessen Sache schien so verzweifelt hoffnungslos, daß es selbst die treuesten Bundesgenossen der Römer, die Haeduer, für richtig hielten, die römische Fahne zu verlassen, um sich noch rechtzeitig einen Platz in dem kommenden gallischen Reich zu sichern. Sogar vor einem zweimaligen Abfall schreckten sie nicht zurück. Niemals vielleicht kam in gleichem Maße Caesars politische und militärische Genialität ans Licht wie in diesem einen Jahr, in dem er fortwährend am Abgrund entlang balancierte. In ihren Bergstädten, den keltischen *oppida*, verfügten die Gallier über uneinnehmbare Befestigungsanlagen. Caesar bekam das sehr schmerzlich zu spüren, als er auf das arvernische Zentrum Gergovia einen Handstreich versuchte. Es wurde eine schlimme Niederlage. Caesar sah deshalb von ähnlichen Experimenten ab und setzte nur die zivilisatorisch-technische Überlegenheit der Römer ein. Nicht der Elan des Angriffs, sondern die überlegene Methode der Fortifikation und die eherne Disziplin der Verteidigung sollten die Entscheidung bringen. Die Bergstadt Alesia, in die sich Vercingetorix nach einer unglücklichen Schlacht — an dem römischen Sieg waren von Caesar angeheuerte germanische Reiter wesentlich beteiligt — zurückgezogen hatte, wurde von einem siebzehn Kilometer langen Gürtel von Belagerungswerken hermetisch eingeschlossen. Aber damit war noch nicht viel gewonnen. Außerhalb sammelte sich eine gewaltige Streitmacht der Gallier, die Vercingetorix in Alesia entsetzen sollte. So war Caesar von vorn und im Rücken vom Feinde bedroht, und in Wirklichkeit belagerte nicht er, sondern er war selbst der Belagerte. Gegen das Entsatzheer führte er einen neuen Befestigungsring auf. Da die Insassen von Alesia infolge Nahrungsmangels nicht mehr warten konnten — bei den Römern stand es damit übrigens auch nicht zum besten —, mußte die Entscheidung im Kampfe fallen. Die Aussicht war nach durchschnittlicher Beurteilung für Caesar verzweifelt schlecht. Von beiden Seiten wurde er in die Zange genommen. Die Leute von Alesia unter Vercingetorix stürmten auf ihn ein; das gewaltige keltische Bundesheer drängte in immer wieder neuen Stößen von der anderen Seite heran.

Beide Parteien wußten, was auf dem Spiele stand. Aber alles Ungestüm zerschellte schließlich an der Überlegenheit der römischen militärischen Schulung und dem strategischen Genie des Feldherrn. Die gelungene Abwehr kam einem totalen Siege gleich. Am Ende des vierten Tages war die große Entsatzarmee nicht nur geschlagen, sondern dem Ergebnis nach vernichtet. Sie löste sich nach den unheimlichen Verlusten in völliger Mutlosigkeit von selbst auf. Den Gegner in Alesia zwang der Hunger auf die Knie. Vercingetorix kapitulierte. Mit einer theatralischen Geste vollzog er den traurigen Akt. Hoch zu Roß, in glänzender Rüstung, sprengte er in das römische Lager und ließ sich stumm vor dem römischen Tribunal, auf dem der Prokonsul saß, auf die Knie nieder, die Hände faltend und so stumm um Gnade flehend. Wie viele der Aufständischen gehörte er früher zu den »Freunden« des römischen Volkes und machte sich deshalb Hoffnung auf die römische Großzügigkeit. Aber Caesar, der sich nie ins Schlepptau von Gefühlen nehmen ließ und sogar gegenüber Arvernern und Haeduern die unwahrscheinlichste Liberalität an den Tag legte, indem er sie in ihrer alten bevorrechtigten Stellung beließ, reagierte anders. Er nahm Vercingetorix in Gewahrsam. Das war keine Rache, sondern kaltes Kalkül. Er konnte es sich in seiner Situation, wo die Statthalterschaft zu Ende ging, nicht leisten, Vercingetorix der Versuchung auszusetzen, abermals einen solchen gefährlichen Aufstand zu entfesseln. Daß er seine Gefangenschaft bis zum Triumph im Jahre 46 ausdehnte und ihn dann erst hinrichten ließ, steht allerdings auf einem anderen Blatt, hat freilich seine Vorbilder in der früheren römischen Geschichte. Schließlich, wenn es jemals einen Rebellen gab, so war Vercingetorix einer.

In den beiden folgenden Jahren (51/50) beschäftigte sich Caesar damit, das letzte Aufflackern des Aufstandes auszutreten und das Land zu beruhigen. Was Caesar im einzelnen geleistet hatte, konnte allerdings erst der späteren Zeit klarwerden. Nur dann war die Feststellung möglich, daß er gewissermaßen zwei Stadien in die knappe Zeit seiner Statthalterschaft hineingepreßt hatte, den Sieg sowohl wie das Brechen des Widerstandsgeistes. Künftigen Generationen blieb so gut wie nichts zu tun übrig. Die Arbeit von Generationen hatte Caesar vorweggenommen.

In der ganzen römischen Geschichte läßt sich kein ebenso nachhaltiges Ereignis mit einem einzigen Mann und dessen zeitlich begrenzter Tätigkeit gleichsetzen. Caesar hätte wahrhaftig auf den strahlendsten Ruhm bei seinen Zeitgenossen Anspruch gehabt. Aber trotz der großen Dankesfeste und obwohl Cicero schon Mitte der fünfziger Jahre verkündete – es war freilich bestellte Arbeit –, daß jetzt endlich mit der Erreichung des Ozeans die Grenzen der Erde und des Römischen Reiches zusammenfielen, blieb diejenige Anerkennung, welche die Phantasie der Menschen beflügelt und damit Caesar einen besonderen Nimbus verliehen hätte, aus. Der Zauber des Weltreiches war nur im Osten, auf den Spuren Alexanders des Großen, zu finden. Cicero bemühte sich, wie gesagt, auch vom Westen einen solchen Glanz zu entleihen, aber die Vorstellungen waren für eine solche Transposition zu festgelegt. Nur Pompeius, der militärisch viel weniger geleistet hatte als Caesar, kam die Gunst der Tradition zugute. Caesar blieb sie versagt, er wurde trotz Gallien keine Lichtgestalt. Man hatte nicht einmal begriffen, welch ein überragender Feldherr er war. Noch immer galt Pompeius als der unerreichbare Stern. So gewann Caesar von daher für die innerpolitische Auseinandersetzung im Grunde nicht allzuviel Kapital. Er hatte sich wohl das einzigartige Heer als Waffe zurechtgeschmiedet – es war allmählich zehn Legionen stark geworden und ging weit über die seiner Zeit vom Senat ausgesprochene Ermächtigung hinaus –, dessen furchtbare Wirkung der Gegner bald zu spüren bekommen sollte. Aber moralische Eroberungen blieben aus; die Tragweite seines erhöhten militärischen Potentials ging ebensowenig wie sein strategisches Genie in das allgemeine Bewußtsein ein. Möglicherweise wäre sonst manches anders gekommen.

Die Lähmung der Republik

Caesars Plan bei der Begründung des Triumvirats war nicht nur die Etablierung seines Konsulats und damit die Ausstattung seines Prokonsulats gewesen. Darüber hinaus hatte er sich vorgestellt, die vereinigte Macht der drei Großen werde es fertigbringen, auch für die nächste Zukunft die römische Politik in die ihnen gemäßen Bahnen zu lenken. Diese Rechnung ging nun aber ganz und gar nicht auf; und jeder politisch halbwegs Urteilsfähige wird sich darüber nicht wundern, wenn er nur daran denkt, wie schlecht im Grunde die Dinge schon unter Caesars persönlicher Regie während seines Konsulats gelaufen waren.

Was war da zu erwarten, wenn seine Gegenwart ausfiel und an ihre Stelle der Notbehelf einer naturgemäß unregelmäßigen Fernsteuerung trat? In der Tat lief denn auch kaum etwas programmgemäß ab. Die römische Politik dieser Jahre bietet den Eindruck eines Chaos, in dem alles durcheinanderging; und Caesar konnte froh sein, daß in diesem Strudel das Schiff seiner Politik nicht richtig kenterte und er in dem Aufeinanderprallen der verschiedenen Gegensätze nicht zerrieben wurde. Dies für eine Reihe von Jahren immerhin verhindert zu haben war seine größte Leistung in diesem Zusammenhang.

Die Peinlichkeit seiner Lage hatte ihre Hauptursache in dem Versagen seiner Helfer und Freunde. Pompeius erwies sich in dem Getriebe der römischen Innenpolitik als völlige Niete, was niemanden wundern konnte, der sein bisheriges Versagen auf diesem Parkett kannte. Sein großes Prestige verbrauchte sich immer mehr. Schon 59, im Konsulatsjahr Caesars, konnte Cicero von ihm sagen: »Unser Freund, der Beschimpfung ungewohnt, bisher immer im Lobe lebend, im Strom des Ruhmes, jetzt körperlich mitgenommen, gebrochenen Geistes, weiß nicht, wohin sich wenden. Vorwärts geht es in den Abgrund, rückwärts ins Ungewisse. Die Guten hat er zu Feinden, selbst die Ruchlosen nicht zu Freunden.« Das war noch eine vertrauliche Lästerung, aber an öffentlicher Bloßstellung fehlte es auch schon damals nicht, und sie wurde in den Jahren nach 59 nun beinahe zur Regel.

Schuld daran hatte die politische Zwiespältigkeit des Pompeius selbst. Er hatte sich durch seinen Übertritt zu Caesar auf eine populare Linie festgelegt. Doch war ihm, seiner inneren Einstellung nach, die im Grunde unpolitisch war und deshalb zu den konventionellen Staatsnormen neigte, dabei ganz und gar nicht wohl. Aber ein richtiger »Optimat« konnte er auch nicht werden. Sowohl die objektiven Gegebenheiten, also seine eigene Lebensgeschichte, wie vor allem die — prinzipiell gerechtfertigte — Abneigung der Optimaten stellten sich dagegen. So war er, nach der damaligen politischen Arithmetik, alles nur halb, nichts ganz, und vor allem außerstande, die »populare« Richtung der Politik überzeugend zu vertreten. Wahrscheinlich scheute er sich auch, dadurch in den Geruch zu kommen, lediglich ein willfähriges Werkzeug Caesars zu sein.

Aber dadurch war eine Lücke entstanden. In sie sprang Clodius ein. Den Absprung in seine politische Karriere verdankte dieser Caesar, der sich ihn von Hause aus als ein untergeordnetes Instrument seiner Politik gedacht hatte. Das wurde er freilich nicht und war im übrigen auch gar nicht gewillt, sich sein Licht von dem gewaltigen Prokonsul zu borgen. Er machte auf eigene Faust »populare« Politik und profitierte von der Situation lediglich insofern, als er mit der Wahrscheinlichkeit rechnen konnte, daß Caesar und auch Pompeius, wenn er sich loyal zu ihnen verhielt, ihm nicht gerade in den Rücken fallen würden. Er war ein wüster Bursche ohne wirkliche Konzeption, es sei denn der, der Senatsregierung möglichst viele Knüppel zwischen die Beine zu schleudern. Im Jahre 58 stand ihm hierzu das Volkstribunat zur Verfügung. Danach schaffte er sich einen Ersatz: er systematisierte den Straßenkampf.

Erfunden hatte er diesen natürlich nicht. Seit den Tagen des Tiberius Gracchus gehörte er in angespannten Lagen zum traurigen Requisit der römischen Politik. Caesar war in seinem Konsulat auch nicht ohne ihn ausgekommen. Immerhin war er bislang eine zeitweilige Aushilfe gewesen. Clodius, ohne alle konkreten Ziele, erhob ihn nun zum Selbstzweck und vermochte ihn deshalb in einer bisher unbekannten Weise zu perfektionieren. Aus dem Pöbel der Hauptstadt, soweit er in besonderen, zumeist kultischen Vereinigungen *(collegia)* zusammengefaßt war, heuerte er besonders rohe und handfeste Burschen an, denen er eine Waffe in die Hand drückte und die er auf brachiale Massendemonstrationen trainieren ließ. Diese Selbstschutzbande stand ihm dann zu jeder Zeit zur Verfügung und markierte auf Kommando die Stimme des Volkes. Da die Weltstadt Rom eine ihrer Größe angemessene Polizei nicht kannte, war der Senat einer solchen Organisation gegenüber wehrlos — es sei denn, er hätte den Staatsnotstand erklärt —, konnte deshalb also im Grunde auch wenig dagegen einwenden, als Feinde des Clodius nach der alten Weisheit verfuhren, daß auf einen groben Klotz ein grober Keil gehöre, und ihrerseits solche Leute in Sold nahmen. Unter ihnen wurde sehr bald ein gewisser Annius Milo zum ebenbürtigen Gegenspieler von Clodius. Bis zum Jahre 52 erlebte nun Rom das unwürdige Schauspiel, daß man unter Umständen auf der Straße nicht mehr sicher war und vor den Augen der Öffentlichkeit sich Mord und Totschlag abspielten. Das waren Symptome einer Anarchie, die an manche Zustände der spätmittelalterlichen Stadt erinnern.

Pompeius war nicht nur außerstande, Clodius zu steuern. Er wurde persönlich sogar (zeitweise) zum Spielball von dessen Launen und Frechheiten. Zum Vorschein kam das vor allem bei der Behandlung eines Themas, das in den Jahren 58/57 die größte Aktualität besaß: der Rückrufung Ciceros aus dem Exil, also zunächst der Aufhebung des von Clodius zu Anfang seines Tribunatsjahres (58) durchgebrachten Volksbeschlusses über die Ächtung Ciceros.

Dieser Gewaltstreich gegen den verdienten Konsular war von allen anständigen Leuten als beschämend empfunden worden. Obgleich ein persönlicher Racheakt des Clodius, wurde er von der Öffentlichkeit auf das Konto des Triumvirats verbucht; nicht ganz mit Unrecht, denn Caesar hatte Clodius zum mindesten gewähren lassen, um sich dessen Unterstützung für die Zukunft zu sichern. Pompeius jedoch, der die hieraus entstehende moralische Belastung unmittelbar zu tragen hatte und Clodius ohnehin gram war, wollte von dem Ächtungsbeschluß wieder herunter, wobei er auf die Unterstützung aller Optimaten zählen konnte.

Als Clodius merkte, worauf Pompeius hinauswollte, nahm sein Kampf gegen ihn Wildwestformen an. Ein Sklave von Clodius wurde ergriffen und behauptete, er sollte Pompeius ermorden. Pompeius hielt sich daraufhin nur noch zu Hause auf; er konnte schon deswegen nicht mehr auf die Straße, weil die Bande des Clodius ihn in seinem Palast förmlich belagerte. Während des Tribunats von Clodius (58) war wenig auszurichten.

Das Jahr darauf traten mit den Tribunen Milo und Sestius nicht nur Freunde Ciceros, sondern auch die anticlodischen Schutzstaffeln auf den Plan. Pompeius setzte sich nun in der Öffentlichkeit für Cicero ein, und so wurde am 4.8.57 durch die Volksversammlung Ciceros Ächtung aufgehoben. Seine Heimkehr wurde zu einer glänzenden Ovation (4.9.57). Cicero in seiner weiblichen Sensibilität glaubte, in der Begeisterung ein Spiegelbild seiner politischen Bedeutung zu sehen — eine sehr naive Selbsttäuschung — und gaukelte sich eine Wiederkehr der Tage seines Konsulats vor. Bildete er sich schon damals ein, die Quadratur des Kreises mit dem »Zusammenklang aller Gutgesinnten« gefunden zu haben, so meinte er jetzt, die Bestätigung in der Hand zu halten, und scheute sich nicht, im folgenden Jahre, als er Sestius verteidigen mußte, seine illusionäre Staatsphilosophie öffentlich vorzutragen.

Verhängnisvoller war, daß Cicero auf Grund der Umstände seiner Rückkehr die Stellung des Pompeius in der römischen Politik falsch einschätzte. Er meinte, Pompeius sei nun endgültig mit den Optimaten ausgesöhnt und in ihre Reihe zurückgekehrt, ebenso hätten die Optimaten ihre alten Differenzen mit ihm bereinigt. Bei dieser Deutung war, möglicherweise unbewußt, ein gutes Stück Zweckoptimismus beteiligt. Cicero war selbstverständlich klar, daß er seine Rückkehr nicht zuletzt Pompeius zu verdanken hatte und er damit von ihm abhängig geworden war. Für sein Gewissen wurde es deshalb beinahe zu einer Existenzfrage, daß sein Patron nun auch in seine eigenen politischen Vorstellungen hineinpaßte und wirklich derjenige war, den er sich nicht nur wünschte, sondern auf den sein eigenes Selbstbewußtsein angewiesen war. In welch grausamer Selbsttäuschung er damit befangen war, sollte zu seinem Leidwesen nur allzubald zum Vorschein kommen.

In Wirklichkeit bedeutete Pompeius' Eintreten für Ciceros Rückkehr nur eine vorübergehende und bloß gelegentliche Annäherung an die Optimaten. Daß es nicht zu einer Aussöhnung kam, lag weniger an der Loyalität des Pompeius gegenüber Caesar — dergleichen Empfindungen waren Pompeius nicht ganz fremd, und seine Ehe mit Iulia, der Tochter Caesars, beeinflußte gewiß in dieser Richtung seine Gefühle — als am Selbstbewußtsein des Pompeius. Dieser Stachel, der seine Gemütsruhe immer wieder reizte, aber seinen im Grunde trägen und phantasielosen Geist zu keinem starken und klaren Willen zu zwingen vermochte, hielt ihn sowohl Caesar wie dem Senat gegenüber in Distanz. Er litt darunter, daß er im Vergleich zu Caesar über keine äußere Stellung verfügte, konnte aber nur mit einem außerordentlichen Amt sich zufriedengeben, und eben dies machte ihn weder dem einen noch dem anderen liebenswerter.

Es mußte ihn deshalb mit Genugtuung erfüllen, daß sein Ansehen noch genug vermochte, um ihm wenigstens eine Vollmacht von reduziertem Umfang zu verschaffen. Er sollte die Lebensmittelversorgung Roms (die *cura annonae*) — ein neuralgischer Punkt der städtischen Verwaltung — sicherstellen, womit die Verfügung über sämtliche Getreidevorräte Italiens und der Provinzen verbunden war, dazu die Berechtigung, fünfzehn Legaten zu ernennen. Das war gewiß nur ein Schatten von dem, was er einst gegen die Seeräuber und Mithridates besessen hatte. Ein Volkstribun wollte ihn deshalb mit der militärischen Gewalt über das ganze Reich ausstatten, stieß da aber natürlich auf eisernen Widerstand. Immerhin war Pompeius mit diesem fünfjährigen prokonsularischen Imperium wieder ein Mann mit amtlichen Befugnissen; und wenn es auch keine rechte Macht verlieh, sondern sich in bloßer Verwaltung erschöpfte, so war er damit doch dem rein privaten Dasein, dem er so wenig Form geben konnte, entronnen und brauchte auch die Senatssitzungen, an denen er wenig Freude hatte, nicht mehr zu besuchen.

Allerdings war deshalb Pompeius noch nicht zu einer selbständigen Macht geworden. Clodius ließ ihn das deutlich fühlen und hatte dabei sogar den Senat und auch Crassus, dessen alter Widerwille gegen Pompeius durch das Triumvirat nicht beseitigt war, auf seiner Seite. Mit eigener Kraft kam Pompeius aus der Isolierung eben nicht heraus. Die Optimaten, mit ihnen in diesem Fall auch Cicero, bildeten sich ein, sie säßen am längeren Hebelarm, da das Triumvirat nun doch längst brüchig geworden sei und Pompeius deshalb gar nichts anderes übrigbleibe als der Anschluß an den Senat. Cicero war von dieser Illusion derartig befangen, daß er keinen Anstand nahm, nicht nur offen seinen Abscheu über das Konsulat Caesars zu äußern, sondern dessen (zweites) Ackergesetz, das doch dem Interesse des Pompeius gedient hatte, aufs Korn zu nehmen. Er ahnte nicht, wie er damit Caesar in die Hände arbeitete.

Caesar war es längst klar, daß er mit seiner schlecht funktionierenden Triumviratspolitik auf einem schmalen Grat balancierte. Nur zu leicht konnte sie völlig auseinanderbrechen und er dann schutzlos seinen Feinden gegenüberstehen. Crassus hatte bereits dem Senat gegen Pompeius beigestanden oder doch sich die Senatsunterstützung gefallen lassen. Warum sollte nicht eines Tages vollends die Brücke zwischen Pompeius und dem Senat geschlagen werden? Dann war Caesar, hinter sich das aufrührerische Gallien, erledigt. Gerade im Jahre 56 spitzten sich die Dinge noch besonders zu, als der optimatische Konsulatskandidat für 55, Lucius Domitius Ahenobarbus, unverhohlen seine Absicht kundtat, als Konsul Caesar seines Kommandos zu entsetzen und vor Gericht zu ziehen. Caesar wandte deshalb sein ganzes Geschick an, um das Triumvirat zu reaktivieren. In Ravenna besprach er sich mit Crassus und in Luca mit Pompeius (7.4.56). Ihm war klar, daß er jetzt dem Ehrgeiz seiner Freunde mit einem massiven Angebot entsprechen mußte, und konsequent und klarblickend, wie er war, ließ er es an der notwendigen Großzügigkeit nicht fehlen. Sein Vorschlag enthielt nichts Geringeres als eine völlig paritätische Behandlung des Pompeius und Crassus im Vergleich mit ihm selbst. Beide sollten, wie er einst 59, jetzt 55 Konsuln werden. Damit war die Gefahr gebannt, daß Domitius Ahenobarbus zum Zuge käme. Die Hauptsache jedoch war das anschließende Provinzialkommando. Unter den gleichen Bedingungen, unter denen Caesar 59 Gallien bekommen hatte, sollte jetzt Pompeius die beiden Spanien und Crassus Syrien erhalten, das heißt unter der Kautel, daß vor dem 1. März 50 nicht über die Nachfolger beraten werden dürfe. In der gleichen Weise wurde eine Verlängerung von Caesars gallischem Kommando um weitere fünf Jahre in Aussicht genommen.

Trotz dieser »Verschwörung zur Verteilung der Herrschaft und Auflösung der Verfassung«, wie es in den Quellen heißt, gab die Gegenseite nicht auf. Sie konnte alsbald bei den Beratungen über die Provinzverteilung für 54 einhaken – das mußte vor der Konsulwahl für 55 geschehen – und wollte die Gelegenheit benutzen, um eine Entscheidung über die gallischen Provinzen Caesars herbeizuführen und damit ein Fait accompli zu schaffen. Der Versuch mißlang, an seiner Verhinderung war Cicero wesentlich beteiligt. Pompeius, von dem er abhängig war, gebot ihm kurzerhand, erstens seine Opposition gegen das Konsulat Caesars von 59 aufzugeben, und zweitens, sich für das nun zementierte Triumvirat und dessen Provinzverteilung einzusetzen. Cicero bequemte sich zu diesem »Widerruf« seiner ganzen bisherigen Politik, wie er selbst sagte, und hielt eine entsprechende Rede. Es war so ziemlich der Tiefpunkt seiner politischen Laufbahn und, wenn man es recht bedenkt, weit schlimmer als die Demütigung durch Clodius zwei Jahre zuvor.

Auf einen Tiefpunkt war aber auch die politische Ordnung Roms gekommen. Es war keine Rede davon, daß die andere Seite einfach vor der geballten Macht des Triumvirats in die Knie gegangen wäre. Die Konsulwahlen mußten, da sie im Sinne der Triumvirn nicht als gesichert gelten konnten, mit Hilfe tribunizischer Interzession so lange verschoben werden, bis Caesar als Stimmvolk seine Urlauber schicken konnte; bereits nach Beginn des Amtsjahres setzte diese denn auch die Wahl von Pompeius und Crassus durch. Die Verschleppung wurde von den Optimaten mit dem demonstrativen Anlegen von Trauerkleidung beantwortet. Die Wahl selbst wurde unter Einsatz von Brachialgewalt entschieden. Dasselbe gab es auch bei der Wahl anderer Magistrate; bei einer wurde Pompeius mit Blut bespritzt. Auch die Abstimmung über die Provinzvorlagen für Crassus und Pompeius artete zu einem Tumult aus. Die Optimaten gaben die Opposition nicht auf und hatten auch Erfolge zu verzeichnen. So wurde ein Gefolgsmann des Pompeius, Gabinius, wegen seiner Provinzverwaltung verurteilt, obwohl Pompeius sich öffentlich für ihn einsetzte. Vor allem gelang es den Optimaten, die Wahl des Domitius Ahenobarbus zum Konsul für 54 und die Catos zum Prätor durchzusetzen. Als sich Crassus in seine Provinz begeben wollte, versuchten einige Volkstribune, ihn daran zu hindern. Das gelang zwar nicht, aber als dieser Rom auf dem Wege nach dem Orient verlassen wollte, wurde von einem dieser Volkstribune ein Fluch gegen ihn ausgestoßen.

Der Fluch wurde tatsächlich zum Menetekel. Crassus, der Unbedeutendste im Triumvirat, hoffte, wie Pompeius, im Orient ein berühmter Mann zu werden. Dazu brauchte er einen eindrucksvollen Krieg. Er provozierte deshalb die Parther und zog gegen sie zu Felde. Das Ergebnis war eine der schlimmsten Niederlagen Roms. Bei Karrhai (im Nordwesten Mesopotamiens) ging mit ihrem Feldherrn eine ganze römische Armee zugrunde. Die Niederlage wurde ein halbes Jahrhundert lang als ehrenrührige Schmach empfunden.

In Rom war das Bild nicht minder traurig. Die Verhältnisse arteten in offene Anarchie aus. Die Konsulwahlen für 53 wurden zu einem schlimmen Fiasko. Trotz einer ins Mammutartige getriebenen Bestechung kam keine Wahl zustande. Es wurde ein derartiger Skandal daraus, daß alle Kandidaten kompromittiert waren und erst die Hälfte des Amtsjahres vergehen mußte, ehe seine Konsuln gewählt waren.

Die Überwältigung der Republik durch Caesar

Das Chaos, das den römischen Staat in den Jahren 54 und 53 v. Chr. völlig lähmte und keine geregelte Regierungstätigkeit mehr erlaubte, brachte Pompeius den großen Vorteil ein, daß es das Schiff seiner persönlichen Politik, das längst durch seine Isolierung und auch die Verbindung mit Caesar festgefahren war, wieder flottmachte, und zwar in der ihm sympathischen Weise, daß er selbst als Interessent nicht in Erscheinung zu treten brauchte, sondern die Umstände ihm entgegenkamen und schließlich auf ihn wiesen. Schon im Juni 54 wurde davon gemunkelt, daß den verfahrenen Verhältnissen nur mit der Diktatur beizukommen sei, und Ende des Jahres wurde ganz offen darüber gesprochen.

Wer sie innehaben sollte, war nicht zweifelhaft; und wer es noch nicht wußte, dem wurde es von zwei designierten Volkstribunen (für 53) deutlich verkündet. Pompeius sollte der Mann sein, der in dieser Eigenschaft den Staat zu retten hätte. In den Augen des Pompeius war dies freilich erst ein Versuchsballon. Er wollte den Senat nicht überrennen und hatte keine Lust, die Situation vom Jahre 67 zu beschwören, die ihm zwar äußerlich einen Triumph gebracht, aber hinterher seine Position ungemein erschwert hatte. Die Abneigung gegen ihn bei den bewußten Senatspolitikern war noch immer sehr lebendig; und seit Sullas Zeiten bestand allgemein ein Trauma hinsichtlich der Diktatur. Sie dazu noch einem, wie viele überzeugt waren, notorisch unzuverlässigen Mann wie Pompeius in die Hand zu geben, erschien einem Cato als politischer Selbstmord; und allein stand er mit dieser Ansicht nicht.

Es mußte noch ganz anderes dazukommen, um diese Bedenken auszuräumen. Und dafür brauchte Pompeius nicht zu sorgen. Neujahr 52 gab es wiederum keine Konsuln und auch keine Prätoren; und die Aussicht, auf ordnungsgemäßem Wege welche zu erhalten, war denkbar gering, denn unter den Kandidaten befanden sich die beiden Bandenhäupter Milo und Clodius, welche die Stadt terrorisierten und sich gegenseitig lahmlegten. In der erhitzten Atmosphäre ereignete sich nun ein Zwischenfall; beide gerieten in der Umgebung Roms mit ihren Haufen aneinander, wobei Clodius getötet wurde. Im Volk entstand ob seines Todes eine ungeheure Erregung, die sich in seiner Leichenfeier einen gespenstischen Ausdruck verschaffte; Clodius wurde zum Rathaus gebracht und dort zusammen mit dem Hausrat und dem Gebäude verbrannt. Daraufhin gab nun auch der Senat nach, bestellte für Pompeius außerordentliche Vollmachten und ließ ihn zum alleinigen Konsul *(consul sine collega)* wählen, ein staatsrechtlicher Trick, durch den man den ominösen Diktaturbegriff vermied und einen Riegel vor eine zeitlich unbefristete Diktatur wie die Sullas schob. Pompeius schuf nun Ordnung und räumte mit dem Bandenunwesen auf. Milo wurde – trotz der Verteidigung Ciceros – verurteilt, vor allem aber ging Pompeius gegen die Clodiusleute vor. Ein Sondergericht wurde auf diese angesetzt, worüber sie natürlich sehr erstaunt waren, nachdem sie jahrelang Narrenfreiheit genossen hatten. Aber das Blatt hatte sich gewendet. Die Macht des Triumvirats war geschwunden, vor allem Caesars Einfluß beinahe zu nichts geworden.

Das bedeutet nicht, daß das Triumvirat geradezu zerbrochen wäre, aber das Leben war aus ihm geschwunden. Hatte Caesar 56 mit Luca noch vermocht, dem Dreibund einen kräftigen Impuls zu geben, so war er jetzt dazu völlig außerstande. Schuld daran hatte vor allem die Krise seiner gallischen Politik. Statt daß dort eine Konsolidierung eingetreten wäre, hatte sich der Widerstand verstärkt. Die Aufstandsbewegungen waren so gefährlich geworden, daß Caesar sogar den Winter 54/53 im Lande verbringen mußte und damit die Nähe Roms in Oberitalien entbehrte. Und doch hätte sie ihm gerade damals sehr not getan, denn 54 war Iulia, Caesars Tochter und Frau des Pompeius, gestorben und damit ein natürliches Bindeglied zwischen den beiden Männern weggebrochen. Im Jahr 53 fiel Crassus in Mesopotamien. Er war allerdings niemals eine Brücke zwischen Pompeius und Caesar gewesen, aber da zwischen ihm und Pompeius Spannungen bestanden, neigte er mehr zu Caesar und erhöhte deshalb dessen Gewicht in dem Kartell. Caesar wäre nicht

Caesar gewesen, wenn er nicht bemerkt hätte, daß aus dem Rahmen, in dem sie standen, der Kitt herausbröckelte. Die politische Position von Pompeius war ohnedies günstiger, da er in Rom und in Italien war. Von seinem außerordentlichen Kommando in Spanien machte er nur begrenzten Gebrauch; er schickte seine Legaten auf die Iberische Halbinsel, blieb selbst aber unter Berufung auf seinen Versorgungsauftrag *(cura annonae)* daheim.

Wie sollte nun Caesar gegen das Schwergewicht der Verhältnisse ankommen? Anfang 53 vermochte er noch Pompeius ohne Schwierigkeiten dazu zu bewegen, ihm eine Legion, die dieser im (caesarischen) Oberitalien ausgehoben hatte, zum Ersatz der im Eburonenaufstand vernichteten anderthalb Legionen auszuleihen; an sich ein bezeichnender Vorgang für die Aushöhlung der Staatsgewalt und als solcher auch von Cato mit scharfem Sarkasmus gegeißelt. Doch der Versuch, Pompeius wieder persönlich an sich heranzuziehen, mißlang. Caesar schlug Pompeius vor, an Stelle der verstorbenen Iulia Caesars Großnichte Octavia (eine Schwester des späteren Kaisers Augustus) zu heiraten, und war selbst bereit, sich von seiner Frau zu trennen, um eine Tochter des Pompeius zu ehelichen, also, wie Cato schon früher einmal bemerkt hatte, den Schacher mit Provinzen und Frauen fortzusetzen. Doch Pompeius ging nicht darauf ein und nahm statt dessen etwas später (52) Cornelia zur Frau, die junge Witwe des Sohnes von Crassus, der wie sein Vater bei Karrhai umgekommen war. Sie war die Tochter des Metellus Scipio, eines markanten, wenn auch nicht zum besten beleumundeten Optimaten, der in seiner Jugend als Verteidiger des Verres hervorgetreten war. Zu Beginn des Jahres 52 mußte Caesar feststellen, daß ihm die Zügel völlig zu entgleiten drohten.

Der große Aufstand des Vercingetorix brach los — die Gallier wußten gut, in welcher Zwickmühle sich Caesar befand –, und er saß in Oberitalien und konnte sich wochenlang nicht fortbewegen, gefesselt durch die Bemühungen, das Letzte aus der Konkursmasse seiner römischen Politik zu retten. Seine Freunde rieten ihm, mit Pompeius das Konsulat von 52 zu übernehmen; eine entsprechende Parole wurde schon in die Öffentlichkeit lanciert, Caesar hätte es wohl zu diesem Zeitpunkt noch fertiggebracht, Pompeius dazu zu bringen, aber das brennende Gallien in seinem Rücken zog einen kategorischen Strich durch diese Eventualität. So blieb ihm nichts anderes übrig, als seine prekäre Situation mit souveräner Haltung zu überspielen und sich die Verstimmung über die Quasidiktatur des Pompeius nicht anmerken zu lassen. Das ermöglichte ihm immerhin, bei Pompeius noch eine Gefälligkeit herauszuschlagen, ein Plebiszit, das von allen zehn Volkstribunen eingebracht wurde und ihm einräumte, sich in Abwesenheit zum Konsul wählen zu lassen. Im übrigen mußte er den Dingen fürs nächste ihren Lauf lassen, denn der gallische Kriegsschauplatz verlangte längst dringend nach ihm.

Was sich in den folgenden drei Jahren (52—50) in Rom abspielte, stellte sich mit fortschreitender Zeit immer klarer als ein mit äußerster Zähigkeit geführter Kampf um die politische Existenz Caesars heraus. Einem modernen Leser ist er nicht leicht klarzumachen, da in ihm mit den Finessen des allgemeinen und speziellen römischen Staatsrechts gearbeitet wurde, die eigentlich nur den Zeitgenossen selbstverständlich waren. Heute kennt sie nur noch der Gelehrte, der sich speziell mit diesen Problemen beschäftigt. Dennoch kann selbst in dieser Darstellung von solchen Interna nicht ganz abgesehen werden.

Das Kernstück der Auseinandersetzung, das beiden Seiten in durchsichtigster Klarheit vor Augen stand, war die Frage, ob es Caesar gelingen würde, unmittelbar von seinem Prokonsulat aus Konsul zu werden, so daß er dazwischen nicht den Charakter eines Beamten verlor. Sonst wäre er Privatmann geworden, und dann wäre er bei dem Haß seiner Feinde so gut wie vogelfrei gewesen. Man hätte ihm alsbald den Prozeß gemacht und ihn, ganz abgesehen von dessen kaum zweifelhaft negativem Ausgang, zum mindesten von der Kandidatur ausgeschlossen. Caesar wäre damit auf das Niveau eines Catilina abgesunken und erledigt gewesen. Wenn dagegen Caesar unter Umschiffung dieser Klippe Konsul wurde, traute er es sich zu, von dieser Basis aus weitere Wege in die Zukunft zu finden, ohne Einsatz der militärischen Gewalt. Gerade das wollte er von Anfang an vermeiden, denn er kannte das Trauma, das Marius, Cinna und Sulla mit ihren blutigen Exzessen in der römischen Gesellschaft hervorgerufen hatten. Dieser Linie blieb Caesar alle die Jahre vor Ausbruch des Bürgerkrieges und auch danach noch treu. Umgekehrt schwebte seinen Gegnern als Ultima ratio, wenn es also anders nicht gelang, Caesar zu Fall zu bringen, vor, ihn als militärischen Aufrührer zu demaskieren und alle dafür bereitstehenden materiellen und moralischen Kräfte gegen ihn zu mobilisieren. Die Verbindung mit Pompeius sollte das strategische Potential verschaffen. Diese Liaison wurde Ende 52 ganz offenkundig, als Pompeius sein außerordentliches spanisches Kommando auf fünf Jahre verlängert bekam und über die im Sinne des Triumvirats analogen Ansprüche Caesars mit Stillschweigen hinweggegangen wurde.

Hierum wurde also gerungen, seit 51 mit ganz offenem Panier; im Jahre 52, dem des Einmannkonsulats des Pompeius, war die Auseinandersetzung noch mehrdeutig. Die Ordnungsaktion des Pompeius traf Caesar, trotz der Verfolgung der Clodianer, nicht eigentlich ins Herz. Auch bei einem Gesetz, das Pompeius durchbrachte und das in den folgenden Jahren fundamentale Bedeutung gewann, ist nicht ganz klar, ob es direkt auf Caesar zielte. Es gab an sich vor, den allmählich völlig entarteten und korrupten Wahlkämpfen zu steuern, indem es Konsulat und Prätur weniger attraktiv machte. Nach alter, gesetzlich fixierter Übung war mit diesen Ämtern das Prokonsulat verbunden; jeder Kandidat wußte praktisch, welche Provinz er im Falle seines Wahlsieges als zeitliches Annex seines Konsulats oder seiner Prätur bekommen würde. Das neue Gesetz schrieb vor, daß künftig der Senat unter den früheren Konsularen und Prätoriern die Prokonsuln auswählen sollte und mindestens fünf Jahre seit ihrer ordentlichen Magistratur verstrichen sein müßten. Ein anderes Gesetz betonte die persönliche Bewerbung des Kandidaten. Dabei wurde vergessen — wahrscheinlich ein technisches Versehen —, das durch Gesetz festgelegte Privileg Caesars als Ausnahme anzumerken. Ob mit Absicht oder nicht, in beiden Gesetzen war das Instrumentarium bereitgelegt, Caesar aus dem Sattel zu heben und seine von Anfang an zugrundeliegende Kalkulation zu durchkreuzen.

Caesars Plänen lag folgender Gedanke zugrunde: das gesetzlich für ihn erreichbare Konsulat war das von 48 (durch ein zehnjähriges Intervall von dem im Jahre 59 getrennt). Die Begrenzung seiner Statthalterschaft war in die eigentümliche Formel gefaßt, daß vor dem 1. März 50 über seinen Nachfolger im Senat nicht beraten werden dürfe. Nach dem zur Zeit dieser Regelung (sowohl im Jahr 59 als 55, bei der Verlängerung des Gesetzes von 59) gültigen Staatsrecht bedeutete dies praktisch, daß frühestens für das Jahr 48 ein Nachfolger auftreten konnte und infolgedessen Caesar bis dahin im Besitz seiner prokonsularischen Amtsgewalt blieb. Zugrunde lag dieser merkwürdigen Berechnung die Norm, daß über die Besetzung des Statthalterpostens vor der Wahl zum Konsulat (oder zur Prätur) – dieses Voraussetzung für jene – beschlossen werden mußte, im Falle Caesars also, daß frühestens nach dem 1.3.50 mit dem Konsulat für 49 die Statthalterschaft von 48 zu regeln war. Damit konnte sich Caesar als einigermaßen gesichert betrachten, bis zu dem Moment, da Pompeius das Gesetz über den Rückgriff auf frühere Konsulare für die Statthalterschaft erwirkte; denn nun konnte ein Beschluß nach dem 1. März 50 die Bestimmung eines Nachfolgers bedeuten, der bereits am Tage nach dem Beschluß, auf jeden Fall am 1. Januar 49, sein Amt antrat. Caesar war dann das ganze Jahr 49 Privatmann und seinen Feinden wehrlos preisgegeben. Seine ganzen Anstrengungen gingen deshalb dahin, auf legalem Wege dieser verderblichen Folgerung zu begegnen.

Umgekehrt waren seine Gegner fest entschlossen, diese für Caesar unerträgliche Situation herbeizuführen. Man kann ihnen weder Begriffsstutzigkeit noch Feigheit vorwerfen. Die Optimaten waren seit langem nicht mehr so »in Form« gewesen wie in diesen beiden Jahren, da sie auf Biegen oder Brechen der Auseinandersetzung mit Caesar zusteuerten. Schon Anfang des Jahres 51 war der Konsul Marcus Marcellus vorgeprescht, indem er kurzerhand Caesar abberufen wollte, drang allerdings, da es ein Rechtsbruch gewesen wäre, damit nicht durch. Doch vom 29. September 51 an war in einem Senatsbeschluß festgelegt, daß ab 1. März 50 in der zulässigen Weise gegen Caesar verfahren werden würde.

Caesar blieb nur der eine Ausweg, die Verhandlungen in seinem Sinne zu beeinflussen. Er hatte hierbei das Glück, einen sehr fähigen Volkstribunen in der Person Curios, eines bis dahin fanatischen Optimaten, gegen Zahlung seiner Schulden, angeblich zweieinhalb Millionen Drachmen, für diese Zwecke zu gewinnen. Curio gelang es dann auch, durch seine bewegliche Taktik und Anwendung seines Interzessionsrechts, eine extreme Beschlußfassung des Senats zu verhindern. Er verstand sich gut auf die Psychologie des unpolitischen Biedermannes, der um jeden Preis seinen Frieden retten wollte, und kam dieser starken Gruppe mit dem scheinbar überzeugenden, auf jeden Fall sehr verführerischen Angebot, Caesar wie Pompeius sollten ihr Heer gleichzeitig abgeben, dann wäre der Staat frei. Damit entstand bei der Masse der Urteilslosen der Eindruck, es gäbe nur noch dieses Mittel, dem Verderben eines Bürgerkrieges zu entgehen. Mit überwältigender Mehrheit wurde Ende des Jahres 50, im Dezember, in diesem Sinne ein Senatsbeschluß gefaßt.

Nun sah es so aus, als hätte Caesar seinen Gegnern in der letzten Minute das Heft aus der Hand gerissen. Es sah aber wirklich nur so aus. Am 1. Januar 49 stimmte der Senat – im Widerspruch zu seinem früheren Beschluß – für den Antrag des Metellus Scipio, des Schwiegervaters des Pompeius, daß Caesar allein bis zu einem bestimmten Zeitpunkt das Heer abzugeben und sich als Privatmann um das Konsulat zu bewerben habe. Dagegen interzedierten tagelang zwei caesarische Volkstribunen, darunter der später so berühmte Marcus Antonius, und Cicero bemühte sich, einen Kompromiß herbeizuführen; aber die energischen Optimaten, an ihrer Spitze die beiden Konsuln, ließen sich nicht mehr vom Kurs abbringen. Am 7. Januar erklärte der Senat den Staatsnotstand, mit der Ermächtigung an Konsuln, Prätoren, Volkstribunen und Prokonsuln in der Nähe der Stadt, die nötigen Maßnahmen zu ergreifen. Die beiden caesarischen Volkstribunen, die auch hier, in diesem Fall aber ohne Rechtswirkung, interzediert hatten, brachen zu Caesar auf und taten so, als wenn ihre tribunizische Unverletzlichkeit bedroht wäre.

Damit war nun Caesar der Schwarze Peter zugespielt. Jetzt konnte er sich nur noch fügen, oder er mußte den Weg der Gewalt beschreiten, eben das, was er immer vermeiden wollte, Das große Spiel um einen politischen, nichtmilitärischen Sieg hatte er verloren.

In Oberitalien hatte er nur eine einzige Legion zur Hand. Mit dieser marschierte er in Italien ein. Bei dem Überschreiten des Grenzflusses Rubico (zwischen Italien und der oberitalischen Provinz) zitierte er seinen griechischen Lieblingsdichter Menander: »Hoch fliege jetzt der Würfel« (das lateinische »alea iacta est« ist eine nicht ganz genaue Übersetzung). In der Tat war damit, indem nun der Bürgerkrieg begann, dem blinden Glück, der Fortuna, ein größerer Raum als bisher zugemessen.

Caesar hatte den »kalten Krieg« nicht gewonnen. Seine Feinde hatten sich nicht düpieren lassen. Der »heiße« unterlag nun nicht seinem diplomatischen, sondern seinem militärischen Genie, und weil dieses für uns am evidentesten ist, sind wir wahrscheinlich geneigt, die Entscheidung von Anfang an präjudiziert zu sehen. Das wäre freilich ein rechter Irrtum. Strategisch war die Situation für Caesar keineswegs besonders günstig. Er war in der Illegalität: überall, wo sich Leute für oder gegen ihn zu entscheiden hatten, sprach die Vermutung erst einmal gegen ihn. Danach gestaltete sich auch das Bild. Der Staat, Italien und besonders das »Reich« lehnten ihn ab. In der ersten Zeit schloß sich ihm kaum jemand freiwillig an. Neutralität war das Höchste, was ihm von selbst geboten wurde, und auch diese nur in Ausnahmefällen. Herrschaft und Anhang gewann er nur, wo Waffengewalt ihm den Weg bahnte. Dieser Kampf in seiner brutalen Form, in den ersten Tagen des Jahres 49 begonnen, wollte und wollte, auch als er entschieden schien, nicht aufhören. Über vier Jahre zog er sich — mit Unterbrechungen — hin. Noch ein Jahr vor seinem Tode hielt Caesar das Bürgerkriegsschwert in seiner Hand.

Caesar kannte von Anfang an die Ungunst seiner Stellung. Auch rein militärisch konnte der Bürgerkrieg leicht zum Abenteuer werden, wo alles gegen ihn stand und schließlich Pompeius keine militärische Null war. Seine Sache, sofern es sie gab, vielleicht genauer seine Person, hatte bei Ausbruch des Krieges im allgemeinen Bewußtsein keine allzugroße Werbekraft. Von seinen Siegen in Gallien wußte man selbstverständlich; genug Feiern mit Spektakel hatte es um sie ja gegeben. Aber was Caesar da wirklich geleistet hatte, das maßen die wenigsten ab, wenn es überhaupt geschah oder geschehen konnte. Dagegen war man voller Schrecken, Caesar könnte mit keltischen Barbaren auf Rom losgehen. Daß die Zeiten Cinnas wiedergekommen seien, war die allgemeine Erwartung. Von dem Mann, dessen Konsulat mit Rechtsbrüchen gepflastert war (so wenigstens die öffentliche Meinung), hatte man sich des Schlimmsten zu gewärtigen. Solange die Waage nicht zu seinen Gunsten ausgeschlagen hatte, führte deshalb Caesar neben den militärischen Operationen eine energische und konsequente Friedensoffensive durch.

In den anderthalb Jahren vom Beginn des Jahres 49 bis zum Hochsommer 48 lassen sich rund ein Dutzend Versuche Caesars nachweisen, mit dem Gegner in ein Gespräch zu kommen. Er wandte sich sowohl direkt an ihn, zumeist an Pompeius, und an die offizielle römische Regierung, sei es an den Senat oder die amtierenden Konsuln, als auch indirekt, auf dem Wege persönlicher Vermittlung, wobei er vor allem auf Cicero einige Hoffnungen setzte. Der Tenor seiner Angebote zeichnete sich immer durch die gleiche Großzügigkeit aus: der Krieg sollte umgehend und restlos sistiert und auf beiden Seiten die Heeresmassen demobilisiert werden. Dann sollten in Rom freie Wahlen stattfinden. Ganz zu Anfang war er sogar bereit, Pompeius mit seinen Truppen nach Spanien gehen zu lassen, selbst aber auf seine Provinz und damit auf das Heer zu verzichten und als Privatmann sich der Abstimmung in Rom zu stellen, womit er über den letzten Vermittlungsvorschlag vor der Erklärung des Staatsnotstandes am 7. Januar 49 noch einen bedeutenden Schritt hinausging. Während der ersten Monate, als die Dinge politisch im Fluß und noch nicht zur letzten Verhärtung gediehen waren, mag Caesar sich vielleicht einen praktischen Erfolg von dieser Taktik erhofft haben. Später war sie kaum mehr als eine Demonstration, um sich im Angesicht der Öffentlichkeit zu salvieren.

Das hatte er in der Tat auch bitter nötig; denn schließlich war er der Störenfried, und deshalb mußte er der Welt suggerieren, daß er nichts sehnlicher wünschte als den Frieden. Wie süß mußte es in den Ohren der wie auch sonst zumeist unpolitischen Bevölkerung klingen, wenn er sich vernehmen ließ, »daß die Furcht aus dem Staate verbannt sein und freie Wahlen und der ganze Staat dem Senat und dem römischen Volk anvertraut sein sollten«. Ein Glücksumstand kam Caesar hierbei besonders zustatten. In der italischen Landstadt Corfinium waren gleich zu Beginn des Bürgerkrieges eine Anzahl Optimaten, darunter seine grimmigsten Feinde, in seine Hände gefallen. Er ließ sie allesamt frei, obgleich er annehmen mußte, daß sie alsbald weiter gegen ihn kämpfen würden (was dann auch geschah).

Aber das Opfer lohnte sich. Mit überzeugendem Nachdruck konnte er sich danach auf diese »Milde von Corfinium« berufen und davon sprechen, daß »dies die neue Art zu siegen sei, indem man sich durch Mitleid und Großzügigkeit schütze«. Und noch kurz vor der Entscheidungsschlacht von Pharsalos schickte er dem Konsular Metellus Scipio, dem Schwiegervater des Pompeius und damaligen Kommandanten eines eigenen Heeres, die Botschaft, wenn er jetzt auf der Gegenseite ein Einlenken bewirke, dann werde man ihm »die Ruhe Italiens, den Frieden der Provinzen und das Heil des Reiches« zu danken haben.

Auf den Verlauf der Auseinandersetzung hatte diese Friedenspolitik Caesars nicht den geringsten Einfluß; sie war genauso erfolglos wie sein Bemühen, es gar nicht erst zum Bürgerkrieg kommen zu lassen. Der Austrag des Kampfes konnte also nur militärisch erfolgen. Hierbei hing nun alles von Caesars strategischer Genialität ab, denn die Übermacht hatte der Feind. Er konnte zwar im Augenblick weder Rom noch Italien halten. Pompeius hatte dies klar erkannt und entsprechend mit dem in Italien verfügbaren Heer die Apenninenhalbinsel geräumt und sich nach Osten, auf das Italien gegenüberliegende Ufer der Balkanhalbinsel, abgesetzt. Da Caesar außerstande war, sogleich die Verfolgung aufzunehmen, war genug Zeit, die gewaltigen Mittel der östlichen Reichshälfte zu mobilisieren. Pompeius war dazu der rechte Mann, denn sein Name besaß dort noch einen magischen Klang. Wie unter Sulla sollten also Rom und Italien vom Osten her zurückgewonnen werden, nur, wie es scheinen mußte, unter viel günstigeren Umständen, denn es gab erstens keinen Mithridates, und zweitens war die Optik der Legitimität jetzt wesentlich eindeutiger. Was Rang und Namen besaß, hatte die Evakuierung mitgemacht, schließlich auch Cicero. Der wirkliche Senat war nicht in Rom geblieben.

Das bereitete Caesar große Verlegenheit, da er infolgedessen nur einen Rumpfsenat ohne die beiden Konsuln einberufen konnte (1.4.49). Er war schlecht besucht. Auch von denen, die Pompeius nicht über das Meer gefolgt waren, waren bei weitem nicht alle gekommen. Ein paar Volkstribune und Prätoren standen ihm zur Verfügung, so daß wenigstens die Einberufung korrekt ergehen konnte. Aber als Caesar an den Staatsschatz ging, legte sich ein Volkstribun ins Mittel. Mit Gewalt mußte seine Interzession beseitigt werden. Das machte einen miserablen Eindruck, nachdem Caesar die Monate zuvor propagandistisch davon gelebt hatte, den Gegner der Verletzung der tribunizischen Rechte zu beschuldigen. Im Sommer erhielt Caesar dann durch die Ernennung zum Diktator eine legale Stellung in der römischen Innenpolitik – er war bis jetzt noch immer Prokonsul –, und für das folgende Jahr 48 war er ein ordnungsgemäß gewählter Konsul. Er war der Ansicht, daß damit und mit dem Besitz Roms und Italiens die ihm bis jetzt im Wege stehenden Rechtslücken geschlossen wären, und glaubte, durch die formelle Legalität seinen Feinden überlegen zu sein.

Wenn die Senatsregierung über den Osten verfügte, so ließ sich keineswegs sagen, daß Caesar den Westen beherrsche. Er hatte Italien und Gallien, aber nichts mehr. Africa war in den Händen des Senats, dem der numidische Klientelfürst Juba wegen eines persönlichen Zerwürfnisses mit Caesar gern beistand. Caesars Versuch, durch Curio dort Fuß zu fassen, scheiterte kläglich. Curio kam dabei um. Die schwerste Gefahr bot jedoch Spanien. Dort stand von Pompeius' Prokonsulat her eine große Armee. Dazu galt Pompeius seit den Tagen des Sertoriuskrieges (78–73) viel bei der Bevölkerung. Diese Bedrohung im Rücken konnte Caesar nicht dulden, und ihrer Beseitigung galt deshalb sein erstes großes Unternehmen des Bürgerkrieges. Auf dem Wege nach Spanien verschloß ihm die Bundesstadt Massilia (Marseille) die Tore. Sie wollte sich nicht festlegen und veranschlagte Caesars Chancen nicht allzu hoch. Caesar mußte die Mühe einer langwierigen Belagerung auf sich nehmen, die auch zum Ziele führte, ließ sich aber dadurch nicht abhalten, nach Spanien zu ziehen. Dort geriet er in große Schwierigkeiten, aber in einer genialen und nur seinen an Strapazen gewöhnten Truppen zumutbaren Operation manövrierte er den Feind bei Ilerda so gründlich aus, daß dieser sich ergeben mußte. Damit hatte Caesar den Hauptteil des Westens fest in seinen Händen.

Mit Beginn des neuen Jahres machte sich Caesar unverzüglich an den Waffengang mit der feindlichen Kernmacht im Osten unter Pompeius. Sie hatte in der Zwischenzeit gewaltige Ausmaße angenommen und vermehrte sich dauernd noch weiter. Das Volk, das Caesar bei seinem Ausmarsch aus Rom das Geleit gab, rief ihm zu, sich mit Pompeius zu versöhnen. Ein Sieg der einen wie der anderen Seite schien Schreckliches zu bergen. Auf der Straße machten die Kinder Kriegsspiele »Caesar gegen Pompeius«. Angeblich gewann immer Caesar, wahrscheinlich nachträglich eine nette Erfindung, denn eine rationale

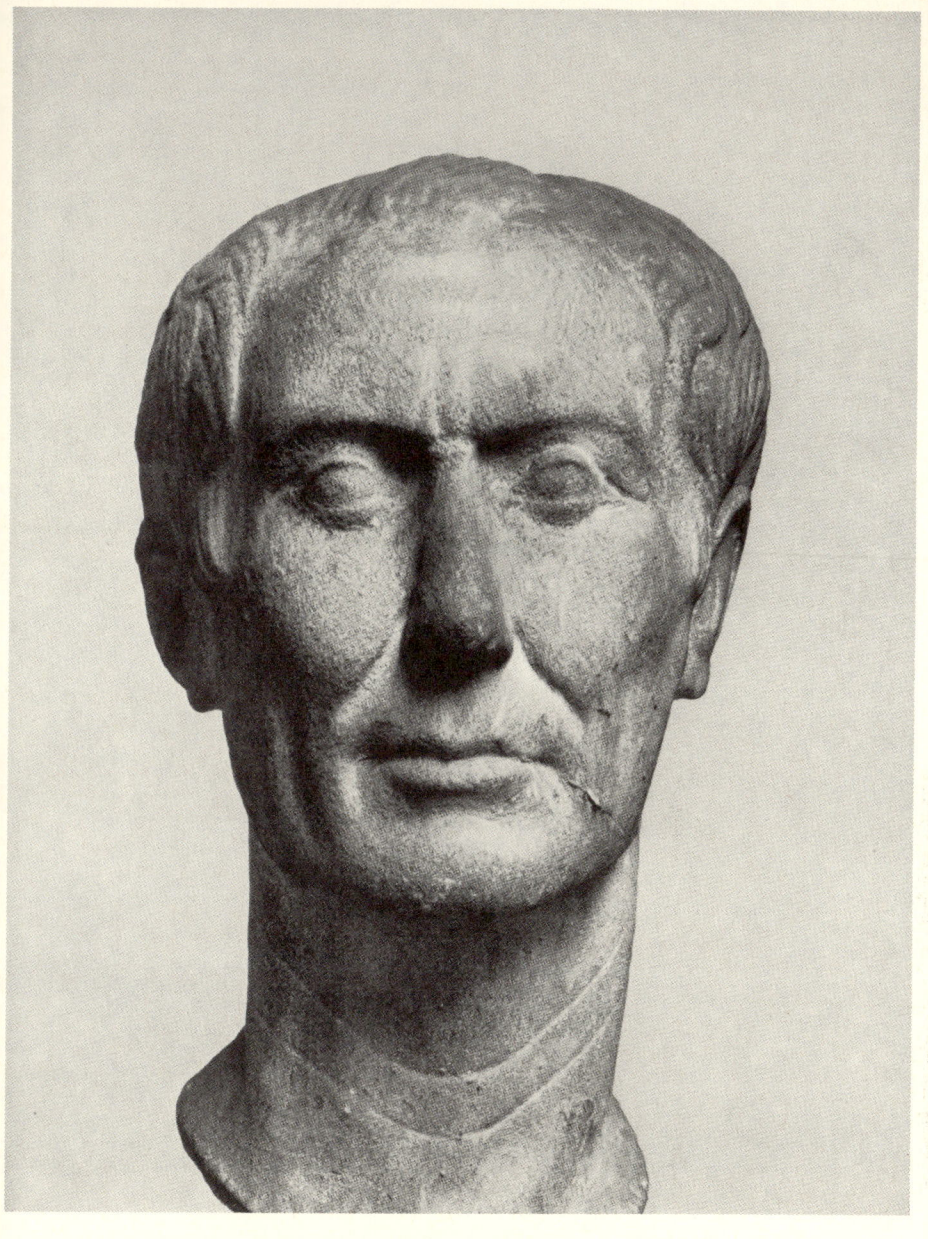

Gaius Iulius Caesar
Marmorskulptur aus Tusculum, um 45 v. Chr. Castello di Agliè/Piemont

Keltiberischer Krieger
Relief aus Osuna/Südspanien, 1. Jahrhundert v. Chr.
Madrid, Archäologisches Nationalmuseum

DAS ZEITALTER DER REVOLUTION 281

Prognose konnte kaum so eindeutig ausfallen. Die Überlegenheit des Feindes war nicht zu bezweifeln, was schon die Tatsache, daß er die Vorhand zur See besaß, unterstrich. Nur unter großen Mühen und mit langer Verzögerung gelang Caesar das Übersetzen seiner Truppen. Als sie dann drüben in Albanien waren, fing die richtige Not erst an. Da der Feind zwischen Italien und der gegenüberliegenden Küste eine wirksame Blockade errichtete, geriet Caesars Heer in Verpflegungsschwierigkeiten. Er hätte in seiner gewohnten Art gern eine rasche Entscheidung herbeigeführt, aber gerade das wollte Pompeius im Bewußtsein, über eine breitere Basis als sein Gegner zu verfügen, vermeiden. Er verschanzte sich in der Umgebung von Dyrrhachium (Durazzo), wo er einen Halbkreis von zweiundzwanzigeinhalb Kilometern zur Befestigung ausbaute. Caesar schloß ihn daraufhin mit einer noch größeren Anlage ein – eine gewaltige Leistung seiner an Zahl geringeren Soldaten – und zwang die Leute des Pompeius, nun ebenfalls zu hungern. Caesar wollte die Entscheidung in einem Angriff herbeiführen; der mißlang jedoch. Statt dessen drehte Pompeius den Spieß um und durchbrach die Caesarische Zernierung. Die ganze Arbeit war umsonst, und was noch schlimmer war: im Anschluß daran kam es zu einem größeren Gefecht, das Caesar verlor. Es hätte zur Katastrophe werden können, wenn Pompeius die Situation erfaßt hätte; Caesar tat daraufhin den berühmten Ausspruch, Pompeius verstehe nicht zu siegen, andernfalls wäre der Krieg an diesem Tage von ihm gewonnen worden.

Caesar ging nun mit seinem Heer nach Thessalien, um dort den Feind zu erwarten. Bei diesem herrschte jetzt eitel Jubel; der Sieg schien so gut wie sicher. Die Optimaten malten sich schon die Siegesfeier aus. Auch von der Rache an den Feinden, vor allem an den Unentschiedenen, wurde gefabelt. Nicht wenige spekulierten auf Proskriptionen wie unter Sulla, um ihre zerrütteten Vermögensverhältnisse wieder in Ordnung zu bringen. Ist der Krieg einmal entfesselt, dann bersten die Dämme der Gesittung. Diese alte Weisheit drohte sich gerade bei denen zu bewahrheiten, welche den Staat wiederherzustellen vorgaben. Pompeius selbst brachte sein Sieg höchst unangenehme Rückwirkungen. Man sprach jetzt offen davon, daß seine Rolle bald ausgespielt sei. Vor allem setzte man ihn dem moralischen Druck aus, die Erwartung des durchschlagenden Sieges bald zu erfüllen. Pompeius wäre lieber bei seiner hinhaltenden Strategie geblieben. Daß er sich hier, wie auch sonst, gegenüber den Senatskreisen nicht durchsetzte, wurde ihm zum Verhängnis. Die Schlacht von Pharsalos, die er schließlich, nachdem sie ihm Caesar mehrmals angeboten hatte, annahm, wurde zur katastrophalen Niederlage. Als Caesar den an sich nicht schlechten Plan des Pompeius durch eine originelle Idee durchkreuzte, war es um dessen Fassung geschehen. Unfähig, seine wankenden Truppen aufzufangen, versank er in Lethargie und ließ alles laufen. In letzter Minute brachte er sich noch durch die Flucht in Sicherheit. Sein stolzes Heer war zerstoben und zerstreut, soweit es nicht in Gefangenschaft geriet; es gab kein Halten mehr. Und hingesunken war auch der Ruhm von der Unüberwindlichkeit des Pompeius. Dieses traurige Ergebnis führte ihn geradewegs in den Tod.

Pompeius glaubte, Ägypten zu einer Bastion des Widerstandes ausbauen zu können. Ägypten war längst ein römischer Klientelstaat und mußte es sich gefallen lassen, als Bestandteil des Römischen Reiches behandelt zu werden. Es hatte auch fünfzig Kriegsschiffe zur Streitmacht des Senats beigesteuert. Wenn irgend jemand, dann durfte Pompeius hierauf pochen, nicht nur wegen seiner allgemein angesehenen Stellung im Orient. Pompeius hatte auch ein wesentliches Verdienst daran, daß der vor drei Jahren gestorbene ptolemäische König, nachdem er aus Alexandreia vertrieben worden war, wieder auf seinen Thron hatte zurückkehren können. Der Pompejaner Gabinius hatte als Statthalter von Syrien ihn 55 unter Verwendung römischen Militärs wiedereingesetzt. Seitdem befand sich ein römisches Detachement in Alexandreia. Pompeius konnte also bei der Dynastie — inzwischen waren der Sohn Ptolemaios XIII. und die Tochter Kleopatra zur Regierung gekommen — auf Dankbarkeit zählen.

In Alexandreia rechnete man jedoch anders. Die Aussicht, sich den Sieger von Pharsalos zum Feinde zu machen und ihn sich auf den Hals zu hetzen, wäre das Ende des Königreiches geworden. Andererseits hätte Pompeius abzuweisen bedeutet, sich beide, Pompeius und Caesar, zu Feinden zu machen, weil Caesar diese neutrale Haltung als Begünstigung des Pompeius ausgelegt hätte. Deshalb schien nur die Beseitigung des Pompeius als probabler Ausweg übrigzubleiben. Die Ausführung des Mordes übertrug man einem Offizier der dortigen römischen Garnison. Das minderwertige Subjekt gab sich auch dafür her, als er Pompeius von dessen Schiff auf einem Boot an das Ufer brachte; und hatte dabei doch einst unter Pompeius gedient (im Seeräuberkrieg)!

Caesar ahnte von dem gräßlichen Ende des Pompeius nichts. Sonst wäre er nicht nach Ägypten gefahren. Aber da er die Absicht des Pompeius erriet, wollte er ihn in Ägypten erreichen, bevor er dort politisch Fuß gefaßt hätte. Bei seiner Ankunft reichte man ihm das abgeschlagene Haupt des Pompeius. Diese Lösung des Konflikts trieb ihm die Tränen in die Augen, wenngleich ihm nicht entgangen sein konnte, daß sich damit viele sachliche Schwierigkeiten vereinfachten. Für beide war im römischen Staat kein Platz mehr. Das war sogar Pompeius klargewesen, der noch kurz zuvor bekannt hatte: »Was sollen mir mein Leben und meine Stellung im Staat, wenn ich sie der Gnade Caesars verdanken muß!« Merkwürdigerweise zahlte sich nun aber der Vorteil, der Caesar damit in die Hände gespielt war, gar nicht aus. Ägypten trieb den von ihm geleisteten Dienst mit Zinseszinsen wieder ein.

Caesar war nur mit wenigen Truppen in Alexandreia gelandet, und die dortige römische Garnison war nicht stark. Er rechnete verständlicherweise damit, daß dieser Ausfall durch das Gewicht des römischen Weltreiches zur Genüge ersetzt sei. Aber die Geschichte beugt sich nicht immer vernünftiger Kalkulation. Mit leichter Hand vermeinte Caesar einen inneren Konflikt der ptolemäischen Familie schlichten zu können. Das Geschwisterehepaar Ptolemaios XIII. und Kleopatra hatte sich gründlich verzankt. Kleopatra stand mit Soldaten bei Pelusion (im Nildelta) im Anmarsch gegen Alexandreia, um ihr Herrschaftsrecht wieder wahrzunehmen; den Alexandrinern war sie verhaßt. Caesar wollte den Streit schlichten und die beiden versöhnen, was unvermeidlich Kleopatras Wiedereinsetzung bedeutet hätte. Damit hatte er aber in ein Wespennest gestochen.

Die leicht erregbare Einwohnerschaft Alexandreias erhob sich gegen ihn. Dazu bot der Minister des Königs noch das königliche Heer auf, eine stattliche Söldnertruppe von zwanzigtausend Mann. Ehe Caesar sich's versah, war er durch eine gefährliche Ansammlung von Machtmitteln, denen er im Moment nichts Gleichwertiges entgegenzustellen hatte, an Leib und Leben bedroht. Die Schilderung der sich dramatisch zuspitzenden Ereignisse ist nicht Aufgabe dieser Darstellung. Das Ergebnis war, daß seine ungemeine Elastizität Caesar so lange aushalten ließ, bis er von auswärts Entsatz erhielt durch ein Kontingent von kleinasiatischen und syrischen Hilfstruppen, das ihm ein gewisser Mithridates, Sohn eines Pergameners und einer galatischen Fürstentochter, zuführte. Dabei befand sich eine große Abteilung von Juden unter dem Kommando des jüdischen Hausmeiers Antipater, des Vaters von Herodes dem Großen. Der große Dienst, der Caesar damit geleistet war, wurde die Grundlage seiner Judenfreundlichkeit und der nahen Beziehungen, in die später Herodes und seine Familie zum römischen Kaiserhaus traten.

Ende März erst, ein halbes Jahr nach seiner Ankunft in Ägypten, hatte Caesar die Gefahren zwar überstanden, aber damit kostbare Zeit eingebüßt. Trotzdem blieb er noch über zwei Monate im Lande der Pharaonen. Dieses Faktum ist es vor allem, das auch den kritischen Historiker zwingt, mit einem sehr intensiven Liebesverhältnis Caesars zu der jungen Königin – sie war damals gerade zwanzig Jahre alt – als historischer Tatsache zu rechnen. Nicht zu bezweifeln ist auch, daß er von Kleopatra einen Sohn hatte, den »kleinen Caesar« oder griechisch Kaisarion.

Ein Dreivierteljahr war Caesar so der eigentlichen römischen Geschichte, die er mit Pharsalos in eine ihrer kritischsten Phasen geführt hatte, entrückt. Hätte Caesar auf der Gegenseite einen halbwegs gleichwertigen Gegner gehabt, das ganze Ringen um die Macht hätte nochmals von vorn beginnen müssen. Zu seinem Glück war dies nicht der Fall. Zwar hatte Caesar durch seine Verfolgung des Pompeius den Trümmern der bei Pharsalos geschlagenen Senatsarmee Gelegenheit gegeben, sich zu sammeln. Was nicht auf und davon gelaufen war, fand sich in Dyrrhachium zusammen, und vor allem war darunter der Mann, der an seelischer Kraft die stärkste Potenz auf der Gegenseite war, Cato. Ihm fiel infolgedessen die Führung zu. Da auch die Flotte noch zur Verfügung stand, ließ sich eine stattliche Armee über das Meer wegschaffen. Das Ziel war die Provinz Africa, die noch nicht in caesarischen Händen war. Aus technischen Gründen landete Cato jedoch in Kyrene und marschierte mit zehntausend Legionären zu Fuß nach der Provinz. Dort fand er Metellus Scipio, den Schwiegervater des Pompeius, vor, der desgleichen der Katastrophe von Pharsalos entronnen war. Außerdem waren da die in Africa stationierten Besatzungstruppen mit ihrem Offiziersstab. Ferner spielte sich der numidische König Juba in ganz inkompetenter Weise als maßgebliche Instanz auf, ein Zeichen für die Erschütterung des Reichsgefüges, bei der dieser Duodezfürst davon träumte, aus dem Konkurs die Provinz Africa für sich zu gewinnen. Was sich auf diese Weise zusammenfand und im Laufe der Zeit sich noch alles ankristallisierte, war ein beachtliches Machtaggregat, und vor allem: es stand nicht allein.

Potentiell gab es da und dort noch Widerstandskräfte. In Südspanien waren sie bereits sichtbar geworden. Zwei der alten Pompejanischen Legionen waren gegen den Statthalter aufgestanden und hatten dabei die Sympathie der Bevölkerung, die den habgierigen Blutsauger haßte, auf ihrer Seite. In Italien selbst ging alles drunter und drüber. Der Ausbruch des Bürgerkrieges hatte das ohnehin desorganisierte Wirtschaftsleben mit seiner starken privaten Verschuldung vollends in Unordnung gebracht und vor allem den Kurswert der immobilen Kapitalien stürzen lassen. Caesar hatte noch vor seinem Aufbruch nach Griechenland maßvolle Direktiven gegeben. In seiner Abwesenheit bekamen aber die Radikalen, die von dem politischen Umsturz wenigstens eine Streichung aller Schulden erwarteten, Oberwasser und fanden in dem jungen Caesarianer Dolabella, einem Volkstribunen von 47, einen heftigen Agitator. Dazu meuterte das Militär, und Caesars Vertrauensmann Marcus Antonius war nicht fähig, mit ihm fertig zu werden. Die desperate Situation schien förmlich nach einem energischen Zugriff zu rufen. In Italien rechnete man deshalb auch damit, daß ein Vorstoß von Afrika her erfolgen würde. Es stand eigentlich alles bereit. Nur der Mann fehlte, der die Initiative ergriffen hätte.

Aber das war eben das Bezeichnende für die Gesellschaftsschicht, die in Caesar ihren Feind sah. Die repräsentativste Gestalt der damaligen Senatsaristokratie, die Inkarnation ihrer besten moralischen Eigenschaften, befand sich ja in der Person Catos in Afrika. Als er dort erschienen war, herrschte auch allgemein die Überzeugung, daß er berufen sei, die Leitung zu übernehmen. Doch Cato lehnte ab, weil er noch nicht Konsul gewesen war (was gewiß nicht an ihm, sondern an den verrotteten Verhältnissen der fünfziger Jahre gelegen hatte), und hielt den Konsular Metellus Scipio, einen recht fragwürdigen Vertreter seines Standes, für den Geeigneteren. Darin offenbarte er die Grenzen seines Menschentums. Er wuchs über die untadlige Observanz ehrenwerter Normen nicht hinaus und war damit wie diese im Grunde nur einer normalen Durchschnittslage gewachsen. Einen vitalen Behauptungswillen, auf den jetzt doch alles ankam, sucht man vergebens. Damit wurde wahrscheinlich nicht gerade der Weg zu Caesars Sieg geebnet, aber ihm doch immerhin eine schlimmere Krise erspart.

Als sich Caesar im Juni von Ägypten und Kleopatra löste, konnte er es sich gestatten, nicht auf dem direkten Weg nach Italien zurückzukehren, sondern vorerst die östliche Reichshälfte zu inspizieren. Fragen gab es da, nachdem Pompeius den Aufbau der anticaesarischen Front mit ihren Mitteln bestritten hatte, genug zu beantworten. Aber es gab auch ein aktuelles Problem, dessen Lösung keinen Verzug duldete. Es spiegelte – wie bei Juba – den niederschlagenden Eindruck wider, den der Zustand des durch den Bürgerkrieg zerklüfteten Reiches nach außen erweckte. Pharnakes, der Sohn des großen Mithridates, sah jetzt eine billige Gelegenheit, den asiatischen Teil seines väterlichen Erbes, das Königreich Pontos, wiederzugewinnen und damit das Ergebnis des römischen Sieges über seinen Vater zu revidieren. Er entfaltete dabei auch viel Glück. Das Heer des römischen Statthalters von Bithynien-Pontos vernichtete er, die griechischen Städte Amisos und Sinope wurden von ihm überfallen, und schon stand er im Begriff, in die Provinz Asia einzufallen und damit den Schrecken der Invasion seines Vaters zu beschwören. Nur wegen eines Aufstandes in seinem Bosporanischen Reich wurde nichts daraus.

Inzwischen kam nun Caesar heran. Er ließ sich auf kein Parlamentieren ein. Bei Zela wurde der König gestellt und sein ganzes Heer innerhalb von vier Stunden zu nichts zusammengehauen, so daß er selbst nur mit knapper Not entkam. Daheim wurde der Geschlagene alsbald ein Opfer des Aufstandes. Seinen Sieg teilte Caesar einem Vertrauten in Rom in den klassisch gewordenen Worten mit: »Ich kam, ich sah, ich siegte *(veni, vidi, vici)«*. Ende September kam er dann in Italien an und betrat Anfang Oktober die Hauptstadt. Kurz zupackend, brachte er die aus den Fugen gegangene öffentliche Ordnung wieder ins Gleichgewicht. Die meuternden Soldaten beugten sich, als ihr gewaltiger Feldherr nun vor sie hintrat und sie nicht mehr mit dem vertrauten »Kameraden« *(commilitones)* ansprach, sondern das Zivilisten gegenüber übliche »Bürger« *(quirites)* gebrauchte. Antonius, der die in ihn gesetzten Erwartungen so schmählich enttäuscht hatte, fiel für zwei Jahre in Ungnade. Viel Zeit war nicht, denn der afrikanische Kriegsschauplatz harrte Caesars.

Auch hier verzichtete Caesar, die ihm bei längerer Vorbereitung zur Verfügung stehende Übermacht in Anschlag zu bringen. Die Armee, mit der er Ende des Jahres 47 von Sizilien aus in See stach, war mit ihren sechs Legionen, von denen fünf aus Rekruten bestanden, nicht allzu stark. Die Entscheidung fiel in der Schlacht von Thapsos im Frühjahr (6.4.46), nachdem unterdessen noch Verstärkung zu Caesar gestoßen war und der Feind die Zwischenzeit auch nicht geruht hatte. Der Sieg gab die Provinz in seine Hand. Cato, Stadtkommandant von Utica, floh nicht. Er kämpfte aber auch nicht weiter, sondern gab sich selbst den Tod.

Er hatte dem Defaitismus freien Lauf gelassen. Niemanden wollte er zwingen auszuharren und half sogar den Flüchtlingen bei der Flucht, bis zuletzt seiner menschlichen Anständigkeit treu, die zu ausgreifender Tat ohnmächtig war. Caesar hätte ihn gern begnadigt; aber Cato, dies ahnend, wies die Versuchung von sich: »Ich will nicht dem Tyrannen zu Dank verpflichtet sein für sein ungesetzliches Tun; denn er handelt wider das Gesetz, wenn er als Herr Leute begnadigt, über die ihm ein Herrenrecht nicht zusteht.« Wie sein Leben, so wurde auch sein Tod zu einem Denkmal der sterbenden Republik. Er gab der Geschichte keine neue Wendung, strahlte aber mehr Leben aus, als der Sieger damals ahnte.

Ende Juli war Caesar wieder in Rom. Er feierte einen prächtigen Triumph, vor allem über Gallien und mit Vercingetorix als Schaustück, und glaubte, der Kampf um die Herrschaft liege hinter ihm. Er wußte, daß Spanien, wohin der Rest seiner Feinde aus Afrika geflüchtet war – darunter die beiden Pompeiussöhne Gnaeus und Sextus, auch Labienus –, noch einen Widerstandsherd bildete; der war aber unbedeutend und beschränkte sich zumeist auf die Balearen und Pithyusen. Das änderte sich jedoch; im Verlauf der zweiten Jahreshälfte (46) entstand unter dem Kommando des Gnaeus Pompeius eine neue Front in Südspanien. Caesar suchte sie Ende des Jahres 46 selbst auf und räumte sie in einem gefährlichen Waffengang (Schlacht bei Munda 17.3.45) aus. Erst dann war er unbestrittener Herr von Rom und dem Reich, und als solchen sah ihn Rom Anfang Oktober 45 wieder in seinen Mauern.

Caesars Sieg und Ende

Ist Caesars Sieg Caesars Werk? Oder ist sein Sieg nur die Voraussetzung für etwas, das er aus der Fülle seiner Genialität schuf? Die beiden Fragen stecken den Raum eines Problems ab, welches das historische Bewußtsein seit Caesars Tagen nicht zur Ruhe, nicht zu einer endgültigen Entscheidung kommen ließ. Die Antike, und schon die Zeitgenossen — wir wissen es durch Cicero — gaben die Antwort in jenem Sinne. Caesars Sieg war ein unbestreitbares Faktum, und wer von seiner Gegnerschaft nicht völlig verblendet wurde, konnte kaum bestreiten, daß er nicht von ungefähr eingetreten war — auch wenn ihm das alles andere als recht war —; damit war aber über Sinn und Unsinn, Recht und Unrecht des Ereignisses noch wenig ausgesagt. Daß hier zwei Rechnungen ziemlich unvermittelt nebeneinanderstehen, war der herrschende Eindruck nicht nur des Altertums, sondern auch der folgenden anderthalb Jahrtausende. Die Notwendigkeit, Caesars Größe im Gang der Geschichte zu fixieren, bestand im Grunde nicht; denn der Begründer des römischen Kaisertums war ja nicht er, sondern Augustus, und Augustus hütete sich ängstlich, hierbei auf Caesar zurückzugreifen. Ganz anders die moderne Geschichtserkenntnis. Sie duldete es nicht, daß Caesar wie ein erratischer Block in der Landschaft lag. Er mußte, sollte seine Größe gerechtfertigt sein, einen weltgeschichtlichen Sinn haben. Schon Hegel dachte so. Für ihn bedeutete Caesar das »Notwendige«, seine Gegner vertraten nur »leeren Formalismus« und eigene »Partikularität«. Am großartigsten manifestierte sich diese neue Denkweise in Mommsens berühmter Caesarkonzeption, nach der er überhaupt den Kulminationspunkt der römischen Geschichte darstellte.

Mommsens Auffassung ist im Verlauf der letzten hundert Jahre scharf bekämpft worden; aber auch seine Kritiker zweifelten nicht daran, daß Caesars Sieg irgendwie in einem höheren Zusammenhang »aufzuheben« sei und damit Caesars weltgeschichtliche Leistung repräsentiere. Nicht auf den Sieg, sondern auf das durch ihn ermöglichte Werk komme es danach an.

Trotzdem ist es nicht ganz einfach, sich nun auf diesen Weg der Betrachtung zu begeben und das, was sich einem solchen Blick nur in vagen Umrissen offenbart, mit plastischer Anschauung und wirklichen Tatsachen zu füllen. Schwierigkeiten stellen sich schon deshalb in den Weg, weil Caesars »Werk« ein Torso blieb und sein plötzlicher Tod auch die Spuren eines Grundrisses im dunklen ließ. Wer Caesars Leben in seinen verschiedenen Stadien verfolgt, wird sich darüber nicht wundern. Gesichert war sein Sieg erst seit Munda im Frühjahr 45 v. Chr., also ein Jahr vor seinem Tode; aber ein einziges Jahr ist wenig, wenn es gilt, eine völlig aus den Fugen gegangene Welt neu zu ordnen. Selbstverständlich legte er daran auch schon früher Hand an. Seit Pharsalos im Herbst 48 waren gewisse Bedingungen dafür gegeben, aber auch dies wiederum nur vorübergehend. Es lohnt sich, einmal die Rechnung aufzumachen über die Zeit, die Caesar nach dem entscheidenden Sieg von 48 Gelegenheit hatte, in Rom zuzubringen. Die Gesamtdauer belief sich, unter Einbeziehung von neunzig Schalttagen im Jahre 46, auf nicht ganz vier Jahre (genauer drei Jahre und etwa zehneinhalb Monate). Davon brachte Caesar gerade elf Monate, wenn man die einzelnen Intervalle zwischen den Feldzügen zusammenzählt, in Rom zu. Gegen die Relevanz dieser Feststellung wird man zwar einwenden, daß Caesar außerhalb der Stadt auch nicht müßig war und daß seine Herrschaftskunst eben dadurch charakterisiert ist, daß sie der römischen Mauern nicht bedurfte. In der Tat hatte Caesar ständig eine große Regierungskanzlei mit mehreren Abteilungen und Kanzlern bei sich, Leuten seines Vertrauens, die sich bei ihm hochgedient hatten. Diese Einrichtung hatte er schon in Gallien getroffen. Damals waren

Kanzleichefs der spanische Provinziale (aus Gades) Balbus und der Italiker (unbekannter Herkunft) Oppius, welche dann auf Grund ihres nahen Verhältnisses zu Caesar und ihrer Geschäftskenntnis die Chefs von Caesars Hauptquartier in Rom wurden. Der Stab, einschließlich aller Hilfskräfte, auch der militärischen Schutzgarde, der sich in der Umgebung Caesars aufhielt und ihn ständig begleitete, war ungeheuer groß. Cicero berichtet, daß er zweitausend Mann stark war, also der reine Heuschreckenschwarm. Irgendwelche Verfassungsschranken kannte Caesar für seine Verfügungen nicht. Das klägliche Bild, das seinerzeit Pompeius nach seiner Rückkehr aus dem Osten geboten hatte, als er seine Anordnungen bestätigt haben wollte, ahmte Caesar nicht nach. Er ließ seine Erlasse einfach in die Form von Senatsbeschlüssen und Gesetzen gießen. Die betreffenden Körperschaften konnten froh sein, wenn sie erfuhren, was in ihrem Namen verfügt wurde. Die Zeugen, die zur Beurkundung nötig waren, wußten zumeist gar nicht, daß sie bei diesem Geschäft zugegen gewesen und ihre Namen ins Archiv gewandert waren. Offener Widerstand gegen den allmächtigen Sieger war eben ein Ding der Unmöglichkeit geworden. In dem, was mit äußerer Macht durchzusetzen war, besaß Caesar die unbeschränkte Freiheit des Schaltens und Waltens.

Aber auch dann ist eine ganze Welt nicht von heute auf morgen zu verändern. Entfalten konnte sich Caesars Energie am ehesten dort, wo die Vergangenheit bereits gewisse Richtlinien und Möglichkeiten vorgegeben hatte. Das war auf dem Gebiete der Kolonisation der Fall, und hier zeigte sich denn auch zugleich, daß seine Herrschaft bestimmte Chancen besaß, die in der Vergangenheit zwar auch vorhanden waren, aber aus Gründen innerpolitischer Taktik nie zur Entfaltung gelangt waren. Seitdem Rom einen Imperialismus kannte, hat es kolonisiert. So ist Italien erschlossen und romanisiert worden, und so stand es prinzipiell auch um die Länder der westlichen Reichshälfte. Die Anfänge eines Übergreifens über die Grenzen Italiens hinaus lagen bereits im 2. vorchristlichen Jahrhundert, und bei vernünftigem und stetigem Ausbau dieser Ansätze, wie es bester altrömischer Tradition entsprochen hätte, hätte dieser Kurs längst seinen Lauf nehmen müssen. Doch seit Gaius Gracchus hatte die perfide Optimatenpolitik daraus ein Problem gemacht, um damit den Gegner zu Fall zu bringen, und dem Volk eingeredet, daß man ihm mit dem Verlassen italischen Bodens, obwohl dieser doch auch erst sekundär zu einem römischen geworden war, etwas Unbilliges zumute. Infolgedessen war der strukturell angelegte Fortgang der römischen Kolonisation über hundert Jahre lang gehemmt worden.

Indem Caesar die Barrieren beseitigte, tat er im Grunde nichts anderes, als einer abgewürgten Tradition wieder zum Leben zu verhelfen. Revolutionär war dies, auf einen früheren Horizont hin betrachtet, keineswegs. In dieser Weise verfuhr Caesar insbesondere im südlichen Spanien, das Auswanderern aus Rom und Italien die günstigsten klimatischen Verhältnisse bot. Obendrein saßen die Römer schon lange genug auf der Iberischen Halbinsel, um nach dieser ausgedehnten präformierenden Okkupationsphase jetzt energischer vorzugehen. In Südfrankreich waren die Bedingungen ähnlich; deshalb benutzte Caesar auch hier die Gelegenheit, um der Provinz römisch-italisches Blut zuzuführen. Leute gab es genug, die dazu verwendet werden konnten. Die Zahl der in Rom Getreidespenden

Empfangenden ging damals in die Hunderttausende, dreihundertzwanzigtausend zählte man. Caesar setzte sie auf hundertfünfzigtausend herunter, was freilich nicht heißt, daß nun hundertsiebzigtausend in Marsch gesetzt worden wären. Eine Reduktion der Masse ergab sich auch schon aus einer Behebung der organisatorischen Schlamperei. Aber eine Kolonie in Spanien rekrutierte sich tatsächlich aus römischen Proletariern. Sie ist uns gut bekannt, weil wir das Gründungsstatut mit der Selbstverwaltungsordnung zufällig aus einer Inschrift kennen *(Colonia Genetiva Iulia)*. Zugunsten der italischen Zivilbevölkerung bezog Caesar ausnahmsweise sogar den griechischen Osten mit einigen Plätzen (etwa Lampsakos) in die Kolonialplanung ein.

Verständlicherweise konnten selbst diese Maßnahmen im Rahmen der Caesarischen Planungen nur Anfänge sein. Die Ansiedlung von Kolonisten ist ein viel zu umständliches Geschäft, als daß es in breitem Umfang innerhalb eines halben oder auch ganzen Jahres erledigt werden konnte. Auch hier ist das meiste von Caesar notgedrungen nur eingeleitet und dann im besten Fall nach seinem Tode zu Ende geführt worden, so auch das Vorhaben, die wüsten Stätten von Karthago und Korinth, die beiden berüchtigsten Schandmale des römischen Imperialismus, neu zu besiedeln.

Ganz frei war freilich auch Caesar auf diesem Gebiet nicht. Dem Gros seiner Veteranen — es gibt einige Ausnahmen, wo sie mit südfranzösischem Boden vorliebnahmen — konnte er die außeritalische Kolonisation nicht zumuten. Sie erwarteten Bauernstellen in Italien und trafen sich hierbei mit den Veteranenkolonisten aus Caesars Konsulat, die zum Teil auch noch immer anstanden. Wie damals schon mußte der Boden hierfür entweder aus Staatsmitteln gekauft oder fiskalisch genutztes Staatsland, also praktisch der *ager Campanus*, verwandt werden. Da Caesar keine Proskriptionen und gewaltsamen Enteignungen kannte, war ihm der billige Weg Sullas versperrt, das herrenlos gewordene Gut seinen Soldaten in den Rachen zu werfen. Die Anwärter auf italische Bauernstellen mußten auch unter Caesar sich mit einiger Geduld wappnen. Das Geschäft war hier viel komplizierter als auswärts, und peinlicherweise ließen sich entgegen der Absicht gewisse Eingriffe in das Privateigentum nicht vermeiden. Bei Caesars Tode stand wohl das meiste auf diesem Sektor noch aus.

Es war nicht verwunderlich, daß Caesar sich bei der Kolonisation energisch ins Zeug legte. Wo Macht sich unmittelbar in Tat umsetzen ließ, da mußte sich seine Herrschaft in ihrem Element fühlen. Er hatte eine Menge Pläne dieser Art, darunter die Durchstechung des Isthmus von Korinth, die Trockenlegung der Pontinischen Sümpfe und des Fuciner Sees und die Anlage einer Straße von der Adria über den Apennin ins Tibertal. In Rom sollte auf dem Marsfeld der größte Tempel der Welt und an anderer Stelle das größte Theater entstehen, typische Symptome autokratischer Megalomanie. Subtiler war der Plan, eine große Bibliothek anzulegen und eine Zusammenfassung des in vielen Gesetzen zerstreuten Rechtsstoffes vorzunehmen. Aus alledem ist nichts geworden. Nur für einen epochemachenden Eingriff reichte die Zeit: der beispiellos verwirrte römische Kalender, der bisher auf einer mittels grober Schaltung durchgeführten Anpassung des Mondjahres an das Sonnenjahr beruht, wurde unter Zugrundelegung des Sonnenzyklus von dreihundertfünfundsechzigeinhalb Tagen reformiert.

Acht Artikel der »Lex Coloniae Genetivae Iuliae«
Das 44 v. Chr. von Marcus Antonius erlassene Gesetz zur Selbstverwaltung einer römischen Kolonie in Spanien
Bronzetafel aus Osuna. Madrid, Archäologisches Nationalmuseum

Der Sitzungssaal des römischen Senats
Die von Caesar 44 v. Chr. begonnene und von Augustus 29 v. Chr. eingeweihte Curia Iulia
am Nordrand des Forum Romanum

So groß solche Leistungen waren und so glaubhaft ihre Verwirklichung sich angesichts von Caesars überdimensionaler Energie darstellte, so war damit doch die Werbekraft seiner Herrschaft noch nicht erwiesen. Es gibt zwar moderne Forscher (zumal in Deutschland), die gerade in solchen Bemühungen nicht nur eine Rechtfertigung von Caesars Herrschaft sehen, sondern auch meinen, es zeichne sich in ihnen die Konzeption einer neuen Reichspolitik ab, um deretwillen Caesar jahrelang nach der Macht gestrebt habe. Aber die Quellen geben für eine solche Deutung keine Handhabe; denn niemals berief sich Caesar auf derartige Gesichtspunkte, noch hätte er es gerade mit seiner Kolonisation tun können. Diese war dem Prinzip nach nun gewiß nichts Neues. Selbstverständlich warf das Regieren über die gewaltigen Ländermassen schon längst Probleme auf, und eine monarchische Herrschaft enthielt gewiß bessere technische Möglichkeiten, mit ihnen fertig zu werden. Aber bezeichnenderweise kam Caesar gar nicht dazu, sie zu entfalten, und dies mit gutem Grund.

Solche Möglichkeiten standen damals noch gar nicht zur Verfügung. Sie hätten eine auch von innen her gewachsene Monarchie erfordert, von welcher aber noch nicht einmal ein Schatten für Caesar zu greifen war. Eine echte technische Verbesserung gegenüber dem bisherigen Honoratiorenregiment über die Provinzen hätte nur eine gut funktionierende Bürokratie erbringen können. Sie aber konnte Caesar, selbst wenn er diese Zusammenhänge gesehen hätte (was keinesfalls außer Zweifel steht), mit allen Mitteln der Welt nicht hervorzaubern; dazu fehlten einfach die Menschen und die lange Erziehungsarbeit, die sie benötigt hätten. Im Gegenteil: vom Wohlfahrtsstandpunkt aus gesehen, erging es den Provinzen unter Caesar keinen Deut besser als vorher, angesichts der Strafkontributionen, die Caesar je nach den Umständen erhob, eher noch schlechter. Die Leute, mit denen als seinen Werkzeugen Caesar zu arbeiten gezwungen war, waren zudem alles andere als eine positive Auslese.

Der Adel sperrte sich ohnehin, und die wenigen Männer, die von ihm zu Caesar hielten, hatten zu allem möglichen Lust, nur nicht zu selbstloser Arbeit. Das Gros von Caesars Mitarbeitern stammte aus niedererer Schichten, und sie waren, auch an deren Maß gemessen, nicht gerade Musterexemplare. »Spülwasser« *(colluvies)* nannte sie Cicero, und sein Freund Atticus sprach von »Leuten aus dem Hades« *(nekys)*. Hier spielt natürlich auch ständisches Vorurteil mit hinein, aber Elemente, mit denen man eine neue Verwaltung hätte aufziehen können, waren sie bestimmt nicht. Der spätere Historiker Sallust, an sich zur Senatsgesellschaft gehörend, obschon keiner alten Familie entstammend, wurde unter Caesar Statthalter der neu eingerichteten Provinz Africa Nova und bewährte sich so schlecht, daß er ohne Caesars Dazwischentreten zwischen die Mühlensteine eines Prozesses geraten wäre; dabei fühlte er sich berufen, Caesar öffentlich Ratschläge zu erteilen. Kein billig denkender Historiker wird deshalb mit Caesar zu Gericht gehen, aber er wird doch die Begrenzung seiner Situation erkennen. Bei aller Macht, die Caesar besaß, mußte er doch spüren, daß er mit ihr gleichsam ins Leere stieß. Es war sehr schwer, eine so traditionsbeladene Welt wie die römische zu verändern, auch wenn sie tausendfach Zeichen ihres Siechtums von sich gab.

Wo sollte Caesar auch beginnen? Daß sich die alten staatlichen Einrichtungen nicht einfach beseitigen ließen, war ihm klar. Ebensowenig konnte er jedoch dulden, daß sie ihm im Wege standen. Er nahm deshalb keinen Anstand, sie geradewegs für seine Zwecke einzuspannen, so etwa bei dem willkürlichen Erlaß von »Gesetzen« und »Senatsbeschlüssen«. In die ehrwürdige Körperschaft des Senats, der durch den Bürgerkrieg sehr dezimiert war, kamen auf Caesars Anordnung eine Menge neuer Leute, und diese gehörten zum geringsten Teil den alten Familien an. Caesar vertrat den an sich richtigen Standpunkt, daß, wenn römisches Wesen sich bis in die Provinzen erstreckte, die römischen Provinzialen ein Recht auf einen Senatssitz hätten. Auch Sulla hatte es seinerzeit mit Italien so gehalten. Caesar scheint allerdings den Grundsatz überspannt zu haben.

Über seine neuen Senatoren, die in solcher Anzahl auftraten, daß es auffiel, mokierten sich deshalb die Leute, manchmal auf recht alberne Weise: ein Zettel wurde angeschlagen des Inhalts, es sei eine gute Tat, einem neuen Senator nicht den Weg ins Rathaus zu zeigen. Caesar überschwemmte wohl den Senat mit diesen Elementen, denn er erhöhte dessen Stärke von sechshundert auf neunhundert; das mußte aber den Eindruck erwecken, als ob er die ehrwürdige Körperschaft absichtlich überfremden und damit herunterwirtschaften wollte. Und wenn unter den neuen Senatoren ehemalige caesarische Hauptleute auftauchten, so war das nicht dazu angetan, die politische Öffentlichkeit eines Besseren zu belehren. Darauf kam es Caesar auch gar nicht an. Mitunter ging er geradezu darauf aus, seine Gleichgültigkeit den staatsrechtlichen Formen gegenüber an den Tag zu legen. Am 31. Dezember 45 ließ er für diesen einen Tag, an Stelle des gerade verstorbenen Konsuls, einen neuen wählen. Cicero machte darüber den Witz, unter dem Konsulat des Caninius habe niemand gefrühstückt, aber auch nichts Böses getan, da der Konsul aus Wachsamkeit kein Auge während seines Konsulats zugetan habe. Zugleich bemerkte er jedoch, daß dieser Zustand zum Weinen traurig sei.

Caesar, in dem berechtigten Gefühl seiner gewaltigen Überlegenheit und Kraft, hielt von solchen Empfindungen nichts. Längst war er der Überzeugung, daß die Republik, gegen die er jahrelang im Kampf gestanden hatte, keine Lebenssäfte mehr besitze. Sie sei ein bloßes Wort ohne Körper und Gestalt, war ein berühmtes Wort von ihm. Er mochte meinen, die Menschen sollten zufrieden sein, daß ihnen die sullanischen Greuel erspart blieben. Seiner großzügigen Milde den Gegnern gegenüber blieb er auch nach Pharsalos treu. Er glaubte ehrlich, die ehemaligen Feinde dadurch zu gewinnen. Wer sich von der politischen Lage aufrichtig Rechenschaft gab — und an solchen fehlte es nicht —, wußte den ungeheuren Wert von Caesars Haltung auch richtig einzuschätzen. Ihm blieb nicht verborgen, welche subversiven Triebe unter der Decke der damaligen Gesellschaft schlummerten, ganz gleichgültig, wie die augenblickliche Parteinahme war.

Aber diese Psychagogie verfing nicht. Sie war wohl auch zu leicht zu durchschauen, und sie bot eben das nicht, worauf es ankam: die Überzeugungskraft einer dem bestehenden Zustand überlegenen Idee. Caesars Weg war der der Gewalt gewesen, und wenn sie auch die Krallen eingezogen hatte und die Samtpfoten zeigte, so beruhte seine Herrschaft doch auch auf Gewalt. Nach der immer noch herrschenden Vorstellung ließ sich das Unglück, das Caesar über den Staat gebracht hatte, nur rechtfertigen, wenn es der Wiederherstellung der Republik dienen würde, das heißt wenn Caesar wie Sulla seine Stellung als kommissarische aufgefaßt hätte und nach getaner Arbeit von seiner Macht wieder zurückgetreten wäre.

Aber gerade das wollte Caesar eben nicht. In Verbindung mit dem Wort vom Schemencharakter der römischen Republik tat er den berühmten Ausspruch, Sulla sei ein Analphabet gewesen, als er die Diktatur wieder ablegte. Mit ihm, Caesar, sollten sich die Menschen nun schon angewöhnen, bedächtiger zu sprechen, und wissen, daß sie das, was er sage, als Gesetz zu nehmen hätten.

Diese private Äußerung hatte freilich keinen Publizitätscharakter. Sie verriet nur, was Caesar wahrscheinlich schon lange, spätestens seit Pharsalos, dachte. Nach außen traten seine Absichten weniger klar in Erscheinung; im Gegenteil: verhältnismäßig lange schien die Art und Weise, in der Caesar seine Herrschaft staatsrechtlich formulierte, alle diejenigen zu bestätigen, welche die Wiederherstellung der Republik erhofften und die Versöhnungspolitik als ein Wahrzeichen dafür nahmen. Caesar war verschiedentlich ordnungsgemäßer Konsul, einmal ohne Kollegen, aber diese Ausnahme war im Jahre 52 für Pompeius selbst von den Optimaten anerkannt worden. Daneben war er mehrmals Diktator, und zwar nicht nach dem Modell Sullas, der in eine (sowohl zeitlich wie sachlich) formal unbegrenzte Diktatur die vorübergehende Übernahme der staatlichen Souveränität zum Zwecke der politischen Reformen hineingenommen hatte, sondern, in der weniger verfänglichen Art der früheren Republik, als ein zeitlich (bei Caesar auf ein Jahr) limitiertes, außerordentliches, nur für die Vornahme ordnungsgemäßer Routinegeschäfte bestimmtes Amt. Im Jahre 46, nach Thapsos, wurde nun diese Jahresdiktatur von vornherein auf die Dauer von zehn Jahren bewilligt, aber doch so, daß sie ihren Charakter als Jahresamt behielt und die Amtszeiten auch entsprechend gezählt wurden. Wenn man gutwillig war, ließ sich darunter lediglich eine technische Vereinfachung verstehen, zur Vermeidung der jährlichen Wahl und damit auch die Erwartung in Einklang bringen, daß Caesar schon vor Ablauf der zehn Jahre auf das Amt verzichten werde.

Jedenfalls neigte die politische Öffentlichkeit zu dieser optimistischen Deutung, und Caesar wäre gut beraten gewesen, wenn er diesen Kredit benutzt und sich mit dieser Form begnügt hätte. Praktisch reichte sie ja für seine Bedürfnisse wirklich aus. Es war tatsächlich nicht sehr sinnvoll, in seiner Lage sich über die nächsten zehn Jahre hinaus Sorgen zu machen. Aber die Gebote eines auch nur taktischen Maßhaltens waren dem Virtuosen politischer Schachzüge jetzt, da er unbeschränkter Gebieter von Reich und Staat geworden war, offenbar fremd. Ende des Jahres 45, nach Munda, dem Sieg über den letzten Rest seiner Gegner, wurde in Aussicht genommen, daß seine Diktatur demnächst zeitlich unbegrenzt *(perpetua)* sein würde. Anfang des Jahres bezeichnete er sich bereits als »designierten« unbegrenzten Diktator. Auch jetzt noch konnte unentwegte Loyalität darauf spekulieren, er werde aus der Ankündigung nicht Ernst machen. Aber mit dieser Illusion war es vorbei, als vom 15. Februar 44 an Caesar sich in aller Form »dauernder Diktator« *(dictator perpetuus)* nannte und damit jede Hoffnung auf Beendigung seiner Herrschaft zerstörte.

In Wirklichkeit hätte es freilich dieses letzten und eindeutigen Indizes für Caesars Absicht gar nicht bedurft. Daß Caesar nicht mehr ins Privatleben zurücktreten wollte und vor allem auch gar nicht konnte, mußte spätestens seit Munda und seiner Rückkehr aus Spanien für jeden Urteilsfähigen klar sein. Caesar wurde damals immer deutlicher in die sakrale Sphäre gerückt. Seine Person erhielt zur menschlichen Dimension noch eine göttliche. Sie hieß dann zwar nicht mehr Caesar, sondern »der unbesiegte Gott« oder »der Gott Iulius« *(divus Iulius)*, aber das Götterbild, welches wie das der anderen Götter in offizieller Prozession mitgeführt wurde, trug Caesars Gesichtszüge. Sogar einen Tempel, gemeinsam mit der Clementia, sollte er erhalten, mit eigenem Kult ausgestattet. Umgekehrt wurde für den Palast, den Caesar bewohnte, ein Giebel bestimmt, wie ihn die Tempel hatten. Mit seiner Vergottung konnte man kaum weitergehen, obschon die reine Identifikation zwischen Herrscher und Gott, wie sie im Hellenismus üblich war, noch nicht ausgesprochen wurde.

Politisch verfänglicher war die Gestaltung der Etikette für Caesar. Er wurde mit einem besonderen Staatsgewand ausgestattet: einer roten Toga, besonderen hochschäftigen Schuhen und einem goldenen Kranz. Diese auffallende Kostümierung, kannte man, was das Gewand betraf, vom römischen Triumph; es war allgemein üblich, daß der Triumphator in der feierlichen Stunde seines Einzugs das Kleid der alten Könige trug. Die anderen Attribute konnte man ihren Statuen auf dem Capitol, unter denen sich seit Mai 45 auch die des »Unbesiegten Gottes« befand, absehen. Es gab keinen Zweifel mehr, daß Caesar demnach in der Königstracht einherging.

Die Sphäre, die Caesar damit aufsuchte, erschien römischen Augen freilich nicht in der Harmlosigkeit historischer Reminiszenzen. Wohl führte man auf Romulus die Entstehung des Staates und auf andere Könige dessen Ausbau zurück, zugleich war aber das Königtum durch seinen letzten Vertreter Tarquinius Superbus verfemt, genau wie die Tyrannis bei den Griechen; *rex* war im damaligen Sprachgebrauch nichts anderes als das römische Pendant zum griechischen Tyrannen. Selbst Romulus galt auf Grund einer späten, aber allgemein anerkannten Sagenversion als entarteter Despot, der von den Senatoren zerrissen worden war. Caesar glaubte augenscheinlich, die eine Perspektive zugunsten der anderen verdunkeln zu können, und rechnete mit einem harmlosen Empfinden beim breiten Volk. Die Erwartung stellte sich als gründlicher Rechenfehler heraus. Die verschiedenen Anläufe, durch geschickte Regie eine »spontane« Akklamation der Menge herbeizuführen, mißglückten allesamt, zuletzt der berühmte Versuch am 15. Februar 44, da Marcus Antonius als Teilnehmer des Luperkalienrituals Caesar das Diadem aufs Haupt setzte und dieser das eisige Schweigen nur dadurch auffing, daß er das verhängnisvolle Königszeichen sofort wieder ablegte und damit den Beifall des Volkes erntete.

Zweifellos war Caesar mit seiner Verfassungspolitik, in dem Versuch also, seine Herrschaft zu legitimieren, gescheitert; und wenn etwas angezeigt gewesen wäre, dann ein geduldiges Abwarten und die Vermeidung jeder Provokation, wie es die Erklärung der lebenslänglichen Diktatur war. Aber Caesars Verhalten in den letzten Monaten seines Lebens war ohnehin nicht mehr ganz durchsichtig. Daß die Spannung zunahm und er zusehends in eine immer stärkere Isolierung geriet, konnte ihm schwerlich verborgen bleiben. Als Antwort trug er gespielte Sorglosigkeit zur Schau und entließ seine spanische Leibgarde. Vielleicht beruhigte er sich mit der Tatsache, daß er kürzlich auch zum »Vater des Vaterlandes« *(pater patriae)* erklärt worden war und der Senat ihm einen Treueid geleistet hatte. Die Überlegung wäre dann allerdings fast einfältig gewesen. Vielleicht aber — und einige Zeugnisse lassen eine solche Deutung zu — war er durch sein fortwährend am Abgrund entlang führendes Leben zum Verächter der Menschen und des Menschengeschicks geworden. Schließlich war doch alles Spiel der Fortuna, nachweisbar Caesars feste Überzeugung. Wenn sie es mit ihm gut meinte, half sie ihm auch aus dieser Krise, wenn nicht, dann — so artikuliert gingen die Gedanken gewiß nicht weiter, aber das Gefühl beschattete ihn, daß er dann eben überfordert war.

Gesundheitlich ging es ihm nicht gut. Er war ungemein gealtert. Von Cicero wissen wir, daß man seiner natürlichen Lebensdauer keine großen Chancen mehr gab. Trotzdem mutete er sich gerade damals große Anstrengungen zu. An den Iden des März stand Caesar unmittelbar vor seinem Aufbruch in den Orient. Gegen die Parther sollte es gehen, ein Unternehmen, das nach Karrhai und nach kürzlichen Einfällen der Parther in Reichsgebiete leicht plausibel zu machen war. Entsprach es jedoch dringender Notwendigkeit in einer Phase inneren Aufbaus? Wohl kaum. Um so suggestiver war es, wenn er mit diesem seine Not hatte. Im Orient winkte Alexanders und der Weltherrschaft Ruhm. Die Rückkehr aus dem Osten sollte über den Kaukasus, Südrußland und Rumänien die Donau aufwärts erfolgen, ein phantastisches Projekt, das Caesar als den wahren Herrscher des Erdkreises erweisen sollte. Vor seinem Glanz würde dann auch der innere Widerstand dahinschmelzen. Die Legitimität, welche ihm die Innenpolitik vorenthielt, hätte ihm der außenpolitische Erfolg gebracht.

Eine solche Logik war für antike Vorstellungen plausibler als für uns, aber sie setzte unbekümmert und mit Absicht auf die Laune des Glücks und überantwortete ihr die Lösung festgefahrener Vitalprobleme. Noch bevor es losging, ließ sich das kriegerische Unternehmen sogar zu einem verfassungspolitischen Trick ausmünzen. Ein sibyllinisches Orakel besagte angeblich, die Parther könnten nur durch einen König besiegt werden, woraus die Folgerung sich ergab, daß Caesar wenigstens außerhalb Italiens König sein müsse. Ein entsprechender Antrag soll auf den 15. März vorbereitet gewesen sein.

Doch das Verhängnis hatte schon seinen Lauf genommen. In der Verschwörung, der Caesar an den Iden des März zum Opfer fiel, fand der lange gestaute Unwille seinen exemplarischen Ausdruck. Der Kreis der Eingeweihten war so groß (über sechzig), daß es schwerfällt, ihm wirklich konspiratorischen Charakter zuzugestehen; darauf legten die Teilnehmer auch gar keinen Wert. Absichtlich tauschten sie untereinander keine Eide aus. Sie wollten nicht in den Geruch kommen, die legitime Ordnung einzureißen. Vielmehr betrieben sie eine Notstandsaktion gegen einen ungesetzlichen Zustand. Von der anderen Seite war das Recht verletzt worden; sie wollten es nur wieder in seinen Stand einsetzen. Der Kreis, der von dem Plan wußte, war noch bedeutend größer. Noch deutlicher kam die außerordentliche Situation in der Teilnahme zahlreicher Caesarianer zum Ausdruck. Die beiden Casca gehörten beispielsweise dazu, sodann Decimus Brutus, der schon als junger Mann bei Caesar gewesen war, fast den ganzen gallischen Krieg mitgemacht und während des Bürgerkriegs als einer der zuverlässigsten Helfer neben Caesar gestanden hatte. Daß ein Mann wie Marcus Brutus mitmachte und neben Cassius die Führung hatte, war weniger überraschend. Beide hatten bis Pharsalos gegen Caesar gekämpft und waren dann von ihm gewonnen worden. Caesar verdankten sie ihre bis zur Prätur gehende Karriere, und nach dessen für die nächsten drei Jahre, die mutmaßliche Dauer des Partherkrieges, gültigen Anordnung war ihnen (für 41, den frühesten, rechtlich zulässigen Termin) auch das Konsulat zugesagt. Aber Brutus, der Neffe Catos, hatte aus seinen Vorbehalten gegenüber Caesar nie ein Geheimnis gemacht und sich auch an der Auseinandersetzung über Cato mit einer eigenen Schrift zum Ruhme seines Onkels beteiligt (die Hauptveröffentlichung hatte Cicero verfaßt; Caesar hatte mit einem *Anticato* geantwortet, der das Privatleben des Toten verunglimpfte und keinen guten Eindruck machte). Den Dolch des Mörders zu ergreifen fiel ihm trotzdem nicht leicht. Die Entscheidung wurde ihm zu einer Gewissensfrage, und vom Gewissen waren auch die anderen getrieben. Um ihren reinen Schild nicht zu beflecken, verzichteten sie darauf, Antonius zu töten. Ausschließlich dem »Tyrannen« sollte der Anschlag gelten, und ihn auszuführen war es höchste Zeit, andernfalls Caesar sich zum Heer entfernte und seine Macht durch einen parthischen Triumph eine neue Stärkung erfuhr.

Dem am 15. März 44, unmittelbar vor Beginn einer Senatssitzung von dreiundzwanzig Dolchen getroffenen Caesar schwand nicht nur sein Leben, sondern auch sein Werk dahin. Er, der um sein Bedrohtsein wohl wußte, setzte, weil er seine Gegner nicht ernst nahm, den Erfolg seines gigantischen Handelns und nicht zuletzt auch die Früchte aufs Spiel, die erst in der Zukunft reifen sollten und konnten. Die erhabene Gelassenheit seines Menschentums, die ihn scheinbar der Mechanik einer Dutzendwelt entrückt hatte, stürzte ihn von der einsamen Höhe herunter, auf welche ihn der Aufstieg seiner Macht geführt hatte. Er hatte wohl auch rationale Gründe, seine Stellung für unerschütterlich zu halten; er konnte sagen, dem Staate selbst müsse an seinem Leben liegen, sein Macht- und Ruhmbedürfnis sei mehr als genug befriedigt; wenn ihm etwas zustieße, wäre es mit der öffentlichen Ruhe dahin, und noch viel schlimmere Bürgerkriege würden folgen. Daß er damit nur zu recht hatte, lehrte die Zukunft; und auch einer seiner Getreuen traf den Nagel auf den Kopf, als er nach Caesars Tode sagte: wenn Caesar als ein solches Genie den Ausweg nicht fand, wer werde ihn jetzt finden?

Aber es wäre Irrsinn gewesen, in einer innerlich zerfahrenen Welt, in welcher die politisch-ethischen Orientierungen völlig durcheinandergingen und dies bei der Lage der Dinge auch gar nicht anders sein konnte, dergleichen Erkenntnisse als lenkende Kraft anzusetzen. Inwieweit Caesar wirklich so illusionär dachte, wissen wir nicht. Der Mensch, und erst recht ein so gewaltiger, ist im allgemeinen zu komplex angelegt, als daß man ihn auf eine so einfache Vorstellung, wie sie seiner Äußerung entsprach, festlegen könnte. Mögen Resignation, Sattheit, Verlegenheit, Selbstsicherheit, Gleichgültigkeit im Spiele gewesen sein, als er den Unwillen, der sich gegen ihn sammelte, ignorierte, mag er sich, wie mancher Autokrat, darin getäuscht haben, daß er die menschlichen Bindungen nur für sich in Anschlag brachte — er hatte bei seiner versöhnlichen Haltung dazu erhebliche Ursache — und des anderen Aspektes, der sich gegen ihn kehrte, nicht mehr gewahr wurde, eine gewissenhafte Urteilsbildung kann kaum der Folgerung entgehen, daß Caesars Tod sehr wesentlich zu dem Fazit seines geschichtlichen Wirkens gehört.

Die Bestimmung seiner geschichtlichen Bedeutung wird einem freilich damit nicht leichter gemacht. Es wäre schön, der Historiker könnte sich mit dem ästhetischen Reiz genügen lassen, den die Betrachtung eines gewaltigen Mannes in sich birgt, und brauchte nur die Genialität in ihrem ursprünglichen Sinn als Naturphänomen zu registrieren. Er käme dann bei Caesar sehr schnell zurecht. Die uns bekannte Weltgeschichte kennt nur wenig vergleichbare Erscheinungen, und mit der ihm eigenen vielfachen Potenzierung menschlicher Kraft und menschlichen Vermögens befindet er sich in einer ganz kleinen, exklusiven Gesellschaft. In der römischen Geschichte kommt vielleicht allein Konstantin in seine Nähe, in der griechischen hält den Vergleich nur Alexander aus.

Aber wie hat sich diese Art von Genialität in den Teppich der Geschichte eingewirkt? Hier melden sich Skrupel über Skrupel zu Wort, sofern man nicht, wie es meistens der Fall ist, sich von vornherein für einen Panegyrikos entschlossen hat. Man mag ruhig einmal das römische Kaisertum für ein unvermeidliches Schicksal halten. War aber Caesar dann sein Begründer und damit, wie Mommsen meinte, zugleich großartiger als alle seine Nachfolger? Die These war jedoch beim besten Willen nicht zu erhärten; das römische Kaisertum wurde nun einmal nicht von Caesar, sondern von Augustus aus der Taufe gehoben. Legte Caesar statt dessen vielleicht die Grundlagen, sei es auch nur derart, daß er seine Gestalt voraussah und auf sie hinwies? Auch diese Deutung hat ihre Schwierigkeiten, denn gerade die verfassungsrechtliche Konstruktionskraft ist wohl das schwächste Element in Caesars Wirksamkeit. Von dem Weg, den die Geschichte schließlich einschlug, ahnte er schwerlich etwas. Gewiß war er der erste Monarch der römischen Geschichte, aber er wurde nicht zum Schöpfer der Monarchie als Institution. Wenn er es gewesen wäre, würde dem römischen Staat und dem Römischen Reich viel Leid erspart geblieben sein; aber gerade diese fruchtbare Auswirkung seiner Herrschergröße ging durch seinen vorzeitigen Tod verloren, und die Greuel, die er seiner Mitwelt ersparte, wurden von seinen Erben mit Zinseszinsen nachgeholt.

Worin besteht dann aber Caesars Funktion in der Weltgeschichte? Ich glaube, wenn man sich mit einer anspruchslosen Antwort begnügt, ist sie verhältnismäßig leicht zu geben. Caesar hat den Prozeß, der zum römischen Kaisertum führte, ungemein beschleunigt. Nur seine unheimliche Kraft vermochte den zählebigen, durch eine große Geschichte geformten Körper der römischen Republik derartig »aufzubereiten«, daß er in der nächsten Generation für die Alleinherrschaft reif wurde. Im Grunde war dies freilich ein destruktives Geschäft; deshalb offenbart sich Caesars Größe auch in erster Linie im Kampf, in der dynamischen Auseinandersetzung mit den Gegnern. Ohne ihn hätte zweifellos die römische Republik eine längere Lebensdauer gehabt, hätte die Welt noch geraume Zeit auf das römische Kaisertum warten müssen. Wer will aber entscheiden, ob das ihr Glück oder ihr Schaden war? Der Historiker ist damit überfragt. Er ist zufrieden, wenn er zu wissen glaubt, wie die Dinge ineinandergreifen und welche Stelle hierbei der großen Individualität zukommt.

Letztes Aufleuchten der Freiheit

Die Verschworenen waren der Meinung gewesen, daß mit dem Tod des »Tyrannen« sich die alte Freiheit von selbst wiederherstelle und man es nicht einmal nötig habe, diesem gleichsam naturnotwendigen Prozeß unter die Arme zu greifen. Es war nämlich keineswegs so, daß hinter der Leiche Caesars nun seine Anhänger in geschlossener Formation gestanden und alsbald, von Schmerz und Zorn getrieben, die Macht ergriffen und sich auf die Mörder gestürzt hätten. Vielmehr war es symptomatisch, daß er inmitten eines Senats, der — der Zahl nach — zumeist aus seinen Kreaturen bestand, ermordet werden konnte und sich kaum ein Arm regte, um ihm beizuspringen. Und danach hütete sich so ziemlich jeder, sich offen zu Caesar zu bekennen. Es gab mit einem Schlag keine Caesarianer mehr. Insofern hatten die Verschworenen also nicht unrecht, wenn sie von dieser Seite mit keinem geschlossenen Widerstand rechneten. Es trat in der Tat ein Vakuum ein.

Leider — für sie — traf das aber auch zu für die Sache, die sie vertraten. An der Stelle, wo die alte aristokratische Republik wieder ins Leben treten sollte, war gleichfalls nur ein Vakuum. Die Gesellschaft des römischen Adels befand sich schon vor Caesars Machtergreifung in einer Krise. Durch den Bürgerkrieg und seine Opfer, durch Caesars Politik, sie in großem Umfang mit fremden Elementen zu durchsetzen, war sie völlig desintegriert. Ein geradezu perniziöser Persönlichkeitsschwund war eingetreten. Die Spitze der Fronde, Brutus und Cassius, waren zwar untadlige Vertreter der vornehmen Gesellschaft, standen aber mit ihren noch nicht vierzig Jahren nach römischer Vorstellung, da sie noch keine Konsuln gewesen waren, nicht in der vordersten Linie der politischen Elite. Nur allzubald bewiesen sie zudem, daß sie gar nicht das Zeug dazu hatten, diesen Mangel durch persönliche Führungsqualitäten auszugleichen. Einstmals renommierte Glieder der Nobilität wie Lucullus hatten sich längst ins Privatleben zurückgezogen. Selbst ein so ehrgeiziger Mann wie Cicero hatte dies unter dem Eindruck von Caesars Herrschaft getan. Mit seinen einundsechzig Jahren neigte er auch jetzt, nach den Märziden, dazu, als er sah, daß die Freiheitsträume nicht alsbald leibhaftige Gestalt annahmen.

Bedenklich an diesem bresthaften Zustand war vor allem, daß von dieser Schicht keine rechte Autorität mehr ausging, jedenfalls zuwenig für eine derartig aus den Fugen gegangene Zeit. So waren die unteren Kreise weitgehend direktionslos, vor allem das Proletariat in der Hauptstadt, dessen Manipulation bislang noch immer zur traditionellen Regierungsroutine gehört hatte. Am schlimmsten äußerte sich dieser Ausfall jedoch gegenüber den Soldaten, den Aktiven und vor allem den Veteranen gegenüber. Dies war nun freilich schon des längeren ein Gebrechen der römischen Gesellschaft, aber niemals trat es in so unverhüllter Offenheit zutage wie nach Caesars Tod.

Italien wie die Provinzen wimmelten von Militär, das durch Caesars Tod mit einem Schlag führerlos geworden war. Durch Caesar und schließlich auch durch Pompeius war es in ganz besonderem Maße daran gewöhnt worden, nur die persönliche Autorität des Feldherrn ernst zu nehmen. Nun fehlte plötzlich die magische Kraft, welche die primitiven Gemüter der Landser zu fesseln vermocht hätte. Die Folge war, daß es nur Surrogate von Autorität gab, unfähig, aus eigenem Vermögen die Soldaten in den Griff zu bekommen, sondern gezwungen, sich ihnen und ihren Gefühlsregungen anzupassen. Das bedeutete, daß der Kommißstiefel anfing zu herrschen oder jedenfalls bei der Herrschaftsbildung einen wichtigen Faktor ausmachte. Zeitweise sah es so aus, als hätte die staatliche Souveränität sich unter dem Tritt der Legionäre verflüchtigt. Doch all das lag am 15. März noch im Schoß der Zukunft, und da sich die Kräfte erst einmal sammeln und ihren Antagonismus klären mußten, erlebte die römische Geschichte nach dem Tode Caesars dieses merkwürdige Zwischenspiel eines kurzen Auflebens der Republik und ihrer Freiheit. Der Gang der Ereignisse, der diesen Eindruck erwecken konnte, ist sehr kompliziert und dabei ständig von dem Schatten begleitet, der schließlich das zeitweilig auftretende Licht verschlingen sollte.

Brutus und Cassius und mit ihnen die ganze Verschwörung huldigten einer — in der Terminologie Max Webers - ausgesprochenen »Gewissensethik«. Ihr Glauben an die Freiheit vertrug die Überlegung nicht, wie man sie zu schützen und zu befestigen hätte. So machten sie sich nicht klar, daß nach dem 15. März alles auf die Exekutive ankam. Nach der Verfassung lag diese aber nicht bei ihnen, sondern bei den Konsuln. Marcus Antonius und Publius Cornelius Dolabella hieß das Gespann. Zu ihnen gehörte zeitweilig Marcus Aemilius Lepidus, Angehöriger einer berühmten patrizischen Familie. Er hatte nach dem Tode des Diktators kein stadtrömisches Amt mehr (bis dahin war er dessen *magister equitum* gewesen), befand sich aber noch in Rom, um dort ein Heer für seine Provinz (Südfrankreich) zusammenzustellen.

Die stärkste Potenz unter ihnen war Antonius — das wußte man auch damals schon —, doch einen besonderen Klang hatte sein Name noch nicht. Die beiden anderen waren unbedeutend, Dolabella — übrigens Ciceros Schwiegersohn, an dem der Schwiegervater indessen wenig Freude hatte — hatte zudem einen schlechten Ruf als Rohling und Bankrotteur. Sein Verhältnis zu Antonius war von Hause aus schlecht, verbesserte sich jedoch zusehends, je mehr die Gemeinsamkeit der beiderseitigen Interessen zum Vorschein kam.

Diese Kombination versperrte den Verschworenen den Griff zum Steuer des Staates; was man schon vorher hätte wissen können und was ihnen nachträglich gleich von Ciceros hellem Verstand vorgehalten wurde. Die Befreiung sei mit männlichem Herzen, aber kindischem Verstand begangen worden, hieß sein treffender Ausspruch, mit dem er ihnen zum Vorwurf machte, daß sie nicht wenigstens auch Antonius beseitigt hätten. Aber die »Reinheit der Idee« sollte nicht befleckt werden, nicht unnötiges Blut fließen und der Friede erhalten werden. Alle diese edlen Absichten wurden, auf die Länge besehen, der Freiheit zum Verhängnis. Antonius kaschierte sich — begreiflicherweise — zuerst und trat ganz verbindlich auf. Er konnte sogar nebenbei sagen, daß er mit dem Mord einverstanden sei; aber das war alles nur Taktik. An der Stelle, an welcher er stand, ihn zu belassen hieß den Bock zum Gärtner machen. Aber auch wem eine solche Formulierung zu scharf war, mußte sich sagen, daß durch ihn nicht die Kräfte des 15. März repräsentiert wurden.

Abgesehen von der Harmlosigkeit seiner Gegner kam es Antonius zustatten, daß der römische Pöbel caesarfreundlich war. Das hätte an sich nicht viel zu bedeuten brauchen, wenn sich auf republikanischer Seite ein zielbewußter Wille gezeigt haben würde, der die

Initiative an sich gerissen hätte. Auch darin hatte Cicero recht, daß Brutus und Cassius wenigstens die Leitung des Senats hätten in die Hand bekommen müssen. Er selbst war freilich in der entscheidenden Stunde auch nicht der Mann, mit einer kühnen Tat die Weiche zu stellen. So trat die beschämende Situation ein, daß die »Befreier« Brutus und Cassius, obgleich Prätoren, sich in Rom ihres Lebens nicht sicher fühlten und, als ihnen Antonius durch Dispens von ihren Amtsgeschäften den Weg aus der Stadt eröffnete, noch dafür dankbar waren und offenbar nicht bemerkten, daß sie schon drei Wochen nach dem Tode Caesars auf elegante Weise aus dem Zentrum der Politik hinausmanövriert waren.

Inzwischen hatte Antonius allerdings eine Regie betrieben, die in raffinierter Weise seine eigene Stellung stärkte und ihm doch den Schein eines republikanischen Biedermannes nicht nur beließ, sondern beinahe offiziell bestätigte. In der ersten Senatssitzung am 17. März, die Antonius leitete und die von einer durchaus republikanischen Stimmung getragen war, warf er die Frage auf, wie man es denn mit den zahlreichen Anordnungen Caesars halten solle. An sich seien sie ja hinfällig, die Konsequenzen ihrer Aufhebung aber gar nicht abzusehen, da alle Magistrate, auch die Caesarmörder, ihre Ämter auf Grund von Caesars Anweisungen erhalten hätten, ganz zu schweigen von der Rechtsgültigkeit aller übrigen Caesarischen Gesetze, die sich ohne Gefahr eines Chaos nicht beseitigen ließen. Das Problem, das Antonius hier berührte, war keineswegs an den Haaren herbeigezogen und stellte sich immer wieder in der Geschichte, bei jedem revolutionären Umsturz, da unmöglich mit der Vergangenheit auch deren Gegenwartseinwirkungen völlig zu bannen sind. Es war also gar nicht zu umgehen, die *acta Caesaris* in gewissem Umfang weiter gelten zu lassen.

Antonius schob die Frage jedoch auf die prinzipielle Ebene und statuierte den Widerspruch dieses Verfahrens zu der Tatsache, daß Caesar als Tyrann galt. Also war Caesar kein Tyrann mehr und seine Beseitigung gemeiner Mord? Dabei konnte es natürlich auch nicht bleiben. Die Lösung brachte ein Kompromißvorschlag Ciceros. Danach wurde Caesar mit der Anerkennung seiner Verfügungen indirekt des Tyrannencharakters entkleidet und deshalb für seine Mörder ausdrücklich »Amnestie« beschlossen. Vorbild und Terminus für diesen salomonischen Ausweg nahm er von einem bestimmten Vorgang der athenischen Geschichte, dessen Voraussetzungen allerdings ziemlich anders lagen. Die Folgen dieser Methode – den Pelz waschen zu wollen, ohne ihn naß zu machen – zeigten sich drei Tage später.

Da nun Caesar offiziell kein »Tyrann« mehr war, mußte er ein ordentliches Begräbnis erhalten. Es fand am 20. März statt und wurde durch die geschickte Seelenführung von Antonius' Leichenrede zu einer Ovation des »Volkes« für den ermordeten Herrscher, bei der nicht nur der Leichnam, sondern auch die Häuser der Verschworenen in Flammen aufgingen. Der Schatten des großen Toten begann zu leben, wie es schon Shakespeare richtig erkannte. Für Antonius war zunächst etwas anderes wichtiger: er hatte sich unmittelbar nach dem Mord in den Besitz von Caesars Vermögen und Sekretariat setzen können – die Verschworenen hatten auch hier entsprechende Vorkehrungen versäumt – und begann nun, auch den bislang unveröffentlichten Erlassen Caesars unter Berufung auf den Senatsbeschluß vom 17. März Gültigkeit zu verschaffen, dazu allen denen, die er als Caesarische ausgab und an Interessenten preiswert verschacherte.

Das Gesetz des Handelns, das Antonius so von Anbeginn an sich gerissen hatte, ließ er sich nicht mehr entwinden. Während Brutus und Cassius mehr oder weniger planlos südlich von Rom sich auf dem Lande aufhielten, Besprechungen abhielten, ihre Verlegenheit mit der Autosuggestion beruhigten, Antonius meine es mit der Republik ehrlich, und sich von ihm mit doppeldeutigen Gefälligkeiten, wie der Beauftragung mit der Getreideversorgung und dann der vorzeitigen Zuteilung von zwei unbedeutenden prätorischen Provinzen (für Brutus Kreta, für Cassius Kyrene), abspeisen ließen, ging Antonius erst einmal nach Kampanien, um sich aus den dortigen Veteranen Caesars eine Leibgarde zusammenzustellen, mit der er sich nicht nur schützen, sondern auch die Hauptstadt terrorisieren wollte, ließ einige demagogische Volksbeschlüsse von popularem Anstrich fassen und traf vor allem für die Zukunft seine Vorkehrungen. Seine Stellung beruhte auf dem Konsulat, das mit dem Jahresende auslief. Dann wäre er machtlos gewesen, ein Augenblick, der von seinen Gegnern sehnlichst erwartet wurde und einen Aktivposten ihrer Kalkulationen bildete. Er mußte also – wie Caesar im Jahr 59 – sehen, daß er sich außerhalb Italiens einen festen Platz schuf. Tatsächlich brachte er dies auch im Lauf des Sommers noch fertig.

Der erste Schritt war die Übertragung der Statthalterschaft von Makedonien für das Jahr 43 und hatte den zusätzlichen Vorteil, daß er damit auch das Kommando über sechs kriegsbereite und erprobte caesarische Legionen erhielt, die Caesar für den Partherkrieg dort bereitgestellt hatte. Allerdings war mit diesem an sich nicht ungünstigen Arrangement ein Nachteil verbunden. Er mußte Italien verlassen, was praktisch bedeutete, daß die republikanischen Kreise, die er bis jetzt so erfolgreich an die Wand gespielt hatte, dort Oberwasser gewinnen würden. Von den Statthaltern des Westens, die sich – soweit sie nicht schon jetzt dezidierte Anhänger von Brutus und Cassius waren, wie Cornificius in Afrika oder Decimus Brutus in Oberitalien – bis jetzt noch nicht definitiv festgelegt hatten, war dann als sicher zu erwarten, daß sie in die gegnerische Front einschwenken würden. Ob es ihm gelingen würde, den Osten nach dem Vorbild von Sulla und Pompeius zu mobilisieren, war immerhin problematisch, obwohl sein Kollege Dolabella, der zu ihm halten würde, die Anwartschaft auf Syrien besaß. Die werbende Kraft, welche jenen ihre überragenden militärischen Leistungen verschaffte, konnte er, dessen Vergangenheit nichts Außerordentliches aufwies, für sich nicht erwarten. Antonius unternahm deshalb einen sehr eigenartigen Schritt. Er ließ sich Oberitalien, das Decimus Brutus bereits auf Grund einer Caesarischen Verfügung besaß, durch Volksbeschluß übertragen und gab Makedonien für eine andere Besetzung frei, mit der Maßgabe, daß die makedonischen Legionen ihm bei diesem Provinzentausch folgen sollten. Obendrein sollte er die Statthalterschaft – wie einst Caesar – auf fünf Jahre behalten.

Bis dahin (Juni 44) hatte sich alles merkwürdig schnell und reibungslos für Antonius fügen lassen. Im anschließenden Vierteljahr mußte er jedoch bemerken, wieviel er nur der Tatenlosigkeit seiner Gegner zu verdanken hatte. Eine Schwierigkeit nach der anderen stellte sich nun ein. Am peinlichsten war zunächst, daß sich Decimus Brutus in Oberitalien nicht einfach wegschieben ließ, den Volksbeschluß als das nahm, was er war, als eine Farce, und damit zum erstenmal Antonius effektiven Widerstand entgegensetzte. Doch auch in Rom selbst änderten sich die Aussichten. Der Senat hatte seit dem 17. März nur noch ein Schattendasein geführt. Am 1. August wurde zum erstenmal wieder ein männliches Wort gesprochen, und zwar aus dem höchst unverdächtigen Mund von Caesars Schwiegervater Piso; von ihm bekam Antonius zu hören, daß sein Verhalten gegenüber den »Befreiern« ein Skandal sei. Vier Wochen später traf Cicero in Rom ein. Er hatte sich bis jetzt im Hintergrund gehalten, war noch vor Beginn der Senatsferien Anfang April weggegangen und hatte den Plan gehabt, im Osten seinen literarischen Studien nachzugehen. Er war schon auf dem Schiff unterwegs, da ließen ihn widrige Wetterverhältnisse in der Gegend von Rhegion nochmals an Land gehen. Bei diesem unfreiwilligen Aufenthalt erfuhr er, daß in Rom der Wind umgeschlagen habe. Als ihn dann noch die Ermahnung seiner Freunde traf, änderte er seinen Entschluß und ging nach Rom zurück. Am 2. September hielt er im Senat eine deutliche Rede gegen Antonius, in der er ihm seine subversive Politik vorhielt und ihm ein moralisches Ultimatum stellte. Es wurde die erste einer langen Reihe, die sich bis ins Frühjahr des folgenden Jahres hinzog, der »Philippischen Reden«, welche die letzte und wahrscheinlich größte Phase in Ciceros politischer Laufbahn untermalten und in der er Schritt für Schritt über sich und seine gewohnte Unsicherheit hinauswuchs und zum Führer des römischen Staates wurde. Es sollte der letzte sein, den die freie Republik kannte.

Das dritte Ereignis, das Antonius zu schaffen machte, war das eigenartigste und zugleich folgenschwerste. Ganz unscheinbar und alle Bedeutung verdeckend, die ihm die spätere Geschichte zumaß, war es bereits während des Mais eingetreten, in der Ankunft eines jungen Mannes. Octavius, der Großneffe Caesars, mit seinen neunzehn Jahren beinahe noch ein Knabe, traf in Rom ein, um die ihm zugedachte Erbschaft anzutreten und damit die testamentarisch angeordnete Adoption zu vollziehen, die aus ihm einen Gaius Iulius Caesar Octavianus machte. Das Unterfangen war geradezu tollkühn; denn der Jüngling hatte nichts als den Namen in das politische Spiel einzubringen und begab sich als schutzloser Sohn und Erbe eines »Tyrannen« in eine Zone ärgster Gefahren. Seine nächsten Angehörigen beschworen ihn deshalb, von dem waghalsigen Unterfangen, das ihn auf geradestem Wege in den Untergang führen mußte, Abstand zu nehmen. Octavian jedoch war dazu entschlossen, kaum daß er von dem Testament erfahren hatte. Er befand sich gerade auf der Reise von Apollonia (in Albanien), wo er zur Teilnahme am Partherfeldzug auf Caesar gewartet hatte, nach Rom.

Die Annahme des Testaments brachte Octavian unvermeidlich in Konflikt mit Antonius, denn die Erbschaft, um die es ging, hielt Antonius bereits in Händen und hatte sie zum größten Teil schon verausgabt. Antonius behandelte deshalb den jungen Menschen ganz von oben herab, obwohl dieser in nüchterner Erkenntnis der Sachlage gar nicht in ihn drang. Aber Octavian machte aus der Erbschaft einen Publizitätsakt, und das war mindestens ebenso unangenehm, wie wenn er das Vermögen herausgefordert hätte. Die Erbschaft war nämlich mit ungeheuren Legaten für die städtische Plebs belastet. Ihre Angehörigen sollten jeder dreihundert Sesterzen (etwa sechzig Goldmark) erhalten. Unter Einsatz seines eigenen Privatvermögens und unter Inanspruchnahme der ihm von Freunden und Verwandten zur Verfügung gestellten Geldmittel zahlte er nacheinander die Vermächtnisse aus und wurde damit bei den Almosenempfängern verständlicherweise eine populäre Figur. Die von Caesar eingerichteten »Siegesspiele« (gewidmet der Göttin Victoria, die hier als die Venus und Stammutter der Caesarischen Familie galt), welche mit Rücksicht auf die Wiedererrichtung der republikanischen Freiheit eigentlich unterbleiben sollten, rüstete er mit großer Pracht desgleichen auf eigene Kosten aus. Überall, hier und sonst, wurde er von Antonius schikaniert, so daß im Verlauf eines Vierteljahres ein offenes Zerwürfnis ausbrach, bei dem es zu Tätlichkeiten kam und die beiden wechselseitig mit der Behauptung hausieren gingen, der andere trachte ihm nach dem Leben.

Anfang Oktober entfernte sich Antonius aus Rom. Dasselbe tat auch Octavian. Sie hatten beide gute Gründe dafür. Der Worte waren genug gewechselt. Jetzt sollten die Waffen sprechen. So konnte man jedenfalls die Dinge ansehen, denn jeder begab sich zu seinem Arsenal, um sich mit den Waffen des Bürgerkriegs zu versehen. Antonius lenkte seine Schritte nach Brundisium, um dort das Kommando über die vier Legionen, die er aus Makedonien hatte herüberholen lassen, zu übernehmen. Zu seinem Erstaunen wurde er von ihnen recht kühl empfangen. Sie murrten über das Geldgeschenk von hundert Denaren (achtzig Goldmark). Der Grund für die Unzufriedenheit offenbarte sich schnell. Seit längerem standen sie in Verbindung mit Octavian, schon als er noch drüben in Apollonia weilte. Danach hatte er durch Boten die Verbindung aufrechterhalten und sich bei ihnen mit allen Mitteln der Korruption lieb Kind gemacht. Das fünffache Geschenk von dem, was Antonius bot, wurde ihnen in Aussicht gestellt. Es war eine richtige Meuterei, und Antonius fuhr mit der Strenge des Disziplinarrechts drein, wie es sich für einen römischen Feldherrn gehörte. Noch schlimmer als Meuterei war aber das, was Octavian selbst in Kampanien inszenierte.

Antonius war ordentlicher militärischer Magistrat, Octavian Privatmann, dazu noch so jung, daß er nicht einmal für das niedrigste römische Amt qualifiziert war. Trotzdem führte er sich auf, als wäre er ein dreiundvierzigjähriger Konsul; er veranstaltete unter den Veteranen, die in Kampanien angesiedelt waren oder dort auf ihre Versorgung warteten, Aushebungen und stellte sich so ein Heer zusammen. Das war glatte Felonie und bislang in der römischen Geschichte nur einmal vorgekommen, vor vierzig Jahren, als der junge Pompeius in seiner Heimat Freischaren gesammelt hatte. Damals war aber schon seit Jahren Bürgerkrieg gewesen, und Sulla war nahe, der den Schaden mit einer Handbewegung heilen konnte. Octavian jedoch pflanzte die Fahne des Aufruhrs mitten im Frieden auf, wenn auch eines mit Müh und Not aufrechterhaltenen Friedens.

Ein paar Wochen später kam es dann noch besser. Zwei der von Brundisium nach Norden in Marsch gesetzten vier Legionen des Antonius schwenkten plötzlich nach Westen ab und liefen zu den irregulären Haufen des Octavian über, darunter die berühmte Marslegion Caesars. Es fehlte nur noch, daß die beiden Heere aufeinander losgingen. Sie waren sich unterdessen bedenklich nahe gerückt und standen nicht allzuweit von Rom entfernt. Aber zu dieser dramatischen Zuspitzung kam es nicht, obgleich Antonius alles Recht auf seiner Seite gehabt hätte. Doch Antonius vermied diese Unklugheit. Er wollte mit seinen Soldaten in erster Linie dem Decimus Brutus die oberitalische Provinz abjagen; und von sich aus einen Zweifrontenkrieg zu provozieren, daran konnte ihm nichts liegen.

Inzwischen hatte auch Octavian längst seiner staatsrechtlich unmöglichen Situation Rechnung getragen. Als er nach Rom zurückkehrte, benutzte er die Gelegenheit einer öffentlichen Ansprache, um dem Senat seine usurpierte militärische Macht anzubieten. Es war vor allem Cicero, der den Wert dieser Offerte erkannte und darauf drang, daß eine entsprechende Verbindung zwischen der Republik und Octavian zustande käme, welche Octavian die fehlende Legitimation und dem Senat die so dringend nötigen Truppen verschaffte. Der Schwäche der republikanischen Position konnte damit endlich abgeholfen werden. Zum Glück entfernte sich Antonius in den letzten Novembertagen aus Rom, um gegen Decimus Brutus zu marschieren; so war der Senat endlich den Druck der ständigen Bedrohung durch die militärischen Schergen des Antonius los. Ciceros Freiheitspolitik, von diesem entscheidenden Hemmnis befreit, näherte sich ihrem Höhepunkt. Nur noch wenige Tage, und auch das Konsulat des Antonius war abgelaufen. Die Nachfolger Hirtius und Pansa waren zwar alte Caesarianer, wollten aber von Antonius nichts wissen und hatten längst ihren Frieden mit der Republik geschlossen.

Die neue Konstellation bot allerdings die Skrupel einer politisch-moralischen Gewissensfrage. Die Republik, die Verkörperung von Recht und Tradition gegenüber den Anschlägen des Antonius, war gezwungen, gegen den (formell) rechtmäßigen Konsul meuternde Soldaten und einen gerade nach ihrem Kanon evidenten Aufrührer zu legalisieren. Da war es nur gut, daß Cicero nicht umsonst über die Phantasie eines Redners verfügte. Man kann sich noch heute das etwas makabre Vergnügen machen nachzulesen, wie dem Untier Antonius »das göttliche und unsterbliche Verdienst« der meuternden Soldaten und ihr hochverräterischer Führer als »göttlicher Jüngling« gegenübergestellt werden. Mit dem ersten Tag der Amtszeit der neuen Konsuln, am 1. Januar 43, erhielt Octavian offiziell Vollmacht in Gestalt eines proprätorischen Imperiums.

So ließ sich das neue Jahr (43) für die Republik recht günstig an. Sie war endlich im Besitz einer Exekutive. Die beiden Konsuln waren erfahrene Militärs und hatten unterdessen auch einige Truppen zusammengebracht. Ihre und des Octavian Streitkräfte ergaben schon eine achtbare Macht. In Oberitalien war Decimus Brutus nicht müßig gewesen und hatte aus dem Reservoir Oberitalien, das schon Caesars militärische Kraftquelle gewesen war, Truppen ausgehoben, denen er in lokalen Grenzfehden mit Alpenstämmen militärischen Drill beigebracht hatte. Gegenüber dem anrückenden Antonius verschanzte er sich in Mutina (Modena). Dessen Lage war keineswegs beneidenswert, denn in seinem Rücken zog das Senatsheer unter den Konsuln und Octavian heran.

Jetzt ging es hart auf hart. In Rom hatte Cicero zwar einige Mühe, sich das Konzept nicht immer wieder von einer starken kompromißbereiten Gruppe verderben zu lassen. Aber die äußere Situation war schließlich seinem intransigenten Standpunkt, der so ganz anders war als seinerzeit vor dem Ausbruch des Caesarischen Bürgerkrieges, günstig. Nicht nur im Westen war die Sache der Republik im Vormarsch. Auch im Osten erhielt sie auffälligen Auftrieb. Brutus und Cassius, die bis dahin ein Bild der Hilf- und Ratlosigkeit geboten hatten, ergriffen endlich die Initiative. Zwar nicht in Italien. Das gaben sie im Herbst 44 auf, um sich nach dem Osten abzusetzen. Dort boten sich einige Chancen, da die Statthalter zu einem Teil noch weniger profilierte Leute als die des Westens waren und zu Antonius keine eigentlichen Kontakte besaßen, zum anderen sogar als Angehörige der republikanischen Fronde angesehen werden konnten. So gelang es den beiden verhältnismäßig leicht, nicht nur Fuß zu fassen, sondern sich auch von den anderen Statthaltern als leitende Instanz anerkannt zu sehen. Brutus hatte Makedonien mit den angrenzenden Gebieten, Cassius Syrien gewonnen. Im Frühjahr 43 erhielten sie dann, vor allem auf Betreiben Ciceros, die amtliche Anerkennung ihrer selbsterworbenen Stellung durch den Senat.

Vor allem aber fiel im Westen eine militärische Entscheidung, durch die alle politischen Probleme gelöst scheinen mußten und die vor allem zu dem Eindruck berechtigte, daß die Republik sich durch alle Gefährnisse glücklich durchgebissen hätte und Caesars Sturz vor der Geschichte anerkannt sei. Antonius wurde innerhalb einer Woche (vom 14. bis 21. April 43) in zwei oberitalischen Schlachten geradezu vernichtend aufs Haupt geschlagen. Er rettete gerade sein Leben und einige klägliche Trümmer seines Heeres. Mutina, wo die zweite Schlacht stattgefunden hatte, und Decimus Brutus waren entsetzt worden.

Nur fiel ein Schatten auf den Sieg: die beiden Konsuln, Hirtius und Pansa, waren im Kampf umgekommen, und Octavian war ohne viel Aufhebens an ihre Stelle getreten. Die Senatskreise trösteten sich damit, daß Decimus Brutus ja da sei und jetzt ihm die Führung zukomme. Er wurde mit dem Triumph ausgezeichnet, während man Octavian nur der Ovation, einer Miniaturausgabe des Triumphes, würdigte. Damals entschlüpfte Cicero das maliziöse Wort, den jungen Mann müsse man loben, auszeichnen und erheben *(laudandum adulescentem, ornandum, tollendum)*, wobei das lateinische Wort für »erheben« zweideutig ist, es kann auch »auf die Seite schaffen« heißen. Unglücklicherweise wurde die Äußerung, wie das gerade in heikler Situation zu gehen pflegt, Octavian hinterbracht, der sich seinerseits nicht die Bemerkung verkniff, er werde es nicht so weit kommen lassen. Wie sehr er damit recht hatte, ahnte Cicero zu diesem Zeitpunkt nicht.

Kollektive Diktatur: das Zweite Triumvirat

Ein aufmerksamer Beobachter hätte schon unmittelbar nach der Schlacht bei Mutina bemerken können, daß die Voraussetzungen, auf denen das Siegesbewußtsein des Senats beruhte, nicht so ganz stimmten. Die Unterredung zwischen Octavian und Decimus Brutus, in der dieser jenen aufforderte, die Verfolgung des Antonius unverzüglich aufzunehmen, verlief erfolglos. Octavian machte nicht mit und verschanzte sich hinter der Angabe — sie ist gegen den Verdacht des Vorwandes nicht völlig gesichert —, daß seine Soldaten mit einem Caesarmörder nicht gemeinsame Sache machen wollten. So wurde eine Verfolgung des Antonius mit gemeinsamen Kräften verhindert. Statt dessen entwickelte sich ein eigenartiges Intermezzo zwischen Octavian, seinem Heer und dem Senat. Eine Senatsgesandtschaft erschien im Lager Octavians mit der Absicht, sich wegen der weiteren Anordnungen, so über die Belohnung für die Soldaten, ins Benehmen zu setzen und behandelten den jungen Feldherrn wie Luft. Dafür ernteten sie aber einen schlimmen Rückschlag. Die Soldaten erklärten sich mit ihrem General solidarisch, und gleich darauf gab dieser selbst zu erkennen, daß er sich nicht einfach ignorieren lasse. Er forderte nichts Geringeres als das Konsulat für sich, den noch nicht zwanzigjährigen Anfänger, neben Cicero, dem führenden Mann des Senats, der damals im dreiundsechzigsten Lebensjahr stand — nach normalen Begriffen eine glatte Unverschämtheit. Der Senat lehnte infolgedessen das Ansinnen ab, bedauerlicherweise täuschte er sich aber darin über die reale Situation, die trotz des Sieges alles andere als »normal« war.

In Rom erschien eine Deputation von vierhundert Zenturionen (Hauptleuten) und forderte für ihren Feldherrn das Konsulat. Als sie — konsequenterweise — abgewiesen wurde, deutete ihr Sprecher mit den Worten auf sein Schwert: »Dieses wird das schaffen, was ihr nicht wollt«. Und so war es denn auch. Octavian und sein Heer verfolgten nicht Antonius, sondern bewegten sich in entgegengesetzter Richtung auf Rom zu, um höchstpersönlich ihre Forderung durchzusetzen. Unter diesem Druck fand die Wahl (zum Ersatz der beiden gefallenen Konsuln) statt, und am 19. August 43 traten Octavian und sein Onkel Pedius, wie er testamentarischer Erbe Caesars, das Konsulat an. Welche Stunde damit geschlagen hatte, wurde einige Tage später klar, als Pedius durch Gesetz ein Ausnahmegericht gegen die Caesarmörder bestellte und damit in aller Form den inneren Frieden des 17. März 44 aufkündigte.

Das Band zwischen Octavian und der Republik war durchschnitten. Daran konnte nur einer zweifeln, der sich an die Tatsache klammerte, daß Octavian gar nicht die Macht besaß, eine solche Politik durchzuhalten, da er im Westen Antonius zum Gegner hatte und im Osten Brutus und Cassius gegen ihn rüsteten. Sie wurden nur zu bald eines anderen belehrt.

Die Situation des Antonius hatte sich seit Mutina in überraschender Weise gebessert. Der inzwischen vom Senat Geächtete war unter abenteuerlichen Umständen Decimus Brutus entkommen und an der Spitze seiner völlig desorganisierten Truppen nach Südfrankreich entwichen, ohne bei dessen Statthalter Lepidus Widerstand zu finden. Das Ende vom Lied war, daß Lepidus sich mit ihm vereinigte. Das war ein starkes Stück, denn bisher hatte sich Lepidus noch immer bemüht, dem Senat gegenüber loyal zu sein. Er redete sich denn auch auf ziemlich schäbige Weise heraus und schrieb in einem offiziellen Brief an die Regierung in Rom, er habe nicht anders können, seine Soldaten hätten über ihn hinweg entschieden, und er habe sich um des Friedens willen gefügt. Wofür Worte nicht alles gut sind! Nach der Terrorisierung Roms durch Octavian ging denn auch der unwahrscheinliche Erdrutsch weiter. Sowohl Asinius Pollio, der Statthalter des südlichen Spaniens, wie Munatius Plancus, der des von Caesar unterworfenen Galliens *(Gallia Comata)*, machten ihren Frieden mit Antonius. Die Zeche hatte zunächst Decimus Brutus, der Verfolger des Antonius, zu zahlen. Er war plötzlich gänzlich isoliert. Seine Soldaten liefen ihm davon; er selbst fand auf der Flucht in den Alpen den Tod. Er hatte damit in seiner Person das Schicksal der Republik vorweggenommen.

Ihr Geschick sollte sich in Windeseile vollenden. Octavians Stellung zwischen zwei Machtblöcken war unmöglich geworden. Es macht dem Jüngling alle Ehre, daß er dies rückhaltlos erkannte. Angeblich im Auftrag des Senats gegen Antonius marschierend,

Römisches Kriegsschiff
Marmorrelief, um 35 v. Chr. Musei Vaticani

Reste eines zu Beginn der Schlacht von Philippi gelobten Tempels für Mars Ultor auf dem Augustus-Forum in Rom, 42–2 v. Chr.

suchte er Mittel und Wege, sich mit ihm zu verständigen. Lepidus machte den Mittelsmann. Bei Bologna arrangierte dieser die Unterredung. Die beiden trauten sich so wenig, daß sie einen heimtückischen Anschlag auf ihr Leben für nicht ausgeschlossen hielten und sich erst nach einer Art Leibesvisitation einander näherten. Aber das Gespräch selbst war »fruchtbar«. Sie warfen ihre Machtmittel zusammen und beschlossen, der republikanischen Freiheit einfach durch brutale Gewalt das flackernde Lebenslicht auszublasen.

Irgendwelcher Legitimation bedurften sie nicht. Es wäre überflüssige Anstrengung gewesen, sich darum zu bemühen. Das hatte vor gut fünfzehn Jahren noch Caesar für nötig gehalten, und dieser hätte, bei den Dimensionen seines Wesens, allenfalls darauf verzichten können. Aber die junge Generation war über solche, sei es auch nur taktische Bedenklichkeit erhaben. Sie waren reine Pragmatiker der Macht. Sie wollten die Diktatur, aber deren Namen konnten sie nicht gebrauchen, erstens, weil sie zu dritt waren, und dann, weil Antonius sie während seiner republikanischen Mimikriphase nach dem Tode Caesars als Konsul feierlich hatte abschaffen lassen. Also nahm man den Terminus Sullas und setzte nur für Diktatur Triumvirat ein: *triumviratus rei publicae constituendae*, »Triumvirat zur Ordnung des Staates«. Beim Wort hätten die drei sich nicht nehmen lassen dürfen, denn keiner hatte im Gegensatz zu Sulla die geringste Idee, worin denn die Neukonstituierung des Staates bestehen sollte. Dafür waren sie sich über anderes klar. Wovon die Nachwelt Sullas sich einhellig und mit Abscheu abgewendet, was noch Caesar ängstlich vermieden hatte, das wurde zum gemeinsamen und verbindenden Thema der drei Potentaten: der unbedenkliche Gebrauch ihrer Gewalt.

Die Soldateska, seit einem Jahr mit den phantastischsten Versprechungen gespeist, forderte ihren Lohn, zunächst in Bargeld. Jeder von den dreien, zumal Antonius und Octavian, hatte seine Feinde, die ihn im trügerischen Schein der wiedergewonnenen Freiheit bloßgestellt hatten. Den allen war durch Proskriptionen beizukommen, durch legalisierten Mord also, der sein Opfer nicht nur ums Leben, sondern auch ums Vermögen brachte. Die Besprechungen bei Bologna dienten gleich dazu, gemeinsam die Todeskandidaten ausfindig zu machen. Freundschaftsrücksichten sollten keine Rolle spielen dürfen. Jeder mußte den anderen seine Freunde preisgeben. Ein widerlicher Schacher um Menschenleben begann. Die persönliche Proskriptionsliste umfaßte dreihundert Senatoren und zweitausend Ritter. In über achtzehn Städten Italiens wurde das Fallbeil aufgestellt, damit Platz für die zu entlassenden Veteranen würde. In Rom wurden die verbrecherischen Phantasien unter dem Druck der Übermacht zum Gesetz erhoben. Pedius allerdings, der Onkel Octavians und Konsul, überlebte die Zumutung nicht. Die Erregung darüber brachte ihm den Tod. Aber ein Volkstribun beantragte am 27.11.43 eine *lex Titia*. Sie war der definitive Schlußstrich unter die Freiheit des republikanischen Roms. Sie sollte nie wieder erwachen. Mit sich ins Grab zog sie Cicero, den die Schergen des Antonius am 7. Dezember 43 ermordeten. Es war der Abschluß eines großen Zwecken gewidmeten Lebens und ehrte den Toten.

Denn gemessen an den Kategorien des Verstorbenen war nun wirklich der Tiefpunkt der bisherigen römischen Geschichte erreicht. Daß Marius sich in scheußlichen Exzessen verlor, war ein dunkler Fleck auf dem Bild seiner Biographie, aber Marius war ein Held der römischen Geschichte und besaß einen strahlenden Ruhm. Sulla, der märchenhafte Sieger über

Mithridates, gab die Verbrechen, die geschehen waren, nur zurück. Jetzt jedoch traten drei Männer zusammen, von denen jeder einzeln zu schwach war, um den Herrn über Tod und Leben zu spielen. Keiner von ihnen hatte bisher Besonderes geleistet; Lepidus mit seinen fünfundvierzig Jahren war eine unverkennbare Mediokrität, der seine äußere Karriere lediglich seiner altadligen Abstammung und der bedenkenlosen Anpassung an Caesar verdankte. Antonius, damals noch kein Vierziger, hatte sich zwar in mancher Feldschlacht tüchtig geschlagen, war aber noch nie in den Raum sich selbst tragender Taten vorgestoßen, und Octavian war bei seinem Alter gegen jeden Verdacht nachweisbarer Größe gefeit. Bewiesen hatte er bis jetzt für den, der näher zuschaute, nur ein unheimliches Maß unvoreingenommener und von sich selbst Abstand nehmender Berechnung. Er stand jetzt auch nicht an, auf eine Forderung des Antonius hin auf sein Konsulat zu verzichten, und nahm es ebenso hin, daß er bei der Verteilung der Provinzen wie ein Aschenbrödel behandelt wurde. Unter Umständen ließ dies Außerordentliches für die Zukunft erwarten. Im Moment jedoch erweckte der Kontrast zu seiner Jugend nur den Eindruck abstoßender menschlicher Häßlichkeit.

Wie zur Bestätigung solcher Exposition des nachcaesarischen Zeitalters verstand sich der niedergeknüppelte Senat zu dem geradezu ekelhaften Beschluß eines Eichenkranzes »wegen Rettung der Bürger« für die Triumvirn, weil sie nicht noch mehr Bürger umgebracht hatten. Es war Nacht über Rom geworden, so dunkel wie nie zuvor, und sehnsüchtig schauten die Menschen aus, ob im Osten nicht nochmals das Licht der Freiheit aufginge. Ein Morgenrot war schon zu sehen. Würde nun aber auch der Tag folgen?

Die Aussichten waren nicht ungünstig. Von Brutus und Cassius wurden die reichen Mittel des Ostens rücksichtslos für die Vorbereitung des Kampfes eingesetzt. Die griechische Bevölkerung hatte manches, aber nicht entfernt so Schlimmes durchzumachen wie die italische unter den Triumvirn. Man kann nicht sagen, daß – aufs Ganze gesehen – die beiden Freiheitshelden sich verhaßt gemacht hätten. Bei der römischen Bevölkerung der östlichen Provinzen waren sie sogar beliebt. Der junge Römer, der sich studienhalber dort aufhielt, hatte viel für einen so gebildeten Mann wie Brutus übrig und stellte sich auch militärisch unter dessen Fahne. Horaz verhielt sich so und wurde sogar Offizier. Erst recht ließ sich, was sich an Soldaten des Pompeius noch im Osten befand, gern zum Kampf gegen die Triumvirn gewinnen.

Vor allem aber war die seestrategische Lage außerordentlich günstig. Sie war es seinerzeit schon bei Pompeius gewesen, weil die Schiffe des Römischen Reiches, das in eigener Regie keine Flotte unterhielt, zumeist von den seefahrenden Staaten des Ostens gestellt wurden. Das war nun wiederum so. Dazu aber trat der besondere Glücksumstand, daß Brutus und Cassius im Kampf gegen Antonius und seinen Anhang nicht mehr allein standen, sondern in dem jungen Pompeiussohn Sextus einen mächtigen Verbündeten erhielten. Sextus Pompeius hatte nach Caesars Tod den spanischen Kriegsschauplatz wiederaufgegriffen und war dem caesarischen Statthalter Asinius Pollio sehr lästig geworden. Im Sinne der damaligen Senatspolitik lag dies nicht. Sie war auf Ausgleich bedacht und konnte doch andererseits nicht verkennen, daß ihr in Sextus Pompeius ein natürlicher Bundesgenosse zuwuchs. Deshalb war man in Rom recht froh, als Ende 44 durch Vermittlung von Lepidus eine

Verständigung gefunden und so ein Weg eröffnet wurde, den energischen Pompeiussohn in die Verteidigung der bedrohten Republik einzuspannen. Es geschah dies in Form eines außerordentlichen Kommandos zur See, ungefähr so, wie es der Vater im Seeräuberkrieg gehabt hatte. Pompeius wurde damit in Stand gesetzt, eine große Kriegsflotte zu organisieren. Der Staatsstreich des Triumvirats konnte ihm nichts anhaben. Er baute Sizilien zur Basis seiner maritimen Operationen aus, die in einer seeräuberähnlichen Belästigung der italischen Häfen und der Unterbindung der Lebensmittelzufuhr nach Italien bestand. Der Versuch des Triumvirats, ihn von Sizilien zu vertreiben, scheiterte kläglich. Für manchen der Proskribierten, wenn es ihm gelang, dem Dolch des Mörders zu entgehen, wurde Pompeius ein Hort der Zuflucht.

Eine solche Konstellation berechtigte, ungeachtet des triumviralen Staatsstreichs, zu guten Hoffnungen für die militärische Auseinandersetzung zwischen Diktatur und Republik. Es kam nur darauf an, sie wirklich zu nutzen. Ob der Kriegsplan von Brutus und Cassius dies tat, ist nicht über allen Zweifel erhaben. Auf einer Besprechung in Smyrna Ende 43 wurde die Idee einer schnellen Offensive zur Befreiung des drangsalierten Italiens ausdrücklich abgelehnt unter Berufung auf die Notwendigkeit, östliche Klientelstaaten noch fester in die Hände zu bekommen. Kostbare Zeit ging verloren. Schließlich wurde die künftige Strategie dahin festgelegt, dem Feind entgegenzuziehen und ihn zu schlagen, wo man ihn träfe, möglichst auf dem Balkan; denn die Vorkehrungen, ihm den Seeweg zu verlegen, waren offenbar nicht mit genügender Energie getroffen, obgleich sie Cassius in die Wege geleitet hatte. In eigenartiger und nicht unbedenklicher Weise äußerte sich auch das Siegesbewußtsein. Brutus schrieb in einem Brief, er sei jetzt – nahe der militärischen Entscheidung – auf dem Kulminationspunkt seines Geschickes. Entweder werde er durch seinen Sieg das römische Volk befreien, oder er werde durch den Tod frei, denn wenn auch alles (im Sinne der stoischen Philosophie) festgelegt sei, so sei doch das eine verborgen, ob Rom in Freiheit leben würde oder zu sterben hätte. Da war nun also die Alternative der Niederlage zu einer individualistischen idealen Möglichkeit stilisiert. Wer sich solchen Gedanken überläßt, dem fehlt die letzte Entschlossenheit zu siegen. Ähnlich wie Cato Uticensis empfand Brutus den vitalen Behauptungsinstinkt nicht als die Dominante und kannte neben der Politik noch die Selbstgenügsamkeit der nichtpolitischen, rein menschlichen Person.

In nächster Nähe der makedonischen Ostküste, bei Philippi, gerieten die beiden gewaltigen Heere aneinander. Die Schlacht von Philippi war ein wochenlanger Stellungskrieg, der zweimal in eine Bewegungsschlacht überging. Bei der ersten, vielleicht Ende Oktober 42, stieß jeweils ein Flügel der beiden Parteien vor und überrannte den Gegner. Bei den Republikanern gelang Brutus der Vorstoß bis ins feindliche Lager hinein. Cassius dagegen erlitt das entsprechende Schicksal durch einen schneidigen Sturmangriff des Antonius. Er hielt fälschlicherweise die ganze Schlacht für verloren und gab sich selbst den Tod. Trotzdem war das Fazit nach dieser ersten Schlacht von Philippi taktisch ein Sieg der Republik, denn Brutus eroberte das Lager des Cassius zurück; überhaupt waren fortifikatorisch die Republikaner viel günstiger dran und verfügten obendrein durch die Freiheit der rückwärtigen Verbindungen über unbeschränkte Verproviantierungsmöglichkeiten, während das Triumviratsheer in die größten Schwierigkeiten geriet. Es hätte in absehbarer Zeit den

Kampf aufgeben müssen. Brutus stand am längeren Hebelarm. Aber seine Autorität als Feldherr reichte nicht aus, die hinhaltende Strategie bei seinem Heer, das den Sieg in der Tasche zu haben glaubte und möglichst bald Beute machen wollte, durchzusetzen. So ließ er sich wie Pompeius bei Pharsalos gegen seine Überzeugung zur Schlacht drängen.

Er verlor sie gegen das Ungestüm des Antonius. Vier Legionen rettete er bei der Flucht, aber anstatt die Zukunft mit Entschlossenheit selbst festzulegen, überließ er die Entscheidung seinen Leuten. Als diese gegen das Weitermachen ausfiel, ging er in den selbstgewählten Tod. Mit seinen letzten Worten pries er die Seligkeit der Tugend, welche den Mächtigen durch den ihnen unerreichbaren Ruhm überlegen sei. Ganz unrecht hatte er mit der stolzen Bemerkung nicht, denn wie Cato wurde Brutus späteren Geschlechtern, wenn sie sich dem Würgegriff der Gewalt gegenüber moralisch zu behaupten hatten, ein leuchtendes Vorbild.

Bei Philippi war die letzte Chance einer Wiedererrichtung der Republik dahingegangen und der Sieg des Triumvirats vom Vorjahr bestätigt. Sextus Pompeius stand jetzt allein. Er war zwar nicht geschlagen, aber die Macht, gegen die Sieger von Philippi etwas auszurichten, hatte er nicht. Er hätte sich ihrem gemeinsamen Angriff gegenüber auch schwerlich halten können. Zu seinem Glück hatten diese anderes zu tun, so daß er in seiner meerbeherrschenden Stellung unangefochten blieb. Dagegen war bereits im Jahr 42 Africa der sterbenden Republik verlorengegangen, da Cornificius sich gegen den Statthalter der Triumvirn nicht behaupten konnte. Persönlich hatte von Philippi den größten Gewinn Antonius. Sein Name wurde durch den Sieg, zumal im Osten, weltberühmt, und der Osten wurde deshalb auch ausschließlich seine Kriegsbeute. Im Westen besaß er dazu noch die gallischen Provinzen (ohne Oberitalien, das nun endlich zu Italien geschlagen wurde, wie dies Caesar schon immer vorgeschwebt hatte). Antonius war somit der mächtigste Mann des Römischen Reiches.

Octavian, der bei Philippi infolge völligen Versagens kaum in Erscheinung getreten war, fiel dagegen noch immer sehr ab. Er bekam zwar Spanien; das war aber im Vergleich zu Antonius' weitem Herrschaftsbereich doch recht bescheiden. Dagegen verfügte Octavian praktisch über Italien, obschon es rechtlich als außerprovinzialer Boden unter der gemeinsamen Herrschaft der Triumvirn stand. Die diktatorische Gewalt galt, strenggenommen, nur hier. Und doch hatte trotz des Abstandes Octavian bei der Neuverteilung des Herrschaftsraumes gewonnen, denn vorher war sein Provinzialbesitz, der sich zum Teil, wie Sicilia und Africa, gar nicht in seinen Händen befand, geradezu imaginär gewesen. Seine Besserstellung hatte zwar mit Philippi nur indirekt zu tun. Der dritte Triumvir, Lepidus, hatte sich an dem Feldzug überhaupt nicht beteiligt, was Antonius und Octavian die Möglichkeit verschaffte, sich auf dessen Kosten untereinander zu verständigen und Lepidus nach Afrika abzuschieben. So beruhte denn die Zukunft in der Hauptsache auf dem Zusammenspiel von Octavian und Antonius. Es hat die lange Zeit von zehn Jahren gedauert und fand sein Ende in der Katastrophe des Antonius.

In dieser Periode fiel die römische Geschichte in weitem Umfang auseinander. Antonius zog seine Kreise im Osten und betrat überhaupt italischen Boden, von zwei flüchtigen Besuchen abgesehen, nicht mehr. Octavian »regierte« im Westen, freilich keineswegs so unangefochten wie sein Partner im Osten. Man ist versucht zu fragen, ob diese Zweiteilung des Römischen Reiches einer bewußten Konzeption entsprach und mit welchen subjektiven Absichten überhaupt diese Zweigleisigkeit der römischen Politik verbunden war. Auskunft hierüber ist bei unserem Quellenstand schwerlich zu erhalten. Über die inneren Vorstellungen der großen Akteure schweigt sich die Geschichte ohnehin gern aus, und wenn einer in so radikaler Weise wie Antonius unterliegt, dann zieht er nicht nur sich, sondern auch die Deutung, die er der Welt geben wollte, in den Abgrund. Jedenfalls ist das so bei einem Abstand von zweitausend Jahren, der nur noch die äußeren Bewegungen erkennen läßt. Der Historiker vermag deshalb nur sehr »formal« zu argumentieren. Er kann sich die Frage vorlegen, ob Antonius tatsächlich eine in sich ruhende Existenz der östlichen Hälfte des Römischen Reiches vorschwebte, und wird dann doch festzustellen haben, daß trotz aller in diese Richtung weisenden Indizien eine solche Folgerung nicht haltbar ist. Wenn Antonius aber die Einheit des Reiches nicht aus den Augen verlor, dann ist wiederum die Feststellung nicht zu umgehen, daß er dieses Ziel nicht konsequent verfolgte und die besten Chancen, es zu erreichen, vertat. Denn darüber ist kein Zweifel: der Sieger von Philippi war ursprünglich seinen Rivalen turmhoch überlegen, und besiegt wurde er in erster Linie deshalb, weil er die Möglichkeiten, die ihm die Geschichte zuwarf, nicht auffing.

Octavian war viel ungünstiger dran. Er war erstens einmal militärisch unbegabt und entbehrte damit allen Glanzes, den Feldherrnruhm ausstrahlt. Seinem Wesen fehlte außerdem alle persönliche Faszination; er besaß kein unmittelbar wirksames Charisma. Er mußte sich hinter der Fassade von Begriffen verstecken. Während seiner Triumviratszeit war das vor allem die Pietät *(pietas)* gegenüber seinem Adoptivvater Caesar. Der tatsächliche Impuls sah freilich anders aus. Die fromme Attitüde verdeckte nur notdürftig die Klauen des Raubtieres, das seine Freude am Zerfleischen des Gegners hat. Doch gebietet die Gerechtigkeit des Urteils die Feststellung, daß ihn die politische Situation auf den Weg der Gewalt festlegte.

Octavian war jahrelang dazu verurteilt, die Hypotheken des Triumvirats zu tragen. Nach Philippi erfolgte eine Demobilisierung der ungeheuren Heeresmassen des Bürgerkrieges. Hunderttausend Veteranen mußten versorgt werden, und zwar in Italien; denn den Soldaten außeritalischen Kolonialboden aufzudrängen, dazu reichte die Autorität nicht hin. Kaum verwunderlich, nachdem sein politischer Aufstieg von Anfang an in einer systematischen Korruption der Soldateska bestanden hatte.

Proskriptionen und Enteignungen waren die Mittel, mit deren Hilfe Octavian seiner Aufgabe nachkam. Sie brachten ihm deshalb auch die erste gefährliche Krise seiner Karriere ein. Bei der in Mitleidenschaft gezogenen Zivilbevölkerung war Octavian verhaßt, ohne deshalb bei den Soldaten, die vor ihm keinen »natürlichen« Respekt haben konnten, beliebt zu sein. Im Sinne eines von Anfang an mißtrauischen Antonius (was er in Wirklichkeit gar nicht war) suchten des Antonius in Italien wohnende Frau Fulvia und sein Bruder, der Konsul Lucius Antonius, aus den Mißhelligkeiten Octavians Kapital zu schlagen, indem sie einmal den Veteranen nach dem Mund redeten, das andere Mal den unglücklichen Opfern der Enteignungen. Daraus entstand bereits im Jahre 41, also gleich nach Philippi, ein wüster Bürgerkrieg. Lucius Antonius suchte schließlich den Schutz der Mauern von Perusia (Perugia) auf und wurde dort von Octavian belagert. Noch ehe er von Marcus

Antonius und seinen im Westen stehenden Unterfeldherren entsetzt wurde, kam es zur Kapitulation, bei der Octavian, der von jeher Machtverhältnisse klar durchschaute, selbst wenn das Resultat ihm unsympathisch war, Lucius Antonius bezeichnenderweise frei ausgehen ließ, dafür aber die völlig unschuldigen Einwohner von Perugia dran glauben ließ. Der ganze Stadtrat sprang über die Klinge, und dreihundert vornehme Bürger wurden vor einem Altar des vergöttlichten *(divus)* Caesar zur Feier seines Todestages hingeschlachtet. Es war einer der schlimmsten Exzesse der ganzen Revolutionszeit und stellte in seiner Verbindung von Roheit, Seelenkälte und Heuchelei die Proskriptionen selbst Sullas weit in den Schatten.

Allerdings hatte sich Octavian mit solchen Schlächtermanieren so sehr kompromittiert, daß es bei Einsatz genügender Macht ein leichtes gewesen wäre, ihn zu stürzen. Marcus Antonius setzte da auch an und kam mit einem Heer zu Schiff nach Italien. Niemand war im unklaren darüber, daß sich der Konflikt am Ende zu einer Katastrophe für Octavian auswachsen werde. Da trat in letzter Minute eine merkwürdige Wendung ein. Die Soldaten, die vor kurzem noch in Philippi gemeinsam gekämpft hatten, fanden sich auf beiden Seiten zusammen und verständigten sich über die Kampflinie hinweg, daß sie nicht mitmachen würden bei einem Kampf zwischen den zwei Erben von Caesars Herrschaft.

Das Ergebnis dieser Intervention war der Vertrag von Brundisium (40). Er rettete den Frieden. Der unvermeidlich gewordene Bürgerkrieg schien wie durch ein Wunder gebannt. Die Bevölkerung atmete auf. In der berühmten Vierten Ekloge über ein neues Goldenes Zeitalter gab Vergil dieser Stimmung Ausdruck. Der politische Gewinn lag bei Octavian. Er entging nicht nur der Vernichtung, sondern vergrößerte auch seinen Provinzialbesitz. Antonius trat Gallien an ihn ab, so daß jetzt eine klare Aufteilung von Ost und West sich abzeichnete. Allerdings hatte das Werk eine Lücke. Sextus Pompeius bedrängte noch immer mit seiner Piratenflotte Italien. Octavian gedachte, nachdem er die Hände wieder frei hatte, mit Pompeius aufzuräumen und damit in den ungeschmälerten Besitz der westlichen Reichshälfte zu gelangen. Aber er war dazu nicht imstande. Es fehlten ihm die Mittel, und der Versuch, sie gewaltsam einzutreiben, drohte ein Chaos in Italien herbeizuführen. Deshalb fand er sich zu einer Verständigung bereit, zu welcher ihm Antonius den Weg ebnete. In Misenum kam sie zustande (der »Vertrag von Misenum«, 39). Pompeius verzichtete auf die Blockade Italiens, und seine Anhänger, zumeist »Republikaner«, durften in die Heimat zurückkehren. Der Jubel in Italien war groß. Endlich normalisierten sich die Verhältnisse. Freunde und Verwandte, die sich seit Jahren, etliche schon seit Caesars Zeiten, nicht mehr gesehen hatten, konnten wieder zueinander.

Gewinner war auch hier Octavian. Er wurde ein Problem los, das er bis dahin nicht hatte lösen können und das ihm starken Abbruch tat, denn die Bedrängung der italischen Bevölkerung, die Versorgungsschwierigkeiten und die wirtschaftliche Unsicherheit wurden von der Öffentlichkeit auf sein Konto gebucht. Aber der Gewinn war doch nur ein halber, denn Octavian hatte Pompeius als Herrn der Inseln Sizilien, Korsika und Sardinien anerkennen müssen, und das hieß doch, daß er nach wie vor nicht Herr in seinem Hause war. Was er auf dem Wege der Vereinbarung nicht erhalten hatte, suchte er sich deshalb in einem Handstreich zu verschaffen. Durch Verrat ließ er sich Sardinien und Korsika in die

Hände spielen. Aber der Krieg, der daraufhin selbstverständlich ausbrach, brachte ihn in große Verlegenheit.

Wiederum wurde Italien blockiert, wiederum brach Hungersnot aus, und wiederum wandte sich die öffentliche Erregung gegen Octavian. Seine militärischen Operationen zur See gegen Pompeius brachten ihm nur Blamage ein. Er mußte Antonius bitten, ihm aus der selbstverschuldeten Not zu helfen. Antonius, der mit dem eigenwilligen Vorgehen Octavians nicht einverstanden sein konnte, zögerte zuerst, ging dann aber doch auf das Gesuch ein. Er hatte darin unterdessen auch einen eigenen Vorteil gefunden, denn er brauchte Truppen und konnte von seinen vielen Schiffen leicht einen Teil entbehren. Inzwischen wollte aber Octavian nicht mehr, denn er hatte aus eigener Kraft Schiffe gebaut und große Vorbereitungen für den Seekrieg getroffen. Als Antonius mit seiner Flotte angesegelt kam, wurde er deshalb von Octavian nicht in den Hafen von Brundisium gelassen. Ein offenes Zerwürfnis schien unvermeidlich. Hier nun schaltete sich Octavia, die Schwester Octavians und seit zwei Jahren (40/39) Frau des Antonius, ein und brachte Bruder und Ehemann an den Verhandlungstisch (»Vertrag von Tarent«, 37).

Auch in diesem Fall war Antonius der Gebende. Octavian bekam seine Schiffe, aber die Soldaten für Antonius standen nur auf dem Papier. Er hat sie nie gesehen. Auch die Verlängerung des Triumvirats, das mit dem Jahr 38 abgelaufen war, lag mehr in Octavians Interesse als in dem des Antonius, denn die staatsrechtliche Korrektheit war für ihn in Rom wichtiger als für den Beherrscher der griechischen Welt. Zudem war nach wie vor Antonius der Beliebtere und hatte nach Philippi die Sympathien der unterlegenen Republikaner für sich. Eine formal »freie« Manipulation der Herrschaft unter Verzicht auf die triumvirale Diktatur konnte er sich viel eher als der verhaßte Octavian gestatten.

Warum Antonius seine Trümpfe so leichthin aus der Hand gab, läßt sich bei unserem Quellenmaterial leider nur vermuten. Offenbar wollte er, wie seine Vorgänger Sulla und Pompeius, um seine Person den hellen Glanz phantasieerregender Orientsiege legen und in deren Lichtkegel den Pfad zur Alleinherrschaft finden. Octavian, hierbei rettungslos ins Dunkel abgedrängt, konnte bei dem Fehlen jeglichen Charismas und der Unmöglichkeit, selbst als »Held« aufzutreten, da nicht mehr mithalten und hätte zwangsläufig den Platz räumen müssen. Die Gelegenheit zu einem großen außenpolitischen Drama brauchte er nicht zu suchen. Sie war in dem Feldzug gegen die Parther längst zur Stelle. In den letzten Jahren waren zudem unglaubliche Dinge passiert, so daß es nicht einmal mehr nötig war, an Karrhai anzuknüpfen.

Die Parther hatten den Zusammenbruch der republikanischen Front im Osten dazu benutzt, um von Mesopotamien aus in das Römische Reich, und zwar nicht nur in das benachbarte Syrien, sondern sogar in Kleinasien einzufallen. Sie bedienten sich dabei des Talentes eines römischen Emigranten, des Quintus Labienus, des Sohnes des tüchtigsten Generals und nachmaligen Gegners von Caesar. Gedacht war der nach außen unmotivierte Angriff wohl als Präventivmaßnahme. Mit Brutus und Cassius hatten die Parther gut gestanden und fürchteten jetzt von deren Besiegern nicht nur die Strafe dafür, sondern auch eine Wiederaufnahme der caesarischen Pläne. Dieser für das römische Ansehen geradezu schandbare Zustand war von Antonius in zügiger Weise zwischen 40 und 38 beseitigt worden. Insofern war also die römische Waffenehre wiederhergestellt. Nur hatte den Ruhm nicht Antonius, sondern sein Feldherr Ventidius Bassus. Sich selbst behielt Antonius die große Abrechnung vor, zu der er nach gigantischen Rüstungen im Jahre 36 aufbrach. Das Unternehmen, das Antonius bis südlich des Urmiasees führte und den Soldaten ungeheure Strapazen brachte, wurde jedoch ein Mißerfolg. Es war viel, daß er nicht zu offener Katastrophe ausartete und es bei dem Verlust von etwa dreißigtausend Mann blieb. Daß zwei Jahre später (34) Antonius die Besetzung Armeniens gelang, war kein Ersatz für den parthischen Fehlschlag. Der Stern des Antonius war nicht aufgegangen, und der Ruhm von Philippi verblich.

Statt dessen holte nun aber Octavian auf. Die Auseinandersetzung mit Sextus Pompeius, um die er sich schon so oft vergeblich bemüht hatte, führte endlich zur definitiven Entscheidung in der großen Seeschlacht von Naulochos (Sizilien). Das strategisch-militärische Verdienst gebührte zwar nicht Octavian, sondern seinem Feldherrn Vipsanius Agrippa; aber Agrippa war kein vornehmer Mann, und eine geschickte Regie sorgte dafür, daß der Ruhm uneingeschränkt auf Octavian fiel. Jedermann, der nun nicht mehr zu hungern brauchte, verkündete ihn. Soziale Erleichterungen wurden auch sonst verfügt (Nachlaß von Schulden und Abgaben); obwohl noch mancher Schatten über Italien lag, wie ein verbreitetes Räuberunwesen und Soldatenmeutereien bewiesen, so atmete doch alle Welt auf und schöpfte Hoffnung, daß es nun wirklich aufwärtsgehe und die Leidenszeit ihrem Ende entgegensehe. Das Ungeschick des Lepidus, mit dem Octavian gegen Pompeius verbündet war, brachte zu allem hin die glückliche Fügung, daß Lepidus, der dritte Triumvir und schon längst in den Hintergrund gedrängt, definitiv aus der Politik ausschied. Damit war Octavian uneingeschränkter Herr des Westens.

Actium

Die entscheidende Auseinandersetzung mit Octavian, die Antonius zu seinem Schaden immer vor sich hergeschoben hatte, ist so, wie sie dann schließlich kam, ohne Kleopatra nicht denkbar. Ihr zweiter welthistorischer Liebesroman wurde — anders als der erste mit Caesar — ein großes geschichtliches Ereignis, weit über ihre eigene Person hinaus. Er hatte schon im Jahr 41 begonnen: als Antonius nach Philippi vom Osten Besitz ergriff und die Vasallenfürsten nach Tarsos berief, mußte auch Kleopatra dort erscheinen. Sie brauchte kein schlechtes Gewissen zu haben, denn von Brutus und Cassius hatte sie sich als ehemalige Geliebte Caesars ferngehalten. Sie hatte jedoch erkannt, daß Antonius von nun an vermutlich der erste Mann Roms sein werde und daß damit das Schicksal Ägyptens und ihrer Herrschaft in seine Hände gegeben war. Daß die Existenz Ägyptens als ein eigener Staat an einem Seidenfaden hing, das mußte sich ein aufmerksamer Betrachter der Zeitgeschichte schon seit Jahrzehnten sagen. Wenn nicht alles trügt, dann zog aber niemand von der ptolemäischen Dynastie derart konsequent wie Kleopatra die Folgerungen aus solcher Einsicht. Schon hierin bewies sie, daß sie eine bedeutende Frau war. Ihr geschichtliches Relief erhielt sie jedoch durch den Mut und die Energie, mit denen sie sich unterfing, dem Schicksal in die Zügel zu fallen.

Die Begegnung in Tarsos, von der für die Zukunft so viel abhing, wurde ein voller Erfolg. Sie nahm Antonius derartig für sich ein, daß er ihrer Einladung nach Alexandreia folgte und dort den Winter zubrachte. Von seiner Seite aus verband er mit dem Besuch schwerlich schon politische Gedanken, und unsere antiken Berichterstatter werden recht haben, wenn sie meinen, daß er einfach die Zeit vergeudete. Die Liaison wurde auch zunächst gar nicht fortgesponnen. Der Vertrag von Brundisium (40) brachte die politische Ehe mit Octavia, der Schwester Octavians; und dieser, nach allem, was man von ihr weiß, entzückenden jungen Frau war Antonius offenbar aufrichtig zugetan. Er widmete dem Zusammenleben mit ihr einen ganzen Winter in Athen (39/38) und hatte von ihr auch zwei Töchter. Erst als die Pläne seiner theatralischen Orientpolitik reiften, trat Kleopatra in den Mittelpunkt seines Interesses. Daß es erotischer Art war, steht bei einem so vollblütigen Mann wie Antonius außer Zweifel. Es war dies aber nicht ausschließlich. Kleopatra bot Antonius zweifellos auch einen politischen Prospekt. Um es auf eine recht einfache Formel zu bringen: sie war für ihn der Hebel, um das reiche Ägypten in die Hand zu bekommen und sich seiner großen materiellen Mittel bedienen zu können. Dahinter steckte die weitere Erkenntnis, daß er in seiner Lage gar keine andere Möglichkeit als die persönliche Verbindung besaß, um dieses Ziel zu erreichen. Das einfachste wäre gewesen, Ägypten zur Provinz zu machen, aber so etwas hätte nur von Rom aus geschehen können. Dieser Weg war ihm versperrt. Antonius widmete anscheinend dem Problem, wie seine Herrschaft aufzuzäumen war, verhältnismäßig intensives Nachdenken. Das Ergebnis — wieweit es im Verein mit Kleopatra ausgesponnen wurde, muß eine offene Frage bleiben — war eine eigentümliche Konstruktion.

Der gesamte hellenistische Osten sollte in einer dynastischen Pyramide zusammengefaßt werden. Nur drei Provinzen sollten daneben bestehen: Asia, Bithynien, Syrien. Kypros und Kilikien wurden als Provinzen aufgehoben. Die Spitze der Pyramide waren Kleopatra und Kaisarion (ihr Sohn von Caesar) mit dem Titel »König der Könige«. Darunter standen die drei Kinder, die Kleopatra von Antonius hatte, darunter wieder die einzelnen hellenistischen Herrscher. Antonius selbst war offiziell in dieses »Gebäude«, das 34, nach der Annexion Armeniens, in einem prächtigen Staatsakt in Alexandreia »eingeweiht« wurde, nicht eingefügt. Mit gutem Grund: er mußte, wenn er nicht alle Brücken zu Rom abreißen wollte, der triumvirale Diktator und damit Träger römischer Reichs- und Staatsgewalt bleiben. Die Herrschaft über die ganze, von ihm entworfene Konstruktion stand ihm in dieser Eigenschaft zu, und seine spezielle Superiorität über Kleopatra ergab sich faktisch aus seinem Verhältnis zu ihr.

Es wäre zweifellos für Antonius besser gewesen, er hätte sich, anstatt mit solchen Luftzeichnungen Kraft und Zeit zu vertun, um die realen Machtbeziehungen im Verhältnis zu Octavian gekümmert. Aber ihn deswegen als Verräter am römischen Staat abzustempeln, wie das sehr bald Octavian tat und viele moderne Historiker ihm nachgesprochen haben, hat keine Berechtigung. Antonius handelte aus seiner durch die Umstände beschränkten

Situation heraus. Ihn grundsätzlich auf sie und ihre Konsequenzen festzulegen, also auch für den Fall, daß er Herr des ganzen Römischen Reiches werden würde, haben wir keine Berechtigung. Hätten wir sie, dann wäre allerdings über ihn und sein politisches Urteil der Stab gebrochen, denn die Überlegenheit der römischen Herrschaft über die hellenistische beruhte doch eben nicht zuletzt darauf, daß sie nicht dynastisch locker gefügt war.

In Wirklichkeit kam das Verhängnis für Antonius woandersher. Im entscheidenden Zeitpunkt seiner politischen Laufbahn trat zutage, daß in seinem Verhältnis zu Kleopatra doch die persönlichen Beziehungen über die sachlichen obsiegten. Als dies herauskam, war er verloren. Die Ereignisse selbst rollten dann sehr schnell ab.

Antonius' Absicht für den Entscheidungskampf mit Octavian bestand in dem Plan, seinen Rivalen moralisch zu »überrollen«. Der Lorbeer des siegreichen Feldherrn sollte das Medium sein. Aber damit war es nach dem parthischen Fehlschlag nichts, obgleich Octavian ihm auf die frisierten Depeschen hin die üblichen Danksagungen an die Götter durch den Senat zubilligen ließ. Von der glänzenden Inauguration des östlichen Imperiums im Jahre 34 konnte sich Antonius schwerlich irgendwelche Eindruckskraft auf die römisch-italische Bevölkerung versprechen. Diese Szenerie war ausschließlich für den Osten berechnet. Aber Antonius hatte längst eine andere Bombe bereitgelegt. Mit dem Jahre 33 ging das Triumvirat zu Ende. Damit wurde auch Octavians Herrschaft über Italien der Legalitätsboden entzogen. Die Republik trat wieder in Kraft, und die Machthaber mußten sich im Raum freier Werbung ihre Machtposition neu erkämpfen. Antonius hatte schon früher dafür gesorgt, daß dann (im Jahre 32) zwei seiner Anhänger Konsuln werden würden, und durfte überhaupt die Zuversicht haben, daß er Octavian, den man in Italien ja viel zu genau kannte und mit dem sich die unangenehmsten Erinnerungen an die Triumviratszeit verbanden, in der öffentlichen Meinung ausstechen würde (auch ohne den Nimbus des Partherbesiegers).

Doch Octavian hatte diese politische Strategie längst durchschaut und seine Gegenmaßnahmen getroffen. Im Jahre 33 war er selbst Konsul und eröffnete sein Amtsjahr gleich mit einer Rede, die sich offen gegen Antonius wandte. Er sah also nach bewährter Maxime im Angriff die beste Verteidigung. In höchst unsachlicher Weise — was kam es darauf schon an bei einem Manne wie Octavian — nahm er das Privatleben des Antonius aufs Korn und hetzte gegen den Trunkenbold Antonius und die Hexe Kleopatra, die ihn mit ihren Zauberkünsten umgarnt habe. Sie wolle nichts anderes als die Herrschaft über das Römische Reich und werde damit die einheimische Überlieferung und Gesittung zerstören. Natürlich war das barer Unsinn — in Wirklichkeit bangte Kleopatra um ihre Zukunft —, aber der Appell an gewisse soziale Urinstinkte pflegt zumeist nicht völlig fehlzugehen, auch wenn er wie hier nur dazu diente, dem Interessenten das ihm notwendige Alibi zu verschaffen. Octavian hatte sich schon früher auf die Kunst des Etikettierens verstanden, er tat es auch jetzt und sollte in der Zukunft seine Meisterschaft darin noch weitertreiben.

Der Erfolg blieb nicht aus. Für den geplanten Vorstoß des Antonius Anfang 32 hatte Octavian das Erdreich derartig unterwühlt, daß es glattweg in sich zusammensank und Octavian gegen dessen Antrag, mit Ablauf des Triumvirats die Republik zu restaurieren, interzedieren lassen konnte. Octavian nutzte nun die künstlich erregte Stimmung, um sich für die diktatorische Vollmacht des Triumvirats einen persönlichen Ersatz zu verschaffen. Er fand ihn in einem revolutionären Akt: in einer Art Akklamation, die in der römischen Verfassung gar nicht vorgesehen war und sich in einem Treueid der italischen Bevölkerung vollzog, ließ er sich die dahingeschwundenen diktatorischen Vollmachten erneuern. Er scheute auch nicht vor einem Rechtsbruch zurück, um Antonius moralisch zu diffamieren, und erbrach das in Rom deponierte Privattestament des Antonius. Danach verkündete er, Antonius habe für den Fall seines Ablebens in Rom die Überführung seiner Leiche nach Alexandreia angeordnet, der beste Beweis, daß Rom Ägypten untertan werden solle. Davon war bestimmt die letzte Behauptung eitel Lug und Trug.

Wahrscheinlich hätten diese Propagandakniffe trotz allem ihr Ziel nicht erreicht, wenn Antonius nicht die taktisch notwendige Antwort schuldig geblieben wäre. Auf den offenen Brief von Anfang 32 hin, der in Wahrheit ein Staatsstreich Octavians war, flüchteten die Konsuln und zahlreiche Senatoren zu Antonius. Das moralische Übergewicht (zum mindesten das Gleichgewicht) lag also noch bei ihm. Aber Antonius verspielte selbst diese letzte Gunst des Schicksals. In seinem Hauptquartier in Ephesus wurde unter seinen Anhängern heftig darum gerungen, daß er seine Verbindung mit Kleopatra aufgebe. Das war in der Tat auch die einzig mögliche Antwort auf den Schmutzkübel von Verdächtigungen, den Octavian über ihn und die Königin ausgeschüttet hatte. Umgekehrt stand in den Augen Kleopatras ihre ganze Politik auf dem Spiele. Trennte sich Antonius von ihr, so war das Schicksal ihrer Königsherrschaft wieder in das Dunkel des Ungewissen gestoßen.

Sie kämpfte also wie eine Löwin darum, daß der notwendige Bruch nicht Wirklichkeit wurde, und sie siegte. Aber Antonius verlor, von dieser Entscheidung an zerbrach seine Front, und viele seiner Anhänger gaben seine Sache auf. Zu allem Unheil ließ er sich durch Kleopatra noch zu einem ihn ganz besonders kompromittierenden Akt verleiten. Er schickte seiner Frau Octavia den Scheidebrief. Diese Demütigung hatte sie nun wirklich am wenigsten verdient. Stets war sie für ihren Mann eingestanden. Den Vertrag von Tarent hatte sie vermittelt und sich anschließend gefallen lassen, von Griechenland nach Rom in den verlassenen Palast des Antonius zurückgeschickt zu werden. Nach dem parthischen Fehlschlag hatte sie sich mit Truppen und Geld auf den Weg zu ihm gemacht und die Demütigung hinnehmen müssen, daß ihr Mann jene unterwegs wohl in Empfang nehmen ließ, sie selbst aber zurückschickte. Das waren alles menschliche Unanständigkeiten, und in beschämender Weise setzte Antonius im Augenblick der größten Not dem allen noch die Krone auf. Er bedachte nicht, daß mitunter persönliche Sittlichkeit und politische Ratio zusammenfallen können und daß es auf jeden Fall zum Verhängnis werden muß, wenn Verbindungen, die von Anfang an auch unter einem politischen Zeichen standen, lediglich nach Gefühlen interpretiert werden.

Nachdem sich Antonius für Kleopatra entschieden hatte, war seine Sache verloren. Seine römische Anhängerschaft lief auseinander, ein Prozeß, der sich bis in die Tage der Schlacht bei Actium (Aktion, an der Westküste Griechenlands) fortsetzte (2.9.31). Im Hinblick auf die gesunkene Kampfmoral seiner Truppen war Antonius nicht mehr unbeschränkter Herr seiner Entschlüsse. Der Sieg war ihm versperrt. Also suchte er das Weite und ließ dem Gegner den Triumph. Vielleicht ließ sich eine zweite Front aufbauen. Das hatte Pompeius nach Pharsalos auch gedacht, aber Ägypten hatte ihm einen Strich durch die Rechnung gemacht. Antonius durfte da zuversichtlicher sein. Aber er war durch Actium tiefer gefallen als Pompeius und vor allem: seine Leute waren keine Republikaner mehr, und es gab keinen Cato unter ihnen. Seine verschiedenen Heere gingen zum Feinde über. Und Kleopatra? Auch sie wäre, wenn sie gekonnt hätte, den stärkeren Bataillonen gefolgt und würde Antonius kaltblütig preisgegeben haben, wie sie es tatsächlich versuchte. Aber Octavian hatte längst anders befunden. Der Krieg, mit der notorischen Verlogenheit seines Siegers als Nationalkrieg gegen Kleopatra drapiert (sogar das alte Ritual der Kriegserklärung war ausgesprochen worden), sollte in der Gefangennahme und triumphalen Zurschaustellung der Königin seinen Höhepunkt erhalten. Die Erfindungsgabe – bis zur letzten Stunde blieb sie ihr treu – und der Mut, sich für das Unvermeidliche frei entschließen zu können, öffnete ihr gegen alle Wahrscheinlichkeit den Weg zum selbstgewählten Tod, nachdem ihr Antonius, seinen Verzweiflungskampf vor Alexandreia abbrechend, darin vorangegangen war (30).

Deutsche Geschichte
im Ullstein Taschenbuch

Ein Gesamtbild deutscher Geschichte vom Mittelalter bis in unsere Zeit
in Einzeldarstellungen und thematischen Ergänzungsbänden

Herausgegeben von Walther Hubatsch

Hellmuth Günther Dahms
Der Zweite Weltkrieg

Deutsche Geschichte Band 8

Vom Ersten zum Zweiten Weltkrieg / Entfesselung des Zweiten Weltkrieges / Organisationen, Kräfte, Hilfsmittel / Feldzug in Polen 1939 / Fünfte Teilung Polens / Deutscher Widerstand / Unternehmen »Weserübung« / Feldzug im Westen 1940 / Folgen des Westfeldzuges 1940 / Schlacht um England 1940 / Drei-Mächte-Pakt 1940 / Hitler am Scheideweg / Feldzug im Südosten 1941 / Schlacht um den Atlantik / Unternehmen »Barbarossa« / Der Feldzug gegen die Sowjetunion 1941 / Ausweitung zum globalen Krieg / See- und Luftkrieg 1942 / Feldzug gegen die Sowjetunion 1942 / Wende des Krieges 1942/43 / Zusammenbruch Italiens 1943 / »Festung Europa« 1943 / Rückzüge in Rußland 1943/44 / Die Invasion 1944 / Schlacht um Weißrußland 1944 / 20. Juli 1944 / Aufstände und Seitenwechsel 1944 / Zusammenbruch Deutschlands 1944/45 / Zusammenbruch Japans 1944/45 / Zerfall des alliierten Kriegsbündnisses

Politik- und Sozialwissenschaft im Ullstein Taschenbuch

Hannah Arendt
Elemente und Ursprünge totaler Herrschaft

Band 1: Antisemitismus

Ullstein Buch 3181

Im ersten Band ihrer großangelegten, klassischen Studie über Elemente und Ursprünge totaler Herrschaft befaßt sich Hannah Arendt mit den historischen Wurzeln und den Charakteristika des politischen Antisemitismus.

Band 2: Imperialismus

Ullstein Buch 3182

Nach ihrer Analyse des politischen Antisemitismus behandelt Hannah Arendt im zweiten Band ihres Hauptwerks ›Elemente und Ursprünge totaler Herrschaft‹ den europäischen Imperialismus von 1884 bis zum Ausbruch des Ersten Weltkrieges, eine Epoche, deren logische Konsequenz dann der Niedergang des Nationalstaats und das Vordringen totalitärer Bewegungen sind.

Band 3: Totale Herrschaft

Ullstein Buch 3183

Als Abschluß analysiert Hannah Arendt im dritten Band nun die Institutionen, Organisationen und Funktionsweisen totalitärer Bewegungen und Regierungen – am Beispiel des deutschen Faschismus und der Entwicklung der Sowjetunion seit 1930.

»Das Werk ist das Ergebnis jahrzehntelangen Denkens. Auch in den bösesten Situationen hörte ihr Denken, die Kraft ihrer hellsichtigen Geistesgegenwart nicht auf. Es ist alles nüchtern und sachlich dargelegt, reingewordene Einsicht.« Karl Jaspers

Philosophie im Ullstein Taschenbuch

Manfred Riedel
Theorie und Praxis im Denken Hegels
Interpretationen zu den Grundstellungen der neuzeitlichen Subjektivität

Ullstein Buch 3238

Der natürliche Ursprung des theoretischen und praktischen Verhaltens aus dem Sein des Lebendigen / Das Wesen des Menschen und sein Verhältnis zum Seienden / Der metaphysische Ursprung des Hegelschen Praxisdenkens / Die geschichtliche Herkunft des Theorie-Praxis-Problems aus dem Geist der Neuzeit / Der Hegelsche Ansatz in der Behandlungsart des Theoretischen und Praktischen / Das Verhältnis von Theorie und Praxis / Hegel und das Herrschaftsdenken der europäischen Metaphysik / Die Seinsweisen des Menschen – Der Mensch als »Werkmeister« und als »Spiegel der Idee« / Die Stellung der Philosophie im praktischen Umbruch Europas: Hegel und die ungelungene Versöhnung.

Lucio Colletti
Hegel und der Marxismus

Ullstein Buch 3171

Gegen die gängige Meinung, daß Marx Hegelianer war, versucht Colletti die Bedeutung Hegels für Marx neu zu bestimmen. Seine Hauptthese bleibt, daß Marxens Hegelkritik – und der Kern jedes Materialismus, der sich auf Marx beruft – viel eher Kant verwandt ist als aller Dialektik, und sei es eine »umgestülpte«. Im Gegensatz zu dem französischen Marxisten Louis Althusser, ebenfalls überzeugter »Anti-Hegelianer«, ist Collettis Hegelkritik weitaus fundierter und ausgeführter und kann deshalb auch von überzeugten Hegelkennern ernsthafte Aufmerksamkeit verlangen.

Psychologie im Ullstein Taschenbuch

H. D. (Hilda Doolittle) Huldigung an Freud
Rückblick auf eine Analyse
Mit einer Einleitung von Michael Schröter

Ullstein Buch 3217

Die Psychoanalyse Hilda Doolittles darf zu den außergewöhnlichen Fallstudien S. Freuds gerechnet werden. Einmal erfahren wir, gewissermaßen aus berufenem Mund, Näheres über die psychoanalytische Struktur künstlerischer Prozesse, zum anderen können wir durch H. Ds. Bericht hindurch Freuds intensives Interesse und Beurteilung an derartigen Prozessen mitverfolgen. Nicht nur die Hervorbringungen des Analysanden treten durch die Ausführungen der H. D. in ein klareres Licht – auch die Technik Freuds wird uns anschaulich vermittelt. Was an den Beschreibungen Doolittles immer wieder überrascht, ist die ungewöhnliche Aktivität, ja fast »Engagements« des schon in seinem siebten Lebensjahrzehnt stehenden Analytikers.

Smiley Blanton Tagebuch meiner Analyse bei Sigmund Freud

Ullstein Buch 3205

Smiley Blanton, amerikanischer Psychiater und Psychoanalytiker, gibt detailliert seine Erinnerungen an eine Analyse bei Freud wieder. Die authentischen, bislang unbekannten Bemerkungen und Aussagen Freuds sind von verschiedenen Gesichtspunkten aus sehr bemerkenswert. Sie berühren wichtige Aspekte der Theorie und Praxis der Psychoanalyse und geben Aufschluß über die besondere Behandlungsweise Freuds gegen Ende seines Lebens.